G. W. F. Hegel Werke in zwanzig Bänden
Phänomenologie des Geistes

黑格尔著作集
3

精神现象学

先刚 译

人民出版社

System

der

Wissenschaft

von

Ge. Wilh. Fr. Hegel,

D. u. Professor der Philosophie zu Jena, der Herzogl.
Mineralog. Societät daselbst Assessor und andrer
gelehrten Gesellschaften Mitglied.

Erster Theil,

die

Phänomenologie des Geistes.

Bamberg und Würzburg,
bey Joseph Anton Goebhardt,
1807.

《精神现象学》1807年首版封面

总　序

张世英

这套黑格尔著作集的中文版，其所根据的版本是二十卷本的"理论著作版"（Theorie-Werkausgabe），即《格·威·弗·黑格尔二十卷著作集》（*G.W.F.Hegel Werke in zwanzig Bänden*），由莫尔登豪尔（E.Moldenhauer）和米歇尔（K.M.Michel）重新整理旧的版本，于20世纪60年代末开始出版。这个版本，虽不及1968年以来陆续出版的历史批判版《黑格尔全集》那样篇幅更大，包括了未曾公开发表过的黑格尔手稿和各种讲课记录以及辨析、重新校勘之类的更具学术研究性的内容，但仍然是当前德国大学科研和教学中被广泛使用的、可靠的黑格尔原著。我这里不拟对黑格尔文集的各种版本作溯源性的考察，只想就黑格尔哲学思想在当今的现实意义作点简单的论述。

黑格尔是德国古典唯心主义之集大成者，他结束了西方传统形而上学的旧时代。黑格尔去世后，西方现当代哲学家大多对黑格尔哲学采取批评的态度，但正如他们当中一些人所说的那样，现当代哲学离不开黑格尔，甚至其中许多伟大的东西都源于黑格尔。在中国，自20世纪初就有些学者致力于黑格尔哲学的介绍、翻译与评论。1949年中华人民共和国成立到1976年所谓"文化大革命"结束，大家所广为传播的观点是把黑格尔哲学看成是马克思主义的三个来源之一，一方面批判黑格尔哲学，一方面又强调吸取其"合理内核"，黑格尔是当时最受重视的西方哲学家。1976年以来，哲学界由重视西方古典哲学转而注意西方现当代哲学的介绍与评论，黑格尔哲学更多地遭到批评，其总体地位远不如从前了，但不少学者对黑格尔哲学的兴趣与研究却比以前更加深沉、更多创新。黑格尔无论在西方还是在中国,其名声的浮沉,其思想影响的起伏,正说明他的哲学在人类思想史上所占的历史地位时刻不容忽视,即使是在它遭到反对的时候。他的哲学体系之庞大,著述之宏富,思想内容之广博和深邃,在中西哲学史上都是罕见的;黑格尔特别熟悉人类思想史,他的哲学像一片汪洋大海,融会了前人几乎全部的思想精华。尽管他个人文笔之晦涩增加了我们对他的哲学作整体把握的难度,特别是对于不懂德文的中国读者来说,这种难度当然要更大一些。但只要我们耐心琢磨,仔细玩味,这气象万千的世界必能给我们提供各式各样的启迪和收益。

一、黑格尔哲学是一种既重视现实
又超越现实的哲学

一般都批评黑格尔哲学过于重抽象的概念体系,有脱离现实之弊。我以为对于这个问题,应作全面的、辩证的分析和思考。

黑格尔一方面强调概念的先在性和纯粹性,一方面又非常重视概念的具体性和现实性。

黑格尔明确表示,无时间性的"纯粹概念"不能脱离有时间性的人类历史。西方现当代人文主义思想家们一般都继承了黑格尔思想的这一方面而主张人与世界的交融合一。只不过,他同时又承认和允许有一个无时间性的逻辑概念的王国,这就始终会面临一个有时间性的环节(认识过程、历史过程)如何与无时间性的环节(纯粹概念)统一起来的问题,或者用黑格尔《自然哲学》中的话语来说,也就是有时间性的"持久性"与无时间性的"永恒性"之间的鸿沟如何填平的问题。无论黑格尔怎样强调认识和历史的"持久性"多么漫长、曲折,最终还是回避不了如何由"持久性"一跃而到"永恒性"、如何由现实的具体事物一跃而到抽象的逻辑概念的问题。黑格尔由于把抽象的"永恒性"的"纯粹概念"奉为哲学的最终领域,用普遍概念的王国压制了在时间中具有"持久性"的现实世界,他的哲学被西方现当代哲学家贬称为"概念哲学"或"传统形而上学"的集大成者。但无论如何，黑格尔哲学既是传统形而上学的顶峰，又蕴涵和预示了传统形而上学的倾覆和现当代哲学的某些重要思想，这就是黑格尔哲学中所包含的重视具体性和现实性的方面。

　　黑格尔早年就很重视现实和实践，但他之重视现实，远非安于现实，而是与改造现实的理想紧密结合在一起的，为此，他早在1800年的而立之年，就明确表示，要"从人类的低级需求"，"推进到科学"（1800年11月2日黑格尔致谢林的信，*BRIEFE VON UND AN HEGEL*，Verlag Von Felix Meiner，Hamburg，Band 1，s.59）。他所谓要"推进到科学"的宏愿，就是要把实践提高到科学理论（黑格尔的"科学"一词远非专指自然科学，而是指系统的哲学理论的意思）的高度，以指导实践，改造现实。黑格尔在1816年10月于海德堡大学讲授哲学史课程的开讲词里说过这样一些话：一段时间以来，人们过多地忙碌于现实利益和日常生活琐事，"因而使得人们没有自由的心情去理会那较高的内心生活和较纯洁的精神活动"，"阻遏了我们深切地和热诚地去从事哲学工作，分散了我们对于哲学的普遍注意"。现在形势变了，"我们可以希望……除了政治的和其他与日常现实相联系的兴趣之外，科学、自由合理的精神世界也要重新兴盛起来"。为了反对先前轻视哲学的"浅薄空疏"之风，我们应该"把哲学从它所陷入的孤寂境地中拯救出来"，以便在"更美丽的时代里"，让人的心灵"超脱日常的兴趣"，而"虚心接受那真的、永恒的和神圣的事物，并以虚心接受的态度去观察并把握那最高的东西"（黑格尔：《哲学史讲演录》，生活·读书·新知三联书店1956年版第1—3页）。黑格尔所建立的庞大的哲学体系，其目的显然是要为改造现实提供理论的、哲学的根据。黑格尔的这些话是差不多两百年以前讲的，但对我们今天仍有很大的启发意义。针对当前人们过分沉溺于低级的现实欲求之风，我们的哲学也要既面对现实，又超越现实。"超越"不是抛弃，而是既包含又高出之意。

二、黑格尔哲学是一种揭示人的自由本质、以追求
自由为人生最高目标的哲学

黑格尔哲学体系包括三大部分:逻辑学、自然哲学和精神哲学。在1949年中华人民共和国成立到改革开放以前的大约30年里,我们的学界一般都只注重逻辑学,这是受了列宁《哲学笔记》以评述逻辑学为主的思想影响的缘故。其实,黑格尔虽然把逻辑学看成是讲事物的"灵魂"的哲学,而自然哲学和精神哲学不过是"应用逻辑学",但这只是就逻辑学所讲的"逻辑概念"比起自然现象和人的精神现象来是"逻辑上在先"而言,离开了自然现象和精神现象的"纯粹概念",必然失去其为灵魂的意义,而成为无血无肉、无所依附的幽灵,不具现实性,而只是单纯的可能性。

黑格尔明确承认"自然在时间上是最先的东西"的事实,但正因为自然的这种时间上的先在性,而使它具有一种与人的精神相对立的外在性。人的精神性的本质在于克服自然的外在性、对立性,使之包含、融化于自身之内,充实其自身,这也就是人的自由(独立自主的主体性)本质。黑格尔认为,精神的最高、最大特征是自由。所谓自由,不是任性。"自由正是精神在其他物中即在其自身中,是精神自己依赖自己,是精神自己规定自己"(黑格尔:《逻辑学》,人民出版社2002年版,第72页)。所以精神乃是克服分离性、对立性和外在性,达到对立面的统一;在精神中,主体即是客体,客体即是主体,主体没有外在客体的束缚和限制。精神所追求的目标是通过一系列大大小小的主客对立统一的阶段而达到的最高的对立统一体,这是一种最高的自由境界。黑格尔由此而认为精神哲学是"最具体的,因而是最高的"(*G. W. F. Hegel Werke in zwanzig Bänden* 10, s.9)。也就是说,关于人生的学问——"精神哲学"是最具体的、最高的学问(比起逻辑学和自然哲学来)。黑格尔哲学体系所讲的这一系列大大小小对立统一的阶段,体现了人生为实现自我、达到最终的主客对立统一

的最高自由之境所经历的漫长曲折的战斗历程,这对于我们中国传统哲学把主体——自我湮没于原始的、朴素的、浑沌的"天人合一"的"一体"(自然界的整体和封建等级制的社会群体)之中而忽视精神性自我的自由本质的思想传统来说,应能起到冲击的作用。

三、"辩证的否定性"是"创新的源泉和动力"

黑格尔认为克服对立以达到统一即自由之境的动力是"否定性"。这种"否定性"不是简单抛弃、消灭对立面和旧事物,而是保持又超越对立面和旧事物,他称之为"思辨的否定"或"辩证的否定"。这种否定是"创新的源泉和动力",是精神性自我"前进的灵魂"。一般都大讲而特讲的黑格尔辩证法,其最核心的实质就在于此种否定性。没有否定性,就没有前进的动力,就不能实现人的自由本质。我以为,我们今天讲弘扬中华传统文化,就用得着黑格尔辩证哲学中的否定性概念。辩证法"喜新",但并不"厌旧",它所强调的是在旧的基础上对旧事物进行改造、提高,从而获得前进。中华文化要振兴、前进,就得讲辩证哲学,就得有"否定性"的动力。

2013 年 8 月 27 日于北京北郊静林湾

目　录

译者序 ……………………………………………………… 1

序　言（论科学的认识活动）…………………………… 1

　　概念是真相的要素,科学体系是真相的真实形
　　态／3；精神当前所处的立场／4；原则不等于完
　　满,反对形式主义／7；绝对者是主体／8；主体是
　　什么／10；知识的要素／16；知识的进步和提升就
　　是精神现象学／18；表象和常识转化为思想／19；
　　表象和常识转化为概念／22；在何种意义上,可以
　　说精神现象学是否定的（亦即包含着谬误）／23；
　　历史真理和数学真理／25；哲学真理的本性及其
　　方法／28；反对一种模式化的形式主义／31；对于
　　哲学研究提出的要求／32；推理式思维及其否定
　　表现／33；推理式思维的肯定表现,它的主体／37；
　　自然的哲学思考作为健全人类知性和天才灵
　　感／42；结语,作者与公众的关系／44

导　论 …………………………………………………… 47

第一部分　意　识

第一章　感性确定性,或"这一个"和意谓 ……………… 61

1

第二章　知觉，或物与错觉 ·············· 71

第三章　力与知性，现象和超感性世界 ·············· 84

第二部分　自我意识

第四章　自身确定性的真理 ·············· 111

　A.自我意识的独立性和非独立性；主人与奴隶 ·············· 118

　B.自我意识的自由 ·············· 126

　　斯多亚主义／127；怀疑主义／129；哀怨意

　　识／132

第三部分（AA）　理　性

第五章　理性的确定性和真理 ·············· 147

　A.从事观察的理性 ·············· 153

　　a.观察自然界 ·············· 155

　　　一般意义上的描述／156；特征／157；规律／158；

　　　观察有机体／161；有机体与无机物之间的关

　　　联／161；目的论／163；内核和外观／167；内

　　　核／167；内核的纯粹环节的规律，感受性规律等

　　　等／167；内核及其外观／172；内核和作为形态的

　　　外观／173；外观本身就是内核和外观，换言之，无

　　　机物获得有机体的理念／178；从这个方面来看有

　　　机体，有机体的类、种和个体性／181

　　b.观察纯粹的以及与外部现实性相关联的自我意识；

　　　逻辑规律与心理规律 ·············· 186

　　c.观察自我意识与它的直接现实性之间的关联；面相学

　　　与颅相学 ·············· 191

面相学／191；颅相学／198

B.合乎理性的自我意识自己实现自己 ················ 215

  a.快乐与必然性 ···················· 222

  b.心的规律与自大狂 ·············· 226

  c.德行和世道 ···················· 232

C.个体性认识到自己实际上是一个自在且自为的存在 ······ 239

  a.精神性动物王国和欺骗，或事情本身 ·········· 241

  b.制定规律的理性 ················ 255

  c.检验规律的理性 ················ 259

第三部分（BB）　精　神

第六章　精神 ··························· 269

A.作为真相的精神；伦理 ·············· 272

  a.伦理世界；人的规律和神的规律；男性和女性 ···· 273

  b.伦理行为；人的知识和神的知识，过失与命运 ···· 284

  c.法权状态 ···················· 295

B.自身异化了的精神；教化 ·············· 299

  I. 自身异化了的精神的世界 ············ 302

    a.教化及其现实性王国 ·············· 302

    b.信仰与纯粹识见 ················ 326

  II.启蒙 ······················ 332

    a.启蒙与迷信的斗争 ·············· 334

    b.启蒙的真理 ·················· 354

  III.绝对自由与恐怖 ················ 360

C.对自身具有确定性的精神；道德 ············ 368

  a.道德世界观 ···················· 370

b.颠倒错位 ································ 379

c.良知;优美灵魂,恶及其宽恕 ·············· 388

第三部分(CC)　宗　教

第七章　宗教 ····························· 417

A.自然宗教 ··························· 424

a.光明之神 ······················ 426

b.植物和动物 ···················· 427

c.工匠 ························· 428

B.艺术宗教 ··························· 432

a.抽象的艺术品 ·················· 434

b.有生命的艺术品 ················ 443

c.精神性艺术品 ·················· 447

C.天启宗教 ·························· 460

第三部分(DD)　绝对知识

第八章　绝对知识 ······················· 489

黑格尔自拟的图书广告 ··················· 505

主要译名德汉对照表及索引 ················ 507

译 者 序

这篇译序无意扮演"研究"的角色，而只是打算对若干"事务问题"（sachliche Probleme）以及《精神现象学》的基本内容进行一番介绍或说明。我希望通过这种方式为读者提供一些有用的参考信息，以便他们更好地阅读和使用这个译本。

《精神现象学》的成书过程

众所周知，黑格尔是在谢林的关照下，于 1801 年来到耶拿大学，担任谢林的助教。在来到耶拿之前，黑格尔已经参与到谢林和费希特的激烈争论之中，他通过发表《费希特和谢林的哲学体系的差别》一方面坚决支持谢林，另一方面也表明了自己的哲学立场。但在时人眼里，黑格尔仍然是谢林的助手和小弟，相比谢林课堂上的人满为患的盛况，黑格尔最初的课堂上只有 11 个学生。当谢林一部接一部地推出他的哲学著作时，黑格尔也只是低调地在他和谢林共同主编的《思辨物理学杂志》和《批判哲学期刊》上零星发表几篇论文而已。

尽管如此，正如谢林从来就不是费希特的"学生"，黑格尔也绝对不是谢林的附庸或"追随者"。实际上黑格尔从一开始就在独立地构想自己的哲学体系，而且自始至终都充满自信。最迟自 1803 年开始，黑格尔对于整个体系的框架已经成竹在胸，于是着手进行写作。我们通过现存的黑格尔手稿《耶拿体系筹划一》（1803—1804）得知，黑格尔的哲学体系应当由"逻辑学与形而上学，或先验唯心主义"、"自然哲学"和"精神哲学"这三个部分组成,尽管他在这里主要研究的是自然哲学方面的问题。在后来的手稿《耶拿体系筹划二》(1804—1805)里,①黑格尔重点探讨了逻辑学、形而上学和自然哲学方面的问题,而手稿《耶拿体系筹划三》(1805—1806)则是集中于自然哲学和精神哲学方面的阐述。由此可见,黑格尔的"耶拿体系"构想已经完全具备了他将来的"哲学科学全书体系"的框架和基础。

但实际的情形是,黑格尔并没有急于发表他的体系,因为他一直坚持认为,在把整个科学体系或哲学体系呈现出来之前,应该有一个类似于哲学导论的"预先训练"(Propädeutik),以便首先把那些朴素的或已经陷入紊乱的思维带上正确的道路。② 正因如此,黑格尔初到耶拿大学就于1801—1802年冬季学期开设了《逻辑学和形而上学》及《哲学导论》两门讲授课。按照他当时的观点,逻辑学是哲学(或真正的形而上学)的导论。但在这个过程中,根据卡尔·罗森克朗茨的报道,黑格尔从1804年开始萌生出对于"意识的自身经验"这一概念的关注,并且逐渐把哲学导论的任务从逻辑学那里转交给了"意识经验的科学",即所谓的"精神现象学"。③ 黑格尔从1804年开始写作《精神现象学》,直到1806年初基本完成。由于这部作为导论的书稿的篇幅大大超出了黑格尔本人原先的计划,因此他决定将其单独发表。黑格尔最初交付给出版社的书稿名称为《意识经验的科学》,尚且不包括现在的"序言"部分。1807年年初,黑格

---

① 这部分手稿目前已有中译本:[德]黑格尔著,杨祖陶译:《耶拿体系1804—1805:逻辑学和形而上学》,人民出版社(北京)2012年版。

② 康德已经具有类似的思想,他不但把逻辑学看作是各门科学的"预先训练",甚至把整部《纯粹理性批判》看作将来的科学的"预先训练"(K. d. r. V. A841 = B869),并且出于同样的目的撰写了《未来形而上学导论》。费希特同样重视"导论"的作用。相比之下,谢林对于"预先训练"和"哲学导论"是最为重视的。从较早的《哲学预先训练》(1804)到各种关于自然哲学的"导论",谢林在他的数十年教学生涯中不但多次讲授一般意义上的"哲学导论",而且对于诸如"神话哲学""天启哲学"等都有长篇累牍的"导论"。除此之外,谢林和黑格尔还有一个极大的相似之处,即让哲学史——确切地说是精神现象的历史——在"哲学导论"里扮演着关键的角色。

③ Karl Rosenkranz, *Hegel's Leben*. Berlin 1844. Nachdruck Darmstadt 1969. S. 214.

尔赶在书稿的排印和装订之前补写了一篇洋洋洒洒的"序言"寄给出版社，同时把书名改为《精神现象学科学》。这还没完，直到最后一刻，黑格尔才正式确定书名为《科学体系之第一部分：精神现象学》。

《精神现象学》于1807年3月出版之后，黑格尔在同年10月为该书亲自撰写的发行广告里，不仅把《精神现象学》称作他的"科学体系"的"第一卷"，而且宣称："**第二卷**将会包含着作为思辨哲学的**逻辑学**的体系，以及哲学的余下两个部分，即**自然科学**和**精神科学**。"（TWA 3, 593）①在这之后，尽管黑格尔的生活环境经历了从耶拿到班贝格、到纽伦堡，再到海德堡的变迁，但他的哲学体系的整个构思却始终坚定不移地按照原计划执行。他先是于1812、1813、1816年陆续发表了《逻辑学》（所谓"大逻辑"）的三个分卷，即《存在论》《本质论》和《概念论》，然后一气呵成，于1817年发表了《哲学科学全书纲要》（以下简称为《哲学全书》），该书由《逻辑学》（所谓"小逻辑"）《自然哲学》《精神哲学》这三部分组成。如果暂不考虑黑格尔此后对于《哲学全书》的修订，以及他于1821年发表的《法哲学原理》，那么可以说，黑格尔的宏伟的"科学体系"构想已经于1817年完满实现。

《精神现象学》在黑格尔的哲学体系中的定位

其实细心的人都会发现，《精神现象学》在黑格尔的整个哲学体系里面从头至尾都占据着一个引人注目的奇特地位。一方面，《精神现象学》作为黑格尔的"科学体系"的"第一卷"，俨然与那包含着《逻辑学》《自然哲学》和《精神哲学》在内的"第二卷"——亦即后来的《哲学全书》——是一种分庭抗礼的关系。另一方面，由于《哲学全书》不仅本身已经是一

---

① "TWA"是"理论著作版"黑格尔文集（*Georg Wilhelm Friedrich Hegel Werke in 20 Bänden. Aufder Grundlage der Werke von 1832–1845 neu edierte Ausgabe. Redaktion von Eva Moldenhauer und Karl Markus Michel. Frankfurt am Main：Suhrkamp 1972*）的通用缩写，后面的第一个数字指代卷册，第二个数字指代页码。以下同。

个完整的体系,而且同样具有一个关于整个哲学体系的导论(该书第1—18节),甚至还在该书后来的修订版里面增加了一章篇幅巨大的"逻辑学概念的初步规定"(该书第19—83节),即著名的"思想对待客观性的三种态度"——这个"初步规定"虽然名义上是针对逻辑学,但它本身实际上同样也是某种意义上的"精神现象学",只不过这里的考察范围不再是"单纯意识的形式因素"(TWA 8,92),即道德、伦理、艺术、宗教等具体形态,而是进入意识的内涵或内核(亦即"客观思想")当中。不仅如此,《哲学全书》之《精神哲学》分卷的"主观精神"部分的第413—439节同样包含着一个"**精神现象学**"!这些安排给人的感觉是,早先的《精神现象学》好像成了一个多余的甚至"过时的"东西,或者已经被吸纳消融在后来的《哲学全书》里面,已经没有独立存在的必要。

与此同时,黑格尔本人对于《哲学全书》的偏爱和某种程度上对于《精神现象学》的忽视似乎也印证了这种看法。我们知道,自从黑格尔于1817年发表《哲学全书》之后,这部著作就成为他的卓绝意义上的"代表作",成为他的全部工作的基础和核心。黑格尔不仅两次(1827年和1830年)对《哲学全书》进行较大的修改和补充,而且他于1821年发表的《法哲学原理》以及各种讲演录都是对于《哲学全书》中的《精神哲学》部分的深入阐发——具体而言,我们可以把《法哲学原理》《历史哲学讲演录》看作是《精神哲学》的"客观精神"部分的深入阐发,而把《美学讲演录》《宗教哲学讲演录》《哲学史讲演录》看作是《精神哲学》的"绝对精神"部分的深入阐发。相反,黑格尔直到临终前不久才着手对《精神现象学》进行一些无关痛痒的修改,这里的倾向和态度是显而易见的事情。而之所以出现这个局面,仍然得追溯到黑格尔从一开始对于他的哲学体系的构想。

首先我们必须承认,在黑格尔的整个哲学体系的形成和发展过程中,《精神现象学》作为《科学体系》的第一部分或导论,对于这个体系的完满建立可谓"功不可没"。对此黑格尔在1812年的《逻辑学》序言里说道:

　　我认为,唯有在这条自己构建自己的道路上,哲学才能够成为一种客观的、明示的科学。——按照这个方式,我在《精神现象学》里尝试着把**意识**呈现出来。意识作为精神乃是一种具体的、尽管局限于外在性的知识;但这个对象的推进运动,就像所有自然生命和精神生命的发展过程那样,都仅仅是依赖于**纯粹本质性**的本性,正是这些纯粹本质性才构成了逻辑学的内容。在这条道路上,意识,作为显现着的精神,摆脱了它的直接性和外在具体环境,转变为纯粹知识,而纯粹知识则是以那些自在且自为存在着的纯粹本质性本身为对象。纯粹本质性是纯粹思想,是一个思维着自己的本质的精神。纯粹本质性的自身运动是它们的精神性生命,唯其如此,科学才构建起自身,并且把这种精神性生命呈现出来。就此而言,我所称之为**精神现象学**的那种科学与逻辑学之间的关联已经昭然若揭。——至于外在的关系,按照我原先的决定,《科学体系》的第一部分包含着《精神现象学》,而随后的第二部分应当包含着逻辑学和哲学的两门实在科学,即自然哲学和精神哲学,从而完成整个科学体系。但由于逻辑学本身必须加以扩充,这促使我专门把这部分予以发表;因此,在一个拓展了的计划里,可以说《逻辑学》构成了《精神现象学》的第一个续篇。(TWA 5,17—18)

　　就此而言,《精神现象学》作为黑格尔哲学体系的"导论"已经完成了自己的历史使命,"概念"(Begriff)作为最抽象同时又最有内涵和最具体的东西,已经走上了符合自己规律的康庄大道,从最初的"纯粹存在"发展到最终的"绝对理念",然后外化为自然现象和精神现象。

　　按着这个思路,黑格尔本来应该继续发表《自然哲学》和《精神哲学》。然而黑格尔并没有这样做,而是于1817年出版了一部完整的《哲学全书》。这就给《精神现象学》的地位蒙上了一层阴影。原因在于,《哲学全书》的《精神哲学》分卷不仅和《精神现象学》一样以"精神"为对象,而且其中的"精神现象学"章节的内容显然是基于之前的《逻辑学》和《自然哲学》,而按照黑格尔原本的构想,《精神现象学》才是《逻辑学》的前提。对于这个圆圈或循环应该怎么解释? 借用传统的一种诠释模式,那么可以说,《逻辑学》和《自然哲学》是《精神现象学》的**存在的根据**(即是说"精神"是继"概念"和"自然"之后的另一种存在方式),而《精神现象学》则是《逻辑学》和《自然哲学》的**认识上的根据**(即是说我们总是必须在现实中历经精神的各个形态,才能从"绝对知识"出发,过渡到逻辑学乃至自然哲学的认识)。换言之,《精神哲学》是《逻辑学》和《自然哲学》的顺理成章的发展和延续,而《精神现象学》则是在探索和揭示这个"顺理成章"的"理",是在为整个黑格尔哲学体系奠定基础和开辟道路。后者在完成了这个历史使命之后,黑格尔主观上虽然未必想要"过河拆桥",更不会像后来的维特根斯坦那么极端,把起初的"导论"当作爬上屋顶之后可以扔掉的梯子,但他不得不承认,与《精神哲学》内容叠合的《精神现象学》作为一个完整的板块已经没法嵌入到如今的"哲学科学体系"里面。

现在我们再来看看《精神现象学》和《哲学全书》之《精神哲学》分卷在结构框架上的同异之处。就《精神现象学》而言,撇开"序言"和"导论"不论,这部著作实际上是由以下八章组成的:1)感性确定性、2)知觉、3)力与知性、4)自身确定性的真理、5)理性的确定性和真理、6)精神、7)宗教、8)绝对知识。而《哲学全书》之《精神哲学》分卷首先划分为"主观精神""客观精神"和"绝对精神"三个部分,其中"主观精神"又继续划分为"灵魂""意识""精神"三个部分,而这里的"意识"部分又冠名为"**精神现象学**",其中再度区分为三个部分:

"严格意义上的意识"(分为"感性意识""知觉活动"和"知性")——大致相当于《精神现象学》的第1、2、3章;

"自我意识"(分为"欲望""作出承认的意识""普遍意识")——大致相当于《精神现象学》的第4章;

"理性"——大致相当于《精神现象学》的第5章。

也就是说,在作为成熟体系的《哲学全书》里,黑格尔如今认为"精神现象学"仅仅属于"主观精神"的层面,其圈定的范围仅仅对应于《精神现象学》的第1—5章。既然如此,我们又当如何处置《精神现象学》的"精神""宗教""绝对知识"这最后三章呢? 实际上如果我们再仔细对照一下《精神哲学》和《精神现象学》,那么可以发现,《精神现象学》第6章所讨论的"伦理""教化""道德"等对象,在内容上大致与《精神哲学》的"客观精神"部分相对应,而《精神现象学》第7、8两章所讨论的"宗教"(包括"艺术宗教")和"绝对知识",则与《精神哲学》的"绝对精神"部分中的"艺术""宗教""哲学"相合。就此而言,至少从框架结构来看,《精神现象学》和《精神哲学》在总体上是一致的,尽管两部著作在具体内容乃至表述方式上有着巨大的差别(恰恰是这个差别使得《精神现象学》成为一部"**独立的**"著作)。换言之,《精神现象学》尽管没有明确地提出"主观精神""客观精神"和"绝对精神"之分,但它实际上就是遵循着这个辩证的框架结构层层推进的。这个事实也与黑格尔的整个体系构想相契合。也正是由于这种框架结构上的体系一致性和黑格尔的一以贯之的辩证法精神,《精神哲学》以及《法哲学原理》(还有《历史哲学讲演录》《美学讲演录》《宗教哲学讲演录》《哲学史讲演录》)才成为《精神现象学》的最好的"评注"(Kommentar)或"参考书"(Lesehilfe)。

关于黑格尔的精神"现象学"

我们希望一般地指出,尽管"现象学"(Phänomenologie)以及类似的"现象学说"(Erscheinungslehre)这些术语在黑格尔同时代及之前的哲学家(厄丁格尔、朗贝尔特、赫尔德、歌德、康德、莱因霍尔德、费希特等等)那里已经被零星使用,但是它们并不具备什么特殊的高深含义,而是仅仅意味着通过可见的现象推测不可见的本质,或如何从本原推导出现象等等。[1]

---

[1] Vgl. Wolfgang Bonsipien, *Einleitung*, in G. W. F. Hegel, *Phänomenologie des Geistes*, Hamburg 1988. S. IX-XVI.

因此值得注意的是，黑格尔的《精神现象学》在谈到"现象"时从来没有提及 Phänomen，而是仅仅使用 Erscheinung、Schein 等说法，而这些术语也没有像在后来的《逻辑学》里面那样，作为整个概念体系之内的一个有着严格固定位置的范畴而出现，而是在一般的意义上意指精神的"呈现"（Darstellung）。实际上，黑格尔的"精神现象学"首要的关键点不是在于"现象学"，而是在于一个作为实体和主体的"精神"，然后才谈得上这个精神显现出来的从感觉直到绝对知识的各种"形态"（Gestalten），以及精神在这个显现过程中呈现出来的客观的辩证规律。因此黑格尔的"精神现象学"确切说来是一种**精神形态学**。黑格尔的"现象学"和 20 世纪流行的那种具有反体系、反基础主义、反历史主义和主观唯心主义倾向的"现象学"（尤其是胡塞尔的现象学）有着本质的区别，甚至可以说二者是一种风马牛不相及的东西。后者在黑格尔的眼里（假若黑格尔能够亲自经历这些思潮），大概仅仅停留在"主观精神"甚至"感性确定性"的层次吧！商务印书馆贺麟、王玖兴翻译的《精神现象学》已经在"译者导言"中简单分析了黑格尔的"精神现象学"和 20 世纪的"现象学思潮"的区别，并断言"胡塞尔所谓现象学其实不是现象学"（该书第 13 页）。对于这个问题，靳希平老师曾经撰文批评贺麟，①指出贺麟在讨论胡塞尔现象学时所参考的文献很不靠谱，因此其对胡塞尔的论断有失公允。实际上，这个问题可以分为两个层面来看：诚然，说贺麟没有充分准确地理解胡塞尔，这个批评是完全合理的；但是，这个批评其实并没有动摇贺麟所指出的那个基本事实，即胡塞尔的"现象学"和黑格尔的"现象学"完全是两码事。我们之所以特意强调这个问题，是希望提醒读者不可望文生义，把两种除了名称之外毫无共同之处的哲学思想搅和在一起。

---

① 靳希平《〈精神现象学〉与胡塞尔现象学的关系——从"译者导言"谈起》，载《北京大学学报》2010 年第 5 期。

《精神现象学》的根本主旨:精神的自我认识和自由

《精神现象学》最初的书稿始于"导论"部分,而正式出版时的长篇"序言"是最后才补写的。这篇"序言"与其说是全书的前奏,不如说是全书的带有胜利宣言意味的一份总结,其中的很多思想其实是以《精神现象学》的完成为前提。就此而言,一般的读者在阅读《精神现象学》时,从"导论"部分开始也许是更合适的,因为这才是《精神现象学》的真正开端。不过为了从一开始就把握到《精神现象学》的精神主旨,最合适的莫过于看看黑格尔本人于1807年10月28日为《精神现象学》撰写的图书发行广告:

> 这本书阐述了一种**处于转变过程中的知识**。……精神现象学把不同的**精神形态**作为一条道路上的诸多停靠站点包揽在自身之内,通过这条道路,精神成为纯粹知识或绝对精神。因此,在这门科学的主要部分及其细分章节里面,意识、自我意识、从事观察和有所行动的理性、精神本身以及不同形式下的精神(伦理精神、教化精神、道德精神、最后是宗教精神)依次得到考察。那些乍看起来混乱不堪而又丰富多彩的精神现象被纳入到一个科学的秩序当中,这个秩序按照精神现象的必然性把它们呈现出来,在其中,各种不完满的精神现象自行瓦解,过渡到更高的精神现象,后者是前者随后的真理。各种精神现象先是在宗教里,然后在科学——作为整体的结果——里找到最终的真理。(TWA 3, 593)

在这份关于《精神现象学》的最简明的内容简介里,凝缩了"转变""知识""精神形态""道路""科学的秩序""结果"等关键词。《精神现象学》始于知识,终于知识(科学)。但是黑格尔的哲学根本不是通常所谓的"知识论",他也更不是后人所批评的那种"认识论中心主义者"。毋宁说黑格尔恰好是通常所谓的"认识论"的反面——这种思维方式在研究"我们如何认识到对象本身"的时候,一开始就假定,"认识者"和"被认识者"是根本不同的两个东西,然后通过感觉或思维的中介才联系在一起。(TWA 3,70)但这样得来的联系始终是可疑的,通过联系而得来的知识在何种意义上才可靠,甚至这联系本身是否可能,都是很多哲学家一直争论不休的问题。无论是主张对象决定主体的经验主义反映论,还是主张主体决定对象的先验唯心主义,都是从二元性出发,最终又回到二元性。正因如此,他们永远都达不到真正的"知识",达不到"真相"(das Wahre)。黑格尔从一开始就揭露了这种"认识"的二元论本质。如果不克服这种二元论,那么无论怎么检讨"认识"的能力和界限都没有用处。我们究竟为什么要认识?终归是为了掌握对象,与对象达成统一,然而如果对象在根本上已经是一个"他者",怎么可能与我们达成统一?——除非对象并非绝对意义上的"他者",而就是我们自身,只不过是以"他者"的形态存在着。我认识到"他者"就是我自己,我通过"他者"(实即我自己)认识到我自己。因此《精神现象学》的任务就是要表明,无论多么千差万别的、不同领域不同层次的"他者",其实就是精神自身,都是精神的各种变形和规定性。精神在这些无穷的差别和对立里,且正是通过这些差别和对立,认识到它自己。就此而言,《精神现象学》表述的是**精神的自我认识**。

出于同样的立场,黑格尔在后来的《精神哲学》一开篇就指出:"'**认识你自己**'——这个绝对的律令并非……仅仅意味着个体从片面的能力、性格、趣味、弱点等方面得出的自我认识,而是意味着对于人的真实本质的认识,对于自在且自为的真实存在的认识,——认识到**本质**本身就是精神。"(TWA 10,9)德尔菲的阿波罗给希腊人提出的这个要求并不是一种居高临下的、外在的、陌生的、强迫的命令,而是代表着神自己的神圣法则。"精神的所有行为都仅仅是对于它自己的把握(Erfassen),所有真正的科学的目的仅仅是,**精神在天上地下的一切东西中都认识到它自己**。"(TWA 10,10)

除了"自我认识"之外,精神的另一个根本界说在于"**自由**"。(TWA 10, 25)所谓自由,是指精神总能扬弃外在而回到自身,化"他者"为自我,达到主体与客体的同一性,而这个同一性同时又是"绝对的否定性",即对于一切外在的"他者"的否定。更重要的是,"精神的自由不是单纯外在于他者的自由,而是一种在他者之内赢得的对于他者的非依赖性——它不是通过逃离他者,而是通过克服他者而得以实现。"(TWA 10, 26)这种自由比起康德的"自律"或"自身规定"已经前进了一大步,因为康德所说的"自由"主要还是"不依赖于他者"的意思,这种自由并没有"进入他者",当然也更谈不上"克服(扬弃)他者",就此而言,它始终是一种孤芳自赏的、个别的自由。比如"道德性"这个东西,我诚然可以摆脱作为他者的经验,自愿决定遵守实践理性给出的义务,但这样得来的道德性仅仅是"我的"道德性,它并没有改变现实中普遍的"不道德"的事实,而这与道德性本身的要求——作为普遍有效的东西——是相悖的。而黑格尔提倡的是通过他者而获得道德性,这就必须把道德从个人觉悟的问题转变为社会问题,道德在于"意志的概念"与"特殊的意识"的统一,即是说,在于每个人都把共同的善当作自己的善,而这之所以可能,归根结底仍然是因为普遍与个别的对立统一的辩证法。

总之,通过"自我认识"和"自由"这两个根本的规定性,我们可以说把握了精神一般的本质。我们研究"精神现象学",如果一开始竟然不知道"精神"是什么,那么这里的问题可想而知。遗憾的是,《精神现象学》并没有提供给我们这样的澄清,而是直到"精神"(最早也得在"理性")的章节才正式把"精神"当作一个对象来予以讨论,这显然不能弥补之前迷惑带来的理解上的损害。诚然,谁都知道"感性""知觉""意识"等等都是"精神的**形态**",但是为什么把它们称作**精神**的形态,这并不是一个自明的问题。如今通过《精神哲学》开门见山的界定,我们对"精神"有了最基础的把握,这对于随后理解精神的"现象学"无疑是十分重要的。

《精神现象学》的基本线索

"精神现象学"的道路从"感性确定性"开始。然而什么是感性？感性从何而来？感性为什么是意识的开端？对于这些并非无足轻重的问题，《精神现象学》并未作出解答，而是以一种貌似独断的方式提出其开端。实际上是《精神哲学》才给出了这些问题的答案。在《精神哲学》的"主观精神"部分的开篇，黑格尔指出，人类学的任务是去说明最初的精神如何作为**灵魂**(Seele)而出现。这个处于最初级阶段的精神，是一个未经中介的、未被设定的、外在存在着的、通过自然而被给予的实在性。灵魂与自然的关系经历了从合体到分裂的转变，最后灵魂战胜了"身体性"(Leiblichkeit)，把后者降格为灵魂的标记和呈现。在这种情况下，灵魂成为一种纯粹的、观念上的自身同一，而这就是**意识**："意识在灵魂之内觉醒过来。"(TWA 10, 38)这样觉醒过来的意识首先是一种**感性的**、通过感官的中介而与他者联系的活动，而"他者"则首先意味着被灵魂否定了的整个自然。

1) 在了解了感性的起源之后，我们可以踏实地从"**感性确定性**"出发探索精神的道路。黑格尔在这里谈的是"感性"，而不是视觉、触觉、听觉之类"感觉"，后者毋宁说是只有到了"知觉"阶段才会出现的东西。感性确定性是一种直接的确定性或"直接确知"——从词源来看，"确定性"(Gewißheit)一词本身就是来自于"知识"(Wissen)——，是一种"直觉"，用20世纪现象学的行话来说，就是"面向事情本身"。面向事情本身的感性确定性貌似是"一种**最丰富的**认识，一种有着无穷内涵的认识……除此之外，感性确定性还显现为一种**最真实的**确定性，因为它还没有从对象身上取走任何东西，而是让对象完整无缺地摆在我们面前。但在事实上，这种确定性暴露出自己是一种最抽象、最贫乏的真理。对于它所知道的东西，它所说出的仅仅是：'这东西存在着。'"(TWA 3, 82)正如黑格尔所揭示出的，"这东西"("这一个")仅仅存在于感性的"意谓"之中，不可言说,也不可能通过任何别的方式(比如"指明")表达出来,因为任何东西只要脱离意谓而被表达出来,它就转变为一个普遍者,转变为"这一个"的反面。感性确定性珍视"个别东西",以之为最高原则,以为没有什么比这更真实,但真实的情形是,"**个别**"本身却是一个具有普遍意义的东西,正是它使得**每一个**个别东西是个别的。

2)感性确定性的结果不是绝对个别的"这一个",而是一种经过中介的、普遍的东西。唯其如此,我们才可以说在一定的层次(最低的层次)上"接纳真相"(nehme ich wahr),而这就是"**知觉**"(Wahrnehmung)。(TWA 3,92—93)知觉的要点在于把握"我"和"对象"这两个普遍者之间的关系。对象仍然是"一个东西",知觉仍然是感性的,与此同时,"尽管感性的东西本身还保留着,但却不再像在直接的确定性中那样是一种意谓中的个别事物,而是一个普遍者,或者说一个被规定为**属性**的东西。**扬弃**呈现出它的真正的双重意义……也就是说,扬弃既是一种**否定**,同时也是一种**保存**。"(TWA 3,94)由于"这一个"的个别性,属性彼此之间漠不相干,互不接触;另一方面,发挥着中介作用的普遍性表现为"物性",它通过"**并且**"(auch)的方式把各个属性集合在一起,让它们在彼此互不干扰的同时成为一个统一的"单一体"。这就是黑格尔通过一粒具有多重属性的盐的例子来说明的情形。知觉并不是单纯地接纳对象,它本身也是一个普遍的中介:我看到,这个是白的;我尝到,这个并且是咸的;我摸到,这个并且是立方体的……随着意识回到自身的反映,物——作为许多不同的和独立的属性的持存——也回到自身,确定下来。如果说感性确定性所认识的"这一个"还只是自在存在,那么知觉活动所认识的物则被设定为自为存在。知觉把对象当作自己的本质,但这个对象不是别的,正是知觉活动本身。对象与知觉活动的对立,就是"个别性"与"普遍性"的对立,而知觉的诡辩术经常误解这个对立,它把普遍性当作"本质",把个别性当作"非本质的东西"。但真正说来,这里面没有什么"非本质的东西",一切都是作为发展的环节而存在。

3)意识作为知觉活动达到了"思想",就是说,达到一种"无条件的普遍者",一种"自为存在"。(TWA 3，107)但由于自为存在和为他存在（与他者相关联）被设定为同一个本质，所以普遍者本身与多样性形成了一个不可分割的统一体，一个相互转化的运动。这个运动就是"力"。通过力的"外化"和"内在"的区分，我们得到了"内核"的概念。"内核"的意义在于，它不是直接为了意识而存在，而是与意识保持一种间接的关系，意识只有通过力的外化的媒介才洞察到物的真实幕后。(TWA 3，116)这个媒介是一种消失着的运动或存在，即**"现象"**（Erscheinung）。而**"假象"**（Schein）则是指一种"直接在其自身就是非存在的存在"。一切孤立的东西都是"假象"，但"假象的整体"却是现实，而整体作为完整的和普遍的东西，构成了内核，它就是力的外化和回到自身的反映。意识区分了内核和现象，把二者绝对地对立起来，制造出感性世界（现象世界）和超感性世界（真相世界）的分裂，设定后者为"彼岸世界"，一种空虚的、绝对取消了现象的东西。如果意识只看到现象，却看不到"内核-现象-意识"的"结合存在"关系，那么它只能悲哀地固守在现象上面，同时祈盼着一个"神圣的"、空虚的彼岸世界。(TWA 3，118)但严格说来，内核或彼岸并不是与意识和现象隔绝的东西，它"来自于"现象，现象是它的中介过程，或者说现象才是内核的本质，是内核的充实。如果现象就是内核，那么在知性看来，现象与内核的差别就仅仅是一种单纯的、普遍的差别——"这个普遍的差别表现为规律（Gesetz），而规律是变动不居的现象的一幅持久不变的图像。"(TWA 3，120)规律是知性的对象。知性经验到了现象自身的规律，即一致性和差别的相互转化，或者说一切差别只有作为"内在的差别"才能被固定下来："它和它的对立面形成了单一的统一体，只有这样，它才是一个内在的或自在的差别，或者说只有这样它才是**无限性**。"(TWA 3，131)"无限性"作为"绝对者"的代名词，是黑格尔哲学的一个核心概念。它的根本思想是：无限只有作为无限与有限的统一才是真正的无限。或者说，真正的无限是同一与差别的同一。如果无限只是与有限处于同一个水平上的对立，那么这不过是一种"糟糕的无限"，即"外在的差别"。

对于这个无限性,黑格尔还给出了很多称谓:生命的单纯本质、世界的灵魂、普遍的血脉、纯粹的自身运动的绝对躁动,等等。黑格尔在这里指出:"[无限性]只有在**内核**之内才自由地登上台面。……当无限性的真实本质成为意识的对象,意识也就成为自我意识。"(TWA 3, 133)以无限性为对象的意识是一种无限的意识,就是意识的内在区分或对于无区分者的区分:我把我自己区分开,在这个行为里我立即意识到,这个区分开的东西是没有区分的。无限性当然也不只是局限于自我意识,因为对象同样也是无限性,也就是说,自我意识经验到的对象仍然是它自己。现象作为中介已经完成了自己的使命,现在是两个内核之间的关系。"悬挂在内核前面的幕布被拿走了,呈现在我们面前的是一个内核对于另一个内核的直观活动。"(TWA 3, 135)

4)在自我意识之前,真相与意识是两个不同的东西。如今"存在者""物""力"之类东西消失了,意识本身就是真相。意识诚然区分出一个东西,但这个东西同时与意识又是没有差别的。在自我意识这里,仍然保存着意谓所认识的存在、知觉所认识的个别性和普遍性、知性所认识的空洞内核,但它们仅仅是一些环节,因为自我意识本身是从感性世界和知觉世界那里回到自身的反映。作为内在的差别,自我意识表现为"我是我"(一种抽象的自由)。但这种抽象的自由或自我意识必然与一个外在的客体捆绑在一起,作为对于这个客体的否定。(TWA 10, 213)它必须统一,就此而言,它是"**欲望**"——即对于统一的追求和对于他者的扬弃。(TWA 3, 139 u. 143)欲望的对象是"有生命的"东西,因为"有生命"意味着自身反映,但正因如此,它是自为的,独立的,或者说也是一个自我意识。自我意识确信他者是虚无缥缈的,认为这是自己的真理,与此同时,欲望及其满足都是依赖于他者,因为它们必须通过他者的中介或通过扬弃他者才成立。自我意识要求对象自己否定自己,更重要的是,要求对象在与自我意识的关系中自己否定自己。唯有如此,自我意识才得到"**承认**",而且自我意识只有作为一个被承认的东西才存在。

自我意识面临的问题是,它在肯定自己的时候,总是会肯定他者,而当它扬弃他者的时候,总是会扬弃自己。它有什么行为,对方也有什么行为,它的行为是怎么针对对方的,也就是怎么针对它自己的。"它们承认自己,正如它们彼此承认着对方。"(TWA 3, 147)但是这个平衡被打破了,分裂为"被承认者"和"承认者"两端。起因在于,行为跟生命搭上了关系,行为就在于致对方于死地,同时冒着搭上自己的生命的危险,因此两个自我意识的关系被规定为"生死较量"。尽管生命和纯粹的自为存在是同样根本的东西,但在这个过程中,那个更看重生命,以生命为本质的自我意识成为奴隶,而那个以自为存在为本质的自我意识则成为主人。主人一方面与奴隶和物(独立存在)直接相关联,另一方面更主要地是间接地通过奴隶与物相关联,通过物与奴隶相关联。至于奴隶这边,他的行为完全是主人的行为,主人怎么对他,他就怎么对自己,因此这是一种"片面的和不平等的"承认,因为真正的承认是"承认自己的同时也承认彼此"。实际上,这种情况是不利于主人的,因为他从一个独立的意识转为一个非独立的意识。反之奴隶在自身那里最深刻地经验到了什么是纯粹的否定性,而这必然会走向对于奴隶意识本身的否定。这是如何做到的呢?"通过劳动,奴隶意识返回到自身内。"(TWA 3, 153)劳动是一个长久的塑造行为,它使得劳动者(奴隶意识)意识到自己是一个独立的存在。但必须注意,奴隶的独立只是对物而言,因为他并没有摆脱主人。奴隶最大的主人不是那个强迫他劳动的主子,而是"死亡",这是奴隶最为畏惧的东西。只要奴隶还没有把生命与自为存在统一起来,他的"独立"或"自主的意向"就还只是一种刚愎自用,一种自以为是。也就是说,奴隶仍然没有达到真正独立的意识。

奴隶意识虽然意识到自己是独立的存在,但并不知道这是它自己的本质。但在"思维"里,意识意识到无限性是自己的本质。思维不再把表象,而是把概念当作对象,意识在概念里直接意识到自己与对象的统一,换言之,它的对象是自在存在和自为存在的直接统一。这就是斯多亚主义。但是斯多亚主义的这种自由比奴隶意识好不了多少,因为它摆脱了主人-奴隶-物的关联以及相应的积极后果,抛开一切,退回到思想的单纯的本质性、思想的纯粹普遍性。"它脱离实存,完全退缩回自身内,没有成为一种对于实存的绝对否定。"(TWA 3, 159)它只有纯粹的形式,缺乏内容,因而让人很快厌倦。

怀疑主义是思想自由的实现,或者说,是贯彻到底的斯多亚主义。从正面来说,"怀疑主义指明了一个从感性确定性到知觉再到知性的辩证运动,并且指明,处于主奴关系里的东西,以及那些在抽象思维看来特定的东西,都是无关本质的。"(TWA 3, 160)怀疑主义企图摆脱这个辩证运动,因此它对于所有他者都保持"不动心"的状态,由此获得一种不变的、真正的自身确定性,但这种确定性不过是空洞的、偶然的、无序的东西;另一方面,怀疑主义重新转变为一种普遍的、与自身一致的自我意识,否定一切个别性和差别。这是一种迷失的自我意识,它反反复复,奔走于两个极端之间,陷入自相矛盾和抬杠。

新的意识形态一方面意识到自己是一种不变的、自身一致的意识,另一方面意识到自己是完全混乱和颠倒的,而且意识到了这个矛盾。"这就是哀怨意识,即意识到自己是一个双重化的、完全自相矛盾的本质。"(TWA 3, 163)它最大的特征是:在自身内分裂。在分裂双方的敌对和战争里,无论哪一方获胜,对它来说都意味着失败。它意识到自己是个别性,同时又意识到个别性的虚妄,因此走向那个持久不变者。哀怨意识不知道作为其对象的持久不变者就是它自己,而是把它看作一个孤立的"上帝",并在这个基础上与上帝发生联系。这个联系又有三种表现方式:a)或者执著于纯粹的意识,即整天祈祷、默思的神秘主义和出世主义,不把个体性当回事;b)或者执著于个体的方面,不把普遍者当回事,将其遗忘,心安理得地沉迷在欲望享受等世俗生活里;c)或者真正意识到个体的本原只有通过理性才与普遍者达到统一,意识到只有作为理性,所有的个体才具有实在性。因此只有上升到理性的层面,意识才会扬弃"普遍与个别"分裂造成的哀怨或苦恼。

5)当意识确信全部实在性无非就是它自己,它也就达到了"理性"的层面。黑格尔把这个阶段的意识称之为"唯心主义"(TWA 3, 179),但这个界定和通常所说的那种与"唯物主义"或"实在论"相对立的哲学流派是两码事。"唯心主义"意味着,意识如今知道这个世界是"它的"世界,知道世界是一个合乎理性的现成存在,因此它去观察自然界、观察自我意识与外部现实性的关系、观察自我意识与其直接现实性之间的关系,把握其中的理性规律,并通过这种方式充实了那种空洞的"属我性"。(TWA 3, 185)在经历了这些阶段以后,合乎理性的自我意识自己实现了自己,而这意味着"在一个独立的他者那里直观到自己与它形成了一个完整的统一体",把貌似独立的事物看作是我的自为存在。(TWA 3, 264)这个认识必然导致"伦理"的出现:"我在所有的人那里都直观到……我和他人组成了一个自由的统一体,这个统一体既依赖于我,也依赖于他人,——他人就是我,我就是他人。"(TWA 3, 266)在这里,自我意识同样经历了个别与普遍的辩证运动,它享受到了"快乐",即得到另一个独立意识的承认,但它立即发现自己在本质上不再是它自己,而是它和对方的统一体,因此它扬弃自己,成为一个普遍的意识。这样一种情况就是个体性经验到的"必然性"。但是个别意识只能经历一种自身扬弃,而不能自己直接就成为一个普遍者;如果它产生这种想法,这就是"自大狂"的来源。(TWA 3, 281)这个关系也出现在"德行与世道"里面。德行的悲剧在于,它想要取消个别者,以实现普遍的善;它以为世道是善的对立面,因此进行反抗,但它在这个反抗过程中却发现,世道是一个普遍者,是一个现实的善,因此德行被打败了。作为手下败将的德行也暴露出自己其实和古人推崇的德行是两码事,因为古人的德行有着内容丰富的基础,与世道并不矛盾,而今人所谓的"德行"是一种缺乏本质的德行,仅仅存在于一些空无内容的词语之中。(TWA 3, 290)沿着这个思路,黑格尔以"每个人应当说出真理"和"爱你的邻人如爱你自己"这两个号称无条件的义务为例,批评了康德和费希特的空洞的"制定法则"和"审查法则"的理性,指出它们"始终停留于**应当**,但是不具有任何**现实性**;它们不是**规律**,而是**戒律**。"(TWA 3, 315)黑格尔坚持认为,正如索福克勒斯所说的那种"未成文的和确实可靠的神律",事情的"**正当性**"已经客观地存在着,"已经**自在且自为地**决定下来"，我们需要做的不是折腾和追究"什么是正当的"，而是应当把自己纳入伦理实体，把自我意识看作是伦理实体的现实存在和具体表现。(TWA 3, 322—323)

6) 理性之所以成为精神，在于"知道自己是全部实在性"这一自身确定性已经提升为真理，世界真正成为精神的一种客观存在，亦即"客观精神"。最初作为真相的精神呈现为精神实体与个别精神的对立。精神实体是精神的所有规定性的实存，它是一种"伦理实体"，是一个"**实存着**并且**发挥着效准**的精神"。(TWA, 3, 329) 按《精神哲学》，伦理实体分别表现为家庭、社会、国家。在《精神现象学》里，黑格尔分析了伦理世界和伦理行为里面的个别性与普遍性的冲突及其各自的合理性，并将二者同归于尽导致的普遍紊乱状态界定为一种绝对的个人原子主义。(TWA 3, 357) 自我意识认识不到自己的普遍效准，而这就是"**异化**"(sich entfrem-den, Entfremdung)。实际上就这个概念本身的意思而言，"异化"(脱离自身，不认得自己)并不是现在才发生的事情，毋宁说它存在于精神的所有层次("绝对知识"除外)，它就是精神的本质，没有什么精神性的东西不是异化的东西。与此同时，与其执着于"异化"，我们倒不如把更多的关注点放在与之对应的那个概念"**教化**"(Bildung)上面。教化意味着自我意识脱离了自己的自然存在，脱离了自己的人格性，并以这种方式产生出自己的世界，而自己作为一个陌生的世界与之关联，使得它从现在起可以进入那个世界，掌握那个世界。在这个关系里，自我意识把自己提升为普遍者，并在其中获得自己的现实性。另一方面，教化与"纯粹意识或思维的非现实的世界"相对立，进而发展为"纯粹识见"和"信仰"的对立。信仰的对象虽然是一个"纯粹的思想"，但在意识里却是一个位于自我意识的彼岸的客观存在，一个属于表象层面的超感性世界。反之按照纯粹识见，只有当对象具有自我的形式，它才具有真理。因此纯粹识见向一切意识大声疾呼"理性"。(TWA 3, 398) 这就是"启蒙"。在启蒙阶段，纯粹识见是主动出击与信仰作斗争。但这些斗争是不痛不痒的，而且启蒙同样玩了一些魔术把戏，比如它剥夺了信仰的绝对内容的意义，把信仰的对象贬低丑化为一块石头或一个面团等等。(TWA 3, 409)结果是信仰的王国被洗劫一空,所有的财富都被讨还回来给了大地,而信仰在遭受这等损失之后,就和启蒙成了同一个东西,即都是以各种自在存在着的有限事物与一个莫名其妙的绝对者的关联为对象。以上冲突扬弃了现实世界和超感性世界、对象和自身确定性之间的对立,但又造成了纯粹思维与抽象物质的分裂,这种分裂的实践后果就是黑格尔在"绝对自由与恐怖"一节里阐述的内容。"在精神看来,世界完全就是它的意志,而它的意志则是一个普遍的意志。"(TWA 3, 432)它登上了世界的王座,没有任何力量能与它抗衡。但是这种否定了一切规定性的绝对自由不能带来任何积极后果,而只能导致一种纯粹的否定:"普遍自由的唯一事业和唯一行为是死亡,一种没有任何内容和意义的死亡……这种死亡之所以是最冷酷和最平淡无奇的东西,就在于它并不比劈下一颗白菜根或吞一口水具有更多意义。"(TWA 3, 436)为了摆脱这种自我毁灭,绝对自由过渡到精神的另一片天地,即"道德",在那里,"**普遍意志**是意识的**纯粹知识和纯粹意愿**。"(TWA 3, 440—441)在"道德世界观"和"颠倒错位"等章节里,黑格尔批评了康德的"至善""公设""道德的二律背反""道德性"等观点,指出它们最终会使得道德成为一个不可能的东西。为了解决上述矛盾,黑格尔在"个人"和"已经掌握了自己的真理的教化世界"之外找到了"第三种自主体",亦即"良知——那个直接确知自己是绝对真理和绝对存在的精神"。(TWA 3, 465)然而良知在实践中表明自己和绝对自由是近亲,因为它不认为什么内容对它而言是绝对的,它同样是一种对于所有规定事物的绝对否定。但在这种情况下,尊贵的良知不过是一种哀怨无力的"优美灵魂"。只有当良知做到了"宽恕",放弃自己的非现实的本质,它的对立面才会也放弃自己的规定,与之达成"和解"。唯有基于这样一种纯粹自我认识和另外一种纯粹自我认识的相互承认,才有可能进入"**绝对精神**"的领域。(TWA 3, 493)

7)众所周知,黑格尔的成熟的《精神哲学》把"艺术""天启宗教"和"哲学"界定为"绝对精神"的三个阶段。在《精神现象学》这里虽然尚未出现上述划分,但黑格尔把宗教分为"自然宗教""艺术宗教"和"天启宗教"三个阶段,显然已经对"艺术"的定位有着自觉的认识,尽管他在这时候无论对艺术还是对宗教的认识都远远逊色于同时期的谢林。黑格尔在这里提出,"宗教"——作为一种以一般意义上的**绝对本质**为对象的意识——其实在之前的意识形态里已经以不同的方式表现出来,比如知性所指的超感性世界、哀怨意识所指的彼岸世界、伦理世界所指的阴曹地府、启蒙所指的天国、道德世界观所指的上帝,等等。但这些都不能称作是真正意义上的"宗教",因为它们表达出的都是一种片面的关系,即只是关注意识这方面的演化发展情况,但真正的宗教则必须同时着眼于绝对本质本身作为一个自在且自为的意识的演化发展。(TWA 3, 495)换句话说就是,"精神作为一个意识分裂为两端,两端都在'精神'这一形态之下彼此作为对方的对象存在着。"(TWA 3, 502)沿着绝对本质的形态发展的线索,黑格尔考察了自然宗教的原始状态(对于光明、花草、工匠的崇拜等),考察了艺术宗教中的艺术品从抽象性到生动性再到精神性的发展,最终在天启宗教中发现了绝对本质的直接呈现:绝对本质不仅是**实体**,也不仅是**主体**,最重要的是,它是一个**直接存在着的主体**。

8)最后是代表着"哲学"的"绝对知识"。正如我们早就指出的,"精神的自我认知"是黑格尔的《精神现象学》乃至《精神哲学》的核心概念。当黑格尔把这种知识称作"绝对",那么这意味着,作为认知者和作为被认知者的精神都已经完全地、彻底地达到了绝对精神,而且精神的这种自我认知是一种纯粹的概念式把握,没有掺杂任何表象活动在内——后面这一点恰恰在哲学和宗教之间划清了界限。这个意义上的哲学已经是科学,但科学本身并不是一个孤立的果实,毋宁说它是此前所有知识的总括——我们不要忘了黑格尔曾经在"导论"中所指出的:"这条走向科学的道路本身就已经是科学。"(TWA 3, 80)通过这些思想,作为精神的转变过程的"**历史**"的意义也最终体现出来:"这个转变过程呈现出一个缓慢的运动,呈现出一系列前后相继的精神,好像一个画廊,其中的每一幅画都装饰着精神的全部财富,而这个运动之所以如此缓慢,恰恰是因为自主体必须渗透和消化它的实体的全部这些财富。"(TWA 3, 590)真理存在于历史之内,历史就是真理。黑格尔并不否认精神的每一个"崭新的开端",但精神的一切经验在本质上都是"回忆"或"**深入内核过程**"(Er-Innerung),即在一个新的层面上重复那已经层层积淀下来的教化进程——黑格尔用这个伟大的思想为柏拉图的"学习即回忆"提供了决定性的论证。

《精神现象学》的影响

我们曾经指出,《精神现象学》在黑格尔本人心目中的地位远不及《哲学全书》——这是黑格尔学派的"圣经"——或《逻辑学》,这也导致它长期(从黑格尔有生之年直到他去世之后的很长一段时间)遭到忽视,无论在同行还是在普通读者那里都是如此。比如对于费希特而言,鉴于黑格尔从未得到费希特的重视,这个问题可以暂时按下不表。谢林在1827年的《世界时代体系》里曾经有一次明确地批评《精神现象学》由于混淆了上帝的"存在"和"转变"而不得不虚构一种"历史性",①但总的说来,后期谢林对于黑格尔的批评仍然是集中在《哲学全书》和《逻辑学》。至于叔本华,他在1840年的《伦理学的两个基本问题》里干脆直接挖苦道,读《精神现象学》的感觉就像闯进了疯人院。② 当然,和上述诸位唱反调的人也是存在的,比如诗人让·保罗(Jean Paul)就独具慧眼,盛赞《精神现象学》的"清晰、写作技巧、自由和力量"。③ 青年马克思在《1844年经济学哲学手稿》中更是宣称,《精神现象学》是"黑格尔哲学的真正的诞

---

① F. W. J. Schelling, *System der Weltalter. Münchner Vorlesung 1827/28 in einer Nachschrift von Ernst von Lasaulx. Herausgegeben und eingeleitet von Siegbert Peetz. Frankfurt am Main 1990. S. 52–53.*

② Arthur Schopenhauer, *Die beiden Grundprobleme der Ethik. In Sämtliche Werke.* Band III. Hrsg. von Wolfgang Frhr. von Löhneysen. Stuttgart/Frankfurt am Main, 1960–1962. S. 497.

③ Vgl. Wolfgang Bonsipien, *Einleitung*, in G. W. F. Hegel, *Phänomenologie des Geistes*, Hamburg 1988. S. LV–LXIII.

生地和秘密"。① 尽管如此，总的说来，这部著作在当时仍然是知音寥寥，其影响远不能与《哲学全书》和《逻辑学》相提并论。

今天看来当然是另外的情形。《精神现象学》已经毫无争议地成为黑格尔的最有影响和得到最多关注的著作。然而具有讽刺意味的是，人们对于《精神现象学》的"偏爱"恰恰起源于自19世纪中叶以来的"拒斥黑格尔"这一大的思想背景。黑格尔于1831年去世之后，尽管谢林在德国唯心主义的道路上孤独地继续探索了20多年，但不可否认，德国古典哲学的辉煌时代已经结束了。康德、费希特、谢林、黑格尔所推崇的"理性""科学""认识""思维""自由""体系"等等已然成为过时的东西。伟大前辈的光辉成就对于后人往往意味着不可承受之重，后人为了凸显自己的些许价值，最便捷的做法莫过于歪曲、丑化、谩骂或直接无视前辈的功绩。比如，提到"体系"这个概念的时候，一定要给它贴上"固步自封""僵死""人为捏造""教条主义""扼杀自由和创造性"等等标签，这样，任何擅长瞎扯淡和胡思乱想的人不仅摆脱了缜密思维的艰辛劳作，而且可以在"体系哲学家"黑格尔面前重新获得深深的优越感，甚至可以居高临下展露出一丝施舍的好心，在黑格尔哲学里面妄自区分"活的东西"和"死的东西"，以便把可怜的黑格尔从"体系"那里搭救出来。在这种情况下，人们一方面贬低黑格尔的"体系"，贬低《哲学全书》中的"概念经院哲学"，另一方面却热衷于黑格尔的"充满青春活力和创造性的"《精神现象学》，捧着黑格尔的各种"未成熟的"早期习作如获至宝，也就不足为奇了。这些人——以20世纪的新黑格尔主义、存在主义、西方马克思主义为代表——所惯用的做法，就是把《精神现象学》割裂为一个孤立的存在，甚至将其与黑格尔后来的《逻辑学》《哲学全书》《法哲学原理》等著作对立起来。这样的结果只会导致对《精神现象学》乃至黑格尔的哲学思想进行肆意曲解。比如，在伊波利特（J. Hyppolite）和科耶夫（A.

---

① ［德］马克思：《黑格尔辩证法和哲学一般的批判》，贺麟译，人民出版社1955年版，第10页。

Kojéve)的解释下,黑格尔把"欲望"抬到如此之高的地位,简直与叔本华的唯意志论和萨特的存在主义没什么差别了。① 不可否认,这些诠释不乏思想的火花,对于人们反思黑格尔哲学及现当代西方思潮的发展也具有一定的启迪意义,但是,如果我们想要真正理解把握《精神现象学》和黑格尔的本源的哲学思想,然后从中得出真正对我们具有启迪意义的东西,那么"历史的-批判的"方法——在这里即把《精神现象学》放在黑格尔著作的整体的历史演进过程中来理解——仍然是一项基本而必要的工作。

与此联系在一起的一个基本要求,就是让我们坐下来踏踏实实、原原本本地阅读《精神现象学》这部著作。19 世纪的一名德国的哲学史家特伦德伦堡(A. Trendelenburg)曾经说过,《精神现象学》是而且始终是人们"夸得多、读得少的一本书"(liber laudatus magis quam lectus)。② 这个谶言不但针对着《精神现象学》,而且在总体上似乎也适合于今天我们这个一方面对经典著作叶公好龙,另一方面以罗列二手文献书单来炫耀"渊博知识"的时代。如何改变这个局面? 让我们从阅读《精神现象学》开始吧!

关于本翻译

黑格尔的《精神现象学》素以艰深晦涩著称,这对于译者来说无疑是个极大的挑战。迄今为止,汉语学界第一个也是唯一的一个译本是由贺麟和王玖兴合作完成的。这个译本被拆分为上下两卷,分别于 1962 年和 1979 年由商务印书馆出版。数十年来,贺王译本流传甚广,影响深远,可以说滋养了几代学者和读书人,其在学术史上的重大意义怎么评估都不

---

① Alex ander Kojéve, *Hegel. Eine Vergegenwärtigung seines Denkens*. Frankfurt am Main 1975. S. 54 ff.

② Wolfgang Bonsipien, *Einleitung*, in G. W. F. Hegel, *Phänomenologie des Geistes*, Hamburg 1988. S. LXIII.

过分。我上大学的时候,在尚未掌握德语之前,也是通过阅读这个译本(以及各位前辈翻译的其他黑格尔著作)来学习黑格尔哲学。

不过学术总在进步,今天客观地看来,贺王译本存在着不少问题。就具体内容而言,则可以说其中含混不清乃至错讹之处颇多,再有就是时不时地多出一些黑格尔原文里面不存在的字句。虽然贺麟在其译后记中说道:"译者在极少数的地方为了补足原文语意,采取了略增加几个字或一句话的办法。译者增补的字句都用方括弧[　]标明。"但实际情况却是,那些方括弧中的"补充"绝大多数都是画蛇添足,而大量真正的窜入文字却安然潜藏在方括弧之外。鉴于各种明显的理解错误和大量毫无必要的窜文,我猜测原因在于,贺麟和王玖兴在从事翻译的时候——就像他们自己交代的那样——可能过多地参照了《精神现象学》的各种英文译本、法文译本、俄文译本,到头来不免"以讹传讹",离黑格尔的原文渐行渐远。至于我自己,由于外语水平有限,看不懂英文、法文、俄文之类东西,只好老老实实遵循黑格尔的德文原文进行翻译。在我的翻译过程中,我唯一参照过的译本就是贺王译本。

既然贺王译本存在着缺陷,对于现今的读者而言,如果要准确地学习和理解黑格尔的《精神现象学》,一个完全基于黑格尔德语原文的准确可靠的新译本还是有必要的。准此,承蒙张世英先生的器重和信任,我于2005年底接手了重新翻译《精神现象学》的工作。具体说来,本书的翻译始于2005年底,至2011年中大致完成,此后我又花了两年的时间将译稿反复修改了五遍。在后面两遍修改中,我甚至特意把译稿交给一些"非专业人士"(比如我的从事音乐教育的妻子)阅读,让他们纯粹就中文文本自身的可读性提出意见,然后在这个基础上对文本加以润色——当然,这同样也是以绝对忠实于黑格尔的原文为前提。我希望通过自己的努力,贡献出一个准确可靠同时又流畅通顺的新译本,不仅可以用于专门的科研教学,而且能够面向广大普通读者。尽管有着这样的目标和努力,鉴于这项任务的艰难,新译本在个别地方难免也有错误和不尽如人意之处,至于其中得失,敬请识者明鉴,也欢迎各方面的读者给我提出宝贵的批评和建议。不管怎样,经典的西方哲学著作,尤其是《精神现象学》这种分量的著作,多几个译本可供选择的话,对于中国的学术界和读书界绝对是一件好事,这在汉译康德《纯粹理性批判》上面已经体现出来。

这个新译本从属于张世英先生主编的 20 卷本中文《黑格尔著作集》规划,该规划则是依据于莫尔登豪尔(E. Moldenhauer)和米歇尔(K. M. Michel)重新整理出版的 20 卷本《黑格尔著作集》,即所谓的"理论著作版"(Theorie-Werkausgabe)。① 因此我在翻译时使用的本子就是这套著作集的第三卷,即《精神现象学》。关于这个版本,我想在此稍作说明。诚然,关于黑格尔的著作,目前最权威的版本应当是自 1968 年以来陆续出版的所谓的"历史批判版"《黑格尔全集》,②但现在的事实是,在当前德国大学的黑格尔科研和教学中,20 卷本"理论著作版"《黑格尔著作集》并未被其取代,而是仍然得到广泛使用。这不仅是因为"理论著作版"具有悠久的历史渊源,一两百年来始终发挥着巨大的影响,更重要的原因在于,"历史批判版"相对于"理论著作版"的优越之处主要只是体现在对于黑格尔生前未曾公开发表的手稿和各种讲授录的发掘、重新整理、校勘,对于《逻辑学》和《哲学全书》的不同版本的辨析等等。如果我们今天要研究黑格尔的遗稿和讲授录,那么"历史批判版"应该是更为可靠的,但对于《精神现象学》、《逻辑学》、《法哲学原理》这些黑格尔在世时就已发表的著作,各种版本就具体文本而言并没有什么出入,因此我所依据的这个版本的《精神现象学》仍然是非常可靠的。

此外需要指出,客观上看来,《精神现象学》也存在着两个"版本",因为黑格尔在去世前不久(1831 年秋)曾经打算再版《精神现象学》,并为此着手进行修订,只不过这项工作很快就由于他的去世而中断了。在这

---

① GEORG WILHELM FRIEDRICH HEGEL *WERKE IN* 20 *BÄNDEN. Auf der Grundlage der Werke* von 1832-1845 neu edierte Ausgabe. Redaktion Eva Moldenhauer und Karl Markus Michel. Frankfurt am Main: Suhrkamp, 1972.

② G. W. F. Hegel, *Gesammelte Werke*, in Verbindung mit der Deutschen Forschungsgemeinschaft hrsg. von der Rheinisch-Westfälischen Akademie der Wissenschaften. Hamburg 1968 ff.

之后，无论是"理论著作版"的前身亦即"友人版"《黑格尔著作集》（1832—1845），还是舒尔策（J. Schulze）、拉松（G. Lasson）、伯兰德（G. J. P. J. Bolland）、魏斯（Ch. Weiß）等人整理出版的《精神现象学》单行本，全都是采纳了黑格尔修订之后的文本。直到 1928 年，拉松再次整理出版《精神现象学》，才转而以该书 1807 年首版的文本为准，这个做法被后来的霍夫迈斯特（J. Hoffmeister）版本和最新的由威瑟尔斯（H. F. Wessels）和克莱尔蒙特（H. Clairmont）整理出版的版本（该版本从属于"历史批判版"《黑格尔全集》）继承。至于我所依据的"理论著作版"《黑格尔著作集》，则是仍然以黑格尔 1831 年亲自修订之后的文本为准。从文献整理和版本学的角度来看，关于《精神现象学》1807 年首版和 1831 年修订版的优先性，上述编者虽然有着不同的考虑和倾向，但他们的工作都是很有意义和值得尊重的。尽管如此，我们应当知道，实际上黑格尔亲自作出的 71 处修订，除了极少数句子之外，仅仅是对个别的字词包括排印错误略作修改和增删（比如把某个不定冠词改为定冠词，或者把某个定冠词改为指示代词等等），在意思上与原来相比无甚出入，而且他的修改工作仅仅涉及该书"序言"的前半部分，尚未进入正文。这和康德于 1787 年大幅度改写 1781 年首版的《纯粹理性批判》以及黑格尔本人于 1827 年和 1830 年对于 1817 年首版的《哲学全书》进行大幅修改完全是两码事！简言之，对于我们学习和研究《精神现象学》这部特定的著作，无论是依据 1807 年的首版还是依据 1831 年的修订版，这里的差别都是可以忽略不计的。有鉴于此，为了保持译文的流畅通顺，避免读者在阅读时因为那些无关紧要的"修改之处"而分心，我的翻译一方面按照"理论著作版"的做法，**以黑格尔 1831 年亲自修订之后的文本为准**，另一方面则**有意识地略去了那些关于修订的标注和修订前后的对照**，读者对此大可不必担心有什么阙失。①

---

① 商务印书馆的贺王译本《精神现象学》依据的是 Felix Meiner 出版社 1952 年的霍夫迈斯特版。据此可知，该译本所依据的应当是《精神现象学》1807 年首版的文本。

对于黑格尔哲学的各个概念术语的翻译，我尽量避免生造术语，而是基本上沿用了学界已经通行的译法，大体上也与贺王译本保持一致，尽管也有一些偏差，比如我把"das Allgemeine"译为"普遍者"而不是译为"共相"，把"Dasein"译为"实存"而不是译为"定在"，把"Reflexion"译为"反映"或"折返"而不是译为"反思"，把"Bekanntschaft"译为"常识"而不是"熟知"，把"das unglückliche Bewußtsein"译为"哀怨意识"而不是译为"苦恼意识"等等。再者，除了极个别的情况之外，我的翻译没有夹杂任何外文词句，而是努力呈现出一个"干净"而流畅的中文文本。这样做的原因在于，首先，普通读者不需要知道相应的德文字句，就算列出来也不认识；其次，对于专业的研究者而言，他们一般说来也知道对应的德文字句是什么，即使暂时不清楚，也可以通过查阅本书附录的《主要译名对照表》或黑格尔的原文而获得澄清，因此同样没有必要列出来干扰阅读。尽管如此，对于具有一定德语基础或者以专业研究为目的的读者，我还是建议他们在阅读中文文本之前预先参阅一下本书附录的《主要译名对照表》，如此当大致心里有数。

在这里唯一需要特别指出的，是"Das Ansich"（本书译为"**自在体**"）和"Das Selbst"（本书译为"**自主体**"）这一对在《精神现象学》里面频繁出现的术语的翻译。就通常的德语而言，"an sich"和"selbst"都是"自身"的意思，但是当黑格尔把它们改造成大写的名词，并作为一对重要的概念来加以使用，那么这里显然包含着重大的意味，绝对应当值得重视。遗憾的是，我们看到，在贺王译本里，"Das Ansich"被随机地译为"自在""那自在的""自在存在"等等，而"Das Selbst"则被随机地译为"自己""自我""自我［或主体］""自我［或个人］"等等。这些译法是大有问题的。须知中文的"自在"一词是一个起修饰作用的定语或状语，是用来翻译小写的"an sich"这个词组的（比如"自在之物""自在存在""自在的真相"等等），而这和作为名词的大写的"Das Ansich"显然不是一回事。另一方面，把"Das Selbst"译为"自己"或"自我"，同时又在"自我"一词后面加上各种方括号补释，这也是一种笨拙的办法（且不说这些应景的补释未必总是正确的），更何况"自我"或"我"也已经有对应的术语，即"Das Ich"。简言之，贺王译本的上述译法没有意识到"Das Ansich"和"Das Selbst"的独特意义，更没有注意到这是一对相辅相成的重要概念，因此也就没有把这两个对于《精神现象学》具有特殊重要意义的概念凸显出来。

诚然，黑格尔本人对于"Das Ansich"和"Das Selbst"从未作出一个明确的界定，但只要我们深入考察《精神现象学》具体文本以及黑格尔之前文稿的相关思想，就可以看出，"Das Ansich"是与"Wesen"（本质）或"Substanz"（实体）相对应，而"Das Selbst"则是与"Subjekt"（主体）相对应。实际上，谢林在他的"同一哲学"时期（比如1804年的《哲学与宗教》里），已经频繁使用"Das An-sich"这个术语，用来指代那个作为本质或实体的绝对者，①而黑格尔在耶拿时期的文稿里也曾把"Das Anisch"称作"本质""同一性""不可扬弃者"等等。② 其实黑格尔在《精神现象学》里讨论"Das Ansich"和"Das Selbst"的关系，归根结底是在讨论"**实体**"和"**主体**"的关系——这是黑格尔所指的"一切关键之所在"（TWA 3, 23）。如果我们认识到这一点，问题就很好理解了。有鉴于此，我的译稿最初是把"Das Ansich"译为"**自在实体**"，但后来为了避免把它和专门的"实体"一词混淆起来，因此最终改正为"**自在体**"。与此相联系的是，我的译稿最初是把"Das Selbst"译为"**自我主体**"，但最后改正为"**自主体**"。我认为这个译法既保留了原文的"自"或"自身"的意味，同时更重要的是反映出了其中蕴涵着的黑格尔关于"实体"及"主体"的思想。我之所以最终删除掉"自我主体"中的那个"我"字，是出于这样的考虑，即在黑格尔的哲学里，"我"（Das Ich）虽然在本质上是"Das Selbst"，但反过来"Das Selbst"并不能等直接等同于"Das Ich"，因为"Das Selbst"虽然从头到尾都是一个自行运动着的"主体"，但它只有在较高的层面上——亦即在狭义

---

① F. W. J. Schelling, *Philosophie und Religion*, in ders. *Sämtliche Werke*, Stuttgart und Augsburg 1856-1861. Band VI, S.23,27,31,33,41,45,49,53,56,60.

② G. W. F. Hegel, *Jenaer Systementwürfe III. Naturphilosophie und Philosophie des Geistes*. Neu herausgegeben von Rolf-Peter Horstmann. Hamburg 1987. S. 22 u. 29.

的"精神"层面上——才可以称作"自我"或"我"。就此而言,自《精神现象学》第四章开始出现的"Selbstbewußtsein"严格说来也不应当译为"自我意识",而是应当译为"**自主意识**"或"自主体意识"才更合适,尽管"自主意识"在后来的狭义的"精神"层面上的确是"自我意识"。不过考虑到"自我意识"这个术语在我国学界实是过于根深蒂固和广泛通行,而且"Selbstbewußtsein"这个概念本身并不像"Das Selbst"那样是黑格尔专有的一个重要概念,而是在大多数哲学家那里都有频繁使用,所以我虽然把"Das Selbst"译为"自主体",但还是把"Selbstbewußtsein"译为"自我意识"。①

另外,译文中的各种脚注,如果没有特别标明为"黑格尔原注"或"德文版编者注",那么都是我自己添加的。这些注释主要涉及一些背景介绍和知识性材料,希望对于读者稍有助益。同时需要说明的是,我加的注释除了自行采集一些资料之外,同时也参考了 Felix Meiner 版的黑格尔《精神现象学》②的编者注释以及希普(Ludwig Siep)的《精神现象学之路》③一书,在此特作说明。

北京大学哲学系和北京大学外国哲学研究所的德国古典哲学研究有着悠久的历史,这个光荣传统由张颐、郑昕、贺麟开创奠定,经由齐良骥、张世英、朱德生、韩水法传承至今;除此之外,著名学者杨祖陶、梁志学、张慎也曾经在这里学习和工作过。诸位前辈在这个领域里做出了大量具有奠基性和开拓性的工作,这些成绩时刻激励着我们,而且理应由我辈学者加以发扬光大。我从图宾根大学毕业回到母校任教之后,一直把德国古

---

① 国内也有学者从当代某些哲学思潮出发,主张把"Selbstbewußtsein"译为"自意识"或"自身意识"。在我看来,这个译法至少对德国古典哲学而言是不适合的,不如"自我意识"或"自主意识",因为德国古典哲学在讨论"Selbstbewußtsein"的时候,其强调的显然不是单纯的"自"或"自身",而是"主体"或"我"。

② G. W. F. Hegel, *Phänomenologie des Geistes*. Neu hrsg. von Hans-Friedrich Wessels und Heinrich Clairmont. Hamburg 1988.

③ Ludwig Siep, *Der Weg der Phänomenologie des Geistes. Ein einführender Kommentar zu Hegels „Differenzschrift" und „Phänomenologie des Geistes"*. Frankfurt am Main 2000.

典哲学当作我的科研和教学工作的头号重点,迄今为止已经开设了十多门不同内容的德国古典哲学系列课程。我对于《精神现象学》的翻译就是在这个过程中同步进行的,其中部分译稿不但在我自己的课堂上,而且在赵敦华教授和刘哲博士各自的课堂上也曾加以使用和讨论。我的各项工作不仅得到了系里和所里领导的大力支持,而且从我的同事和学生那里也获得了很多重要的反馈,其中不乏有益的批评和建议。如果没有这样的环境,要想持之以恒并且比较顺利地完成《精神现象学》的翻译是不可能的,因此我要对他们致以衷心的感谢。

在翻译此书的过程中,北京大学哲学系资深教授张世英先生和人民出版社政治编辑一部主任张振明先生对我多有鼓励。翻译完成之后,本书的责任编辑安新文女士在编审方面尤其付出了很多辛勤的劳动。在此同样向他们致以衷心的感谢!

先 刚

2013 年夏于北京大学外国哲学研究所

序　言

　　按照惯例，一部著作需要在序言里面预先说明作者在书中设定的目标、该书的写作缘由以及该书与更早或同时期的另外一些相同题材的论著之间的关系。——但对于一部哲学著作而言，这些说明看起来不仅是多余的，而且就事情的本性而言甚至很不适当，不啻南辕北辙。因为，假若要在一篇序言里谈到哲学，其讨巧的做法无非是围绕着哲学的潮流趋势、立场观点、大体上的内容和结果等等拿出一份史料性的**汇报**，或将各种没完没了的关于真相的主张和保证堆砌在一起，——但是，这些做法并不是将哲学真理呈现出来的合适方式。而且，因为哲学的根本要素是一种包含着特殊事物的普遍性，所以相比其他科学，在哲学那里更容易出现这样的假象，仿佛只有达到目标或最终的结果之后，事情本身才会表现出来，而且甚至是在其完满的本质中表现出来，至于具体展开的过程，反倒是无关本质的东西了。相反的一个例子是，尽管人们对于"什么是解剖学"已经具有一个普遍的观念，即解剖学的知识来自于一种把身体的各个部分当作僵死的实存而进行的观察，但他们仍然承认自己还没有掌握事情本身，还没有掌握这门科学的内容，所以除了具有那个普遍的观念之外，还必须关注特殊事物。——再者，在一些不配享有"科学"之名的知识大杂烩那里，谈起目的之类普遍事物就跟谈起神经、肌肉之类具体内容一样没有区别，都是倾向于采取一种史料性的和缺乏概念把握的方式。反过来，假若哲学也采取这种稀里糊涂的谈论方式，那么在它那里会出现一种不一致，也就是说，这种谈论方式本身表明自己没有能力去把握真理。

同样,在规定了一部哲学著作与同样题材的其他论著的关系之后,就会引入一种外来的兴趣,遮蔽了那些对于真理的认识来说最为关键的东西。因此,人们愈是执著于真与假的对立,就愈是习惯性地期待着要么去赞成,要么去反对一个呈现于眼前的哲学体系,并且在关于这个体系的说明那里要么看到的全是赞成,要么看到的全是反对。也就是说,这种思维方式不是把各个哲学体系的差别理解为真理的一种进步发展,而是把任何差异性都看作是一个矛盾。当花朵绽开的时候,花蕾消失了,于是人们说,花蕾被花朵否定了。同样地,当结出果实,花朵又被宣称为植物的一个虚假不实的存在,而果实则作为植物的真理取代了花朵的位置。他们认为,这些形式不但彼此不同,而且作为不共戴天的东西相互排斥。然而真实的情况是,它们的流动本性使得它们同时成为一个有机统一体的不同环节,在这个统一体里面,各个环节不仅彼此不矛盾,而且每一个都是同样必然的,正是这个相同的必然性方才构成了整体的生命。但是,一方面,哲学体系的各种反对意见还没有能力以这样的方式对自己进行概念把握;另一方面,一种领会式的意识通常也没有能力把这些反对意见从它们的片面性中解放出来,或防止它们陷入片面性,也没有能力认识到,那些在表面上相互争执和反对的东西其实都是一些必然的环节。

[13]　这样一类解释所提出的要求,以及对此要求的满足,都很容易被看作是一种事关根本的活动。试问,一部哲学著作的核心关键如果不是体现在该书的各种目的和结果那里,还能于别的什么地方得到更充分的表述吗?如果不是借助于这部著作与当代相同领域内的其他论著之间的差异性,还能有别的方式更确切地认识它吗?但是,如果这种做法不是仅仅局限于认识活动的开端,而是竟然要冒充一个现实的认识活动,那么它就是一种伪装,即在表面上做出一副严肃和努力的样子,实际上却回避事情本身,把严肃和努力抛在一边。——因为事情并不是在它的**目的**里面,而是在它的**具体展开过程**中才得以穷尽,同样,**结果本身**也不是一个**现实的整体**,而是只有与它的转变过程合并起来才是一个现实的整体;目的单就其自身而言是一个僵死的普遍者,创作意图也仅仅是一个仍然缺乏现实性

的单纯动机,而赤裸裸的结果则是一具已经把创作意图抛在身后的尸体。——同样,**差异性**其实是事情的一个**界限**。界限出现在哪里,事情就在哪里终止,或者说,界限是事情所不是的那个东西。因此,那些为着目的和结果;为着这个东西和那个东西的差异性和评判所作的操心,表面上看来似乎很辛苦的样子,但实际上却是一份轻松得多的工作。因为那些做法不是去把握事情本身,而总是超然于事情之上。这样的知识不是停留在事情之内并且沉浸其中,反而总是追逐另外的东西,到头来,它其实是停留在自身之内,而不是停留于事情并投身于事情之中。——通常,对具有内涵和持久价值的东西作出一个评判,这是最容易的,要理解那些东西,则比较困难,而最困难的工作是结合评判和理解,把那些东西呈现出来。

无论在什么时候,当人们开始施行教化并摆脱基本生计的直接性,首 [14] 先必须获得对于**普遍**原理和**普遍**观点的认识,只有这样,人们才能艰难地提升到一个以**一般意义上的**事情为对象的**思想**。与此同时,人们还必须以同样的努力来合理地支持或反对那些认识,必须懂得按照各种规定性来领会那些具体而丰富的内容,并对它们作出有条理的陈述和严肃的判断。教化的这个开端将首先为一种充实的生命的严肃赢得一席之地,这种严肃使人经验到事情本身;此外需要补充的是,尽管概念的严肃直指经验的根基深处,但人们日常交谈中的认识和评价还是会保留其应有的地位。

真理,作为一个实存,其真实的形态只能是一个科学的真理体系。我为自己设定了一个目标,即通过我的一份努力,使哲学具有科学的形式,①——使哲学能够卸下“**爱知识**”这个名号,成为一种**现实的知识**。

---

①　希腊文的“哲学”(philosophia)一词由“智慧”(sophia)加上前缀“philo-”构成。对于这个前缀,有人解读为“爱”(philein),因此哲学意味着“爱智慧”,也有人解读为“朋友”(philos),于是哲学意味着“智慧之友”或“掌握智慧”。关键在于这里的“智慧”,它虽然本来是“知识”的意思,但经过巴门尼德—柏拉图—亚里士多德传统的特别阐发之后,已经脱离了普通知识的范畴,而是意味着一种终极的、完满的、系统的知识——而这就是“Wissenschaft”,德国古典哲学所孜孜追求的目标。这个概念在其他语言文字中通常被译为“科学”

"知识即科学",这个内在的必然性包含在知识的本性之内,对此如果谁想要作出一个令人满意的解释,唯一的办法就是把哲学呈现出来。**外在的**必然性,如果不去考虑个人及个别动机的偶然性,而是按照一种普遍的方式来理解,那么它和**内在的**必然性是同一个东西,而这个必然性的形态,就是时间把必然性的各个环节的实存展示出来的样子。我的各种尝试,都是为了揭示出哲学如何在时间的长河里逐步上升为科学,唯有揭示出这一点,才会为那些尝试作出一个真实的辩护,因为这个辩护将会呈现出我的这个目的的必然性,同时将其具体展开。

[15]　　真理的真实形态取决于科学性,——或者换个同样意思的说法,真理唯有在**概念**那里才获得它的实存要素——,当我作出上述断言时,我知道这显然已经和某种观念及其各种结论处于矛盾之中,这种观念不但自命不凡,而且在当代流传甚广。既然如此,来解释一下这个矛盾似乎不是多此一举的做法,尽管这个解释在这里和它所反对的东西一样,都只是一个保证。概言之,如果真相只能存在于那些东西——它们时而被称作"直观",时而被称作"对于绝对者的直接认识"、"宗教"、"存在"(不是指一个位于上帝之爱的正中心处的存在,而是指这个正中心本身的存在)——之内,或甚至只能作为那样一些东西存在着,那么按照这种观点,如果要把哲学呈现出来,其要求的东西毋宁是概念形式的反面。据

(science),但这些译法远远没有表达出"Wissenschaft"一词的丰富而深远的内涵,甚至有可能带来致命的误解,因为当今"科学"名义下的荣誉已经被自然科学乃至实证科学牢牢把持,而这些东西在黑格尔看来充其量是众多普通知识或精神现象之一,根本不能代言"Wissenschaft",更谈不上是德国古典哲学的理想。德国古典哲学心目中的"Wissenschaft"是最高的智慧和完满的知识。有鉴于此,译者在自己的专著《永恒与时间——谢林哲学研究》(商务印书馆 2008 年版)中曾经酌情把"Wissenschaft"译为"智慧"或"真知"。但是,考虑到黑格尔的"Wissenschaft"和柏拉图—亚里士多德传统的"终极智慧"在形态上还是有着较大差异,尤其考虑到"科学"的译法已经广为通行,所以本书仍然将"Wissenschaft"译为"科学"。尽管如此,译者仍然希望读者在看到黑格尔及其他德国古典哲学家(康德、费希特、谢林)的"科学"时回想起这个概念的本真意义,而不是与通常的自然科学或实证科学混为一谈。——译者注

说,人们不应该通过概念,而是应该通过感触和直观去把握绝对者。据说,那种应该主导话语并被宣布出来的东西,不是一个关于绝对者的概念,而是一种对于绝对者的感触和直观。①

　　对于这样一种要求,如果我们按照其更普遍的联系来领会其现象,并将这个现象放到一个**当前存在着的**、**具有自我意识的精神**所处的层次上来看,那么这个精神已经超越了它过去仅仅在思想的要素中才展现出来的基本生存状态,——超越了基本生存状态的直接信念,超越了确定性的满足和安全。过去,意识是通过与本质以及本质的普遍的(内在的和外在的)当前存在达成和解才获得那种满足和安全。现在,通过这种超越,精神不仅进入到另一端,亦即一个缺乏实体的自身反映之内,而且超越了这个东西。它知道它失去了自己的基本生存状态;它也意识到了这个损失,意识到有限性是它的内容。精神一度承认并抱怨过它的恶劣处境,但如今它不再做这些无意义的事情,而是对哲学提出了这样一个要求:与其通过哲学去**认识到精神的存在**,还不如通过哲学重新制造出存在的那种基本性和充盈状态。为了满足这个需求,哲学的任务既不是去打破实体的封闭状态,把实体提升为一个自我意识,也不是把一个混沌的意识引回到思想的秩序和概念的单纯性之内,而是把各种思想放在一起搅拌抖动,一方面排斥那个作出区分的概念,另一方面却制造出对于本质的**感触**,这样它所提供的就不是一种识见,而是一种**超凡脱俗的心态**。总之,这个精神要求的是"美"、"神圣"、"永恒"、"宗教"、"爱"之类诱饵,以便激起人们吞噬的欲望。相应地,那应该维护并持续地拓展实体的财富的东西,不是概念,而是一种灵魂出窍,不是事情之冷峻推进的必然性,而是一种热情洋溢的亢奋。②

　　相应于这种要求,有一种严格的、几乎是狂热和焦躁不安的努力,要

[16]

---

　　① 黑格尔在这里批评的主要是埃申迈耶尔(C. A. Eschenmayer)、格雷斯(J. Görres)、雅各比(F. H. Jacobi)、施莱尔马赫(F. Schleiermacher)的观点。施莱尔马赫曾经在他的《论宗教》中宣称:"所谓'有宗教',就是去直观宇宙……宗教的本质既不是思维也不是行动,而是直观和感触。"——译者注

　　② 黑格尔在这里批评的仍然是埃申迈耶尔、格雷斯、雅各比、施莱尔马赫以及施莱格尔(F. Schlegel)、瓦格纳(J. J. Wagner)等人的观点。——译者注

把那些沉迷于感性、平庸和个别状态的人们拽拉出来，迫使他们的眼光仰观星辰。看起来，那些人已经完全遗忘了神性事物，跟那些享受着泥土与水的蠕虫一样，满足于当下的处境。过去，人们曾经拥有的天空遍布着丰富的思想和图像。对于一切存在者来说，意义都在于光线，万物是通过光线才与天空联系起来的。顺着光线的指引，目光不是停留在**这一个**当前存在，而是超越了它，飘向那个神圣的本质，飘向那个位于彼岸世界的当前存在。但是精神的眼睛必须被强制着指向世俗世界，并坚守在这个世界之内。精神的眼睛花了很长的时间，才把惟有超世俗世界才具备的那种明晰性注入到那以混沌和模糊为意义旨归的此岸世界里面，并且使那种对于真正意义上的当前存在的关注——亦即所谓的**经验**——成为一件[17]有趣的和有效的事情。——然而，现在的当务之急显然正相反，因为各种官能知觉已经如此深深地扎根于世俗世界之内，以至于要想使之超脱出来，就得采用同等程度的暴力。精神表现得如此贫困，就像沙漠中的漫游者仅仅想喝一口水那样，只是渴望着对于神性事物获得哪怕一点点空泛贫瘠的感触，以此抚慰自己。我们可以把那些使精神得到满足的东西当作一个尺度，用来衡量精神的损失究竟达到了何种程度。

然而，无论是对于接纳的知足，还是对于付出的吝啬，都不适合科学。谁若仅仅追求超凡脱俗，谁若把他的实存和思想的世俗多样性掩饰在云雾当中，要求模模糊糊地去享受这种模模糊糊的神性，那么他不妨审视一下，究竟在哪里才能找到这些东西。他会很轻松地找到一些工具来让自己热衷于某些东西，并以此自吹自擂。但哲学必须提醒自己，不要企图成为一种超凡脱俗的东西。

并且，这种放弃了科学的知足，更没有权利去主张亢奋和朦胧之类东西比科学更高超。这种先知式的言谈自以为处于万物的中心和深邃处，蔑视规定性，即希腊人所说的"界限"（horos），①却故意回避概念和必然

①　希腊文的"horos"（相当于拉丁文的"finis"）有"概念"、"界限"、"目的"、"尺度"等意思。黑格尔继承亚里士多德主义传统，把这个词理解为"规定性"，意在强调概念的关键在于"定义"（de-fiinitio），亦即界限的规定或确定。——译者注

性,也回避那种据称仅仅立足于有限性的反思。但是,正如有一种空虚的开阔,也有一种空虚的深邃;正如实体的广延扩散为有限的杂多事物,却无力把它们聚合在一起;同样,上述深邃也是一种没有内涵的深邃,一种没有延展的纯粹力,它跟肤浅是一回事。精神力量的强大程度与这个力量的外表相当,精神究竟有多深邃,也完全取决于精神自信可以在多大的程度上分解扩散并迷失自己。与此同时,那种缺乏概念的基础知识扬言已经把自主体的独特性沉浸在本质之内,扬言自己在进行一种真实的和神圣的哲学思考,但它没有意识到,其实它并未皈依上帝,而是由于蔑视尺度和规定,所以时而在自身内听任各种偶然内容的摆布,时而把自己的随意武断强加在上帝头上。——他们既然放心地委身于实体的无节制的热情,于是认为,只要把自我意识束之高阁,只要抛弃理智,他们就成了**上帝所亲爱的人**,上帝就在睡梦中把智慧赏赐给他们了。但事实上,他们在睡眠中受孕并生产出来的东西,也不过是一些梦而已。①

此外不难看出,我们的时代是一个充满创造力的时代,一个向着新时期过渡的时代。精神已经与这个延绵至今的世界决裂,不再坚持它迄今的实存和表象活动,而是打算把这些东西掩埋在过去,并着手进行自我改造。诚然,精神从未止息,而是处在一个不断前进的运动中。胎儿在经过漫长而寂静的滋养之后,它的第一口呼吸打破了那种单纯逐渐递增的进步,现在,——作为一个质的飞跃——,胎儿诞生了。同样,自身塑造着的精神也是慢慢地和安静地成熟,获得新的形态,也是一砖一瓦地拆除着它的旧**世界**的建筑,而旧世界的动摇也仅仅是通过一些个别征兆才预示出来的。充斥于现存世界里的各种轻率和无聊,以及对于某种未知事物的模模糊糊的预感等等,都是另外什么东西正在前来的征兆。这种渐进的、尚未改变整体面貌的零敲碎打,被一道突然升起的闪电中断了,这闪电一下子就树立起了新世界的形象。

[18]

[19]

---

① 参阅《旧约·诗篇》(127, 2-3):"惟有耶和华所亲爱的,必叫他安然睡觉。/儿女是耶和华所赐的产业,所怀的胎是他所给的赏赐。"——译者注

只不过这个新事物和初生的婴儿一样,还谈不上有完满的现实性,我们在根本上不能忽略这一点。最初出现的仅仅是新事物的直接性,亦即事物的概念。正如一座大厦在奠基之后距离竣工还很遥远,同样,我们已经获得的关于整体的概念还不是整体本身。如果我们希望看到一棵身干粗壮、枝繁叶茂的橡树,而现在实际处于这个位置的却是一粒橡果,那么我们是不会满意的。同理,科学作为精神世界的王冠,在其开端处还谈不上完满。新精神的开端是一个产物,经历了众多教化形式的深远变革,是一个奖酬,以犒劳曾经走过的那条纠缠不清的道路以及同样繁复的努力和辛劳。这个开端是一个已经从过程和扩散那里重新返回到自身之内的整体,是从这个整体转变而来的一个**单纯的概念**。这个单纯的整体是现实的,而这意味着,那些已经转变为环节的形态分化在它们的新要素里面,在一种已经转变的意义上,重新展开自身,再度进入形态分化。

一方面,既然新世界的最初现象仅仅是一个披着**简单性**外衣的整体,或者说仅仅是整体的一个普遍根据,那么反过来在另一方面,那些保存于意识的记忆之内的丰富多姿的实存仍然是一种当前存在着的东西。意识在新出现的形态身上看不到内容的展开和细分,更看不到形式的塑造过程,因为只有伴随着形式的塑造过程,各个差别才可以被确切地规定下来,并被安置到它们的稳固关系里面。如果没有这个塑造过程,科学就会
[20] 缺乏一种普遍的**可理解性**,而且给人一种假象,仿佛它是少数人的私传秘学。——之所以说是"私传秘学",因为科学目前仅仅潜伏在它的概念之内,换言之,现有的东西仅仅是科学的内核;而之所以说是"少数人",因为科学之尚未展开的现象使得科学的实存是一个个别事物。只有那些得到充分规定的东西,才是公开显白的和可理解的,才能够被学习,并且成为全人类的财富。科学的可理解的形式是一条呈现在每一个人面前、为每一个人平等制定的走向科学之路,而意识在走向科学时提出了一个正当的要求,即科学应该通过知性过渡到一种理性知识。因为,知性是一种思维,是一般意义上的纯粹自我,而可理解的东西或知性的东西是一种已知的常识,是科学与一种非科学意识的共有物,正因如此,那种非科学意

识才能够直接进入到科学之内。

刚刚起步的科学，由于既没有达到细节上的完整也没有达到形式上的完满，不免因此遭受指责。但是，假如这个指责针对的是科学的本质，那么它是不公正的，同样，如果有人不愿意认可那个塑造过程所提出的要求，这也是错误的。这个对立看起来是一个最重要的关键，当前的科学教化在这里弄得筋疲力尽，而且对此也没有获得应有的正确理解。一部分人推崇丰富的材料，推崇可理解性，而另一部分人蔑视这些东西，却去鼓吹一种直接的理性认识和一种直接的神性。前面那部分人，不管他们是仅仅由于真理的力量还是同时也慑于另一方的鼓噪而安静下来，感到自己无力去探究事情的根据，但他们的那些需求却并没有因此得到平息。因为那些需求是正当的，然而正当的需求却没有得到满足。他们的安静一半是因为胜利，一半是因为厌倦和冷淡。通常说来，如果一些承诺不断地激发起人们的期待，却又始终得不到兑现，就会造成这样的厌倦和冷淡。

就内容而言，后面那部分人有时候过于随便，漫无边际。他们把大量 ［21］
的材料，亦即各种已知的常识和整理停当的东西，搬进他们的领域，再加上他们特别喜欢摆弄一些独特的和稀奇古怪的东西，于是乎他们看起来不仅已经掌握了一种整理停当的知识，而且还掌握着那些尚未整理好的东西。他们甚至把全部东西都放到绝对理念的下面，仿佛绝对理念因此就能够在一切事物中都被认识到，并已发展为一种全面的科学。但人们只要仔细看看这种铺陈，就不难发现，之所以出现这种情况，并不是因为同一个东西自行分化为众多相互有别的形态，毋宁说，这是同一个东西的杂乱重复，而人们仅仅是以一种外在的方式把它运用到不同的材料上面，才获得一个无聊的差异性假象。如果发展意味着同一个公式的单调重复，那么那个原本真实的理念就将永远停留于开端了。把认知主体之唯一的一个不动的形式应用到现成事物上面，从外面把材料注入到这个静态的要素里面，这些做法就和那些关于内容的随意奇想一样，都没有满足我们的要求，因为我们要求的是一种发源于自身的丰富内容，一种自己规定着自己的形态差别。真正说来,那些做法是一种单调的形式主义,①它之所以还能把各种材料区分开来,只因为这些差别已经是一个众所周知的常识。

与此同时,形式主义宣称绝对者也是这样一个单调的和抽象的普遍者。它断言,谁如果不满足于这个认识,就没有能力去掌握并坚守一个绝对的立场。如果说在过去,通过一种空洞的可能性(即换一种方式来设想某个东西)就足以驳倒一个观念,而且这个纯粹的可能性,这个普遍的思想,也具有现实的认识活动的整个肯定价值,那么我们现在同样看到,普遍理念的全部价值都被放到了非现实性这一形式当中。至于差别和规定的消解,或更确切地说,至于那种直截了当和不由分说地把差别和规定抛入空洞深渊的做法,则被看作是一种思辨的观审方式。观察某个实存处于**绝对者**之内的样子,意思无非是说:尽管现在谈到它的时候是把它当作"某物",但在绝对者之内,在 A = A 之内,却根本不存在这类东西,而是一切为一。这样一种知识——在绝对者之内一切都是相同的——与那种作出区分并得到充实的认识,或者说与那种追求并要求得到充实的认识相对立。它宣称它的**绝对者**是一个黑夜,在其中,就像人们惯常说的那样,所有母牛都是黑的。这样一种知识是缺乏认识的幼稚表现。② ——近代哲学曾经指控和蔑视的那种形式主义在哲学内部死灰复燃了,尽管

[22]

---

① 黑格尔在这里批评的"形式主义"主要针对格雷斯、瓦格纳和斯蒂芬斯(H. Steffens),可能也针对着谢林。——译者注

② 黑格尔在这里批评谢林的一种遭到曲解的观点。谢林在《我的哲学体系的阐述》(1801)中宣称理性就是绝对理性,"理性**就是**绝对者",在理性之外不存在任何东西,所以同一律 A = A 代表着理性的存在(亦即万物的存在)的绝对同一性。诚然,作为个别的东西,此一物不同于彼一物,但**从本质上来看**(即站在理性的立场上来看),此物和彼物是同一个东西。(IV, 115, 116, 118)至于"所有的母牛在黑夜中都是黑的"这一戏语,很有可能是翻版自施莱格尔对于谢林的那个批评,即"所有的猫在黑暗中都是灰的"。但谢林早在1802年《来自哲学体系的进一步的阐述》中就已经指出:"绝大多数人在绝对者的本质那里看到的无非是一个空空荡荡的黑夜,也没有能力在其中认识到任何东西;在他们看来,绝对者的本质已经凝缩为一种单纯的对于差异性的否定,成为他们的随心所欲的玩物,于是他们很聪明地把这样的本质当作他们的哲学的结论。"(IV, 403)显然,把谢林和他所批评的"绝大多数人"混为一谈,这是一个误解。——译者注

人们已经认识到和感受到它的缺陷，但它还是不会从科学那里消失，除非那个以绝对现实性为对象的认识活动已经完全看清了自己的本性。——通常，在尝试着展开一个普遍观念之前，对这个观念本身预先作一番考察可以使我们更方便地领会其展开过程，有鉴于此，如果我们在这里对这个普遍观念给出一个大致的说明，就将是一个不无裨益的做法。与此同时，我们也希望利用这个机会来清除掉某些形式，因为，如果人们对它们习以为常，这对于哲学认识活动来说将是一个很大的阻碍。

根据我的认识——这个认识必须仅仅通过体系本身的呈现才得到捍卫——，一切的关键在于，不仅把真相理解和表述为一个**实体**，而且同样 [23] 也理解和表述为一个**主体**。① 同时需要指出的是，实体性的内部不仅包含着一个普遍者，亦即**知识本身的直接性**，而且包含着一个**存在**，亦即知识的**对象**的直接性。——曾经有人把上帝理解为唯一的一个实体，这个界定激怒了他那个时代。② 一方面，人们之所以愤怒是因为本能地感到，按照这个说法，自我意识已经完全没落了，没有保留下来。而在另一方面，情况恰好相反，有些人坚持着严格意义上的思维，坚持着真正意义上的**普遍性**，坚持着同一个单纯性或同一个无差别的、不动的实体性。如果说还有第三种情况，即思维把实体的存在与自己合并，并把直接性或直观活动理解为一种思维，那么我们还得看看，这种理智直观是不是重新堕落为一种僵化的单纯性，是不是仅仅通过一种不现实的方式把现实性本身呈现出来。

---

① 黑格尔的目标是将斯宾诺莎的实体哲学和康德的主体哲学统一起来。在他看来，无论是排斥实体的费希特、莱因霍尔德，还是企图通过理智直观来统一思维和存在的谢林，都没有完成这个任务。——译者注

② 这是斯宾诺莎的观点："除了神以外，不能有任何实体，也不可能设想任何实体。"（参阅《伦理学》第一部分命题十四及其证明、绎理。）黑格尔在这里所说的"激怒"，指的是斯宾诺莎的思想后来引起的轩然大波。法国的贝尔（Pierre Bayle）指责斯宾诺莎是无神论，而德国的雅各比和门德尔松围绕着莱辛对于斯宾诺莎的理解展开了一场影响深远的"泛神论争论"。——译者注

活生生的实体是一个存在,这个存在就其真理而言是一个**主体**,或者换个同样意思的说法,这个存在就其真理而言是一个现实的东西,只不过在这种情况下,实体是一个自己设定自己的运动,或者说一个以自身为中介而转变为另一个东西的活动。实体作为主体是一个纯粹的**单纯否定性**,正因如此,实体是一个单纯事物的分裂活动。换言之,实体是一个造成对立的双重化活动,而这个活动重新否定了这个漠不相关的差异性,否定了活动造成的对立。只有这个**重建着自身的**一致性,换言之,只有这个以他者为中介的自身反映——而不是那个严格意义上的**原初的**或**直接的**统一性——才是真相。真相是一个自身转变的过程,是这样一个圆圈,它预先把它的终点设定为目的,以之作为开端,而且只有通过展开过程并到达终点之后,才成为一个现实的东西。

[24]　　诚然,人们可以把上帝的生命和上帝的认识活动称作是一种自娱自乐的爱;①但如果其中缺少了否定性的严肃、痛苦、容忍和劳作,那么这个理念就沦为一种超凡脱俗的心态,甚至沦为一种枯燥无味的东西。作为一个**自在存在**,那个生命诚然是一种清澄透彻的自身一致和自身统一,它不会严肃地看待他者存在和异化,也不会严肃地看待对于这种异化的克服。但是这个**自在体**是一个抽象的普遍性,就其自身而言,人们看不出它的本性在于**成为一个自为存在**,因而也看不出任何形式的自身运动。有人说,形式等同于本质,②从这个观点出发,如果人们以为认识活动可以满足于自在体或本质,而把形式省略掉,以为只需有一个绝对的对立而不必将其具体展开,或只需有一个绝对的直观而不必使其得到进一步的发

---

①　斯宾诺莎认为,上帝以一种无限的理智的爱爱着他自己,人们对于上帝的爱和认识在本质上是上帝对于他自己的爱和认识。参阅《伦理学》第五部分命题三十五及命题三十六。——译者注

②　谢林在《来自哲学体系的进一步的阐述》(1802)中说道:"正是形式使得特殊成为一个特殊的东西,使有限成为一个有限的东西,所以,既然特殊和普遍在绝对者之内完全是同一个东西,那么形式和本质也是同一个东西……"(Ⅳ,367)——译者注

展,那么这是一个误解。正因为形式和本质是同样根本的东西,①所以我们必须不仅把本质理解和表述为一个单纯的本质,亦即一个直接的实体或神性事物的一个纯粹的自身直观,而且同样也理解和表述为一个**形式**,而且是一个完整而丰富地发展起来的形式。只有这样,本质才被理解和表述为一个现实的东西。

真相是一个整体。但整体只不过是一个通过自身的发展而不断完善着的本质。我们必须承认,绝对者在本质上是一个**结果**,它只有到达**终点**才成为它真正所是的东西。绝对者的本性恰恰在于,作为一个现实的东西、作为一个主体或一种自身转变活动而存在。诚然,把绝对者在本质上理解为一个结果,这似乎是一个矛盾,但是只需一点点思虑就可以破除这个矛盾的假象。开端、本原或绝对者,最初直接说出来的时候,仅仅是一个普遍者。当我说"**全部**动物"时,这个词组不能被当作是一部动物学,同样值得注意的是,"上帝"、"绝对者"、"永恒者"等词语也没有陈述出那包含在其中的内容;——这类词语实际上仅仅表达出了一个直观,一个 [25] 直接的事物。比这些词语更丰富的东西,即使只是过渡为一句话,也包含着一种必须被重新收回的**自身转变**,亦即一种中介活动。人们憎恶中介活动,因为中介活动不是什么绝对的东西,根本不在绝对者之内,而且放弃了一种绝对的认识。但与此同时,人们却期待着更多的东西。

实际上,人们之所以有这种憎恶,只因为他们不懂得中介活动和绝对的认识活动的本性。中介活动不是别的,恰恰是一种自己推动着自己的自身一致性,换句话说,它是一种自身反映,是"自为存在着的自我"这一环节,是一种纯粹的否定性,或者在其纯粹抽象的层面上看,是一种**单纯的转变过程**。自我或一般意义上的转变过程,亦即这个中介活动,既然是单纯的,就恰恰是一个转变着的直接性,一个直接的事物。——所以,如果把反映排斥在真相之外,不把它理解为绝对者的一个肯定性环节,那就

---

① 费希特认为,对于哲学的第一个基本原理而言,"形式"和"内涵"必须是同一的。谢林认为,在绝对者之内,"本质"和"形式"是同一东西。——译者注

是对于理性的误解。正是这个反映使得真相成为一个结果，同时还扬弃了结果与转变过程之间的对立，因为转变过程同样也是单纯的，所以它与真相的那个形式——即在结果里表明自己是**单纯的**——也没有区别。实际上，真相恰恰是一个已经返回到单纯性之内的东西。——如果说胎儿是一个**自在的**人，那么它还不是一个**自为的**人。只有作为一个经受了教化的理性，把自己**造成**它自在所是的东西，它才是一个自为的人。这才是理性的现实性。但是，结果本身是一种单纯的直接性，因为它是一种具有自我意识的自由，在自身之内止息，不是把对立面撇在一边置之不理，而是与之达成了和解。

[26]

前面所说的内容也可以这样来表达：理性是一种**合乎目的的行动**。由于人们把一种遭到误解的自然界置于一种遭到误解的思维之上，从一开始就拒斥任何外在的合目的性，所以一切**目的**形式都遭到了质疑。但是亚里士多德已经把自然界规定为一种合乎目的的行动，①实际上，目的是一个直接的事物，一个**静止的、自己推动着自己**的不动者，②而这就是**主体**。主体的推动力，抽象地说来，就是**自为存在**或纯粹的否定性。结果和开端是同一个东西，只因为**开端**就是**目的**。——换言之，现实事物和它的概念是同一个东西，只因为直接的事物作为一个目的，在其自身内就包含着自主体或纯粹的现实性。任何具体展开了的目的，或者说任何实存着的现实事物都是一个运动，一个展开了的转变过程。但这样一种悸动恰恰就是自主体。现实事物与开端的那种直接性和单纯性是一致的，因为它是一个已经返回到自身之内的结果，——已经返回到自身之内的东西恰恰就是自主体，而自主体是一种自相关联的一致性和单纯性。

出于将绝对者想象为一个**主体**的需要，人们使用了这样一些命题：上

---

① 参阅亚里士多德《物理学》(194a28 ff., 198b10-199b33)、《论天体》(291b13-14)、《论动物的机体》(658a8-9)、《论灵魂》(432b21-22)。——译者注

② 参阅亚里士多德《形而上学》(1072b1-4)。——译者注

帝是永恒者，上帝是道德世界秩序，上帝是爱，①等等。在这样一些命题里，真相仅仅是被直截了当地设定为一个主体，而不是被表述为一个运动或一种自身反映。在这类命题里，人们张口闭口就是"**上帝**"。但就这个词自身而言，它不过是一个无意义的发音，一个单纯的名称，因为只有谓词才说出**上帝作为什么存在着**，才是这个词的内涵和意义。空洞的开端 [27]只有到达终点才成为一种现实的知识。就此而言，我们看不出，为什么不单单说"永恒者"、"道德的世界秩序"等等，或像古人那样，单单说"纯粹的概念"、"存在"、"一"等有意义的东西，这样还省得额外附带"上帝"这样的**无意义**的发音。但使用"上帝"这个词恰恰意味着，被设定的不是一种存在或本质，不是一个一般意义上的普遍者，而是一个已经折返回自身之内的东西，是一个主体。但在这个时候，这些还只是被揣测到。主体被设想为一个坚实的点，谓词通过一个运动附着在它上面，以之作为支撑，而运动则是隶属于那个认识到主体的人，而不是隶属于主体这个点。但通过这个运动，似乎只有主体的内容才被表述出来。就这个运动的性质而言，它不可能隶属于主体。但既然设定了主体，那么这个运动不可能是别的性质，而只能是一种外在的东西。因此，关于"绝对者即主体"的揣测不仅不是这个概念的现实性，而且甚至使得它的现实性成为不可能的了。因为所谓揣测就是把概念设定为一个静止的点，但现实性却是一种自身运动。

在前面已经得出的那些结论里，其中有一个应该予以特别强调：知识只有作为科学或作为**体系**才是现实的，才能呈现出来；此外，哲学的某个所谓的原理或本原，即使它是真的，但只要它仅仅保持为一个原理或本原，就已经是错误的了。——因此，要反驳这类原理也很容易。反驳就是

---

①　费希特在 1798 年发表的《我们为什么信仰一个神性的世界秩序》中说道："那个活生生的发挥着作用的道德秩序就是上帝自身；除此之外我们不需要别的上帝，也不理解别的上帝。理性没有任何理由去超出那个道德世界秩序，而且，借助于一个从果到因的推论，也没有理由去认为有一个特殊的本质是信仰的原因。"后来费希特又在 1806 年发表的《极乐生活指南》中说道："爱就在上帝之内，因为爱意味着上帝在实存中维系着他自己；爱就是上帝自身，上帝存在于爱里面，保持着永恒，就像在他自身之内一样。"——译者注

揭示出该原理的缺陷,而任何原理都是有缺陷的,倘若它仅仅是一个普遍者,或一个作为开端的本原。任何根本上的反驳都是出自原理自身并发展起来的,而不是通过反面的断言和意见从外面掺和进来。也就是说,根本上的反驳其实是原理的发展,因此也就是对其缺陷的弥补,只要这个反驳不犯这样的错误,即只是关注它的**否定**行动,而不是从原理的**肯定**方面出发来意识到自己的进程和结果。——与此同时,开端之真正肯定的具体展开过程反过来又是一种针对着开端的否定表现,确切地说,它所针对的是开端的那个片面形式,即仅仅**直接地**或作为一个**目的**存在着。就此而言,具体展开过程同样可以看作是对于体系的**基础**的一个反驳。但更正确的做法是把具体展开过程看作一个标示,它表明,体系的**基础**或本原实际上仅仅是体系的**开端**。

[28]

认为绝对者即**精神**,这个想法表达出来的意思是,真相只有作为一个体系才是现实的,或者说实体在本质上是一个主体。"精神"是一个最崇高的概念,它属于近代和近代宗教。惟有精神性的东西才是**现实的**。它是一个本质或一个**自在存在者**,——它置身于各种情况里面,自己**规定**着自己,既是一个**他者存在**,也是一个**自为存在**——是一个在规定性或外在存在中仍然停留于自身内的东西。换言之,它是一个**自在且自为存在着的存在**。但是这个自在且自为的存在仅仅对我们而言或者**自在地看来**是如此,它是一个精神性**实体**。它必须**对它自己而言**也是如此,必须去认知一切精神性事物,并知道自己就是精神,也就是说,它必须成为自己的**对象**,但却是一个直接遭到扬弃的、已经折返回自身内的对象。只有当对象的精神性内容是通过对象自己制造出来的,对象对我们而言才是**自为的**。如果对象对它自己而言也是自为的,那么这种自行制造活动,这个纯粹的概念,同时对对象而言也是一个客观的要素。对象在这个客观的要素里面获得它的实存,而这样一来,对象在它的实存中对自己而言就是一个已经折返回自身内的对象。——当精神这样发展起来并知道自己即精神,它就成了**科学**。科学是精神的现实性,是精神依靠它的固有要素而为自己建造起来的一个王国。

[29]

在一个绝对的他者存在那里进行一种**纯粹的**自我认识活动——这个**真正意义上的**以太是科学的基础和根基，或者说是一种**普遍的知识**。哲学的开端有一个前提或要求，即意识必须处于这个**要素**之内。但是这个要素只有通过它的转变运动才获得完满性和明澈性。纯粹的精神性是一个**普遍者**，可以表现为一种单纯的直接性。——这个单纯的东西本身具有一种**实存**，所以它是根基，而根基又是一种思维，仅仅存在于精神之内。因为这个要素，或者说精神的这个直接性，是精神的一般意义上的基础，所以它是一种**已经升华的本质性**，既是一种反映（它本身是一个单纯的、自为存在着的严格意义上的直接性），也是一种**存在**（亦即一个自身反映）。科学从它那个方面要求自我意识提升到这个以太，要求自我意识能够并且真正做到与科学一起生活，在科学之内生活。反过来，个体也有权要求科学给他一个至少能达到这个立场的梯子，要求科学在个体自身内向他揭示出这个立场。个体的权利基于他的绝对独立性，而且他在他的每一种知识形态里面都知道自己具有这种独立性。因为，在任何一种知识形态里面——不管这形态是否得到科学的承认，也不管其内容是什么——个体都是一个绝对的形式，也就是说，个体是一种**直接的自身确定性**，因此是一种无条件的**存在**（假如人们偏爱这个术语的话）。所谓意识的立场，就是不但知道客观事物与自己对立，而且知道自己与客观事物对立。如果这个立场被看作是科学的一个**他者**，在其中意识只知道自己是怎么回事，那么这毋宁说是精神的损失。反过来，科学的要素对意识而言也是一个遥远的彼岸世界，意识在那里不再占有它自己。这两个方面的任何一方在对方看来都是真理的颠倒。当自然意识把自己直接托付给科学，这是一个尝试（虽然它不知道自己是受到什么力量的驱使而作出这个尝试），即试着用头来走路；[1]那迫使意识自己为难自己，迫使意识接受这个异乎寻常的立场并在其中活动的东西，是一种未曾预料到的、看起来

[30]

---

[1]　马克思在《资本论》中借用了这个比喻，反过来批评黑格尔的哲学是一种"头足倒置"的哲学："在他那里，辩证法是倒立着的。为了发现神秘外壳中的合理内核，必须把它倒过来。"参见《马克思恩格斯选集》第 2 卷第 218 页，人民出版社 1972 年版。——译者注

很偶然的力量。——不管科学就其自身而言是什么样子,当它与一个直接的自我意识发生关系,就呈现为一种与后者相对立的颠倒物。换言之,因为直接的自我意识在其自身确定性中掌握有它的现实性原则,所以当它自为地存在于科学之外时,科学在形式上就呈现为一种不现实的东西。因此,科学必须与这个要素合并,或者说更重要地是去表明,这个要素隶属于科学本身,以及它是怎样隶属于科学的。一旦缺乏真正的现实性,科学就仅仅是这样一种内容,它是**自在体**或目的,但目前仅仅是一个**内核**,
[31] 仅仅是一个精神性的实体,还不是真正意义上的精神。**自在体**必须脱离自身发生外化,必须转变为它自己的**对象**,而这无非是说,自在体必须与自我意识合并为一个单一体。

　　这部精神**现象学**所呈现出来的,就是**一般意义上的科学**或**知识**的这个转变过程。最初的知识,亦即一个**直接的精神**,是一种缺乏精神的东西,是一种**感性意识**。为了成为真正的知识,或者说为了制造出科学的那个要素(即科学的纯粹概念本身),它必须经历一番漫长的辛勤劳作。这个转变过程是通过它的内容、通过它包含着的各种形态而建立起来的,它不是人们首先想到的那种科学导论(从一种非科学的意识过渡到科学),也不同于科学的奠基,反正绝不是一种亢奋的心灵,像子弹出膛那样,直接以一种绝对的知识为开端,而对其他各种观点只需说声"不解释"就等于完成了清算。

　　对于那个任务,即引导着个体从其未经教化的立场出发走向知识,我们必须在一种普遍的意义上来理解。同时我们也必须在教化的过程中观察一个普遍的个体,亦即那个具有自我意识的精神。——就二者的关系而言,包含在普遍个体内的每一个环节都表明了它赢得具体形式和独特
[32] 形态的情形。特殊的个体是一个不完满的精神,一个具体的形态,而在这个形态的完整的实存状态下,总是有**某一个**规定性占据着支配地位,同时其他的规定性仅仅具有一些模糊的特征。在那个稍高一些的精神里,低级的和具体的实存已经降格为一个不能显现出来的环节。至于事情本身

在此之前是什么东西,则只剩下一丝痕迹,它的形态已经被遮蔽了,成了一团单纯的阴影。个体的实体是一个居于更高层次的精神,个体经历了那段过去,其方式就好像一个追求着更高层次的科学的人,必须悉数梳理他早已掌握的那些预备知识,才能在当前掌握更高层次的科学的内容。他唤起对于这些知识的回忆,但并不对它们怀有特别的兴趣,也不在其中逗留。任何个人都必须在内容上完整地经历那个普遍精神的各个教化阶段,同时又把它们当作精神已经蜕下的各种形态,当作一条已经被开辟和铺平的道路的各个阶段。比如就知识而言,我们看到,古人的成熟精神所钻研的那些东西,现在已经降格为孩童的知识、训练、甚至游戏。同样,在教育的进程中,我们也将认识到那仿佛在一个模糊的轮廓中勾勒出来的世界教化史。过去的那些实存是普遍精神已经获得的财富,普遍精神显现在个体之外,构成了个体的实体和无机自然界。就此而言,从个体这方面来看,教化的目标就是让个体继承这些现成的财富,让个体在自身内消化它的无机自然界并据为己有。但从普遍精神亦即实体这方面来看,教化无非意味着实体给予自己以自我意识,使实体发生转变和自身反映。 [33]

　科学一方面呈现出这个具体的和必然的教化运动,另一方面也呈现出在各种形态下已经沉淀为精神的环节和财富的东西。科学的目标是让精神洞察到知识的本质。有些缺乏耐心的人希望无需中介就到达目标,但这是不可能的。首先,我们必须忍受这条道路的**漫长**,因为每一个环节都是必然的;其次,我们必须在每一个环节那里**逗留**,因为每一个环节本身都是一个个体,都是一个完整的形态,只能被绝对地观察,也就是说,把它的规定性作为一个完整的或具体的东西来观察,或在这个独特的规定下来观察整体。——个体的实体,甚至世界精神都有耐心在漫长的时间里经历这些形式并承担起世界历史的庞大工作,在每一个形式里都提炼 [34] 出该形式能够具有的完整内涵,因为世界精神不可能通过什么低级简单的形式来达到自我意识,所以就事情本身而言,个体也不可能仅仅借助于少量形式就理解把握到他的实体。但与此同时,个体其实也没有花费多大的力气,因为这一切都已经**自在地**完成了,内容已经沉淀为一种潜在的现实性,一种被克服了的直接性,而形态分化也已经被简化为一种单纯的思想规定。内容,作为一种**思想中的东西**,是实体的**财富**。实存没有必要再度具有**自在存在**的形式,毋宁说,只有那种既不是纯粹本原也没有沦为实存的东西,亦即那个已经**被回忆起的自在体**,才必须转而具有**自为存在**的形式。对于这类行动,我们还需要进一步讨论。

到目前为止,当我们讨论运动的时候,我们所处的立场完全没有谈到对于实存的扬弃。现在剩下来并需要高度改进的东西,是人们关于各种形式而具有的**表象**和**常识**。那个被收回到实体之内的实存,由于那个最初的否定,只能被**直接地**放置到自主体这一要素之内。正因如此,实存所获得的财富还具有一些和实存本身一样的特性,比如"尚未经过概念把握的直接性"、"不动的漠不相关"等等。在这种情况下,实存仅仅转变为一个**表象**。——与此同时,它因此成了一个**众所周知的常识**。实存着的精神已经对它熟视无睹,所以对它也不再有什么行为和兴趣。如果说一个行为对实存熟视无睹,而这个行为本身仅仅是一个特殊的、尚未理解把握自身的精神的运动,那么反过来,知识所要反对的却是那种由此产生出来的表象,亦即常识。知识是一个**普遍的自主体**的行为,是**思维**的兴趣之所在。

[35]

一般意义上的常识,正因为它是**众所周知的**,所以并不是**真知**。通常的那种自欺欺人的做法,就是在认识活动中把某些东西预设为常识,于是不予追究。在一通废话之后得来的这种知识,在不知道究竟怎么回事的情况下,也不能前进一步。"主体"、"客体"、"上帝"、"自然"、"知性"、"感性"等概念被不假思索地当作常识,当作某种有效的基础,并构成一些固定的出发点和归宿。运动在这些固定的、始终一动不动的出发点和归宿之间来回穿梭,因此仅仅是在它们的表面上进行。既然这样,当人们进行领会把握和审查检验时,就是看看每个人是否在他的表象中找到一点有关那些概念的言论,看看这些言论是不是他看到的现象,是不是一种常识。

去**分析**一个表象,就像人们向来所做的那样,无非是扬弃这个表象的常识形式。把一个表象分解为它的原初要素,意味着回溯到它的各个环节,这些环节至少在形式上不是一种现成的表象,而是构成了自主体的直接财富。诚然,这类分析的结论只能是一些**思想**,一些本身即众所周知的、固定的、静止的规定。但是这种**已分解的**或非现实的东西本身却是一个事关本质的环节。因为,只有当具体事物分解自己,使自己成为非现实的东西,它才是一个自身运动者。分解行为是**知性**的能力和工作,而知性是一种最值得惊叹的和最伟大的势力,或更确切地说,是一种绝对的势力。一个封闭的、静止的圆圈,作为实体,掌握着它的各个环节,但圆圈本身却是一种直接的、因此可以说平淡无奇的关系。但是,那些从自己的环境那里分离出来的偶然事物,那些复合的、只有与他者结合起来才具有现实性的东西,本身都具有一个独特的实存和一个独特的自由。此乃否定性事物的巨大势力的表现,是思维或纯粹自我具有的一种能量。如果我们愿意把那种非现实性称作死亡,那么它是最可怕的东西,只有一种无比强大的力量才能够控制死亡。有一种软弱无力的美,它憎恨知性,因为知性要求它去做它无能为力的事情。但是精神的生命不是表现为害怕死亡,与荒芜保持绝对的距离,而是表现为承受死亡,并在死亡中保存自身。只有当精神在一种绝对的支离破碎状态下重新找到自己,它才赢得它的真理。精神作为这样一种力量,作为一种肯定的事物,并没有逃避否定的事物。与此相反的做法则是,把某些东西说成不存在或是错误的,然后转移到别的东西上面,就此完事。实际上,只有当精神直面它的否定事物,与之周旋,它才是这样一种势力。这种周旋是一种魔力,可以把否定事物转化为一个存在。这种魔力和上面所说的主体是同一个东西,当它使它的要素中的那些规定性成为一种实存,也就扬弃了那种抽象的、仅仅在一般意义上**存在着**的直接性,并因此成为真真正正的实体,成为存在或直接性,而这个直接性不是在自身之外有一个中介活动,毋宁说它就是中介活动本身。

　　表象转变为纯粹自我意识的财富,被提升到一般意义上的普遍性,而这仅仅是教化的一个方面,还不是完满的教化。——古代的学习方式与

[36]

[37] 近代的学习方式之间区别在于,前者是自然意识所经历的一种真正而彻底的教化:它在它的实存的每个领域那里都特别用心地去尝试,对于一切现象都加以哲学思考,并因此使自己达到一种完全可操作的普遍性。反之在近代,个体面对的是一种抽象的形式,他们为了理解和掌握抽象形式而付出的努力,主要在于把内核直接呈现出来,把普遍者割裂开,而不是把普遍者从具体的、多种多样的实存那里提炼出来。因此,现在的工作主要不是使个体摆脱直接的感性方式,使之成为一个思想中的和思维着的实体,而是反过来,通过扬弃一些固定的、特定的思想,使普遍者得以实现并转变为精神。但是,让固定的思想具有流动性,比让感性的实存具有流动性要更加困难得多。原因就在于上面所说的情况:那些规定性把自我,把否定性事物的势力或纯粹的现实性当作实体,当作实体的实存要素。与之相反,感性规定仅仅是把那种无力而抽象的直接性或严格意义上的存在当作实体,当作实体的实存的要素。思想要流动起来,前提是纯粹思维亦即这个内在的**直接性**认识到自己是一个环节,换言之,纯粹的自身确定性脱离自身——不是把自己丢弃在一边,而是放弃一种**固定化的**自身设定,既不把纯粹的具体事物(亦即那个与不同内容相对立的自我)当作固定不变的东西,也不把各种差别当作固定不变的东西,尽管那些差别被设定在纯粹思维这一要素里面之后,也分享了自我的绝对性。通过这个运动,各种纯粹的思想转变为**概念**,成为它们真正所是的东西,亦即各种自身运动或圆圈,而它们的实体是一些精神性的本质性。

[38] 纯粹本质性的这个运动构成了一般意义上的科学性的本性。作为各种内容之间的联系,这个运动就是内容自身走向一个有机整体的必然性和扩张过程。通过这个运动,那条可以获得知识的概念的道路同样转变为一个必然的和完整的转变过程,以至于整个预备工作已经不再是一种偶然的哲学思考,也就是说,不再依赖于一个不完满的意识偶然发现的一些对象、关系和思想,也不再企图通过一种绕着圈子的推理、推论和演算,从某些特定的思想出发来论证真相。毋宁说,通过概念的运动,那条道路将按照一种必然性把意识的完整世界包揽进来。

这样一种呈现进而构成了科学的**第一**部分,原因在于,精神的实存作为第一位的东西无非是一个直接的事物或开端,而开端还不能说是精神的自身回归。所以,**直接的实存这一要素决定了科学的第一部分与其他部分的差别**。而既然谈到这个区别,就得讨论一下这里通常会出现的某些固定的思想。

精神的直接实存,亦即**意识**,包含着两个环节:一个是知识,另一个是否定着知识的客观事物。由于精神在这个要素中发展起来,并展开它的各个环节,所以这些环节全都包含着知识与客观事物之间的对立,并表现为各种各样的意识形态。这条道路上的科学是意识的**经验**的科学。对于实体,我们得看看它和它的运动如何成为意识的对象。意识所认知和所理解的东西,全都包含在它的经验之内,而包含在经验之内的东西,仅仅是一个精神性的实体,这个东西同时也是实体的自主体的**对象**。精神转变为一个对象,因为它就是这样一种运动:**自己**转变为一个**他者**,也就是说,转变为**精神的自主体的一个对象**,同时又扬弃这个他者存在。所谓的经验正是这样一种运动:直接的、未经验到、亦即抽象的东西,不管它是指一种感性存在还是指一种完全位于思想中的单纯事物,先是发生异化,然后从异化那里返回到自身内,并以这种方式表现为一种现实的和真实的东西,表现为意识的财富。 ［39］

在意识里面,实体是自我的对象,而实体和自我之间的不一致就是它们的差别,就是一般意义上的**否定性事物**。这个东西有可能被看作是实体和自我的**缺陷**,但实际上却是它们的灵魂或推动者。正因如此,某些古人把**虚空**理解为推动者,因为他们虽然认识到推动者是一个**否定性事物**,但还没有认识到这个东西就是自主体。——如果说这个否定性事物首先表现为自我与对象之间的不一致,那么它同样也是实体自己与自己的不一致。那个看起来好像在实体之外发生并针对着实体的行为,是实体固有的一种活动,而实体表明自己在本质上是一个主体。一旦实体完整地表明了这一点,精神也就使它自己的实存与它自己的本质达成一致。当精神存在时,它是它自己的一个对象,而"直接性"、"知识与真理之间的

23

分裂"等抽象要素已经被克服了。存在是一种完全经历了中介活动的东西。它是一种基本内容,就其自身而言,既是自我的财富,也是一种可以称作自主体的东西,亦即概念。在这个意义上,精神现象学终结了。精神在现象学之内为自己奉上的,是知识这一要素。在这个要素里,精神的各个环节获得**单纯性这一形式**,因为这个形式知道它的对象就是它自己。这些环节不再分裂为相互对立的存在与知识,而是始终具有知识的单纯性。它们是那个获得了真实形式的真相,而它们之间的差异性仅仅是内容上的差异性。它们在知识这一要素里形成一个有机的整体,而这样一种运动就是**逻辑学**或**思辨哲学**。

[40]　　精神的经验体系仅仅包含着精神的**现象**,正因如此,既然**真相**已经取得了一个**真实的形态**,既然那个体系已经发展为一种关于真相的科学,那么这个发展过程看起来只能是按着一种否定的方式进行的,而且人们通常把否定性事物当作一种**虚假的东西**,他们不希望与之有染,而是要求开门见山直接达到真理。与虚假的东西纠缠在一起有什么意思呢?但前面已经说过,我们应该立即以科学为开端,而对于这个主张的答复可以依据于这样一个方面,即否定性事物作为一种**虚假的东西**究竟具有什么性质。在这个问题上,某些观念尤其阻挡着进入真理的门径。有鉴于此,我们得谈谈数学认识活动,因为它被一种非哲学的知识看作理想,一个据说哲学必须努力追求,但迄今为止却一直徒劳无功而未曾到手的理想。

　　真实和**虚假**属于一些特定的思想,它们静止不动,被当作独立的本质,各据一方而互不联系,孤立而稳定地存在着。但与此相反我们必须指出,真理不是一枚铸好了的硬币,可以现成地拿来就用。① 恶是不存在的,同样,虚假也不**存在**。恶和虚假确实不是类似于魔鬼的那种坏东西,假若它们是魔鬼,那么它们甚至已经被提升为一种特殊的**主体**。虚假和恶本身仅仅是两个**普遍的东西**,但它们各自有一个相互对立的本质

---

　　① 莱辛(G. E. Lessing)在《智者纳坦》(第三幕第六出)中写道:"我呀/被金钱迷住了;/他却想要真理。真理噢!/他想要这般光洁,这般亮锃锃的真理,/仿佛真理是一枚硬币!"——译者注

性。——知识的内容是实体,而如果说实体就是真相,那么虚假(我们在这里只讨论它)就是实体的他者,一个否定着实体的东西。然而实体本身在本质上就是一个否定性事物,它有时区分和规定着内容,有时则是一种**单纯的**区分活动,也就是说,有时是自主体,有时是一般意义上的知识。诚然,人们也可能获得一种虚假的知识。获得一种虚假的知识,意思就是,知识与它的实体不一致。但这个不一致恰恰是一般意义上的区分活动,是一个根本环节。诚然,这个区分或不一致可以转变为知识和实体的一致,而这个转变而来的一致就是真理。但是,真理在这里并不意味着不 [41] 一致已经被丢弃了,好比杂质从纯金属那里清除出来,或工具在容器造成以后就与容器分开一样。实际上,真理意味着,不一致作为一种否定性事物,作为自主体,仍然直接地保存在真正意义上的真相之内。尽管如此,也不能因此就说**虚假**构成了真相的一个环节乃至一个组成部分。有人说,任何虚假都包含着某种真实。但在这个说法里,虚假和真实就像油和水一样不可交融,仅仅是外在地掺和在一起。为了标示出**完满的他者存在**这个环节,当虚假和真实的他者存在被扬弃之后,人们就不得再度使用"虚假"或"真实"之类说法。同样,"主体与客体的**统一**"、"有限与无限的**统一**"、"存在与思维的**统一**"等说法都有不妥当的地方,因为,当我们说"主体"或"客体"时,意思是,**它们在没有统一的情况下**才是主体或客体,而在统一中就不再是我们意谓的那种东西了。同样,当虚假成为真理的一个环节,它也不再是一个虚假的东西。

知识和哲学研究里的思维方式的**独断论**无非是这样一个看法,即以为真相可以归结为一个命题,而命题又是一个固定的结果,可以被直接认知。诚然,诸如"恺撒是什么时候诞生的?"以及"一个竞技场的长度为多少尺?"之类问题应该得到一个**利索的**答案。同样,说直角三角形的斜边的平方等于另外两条边的平方之和,其真实性也是确凿无疑的。但是,这些所谓的真理就其本性而言是与哲学真理有差异的。

关于**历史**的真理,简要说来,就这些真理之纯粹历史的方面来看,人们很容易承认,它们关涉的是个别的实存,一些从实存那里偶然地和随意

[42] 得来的内容,以及这些内容的偶然属性。但即使是前面那些作为例子而提出来的赤裸裸的真理,一旦离开了自我意识的运动,也是不成立的。为了认识到其中的一个真理,人们都必须多方比较,查阅书籍,或进行钻研(不管是以什么方式)。即使在一个直接的直观那里,对于对象的认识也只有与它的根据联系在一起,才被看作是一种具有真实价值的东西,尽管人们实际上关注的只是赤裸裸的结果。

就**数学的**真理而言,我们更不会把那样一个人看作几何学家,他**熟记**欧几里德定理,却不知道其证明,借助于一个对比来说就是,他仅仅**外在地**,而不是**内在地**知道这些定理。同样,通过测量许多直角三角形而知道它们的各条边之间有那个著名的比率,这也不能被看作是一种令人满意的认识。即使在数学认识活动那里,证明的**根本重要性**也不具备这样的意义和本性,即去成为结果本身的一个环节,毋宁说,证明在结果那里已经飘逝和消失了。定理作为一个结果,诚然是**一个被洞察为真的东西**,但是这个附加的情况与定理的内容无关,而是仅仅涉及定理与主体的关系。数学证明也是一个运动,它并不隶属于对象,而是游离于事情**之外**。因此,直角三角形的本性的分解与建构是不同的情形,而建构对于一个表达出各条边的比例的命题证明来说是必要的。结果的整个产生过程是认识活动的一个进程和手段。——在哲学认识活动里,**严格意义上的实存的**转变过程也是不同于**本质**或事情的内在本性的转变过程。但是,首先,哲学认识活动包含着实存和本质,与之相反,数学认识活动只有通过一种严格意义上的**认识活动**才能呈现出**实存**(亦即事情的本性的**存在**)的转变[43] 过程。其次,哲学认识活动也统一了这两种特殊的运动。内在的产生过程或实体的转变过程持续地过渡为一种外观,换言之,过渡为一种实存或为他存在,而反过来,实存的转变过程就是意识将自身收回到本质内的过程。因此,运动是整体的一种双重性的演进过程和转变过程,以至于每一方都是同时设定对方,每一方本身就包含着两个方面,包含着两个形象。双方之所以合在一起形成一个整体,只因为双方都消解自身,并使自己成为整体的一个环节。

在数学认识活动里,洞见是一种游离于事情之外的行动,因为洞见使真实的事情发生了变化。媒介、构造、证明等等诚然包含着一些真命题,但是同样也必须承认,内容是虚假的。在前面那个例子里,三角形被分解了,它的各个部分变成另外一些形状,通过三角形本身具有的构造产生出来。只有到了最后,三角形才被重新恢复,这个本来应该被关注的东西在整个过程中都被遗忘了,仅仅散见于一些隶属其他整体的碎片。——在这里,我们也看到了内容的否定性,它必须被称作内容的虚假性,因为一些具有固定意谓的思想消失在概念的运动里。

这种认识活动的真正缺陷既涉及认识活动本身,也涉及它的全部材料。就认识活动而言,首先,任何构造的必然性都不是通过一个洞见而揭示出来的。它不是来源于原理这一概念,而是被规定如此,而且人们还必须盲目地服从这个规定,比如,恰恰画出这些而不是别的线条,然后从中导出无穷多的其他线条。人们不知道别的什么,仅仅抱着一个善意的信念,相信这样会使得证明以合乎目的的方式进行。合目的性随后也表现 [44] 出来了,但它仅仅是一个外在的合目的性,因为它只是在证明完成之后方才表现出来。同样,证明所走的也是这样一条道路,它从任意的某个地方开始,但人们却不知道它与将要得出的结果是什么关系。这条道路接受了**这一些**规定和关系,同时把别的规定和关系抛在一边,但人们不能直接认识到这是出于何种必然性。概言之,一个外在的目的支配着这个运动。

数学为之自豪并拿到哲学面前进行炫耀的那种东西,就是这种有缺陷的认识活动的**自明性**,但数学之所以有这种自明性,完全是由于数学在**目的**和**材料**方面的匮乏,因此这是哲学必须蔑视的一种自明性。数学的目的或概念是**分量**,而分量恰好是一种无关本质的、无概念的关系。在这种情况下,知识的运动流于表面,未触及事物自身,未触及本质或概念,所以不能说是一种概念把握。至于数学的**材料**,则是**空间**和**单一体**,它依靠这些东西提供了可喜的真理宝藏。空间是一种实存,概念把它的各种差别划定在其中,把空间当作一个空洞的、僵死的要素,其中的各种差别同样是不动的、无生命的。**现实事物**不是数学所考察的那种空间性的东西，至于数学对象之类非现实的东西，无论具体的感性直观还是哲学都是不愿去理睬的。在这种非现实的要素里，也只有一种非现实的真相，亦即一些固定的、僵死的命题。人们可以在每一个命题那里停留下来，后来的命题依靠自己重新开始，但是前面的命题并没有过渡到后一命题，而在这种情况下，人们也不能通过事情本身的本性而得出一个必然的联系。由于那个原则和那个要素——数学自明性之流于形式就体现在这里——，知识也是沿着**一致性**的路线前进。因为僵死的东西并不推动自身，所以它达不到本质的差别，达不到那种本质上的对立和不一致，因此也做不到从一方过渡到对立的另一方，不能成为一种质的、内在的运动，不能成为一种自身运动。数学所考察的只是分量，一种无关本质的差别。它不懂得，是概念把空间分析为多个维度，并规定了各个维度之间的联系和维度自身内的联系。比如，数学不关心线条与平面之间的关系，而当它比较圆的直径和圆周时，就遭遇到了二者之不可通约的难题，也就是说，这是一种概念关系，是一种无限的东西，已经挣脱了数学的规定。

[45]

那种内在的、所谓的纯粹数学，也没有把严格意义上的**时间**与空间对立起来，没有把时间当作其考察的第二种材料。不过，应用型数学也会研究时间，正如它也研究运动以及其他现实事物，但是它是从经验那里接受了一些综合命题，亦即关于各种在概念上被规定的现实事物之间的关系的命题，并且把它的公式只用在这些前提上面。应用型数学经常为一些命题（比如关于杠杆的平衡，关于空间和时间在降落运动中的比例关系等等）给出所谓的证明，认为这就是一些给定的、必须被接受的证明。但这种做法只不过证明了，数学认识活动是多么迫切地需要作出证明，因为它在不存在证明的地方也非常重视证明的空洞假象，以便获得一丝慰藉。因此，对于那些证明的批评同样也将是值得重视的，予人裨益的，它可以一方面清除掉数学身上的这类错误粉饰，另一方面指出数学的局限，从而得出另一种知识的必要性。至于**时间**，人们可以认为，作为空间的对立面，时间构成了纯粹数学的另一部分的材料，就此而言，时间就是实存着

[46]

的概念本身。"**分量**"、"**无概念的差别**"、"**一致性**"、"**抽象的、无生命的统一**"等等,这些原则都没有能力去掌握那个纯粹的生命悸动和绝对区分。因此,时间这个否定性仅仅是作为一种毫无作用力的东西,亦即作为一个**单一体**,成为数学认识活动的第二种材料。数学认识活动是一个外在的行为,它把那个自己推动着自己的东西降格为一种材料,以便在材料那里获得一种漠不相关的、外在的、无生命的内容。

与之相反,哲学并不考察任何**无关本质的**规定,而是考察事关本质的规定。哲学的要素和内容不是一种抽象的或非现实的东西,而是**现实事物**,是那个自己设定自己并且在自身内生活着的东西,是一种立足于概念的实存。这是一个自己产生出自己的环节并贯穿这些环节的过程,而这个完整的运动就构成了肯定性事物及其真理。这个真理同样包含着否定性事物在自身内,后者几乎总是被当作虚假,而当它作为虚假的东西而被考察时,就不免遭到遗弃。实际上,我们更应该把那些转瞬即逝的东西当作一种事关本质的东西来考察,而不是认为它们是一种固定的东西,与真理割裂,存在于真理之外的我们不知道的某个角落。同样,我们也不能把真相看作是一种停滞于另一面的、僵死的肯定性事物。现象就是生灭,但生灭本身却是没有生灭的,毋宁说它是一种自在存在,构成了真理的生命的现实性和运动。就此而言,真相是一场酒神狂欢节①,参与到其中的人无不陷入迷醉。又因为当任何一个参与者孤立出来,马上就会消解,所以这个狂欢节同样也是一种透明的和单纯的静止状态。在那个运动的舞台上,精神的个别形态和各种特定的思想一样,都不能持续地存在,都是一些否定性的、转瞬即逝的环节,但尽管如此,它们同样也是一些肯定性的必然环节。——就运动的**整体**被理解为一个静止状态而言,那个在其中 ［47］ 作出区分并给予自己以特殊实存的东西保存下来了,并且**回忆**起这一切,因此,它的实存是一种自我认知,而自我认知同样也是一种直接的实存。

关于这个运动或科学的**方法**,看起来有必要提前作出更多的说明。

___

① 参阅本书第69页的注释②。——译者注

实际上,方法的概念已经包含在前面所说的内容里,但要将它真正呈现出来,则是逻辑学的任务,或更确切地说,方法的真正呈现就是逻辑学本身。因为方法无非是整体按照其纯粹本质性而建立起来的一个构造。但是,对于迄今谈到方法的那些流行言论,我们必须意识到,一个由某些与哲学方法相关的观念所构成的体系也是隶属于一种过时的教化。——如果这些话听起来有点自吹自擂,或者带有革命的意味(我是懂得避免这种语气的),那么人们应该想一想,数学遗留下来的科学国度——其中充满了说明、分类、公理、定理及其证明、原理、以之为依据的演算和推论——至少在意见本身看来已经**过时了**。虽然这个国度的不适当性还没有被清楚认识到,但它确实已经毫无用处了,至少没有太大的用处,而且,尽管它本身尚未遭到非难,但已经不招人喜欢了。我们必须对优秀的东西抱有一种先入为主的看法,即它们会自己决定自己的用处,并招人喜欢。但是不难看出,那种先建立一个命题然后作出证明,并以同样的证明来反驳另一个命题的做法,并不适合用来表达真理。真理是一种盘桓于它自身之内的运动,但那个方法却是一种游离于材料之外的认识活动。就此而言,这是数学独有的方法,而且必须交给数学来保存,因为正如我们已经指出的,数学把无概念的分量关系当作它的原则,把僵死的空间和同样僵死的单一体当作它的材料。诚然,数学也可以采用一种更为自由的做法(实则就是混杂着更多的任意和偶然性),以便让自己保留在日常生活里,保留在一通谈话或那种主要是为了满足好奇心而不是为了提供认识的历史训导中。一篇序言大致也是这个样子。在日常生活里,意识的内容包括各种认识、经验、感性的具体事物,以及思想、原理等等,总之都是一些现成的东西,或一些固定的、静止的存在或本质。意识有时循着这些内容前进,有时又因为随意选择别的内容而打断它们的相互联系,所以,意识于内容而言是一种外在的规定和外在的取舍。意识把内容回溯到某个确定的东西(哪怕这不过是某一瞬间的感觉),而当信念到达一个熟悉的休息处之后,它就满足了。

但是,如果说概念的必然性排斥了冗长推理的一种更散漫的进程,也

[48]

摆脱了科学浮夸的一种更为僵化的演进,那么正如我们前面已经指出的,概念的地位不应当被憧憬和亢奋①之类毫无章法的东西以及先知式的随意言谈所取代。这些东西不仅蔑视概念的科学性,而且蔑视一般意义上的科学性。

康德出于一种本能重新发现了**三段式**,并且将这种尚且处于僵死状态的、尚未概念化的三段式提升到了一种绝对的意义,使得真实形式伴随着它的真实内容同时建立起来,随之得出了科学这一概念。既然如此,那种滥用三段式的做法同样也是不科学的,因为我们看到,它把三段式降格为一种没有生命力的范式,降格为一种不折不扣的线条轮廓,并且把一个科学的有机组织降格为一张图表。——我们在前面已经大致提到过这种形式主义,这里不妨更详细地描述一下它的作风:它以为,只要把范式的某个规定作为一个谓词陈述出来,就已经把握并说出了一个形态的本性 [49] 和生命。这些谓词可以是“主观性或客观性”,也可以是“磁力”和“电”等等,可以是“收缩或膨胀”,也可以是“东或西”等等,而且可以无限扩展下去,因为按照这个方式,任何规定或形态在其他规定或形态那里都可以重新被当作某一个范式的形式或环节来使用,每一个形态都可以借助于其他形态来完成同样的任务。但通过这种交互循环,人们根本不知道事情本身是什么,既不知道这件事情,也不知道那件事情。在这个过程中,有时候,人们从通常的直观中拿来一些感性规定,这些规定的**意谓**和它们所说的东西根本不是一回事;有时候,人们又不假思索和不加批判地使用那些本身具有深意的纯粹思想规定,比如“主体”、“客体”、“实体”、“原因”、“普遍者”等等,仿佛这和日常生活中使用“强和弱”、“膨胀和收缩”之类说法没什么区别,而这样一来,形而上学就和这些感性表象一样,变成了一种非科学的东西。

---

① “憧憬”(Ahndung)和“亢奋”(Begeisterung)是埃申迈耶尔经常使用的术语。埃申迈耶尔认为憧憬和亢奋是认识活动的最高阶段,完满的哲学必然会过渡到“非哲学”(Nichtphilosophie),亦即过渡到信仰。谢林在《哲学与宗教》(1804)里面曾经对埃申迈耶尔的上述观点进行了全面批判。——译者注

　　而今,按照一个肤浅的类比说法,人们陈述的不是内在生命及其实存的一种自身运动,而是说出了关于直观(在这里即感性知识)的一种单纯规定性。人们并且把这种外在的、空洞的公式运用称作**建构**。① 对于任何种类的形式主义来说,都是同样的情形。如果一个人在一刻钟之内没有掌握可以分清衰弱病、亢奋病和间接衰弱病的理论,没有掌握相应的众多治疗方案(不久前的课堂上本来已经教过这些东西),如果他在这么短暂的时间内不能从一名熟练工转变为一名理论医生,那么这个人该是多

[50] 么的愚蠢呢? 自然哲学的形式主义教导我们说,理智是电,动物是氮气,理智与南或北是**一致的**,要不然就是理智代表着南或北等等。然而不管它是直截了当地言说还是夹杂着其他术语,总之都是强行把一些风马牛不相及的现象捏合在一起,仿佛把一些静止的感性事物捏在一起就可以形成一个概念。至于真正重要的事情,即将感性表象的概念或意义陈述出来,却被省略了。对于这种粗暴的做法,不谙世事的人会感到惊叹,崇拜其深刻的天才,陶醉于那些规定的清澈明朗(因为它们用直观代替了抽象概念,更让人愉快),并且希望自己能够有幸与这类辉煌行为具有一种憧憬中的灵魂相似性。人们很快就学会了这样一种智慧的把戏,因为这实在是太容易了。然而一旦人们了解了这套把戏,再去重复它就跟重复一个已经被看穿了的魔术一样让人无法忍受。单调的形式主义好比一件乐器,它的操纵难度并不大于画家的调色板,在那上面只需要两种颜色(比如红和绿)就可以了,画历史题材用红色,画风景就用绿色。用这样一种颜料来粉刷天上的、地上的和地下的一切东西,其带来的愉悦,相比于这种普遍颜料带来的优越感,究竟哪一个因素更占主导地位,这是很难断言的,因为二者毕竟相互支持。这个方法给天上和地下的一切东西,给

---

　　① "建构"(Konstruktion)是谢林的绝对同一性哲学的核心概念之一。在《来自哲学体系的进一步的阐述》(1802)中,谢林提出了一种思辨的哲学方法论,即"哲学建构",希望通过一种先天的理智直观(或理性直观)呈现出绝对者在万事万物中的特殊表现,以表明每一个事物都是普遍与特殊、无限与有限的统一。(IV, 39 ff.)而在《论哲学中的建构》(1803)一文中,谢林更是提出:"关于哲学建构的学说未来将会成为一种科学性的哲学的最重要的篇章之一。"(V, 125)——译者注

自然和精神的一切形态都贴上若干包含着普遍范式规定的标签,并以这种方式把一切整理停当。但它的成果无非是一份关于宇宙有机体的"昭若白日的报道",①也即一份图表,好像一具贴满小标签的骨架标本,或者像香料店里那些一字排开的贴有标签的密封罐,一切都清清楚楚。但正如在那里,血肉已经与骨头分离开,在这里,封闭在罐子里的同样也是没有生命力的东西,所以,在那份图表里,事物的活生生的本质同样也被剥离或者掩盖了。我们在前面也已经指出,这种作风的极致就是一种单调的绝对绘画术,因为它以范式的差别为耻,尽管自己是一种反思,但却沉沦在绝对者的空洞性之中,以便制造出一种纯粹的同一性,制造出一种没有形式的白色。一方是范式及其僵死规定的单调同色,一方是绝对同一性,尽管双方相互之间也有着过渡,但都是同样一个僵死的知性,都是同样一种外在的认识活动。

[51]

优秀的东西逃脱不了这样一个命运:它被剥夺生命和精神,并如此痛苦地看到自己的皮肤表面紧贴着一种无生命的知识,以及这种知识的虚诞性。不仅如此,我们发现,命运还包含着一种强烈的力量(尽管它不是对精神而是对心灵施加影响),包含着形式逐渐获得普遍性和规定性的塑造过程,这个塑造过程意味着命运的完成,只有它才使得普遍性在实际应用中沦落为一种肤浅的东西。

科学只能通过概念之固有的生命而形成为一个有机体。在科学里,范式把一个外在的规定性黏附在实存身上,而这个规定性就是一个已然得到充实的内容所具有的灵魂,它自己推动着自己。存在者的运动就是一方面转变为一个他者,并因此转变为它的内在内容,另一方面又把这个展开过程或它的这个实存收回到自身之内,也就是说,存在者使自己成为一个**环节**,把自己简化为一个规定性。在前一方面的运动中,否定性对**实存**作出区分和设定,而在后一方面的自身回归中,否定性是**特定的单纯性**

①　黑格尔在这里调侃费希特 1801 年出版的一部小册子的书名《一份面向广大公众的关于最新哲学的真正本质的昭若白日的报道。一个强迫读者理解约翰·戈特利布·费希特的尝试》。——译者注

[52] 的一个转变过程。通过这种方式，内容表明它的规定性不是从另一个东西那里继承过来并缝合在自己身上，而是自己给予自己的，因此它亲自转变为一个环节，把自己安置在整体内部的某一个地方。图表式的知性手里握着内容的必然性和概念，这些东西构成了具体事物、现实性以及事情的活生生的运动，但实际上，知性并没有掌握这些东西，而且根本就不认识它们。因为，假若知性具有了这些洞见，它肯定会把它们展示出来。知性压根就没觉得它需要这些洞见，否则的话，知性一定会抛弃它的那种模式化行为，至少不会再表现为一种内容简介式的知识。但实际的情形恰恰是，知性仅仅拿出一份内容简介，却不提供内容本身。比如，"磁性"本身是一个具体的或现实的规定性，尽管如此，它仍然沦落为一种僵死的东西，因为人们只是用它来陈述另一个实存，却没有认识到它是这个实存的内在生命，或者说没有认识到它通过这个实存已经获得了一个固有的、独特的自身生产和呈现。至于这个主要的事务，流于形式的知性留给别人来补充。这种流于形式的知性没有深入到事情的内在内容当中，而总是对整体进行概观，高高在上地谈论个别的实存，但实际上，它的眼中根本就没有个别的实存。反之，科学认识活动要求人们把自己交付给对象的生命，也就是说，要求人们去关注并说出对象的内在必然性。当科学认识活动沉浸在它的对象中，它就忘却了那种概观，因为概观只不过是那种来自于内容的知识的一个自身反映。只要沉浸在材料中并在材料的运动中持续前进，科学认识活动就会返回到自身之内，但在此之前，填充物或内容已经把自己收回到自身之内，已经简化为一个规定性，已经降格为某一

[53] 个实存的**一个**方面，并过渡到一个更高的真理。在这种情况下，一个单纯的、概观着自己的整体才从丰富的内容中浮现出来，而曾几何时，它的反映似乎已经淹没在各种繁复的内容里面。

按照此前的表述，一般说来，实体本身就是一个主体，全部内容都是主体的一个固有的自身反映。至于一个实存的持存或实体，乃是一种自身一致性。假若它与自身不一致，早就已经消亡了。但自身一致性是一种纯粹的抽象，而纯粹的抽象是一种**思维**。当我说"质"时，我所说的是

一个单纯的规定性。质使得一个实存不同于另一个实存，换言之，使得一个实存成其为一个实存。实存自顾自地存在着，换言之，它通过这种自身单纯性而持续地存在着。就此而言，实存在本质上是一个**思想**。只有在这里，我们才从概念上认识到，存在即思维。人们通常谈到思维和存在的同一性时，由于缺乏概念，所以实际上并没有真正达到这个洞见。实存的持存是一种自身一致性或纯粹的抽象，既然如此，实存就是一种自身抽象，换言之，实存自己就与自己不一致，实存本身就是一个消亡瓦解的过程。实存是一种固有的内在性和自身回收；实存是一种转变过程。出于存在者的这个本性，由于存在者的这个本性成为知识的对象，所以知识不是一种把内容当作陌生事物来处理的行为，不是一种脱离了内容的自身反映。科学不是那样一种唯心主义，后者仅仅以一种**保证式的独断论**或一种**具有自身确定性的独断论**来取代另一种**宣告立论式**的独断论。毋宁说，由于知识看到内容已经返回到它自己固有的内在性中，所以知识的行为既沉浸在内容中（因为它是内容的内在的自主体），同时也返回到自身之内（因为它是一种出现在他者存在里面的纯粹的自身一致性）。就此而言，知识的行为是一个狡计，表面上无所作为，暗地里却清清楚楚地看到，规定性及其具体生命恰恰是这样一种行动：它自以为是在追逐着自己的保存和特殊利益，实际上却在做着相反的事情，亦即把自己消解掉，使自己成为整体的一个环节。　　　　　　　　　　　　　　　　　　　[54]

　　如果说刚才已经从实体的自我意识这一方面出发阐述了**知性**的意义，那么从现在所说的则可以看出，就实体被规定为一个存在着的实体而言，知性具有怎样的意义。实存是一种质，是一种自身一致的规定性或特定的单纯性，一个特定的思想，这就是实存的知性。正是在这个意义上，**阿那克萨戈拉**最先认识到，知性亦即**努斯**是以本质为对象。他的后继者们以更确切的方式把实存的本性理解为**相**（eidos）或**理念**（idea），理解为一种**特定的普遍性**，亦即**种**。诚然，"种"这个说法看起来太过于平常，不足以表达当代流行的"美"、"神圣"、"永恒"等理念。但实际上，理念和种所表达出的不多不少恰恰是同样的意思。诚然，我们现在还经常能看到这样的情形,比如一个确有所指的说法遭到蔑视,而另一个说法则得到偏爱,至于其中原因,却仅仅是因为后者是一个外来语,它可以把概念弄得云里雾里的,听起来更加意味深长。正因为实存被规定为种,所以它是一个单纯的思想,而努斯,亦即单纯性,则是实体。由于实体是单纯的或自身一致的,所以它显现为一个固定的和持久不变的东西。但是自身一致性同样也是否定性,正因如此,那个固定的实存才走向消亡。乍看起来,规定性最初之所以出现,仅仅是因为它与一个**他者**相关联,而它的运动是被一个陌生的力量强行决定的。但是规定性本身就包含着它的他者存在,是一种自身运动,而这些情形恰恰取决于思维本身的那种**单纯性**。因为单纯性是一个自己推动着自己、对自己作出区分的思想,是一种固有的内在性,亦即一个纯粹的**概念**。就此而言,**合乎知性**是一个转变过程,而作为这样一个转变过程,合乎知性就意味着**合乎理性**。

[55]　　　一切存在者的本性都在于,从存在转变为概念,这是一般意义上的**逻辑必然性**的关键之所在。唯有逻辑必然性才是合乎理性的东西,才是有机整体的节奏,它是对于内容的**知识**,正如内容就是概念和本质。换言之,唯有逻辑必然性才是一种**思辨性的东西**。具体的形态自己推动着自己,在这个过程中使自己成为一种单纯的规定性。然后它把自己提升为一个逻辑形式,并达到了它自己的本质性。它的具体的实存根本就是这样一个运动,是一种直接的逻辑实存。就此而言,人们实无必要强加给具体内容一种外在的形式主义,因为具体内容本身就会过渡到形式主义,但这里所说的形式主义却不再是一种外在的形式主义,因为形式是具体内容本身所固有的一个转变活动。

　　科学方法的本性在于,一方面与内容密不可分,另一方面自己规定着自己的节奏,而正如我们已经提醒注意的,这个本性只有在一种思辨哲学那里才真正呈现出来。这里所说的东西虽然已经表达出了一个概念,但充其量只能算作一个预先的承诺。科学方法的真理并不取决于这种或多或少类似于讲述的阐释,正因如此,它也是不可反驳的,即使人们反过来宣称事情不是这样,是另外的样子,即使人们把回想起的日常观念当作一种现成的和众所周知的真理来讲述,或者宣称可以从内心的神性直观这个宝盒里掏出什么新的东西,这些都不能反驳科学方法的真理。反之,当知识对于某些东西还不太熟悉时,它的第一个反应是去接纳事物,而这样做的目的是为了挽救自由和自己的洞见,针对外来的权威(因为最先被接纳的东西都具有这样的形态)而挽救自己的权威。另一方面,这样做也是为了消除一种假象和耻辱,仿佛人们已经羞于学习新鲜事物了。人们热烈鼓掌欢迎着未知事物的到来,同时也在欢迎着另外一些东西,那些东西在另一个领域里曾经是一种极具革命性的言谈和行动。

所以,**科学研究**的关键在于承担起概念的劳作。这份操劳要求我们　[56]
去关注真正意义上的概念,关注诸如"**自在存在**"、"**自为存在**"、"**自身一致性**"之类单纯的规定。这些单纯的规定是一些纯粹的自身运动,要不是它们的概念标示着某种比灵魂更高的东西,人们几乎可以把它们称作灵魂。概念打破了那种依赖于表象的习惯,也纠正了那种在一些无关现实的思想里来回折腾的推理式思维,但无论怎样,概念的这些做法都是让人不舒服的。我们可以把前面那种习惯称之为材料性思维,它是一种偶然的意识,仅仅沉浸在材料里,因此很难做到同时又摆脱材料,完全凸显出它的自主体,并保持为一种独立的存在。反之,推理式思维则是一种不依赖于内容的自由,空无任何内容。我们鼓励推理式思维承担起概念的劳作,放弃它那种所谓的自由,不是去担当一个随意推动着内容的原则,而是将自由放置到内容里,让内容通过它自己的本性亦即它的自主体来自行运动,而思维则在一旁观审着这个运动。须知,避免打断概念的内在节奏,不以一种臆想出来的或通过别的什么途径获得的智慧介入其中——这种克制的态度和做法本身就是关注概念时的一个根本环节。

推理式思维还有两个方面更加值得注意,从这些方面来看,它与概念式思维可谓针锋相对。首先,推理式思维是以一种否定的态度来对待已经领会把握的内容,擅长于反驳和消灭这些内容。当人们说"事情不是这样",这个洞见是纯粹**否定性的**。这是一个定论,并没有超越自己而得出一个新的内容。毋宁说,为了重新获得一个内容,它必须从随便什么地

方抓取来**另外**一些东西。这是一种返回到空洞自我之中的反映,意味着
[57]　知识的虚诞。这种虚诞表明,不仅内容是虚诞的,而且洞见本身也是虚诞
的,因为洞见是这样一种否定,它在自身内看不到任何肯定。既然那种反
映不能把它的否定性本身当作一个内容,那么它根本不是在事物之内,而
总是飘然于事物之上。正因如此,它还以为它的虚诞之见总是比那些内
涵丰富的认识更有见地。反之,正如前面已经指出的,在概念式思维那
里,否定性事物隶属于内容本身,不管是作为内容的**内在**运动和**内在**规
定,还是作为这些运动和规定的一个**整体**,都是**肯定性的**。就它被领会把
握为一个结果而言,否定性事物产生于这个运动,既是一种**特定的**否定性
事物,同样也是一种肯定性的内容。

　　鉴于推理式思维的内容可能是一些表象或思想,也可能是二者的混
合,所以它在另一个方面也难以进行概念式把握。这一方面的本性值得
注意,它与前面提到的理念自身的本质密切相关,或更确切地说,它已经
表明,它是如何显现为一种运动,亦即一种思维着的领会把握。按照前面
提到的那种否定的态度,推理式思维本身就是自主体,是内容的归宿。与
之相反,在一种肯定的认识活动中,自主体是一个被表象的**主体**,与之相
关联的内容是各种属性和谓词。这个主体打好基础,把自己和基础捆绑
起来,以便运动在这个基础上面来回进行。然而在概念式思维里,又是另
外的情形。因为,概念是对象固有的自主体,这个自主体呈现为**概念的转
变过程**,因此它不是一个静止不动的、承担着各种属性的主体,而是一个
自行运动着的、把各种规定收回到自身内的概念。那个静止的主体本身
在这个运动里消声匿影了,但实际上它已经深入到区别和内容中,构成了
规定性,亦即一些包含着区别的内容以及这些内容的运动,而不是始终与
规定性处于对立之中。这样,推理式思维在一个静止的主体那里所具有
[58]　的稳固根基就动摇了,唯有这个运动本身才转变为一个对象。主体在充
实了它的内容之后,就不再超越内容,也不可能再包含着别的一些谓词或
属性。与之相反,各种分散的内容却是通过这个方式而集结在自主体之
下,但是内容并不是一种普遍的东西,不可能脱离主体而出现在多个事物

身上。这样一来,内容实际上就不再是主体的谓词,而就是实体,就是我们谈到的那些东西的本质和概念。有一种表象式思维,它的本性就在于通过各种属性或谓词来进行思维,而且它有权利超越它们,因为它们不过是一些谓词和属性而已,但由于一个命题里面的谓词其实就是实体本身,所以表象式思维也就难以为继了。我们可以这样来设想:它遭到了一个反向作用力。它从主体出发,仿佛主体始终都保持为一个根据,但由于谓词其实就是主体,所以它又发现主体已经转变为谓词,已经被扬弃了。既然那个看似谓词的东西已经转变为一个完整的和独立的块状物,那么思维就不可能自由地四处游荡,而是在重力的牵制之下停顿下来。通常说来,主体首先是作为一个**客观的**、固定下来的自主体而担任根据,随后成为一个必然的运动,从主体出发并推进到众多规定或谓词。在这里,一个认知着的自我取代了那个主体的位置,它把各种谓词维系在一起,因此它是一个掌控着谓词的主体。但是,由于前面那个主体已经深入到各种规定里,成为它们的灵魂,所以尽管后一个主体(亦即这个认知着的自我)想要彻底超越前一个主体并返回到自身内,但它发现那个主体仍然出现在各种谓词里。它不可能推动着谓词前进(亦即去推理究竟哪一个谓词隶属于前一个主体),而是必须与内容的自主体打交道。它不应当是一 [59] 种自为存在,而是应当与内容的自主体合并。

　　就形式而言,前面所说的也可以这样来表达,即任何判断或命题的本性都在自身内包含着主体和谓词之间的差别,但这个本性已经被思辨命题摧毁了。思辨命题又转变为同一性命题,后者也是对于那种主谓关系的一个抵抗。现在,一方是一般意义上的命题形式,另一方则是一种摧毁了命题形式的概念统一性,双方相互之间的冲突类似于一个节奏里面节拍与重音之间的冲突。节奏是一个结果,它是游移在节拍和重音之间的一个中项,是节拍和重音的统一。同样,在一个哲学命题里,主体和谓词的同一性也不应该消灭命题形式所表达出来的主谓之别,毋宁说,主体和谓词的统一应当作为一种和谐而出现。命题形式是一个特定意义的现象,或者说是一个区分着自己的内容的重音,但在主体和谓词的**统一**里,当谓词表达着实体,而主体本身也转变为一个普遍者,那个重音就灭寂了。

我们可以举例说明前面所说的东西。在"**上帝是存在**"这个命题里,谓词是"**存在**"。谓词有一种基本的意义,可以将主体消融在其中。"**存在**"在这里不应该是谓词,而应该是本质,而这样一来,上帝似乎失去了它在那个命题里面的地位,也就是说,它不再是一个固定的主体。思维并没有继续从主体过渡到谓词,而是发现自己遭到遏制(因为主体不见了),发现自己被抛回到主体的思想(因为它需要一个主体)。换言之,当谓词自身被表述为一个主体,被表述为一种穷尽了主体的本性的**存在**或**本质**,思维就直接在谓词那里也发现了主体。如今,思维并没有在谓词中进入到自身之内,也不能自由地进行推理,而是更加深入到内容之中,或者换个最低限度的说法,我们要求思维深入到内容之中。因此,虽然人们说**现实事物**是一个**普遍者**,但是现实事物作为一个主体仍然会消失在它的谓词中。普遍者应该意味着一个谓词,使得一个命题表达出"现实事物是普遍的"这个意思。除此之外,普遍者还应该表达出现实事物的本质。因此,当思维在谓词里被抛回到主体,它也就失去了通过主体而获得的一个固定的和客观的基础,而且,思维在谓词里并没有返回到自身之内,而是返回到内容的主体那里。

[60]

人们抱怨哲学著作晦涩难懂,尽管他们已经具备了理解那些著作的各种教育条件,这种情况在很大程度上是因为人们还没有适应思维所遭受的那种遏制。通过以上所说,我们可以理解为什么人们经常针对哲学著作提出一个极为尖锐的批评,说什么很多东西必须在反复阅读之后才能被理解。这个批评包含着某种不合理的和盖棺定论式的东西,仿佛只要它是有感而发的,就不再允许对方作任何辩解。但实际上,我们已经指出了事情的真相。哲学命题,正因为它是一个命题,自然免不了要激发起一些关于主体和谓词的通常关系、关于知识的通常表现的意见。命题的哲学内容摧毁了这种通常表现以及相关意见。意见经验到,它所意谓的东西和实际情况是两码事,于是不得不纠正自身,这种纠正迫使知识回到命题,并以另外的方式来理解命题。

思辨的方法和推理的方法混淆在一起会产生困难,而这是应该避免的。至于发生混淆的原因,则是对于主体的陈述一方面意指主体的概念,另一方面又仅仅意指主体的谓词或属性。这两种方法相互干扰,唯有一种足够坚韧的哲学阐释才有可能把命题的各个部分之间的通常关系严格地排除出去。

事实上,非思辨的思维也拥有一个有效的权利,只不过这个权利在思辨命题的形式下没有被注意到。为了扬弃命题形式,我们不能仅仅采取一种**直接的**方式,也不能完全借助于命题的内容。毋宁说,我们必须陈述出一个相反的运动,这个运动必然就是之前所说的那种内在的遏制。除此之外,我们还必须**呈现出**概念的自身回归。这个运动和通常的证明具有同样的功能,它就是命题本身的一个辩证运动。惟有它才是一种**现实的**思辨事物,惟有它所作出的陈述才是一种思辨的呈现。作为一个命题,思辨事物仅仅是那种**内在的**遏制,是本质的一种并非**实存着的**自身回归。所以,我们经常经验到这样的事情,即我们原本希望呈现出命题的辩证运动,但在这个过程中却被哲学阐释导向一种**内部的**直观活动,并因此忽略了我们的初衷。**命题**应该表明**什么**是真相,但真相在本质上是一个主体,而作为主体,它仅仅是一种辩证运动,一个自己制造出自己,引领着自己返回到自身内的过程。在通常的认识活动那里,证明的任务就是将内在性陈述出来。但自从辩证法与证明分手之后,“哲学证明”这个概念实际上也已经消失了。[61]

在此需要提醒的是,辩证运动同样也把各个命题当作它的组成部分或要素。因此之故,揭示出来的困难总是不断地重复出现,成为事情本身的一个困难。在通常的证明活动那里,也是类似的情形,即作为依据的理由本身又需要一个论证,如此以至无限。“刨根问底”、“追问条件”之类形式隶属于一种不同于辩证运动的证明,因而是隶属于一种外在的认识活动。至于辩证运动,它的要素是纯粹的概念。就此而言,辩证运动的内容本身就是一个不折不扣的主体。因此没有什么内容能够一方面表现为[62]

一个作为载体的主体,另一方面却意味着一个谓词。命题本身仅仅是一个空洞的形式。除了那个以感性的方式被直观和被表象的自主体之外,首要是一些严格意义上的名称标示着纯粹的主体,亦即那个空洞的、无概念的单一体。有鉴于此,如果我们避免使用"**上帝**"这个名称,这是有好处的,因为这个词并不是一个直接的概念,而仅仅是一个独特的名称,一个固定的、静止的、作为载体的主体。反过来,"存在"、"单一体"、"个别性"、"主体"等名称本身就直接地意指着某些概念。关于那个主体,即使我们可以说出一些思辨的真理,但这些真理的内容仍然缺少一个内在的概念,因为这些内容仅仅是一个现成的、静止的主体,而在这种情况下,思辨的真理很容易在形式上表现为一种纯粹的超凡脱俗的东西。就这个方面来看,人们已经习惯了不是去把命题形式下的思辨谓词理解为概念和本质,而这就阻碍了哲学研究的进展,至于阻碍的程度则是可大可小,依不同的哲学论述而定。按照我们对于思辨事物的本性的洞见,一切呈现过程都必须保留辩证法的形式,不可接纳任何尚未在概念上得到理解把握的东西,以及任何不是一个概念的东西。

无论是单纯进行推理,还是完全不经推理就去虚构一通真理,这两种做法对于哲学研究来说都是极大的阻碍。那些自以为真理在握的人觉得没有必要再刨根问底,于是就把这些所谓的真理当作基础,自以为可以把它们公之于众,并依据它们来进行指导和评判。从这个方面来看,使哲学思考重新成为一项严肃的事业,这已经是一个刻不容缓的任务。对于任何一门科学、艺术、技巧和手艺,人们都深信不疑,为了掌握它们,必须在诸多方面进行艰苦的学习和训练。而在哲学这里则正相反,占据着主导地位的却是这样一个成见:你看,每个人都有眼有手,如果把皮革和工具交到他的手上,尽管他并不因此就具有制鞋的能力,但他可以把自己的脚作为衡量鞋子的尺度;按照这个类比,任何人只要以他的自然理性为尺度,就立即有资格进行哲学思考,并对哲学作出评判。看起来,恰恰是不学无术被看作是精通哲学,知识和学习成了一种与哲学水火不容的东西。哲学经常被看作是一种流于形式的、空洞无物的知识,但人们根本没有看

[63]

到,无论在什么知识和科学那里,任何一种实质性的真理都只有经由哲学制造出来之后,才配得上"真理"这一名称。至于别的科学门类,它们尽可以如其所愿的那样撇开哲学,单靠推理来进行研究,但如果没有哲学,它们就不可能在自身内包含着生命、精神和真理。

在真正的哲学研究中,我们看到的是一条漫长的教化之路,这条道路是精神为了获得知识而展开的一场丰富而又深刻的运动。但我们也看到,有些直接的神灵启示,以及所谓的人类健全知性,它们既没有为其他知识、也没有为真正的哲学思考付出什么努力,就直接自诩可以完满地替代那种教化和运动,就像用菊苣根来替代咖啡一样。我们很恼火地发现,有些无知无识、既无规矩也无趣味的粗俗之人,他们没有能力去思维一个抽象命题,更没有能力去把握多个抽象命题之间的关系,但却一会儿扬言自己具有自由而开明的思想,一会儿标榜自己具有天才灵感。众所周知,现在流行于哲学界的那种天才灵感,曾经在诗坛也盛行过一阵子。① 诚　[64]然,这种天才灵感的创作并非一无是处,尽管它所创作的并不是诗,而是一些平庸的散文,以及一些连散文都算不上的疯言呓语。同样,现在有一种自然主义的哲学思考,它无视任何概念,不以这个缺陷为耻,反而把自己当作一种直观式的、诗意的思维,但它贩卖的货色,无非是一种胡思乱想的想象力作出的随意拼凑,一些既非鱼亦非肉,既非诗亦非哲学的虚构。②

反过来,当自然的哲学思考流淌过"人类健全知性"这个更为平静的河床,它最拿手的就是把一些平庸的真理吹得天花乱坠。如果人们指出这些真理都是无关紧要的东西,那么它会针锋相对地保证道,意义和内涵就在它的心中,而且必然也在其他人的心中,因为它觉得,只要凭借着一

---

① 对于天才灵感(Genialität)的鼓吹主要来自于格雷斯、瓦格纳、凯斯勒尔(A. B. Kaßler)、施莱格尔等人。——译者注

② 这里显然是在批评施莱格尔的"先验诗"。黑格尔在《哲学史讲演录》中曾经明确说道:"这种诗摇摆在概念的普遍性和形态的规定性及无差别之间,既不是鱼,也不是肉,既不是诗,也不是哲学。"(TWA 20, 417)——译者注

种无辜的心灵或纯粹的良知,就已经说出了终极道理,而对于这个道理既不容许任何异议,也不需要提供额外的佐证。但是,问题的关键在于,我们不应当把最好的东西隐藏在内心里,而是应当促使它突破封锁,走向光明。至于那种致力于挖掘出某些终极真理的做法,早就可以省省了,因为这类真理早就包含在教义问答手册和民间谚语里。——要理解这样一些不确定的或偏颇的真理,甚至是一再地向意识到这些真理的人们指出,相反的真理恰好就在他们自身内,这些都不是困难的事情。但是当意识力图摆脱自身的混乱时,又会堕入到一个新的混乱当中,并且很有可能走向这样一个结论,即事情一旦确定下来,那么必定是**如此这般**,除此之外的说法都是**诡辩**——这是平庸的人类知性在反对有教养的理性时所惯用的口号,正如那些对哲学一无所知的人习惯于一劳永逸地给哲学贴上"**梦想**"的标签。由于平庸的人类知性诉诸情感,诉诸内心的神谕,所以它可以轻易地打发任何与它意见不合的人。它总是宣称,如果谁在内心里不

[65] 具有同样的体会和感触,那么它和他就无话可说了。换言之,平庸的人类知性践踏了人性的根基,因为人性的本性在于追求与他人达成和谐一致,而和谐一致的存在完全依赖于一种可靠的意识共通性。至于那些违背人性的东西,亦即禽兽性质的东西,它们的本性才是局限于情感并且只能通过情感来进行交流。

如果有人询问一条通往科学的康庄大道,他可能会得到这样一个回答:最佳的途径莫过于信任人类健全知性,然后,为了跟上时代和哲学的脚步,不妨读读少许哲学著作的书评,最后,如果还有余暇的话,甚至可以阅读这些著作的序言和前面几章,因为这些章节阐明了关键的一些普遍原理,而那些书评除了包含着一些史料性的注释之外,还包含着一个评判,而评判嘛,不消说自然是凌驾于被评判的东西之上。在这条平庸的道路上,人们身穿日常便装随意散步,而在另一条道路上,人们穿着庄严隆重的衣袍,怀着对永恒者、神圣者、无限者的崇高情感,缓缓走来——实际上,这条道路本身已经是处于正中心的一种直接的存在,是一种天才灵感,掌握着各种深邃而原初的理念,以及各种高超的思想闪电。只不过,

深邃的理念尚未开启本质的源泉,思想闪电之类礼花弹同样也没有达到最高天界。人们只有通过概念的劳作才能赢得真实的思想,赢得科学的洞见。只有概念才能产生出知识的普遍性,而知识的普遍性既不是一种平庸的不确定性和枯燥无味(这些属于那种平庸的人类知性),也不是一种非同寻常的普遍性(这些属于那种被天才的懒惰和自负所败坏了的理性),而是一种经历了教化的、完整的认识,一个已经获得真实形式的真理。这个真理可以说是全部具有自我意识的理性的一份共有财富。

　　我认为,科学的存在基于概念的一种自身运动,但正如人们看到的,[66]时人关于真理的本性和形态的各种观念在许多方面(不管是已经谈到的还是尚未谈到的)都与我的观点相左,甚至完全对立。我们尝试着通过概念的自身运动而呈现出一个科学体系,但这份努力看起来不容易得到人们的认可。不过我是这样考虑的:尽管在某些时期,人们认为**柏拉图**哲学的菁华是他那些在科学上毫无价值的神话,尽管在某些时期,宗教狂热甚至占据了支配性的地位,但亚里士多德哲学仍然因为它的思辨的深邃性而深受崇敬,而柏拉图的《巴门尼德斯篇》作为古代**辩证法**的最伟大的艺术品,则被看作是**神性生命**的一个真实揭示和**肯定表述**。甚至在**灵魂出窍**所制造出的许多幽暗事物那里,也是同样的情形,因为这种被误解的灵魂出窍实际上无非是指一个**纯粹的概念**。进而言之,尽管各人有各人的看法,但当代哲学的菁华已经断定它的价值在于科学性,并在事实上通过科学性而成为一种行之有效的东西。因此我也可以指望,把科学指派给概念,并在它的这个特有的要素里面把科学呈现出来,这些尝试将会通过事情的内在真理而为自己开辟一条道路。我们必须确信,按照真相的本性,它会在适当的时候渗透一切,而且只在适当的时候显现,所以它绝不会过早地出现,也不会遭遇一群不成熟的公众。我们也必须确信,只有通过一种影响,个体才会独自经受考验,才会经验到起初的特殊信念其实是某种普遍的东西。但在这个过程中,我们必须不厌其烦地区分开公众和他们的那些所谓的代表和代言人。后面这帮人在很多方面不但异于公众,甚至与公众相对立。对于一部不合意的哲学著作,公众会出于好心更[67]

多地把责任归诸自己,但这帮代言人则刚好相反,他们既然自视甚高,于是必然把所有的过错都算在作者头上。他们把别人当作死人来埋葬,但他们自己本就是死人,①相比这种情形,哲学著作在公众那里产生的影响要缓和平静得多。就当前的形势看来,一般意义上的普遍洞见更有教养了,它的求知欲更为敏锐,它的判断也更加迅捷,以至于每一种观点随时都有可能被后来的观点取代,就像俗话说的那样:"他们的脚已到门口,要抬你出去埋了。"②相比于上述情况,我们必须不厌其烦地区分出一种更为悠长的影响,它纠正那些通过花言巧语而激起的关注,纠正那种毁灭性的批评,让其中一些观点仅仅在一段时间内找到共鸣,让另外一些观点在这段时间之后再也无人记起。

不仅如此,在精神的普遍性得到如此强化,个别性已经不出所料变得如此无关紧要的这个时代,精神的普遍性滴水不漏地把持着它的教化财富,绝不松手,而在精神的整个作品里,只有一点微不足道的份额可以归功于个体的行为。正因如此,个体必须遵循科学的本性的指示,尽量忘掉自己,作出转变,尽其所能而无怨无悔。反过来,正如个体不可对自己期待过高,要求过多,我们同样也不得对他提出什么过分的要求。

---

① 参阅《新约·马太福音》(8,22):"任凭死人埋葬他们的死人,你跟从我吧!"以及《新约·路加福音》(9,60):"任凭死人埋葬他们的死人,你只管去传扬上帝国的道。"——译者注

② 参阅《新约·使徒行传》(5,9):"埋葬你丈夫之人的脚已到门口,他们也要把你抬出去。"——译者注

导　论

按照一个自然的观念①,哲学在探究事情本身之前,或者说在现实地去认识真实的存在者之前,必须先弄清楚认识活动本身是怎么一回事,因为认识活动被看作是一种工具或中介,通过它,人们得以把握或者观察绝对者。这份操心似乎是合理的,它有着多方面的原因。首先,既然存在着不同的认识方式,那么各种方式之间就会有优劣之别,人们在这里有可能作出错误的选择。其次,认识活动是一种有着特定方式和特定范围的能力,如果对它的本性和界限没有非常准确的规定,那么最后到手的恐怕就不是真理的晴空,反而是谬误的云海了。这份操心甚至必然会转化为一种信念,即整个初始工作——通过认识活动让意识掌握到那个自在体——按照其概念本身就是矛盾的,在认识活动和绝对者之间有一个将二者截然分割开的界限。因为,既然认识活动是人们借以掌握绝对本质的一个工具,那么很显然,当他们使用这个工具去处理某个事物的时候,就使得事物不再是它原本所是的样子,而是对它进行了加工和改动。换言之,即使认识活动不是我们的行为的工具,而是某种被动的媒介,真理之光透过它照到我们身上,但在这种情况下,我们得到的仍然不是真理原本所是的样子,而是真理通过媒介并且在这个媒介中所是的样子。在这

---

① 以下的批评显然是针对康德,但同样也针对洛克。康德在《纯粹理性批判》第一版的前言里赞扬了"声名卓著的洛克"提出的"人类理智生理学"(A IX),即通过对于人类认识能力本身的研究来划定人的认识范围。尽管康德哲学和洛克哲学在精神旨趣及深度广度方面颇有差异,但正如黑格尔指出的,他们有一个共同点,即在他们自诩的"批判的"态度和方法里,同样包含着很多独断的前提,尤其是这样一个假定:在认识主体和有待认识的对象之间存在着一个在根本上不可克服的鸿沟。——译者注

[69] 两种情况下,每当我们使用一个中介的时候,中介都直接地导致了目的的反面。真正说来,矛盾的根源在于,我们总是在使用一个中介。表面上看来,当我们认识到**工具**的作用方式之后,就会消除这种窘境,因为我们可以把绝对者的表象中属于工具的那个部分从结果那里抽取出来,以此保持真理的纯净。但是,这种改良措施只会把我们重新带回到之前的处境。因为,如果我们从一个经过加工的事物身上取走工具的影响,那么那个事物——在这里即绝对者——就会恢复到和从前一模一样的情形,我们等于是空忙活了一场。我们的想法是,好比只有用一张胶网来粘鸟才能确保猎物不至于受伤,同样,我们也得借助于某个工具来掌握绝对者,以确保绝对者丝毫未变。但是绝对者会嘲笑这个诡计,因为它作为一个自在且自为的存在原本就陪伴着我们,而且这是它的愿望。因此上述认识活动只是一个诡计,它来回奔忙,仿佛在从事一项重大而艰难的工作,但实际上只不过是揭示出一种直接的、因而无比轻松的关系。换言之,即使我们把认识活动设想为一种**媒介**,对于认识活动的检验使我们知道了它的折返规律,但如果把这个折返从结果那里抽取出来,那么一切仍然是没有意义的。因为认识活动并不是指光线的折射,而是指光线本身(它使我们得以接触真理),而一旦取消认识活动,摆在我们面前的就只能是一个纯粹的方向或一个空洞的场所。

然则,如果对于谬误的担心使得人们不信任那种未经此类踌躇就开动起来、现实地去认识的科学,那么我们很难理解,为什么不能反过来对这种不信任表示不信任呢?这种害怕谬误的想法岂非本身就已经是一个谬误?事实上,害怕谬误的想法已经假定某些东西——而且是为数不少[70] 的某些东西——为真理,并从它们出发进行各种思虑和推理,但这些东西本身应该先接受检验,看看它们究竟是不是真理。确切地说,那种想法假定以下观念是真理:**认识活动**是一种**工具和媒介**,而**我们本身又不同于这种认识活动**;特别是这样一个观念:绝对者位于**此一方**,认识活动位于**彼一方**,仿佛一种孤立的、脱离了绝对者的认识活动仍然是某种实实在在的东西,仿佛认识活动在脱离了绝对者(亦即脱离了真理)的情况下仍然真实地存在着。——基于这样一种假定，所谓害怕错误，其实是害怕真理。

我们之所以得出上述结论，原因在于，只有绝对者才是真实的，或者说只有真相才是绝对的。有些人可能会拒绝上述结论，他们认为对于各种情况应该区别对待，比如，某种认识活动虽然不像科学所要求的那样认识到了绝对者，但毕竟也是真实的，不失为一种认识活动，尽管它没有能力去把握绝对者，但毕竟有能力去把握另外一些真理，如是等等。但我们随后立即可以看出，这类翻来覆去的托辞无非就是要在那个绝对的真相和别的真相之间营造出一个朦胧的区分，与此同时，"绝对者"、"认识活动"等词语也预设了某种意义，这些意义是我们一开始就应该掌握的。

把认识活动看作是我们借以把握绝对者的一个工具，或我们借以观审真理的一个媒介等等，都是一些没有出息的想法和说法，而它们的归宿是假定这样一种关系：这边是一种脱离了绝对者的认识活动，那边是一个脱离了认识活动的绝对者。假定了这种关系之后，就出现了一些托辞，它们大谈科学的无能，以便从科学的辛劳中脱身出来，同时又装模作样地仿佛正在为一些严肃而迫切的事情奔忙着。它们不去解答各种问题，而是到处瞎忙活。这些偶然的、随意的想法，还有与之相关的对于"绝对者"、[71]"认识活动"、"客观"、"主观"以及无数其他词语的使用（这些词语的意义被假定为众所周知的），都应该被彻底抛弃掉，甚至被看作是一种欺骗。因为，即便那些词语的意义是众所周知的，即便人们本身就具有它们的概念，但最重要的事情还是在于把这个概念表现出来，但人们早就把这件事情抛诸脑后了。反之，真正合理的做法是大可不必去关注这些拒斥科学的想法和说法，因为它们仅仅是促成了知识的一个空洞现象，而这个空洞现象在那种崭露头角的科学面前立即就会消失。但是当科学崭露头角时，它本身也是一个现象。科学的出现不等于科学已经真正得到贯彻和传播。在这里，我们究竟是把**科学**看作一个现象（因为它**和别的知识一起**出现），还是把别的不真实的知识称作科学的一种假象，这是无关紧要的。但是科学必须使自己摆脱假象（亦即那些不真实的知识），而要做到这一点，它只能去反对它们。科学不能仅仅去谴责那些不真实的知识是一些平庸的观点，同时保证它自己是一种完全不同的认识,而那些不真实的知识在它看来毫无意义。科学也不能自诩预见到了一种更好的知识,而且这种更好的知识就包含在那些不真实的知识之内。通过那个**保证**,科学宣称它的**存在**就是它的力量,但与此同时,那些不真实的知识同样坚持**它们的存在**,并且**保证**道,科学对它们来说毫无意义。不管怎样,**一个枯燥的保证并不比另一个枯燥的保证具有更多内涵**。至于科学自诩预见到了一种更好的知识,说这种知识现成地包含在那些不真实的认识之内并且指向科学,这是更不可取[72]的做法。因为一方面看来,科学仍然是诉诸一种存在,另一方面看来,科学的这种做法就跟那些不真实的认识一样,都是诉诸于存在的一种糟糕形态,也就是说,诉诸于科学的现象,而不是诉诸于科学自在且自为的样子。有鉴于此,我们应该在这里呈现出这种正在显现着的知识。

现在,因为我们的呈现活动仅仅以这种正在显现着的知识为对象,所以它看上去并不是那个自由的、在一个独特的形态中自己推动着自己的科学,毋宁说从当前的立场出发,它可以被看作是自然意识走向真正的知识的一条道路,换言之,这是灵魂走过的一条道路:灵魂经历了一系列形态分化,就好像经历一些通过它的本性而为自己设定下来的旅站,当它通过一种完整的自身经验认识到它自在所是的那个东西,也就升华为精神。

自然意识将要表明自己仅仅是知识的一个概念,亦即一种非实在的知识。但由于它反而把自己当作是一种实在的知识,所以上述道路对它来说仅仅具有一种否定的意义,而概念的实现对它而言只不过意味着它自身的损失。自我意识在这条道路上失去了它的真理。所以,这条道路可以被看作是一条**怀疑**之路,[①]或更确切地说,一条绝望之路[②]:但凡在

---

① 近代哲学史上,笛卡尔在《第一哲学沉思录》里率先采用了"怀疑"的方法。在黑格尔的时代,哲学怀疑主义甚为流行,其代表著作为舒尔策(Gottlob Ernst Schulze)托名古代怀疑主义者埃莱希德穆斯(Aenesidemus)于 1792 年发表的《埃莱希德穆斯》,其中对于康德和莱因霍尔德的哲学展开了猛烈批评,这些批评在费希特、黑格尔和叔本华那里产生了很大的影响。——译者注

② "绝望"(Verzweiflung)一词和"怀疑"(Zweifel)具有同样的词根,除了意味着"绝望"之外,还有"从头怀疑到底"的意思。——译者注

这条道路上发生的,没有什么是不能加以怀疑的,但意识在这个或那个所谓的"真理"上面折腾一通之后,不出大家所料,怀疑重新消失了,又回到从前的那个"真理",以至于事情到头来还是从前的样子。但实际上,这条道路让人清楚地认识到了那种正在显现着的知识的非真实性,对这种知识而言,最为实实在在的东西其实仅仅是那个尚未实现的概念。正因如此,单凭一种趋于极致的怀疑主义,还不能说人们对于真理和科学已经具有了严肃的热忱,已经整装待发随时可以出击。也就是说,那种严肃的热忱仅仅意味着这样一个**决心**,即在科学里不会因畏惧权威而屈从于他 [73] 人的思想,而是自己去检验一切,只跟随自己的信念,并且如果可能的话,最好是亲自创造出一切,仅仅把自己的行为看作是真相。意识在这条道路上会经历一系列形态分化,而整个顺序就是意识本身转变为科学的一个具体展开的**教化**史。那个决心以决心的简单方式将教化设想为一种直接地已经完成、已经发生的东西,但这是错误的。实际上,这条道路是一个现实的具体展开过程。诚然,跟随自己的信念确实要好过听从权威,但是,从迷信权威转而迷信自己的信念,事情的内容并不会必然有所改变,谬误也不一定会让位给真理。一旦陷入到主观意谓和成见的体系里,在迷信他人的权威和迷信自己的信念这两种做法之间,差别仅仅在于,后者更多了一份自以为是而已。反之,那种以正在显现着的意识的整个范围为对象的怀疑主义的做法是,对那些所谓的自然观念,对各种思想和看法——管它们是"自己的"还是"他人的"思想和看法——怀疑到底并感到绝望之后,才让精神自由地去检验什么是真理。反之,如果意识未曾经历怀疑主义,就**不分青红皂白地**进行检验,那么它实际上还是与那些观念和思想纠缠不清,因而没有能力去做它想要做的事情。

非实在的意识具有一些形式,这些形式的**完整性**将通过一种必然的进程和联系体现出来。为了在概念上理解把握这一点,我们可以一般地预先指出,当非真实的意识呈现出它的非真实性时,这并不是一个单纯**否定的**运动。然而自然意识对于非真实的意识的呈现过程总是抱有一种片面的看法。如果这个片面性成为某一种知识的本质,那么这种知识就是 [74]

一种不完满的意识的众多形态之一,这个形态不但存在于道路的历程之中,而且还会在这个过程中体现出来。这个形态就是一种在结果中总是只看到**纯粹虚无**的怀疑主义,它不知道这是一个特定的虚无,是**某个东西**的虚无,**是那个东西的一个结果**。作为某个东西的虚无和结果,它实际上是一个真正意义上的结果。就此而言,它是一个**特定的**虚无,具有一个**内容**。这种眼中只有纯粹虚无的怀疑主义满足于一种抽象的虚无或虚空,它不能从这个抽象状态出发前进,而总是期待着有什么新的东西出现,以便随时把它们抛进同一个空洞的深渊。反之,由于真正的结果被领会为一个**特定的**否定,于是直接出现了一个新的形式,并通过否定而造成一个过渡,而在这种情况下,整个进程就通过完整的一序列形态自己把自己表现出来。

但对于知识而言,**目标**就像进程的顺序一样,都是必然已经确定下来的。当知识达到目标,它就不再有超出自身的必要,在那个地方,概念与对象契合,对象也与概念契合。所以,走向这个目标的进程是不可阻挡的,不会在任何较早的阶段那里得到满足。但凡限定在一个自然生命上的东西,靠着自己都不能超出它的直接的实存,而是在另一个东西的驱动下被撕割出去,完成超脱,而这就是死亡。就其自身而言,意识是它自己的**概念**,因此直接地超出了限制,又因为这个限制是隶属于它的,所以意识超出了自身。对意识而言,彼岸世界是和个别事物同时设定下来的,彼岸世界就像在空间直观活动中一样,仅仅与有限事物相**并列**。意识因此承受着一种自己施加于自己的压力,因为它那有限的满足感处于不断削弱的过程中。在感受到这种压力之后,意识有可能不再那么害怕真理,反而去努力保持那即将丧失的东西。但是意识仍然惴惴不安,除非它要么愿意始终保持在一种无思想的僵化状态中——因为思想压迫着无思想,思想的躁动侵扰着僵化状态——要么坚持自身是一种敏感,并保证道,它发现任何事物**就它那个种类而言都是好的**。但这个保证同样承受着一种来自于理性的压力,因为理性认为,某个东西正因为隶属于一个种类,所以是不好的。这种畏惧真理的意识也有可能在自己或者别人面前披上

[75]

一个伪装,仿佛正因为它太热爱真理了,所以无论如何只能坦诚那个唯一的真理——"万物皆空",而且它坚持认为这个真理要比人们自己得出的或从别人那里听来的任何一个思想都更为高明。那以"万物皆空"为唯一真理的意识宣称一切真理都是虚妄的,它坦然地从真理那里退回到自身之内,成为一种顾影自怜的满足,为自己的知性沾沾自喜,而这种知性的拿手好戏就是把一切思想都消解掉,除了一个枯燥的自我之外,看不到任何别的内容。意识逃避普遍者,仅仅追求一种自为存在。

关于进程的方式和必然性,在暂时大致说了这么多之后,如果我们留意一下**具体展开的方法**,也许是有用的。进程的呈现,作为**科学对待正在显现着的知识的一种方式**,作为**对于认识活动的实在性的一种研究和检验**,看起来没有某个前提作为基础是不可能展开的,而这个前提就是**尺度**。所谓检验,就是先设定一个尺度,然后去检验某个东西与之一致抑或不一致,并以此决定该事物为正确或错误。在这个过程中,无论是一般意义上的尺度,还是那种等同于尺度的科学,都被看作是**本质**,亦即**自在体**。但是在这个地方,科学刚刚崭露头角,它既不能证明它自己就是本质或自在体,也不能证明别的什么东西是本质或自在体。然而如果没有这样一个本质或自在体,检验看起来就是不能进行的。 [76]

倘若我们先去回想一下,"知识"和"真理"等抽象规定是如何出现在意识中的,那么上述矛盾以及消除矛盾的方法就会更明确地表现出来。也就是说,意识在自身内**区分**出某种东西,同时又与它**相关联**。换言之,意识是某种**为着意识而存在的**东西,这种关联活动,或者说某个东西之**为着意识的存在**,作为一个特定的方面,就是**知识**。我们把这种为他存在与**自在存在**区别开。同样,那与知识相关联的东西也与知识区别开,被设定为即使在这个关联之外仍然**存在着**。自在体这一方面被称作**真理**。至于这些规定究竟是什么意思,这里我们暂不去管。因为,既然我们的对象是一种正在显现着的知识,那么我们首先接受的就是它的那些直接呈现出来的规定,这些规定以怎样的方式呈现出来,我们就以怎样的方式去领会。

如果说我们现在研究的是知识的真理,那么看起来,我们研究的是,知识**自在地**是什么。但在这个研究里,知识是**我们的**对象,它**为着我们**存在。假若知识的**自在体**也会出现,那么知识的存在就是**我们的对象**。假若我们把某个东西称作知识的本质,那么这个东西也不可能是知识的真理,而仅仅是我们对它的知识。假若本质或尺度就在我们自身内,那么那些本应与尺度进行比较并通过比较而得到决断的东西,似乎就没有必要去承认这个尺度。

然而我们所研究的对象的本性克服了这个分裂,或者说克服了诸如"分裂"、"假定"之类假象。意识用自己的尺度来衡量自己,因此所谓的检验就是意识自己与自己进行比较。在这种情况下,之前作出的那个区[77] 分落到了意识里面。在意识里,每一个东西都是一种**为他存在**,换言之,意识一般说来本身就包含着知识这一环节的规定性。与此同时,对意识而言,他者不仅**为着意识**而存在,而且在这个关联之外也存在着,是一种**自在**存在。他者是真理的一个环节,也就是说,意识在其自身内认作是**自在体**或**真相**的东西,就是我们要寻找的那个尺度,这是意识自己建立起来的,用以衡量它的知识。如果我们把**知识**称作**概念**,把本质或**真相**称作存在者或**对象**,那么检验即在于去审视概念是否与对象契合。反之,如果我们把**对象的本质**或自在体称作**概念**,而把**对象**理解为一个**为着他者而存在的对象**,那么检验即在于去审视对象是否与概念契合。显然,这两种做法是一回事。关键是我们应该在整个研究的过程中都坚持这一点,也就是说,**概念和对象**(或者说**为他存在和自在存在**)这两个环节都聚集在我们所研究的那种知识自身之内,所以我们没有必要携带别的什么尺度,也没有必要在研究过程中额外添加上**我们的**念头和思想。当我们把这些不必要的东西丢开之后,就能够做到按照事物**自在**和**自为**的样子来观察它。

概念和对象,尺度和被检验者,都现成地存在于意识自身之内,因此无论从这个方面来看,还是对我们而言,任何额外添加的行为都是多余的。此外,我们也不必费心去比较二者,不必进行严格意义上的**检验**,也就是说,由于意识自己检验自己,所以我们余下来能做的就是进行纯粹的

旁观。意识一方面是对象意识，另一方面是自我意识；意识一方面以真相
为对象，另一方面以它的这种知识为对象。由于对象和对于对象的知识　[78]
都是**意识的对象**，所以意识本身就在对它们进行比较。无论知识是否与
对象契合，它们都同样是**意识的对象**。对意识而言，对象似乎就是意识所
认识到的那个样子。意识似乎没有办法去追究，当对象**与意识不相关**时，
自在地是什么样子，因此意识看起来不可能用对象来检验它的知识。但
是，正因为意识一般说来是对于某个对象的知识，所以这里存在着一个区
别，也就是说，**对意识而言**，**自在体**是一个环节，而知识或对象之**为着**意识
的存在又是另一个环节。检验就是立足于这个现成的区别。如果意识在
进行比较时发现二者互不契合，它就得改变它的知识，以便使之符合对
象。但实际上意识发现，当知识发生变化时，对象本身也发生了变化，因
为现有的知识在根本上是一种与对象相关联的知识。随着知识的改变，
对象又转变为另外一个对象，因为它在根本上隶属于这个知识。这样一
来，对意识而言，之前的那个**自在体**并非自在地存在着，换言之，自在体仅
仅是**作为意识的对象**而自在地存在着。当意识发现它的知识与它的对象
不契合时，对象本身也不能维系下去。也就是说，如果某个东西不能通过
检验，那么这个东西的检验尺度也得发生改变。检验不仅是对于知识的
检验，而且也是对于检验尺度的检验。

　　意识应用在它自己身上这种**辩证**运动，既针对着它的知识，也针对着
它的对象，**当一系列新的真实的对象在这个过程中出现在意识面前**，这种
辩证运动其实就是我们所说的**经验**。在这个关联里，我们必须更仔细地
探究前面提到的进程中的一个环节，以便在随后的呈现过程中提供一些
关于科学的新颖见解。意识认识到**某个东西**，这个对象是本质或**自在体**。
但是，当对象为着意识而存在时，也是**自在体**。就此而言，这个真相包含　[79]
着双重意义。我们看到，意识现在有两个对象，一个是起初的**自在体**，另
一个是**这个自在体之为着意识的存在**。乍看起来，后一个对象仅仅是意
识的一个自身反映，它并不代表着某一个对象，而仅仅是代表着意识对于
起初的那个自在体的知识。但正如前面已经指出的，意识发现自在体在

这个过程中发生了变化,后者不再是起初的那个自在体,而是只有当**为着意识而存在**时,才是一个自在体。但这样一来,**这个为着意识而存在的自在体**就成了真相,而这意味着,它就是**本质**,或者说是意识的**对象**。这个新的对象包含着前一个对象的否定,它是一种通过前一个对象而制造出来的经验。

当我们把经验的进程呈现出来时,其中有一个环节,它使得这里所说的经验与人们通常理解的那种经验不尽一致。大致说来,当前一个对象和那种对它的知识过渡到另一个对象,人们就说,经验**在这个过渡中**形成了,但我们的意思是,对于前一个对象的知识使得起初那个自在体成为一种**为着**意识而存在的东西,这种情况本身应该转变为后一个对象。否则就得承认,我们之所以在**后一个对象**那里经验到前一个概念的不真实,不过是因为碰巧发现了后面这个对象,而这样一来,我们余下来能做的就是对那个自在且自为的存在进行纯粹的**领会把握**。按照前一种观点,新的对象显然是通过**意识**自身的一种**颠倒**而形成的。按照我们的旁观,意识经验的序列已经提升为一个符合科学的进程,尽管这个序列并没有被我们所观察的那个意识认识到。但在事实上,这和我们刚才谈到这个呈现

[80] 过程与怀疑主义的关系时是同样的情形,也就是说,每次得到的结果,尽管来自于一种不真实的知识,但并不应该归结为一种空洞的虚无,而是必须被理解为**某种东西**的虚无,它只是**这个东西的结果**。这个结果包含着的东西,就是之前的那个知识本身所包含着的真相。由于最初显现为对象的东西在意识看来转变成了一种关于对象的知识,而**自在体**又转变成了一个新的对象,亦即转变为一个**为着意识而存在的自在体**,所以在这里出现了一个新的意识形态,它的本质不同于之前的意识形态的本质。正是这个状况引导着意识的整个形态序列按着一种必然性而前进。对我们而言,只有这种必然性自身,或者说新的对象的**产生过程**(它在意识对此一无所知的情况下呈现在意识面前),才是仿佛在意识的幕后暗自运作的。这样一来,在意识的运动中就出现了**自在存在或为着我们而存在**这一环节,它并不是作为那个在经验自身中得到理解把握的意识的对象而

呈现出来的。但是,出现在我们面前的那些东西的**内容**却是**意识的对象**,而我们所理解把握的仅仅是那些东西的表面形式,亦即它们的纯粹的产生过程。**对意识而言**,产生出来的东西仅仅是对象,而**对我们而言**,它们不仅是对象,同时也是一种运动和转变过程。

通过这种必然性,这条走向科学的道路本身就已经是**科学**。① 就它的内容而言,这是一种以**意识的经验**为对象的科学。

意识关于它自身而形成的经验,就其概念而言,可以将意识的整个体系或精神真理的整个王国都包揽进来,使得经验的各个环节分别呈现出它们的独特的规定性,也就是说,它们并不是什么抽象的、纯粹的东西,而是一些为着意识而存在的环节,正如意识本身也是在和它们的关联中才出现。在这种情况下,整体里面的这些环节就是各种**意识形态**。由于意识向着它的真实存在不断前进,所以它必定会到达一个点,在那个地方卸下　[81]它曾经背负着的一个假象,按照这个假象,意识与一种陌生事物纠缠在一起,不得不把它当作一个对象或他者。在那个地方,现象将会等同于本质,而意识的呈现过程也将与一种真正的精神科学汇合在一起。最终,当意识亲自理解把握到了它的这个本质,它就会标示出绝对知识自身的本性。

---

① 在本书的序言(本书边码[14])里,黑格尔提出要让哲学摆脱"爱知识"(或"爱智慧"、"爱科学")的名号,真正成为科学(智慧)。而在 1812 年版亦即第一版的《逻辑学》的序言里,黑格尔再次指出:"哲学应当而且能够成为科学。"(TWA5,16)正如黑格尔一再强调的,哲学作为一条走向科学的道路本身就已经是科学。这种辩证的思维和近现代很多哲学家刻意主张科学(智慧)和哲学(爱智慧)之间的差异乃至鸿沟,并借此贬损哲学的做法大相径庭。——译者注

第一部分

意　识

第一章　感性确定性，或"这一个"和意谓

当我们一开始或直接地把某种知识当作我们的对象时，这种知识本身只能是一种直接的知识，一种对于**直接事物**或**存在者**的知识。同样地，我们必须采取一种**直接的**或**接纳式的**做法，也就是说，不对这种自行呈现出来的知识进行任何改动，不让概念式把握去打扰领会式把握。

感性确定性的具体内容使得它直接显现为一种**最丰富的**认识，一种有着无穷内涵的认识，就这些无穷的内涵而言，我们不管是在空间和时间中**跨越**其外延的广度，还是从中取出一小块，通过剖析去**钻研**其深度，都找不到一个边界。除此之外，感性确定性还显现为一种**最真实的**确定性，因为它还没有从对象身上取走任何东西，而是让对象完整无缺地摆在我们面前。但在事实上，这种**确定性**暴露出自己是一种最抽象、最贫乏的**真理**。对于它所知道的东西，它所说出的仅仅是："这东西**存在着**。"它的真理仅仅包含着事情的**存在**。意识在感性确定性中本身仅仅是一个纯粹的**我**。换言之，我在感性确定性中仅仅是纯粹的**这一个我**，而对象同样仅仅是纯粹的**这一个东西**。我，**这一个我**，之所以对**这一个**事情抱有**确定性**，并不是因为**我**作为意识在这里展开自身，并以多种方式推动着思想前进，也不是因为我确切知道的那个**事情**从许多不同的性质看来本身就是一种丰富的关联，或与其他事情之间有着一种复杂多样的关系。这两种情况 [83] 都和感性确定性的真理不相干。在这里，无论是我还是事情都没有意味着一种丰富多彩的中介活动：我没有意味着一种丰富多彩的表象活动或思维，事情也是单纯**存在着**，并没有意味着许多丰富多彩的性质。事情**存在着**，仅仅因为它**存在着**。事情存在着——这个事实对于感性知识而言

61

是根本重要的,而这一个纯粹的**存在**或这一个单纯的直接性构成了事情的**真理**。同样地,确定性作为一种**关联**也是一种**直接的**、纯粹的关联。意识是**我**,纯粹的**这一个我**,此外无他。个别的我所认识到的是纯粹的这一个东西,亦即**个别事物本身**。

纯粹存在构成了感性确定性的本质,并被感性确定性宣称为它的真理。但如果我们仔细审视这个纯粹存在,就会发现它还附带着别的许多东西。一个现实的感性确定性不仅是一个纯粹直接性,而且是纯粹直接性的一个**例子**。这里涌现出了无数差别,而在这些差别中,我们在任何情况下都能看到一种最为关键的差异性,也就是说,从感性确定性的纯粹存在可以立即得出两种所谓的"这一个":**我**作为**这一个我**,**对象**作为**这一个东西**。如果**我们**去反思这个差别,就可以看到,无论我还是对象都不是仅仅直接地出现在感性确定性之内,而是同时都经历了一个**中介活动**。**通过**一个他者,亦即事情,我获得了确定性。同样地,事情也是**通过**一个他者,亦即我,成为一个确定的东西。

在我们看来,本质和例子之间、直接性和中介活动之间存在着一个差别,不仅如此,我们发现感性确定性本身就包含着这个差别。我们必须按照这个差别在感性确定性中的形式,而不是按照我们此前对它的规定来接纳它。在感性确定性中,一方被设定为一个单纯的、直接的存在者或本质,亦即**对象**,而另一方则被设定为一个无关本质的而且经历了中介活动的东西,这东西并非**自在地**存在着,而是借助于一个他者才存在着。这就是我,**一种知识**,而知识只有当**对象**存在着才会认知对象,所以它是一种可有可无的东西。但对象**存在着**,它是真相和本质。对象**存在着**,不管有没有被认识到。即使它没有被认识到,也仍然存在着,但是如果对象不存在,那么知识也不存在。

[84]

因此我们应该去观察,就实际情况而言,对象在感性确定性里面是否本身就是感性确定性所表现出来的本质,对象的这个概念——作为本质而存在——是否与对象当前在感性确定性里面的样子相契合。最终说来,我们没有必要去反思对象,去追究它真正是什么东西,而是只需去观察,感性确定性本身所具有的那个对象是怎么一回事。

因此,我们应该对**感性确定性**本身提问道:"'**这一个**'是什么?"如果我们去考察"这一个"的双重存在形态,亦即"**这时**"和"**这里**",那么它本身包含着的那种辩证法就会获得一个与它自身一样易于理解的形式。比如,对于"**这时是什么?**"这个问题,我们回答道:"**这时是夜晚。**"为了检验这个感性确定性的真理,一个简单的尝试就足够了。我们把这个真理写下来,一个真理既不会因为被写下来,也不会因为被保存下来而丧失。**这时,这一个中午。**然而当我们再来看看那个记录下来的真理,那么必须说,它已经变质了。

"这时",作为夜晚,**被保存下来**,也就是说,它被当作它所标榜的东西,被当作一个**存在者**来对待。但是它表明自己其实是一个非存在者。"**这时**"诚然保留下来了,但却不是作为夜晚保留下来。同样,尽管这时是白天,但当"这时"保留下来之后,也不再是白天,换言之,任何"这时"都是一个**否定的东西**。所以,保留下来的"这时"并不是一个直接的"这时",而是一个经历了中介活动的"这时"。它之所以保持并保留下来,是**由于这样一个事实**:别的东西,亦即白天和夜晚,并不存在。在这种情况下,"**这时**"就像从前一样单纯了,而且由于这种单纯性,它毫不理睬任何 [85] 与它附带相关的东西。尽管夜晚和白天不是它的存在,但它却既是白天也是夜晚。它的这些他者存在对它毫无影响。我们所说的**普遍者**就是这样一种单纯的、通过否定而存在着的东西,它既不是"这一个"也不是"那一个",而是"并非这一个",就此而言,它既可以是"这一个"也可以是"那一个"。就此而言,普遍者实际上才是感性确定性的真相。

此外,我们也把感性事物作为一个普遍者**陈述出来**。我们说:**这一个东西**(亦即普遍的"这一个")**存在着**,或:它存在着。一言以蔽之,我们说的是**一般意义上的存在**。诚然,我们在这里**想象**的并不是普遍的"这一个"或一般意义上的存在,但是我们**陈述出来**的却是一个普遍者。换言之,我们说出来的根本不是我们在这个感性确定性里面所**意谓**的东西。但正如我们看到的,语言是一种更为真实的东西。我们在语言中亲自直接反驳了我们的**意谓**。既然普遍者是感性确定性的真相,而语言只能表达出真相,所以我们根本不可能说出我们所**意谓**的那种感性存在。

同样的情形也适用于"这一个"的另一个形式,亦即"**这里**"。比如,"**这里**"是一棵树,但当我转过身来,这个真理就立即消失并转入其反面,因为"**这里**"**不是一棵树**,而是一栋**房屋**。"**这里**"本身并没有消失,毋宁说,即使房屋、树木等通通消失以后,"**这里**"仍然**存在着**,无所谓是一栋房屋还是一棵树。也就是说,"**这一个**"再次表现为一种**经历了中介活动的单纯性**,亦即一种**普遍性**。

由于感性确定性本身就表明普遍者才是它的对象的真理,所以,尽管它仍然认为**纯粹存在**是它的本质,但这个纯粹存在已经不再是一个直接事物,而是一个以否定和中介活动为本质的东西,因此不再是我们想到"**存在**"这个概念时所**意谓**的那种东西,而是一个**特定的存在**,亦即一个抽象,或者说一个纯粹的普遍者。**我们的意谓**不懂得感性确定性的真相是普遍者,所以它余下来唯一还能做的事就是去面对那种空洞的或漠不相关的"这时"和"这里"。

[86]

我们只需简单比较一下**知识**和**对象**最初出现时的相互关系和它们在上述结论中的相互关系,就会发现情况颠倒过来了。对象本来应该是一种事关本质的东西,但它现在对感性确定性而言却是一种无关紧要的东西。也就是说,当对象转变为一个普遍者之后,它对于感性确定性而言就不再是一种事关本质的东西,而感性确定性如今反倒是存在于它的反面之中,亦即存在于此前无关紧要的那种知识之中。感性确定性的真理所依赖的对象是**我的**对象,换言之,感性确定性的真理依赖于**意谓**。对象存在着,因为**我**认识到了它。也就是说,感性确定性尽管被驱逐出了对象,但并没有因此遭到扬弃,而是仅仅被驱赶到我之内。我们得看看,关于感性确定性的这种实在性,经验揭示出了什么。

现在,感性确定性的真理的力量依赖于**我**,依赖于我的直接的**看**、**听**等活动。由于**我**坚守着我们意谓中的个别的"这时"和个别的"这里",它们还不至于消失。"**这时**"是白天,因为我看到白天;"**这里**"是一棵树,因为我看到一棵树。但在这个关系中,感性确定性在自己身上经验到同样一种辩证法,就和在前面那个关系中一样。**我,这一个我,**看到一棵树,于是**宣称:"这里"是一棵树。**但**另一个我**却看到一栋房屋并宣称,"这里"不是一棵树,而是一栋房屋。两个真理都拥有同样的可信度,因为二者都具有亲眼所见的直接性,二者对于各自的知识都很有把握,并且信誓旦旦,但在这种情况下,一个真理却消失在另一个真理里面。

在这个过程中没有消失的,是作为一个**普遍者**的我,我的看既不是对于一棵树也不是对于这一栋房屋的看,而是一种单纯的看,它通过否定这一栋房屋等等而经历了一个中介活动,但与此同时仍然是一种单纯的看,毫不理会那些作为例子而附带出现的东西,比如一栋房屋、一棵树等等。 [87]
我仅仅是一个普遍的我,好比一般意义上的**"这时"、"这里"或"这一个"。**诚然,我所意谓的是一个**个别的我,**但正如我不能说出我在这时和这里所意谓的东西,同样,我也不能说出我所意谓的我。当我说**"这一个这里"、"这时"**或**"一个个别事物",**我实际上说的是:**"全部这一个",**亦即**"全部这时"、"全部这里"、"全部个别事物"。**同样地,当我说**"我"、"这一个个别的我",**我实际上是在一般的意义上说:**"全部我"。**每一个**"我"**都是我说的那个东西:**"我"、"这一个个别的我"。**如果有人要求科学推衍出、建构起、先天地发现(或者随便换什么说法)所谓的**这一个物或这一个人,**并把这当作科学的试金石,那么这是科学无论如何都做不到的。公平的做法应该是,让提出这个要求的人**说,**他所意谓的是怎样的**这一个物**或怎样的**这一个我。**然而要把这个说出来却是不可能的。

感性确定性因此经验到,它的本质既不是在对象里面,也不是在我之内,同样,直接性既不是对象的直接性,也不是我的直接性。因为就本质和直接性而言,我所意谓的毋宁是一种无关本质的东西,而且对象和我都是普遍者,而在普遍者里面,我所意谓的那种**"这时"、"这里"**和**"我"**都不能保留下来,或者说都不**存在。**这样一来,我们可以把感性确定性的**整体**设定为感性确定性的**本质,**而不再像从前那样,把这个整体仅仅当作是感性确定性的一个环节,先是把那个与我对立的对象,然后把我当作感性确定性的实在性。也就是说,只有感性确定性的**整体**才始终保持为一种**直接性**,并通过这种方式把之前出现的全部对立排除出去。

就此而言,这种纯粹的直接性已经与"这里"、"这时"或"我"的他者存在毫不相干,因为,一棵树的"这里"可以过渡到不是一棵树的"这里",白天的"这时"可以过渡到夜晚的"这时","我"也可以因为具有另一个对象而过渡到另一个"我"。纯粹直接性作为一种保持着自身一致的关联保留下来,它在我和对象之间不再区分哪个是事关本质的,哪个是无关本质的,所以它也不可能再容纳任何差别。"我",这一个我,宣称"这里"是一棵树,并且保持身体不动,以免面前的"这里"不再是一棵树。我也不去管,另一个我看到的"这里"不是一棵树,以及我自己在另一场合看到的"这里"也不是一棵树,在另一个场合看到的"这时"也不是白天,因为我是一种纯粹的直观活动。我坚持认为,这时是白天,这里是一棵树,我也不在这里和这时之间进行比较,而是坚持着**一个**直接的关联:"这时"是白天。

[88]

当感性确定性专注于一个夜晚的"这时",或者专注于一个认为这时是夜晚的"我",它就不愿意再挪动了。既然这样,我们就走到感性确定性跟前,让它给我们指出它心目中的"这时"。我们必须让它**指出**这个直接的关联,因为这个关联的真理是**这一个**我的真理,而这一个我又限定在一个"**这时**"或一个"**这里**"上面。假若我们是**后来**才听到这个真理,或站在这个真理的**远处**,那么它就没有任何意义,因为在这种情况下,我们已经扬弃了那种对它来说事关本质的直接性。因此,我们必须进入到同一个时间点或同一个空间点,也就是说,使我们成为独一无二的、有着某种确定知识的这一个我,然后让感性确定性指给我们看。于是我们看见,那个给我们指明出来的直接事物是什么样子。

"**这时**",这一个这时,被指出。**这时**,由于它被指出,所以不再是"这时"。当前存在着的"**这时**"不同于被指出的"这时",而且我们看到,"这时"恰恰是这样一种东西,当其存在的同时已经不复存在。给我们指出的"这时"是一个**曾经存在的东西**①,而这就是"这时"的真理。"这时"不具有存在的真理。诚然,它曾经存在,这一点无论如何是真的。但是,**曾经存在**的东西实际上就**不是一个本质**。它并未**存在着**,尽管我们迄今关注的都是存在。

于是,我们在这个指明活动中仅仅看到一个运动,以及这个运动的后 [89] 续进程:1)首先,我指明"这时",宣称它是真相,但在这种情况下我指出它是一个曾经存在的或已经遭到扬弃的东西,因此扬弃了第一个真理。2)现在我宣布:"这时"曾经存在,换言之已经遭到扬弃——这是第二个真理。3)但是,曾经存在的东西并未存在着,因此我扬弃了"曾经存在"或"遭到扬弃的存在",亦即扬弃了第二个真理,随之也否定了对于"这时"的否定,并回到最初的那个主张:"这时"存在着。在这种情况下,无论是"这时",还是对于"这时"的指明活动,都不是一个直接的单纯事物,而是一个本身包含着不同环节的运动。它被设定为**这一个东西**,但真正被设定的却是**一个他者**,换言之,"这一个"已经被扬弃了。在这之后,**他者存在**或对于"这一个"的扬弃**重新遭到扬弃**,因此返回到起初的"这一个"。但是,折返回自身的"这一个"与起初的"这一个"并不完全是同一个东西,确切地说,它不再是一个直接事物,而是**一个折返回自身的事物**,或一个在他者存在中保持不变的**单纯东西**:一个作为无限多"这时"的"这时",而这才是真正的"这时"。"这时"作为单纯的一天在自身内包含着许多"这时",亦即时辰,而时辰的"这时"在自身内同样包含着许多"这时",亦即分钟,如此以至无穷。——就此而言,**指明活动**本身就是一个运动,它表明真正的"这时"是一个结果,或者说是众多"这时"的一个集合。指明"这时"就是经验到"这时"是一个**普遍者**。

同样,我所坚持的那个**指明出来的"这里"**,也是**这一个**"这里",它实际上**不是这一个**"这里",而是前和后、高和低、右和左等等。同样,"上"

① "曾经存在"(gewesen)是"存在"(Sein)的完成时态。黑格尔通过 gewesen 和 Wesen(本质)这两个词语之间的联系和差别表明,曾经存在的东西不是本质。——译者注

[90] 本身就是众多位于上方的他者存在,"下"也是如此。那个本应指明出来的"这里"消失在其他"这里"之中,而这些"这里"同样也会消失。指明出来的、被坚持着的、保留下来的东西是**否定意义上的这一个**,它**存在着**,但仅仅是因为那些"这里"在被接纳的过程中扬弃了自身。因此它是许多"这里"的一个单纯复合体。意谓中的"这里"可以说是一个点,但是这个点并未**存在着**。当这个点被指明为存在着,指明活动就表明自己不是一种直接的知识,而是一个运动,也就是说,从意谓中的"这里"出发,经过许多"这里",进入到一个普遍的"这里"。正如一天是众多"这时"的一种单纯的多样性,同样,普遍的"这里"也是众多"这里"的一种单纯的多样性。

可见,感性确定性的辩证法无非就是这种确定性的一段单纯的运动史或一段单纯的经验史,而感性确定性本身恰恰就是这段历史。正因如此,自然意识虽然也在不断地趋向这个结果,亦即那个包含在感性确定性里面的真相,并且获得了上述经验,但它同时又一再忘掉这个结果,从头开始运动。令人诧异的是,有些人一方面不承认上述经验,另一方面却认为怀疑主义的那种哲学主张或结论是一种普遍的经验,因为怀疑主义认为,外部事物,作为**这一些**事物或一些感性事物,它们的实在性或存在对意识而言具有一种绝对真理。但与此同时,这种主张并不知道自己在说什么,更不知道它恰恰说出了它想要说的东西的反面。据说,感性的**这一个东西**的真理对于意识而言应该是一种普遍的经验,但实际上,相反的情况才是一种普遍的经验。每一个意识都反过来亲自扬弃了"**这里是一棵树**"或"**这时是中午**"之类真理,并说出其反面:"这里"**不是**一棵树,**而是**一栋房屋。那扬弃了前一个主张的主张,作为感性的这一个东西的类似主张,照样立即又遭到扬弃。正如我们看到的,在全部感性确定性里面,我们真正获得的经验是:**这一个东西**是一个**普遍者**,而那个与普遍者相对

[91] 立的东西却扬言自己的主张是一种普遍的经验。——当人们诉求于一种普遍的经验时,如果是出于实践方面的考虑,那么这是允许的。按照这个考虑,如果有些人主张实实在在的感性对象具有真理和确定性,那么我们

会对他们说,你们应当被遣返回智慧的幼稚园,亦即那种古老的以塞雷斯和巴克科斯①为崇拜对象的厄琉西斯秘仪②,你们必须从头开始学习吃面包和喝红酒的秘密③。那些深谙此类秘密的人不只是怀疑感性事物的存在,而且对这种存在感到绝望,他们一方面把感性事物超度为一种虚无缥缈的东西,另一方面发现感性事物本身就在进行着这种超度。即便动物也不是不懂得这种智慧,毋宁说它们表明自己对此具有最为深刻的领会,因为它们不是把感性事物当作一种自在存在,对其无动于衷,而是对这些实在事物感到绝望,完全确信这是一些虚无缥缈的东西,于是不由分说地扑将过来,将其撕咬、吞噬。整个自然界都和动物们一样颂扬着这些公开的秘仪,因为它们教导的是感性事物的真理。

但即使是那些主张感性对象具有真理和确定性的人,按照前面的说明,也立即说出了他们所意谓的东西的反面,——这也许是最有说服力的一个现象,可以促使我们去反思感性确定性的本性。那些人谈到了**外部**对象的实存,更确切地说,他们把外部对象规定为一些**现实的**、绝对**个别**

---

① 塞雷斯(Ceres)是罗马神话中的谷神,相应于古希腊神话中的德墨忒尔(Demeter)。巴克科斯(Bacchus)是酒神狄奥尼索斯(Dionysus)的别名。——译者注

② 传说中丰业和农产女神德墨忒尔为了寻找被冥王哈得斯劫走的女儿珀耳塞福涅,流落到了厄琉西斯,受到国王的盛情款待。为了表示感谢,德墨忒尔在厄琉西斯设立了农庆节,在其中显露她的圣礼和神秘仪式,核心是"万物的生灭"和"死后的幸福"等奥秘。农庆节每年举行两次,分别是2月的小秘仪和9月的大秘仪,参加者可以达到3万人。酒神狄奥尼索斯后来也进入到厄琉西斯秘仪中,但他在秘仪中的名字叫作扎格柔斯(Zagreus)、雅克科斯(Iacchus)或巴克科斯(意为"疯狂的制造者")。对于酒神的崇拜同样与"死而复活"、"灵魂不灭"等观念密切联系在一起。德墨忒尔和狄奥尼索斯在希腊神话中的地位丝毫不亚于奥林波斯诸神,他们都是自然万物的生长发育和生死循环的力量的象征,并且为人们的生存提供了两样最重要的东西:一个带来了粮食和农作物,另一个带来了水果(特别是酿酒的葡萄)。——译者注

③ 传说中耶稣在最后的晚餐上和众门徒分食面饼,饮用葡萄汁,并声称这就是他的身体和血。面包和红酒(葡萄酒)后来成为基督教的"圣餐",其中包含着深奥的秘密。天主教徒和东正教认为面包和红酒经过"圣体礼"之后就真正变成了耶稣的肉和血,而新教教徒认为这不过是个象征而已。此外还有历史学家认为"面包和红酒"并不是基督教的发明,而是起源于更早的波斯文明的密特拉教(Mithraismus)。根据密特拉教的教义,每年冬至之后的12月25日是密特拉的诞辰,举行宗教宴筵时应当使用面包和红酒,还有必须用血来进洗礼等等。后来的基督教很有可能在这些方面受到其影响。——译者注

的、**完全个人所有的**、**个体的**事物,其中的每一个都是独一无二的。他们认为,这种实存具有绝对的确定性和绝对的真理。他们意谓中的东西是**这一张纸**,在这张纸上面,我正在书写或已经书写**这一些**内容。但是他们说不出他们意谓中的东西。他们原本想要现实地**说出**他们意谓中的这一张纸,他们**原本想要说出什么**,但这是不可能的,因为意谓中的感性的这

[92] 一个东西是语言**不能企及的**,因为语言隶属于意识,而意识是一个自在的普遍者。因此,当人们在现实生活中尝试说出意谓中的东西时,已经把那个东西消灭了。那些着手进行描述的人不可能完成他们的工作,而是必须将这个工作交付给另一些人,而后面这些人最终将会承认,他们所说的东西并未**存在着**。诚然,他们意谓中的东西是**这一张纸**,跟前面那一张纸完全不同的一张纸,但是他们说的是"**现实事物**"、"**外部对象**"或"**感性对象**"、"**绝对个别的本质**"等等,概言之,关于这些事物,他们说出来的仅仅是一个普遍者。所以,那些号称不可言说的东西,无非是某种不真实的、违背理性的、单纯意谓中的东西。——如果人们对于某个东西只能说"这是一个**现实事物**"或"这是一个**外部对象**",那么他们只不过说出了最最普遍的东西,就此而言,他们说出来的不是这个东西与其他事物之间的差别,而是它与它们之间的**一致性**。当我说"一个**个别事物**",那么我依然是把它当作一个纯粹的**普遍者**而说出来,因为任何事物都是一个个别事物。同样,无论什么东西都可以说是**这一个物**。即使我以更确切的方式说"**这一张纸**",但**全部纸和每一张纸**都仍然是**这一张纸**,而我说出的始终只是一个普遍者。言谈具有一个神灵般的本性,也就是说,它把意谓中的东西直接颠倒过来,使之成为另外的东西,从而使之根本不能**溢于言表**。但是,如果我企图用**指明**这一张纸的办法来弥补言谈的不足,那么我就从经验中得知感性确定性的真理实际上是什么东西:我指明,这是一个"**这里**",它是众多"这里"之一,或者说它本身就是众多"这里"的一个**单纯集合**,亦即一个普遍者。我把它当作一个真相予以接纳,我不再是认知一个直接事物,而是**接纳真相**,亦即进行着知觉活动。

第二章　知觉，或物与错觉

直接确定性并未接纳真相，因为它的真理是一个普遍者，而直接确定性却想要接纳"**这一个**"。反之，知觉把它面对的存在者当作一个普遍者予以接纳。正如普遍性是知觉的一般意义上的原则，同样，知觉在自身内直接区分开的两个环节也是普遍者：我是一个普遍的我，对象是一个普遍的对象。对我们而言，那个原则**已经产生出来**，所以我们对于知觉的接纳不再是一种似是而非的接纳（就像我们接纳感性确定性那样），而是一种必然的接纳。在原则的产生过程中，也形成了两个在现象中仅仅**凸显出来**的环节：首先是一个是伴随着指明的运动，然后仍是这同一个运动，但已经转变为一个单纯的东西，前者是**知觉活动**，后者是**对象**。从本质上来看，对象和运动是同一个东西，但运动意味着各个环节的展开和区分，而对象则意味着这些环节被放在一起予以理解把握。对我们而言，或自在地看来，普遍者这一原则是知觉的本质，而与这个抽象的本质相反，被区分出来的知觉者和被知觉者则是**无关本质的东西**。但在事实上，因为二者本身就是普遍者或本质，所以它们又都是事关本质的。然而，由于它们处于一种相互对立的关联中，所以在此必须作出一个明确的区分，即只能有一方是事关本质的东西，而另一方则是无关本质的东西。那被规定为一个单纯东西的对象是本质，不管被知觉到还是没有被知觉到，都存在着。另一方面，知觉活动是一个变化不定的运动，它既可以存在也可以不存在，所以是无关本质的东西。

我们必须进一步规定这个对象，并从既有成果出发对这个规定稍作

[94] 展开,至于更具体的阐述在这里还谈不上。对象的原则是普遍者,既然普遍者作为一个单纯的东西同时也**经历了中介活动**,那么对象必须亲自表明这就是它的本性,对象于是表现为一个**具有多种属性的物**。感性知识的丰富内容隶属于知觉,而不是隶属于一种直接的确定性,因为它们在后者那里仅仅是一些附带出现的例子。只有知觉才在本质上就包含着**否定**,包含着差别或多样性。

尽管"这一个"被设定为"**并非这一个**",换言之,尽管"这一个"**遭到扬弃**,但它并没有因此化为乌有,而是转变为一个特定的无或**某个内容的无**,亦即"**这一个**"的无。如此一来,尽管感性的东西本身还保留着,但却不再像在直接的确定性中那样是一种意谓中的个别事物,而是一个普遍者,或者说一个被规定为**属性**的东西。**扬弃**呈现出它的真正的双重意义,这是我们在一个具有否定意义的东西那里已经看到的,也就是说,扬弃既是一种**否定**,同时也是一种**保存**。无,作为"**这一个**"的无,本身就是感性的,而且保存着一种直接性,但是这已经是一种普遍的直接性。存在本身就包含着中介活动或否定性,所以它是一个普遍者。由于存在直接地**表现出**这一点,所以它是一个**有所不同的、特定的**属性。如此一来,**众多**属性就被同时设定了,其中任何一个属性都是对其他属性的否定。这些**规定性**实际上是借助于一个额外附加的规定才成其为属性的,所以,当它们借助于普遍者的**单纯性**表现出来,就仅仅**与自己相关联**,彼此之间**漠不相关**,每一个都是自为的,不依赖于其他规定性。但是,那个单纯的、自身一致的普遍性本身又不同于它的这些规定性,不受它们束缚。它是一种纯粹的自身关联活动,或者说是一个**媒介**,所有规定性都包含在这个媒介或这个单纯的统一体之内,它们相互之间**交织渗透**,但并不**接触**,

[95] 因为正是由于分有了普遍性,这些规定性才彼此漠不相关地、自为地存在着。——这个抽象的普遍媒介可以被称作一般意义上的**物性**或**纯粹本质**,它无非就是"**这里**"和"**这时**",就像已经表明的那样,是众多"这里"和"这时"的一个**单纯集合**。这些"这里"和"这时",**就它们的规定性而言**,本身就是一个**单纯的普遍者**。这一块盐是单纯的"这里",同

时也是多样化的：它是白的，**并且**是咸的，**并且**是一个立方体，**并且**有特定的重量，等等。所有这些属性都包含在一个单纯的"**这里**"之内，在其中相互交织渗透。没有哪一个属性具有与众不同的"这里"，毋宁说每一个属性都包含在同一个"这里"之内。与此同时，它们虽然没有通过众多不同的"这里"而被分割开，但在这个交织渗透的状态下并不彼此影响。比如，白不会影响或改动立方体，二者又不会影响或改动咸，毋宁说，正因为每一个属性本身就是一种单纯的**自身关联活动**，所以它们互不相扰，仅仅通过一个漠不相关的"**并且**"相互关联着。就此而言，这个"**并且**"就是那个纯粹的普遍者或媒介，就是那个把众多属性如此这般聚集在一起的**物性**。

在已经得出的这个关系里，首先得到观察并被展开的那些特性，仅仅适用于一种肯定的普遍性。但除此之外，另一个呈现出来的方面也必须被接纳。也就是说，如果多个特定的属性彼此之间完全漠不相关，仅仅与自身关联，那么它们就不是一些**特定的**属性。因为，只有当它们彼此**区别**，并与处于对立面的**其他属性相关联**，它们才算得上是一些特定的属性。但就这个对立而言，它们又不可能借助于它们的媒介而共存于一个单纯的统一体之内，对它们来说，这个统一体和否定性都是同样事关本质的东西。这些属性之间的区别，作为一种并非漠不相关的，而是排斥着他者、否定着他者的区别，于是落到了这个单纯的媒介之外。就此而言，媒介不仅仅是一种"**并且**"或一个漠不相关的统一体，而且也是一个**单一体**，亦即一个**排他的统一体**。单一体是一个**环节**，代表着**否定**，因为它以一种单纯的方式与自身相关联，排斥他者，并因此把**物性**规定为**物**。在属 [96] 性那里，否定是一种与存在的直接性直接合为一体的**规定性**，而存在的直接性与否定统一起来之后就转变为普遍性。与此同时，如果存在的直接性脱离了与对立面的统一，成为一个自在且自为的存在，它就是一个**单一体**。

简言之，只有当以下环节聚在一起，物作为知觉的真相才会最终出现。首先，物是一种漠不相关的、被动的普遍性，是多个属性或确切地说多种**质料**的"**并且**";其次,物同样也是一个单纯的否定,或者说是一个排斥着相反属性的**单一体**;再者,物就是众**多属性**本身,是前面两个环节之间的关联,是一个与各种漠不相关的要素相关联、并在这个过程中作为一系列的差别而扩散开来的否定。借助于一个持存着的媒介,个别性这个点放射开来,过渡到多样性。一方面,就这些差别隶属于一个漠不相关的媒介而言,它们都是一些普遍的差别,仅仅与自己相关联而不影响彼此;另一方面,就它们隶属于一个否定的统一体而言,它们同时也是一些排他的差别,并且通过那些脱离了"**并且**"的属性而必然包含着这个对立的关联。感性普遍性,亦即存在与否定的**直接**统一体,之所以成为一个**属性**,是因为它衍生出了一个单一体和一种纯粹的普遍性,二者彼此不同,但又被捆绑在一起。只有当这两个东西与那些纯粹的、事关本质的环节发生关联,**物**才得以最终出现。

　　知觉中的物就是这个样子。当意识把物当作对象,意识就被规定为知觉者;意识**只需接纳**对象,并且表现为一种纯粹的领会式把握。随之显露在意识面前的东西,就是真相。假若意识在作出接纳的同时有所行动,[97]　给知觉增添或从知觉那里拿走一些东西,它就会因此改变真理。由于对象是真相和普遍者,是自身一致的,而意识却是一种变动不居的和无关本质的东西,所以意识有可能以不正确的方式去领会把握对象,产生错觉。知觉者意识到了错觉的可能性,因为,按照那个作为原则的普遍性,**他者存在**本身是意识的直接对象,但同时又是一种**虚无缥缈的**、已经遭到扬弃的东西。所以,知觉者把**自身一致性**当作真理的标准,而且知觉者的行为必须被领会为一种自身一致的行为。与此同时,由于知觉者的对象千差万别,所以知觉者把领会过程中的各个不同环节联系在一起进行比较。如果通过比较得出了不一致,那么这并不意味着对象是不真实的(因为对象是一种自身一致的东西),而是意味着知觉活动是不真实的。

　　现在我们来看,意识在它的现实的知觉活动中形成了哪些经验。**对我们而言**,这些经验已经包含在前面所说的那些发展过程中(对象的发展、意识与对象之间的关系的发展等），所以它们只需进一步发展其中已有的各个矛盾即可。——我所接纳的对象表现为一个**纯粹的单一体**。我知觉到它的属性是一种**普遍的**、因而超越了个别性的属性。因此，一个客观本质，作为一个单一体，其最初的存在并不是它的真实存在。既然**对象**是真相，那么真理的反面就是在我这一边，而我的领会把握也是不正确的。但实际上，正因为属性是**普遍的**，所以我必须把客观本质理解为一个一般意义上的**共同体**。进而言之，我所知觉到的属性是一种**特定的**、与他者**对立**并且排斥他者的属性。因此，当我以前把客观本质规定为一个与其他东西一起形成的**共同体**，或者说规定为一种延续性时，我实际上并没有正确地领会把握它。毋宁说，正因为属性是**特定的**，所以我必须割裂延续性，把对象设定为一个排他的单一体。在割裂出来的单一体那里，我发现了许多属性，它们互不影响，彼此漠不相关。因此，当我以前把对象领会把握为一个**排他的东西**，就并没有正确地知觉到它，毋宁说，如果对象按从前的理解仅仅是一种一般意义上的延续性，那么现在看来，它是一个普遍的**共同媒介**，包含在其中的众多属性都是一些感性的**普遍性**，每一个都自为地存在着，且作为一个**特定的**普遍性排斥着其他普遍性。尽管如此，我所知觉到的单纯东西或真相并不是一个普遍媒介，而是一种自为存在着的**个别属性**，但这个意义上的属性既不是一个属性，也不是一个特定的存在，因为它既没有隶属于一个单一体，也没有与其他属性相关联。只有当它隶属于一个单一体，它才是一个属性，只有当它与其他属性相关联，它才是特定的。作为一种纯粹的自身关联活动，个别属性始终仅仅是一般意义上的**感性存在**，因为它本身不再包含着否定性这一特性。现在，如果意识重新以感性存在为对象，那么它就又变成了一种纯粹的**意谓**，也就是说，意识完全脱离知觉活动并返回到自身之内。然而感性存在和意谓又会过渡到知觉活动。我被抛回到开端，再度卷入到同一个圆圈里面，这个圆圈在每一个环节上都作为一个整体把自身加以扬弃。

[98]

　　因此意识必定要再次贯穿这个圆圈，但同时又采取一种与之前不同的方式。按照它在知觉活动那里得到的经验,知觉活动的结果和真相就是知觉活动的瓦解,或者说是一种脱离了真相的自身反映。就此而言,意识的知觉活动获得了一个事关本质的规定性,也就是说,这不是一种单纯的、纯粹的领会式把握,而是在**进行领会把握**的同时却又**脱离**真相,**折返回自身内**。意识作为一种知觉活动已经认识到它的自身反映是一个事关本质的环节,这种自身反映与那种纯粹的领会把握直接**融为一体**,改变了

[99]   真相。与此同时,意识认识到这个方面属于它自己,并将其接纳,而这样一来,它就会得到那个纯粹的真实对象。就此而言,曾经发生在感性确定性那里的事情也在知觉活动这里发生了,也就是说,意识被驱赶回自身内。这种情形在过去意味着意识已经掌握了知觉活动的**真理**,但现在并不是这样。毋宁说意识认识到,它在这个过程中获得的是**谬误**。但认识到这一点之后,意识就有能力去扬弃这个认识。意识区分了两种情况,一种是它对于真相的领会把握,另一种是它纠正了它在知觉活动中获得的谬误,既然如此,**知觉活动**的真理就确实**落入意识手中**。因此,我们当前考察的这个意识有一个特点,它不再是仅仅进行知觉活动,而是同时也意识到了它的自身反映,并且把这个自身反映与那种单纯的领会式把握区分开来。

　　就此而言,我首先知觉到物是一个**单一体**,并确保它一直具有这个真实的规定。如果在那个伴随着知觉活动的运动中出现了某种与知觉活动相矛盾的东西,那么我必须认识到,这个东西是我自己的一个反映。如今出现在知觉里的各种属性看起来就是物的属性。但是,物是一个单一体,而我们意识到,那种使得物不再是一个单一体的差异性处于我们这一方。所以实际上只是对**我们的**眼睛而言,这个物才是白的,对**我们的**舌头而言,它**并且**是咸的,对**我们的**触觉而言,它**并且**是一个立方体,如此等等。我们不是从物那里,而是从我们自己这里得出这些方面的全部差异性。我们的眼睛完全不同于我们的舌头,相应地,那些不同的属性等各个方面相互之间也是四分五裂的。就此而言,我们是一个**普遍媒介**,上述环节在那里面彼此脱离,自为地存在着。而在这种情况下,当我们把"作为一个

普遍媒介而存在着"这一规定性当作我们的一个反映来观察,我们就认 [100]
识到了物的自身一致性,认识到物的真理在于作为一个单一体而存
在着。

意识接纳了许多**不同的方面**,当我们把它们放到一个普遍媒介里面
去分别加以观察,就会发现每一个方面都具有一个**规定性**;白只有在与黑
的对立中才是白,同样,物也是借助于和其他物的对立才成为一个单一
体。"作为单一体而存在"乃是一种普遍的自身关联活动,正因为物是一
个单一体,所以它才能与别的物达成一致。就此而言,物之所以是排他
的,原因并不在于它是一个单一体,而是在于它具有一个**规定性**。物本身
是一些**自在且自为存在着的、特定的物**,它们具有一些属性,并通过这些
属性把自己与别的物区别开来。由于**属性**是物**自己固有的属性**,换言之,
由于属性是物本身就具有的规定性,所以物具有**许多的属性**。首先,物是
真实的,它是一种**自在存在**。凡是隶属于它的,都是作为它自己固有的本
质而隶属于它,而不是由于其他物的缘故。其次,各种特定的属性也不是
仅仅由于别的物的缘故,为着别的物而存在,而是这个物本身就具有的属
性。但是,只有当众多属性相互区别开来,它们才算得上是**物的特定的属**
性。再次,由于这些属性包含在一种物性之中,所以它们都是一些自在且
自为的存在,彼此漠不相关。所以,真正说来,物本身就是白的,**并且**是立
体的,**并且**是咸的,如此等等。换言之,物是一种"**并且**"或一个**普遍媒**
介,众多属性在其中各自分立,彼此不接触,也不会导致相互扬弃。在这
种情况下,物就作为真相而被意识接纳。

意识在进行着知觉的同时也认识到,它**并且**是一个自身反映,在知觉
活动里出现了一个与"**并且**"相对立的环节。这个环节就是物的自身**统**
一性,它把差别排除到自身外。就此而言,物的自身统一性是意识所必须
接纳的一个东西。物本身就是**众多不同的和独立的属性的一种持存状**
态,因此人们说,**某物是白的,并且是一个立方体,并且是咸的**,如此等等。[101]
但是,就它是白的而言,这与立方体不相干,就它是一个立方体并且是白
的而言,这又和咸不相干,如此等等。只有意识才能够把这些属性**合并为**

一个单一体,所以它必须防止这些属性在物那里自行形成一个单一体。最后,意识会拿出那个"**就……而言**",以便给各种属性分门别类,同时把物当作一种"**并且**"。真正说来,如果意识一开始就接纳了**单一体存在**,那么过去所谓的属性就被设想为一种**独立的质料**。由于物是众多质料的一个集合,所以它没有成为一个单一体,而是成为一个单纯起着围裹作用的表皮,而在这种情况下,物就被提升为一种真实的"**并且**"。

如果我们再回头看看意识之前已经接纳的和现在正接纳着的东西,以及意识之前已经指派给物和现在正指派给物的东西,那么可以发现,意识以交替的方式把它自己和物转变为两种东西:一个纯粹的、与多样性无关的**单一体**,以及一种瓦解为各种独立质料的"**并且**"。意识通过比较发现,**它**对于真相的接纳(亦即它的知觉活动)本身就包含着**领会把握**和**自身反映**这两种活动之间的**差异性**,不仅如此,真相本身,亦即物,也是以这种双重的方式展现出来。就此而言,意识在这里获得的经验是,物以一种特定的方式**呈现为**一个领会把握着的**意识的对象**,但同时又**摆脱了**它的这个呈现方式,**折返回自身内**。换言之,物本身就包含着一种对立的真理。

意识在知觉活动中的第二种表现方式,就是一方面把物看作是一个真实的自身一致者,另一方面却把它自己看作是一个自身不一致的东西,看作是一个脱离了一致性的自身反映。现在意识摆脱了这种方式,对象在它看来是一个完整的运动,而这个运动从前是由对象和意识分享的。[102]物是一个已经折返回自身内的**单一体**。它是一种**自为存在**,但它也是一种**为他存在**。作为自为存在的物**不同于**作为为他存在的物。从这一点来看,物不但是一种自为存在,**并且**是一种为他存在,是一种**双重的**有差别的存在。与此同时,它**并且**是一个**单一体**,而**单一体存在**与它的差异性相矛盾。在这种情况下,意识必须再次把不同的环节合并为一个单一体,把它与物区别开。因此必须说,**就**物作为一种自为存在**而言**,它不是一种为他存在。然而按照意识的经验,物本身也能作为一个单一体存在着。物在本质上是一个自身反映。因此,物不仅包含着一种"**并且**"或一种漠不相关的差别，而且也包含着一种**单一体存在**，但由于"并且"不同于单一体存在，所以它们不会出现在同一个物那里，而是出现在**不同的**物那里。客观本质通常包含着的那个矛盾于是被划分到两个对象那里。物诚然是一个自在且自为的存在，是自身一致的，但是这种自身统一性被别的物破坏了。物的统一性保留下来了，与此同时，物之外和意识之外的他者存在也保留下来了。

现在，尽管客观本质所包含的矛盾被划分到了不同的物那里，但在孤立的个别物身上还是会出现一种差别。**不同的**物被设定为**自为的**，它们相互之间的矛盾使得每一个物不是有别于自己，而是仅仅有别于其他物。这样一来，每一个物**本身**就被规定为一个**有所区别的东西**，本身与其他物之间就有一种本质上的差别，但与此同时，这种本质上的差别并不是指物本身就包含着一个对立，毋宁说，每一个自为存在着的物都是一个**单纯的规定性**，这个规定性构成了它的那个**事关本质的**、使它有别于其他物的特性。实际上，物本身就包含着一种差异性，而这种差异性在物那里又必然表现为众多性质之间的一个**现实的**差别。然而，正因为规定性构成了物的**本质**，并使得一物区别于其他物，成为一个自为存在着的东西，所以余下的众多性质就成了一种**无关本质的**东西。就此而言，一个统一的物本身就具有一种**双重意义上的**、但却具有不同分量的"就……而言"，而在这种情况下，对立存在并不会转变为物本身就包含着的一种现实的对立。相反，就物通过它的**绝对差别**而出现在一个对立中而言，它是与另一个外在于它的物相对立。诚然，余下的众多性质必然也会出现在物身上，容不得它摆脱，但是它们对物来说终究是**无关本质的**。 [103]

规定性构成了物的事关本质的特性，并使得它有别于任何别的物。如今这个规定性得到了进一步的规定，以至于物一方面与别的物相对立，但另一方面又应该保持为一种自为存在。但是，只有当物没有与别的物发生关联，它才是一个物，亦即一个自为存在着的单一体，因为在那种关联里，被设定下来的其实是一物与其他物之间的联系。然而一旦与别的物联系在一起，就意味着它不再是一种自为存在。物恰恰是通过一个**绝**

对的**特性**和一种对立的态度来**对待别的物**,而且物在本质上完全表现为这样一个东西。但是,只要去对待别的物,就会否定物的独立性,就此而言,毋宁说物正是通过它的事关本质的属性走向消灭。

意识必然会经验到,物恰恰是通过那个构成了它的本质和自为存在的规定性走向消灭。我们可以按照一个单纯的概念来简短地考察一下这个必然的经验:物先是被设定为一种**自为存在**,完全否定了一切他者存在,因此它是一个绝对的、仅仅与自身相关联的否定,然而这个自身相关的否定又意味着一种**自身扬弃**,也就是说,它只有通过一个他者才获得它自己的本质。

[104] 实际上,上述情形都包含在对象的规定之中,此外无他。对象应该具有一个事关本质的属性,从而获得一种单纯的自为存在,但对象本身除了包含着自为存在的单纯性之外,还包含着一种差异性,后者虽然**必然**存在着,但却不应当构成一种**事关本质**的规定性。但是这些都仅仅是一种尚且停留在字面上的区分,那种**无关本质的**、同时又**必然**应该存在着的东西,自己扬弃了自己,换言之,它就是我们刚才所说的那种自身否定。

这样一来,曾经将自为存在和为他存在分割开的最后一个"就⋯⋯而言"就消失了。真实的情况是,对象**在同样一个角度看来就是它自身的反面**:就它作为一种为他存在而言,它是一种自为存在,就它作为一种**自为存在而言,它又是一种为他存在**。对象是一种**自为存在**,是一个自身反映,或一个单一体。但是,"自为"、"自身反映"、"单一体存在"之类规定与它们的反面亦即"**为他存在**"都包含在一个统一体之内,所以仅仅被设定为一种已经遭到扬弃的东西。换言之,这种**自为存在**和那种号称无关本质的东西,亦即一种与他者的相互关系,都同样是**无关本质的**。

对象在它的感性存在中曾经转变为一个遭到扬弃的东西,而在这里,对象同样也被扬弃了,这是由它的那些纯粹的规定性,或者说由那些构成了它的本质性的规定性所决定的。对象从一个感性存在转变为一个普遍者,但因为这个普遍者**来自于感性事物**,在本质上以感性事物为**条件**,所以它严格说来并不是一种真正做到了自身一致的普遍性,而是一种**受制**

于对立面的普遍性,并因此分裂为个别性(在这里指各种属性的**单一体**)和普遍性(在这里指各种独立质料的"**并且**")这两端。表面上看来,这些纯粹的规定性已经表达出了**本质性**,但它们仅仅是一种与**为他存在**纠缠在一起的**自为存在**。由于自为存在和为他存在在本质上**构成了一个统一体**,所以现在呈现出来的是一种无条件的、绝对的普遍性,而意识在这里才真正进入到知性的王国之中。

感性个别性虽然消失在直接确定性的辩证运动里,转变为一种普遍性,但这仅仅是一种感性的普遍性。意识不再意谓什么,知觉活动掌握了 [105] 一个**自在存在**着的对象,或者说掌握了一般意义上的普遍者。因此之故,出现在对象身上的个别性是一种真实的个别性,亦即**单一体**的**自在存在**,或一种**自身反映**。但这仍然只是一种**有条件的**自为存在,与之**并列**的则是另一种自为存在,后者在这里指一种与个别性对立、并以个别性为条件的普遍性。相互矛盾的两端不但处于一种**并列关系**之中,而且构成了**一个统一体**。换言之,两端的共同之处在于,它们虽然号称**自为存在**,但却总是与一个对立面纠缠不清,所以其实并不是一种**自为存在**。知觉活动的诡辩术试图把这些环节从矛盾中解救出来,并通过以下各种办法来抓住真相,比如区分**视角**、坚持"**并且**"和"**就……而言**"的使用、区分**无关本质的东西**和一个与之对立的**本质**等等。只不过这些解救措施不但没有消除领会把握中的错觉,反而表明自己是一些虚无缥缈的东西。意识本来可以通过知觉活动的逻辑就掌握真相,但却发现,真相在同一个视角下表现为相反的东西,在本质上是一种无差别的和无规定的普遍性。

"**个别性**"和与之对立的"**普遍性**"、与无关本质的东西联系在一起的"**本质**"、必不可少的"**无关本质的东西**"……这些空洞的抽象名词颇有势力,而当它们交织在一起,就是那种进行着知觉活动的、所谓的人类健全知性。它自诩为一种确切而实在的意识,但它在知觉活动中只不过是**这些抽象名词**的一种交织。一般说来,在它自认为是最富有的地方,它总是最贫乏的。人类健全知性被各种虚无缥缈的事物驱赶着到处奔走,被那些东西玩弄于股掌之间,与此同时,它自己却卖弄着诡辩术,在各种针锋

[106] 相对的观点之间左右逢源,与真理相抗。这种忙忙碌碌的人类健全知性认为,哲学只需研究**思想中的事物**足矣。诚然,哲学必须研究思想中的事物,认识到它们是纯粹本质,是一些绝对要素和绝对势力。但哲学是**按照它们的规定性**来认识思想中的事物,因此它是这方面的大师,一切都在它的掌握之中,而那个进行着知觉活动的知性却是把那些事物当作真相而予以接纳,并因此从一个谬误跌入到另一个谬误里面。感性确定性不知道,它的本质是一种空洞而抽象的纯粹存在,同样,知性也不知道支配着它的是一些单纯的本质性,却以为它一直都在与一种无比确切的材料和内容打交道。但实际上,正是借助于这些单纯的本质性,知性才能够来回穿梭于一切材料和内容之间。这些单纯的本质性整合并掌控着材料和内容,惟有它们才使得感性事物在意识面前显现为**本质**,也惟有它们才规定了感性事物与意识之间的关系,让知觉活动及其真相的运动得以运行。意识以交替的方式一会儿把真相规定下来,一会儿又扬弃了这个规定,而正是这个持续不断的运转过程才真正构成了那种知觉着的、自以为在真理中运动着的意识的日常生命和持久生命,驱动着意识迈步前进。意识在前进过程中不可避免地得出一个结果,即必须一视同仁地扬弃全部事关本质的本质性或规定,但另一方面,意识在任何个别的环节那里都仅仅把**某一个规定性**认作是真相,然后在下一个环节那里认识到的相反的规定性才是真相。诚然,意识察觉到各种规定性都是无关本质的。为了把它们从迫在眉睫的危险中解救出来,意识求助于诡辩术,把它自己刚才宣称为虚假事物的东西,现在宣称为真相。其实这些虚假事物的本性恰恰想要推动着知性前进,让知性首先认识到"**普遍性**"和"**个别性**"、"**并且**"

[107] 和"**单一体**"、"**与非本质性**必然联系在一起的**本质性**"、"**必不可少的无关本质的东西**"等等都不是本质,然后把各种关于它们的**思想**予以**合并**,并借此将它们扬弃。反过来,知性的抗拒办法就是用"**就……而言**"和各种**视角**的差异性来支持自己,要不然的话,知性就在接纳一个思想的同时将另一个思想分裂出去,坚持认为那个分裂出去的思想是一个真实的思想。但实际上,这些抽象名词的本性就在于把它们作为一些自在且自为存在

着的东西予以合并。健全知性拼命抓住的东西就是这些抽象名词，它们驱使着它在一个圆圈中打转。知性一会儿把抽象名词的非真实性接纳到自身内，一会儿把错觉称作是各种不可靠的事物的一个假象，一会儿又区分出一种事关本质的东西和一种对事物而言虽然必不可少、但又应该是无关本质的东西，并确定前者是真理，后者不是。知性的所有这些做法都是为了给予抽象名词以真理，可是它不但没有达到这个目的，反而使它自己成为一个不真实的东西。

第三章 力与知性,现象和超感性世界

对意识而言,听和看等行为已经消逝在感性确定性的辩证运动里面,意识作为知觉活动获得了一些思想,尽管它只有通过一个无条件的普遍者才能把这些思想合并起来。这个无条件者,假若被当作一个静止的和单纯的本质,与某个非本质相对立,那么它就别无选择,只得出现在**自为存在这一端**。但是,倘若无条件者与一个非本质相关联,那么它本身也将是一个无关本质的东西了,而且意识尚未摆脱知觉活动带来的错觉。不过,确实已经出现了这样一个无条件者,它已经从一个有条件的自为存在那里返回到自身内。从现在起,这个无条件的普遍者是意识的一个真实对象,只不过仍然是以**对象**的形式出现在意识面前。意识还没有理解到它的**概念**是一个**概念**。概念究竟是以对象的形式还是以概念的形式出现,这两种情况有着本质上的差别。对意识来说,对象已经摆脱了与他者的关系,返回到自身内,并因此成为一个**自在的概念**。但是意识本身还不是一个自为的概念,所以它不知道那个已经折返回自身内的对象就是它自己。**对我们来说**,这个对象已经通过意识的运动发生了转变,以至于意识也介入到了对象的转变过程中,所以出现在两个方面的反映其实是一回事,换言之,它们是**同一个**反映。但因为意识在这个运动中仅仅是把一个客观的本质,而不是把严格意义上的意识当作自己的内容,所以对它来说,结果必须具有一种客观的意义。另一方面,意识试图退出那个已经发生转变的东西,而在这种情况下,客观事物和本质对意识来说就是同一个东西了。

通过这种方式,知性诚然扬弃了它自己固有的非真实性和对象的非

[108]

84

真实性。随之转变而来的对象,是一个关于真相的概念,而这个**自在存在**着的真相本身还不是一个概念,换言之,真相还缺乏意识的那种**自为存在**,所以它只能在那个尚未达到自我认识的知性那里占有一席之地。真相自顾自地推动着它的本质前进,所以意识没有参与到真相的自由实现过程之中,而是仅仅注视着这个过程,用一种纯粹的方式将其领会把握。既然如此,**我们必须取代意识的位置**,我们必须成为一个概念,这个概念塑造了一切包含在结果之中的东西。经过塑造的对象在意识面前呈现为一个存在者,通过这个对象的中介,意识才成为一种概念把握式的意识。

之前得出的结果,亦即那个无条件的普遍者,最初仅仅具有一种否定的和抽象的意义,即意识否定了它自己的各种片面概念,将它们抽离出来,予以抛弃。但是这个结果同时也具有一种肯定的意义,即**自为存在**和**为他存在**的统一或绝对对立被直接设定为同一个本质。乍看起来,这好像只是涉及各个环节之间的衔接形式,然而自为存在和为他存在同样都是**内容**,因为真正说来,对立的本性只能是我们在上述结果中已经看到的样子,也就是说,知觉认之为真相的内容实际上仅仅隶属于形式,而且已经融为一个统一体。这些内容同时也是普遍的,没有什么内容能够依靠自己的特殊性质就避免返回到那个无条件的普遍性中,假使有这样的内容,那么它终归也要以某种特定的方式成为一种自为存在,并与他者相关联。然而,**一般意义上的自为存在**和**一般意义上的与他者相关联**恰恰构成了内容的**本性**和**本质**,而本性和本质的真理就在于它们是一个无条件的普遍者。结果是一个绝对普遍的东西。 〔109〕

但是,正因为这个无条件的普遍者是意识的对象,所以在意识那里出现了形式和内容之间的差别,而且,当各个环节最初以内容的形态呈现出来时,它们有如下两种外观:既是一个把许多持存着的质料沟通起来的普遍媒介,也是一个折返回自身内的、消灭了独立的质料的单一体。普遍媒介消解了物的独立性,换言之,普遍媒介是一种被动性,是一种为他存在,而单一体却是一种自为存在。我们可以看看,这些环节在一个无条件的普遍性亦即它们的本质那里是如何呈现出来的:首先,由于这些环节仅仅

85

存在于一个无条件的普遍性之内,所以它们根本就没有相互脱离,而是在本质上本身就是一些相互扬弃着的方面;其次,被设定下来的仅仅是这些方面相互之间的过渡。

前一个环节于是显现为一个单方面的本质,显现为一个普遍媒介,或各种独立质料的持存状态。但质料的**独立性**不是别的,无非就是这个媒介。换言之,**普遍媒介**根本就是这些不同的普遍者的一种**多样性**。普遍者本身与多样性构成了一个不可分割的统一体,但这句话的意思其实是说,各种质料是形影不离的,它们虽然相互渗透,但彼此并不接触,因为反过来,众多相互有别的东西同样也是独立的。这样一来,它们的纯粹通透性或它们的被扬弃者身份同时也被设定了。作为一个遭到扬弃的东西而存在着,或者把差异性回溯到一种**纯粹的自为存在**,其实就是媒介自身的表现,但媒介同时又保障着各种差别的**独立性**。换言之,各种质料一方面被设定为独立的,另一方面又直接过渡到它们的统一体,这个统一体又直接过渡到一个展开过程,这个展开过程又重新返回到那个收敛过程。这个运动正是所谓的**力**。运动的前一个环节是力的**外化活动**,也就是说,各种独立质料在运动的存在中扩散开来,而在后一个环节那里,独立质料消失了,运动不再外化,而是成为一种**被驱赶回自身的力**,亦即**严格意义上的力**。但是,首先,被驱赶回自身的力**必须外化**;其次,力在外化活动中仍然是一种**内在存在**,正如它的这种内在存在同时也是一个外化活动。当我们保持着这两个环节的直接统一,那么真正说来,那掌握了力的概念的知性**本身**就是**概念**,它将不同的环节作为不同的环节承担起来。这些环节**就其自身而言**是不应该有差别的,因此差别仅仅存在于思想中。换言之,之前设定下来的仅仅是力的概念,而不是力的实在性。但实际上,力就是一个无条件的普遍者,这个普遍者既是一种**为他**存在,也是一种自在存在。也就是说,这个普遍者本身就包含着差别,因为差别无非就是一种**为他存在**。因此,要得到真正的力,就必须把它从思想那里释放出来,把它设定为这些差别的一个实体。具体说来就是:**首先**,把实体看作是一个完整的、在本质上始终**自在且自为存在着**的力,**其次**,把实体包含着的**各**

[110]

种差别看作是一些**基本的差别**,亦即一些自为地持存着的环节。就此而言,严格意义上的力或被驱赶回自身的力是一个自为存在着的、**排他的单一体**,对它来说,各种质料的展开过程是**另一个持存着的本质**,而这样一来,就设定了两个不同的独立方面。但是力也是一个整体,它保持为它在概念上所是的那种东西,也就是说,这些**差别**始终是一些纯粹的形式,始终是一些流于表面的、**转瞬即逝的环节**。那被驱赶回自身的、严格意义上的力,还有各种独立质料的那个**展开过程**,如果它们不能获得一种**持存状态**,那么它们之间的各种差别就根本不会存在,换言之,如果力不是以这种对立的方式**实存着**,那么力就根本不存在。但是,所谓"力以这种对立的方式实存着",意思无非是说,力的两个环节同时都是**独立的**。因此,需要观察的是这样一个运动,即两个环节之持续的独立化过程以及它们的自身扬弃。通常看来,这个运动恰恰是一个伴随着知觉活动的运动,其中的两个方面,亦即知觉者和被知觉者,作为一种对于真相的**领会把握**,构成了一个不可区分的单一体,但与此同时,每一方面都已经**折返回自身内**,或者说每一方面都是一种自为存在。在这里,这两个方面是力的不同环节,它们构成了一个统一体,但这个统一体尽管针对自为存在着的两端显现为一个中项,但自身同时又不断地分裂为两端,并因此造成两端的对立。这个运动在前面曾经呈现为各种相互矛盾的概念的一个自行消灭过程,但它在这里却获得了一个**客观的**形式,成为力的运动,而结果就是,那个无条件的普遍者呈现为一个**非客观的东西**,或者说呈现为物的**内核**。

[111]

力被设想为一种**严格意义上的**或**折返回自身内**的力,按照这个规定性,力成为力的概念的一个方面。但这个意义上的力是已经实体化了的一端,也就是说,它被规定为一个单一体。在这种情况下,各种已经展开的质料的**持存状态**就被排除在力之外,成为一个不同于力的**他者**。由于**力本身**就必然是这个**持存状态**,换言之,由于力必然会**外化**,所以它的外化活动看起来是这样的情形,即**那个他者**向它**靠近**,将它诱导。但在事实上,由于力**必然会外化**,所以它本身就包含着那个曾经被设定为别的本质的东西。我们必须撤销前面的规定,不再认为力是**一个单一体**,不再认为

[112]

力的本质——它决定着力的外化——是一个从外面靠近过来的他者。毋宁说,力本身就是那个普遍媒介,它保障着各个环节亦即各种质料的持存状态,或者换种说法,**力已经外化**,而那个诱导着力的东西其实就是力自己。因此,力现在是作为各种已经展开的质料的一个媒介而实存着。但与此同时,力在本质上具有的那个形式就是表明,各种持存着的质料已经遭到扬弃,换言之,力在本质上是一个**单一体**。就此而言,既然力现在被设定为各种质料的一个媒介,那么这个**作为单一体而存在着东西**就是**一个不同于力的他者**,是力的本质,但已经脱离了力。但是,由于力必然是那个**尚未被设定的他者**,所以**那个他者会靠近过来**,诱导着力转变为一种自身反映,也就是说,那个他者扬弃了力的外化过程。但实际上,**力本身**就是作为一个自身反映存在着,或者说它本身就已经扬弃了外化活动。那个作为一个单一体而存在着的东西消失了,**不再**显现为**一个他者**。**力就是那个作为单一体而存在着的东西**,力是一个被驱赶回自身的力。

很显然,那个作为一个他者而出现,既诱导着力进行外化,同时又诱导着力返回到自身内的东西,**本身就是力**。他者表明自己既是一个普遍媒介,也是一个单一体,而且这两个形态分别都是仅仅作为一个转瞬即逝的环节同时出现。就此而言,由于他者是为着力而存在,而力也是为着他者而存在,所以力根本没有超出它的概念。如今有两个力同时存在着,二者的概念虽然是同一个概念,但概念已经从一个统一体过渡到分裂状态。从本质上来看,对立不可能始终保持为一个纯粹的环节,正相反,当对立分裂为两个完全**独立**的力之后,似乎已经摆脱了统一性的控制。对于力[113] 的这种独立性,需要进行更深入的考察。后一个力最初是作为诱导者或一个普遍媒介而出现的,而前一个力则被规定为被诱导者,双方在内容上相互对立。但实际上,由于诱导者在本质上就是这两个环节之间的更替过程,而且本身就是力,所以,**只有当它被对方诱导着进行外化**,它才是一个普遍媒介,同样,**也只有当它被对方诱导**,它才是一个否定的统一体,才是一个诱导者,才会诱导着力返回到自身内。就此而言,**诱导者和被诱导者之间的区别也产生了转变**,也就是说,双方的规定性进行了互换。

既然如此，两个力的交织就表现为它们的这种相互对立的规定，表现为它们通过这个规定，并在各种规定之绝对的、直接的互换中，彼此为着对方而存在，——表现为一个过渡，只有通过这个过渡，力才看起来是**独立地**出现在那些规定之中。诱导者被设定为一个普遍媒介，而被诱导者则被设定为一个被驱赶回自身的力。但是前者之所以是一个普遍媒介，只因为后者是一个被驱赶回自身的力。换言之，其实是后者在诱导着前者，并使得前者成为一个媒介。前者只有通过后者才获得它的规定性，而且它之所以扮演着诱导者的角色，仅仅是因为它被后者诱导着去成为一个诱导者。同样地，前者直接失去了它自己固有的规定性，因为这个规定性会过渡到后者那里，或更确切地说，已经过渡到后者那里。那个陌生的、诱导着力的东西显现为一个普遍媒介，只因为它已经被力诱导着去成为一个诱导者。也就是说，**力设定了诱导者，力本身在本质上**就是一个普遍媒介。力之所以设定诱导者，是因为这另一个规定对**力**来说是事关本质的，也就是说，因为**这另一个规定其实就是力本身**。

要完整地认识到这个运动的概念，还需注意一点，即各种差别本身就表现为一种双重意义上的差别。它们**有时候**是**内容上的**差别，因为一端　[114]
是一个已经折返回自身内的力，另一端是各种质料的一个媒介，**有时候**又是**形式上的**差别，因为一端是诱导者，另一端是被诱导者，前者是主动的，后者是被动的。就内容上的差别而言，它们在一般的意义上或对我们来说**是**有差别的，但就形式上的差别而言，它们又是独立的，处于一种相互离别、相互对立的关系之中。因此从这两个方面来看，相互对立的两端都不是什么**自在的**东西，而是尽管在本质上不同，但都仅仅是一些转瞬即逝的环节，是一端向着另一端的直接过渡——这些都是意识在知觉到力的运动时所获得的经验。但按照之前的提醒，我们已经经验到了如下各种情形。首先，各种自在的差别，作为**内容和形式之间的差别**，已经消失了；其次，那在形式方面表现为事关本质的**主动者**、**诱导者**或**自为存在者**的东西，在内容方面表现为一个被驱赶回自身的力；最后，那在形式方面表现为被动者、**被诱导者**或**为他存在**的东西，在内容方面呈现为众多质料的一个普遍媒介。

通过力的一分为二,力的概念成为一个**现实的**概念。我们可以看到这个转变,以及具体的转变过程。两个力都是作为一种自为存在着的本质实存着。但是它们的实存是一种相互反对的运动,也就是说,它们的**存在**其实是一种纯粹的**依赖于他者的存在**,或者换句话说,它们的存在其实仅仅意味着**转瞬即逝**。它们不是那种孤立的两端,仿佛各自把持着什么固定不变的东西,仅仅通过中项和相互接触就体现出一种针锋相对的外在属性。其实,不管它们是什么,它们都只是通过这个中项和相互接触才存在着。在这个过程中,力一方面被驱赶回自身,成为一种**自为存在**,另一方面也在进行着外化,这里面既有诱导也有被诱导。这些环节并没有

[115]

被分配到各自独立的两端,仿佛双方之间仅仅存在着一个尖锐的对立,此外无他。毋宁说,它们的本质完全在于,每一方都只有通过对方才存在着,而任何通过对方才存在着的东西又立即不复存在,因为双方都是这样。因此,实际上双方都缺乏一个自己固有的可以承载并维持着它们的实体。毋宁说,力的**概念**在它的**现实性**之内才保持为真正的**本质**。**现实的力**在任何情况下都仅仅存在于一个**外化活动**之中,而外化活动无非是一种自身扬弃。这个**现实的力**,就它被设想为一种摆脱了外化活动的自为存在而言,就是被驱赶回自身的力。但正如我们已经看到的,这个规定性本身只是**外化活动**的一个环节。因此,力的真理仍然只是一个关于力的**思想**。力的现实性的各个环节、力的各种实体、还有力的运动,都不断地收缩为一个无差别的统一体,而这个统一体并不是那个被驱赶回自身的力(因为后者本身仅仅是一个环节),而是**力的严格意义上的概念**。因此,力的实现过程同时也是实在性的一种损失。确切地说,力在这里转变成了一个完全不同的东西,转变成了一种**普遍性**。知性一开始或直接就认识到普遍性是力的本质,不仅如此,在力的那种应该存在着的实在性那里,在一些现实的实体那里,普遍性都表明自己是力的本质。

当我们把**第一个普遍者**作为知性的**概念**来加以考察时,力还不是一种自为存在,而现在,第二个普遍者,正如它**自在且自为地**呈现出来的那

样,就是力的**本质**。反过来,如果我们把第一个普遍者看作一个**直接事物**,看作意识的一个**现实的**对象,那么我们就把第二个普遍者规定为一个**否定事物**,与那个感性的、客观的力相对立。这个否定事物也是力,因为力按照它的真正的本质来说仅仅是**知性的对象**。前一个普遍者是被驱赶回自身的力,或作为实体的力。后一个普遍者则是物的**内核**,而作为**内核**,它与严格意义上的概念是同一个东西。 [116]

现在,物的这个真实本质就其规定性而言并不是意识的一个直接对象,毋宁说,意识与内核之间是一种间接的关系,而且意识作为知性是**通过力的交织这个中项才洞察到物的真实背景**。这个把两端(知性和内核)结合起来的中项是力的一种已经展开的**存在**,而这种存在如今对于知性来说是一种**转瞬即逝的东西**。因此这种存在叫做**现象**(Erscheinung)。至于我们所说的显像(Schein),则是这样一种**存在**,它本身就直接是一种**非存在**。力的已经展开的存在并非仅仅是一种显像,而是现象,是显像的**整体**。这个**整体**,作为整体或**普遍者**,构成了**内核**,它是**力的交织**,而力的交织又是内核的一个自身**反映**。在这个整体之内,意识知觉到的各种本质按照其自在且自为的样子被**设定**为一种客观的东西,亦即一些永无休止地直接转化为其反面的环节,比如单一体直接转化为普遍者,事关本质的东西直接转化为无关本质的东西,反之亦然。因此力的交织是一个已经展开的否定性事物,而否定性事物的真理是肯定性事物,即**普遍者**,一个**自在存在着的**对象。——但这个对象同时也是一种**为他存在**,因为它是意识的对象。它通过**现象**的运动而经历了中介活动,在这个过程中,**知觉所把握到的存在**和那种一般意义上的感性对象仅仅具有一种否定的意义,因此,当意识从存在那里折返回自身内,就等于是折返回真相之内,但它既然是一种意识,所以就把真相重新当作一个客观的**内核**,并把物的这个反映与意识的自身反映区分开。同样,对意识而言,中介运动仍然只是一个客观的运动。内核是与意识相对立的一端。但是意识之所以把内核看作是真相,原因在于,内核就是**自在体**,而意识在内核那里同时还获得了一种自身确定性,或者说获得了自为存在这一环节。

[117] 　　然而意识还没有认识到这个根据,也就是说,**自为存在**本来就应该包含着一个内核,但却被认为仅仅是一个否定的运动。在意识看来,这个否定的运动还只是一个客观的、转瞬即逝的现象,还不是它**自己固有的**自为存在。所以,尽管意识知道内核是一个概念,但它还没有认识到这个概念的本性。

　　这个内在的真相,作为一个凌驾于普遍与个别的对立之上的**绝对普遍者**,已经成为**知性的对象**。在它里面,如今才呈现出一个凌驾于**感性世界**亦即**现象世界**之上的**超感性世界**,一个**作为真相**的世界,一个凌驾于转瞬即逝的**此岸世界**之上的常驻的**彼岸世界**。这就是自在体,是理性之最初的、因而不完满的一个现象,换言之,它仅仅是真理借以拥有其**本质**的一个纯粹要素。

　　因此从现在起,**我们的对象**是一个环环相扣的推论,它的大词和小词分别是物的内核和知性,而它的中项则是现象。这个推论的运动进一步规定了知性通过中项而在内核里认识到的东西,规定了知性通过这种结合关系而得到的经验。

　　意识仍然认为内核是一个**纯粹的彼岸世界**,它还没有在彼岸世界发现它自己。内核是**空洞的**,因为它仅仅意味着现象的取消,而在肯定的意义上,内核是一个单纯的普遍者。内核的这种特点直接迎合了某些人的看法,他们说,物的内核是不可能被认识的。关于这种说法的理由,人们必须另作理解。诚然,对于直接出现在这里的这一个内核,确实不可能有什么现成的认识,但这并不是因为理性像人们通常所说的那样,过于短视或受到诸多限制(对于这一点我们还一无所知,因为我们暂时还没有深入到这个程度),毋宁说真正的原因是,由于事情本身的单纯本性,或者换一个方面来说,由于内核恰恰被规定为意识的**彼岸世界**,所以在一片**空**

[118] **虚**之中本来就没有什么东西能被认识。诚然,当一个瞎子置身于超感性世界的丰富内容中——我们姑且假定超感性世界有着丰富的内容,不管这是它的特有内容,还是说意识本身就是这些内容——,当一个视力良好的人置身于纯粹的黑暗或纯粹的光明里——我们姑且假定世界仅仅是纯粹的黑暗或仅仅是纯粹的光明——,这两种情况下的结果都是一样的,因

为视力良好的人在纯粹的光明和纯粹的黑暗里面都看不到任何东西,不比那个面对丰富内容的瞎子看到得更多。如果意识透过现象却看不到内核,看不到那些通过推论而与内核结合在一起的东西,那么它唯一能做的事情就是完全拘泥于现象,也就是说,它以为它掌握了真相,但我们却知道那个东西不是真实的。换言之,意识为了表明在一片空虚当中毕竟有点什么东西存在,就用各种梦想以及它自己制造出来的**现象**去充实它。这样一种空虚,不但从一开始就祛除了各种客观事物,而且**作为一种自在存在着的空虚**,它必须也祛除严格意义上的意识所具有的全部精神性关系和精神性差别。这种如此**完全的空虚**,居然被某些人称作一种**神圣事物**!既然如此,这种空虚必须忍受各种恶劣的待遇,因为它连梦想都不如,所以也不配得到什么更好的待遇。

内核或超感性的彼岸世界**已经产生出来**,它来自于现象,现象是它的中介活动。换言之,**现象是内核的本质**,而且,实际上正是现象使内核得到了充实。超感性事物就是感性事物和知觉事物,当然,这是就超感性事物的**真相**而言。另一方面,**感性事物**和知觉事物的**真理**就在于作为**现象**而存在。因此,超感性事物是**真正意义上的现象**。——在这里,如果人们以为超感性事物**因此**就等同于感性世界,或者等同于**直接的感性确定性和知觉所认识的那个世界**,那么这不过是一个颠倒的理解。因为,现象其实**并不是**感性知识和知觉活动所认识到的这个存在着的世界,而是一个 [119] **已经遭到扬弃**的现象,或就它的真相而言,是一个**内在的**世界。人们常常说,"超感性事物**不是现象**",但他们在这里所理解的"现象"并不是真正意义上的现象,而是指**感性**世界,指一种本身就实实在在存在着的现实性。

知性,作为我们的对象,在它所处的地位上恰恰把内核看作一个普遍的、尚未得到充实的**自在体**。力的交织从否定的方面来看是一种并非自在存在着的东西,而从肯定的方面来看则是一种在知性之外**进行着中介活动**的东西。知性的运动就在于通过一个中介活动而与内核发生关联,从而使内核得到充实。知性**直接**面对的是力的交织,**但是**它认为单纯的内核才是**真相**。同样,力的运动只有作为一般意义上的**单纯事物**才是真相。但我们已经看到,力的交织有这样一个特性,即一个力被另一个力**诱导**,那扮演着**诱导者**角色的力为着另一个力而存在,后者因此也转变为一个诱导者。同样地,在这个过程中,出现在我们面前的只有**规定性**的直接更替或绝对转换,这个规定性构成了现象的唯一**内容**,也就是说,现象要么是一个普遍媒介,要么是一个否定的统一体。当力的交织按照一种特定的方式显现,它就立即不再是当它显现时所是的东西。通过一个特定的显现方式,它诱导着对方,使对方**发生外化**,而这意味着对方现在本身也是一种力的交织。一方是诱导**关系**,另一方则是一种特定的、具有相反内容的**关系**,在这里,**每一方面就其自身而言都是一种绝对的颠倒,一种绝对的更替**。但是这两种关系其实是同一种关系,因为**形式上的**差别(诱导者和被诱导者之分)与**内容上的**差别(被诱导者是一个被动的媒介,而诱导者则是一个主动的、否定的统一体或单一体)也是同一个差别。本来,在这个运动中应该出现一些相互对立的**特殊的力**,但它们之间的全部差别都消失了,因为它们的特殊性完全依赖于前面所说的那两个差别。相应地,各个力之间的差别和前面那两个差别也归结为同一个差别。因此,我们不必区分力、诱导、被诱导,不必区分"持存着的媒介"和"折返回自身内的统一体"等规定性,既不必区分各个自为存在着的个别事物,也不必区分各种不同的对立,毋宁说,凡是置身于这个绝对更替中的东西,都仅仅是一个**普遍意义上的差别**,亦即一个可以包容众多对立的差别。所以,这个**普遍意义上的差别是力的交织本身就包含着的一个单纯者**,是力的交织的真相。它就是**力的规律**。

[120]

那绝对更替着的现象,当它与一个单纯的内核或一个单纯的知性发生关联,就转变为一个**单纯的差别**。内核一开始仅仅是一个自在的普遍者,但这个自在的、单纯的**普遍者**在本质上同样是一个**绝对普遍的差别**,因为它是更替本身带来的一个结果。也就是说,更替是普遍者的本质。但当我们这样说时,真正的更替已经被设定在内核之内,而在这种情况下,那个绝对普遍的、静止的、保持着自身一致的差别也被接纳到内核里面。换言之,否定是普遍者的一个事关本质的环节,因此普遍者里面的否定或中介活动是一个**普遍的差别**。这个普遍的差别表现为**规律**,而规律是变动不居的现象的一幅**持久不变**的图像。就此而言,**超感性的**世界是一个**静态的规律王国**,它一方面诚然凌驾于知觉世界之上,因为知觉世界只有通过一种持续的变化才呈现出规律,但它同样也是在知觉世界之内,是一种**当前现实的东西**,是知觉世界的一幅直接的、静止的肖像。

诚然,规律王国是知性的真理,它的**内容**来自于规律所包含着的差别。但与此同时,规律王国仅仅是知性的**初步真理**,还没有使现象得到充实。规律在现象里面是一种当前现实的东西,但它并不等同于现象的整个当前现实。规律在不同的具体情况下总是具有不同的现实性。这样一来,规律对现象而言始终是一个**自为存在着的**方面,不在内核之内。换言之,现象还没有被设定为真正意义上的现象,还没有被设定为一种**已经遭到扬弃**的自为存在。同样,规律的这个缺陷必定也会表现在它自己身上。表面上看来,规律有一个缺陷,也就是说,它虽然本身就包含着差别,但这个差别却是一个普遍的、未经规定的差别。但是,如果规律不是指一般意义上的**规律本身**,而是指**某一个**规律,那么它已经具有了一个规定性。就此而言,存在着**许多**未经规定的规律。但这种多样性毋宁说本身就是一个缺陷,与知性的原则相矛盾,因为知性既已认识到了单纯的内核,它就会把那个自在的、普遍的**统一体**看作是真相。因此知性必须把许多规律合并为**一个规律**,比如把石头下落的规律和天体运行的规律理解为同样**一个规律**。但是经过合并之后,那些规律就失去了它们的规定性。规律越来越流于表面,人们最终得到的实际上不是**这些特定的**规律的统一体,而是一个取消着规定性的规律。比如,那个把物体下落的规律和天体运动的规律结合在一起的规律,实际上并没有把那两个规律表现出来。那种把全部规律归结为**万有引力**的做法仅仅表现出了**规律自身的一个单纯概念**,仅仅把这个概念设定为**存在着**。万有引力所表达的意思仅仅是,**任何一物与其他事物之间都有一个持久的差别**。知性自以为发现了一个普遍的规律,可以表达出普遍的**严格意义上的**现实性,但实际上它仅仅发现

[121]

95

[122] 了**规律自身的一个概念**,尽管它因此立即宣称:**全部现实性本身**就是合乎规律的。在这种意义上,"**万有引力**"这个说法也是非常重要的,因为它针对的是一种缺乏思想的**表象活动**,这种表象活动认为万物都是在偶然性的形态下呈现出来,而且认为规定性是感性独立性的一个形式。

因此,那与各种特定的规律相对立的东西,是万有引力,或者说是规律的一个纯粹概念。由于意识把这个纯粹概念看作是本质或真实的内核,所以特定规律的**规定性**本身仍然隶属于现象,或更确切地说,隶属于感性存在。但是,规律的纯粹**概念**不仅凌驾于**一个特定的**、与**其他特定的**规律相对立的规律之上,而且凌驾于**全部规律**之上。我们所说的规定性其实只是一个转瞬即逝的环节,它在这里再也不能作为一种本质性而出现。在这里只有规律才是真相。然而规律的**概念**转而反对**规律**自身。也就是说,意识在规律那里**直接地**领会把握到一个差别,将其纳入到普遍者之中,而这样一来,各个环节——它们的相互关联就表现为规律——作为一些彼此漠不相关的、自在存在着的本质性也具有了**持存状态**。规律包含着的差别还可以细分为不同部分,而这些部分本身就是一些特定的方面。意识必须领会到规律的纯粹概念(亦即万有引力)的真实意义,即这个概念是一个**绝对单纯的东西**,通过它,规律本身包含着的**各个差别**重新**返回到作为单纯统一体的内核之内**。这个单纯统一体是规律的一个内在的**必然性**。

因此规律是以一种双重的方式存在着:一方面,它表现为规律,其中包含着的各个差别表现为一些独立的环节;另一方面,它在形式上是一个**单纯的**自身反映,而这个形式又可以被称作**力**,只不过不是指那种被驱赶回自身的力,而是指一般意义上的力,亦即力的概念,——这个抽象的表述在自身内包含着吸引者和被吸引者之间的各种差别。比如,**单纯的电**是一个**力**,但要把这里的差别表现出来,必须依赖于**一般意义上的规律**,而这里的差别就是正电和负电之分。在下落运动中,**力**是一个单纯的东西,亦即**重力**,它的**规律**在于:运动包含着流逝的**时间**和经过的**空间**等不同环节,这些环节之间的量的关系好比根与平方之间的关系。电本身并不是一个自在存在着的差别，换言之，电在本质上就是正电和负电的双重存在。所以人们常常说，电**具有**一个规律，即它总是以这种方式**存在**，或者说电**具有一个属性**，即它总是以这种方式外化出来。这个属性是这个力的本质属性和唯一属性，换言之，力**必然**具有这个属性。尽管如此，"必然性"在这里却是一个空洞的字眼，它的意思不过是说：因为力必须二重化，所以它必须二重化。如果设定了**正电**，那么**自在地看来**，**负电**也是必然的，因为**正极**只有在与**负极**的关联中才存在着，换言之，**自在地看来**，正极**本身**就是一种自己与自己的差别，正如负极同样也是如此。但是严格意义上的电并不是必然会发生这样的分化；作为**单纯的力**，电在面对它的规律时无所谓作为正电还是作为负电**存在着**。如果我们把正极称作电的概念，把负极称作电的存在，那么电的概念与电的存在是漠不相关的。电只**具有**这一个属性，而这恰恰意味着，**自在地看来**，分化对于电来说并不是必然的。如果人们说，正和负属于电的**定义**，或者说正和负根本就是**电的概念和本质**，那么前面那种漠不相关就获得了另外一个形态。在这种情况下，电的存在就将完全意味着**电的实存**了，但那个定义并不包含着**电的实存的必然性**。要么是因为人们**发现**了电，电才存在（也就是说，电根本不是一种必然存在），要么是通过其他的力，电才成为一种实存（也就是说，电的必然性是一种外在的必然性）。但是，为了断定一个**存在**必然被**另一个存在**所规定，我们必须重新关注**众多**特定的规律。我们在前面之所以离开这种多样性，只是为了观察真正意义上的**规律**。只有规律才能够衡量它的真正意义上的**概念**或它的必然性，但"必然性"在所有这些形式里面都已经表明自己仅仅是一个空洞的字眼。 [124]

　　除了上面提到的方式之外，规律与力之间、或概念与存在之间的漠不相关还以别的方式存在着。比如，按照运动的规律，运动必然要**分割**为时间和空间，甚至还要分割为距离和速度。既然运动只是那些环节相互之间的一种关系，那么，**自在地看来**，作为普遍者的运动在这里**本身**就被分割了，但是这些部分（时间和空间，或距离和速度）并没有表明它们是起源于**同一个东西**。既然它们彼此漠不相关，那么我们不但可以设想一种脱离了时间的空间和一种脱离了空间的时间,而且至少还可以设想一种脱离了速度的距离。只要它们之间不是**正极**和**负极**的关系,不是在**本质**上就相互关联着,那么它们的各种分量就是彼此漠不相关的。**分割**诚然是必然的,但分割出来的**各个部分**相互之间却没有一种必然的关系。因此那个起初的必然性本身仅仅是一种虚构的、虚假的必然性。也就是说,运动本身并没有被设想为一个**单纯的**或纯粹的本质,而是**已经分割**开了。时间和空间是运动的一些**独立的**部分,或者说一些**本身**就**自在存在着的本质**,换言之,距离和速度是一些存在方式或表象方式,其中的每一个方式都可以脱离其他方式存在着,以至于运动仅仅是这些方式之间的一种**表面上的**关联,而不是它们的本质。就运动被设想为一个单纯的本质或力而言,它无疑就是**重力**,但是重力在自身内根本没有包含着上述差别。

[125]　　因此,差别在两种情况下都不是一种**自在存在着的差别**。它要么是一个普遍者,亦即力,与规律中的区分活动漠不相关,要么区分为更多差别,亦即规律的各个部分,但彼此之间仍然漠不相关。然而知性之所以**具有这个自在存在着的差别**的概念,原因恰恰在于,规律一方面是内核、**自在存在者**,另一方面**本身**又区分为许多**彼此有别的东西**。由于规律是一个单纯的力,或者换句话说,由于规律作为差别的**概念**等同于一种概念上的差别,所以上述差别是一个**内在的**差别。但是这个内在的差别仅仅**包含在知性之内**,还不是**隶属于事情本身**。所以,知性陈述出来的仅仅是一种**自立的**必然性。知性在指出一个差别的同时又表明,这不是**事情本身具有的差别**。就此而言,这个仅仅停留在字面上的必然性只不过是把那些构成了必然性圆圈的各个环节列举出来。这些环节虽然彼此有别,但与此同时,这些差别又不是事情本身具有的差别,因此立即又被扬弃了。这样一个运动就叫做**解释**。人们先是宣布一个**规律**,从它那里区分出它的自在存在着的普遍者或根据,亦即**力**。然后人们又声称这个差别不是差别,转而说根据与规律具有完全相同的性质。比如,意识把闪电的个别性质领会把握为一个普遍者,先是宣布这个普遍者是电的**规律**,然后作出解释,把**规律**归结为**力**,认为力是规律的本质。所以力的性质是**这样的**:

当它发生外化的时候，相互对立的正电和负电产生出来，又消失在对方之中，也就是说，**力和规律恰恰具有同样的性质**，因此二者之间根本没有任何差别。差别是一些纯粹的和普遍的外化活动，或者说就是规律和纯粹的力。然而规律和力具有**同样的**内容、**同样的**性质。这样看来，那种内容上的差别，亦即**事情本身**所具有的差别，也被意识重新收回了。

如我们看到的，知性在考察它的对象的静态统一体时，还局限在一个 ［126］ 同语反复的运动中，而且运动仅仅是知性的事，并没有进入到对象里面。这个运动就是去作出解释，但它不仅没有解释任何东西，而且很显然，当它自诩要说出什么新颖见解的时候，其实只不过是一些老生常谈。这个运动纯粹只是作为知性的一个运动而被考察，通过它，事情本身并没有产生出任何新的东西。但是，我们在这个运动中也认识到了规律一度缺乏的东西，亦即一种绝对的更替。如果我们仔细观察这个**运动**，就会发现它直接就是它自己的反面。运动设定**一个差别**，这个差别不仅对我们来说**不是差别**，而且通过运动本身就被扬弃了。这个运动也是一种更替，过去它曾经呈现为力的交织。在这个运动里，诱导者和被诱导者之间，外化的力和被驱赶回自身的力之间，都曾经存在着差别，但这些差别真正说来又不是差别，并因此立即扬弃了自身。摆在我们面前的，不仅有一个**未设定任何差别**的纯粹统一体，而且还有一个**运动**，也就是说，**无论意识设定任何差别**，但因为这个差别并不是差别，所以它重新被扬弃了。——通过这个解释，那些此前还在内核之外的、属于现象层面的变动和更替，现在深入到了超感性事物自身里面。我们的意识离开那个作为对象的内核，过渡并进入到与之对立的**知性**里面，并在其中进行着更替。

这个更替目前还不是事情本身的更替，毋宁说，它之所以呈现为一种**纯粹的更替**，原因恰恰在于，它的各个环节的**内容**是保持不变的。但只要**概念**作为知性的概念与物的**内核**是同一个东西，那么对于知性来说，**这个更替就成了内核的一个规律**。知性于是**经验到现象的第一个规律**：一方面，那没有差别的东西转变为差别，换言之，**自身一致者**自己排斥自己，另 ［127］ 一方面，这些差别真正说来都不是差别，而且扬弃了自己，换言之，**非自身**

一致者自己吸引自己。——至于现象的**第二个规律**的内容,则与以前所谓的规律(亦即那种始终保持着自身一致的差别)相对立,因为这个新的规律毋宁表明,**一致的东西会转变为不一致,不一致的东西会转变为一致**。概念要求那些头脑简单的人把这两个规律结合起来,同时也意识到它们的对立。无疑,第二个规律也是规律,是一种内在的、自身一致的存在,更确切地说,是不一致性的一种自身一致性,是非持续性的一种持续性。而在力的交织那里,这个规律恰恰表现为一种绝对的过渡运动或一种纯粹的更替。**自身一致者**,亦即力,**分裂**为对立的双方,这个对立虽然一开始看起来是一个独立的对立,但它在事实上表明自己**不是对立**,因为这是**自身一致者**自己排斥自己,而那被排斥的东西在本质上又相互吸引,因为它们本来就是**同一个东西**。差别出现了,但它又不是差别,于是将自己扬弃。就此而言,这个差别呈现为**事情本身**具有的差别或一种绝对的差别,而**事情本身**具有的差别无非就是那个自身一致者,它自己排斥自己,因此仅仅设定了一个不是对立的对立。

通过这个原则,最初的超感性事物,亦即那个静止的规律王国或知觉世界的那个直接肖像,就转到了它的反面。一般说来,规律本身和它所包含着的各种差别一样,都是一种**保持自身一致的东西**。但从现在确定下来的情况来看,规律和那些差别毋宁都是它们自己的反面。**自身一致的东西**反而自己排斥自己,自身不一致的东西反而转变为自身一致。实际上,只有通过这个规定,即自身一致者与自身不一致,自身不一致者又与自身一致,差别才成其为一个**内在的**差别,亦即一个**自在的**差别。——这样一来,**这第二个超感性的世界**就是一个**颠倒的**世界,确切地说,既然第一个超感性世界已经存在于一个方面,那么后一个超感性世界就是**前一个超感性世界的颠倒**。在这种情况下,内核就成为一个完满的现象。也就是说,第一个超感性世界只是把知觉世界**直接**提升为一个普遍要素,它必然把知觉世界当作它的一个映像,而知觉世界**本身**仍然保留着**更替和变化的原则**。第一个规律王国原本不具有这个原则,但现在作为一个颠倒的世界,它得到了这个原则。

[128]

因此,按照这个颠倒的世界的规律,第一个超感性世界里面的**自身一致者**就是一种**与它自己不一致**的东西,同样,在第一个超感性世界里面不一致的东西**与它自己也不一致**,而这意味着,它转变为与自己**一致**。在一些特定的环节那里,将会出现这样的结果,比如那按照前一个世界的规律是甜的东西,在这个颠倒的自在体里面是酸的,在那里是黑的东西,在这里是白的。对磁石来说,按照前一个世界的规律是北极的地方,在另一个超感性的自在体(即地球)里面是南极;反过来,在那里是南极的地方,在这里是北极。同样,在电的前一个规律里是氧极的东西,在它的另一个超感性本质里面是氢极;反过来,在那里是氢极的东西,在这里是氧极。在一个层面上,按照一个**直接的规律**,报复敌人对于受到伤害的个体来说是最大的满足,因为按照**这个规律**,如果谁没有把我当作一个独立的本质,那么我就要表明我是一个与他相对立的本质,甚至还要扬弃他这个本质。如今按照另一个世界的原则,这个规律**颠倒为一个相反的规律**,也就是说,为了重新确立我这个本质,我需要做的不是去扬弃一个陌生的本质,而是让这个陌生的本质自己毁灭自己。如果人们把那个颠倒(亦即对于罪行的**惩罚**)确立为一个规律,那么这仍然仅仅是某一个世界里的规律,这个世界与一个**颠倒的**超感性世界**相对立**,那在前一个世界里被蔑视的东西,在后一个世界里受到尊敬,那在前一个世界里受到尊敬的东西,在后一个世界里被蔑视。那按照**前一个世界的规律**伤害并消灭着人的惩罚,在对应的**颠倒世界**里转变为一种保存着人的本质并为他带来荣耀的恩典。 [129]

表面上看来,这个颠倒的世界是前一个世界的反面,二者相互对立,前者把后者作为一个颠倒的**现实性**从自己那里排斥出去。**一方是现象,另一方是自在体**;一方是世界的**为他存在**,相反的**另一方**则是世界的**自为存在**。在这种情况下,借用前面的例子来说就是,那尝起来是甜的东西,**真正说来**或就事物的**内核**而言是酸的;那按照现象里的现实磁石来说是北极的地方,**就内在的或本质上的存在而言**是南极;那在显现出来的电那里呈现为氧极的东西,在未显现出来的电那里却是氢极。或者说,一个**在**

现象里是罪行的行为,**在内核里**却可能是善的(一个坏的行为可能有一个好的动机),惩罚只是**在现象里**才是惩罚,**自在地说来**或在另一个世界里对罪犯来说反而是善行。只不过,内核和外观之间的对立,以及现象和超感性事物之间的对立,作为两种现实的对立来说,在这里已经不复存在。那些被排斥出去的差别不会再度分裂为两个实体,仿佛可以承担着这些差别并给予它们以分离的持存状态,以至于知性从内核那里又重新跌回到它从前的位置。倘若这样的话,某一个方面或实体又将成为知觉所把握的世界,两条规律之一在其中驱动着它的本质,而另外有一个内在的世界(和前者一样**恰恰也是一个感性世界**)与它相对立,只不过是在**表象**中与它相对立。这个世界不可能作为感性世界而被指明、被看见、被听见、被尝到,但是它终究还是被设想为一个感性世界。实际上,如果说**前一个规律**是一种被知觉到的东西,而它的**自在体**作为知觉的颠倒同样也是一个**感性表象**,那么酸作为甜的自在体就是一个和它同样现实的物,是一个**酸的物**。同样,黑作为白的自在体,是现实的黑;北极作为南极的自在体,是**存在于同一个磁石**里面的北极;氧极作为氢极的自在体,是**存在于同一根分解棒里面的氧极**。但是,**现实**的罪行是在**动机本身**那里,而不是在一个好的动机那里具有**它的颠倒和它的自在体**,因为颠倒和自在体还仅仅是一种**可能性**。动机的真理无非就是行为本身。罪行就其内容而言在一个**现实**的惩罚那里得到它的自身反映或它的颠倒,而惩罚意味着规律与那个在罪行中反抗规律的现实性达成了和解。最终说来,**现实的**惩罚本身就是一种**颠倒**的现实性,也就是说,惩罚是规律的实现,而通过这样的方式,这个惩罚行为**自己扬弃了自己**,它不再是一个积极主动的规律,而是重新转变为一个**静止的**并且发挥着效准的规律,在这种情况下,个体不再反对规律,规律也不再反对个体。

[130]

颠倒构成了超感性世界这一方面的本质。颠倒是一个表象,我们必须把它与另一个感性表象区分开,后者执着于一个不同的持存要素里的各种差别。除此之外,我们必须以一种纯粹的方式首先呈现出、然后领会把握到,这个绝对的差别概念是一个内在的差别,也就是说,真正的自身一致者是自己排斥自己的，真正的自身不一致者是与自己一致的。我们必须去思考一种纯粹的更替，亦即一种**内在的对立**或矛盾。因为，在一个内在的差别里，对立双方并不是**两个孤立的单一体**——否则它们只能被称作**存在者**而不能被称作"对立面"——，毋宁说，任何对立面都是一个与它的对立面相反的东西，换言之，任何对立面在其自身内就直接包含着一个他者。诚然，我可以把对立的一方放在**这边**，把相反的他者放到**那边**，也就是说，把对立的一方当作一个自在且自为存在着的、摆脱了他者的东西。但是正因为我在这里**把对立的一方当作一个自在且自为存在着的东西**，它就转变为它自己的对立面，换言之，对立的一方实际上在其自身内就直接包含着一个他者。——在这种情况下，颠倒的超感性世界同时也统摄着另一个世界，本身就包含着另一个世界。它把它自己看作是一个颠倒的世界，也就是说，它是一个自身颠倒的世界，而且它和它的对立面形成了**单一的统一体**。只有这样，它才是一个**内在的**或**自在的**差别，或者说只有这样它才是**无限性**。 [131]

　　我们看到，无限性使得一个完满的规律本身就转变为必然性，而且现象的全部环节都被接纳到内核里面。综上所述，"规律的单纯性就是无限性"这句话有以下几个意思：1）规律是一种**自身一致的东西**，而后者又是一个自在的**差别**。换言之，规律是一种自己排斥自己的或一种分裂了的自身一致者。我们此前称之为"**单纯的力**"的那个东西，它将自身**双重化**，并通过它的无限性转变为规律。2）那些已经分裂的东西构成了**规律**中被表象的各个部分，它们呈现为一种持存物。如果我们不是通过"内在的差别"这一概念来观察那些部分，那么当空间和时间、距离和速度作为重力的不同环节出现时，它们不仅相互之间，而且对于重力来说都是漠不相关的，不具有必然性，与单纯的重力漠不相关。同样，单纯的电跟正极和负极也是漠不相关的。3）但是，通过"内在的差别"这一概念，空间和时间之类相互不一致的、彼此漠不相关的东西就转变为一个并非**差别**的**差别**，换言之，这仅仅是**自身一致者**本身包含着的一个差别，它的本质是一个统一体。这类彼此漠不相关的东西作为正极和负极相互激励，实

[132] 际上,当它们存在时,它们就将自身设定为非存在,并在一个统一体之内扬弃自身。两种不同的情况都存在着:首先,它们**自在地**存在着;其次,它们**作为相互对立的东西自在地**存在着,也就是说,它们是自身的对立面,它们本身就包含着一个他者,仅仅是**单一的统一体**。

我们可以把这个单纯的无限性或这个绝对概念称作"生命的单纯本质"、"宇宙灵魂"、"普遍血脉"等等,它在任何场合都是一种当前现实的东西,不会被任何差别干扰和打断。实际上,它本身就是全部差别,同时又扬弃了这些差别,所以它虽然在自身内波动着,但并不运动,虽然在自身内颤动着,但没有脱离静止状态。它是**自身一致的**,因为各种差别都是处于循环往复之中,因为这是一些并非差别的差别。就此而言,这个自身一致的本质仅仅与自身相关联。然而既然是"**与自身相关联**",那么那个处于关联中的"自身"也是一个他者,所以"**与自身相关联**"毋宁意味着**分裂**。换言之,那种自身一致性恰恰是一个内在的差别。因此可以说,这些**分裂**了的东西本身都是**自在且自为的**,每一方都是一个对立面,**一个他者**的对立面,而且在这个过程中,每一方和它的**他者**都被同时陈述出来。换言之,它并不是一个**他者**的对立面,而仅仅是**纯粹的对立面本身**,但在这种情况下,它本身就是它自己的对立面。也可以说,它根本就不是一个对立面,而是一个纯粹的自为存在,是一个纯粹的、自身一致的本质,本身不包含着任何差别——既然如此,我们根本就不必去追问:差别或他者是**如何从这个纯粹的本质那里产生出来的**? 我们没有必要把那些围绕着这个问题所作的冥思苦想看作是一种哲学,更不能认为这是哲学无法回答的一个问题,因为分裂已经发生了,差别已经被自身一致者排除出去,与自身一致者并列,换句话说,**自身一致者**不再是一个绝对的本质,而是已经转变为分裂出来的东西之一。因此,"**自身一致者发生分裂**"这句话其实意味着:它已经把自己作为一个分裂的东西,把自己作为一个他者而加[133] 以扬弃。人们常常说,差别不可能来自于**统一体**,但实际上,统一体本身只是分裂过程的一个环节,因为它是那种与差别相对立的单纯性的一个抽象表述。但既然"统一体"是一个抽象表述,仅仅是对立面之一,那么正如我们已经说过的,它是一个分裂活动。因为,如果统一体是一个**否定事物**,是一个**对立面**,那么它恰恰就被设定为一种本身就包含着对立的东西。就此而言,"**发生分裂**"和"**转变为与自身一致**"之间的各种差别都是隶属于同一个**自身扬弃的运动**。自身一致者还得发生分裂,或转变为它自己的对立面,而既然"自身一致者"是一个抽象表述,换言之,既然它**本身已经**是一个分裂的东西,那么它的分裂活动就扬弃了它的本质,亦即扬弃了它的分裂状态。所谓"**转变为与自身一致**"同样也是一个分裂活动,任何转变为**与自身一致**的东西,都因此与分裂相对立。也就是说,任何转变为与自身一致的东西都因此把自己**置于对立双方中的一方**,或更确切地说,它**转变为一个分裂的东西**。

　　某个东西通过某种方式被规定下来(比如被规定为存在),但实际上却转变为这个规定的反面——这种情况就是无限性,亦即纯粹自身运动的一种绝对躁动。诚然,无限性已经是迄今整个运动的灵魂,但它只有在**内核**之内才自由地登上台面。现象或力的交织已经将无限性本身呈现出来,但在刚开始的时候,无限性是作为一个自由的**解释活动**而出现的。最终,当无限性的**真实本质**成为意识的对象,意识也就成为自我意识。知性的**解释活动**一开始仅仅描述了自我意识的各种表现。知性扬弃了那些包含在规律中、已经变得纯粹、但彼此之间仍然漠不相关的差别,把它们设定在**单一的统一体**亦即力之内,使它们彼此一致。但是这个活动同样直接就是一个分裂活动,也就是说,知性之所以能够扬弃各种差别并因此设定力这个单一体,是因为它造成了一个新的并非差别的差别,亦即规律和力之间的差别。由于这个差别并不是一个差别,所以知性下一步要做的事情就是赋予规律和力以同样的性质,从而再度扬弃这个差别。但这样 ［134］ 一来,这个运动或必然性就仍然只是知性的一个必然性和运动,换言之,**真正意义上的**必然性和运动**尚未**成为**知性的对象**,知性只是把包含在其中的正电和负电、距离、速度、引力以及其他的万千事物当作对象,而这些对象构成了运动的各个环节的内容。知性的解释活动之所以很容易给自己打圆场,恰恰是因为意识在这些地方都是直接与自己对话,仅仅享受并回味着它自己。在这个过程中,尽管意识看起来是在做着别的什么事情,但实际上仅仅是围着自身打转。

第二个规律颠倒了第一个规律并与之相对立,按照这个新的规律,换言之,按照一个内在的差别,无限性本身虽然成为了知性的**对象**,但当知性把那个自在的差别,把"自己排斥自己的自身一致者"和"自己吸引自己的自身不一致者"重新划分为两个世界或两个基本要素,无限性就再度消失在知性眼前。对于知性来说,出现在经验中的**运动**是一个发生过程,所谓"自身一致者"和"自身不一致者"都不过是一些**谓词**,它们的本质是一个存在着的载体。同样一个东西,对于知性来说仅仅是一个感性对象,但在我们这里则是已经获得了它的本质形态,成为一个纯粹的概念。仅仅**对我们而言**或**自在地看来**,知性的上述理解已经领会把握到了**作为真相的**差别,领会把握到了**真正意义上的**无限性。阐明"无限性"这一概念是科学的任务。但在这里,**直接**掌握着这个概念的意识重新通过一个自立的形式,或者说通过一个新的意识形态展现出来,这个新的意识形态在过往的事物中认识不到它自己的本质,而是把它们看作某种完全不同的东西。——由于意识是以"无限性"这一概念为对象,因此它所意识到的差别是一个**直接**遭到扬弃的东西。意识是一个**自为存在**,对无差别的东西进行区分,换言之,意识就是**自我意识**。我把我与我自己区分[135]开,我在这个过程中立即发现这个被区分开的东西并没有被区分开。我,作为自身一致者,把我排除到我自己之外,但这个被区分开、被设定为不一致的东西,当它被区分开时,直接对我而言又不是一个差别。诚然,关于他者的意识,或者说一般意义上的对象意识,本身就必然是一种**自我意识**,一种自身反映,一种借助于他者而获得的自我意识。迄今的各种意识形态都以为它们所认识到的真相是别的什么物或他者,而这些形态的**必然进程**恰恰表明,自我意识不仅仅是对象意识的可能条件,甚至不妨说,惟有自我意识才是这些对象意识的真理。但这个真理只是被我们看在眼里,还没有呈现在意识眼前。自我意识刚刚成为一种**自为存在**,尚未与一般意义上的意识形成一个**统一体**。

我们看到，在现象的内核那里，知性真正经验到的无非就是现象本身，但在这个过程中，它不是把现象当作力的交织，而是把力的交织还原为它的那些绝对普遍的环节，以及环节的运动，因此实际上仅仅经验到**它自己**。那个在超越知觉之后呈现出来的意识，借助于现象这个中项而与超感性事物结合在一起，并透过现象直观到相关背景。一边是纯粹内核，一边是直观着这个纯粹内核的另一个内核，如今这两端结合在一起，不再有这端和那端的区分，而在这种情况下，那个不同于它们的中项也消失了。于是，悬挂在内核前面的幕布被拿走了，呈现在我们眼前的是一个内核对于另一个内核的直观活动。那个以**无差别的**自身一致者为对象的直观活动把它自己排除出去，设定为一个**有差别的**内核，但同时又直接**发现**，这样区分出的二者是**无差别的**，这就是**自我意识**。如果**我们**不是亲自走到那块号称遮掩着内核的幕布后面，就会以为幕布后面根本看不到什么东西。相应地，幕布后面也确实存在着一些可以被看到的东西，所以才 [136] 会被我们看到。但同时很显然，我们不可能不经周折就径直走到那块幕布后面，因为知识，作为现象及其内核的**表象**的真理，本身仅仅是一个曲折的运动的结果，在这个过程中，意谓、知觉活动和知性等意识形态都逐渐消失了。同样我们也将会发现，要认识到**意识在它的自我认知中所认识到的东西**，仍然免不了几经周折，而以下内容就是我们对这个曲折过程作出的分析。

第二部分

自 我 意 识

第四章　自身确定性的真理

在迄今的各种形态下的确定性里,意识都以为真相是某种不同于它的东西。但在关于真相的经验中,这个真相的概念消失了。过去那些直接地**自在**存在着的对象,比如感性确定性所认识的存在者、知觉所认识的具体物、知性所认识的力,都表明自己真正说来并未存在着,反倒是真相这个**自在体**将上述对象规定为一种为他存在。真相的概念在一个现实的对象那里扬弃了自身,换言之,最初的直接表象已经消失在经验里,确定性已经消失在真理中。但从现在起,那在过去的关系里未曾出现的某种东西,亦即一种与自己的真理相一致的确定性,产生出来了。确切地说,确定性如今把它自己当作一个对象,而意识也知道自己就是真相。诚然,在这个过程中也存在着一个他者,也就是说,意识区分出一个东西,同时这个东西对意识而言又是无差别的。如果我们把知识的运动称作**概念**,把知识这个静态的统一体或自我称作**对象**,那么就会发现,不管是对我们还是对知识自身而言,对象都与概念契合。——或者换一个方式,如果我们把**自在**的对象称作概念,把严格意义上的对象或作为**为他**存在的**对象**称作对象,那么很明显,自在存在和为他存在是同一个东西。因为意识是**自在体**,但意识的**对象**同样也是**自在体**。对意识来说,对象既是自在体也是一种为他存在。自我是关联的内容,是关联活动本身。自我作为一个他者与自己相对立,同时又统摄着对方,因为它知道对方就是它自己。 [138]

现在,我们和自我意识一起进入了真理的自家王国。我们要看看,自我意识最初是以何种形态出现的。如果我们在观察这个新的知识形态亦即自我认知时,联系到之前的那种知识,亦即对于他者的知识,那么诚然可以说,对于他者的知识已经消失了。但与此同时,这种知识的各个环节同样也保留下来,而所谓的损失仅仅意味着,那些环节在这里是**自在地**出现在我们眼前。意谓中的**存在**,知觉所接纳的**个别性**及与之相对立的**普遍性**,还有知性所理解的**空洞内核**等等,都不再是本质了,而是转变为自我意识的一些环节,也就是说,转变为一些抽象表述或差别,它们作为意识的**对象**,同时又是不真实的,换言之,它们同时又并不是差别,而是一些纯粹转瞬即逝的本质。也就是说,已经消失的似乎仅仅是那个主要环节,即意识所面对的一种**单纯的、独立的持存状态**。但实际上,自我意识是一个经历了感性世界和知觉世界的自身反映,而且在本质上是一个经历了**他者**的自身回归。自我意识是一个运动。但既然它**仅仅把它自己与它自己**区分开,那么对它而言,差别就**直接**作为一个存在着的他者而**被扬弃**了。差别并不**存在**,**自我意识**仅仅是这样一个静态的同语反复:"我是我。"由于自我意识认为差别并非和自我意识一样也包含着**存在**的形态,所以存在不是一个自我意识。在这种情况下,自我意识认为他者是**一个存在**,或者说是一个**有差别的环节**,但自我意识同样认为它自己与这个差别构成的统一体是**另一个有差别的**环节。在第一个环节那里,自我意识作为**意识**存在着,认识到感性世界的整个广袤领域都保留下来了,与此同时,它仅仅与第二个环节亦即自我意识的自身统一相关联。就此而言,自我意识的自身统一对自我意识来说是一个持存状态,但这个持存状态仅仅是一个**现象**,或一个**自在地看来**并不存在着的差别。自我意识的现象与自我意识的真理之间的对立在本质上包含着这样一个真理,即自我意识是一种自身统一。自身统一必须成为自我意识的本质,也就是说,自我意识是一般意义上的**欲望**。从现在起,意识作为自我意识具有了双重的对象:首先是一个直接的对象,亦即感性确定性和知觉活动所认识的对象,但这个对象**在自我意识看来**带有**否定事物的标记**;其次就是**自我意识本身**,这个对象才是真实的**本质**,但一开始还仅仅是与前一个对象相互对立。在这种情况下,自我意识呈现为一个运动,它在这个运动中扬弃了上述对立,并发现自己达到了自身一致。

[139]

一方面,**对我们而言**或**自在地看来**,自我意识的对象作为一个否定性事物已经返回到自身之内,正如意识在另一方面也返回到自身之内。通过这种自身反映,对象已经转变为**生命**。自我意识从它自身那里区分出来的**存在者**,作为一个存在着的东西,已经与感性确定性和知觉无关,而是成为一种折返回自身内的存在,而直接欲望的对象是一个**有生命的东西**。**自在体**,作为知性与物的内核之间的关系得出的一个**普遍的**结果,就是要区分无差别的事物,同时把有差别的事物统一起来。但正如我们已经看到的,这个统一同时也是一种自身排斥,而这个概念又**分裂**为自我意识与生命之间的如下对立:自我意识是一个统一体,以各种差别的无限统一为**对象**,然而生命仅仅作为那个无限统一本身**存在着**,因此它不可能同时又**以它自己为对象**。意识和它的**自在**存在着的对象都是独立的。所以,当纯粹**自为**存在着的自我意识直接认为它的对象具有否定性事物的特性,换言之,当自我意识最初作为一种**欲望**存在着,它将会经验到的反 [140] 而是对象的独立性。

我们之所以进入到目前这个层面,是依靠着一个概念或一个普遍的结果,从这里得出的生命规定已经足以将生命标示出来,没有必要去进一步展开它的本性。生命的圆圈是由以下一些环节衔接而成的:首先是**本质**,这是一种**扬弃**了一切差别的无限性,一种纯粹的轴心旋转运动,而它的静止状态则是一种绝不止息的无限性的静止状态;其次是**独立性**,它在自身内消解了运动的各种差别;再次是时间的单纯本质,它通过这种自身一致性获得了空间的纯正形态。但在这个**单纯的**、**普遍的**媒介里面,**差别**仍然是**差别**。这个普遍的流体之所以具有否定的本性,只因为它**扬弃了各种差别**,然而如果各种有差别的事物不是持存着的,那么流体又不可能扬弃它们。这个流体,作为一种自身一致的独立性,本身恰恰就是各种差别的**持存状态**或**实体**,在它的支持下,差别成为一些相互有别的环节,成为一些**自为存在着**的组成部分。"**存在**"不再意味着一种**抽象的存在**,差别的纯粹本质性也不再意味着一种**抽象的普遍性**。毋宁说,差别的存在恰恰是那个纯粹的内在运动之单纯的、流动的实体。但是,这些环节**相互**

之间的**差别**之所以保持为差别,根本说来无非是基于这样一个**规定性**,即它们是无限性或纯粹运动本身的一些环节。

　　这些独立的环节**自为地**存在着。确切地说,这种**自为存在**意味着,这些环节**直接地**通过自身反映形成一个统一体,同时这个统一体又**直接地**分裂为一些独立的形态。统一体分裂了,因为它是一个绝对否定的统一体,或者说一个无限的统一体。**统一体**是一种**持存状态**,正因如此,差别也只有**在统一体之内**才具有独立性。形态的独立性显现为一个**特定的事物**,显现为一种**为他存在**,因为它是分裂的东西。就此而言,对于分裂状态的**扬弃**是借助于一个他者发生的。但是统一体本身仍然包含着一个他者,因为那个流体恰恰是那些独立的形态的实体,而这个实体却是无限的。既然如此,持存着的形态本身就是一种分裂状态,换言之,它们本身就扬弃了自己的自为存在。

　　倘若我们进一步区分包含在这里的各个环节,就会发现,**第一个环节**是各种**独立的**形态的**持存状态**,也就是说,它抑制着那种自在存在着的区分活动,既不让它自在地存在着,也不让它具有持存。**第二个环节**则是这样一个情况,即那种持存状态已经从属于差别的无限性。在第一个环节那里,形态是持存着的。作为一个**自为存在着的**形态,换言之,作为一个按规定性而言无限的实体,它站出来反对**普遍的**实体,一方面否认这个流体,否认自己和对方之间有一种延续性,另一方面主张自己并没有消解在这个普遍者之内,而是通过脱离并吞噬它的这个混沌本性保存了自身。但实际上,正是依靠着一个普遍的、流动的媒介,生命才不再是一种**静止的**形态分解,而是转变为形态的一种运动,换言之,转变为一种**处于演进过程中的**生命。单纯的、普遍的流体是**自在体**,各种形态之间的差别是**他者**。但是通过这个差别,流体本身转变为**他者**,因为现在是流体**为着差别**而存在,而差别反而转变为一个自在且自为的存在,一个吞噬了那个静止媒介的无限运动,一个**活生生的**生命。——就此而言,这个**颠倒过程**仍然是一种**自在的**颠倒状态。那被吞噬的东西,是本质。个体性以牺牲普遍者为代价将自身保存下来,并感觉到它的自身统一,但在这个过程中,个

[141]

体性恰恰扬弃了**它与他者之间的对立**,而个体性之所以是一个**自为存在**,恰恰是依赖于**这个对立**。个体性自己争取到的自身**统一**恰恰是一个包含着各种差别的**流体**,或者说是一种**普遍的消解过程**。但反过来,扬弃个体的持存,同样也意味着制造出个体的持存。既然个体形态的**本质**(亦即普遍的生命)和自为存在者是一个自在存在着的单纯实体,那么,由于它是在自身内设定了一个**他者**,所以它扬弃了自己的**单纯性**或本质,也就是说,它使单纯性发生分裂,而无差别的流体的分裂恰恰设定了个体性。生命的单纯实体本身分裂为许多持存着的形态,同时又消解了它们之间的差别。同样,分裂状态的消解也是一种分裂或分解。就此而言,整个运动曾经区分开的两个方面(一方是那种依靠独立性的普遍媒介而静静分解的形态分化,另一方是生命的演变过程),又重叠在一起了。生命的演进过程扬弃了形态,但这个过程同时也是一种形态分化。形态分化既是一种分解活动,同时又扬弃了这种分解活动。所谓"流动的要素"本身仅仅是本质的一个**抽象表述**,换言之,它只有作为一个形态才是**现实的**。它发生分解,同时又使分解出来的东西发生分裂,或将其消解。这个完整的圆圈运转构成了生命,也就是说,生命既不是像之前所说的那样,是它的本质的一种直接延续性和纯粹性,也不是一个持存着的形态或一个自为存在着的个别物,既不是这些环节的一个纯粹演进过程,也不是它们的一个单纯集合,而是一个在展开自身的同时又消解着这种展开状态、并在这个运动中作为一个单纯东西而保存下来的整体。

我们从最初的直接统一体出发,历经"形态分化"和"演进过程"这两个环节,达到了它们的统一,并因此回到了最初的那个单纯实体。既然如此,这个**折返回来的统一体**就不同于最初的那个统一体。最初的统一体是一个**直接**的统一体,被称作**存在**,而现在这个统一体是一个**普遍的统一**体,它在自身内包含着以上所有被扬弃了的环节。它是**单纯的类**,这个东西在生命的运动里并没有**作为一个自为的单纯东西**实存着。毋宁说,在这个**结果**(亦即单纯的类)里,生命指向另一个生命,亦即意识,对后者而言,生命就是这样一个统一体或类。

[142]

[143]

这另一个生命——它以严格意义上的**类**为对象,而且本身也是一个类——就是**自我意识**。刚开始的时候,自我意识仅仅是一个单纯的本质,把它自己亦即"**纯粹自我**"当作对象。接下来要考察的就是自我意识获得的经验,在其中,这个抽象的对象将会在自我意识面前得到充实和展现,而我们在生命那里已经看到类似的情形。

单纯的自我是一个类,或一个单纯的普遍者,对它而言,差别并不是差别,原因仅仅在于,它是一个**否定的本质**,与那些已经获得形态的独立环节相对立。就此而言,当一个独立的生命呈现在自我意识面前时,自我意识只有通过扬弃这个他者才能获得自身确定性。自我意识是一种**欲望**。自我意识确信他者是虚无缥缈的,它把这个确定性设定为一个**为着它而存在**的真理,设定为**它的**真理;通过消灭独立的对象,自我意识为自己争取到的自身确定性成为一种**真实的**确定性,一种在它看来以**客观的方式**出现的确定性。

自我意识获得了满足,同时也经验到了对象的独立性。欲望,还有欲望的满足所带来的自身确定性,都是以对象为条件的,都需要扬弃这个他者才能成立。他者必须存在,才谈得上扬弃。自我意识单凭它的否定关联是不可能扬弃对象的,毋宁说,它就像制造出欲望一样,重新制造出对象。实际上,欲望的本质是一个异于自我意识的他者。通过以上经验,这个真理已经出现在自我意识面前。但自我意识同时也是一个绝对的自为存在,而且它只有通过扬弃对象才能做到这一点。它必须得到满足,因为它是真理。由于对象是独立的,所以自我意识要得到满足,就只得让对象自己否定自己。对象必须自己否定自己,因为它是一个**自在**存在着的否定事物,同时在本质上又必然是一个为他存在。由于对象是一个自在存在着的否定,同时又是独立的,所以它也是一个意识。生命作为欲望的对象包含着一个**否定**,这个否定要么**隶属于一个他者**,亦即欲望,要么表现为一个**规定性**,与另一个漠不相关的形态相对立,也就是说,表现为生命的**混乱的普遍本性**。但这个普遍的、独立的本性(在这里否定意味着一种绝对的否定)就是真正意义上的类,亦即**自我意识**。**自我意识只有通**

[144]

过另一个自我意识才得到满足。

自我意识的概念是通过以下三个环节才得到完成的。在第一个环节那里,纯粹的、无差别的自我成为自我意识的第一个直接对象。但在第二个环节那里,这种直接性本身表现为一个绝对的中介活动,其唯一的目标就是把独立的对象予以扬弃,或者说它是一种欲望。欲望的满足是自我意识的一个自身反映,或者说是一个已经成为真理的确定性。尽管如此,在第三个环节那里,这个确定性的真理毋宁表现为一个双重的反映,表现为自我意识的双重化。意识有一个对象,这个对象作为一个自在存在设定了自己的他者存在,换言之,这个对象把差别设定为一个虚假的差别,并以此确保它自己的独立性。诚然,有差别的、完全**活生生的**形态在生命的演进过程里也扬弃了自己的独立性,但只要取消差别,它就不再是它本来所是的东西。同样,自我意识的对象尽管包含着一种自身否定,但仍然是独立的,就此而言,对象是一个自为存在着的类,尽管摆脱不了特殊性,但仍然是一个普遍的流体;对象是一个活生生的自我意识。

一个自我意识为着另一个自我意识存在着。只有到了这个地步,自我意识才真正成其为自我意识,也只有在这个过程中,自我意识才通过一个他者获得自身统一。**自我**,作为自我意识在概念上的对象,实际上并不是一个**对象**。然而欲望的对象必须是**独立的**,因为这个对象是一个普遍的、不可消灭的实体,是一个流动的、自身一致的本质。由于自我意识成为对象,所以对象既是自我,也是对象。——到此为止,"**精神**"的概念已经出现在我们眼前。意识随后将会经验到什么是精神。这个绝对的实体是一种完满的自由,完全不依赖于它包含着的那个对立(亦即各个自为存在着的自我意识之间的对立),把全部自我意识统一起来。**我即我们,我们即我。**自我意识是精神的概念。意识只有在自我意识那里才获得它的转折点,从此可以摆脱感性的此岸世界的缤纷假象,摆脱超感性的彼岸世界的空虚黑夜,进入到当前存在的精神性白昼之中。

［145］

A. 自我意识的独立性和非独立性；主人与奴隶

　　自我意识是**自在且自为的**，其原因和前提在于，它作为一个他者的对象自在且自为地存在着。也就是说，它仅仅作为一个得到承认的东西存在着。这个在双重化的同时保持为统一体的东西，这个在自我意识中实现着自身的无限性，其概念是一个多方面的、具有多种意义的交叉重叠。也就是说，它的各个环节一方面看来是严格区分开的，同时从另一方面看来又是没有区分开的，换言之，这些环节必须总是在两种相反的意义上得到理解和认识。彼此有别的东西的双重意义都包含在自我意识的本质里面，以一种无限的或直接的方式获得一个与原先设定相反的规定性。当我们去分析这个双重化的精神性统一体的概念，就会发现一个围绕着**承认**而展开的运动。

[146]

　　一个自我意识为着另一个自我意识存在着，它已经来到**自身之外**。这个现象具有双重的意义：**首先**，自我意识已经迷失了自己，因为它发现自己是**另一个本质**；**其次**，由于自我意识并没有把他者看作本质，而是在**他者**那里看到**它自己**，于是就扬弃了他者。

　　自我意识必须扬弃**它的他者**，也就是说，去扬弃第一个双重意义，同时又因此获得第二个双重意义：**首先**，它必须致力于扬弃**另一个独立的本**质，并通过这个方式确定**它自己**才是本质；**其次**，在这种情况下，它就得扬弃**它自己**，因为他者就是它自己。

　　在双重的意义上扬弃那个具有双重意义的他者，同样也意味着一种双重意义上的**自身**回归：**首先**，它通过扬弃他者使自己保存下来，也就是说，它通过扬弃**它的他者**而重新获得自身一致性；**其次**，它也让另一个自我意识保存下来，因为它曾经在他者之内**存在着**，而现在它既然扬弃了**它**的这种存在，也就同时释放了他者。

　　就此而言，当一个自我意识与另一个自我意识发生关联，这个运动就被设想为**某一个自我意识的行动**。但这个行动本身又具有双重的意义，也就是说,这既是**这个自我意识的行动**,同样也是**他者的行动**,因为他者同样也是独立的,内在封闭的,支配着自己的一切。自我意识发现对象已经不再是起初作为欲望的对象时的样子,而是一个自为存在着的、独立的对象,所以,它针对对象做了什么,也必须针对自己做同样的事情,否则它拿对象一点办法都没有。双方都是自我意识,因此它们的运动必然是一个双重化的运动。每一方都看到**对方**和它做着同样的事情,每一方都在做着它要求对方所做的事情,而它们之所以这样做,**仅仅**是因为对方也在做着同样的事情。任何单方面的行动都是无所裨益的,因为,任何应该发生的事情都只有通过双方的配合才会真正发生。 [147]

也就是说,只有当一个行动既是**针对自己**也是**针对对方**,不仅如此,只有当一个行动既是**某一方的行动**同时也是**对方的行动**,它才具有双重意义。

在这个运动里,我们看到,那个曾经呈现为力的交织的演进过程重新出现了,只不过这次是出现在意识之内。那些在力的交织里原本只是我们的对象的东西,现在成了两端自身的对象。中项,作为自我意识,已经分裂为两端,而两端交换着它们的规定性,完全过渡到对方那里。作为意识,每一端诚然都走到了**自身之外**,但同时又仍然留守在自身之内。它是一个**自为存在**,而它的外在存在则是一个**为他存在**。在意识看来,它既**是**同时也**不是**另一个意识。同样,对方之所以是一个自为存在,只因为意识把自己作为一个自为存在而予以扬弃,仅仅通过对方的自为存在才成为一个自为存在。每一端对于对方而言都是一个中项,每一端都通过这个中项做到了自身中介和自身结合,每一端对于自己和对方而言都是一个直接的、自为存在着的本质,与此同时,这个本质只有通过中介活动才成为一个自为存在。它们**相互承认着对方**,同时也就**承认了自己**。

"承认"意味着自我意识作为一个统一体发生了双重化。现在我们要来看看,"承认"这一纯粹概念的演进过程是如何出现在自我意识面前的。首先将要呈现出来的是双方的**不一致性**这一方面,换言之,我们首先看到的是,中项分裂为相互对立的两端,其中一端仅仅得到承认,而另一端仅仅作出承认。

[148]　　自我意识起初是一个单纯的自为存在,通过将一切**他者**排斥在**自身外**达到自身一致。在自我意识看来,它的本质和绝对对象就是**自我**。而作为一个**直接的**、**存在着的**自为存在,自我意识是一个**个别事物**。在自我意识看来,对方是一个无关本质的对象,具有否定事物的特性。但是,对方也是一个自我意识,在这种情况下,一个个体与另一个个体之间的对立出现了。当双方**以直接的方式**出现,它们同样都是对方的对象;他们是一些**独立的**形态,是一种沉浸在**生命的存在**之内的意识——因为存在着的对象在这里已经把自己规定为生命——,它们**对彼此而言**都还没有完成一个绝对抽象化的运动(即消灭一切直接的存在,完全转变为那个自身一致的意识的一种纯粹否定的存在),换言之,它们对彼此而言都还没有呈现为一个纯粹的**自为存在**,亦即尚未呈现为一个**自我**意识。每一端都具有自身确定性,但对于对方却没有把握,就此而言,双方各自的自身确定性都不是一个真理。假若是真理,那么这仅仅意味着,双方各自的自为存在已经呈现为一个独立的对象,换言之,对象已经呈现为一个纯粹的自身确定性。但是就"承认"这一概念来看,上述情况却是不可能的,除非对方是怎么对待它的,它也是怎么对待对方,双方既通过自己的行动也通过对方的行动使"自为存在"成为一个纯粹的抽象表述。

　　但是,所谓把自我意识作为一个纯粹的抽象表述**呈现**出来,就在于指出自我意识完全否定了它的客观形态,换言之,指出自我意识没有与任何一个特定的**实存**,没有与"一般意义上的实存"之类普遍的个别性,没有与生命联系在一起。呈现是一个**双重化的**行动:既是对方的行动,也是自己的行动。如果把这看作是**对方**的行动,那么这意味着,双方都企图致对方于死地。但这里面又包含着另一种行动,亦即**自己的行动**。至于前一个行动,则有搭上自己的性命的危险。双方都是自我意识,相互之间有一

[149]　个特定的关系,即它们通过生死较量来**考验**自己和对方。它们必须进行这个较量,因为双方都必须把各自的自身确定性(即确信自己是一个**自为存在**)在对方那里和自己这里提升为一个真理。唯有冒着生命危险,

自由才会经受考验,自我意识才会认识到,本质既不是**存在**,不是它**直接**出现时的形态,也不是那种陶醉于散漫生命中的状态。毋宁说,依附在自我意识身上的一切都不过是一个转瞬即逝的环节,而自我意识本身仅仅是一个纯粹的**自为存在**。诚然,即使一个个体不敢去冒生命危险,我们仍然承认它是一个**个人**,但在这种情况下,它并没有获得"承认"的真理,因为它不是作为一个独立的自我意识得到承认。双方都必然希望致对方于死地,同样,双方都冒着生命危险。双方都不再认为对方就是它自己。它的本质在它面前呈现为一个外在的他者,而它必须扬弃它的外在存在。对方是一个天衣无缝的、存在着的意识。每一方都必须直观到对方的存在是一个纯粹的自为存在,或者说是一个绝对的否定。

然而死亡的考验不但扬弃了一个本应出现的真理,而且也因此扬弃了一般意义上的自身确定性。因为,如果说生命是对于意识的一种**自然**的肯定,是一种不包含着绝对否定性的独立性,那么死亡就是对于意识的一种**自然**的否定,是一种不包含着独立性的否定,而独立性恰恰是"承认"的目标和意义。诚然,死亡已经是这样一个确定性,即双方都敢于冒生命危险,把自己的和对方的生命视如草芥。但是对于那些经过这场较量而得以生还的自我意识来说,则谈不上这样一个确定性。它们扬弃了自己的意识,因为意识被设定在一个陌生的本质性之内,显现为一个自然的实存,换言之,它们不但自己扬弃自己,而且遭到对方的扬弃,因为**两端**都想要成为自为存在。但这样一来,那个事关本质的环节——某个东西分裂为性质相反的两端——就从更替的交织中消失了。中项凝缩为一个 ［150］ 僵死的统一体,这个统一体又分裂为僵死的、单纯存在着的、相互并不对立的两端,而两端都不是通过意识而于相互之间各有予取,而是把对方当作物,完全以漠不相关的方式对其听之任之。它们的行为是一个抽象的否定,而不是意识作出的否定,因为当意识**扬弃**一个东西时,它会把遭到扬弃的东西**保存**并**保留**下来,就此而言,意识在遭到扬弃时能够幸免于难。

自我意识在这个经验中发现,无论生命还是纯粹的自我意识都是事关本质的东西。在一个直接的自我意识里面,单纯的自我是一个绝对的对象,而对于我们而言或自在地看来,它是一个绝对的中介活动,把那种持存着的独立性当作是一个事关本质的环节。那个单纯的统一体已经消解了,这是最初的经验得出的结果。统一体既已不复存在,就出现了一个纯粹的自我意识以及另一个意识,后者不是一个纯粹的自为存在,而是一个为他存在,也就是说,是一个**存在着**的意识,亦即一个具有**物性**形态的意识。这两个环节都是事关本质的。刚开始的时候,它们是相互不一致和相互对立的,而且没有什么迹象表明它们会返回到一个统一体之内,就此而言,它们是作为两个相互对立的意识形态存在着。一个是独立的意识,以自为存在为本质,另一个是不独立的意识,以生命或为他存在为本质。前者是**主人**,后者是**奴隶**。

主人是一个**自为**存在着的意识,但他不再仅仅是这样一种意识的概念,而是一个通过**另一个**意识而实现自身中介的、自为存在着的意识,而另一个意识的本质就在于与一个独立的**存在**或一般意义上的物性结合在一起。主人与以下两个环节都有关联:一个环节是严格意义上的**物**,亦即欲望的对象,另一个环节则是一个以物性为本质的意识。a) 首先,主人[151] 作为自我意识的概念乃是**自为存在**的一个直接关联,b) 但主人同时又是一个中介活动,换言之,主人只有借助于一个他者的中介才成其为一个自为存在,就此而言,a) 主人直接与两个环节相关联,b) 主人同时也间接地通过一个环节而与另一个环节相关联。**借助于一个独立的存在**,主人**间接地与奴隶**发生关联。奴隶恰恰被束缚在这个独立的存在上面,他在较量中没有能力挣脱这个束缚,因此表明自己是不独立的,只有通过物性才能获得自己的独立性。相反,主人有能力支配一个独立的存在,因为他在较量中表明,这个存在对他来说仅仅是一个否定性事物。由于主人有能力去支配一个独立的存在,而这个存在又有能力去支配奴隶,所以主人是通过这个连锁关系统治着奴隶。同样,主人也是**通过奴隶间接地**与**物**发生关联。奴隶是一般意义上的自我意识,他同样也是以否定的方式与物相关联,将物扬弃。但物同时也是独立于奴隶的,所以奴隶在他的否定活动中不可能一劳永逸地将物消灭掉,换言之,他仅仅对物进行**加工改造**。另一方面,通过这个中介活动,主人与物之间的关联**转变为**一个**直接的**关联,转变为对于物的纯粹否定,换言之,这个直接的关联是一种**享受**。主人做到了欲望没能做到的事情,即以享受为目的,在享受中得到满足,而欲望之所以做不到这一点,是由于物的独立性。但是主人是把奴隶放在他和物之间,这样一来,他仅仅与物的非独立性联系在一起,尽情地享受着物。至于独立性这一方面,主人则是把它让渡给对物进行加工改造的奴隶。

在以上两个环节里,主人都认识到自己得到了另一个意识亦即奴隶的承认。也就是说,奴隶把自己设定为一个无关本质的东西,一方面必须对物进行加工改造,另一方面又不得不依赖于一个特定的实存。在这两种情况下,奴隶都不能成为存在的主宰,不能达到一种绝对的否定。在这里,"承认"这一环节已经昭然若揭,也就是说,另一个意识亦即奴隶作为 [152] 一个自为存在将自己扬弃,因此他对自己所做的事情正是主人对他所做的事情。同样,在另一个环节那里,奴隶的行动就是主人自己的行动,因为奴隶所做的事情真正说来是主人的一个行动。主人只认可自为存在,把它当作本质。主人是一个纯粹的否定势力,把物看作虚无,就此而言,他在这个关系里是一个纯粹的、事关本质的行动,反之奴隶却是一个既不纯粹、同时又无关本质的行动。真正的承认还缺乏一个环节,也就是说,主人对奴隶所做的事情也应该是主人对自己所做的事情,而奴隶对自己所做的事情也应该是他对主人所做的事情。这就导致出现了一种单方面的和不一致的承认。

在这里,一个无关本质的意识成为主人的对象,并构成了主人的自身确定性的**真理**。然而很显然,这个对象与它的概念并不契合,也就是说,主人在实现自身的过程中所面对的恰恰不是一个独立的意识,而是一个不独立的意识。因此主人不能确信**自为存在**是一个真理,毋宁说他的真理是一个无关本质的意识,是这个意识的一种无关本质的行动。

在这种情况下,独立的意识的**真理**是**奴隶意识**。刚开始的时候,奴隶意识是**外在于**自身的,并没有显现为自我意识的真理。但正如我们看到的,主人的本质颠转了他的意愿,同样,奴隶在实现自身的时候也将会转变为他的直接存在的反面。奴隶将会作为一个**被驱赶回自身**的意识进入到自身内,并使自己转而成为一种真实的独立性。

之前我们看到的仅仅是那处于主人统治之下的奴隶。但奴隶已经转变为一个自我意识,而我们现在要来考察,它在此之后是怎样一种自在且自为的存在。刚开始的时候,奴隶把主人当作本质,把一个**独立的、自为存在着的意识**看作**真理**,尽管这个真理仅仅是他的**对象**,还没有出现在**他自己那里**。然而,通过**一个针对自己而作出的行为**,奴隶获得了纯粹否定性和**自为存在**的真理,因为他已经在自己那里**经验**到这个本质。也就是说,奴隶不是为着这个或那个东西,也不是在这个或那个瞬间,感到担忧,而是为着他的整个本质感到担忧。他感受到了一种畏惧,即对于死亡这个绝对主宰的畏惧。奴隶于是在内心里已经瓦解了,在自身内已经彻底动摇了,一切稳固的东西都已经被颠覆。但是,这个纯粹而普遍的运动,一切持存事物的绝对流转,恰恰是自我意识的单纯本质,是一种绝对的否定性,因此它是奴隶**本身具有**的一种**纯粹的自为存在**。"纯粹的自为存在"这一环节是奴隶的**对象**,正如它在主人那里同样也是主人的**对象**。除此之外,奴隶并非仅仅是**一般意义上**的普遍的消解过程,而是通过履行职责来使消解过程得以**实现**。在这个过程中,奴隶历经一切**个别的**环节,扬弃了他对于自然实存的依赖性,并通过劳动消除了自然实存造成的阻碍。

然而,不管是在一般意义上的职责还是在个别的职责那里,对于绝对权力的感受都仅仅是一种**自在的**消解过程,虽说"敬畏主人是智慧的开端"①,但意识在这里仅仅是**为着自己**而存在(亦即把自己当作一个对

① 参阅《旧约·诗篇》(111, 10):"敬畏耶和华是智慧的开端,凡遵行他命令的是聪明人。"——译者注

[153]

象），还不是一个**自为存在**。通过劳动，意识返回到自身之内。主人的意识里有一个环节是与欲望相契合的，在这里，仆从意识与物之间看起来碰巧是一个无关本质的关联，因为物始终保持着自己的独立性。另一方面，欲望的目标是要完全否定对象，从而获得一种纯粹的自身感触。但正因如此，这个满足仅仅是一种转瞬即逝的东西，因为它缺乏一个**客观的**方面，也就是说，缺乏**持存**。反之，劳动是一种**被遏制的**欲望，是一种**被阻止的**飘逝，换言之，劳动**进行塑造**。恰恰对劳动者来说，对象具有独立性，正因如此，这种与对象之间的否定关联转变为对象的**形式**，转变为一个**持久不变的东西**。这个否定的中项，这种塑造活动，同时也是**个别性本身**，或者说是意识的纯粹的自为存在，因为意识如今已经通过劳动摆脱自身，进入到"持久不变"这一要素之中。这样一来，劳动意识就直观到那个独立的存在其实**是它自己**。 ［154］

　　塑造活动有一个肯定的意义，即仆从意识在这个过程中由一个纯粹的**自为存在**转变为一个**存在者**，不仅如此，塑造活动也有一个与前一环节相对立的否定意义，即畏惧。因为在对物进行塑造时，只有当仆从意识扬弃了那个与之对立的、存在着的**形式**，它才会把它自己固有的否定性、把它的自为存在看作是一个对象。但是这个客观的**否定性事物**恰恰是一个曾经使它胆战心惊的陌生本质。现在，仆从意识摧毁了这个陌生的否定性事物，把**它自己**放置到"持久不变"这一要素之中，并因此作为一个**自为存在者**成为**它自己的对象**。在主人那里，仆从意识仅仅把自为存在看作是**另一个自为存在**，看作是**一个对象**。在对于死亡的畏惧中，仆从意识**就其自身而言**获得了自为存在，而在对物进行塑造时，仆从意识认识到自为存在是**它自己固有的**自为存在，认识到它本身就是自在且自为的。由于形式被**设定在外**，所以它在仆从意识看来并不是一个他者。毋宁说形式恰恰是仆从意识的纯粹的自为存在，而自为存在对它而言已然是一个真理。仆从意识靠着自己重新发现了它自己，在这种情况下，尽管它曾经看起来仅仅是一个**不由自主的意向**，但现在恰恰通过劳动转变为一个**自主的意向**。——为了达到这种自身反映，"畏惧及一般意义上的职责"和

"塑造活动"这两个环节都是必要的,而且两个环节必须同时以普遍的方式出现。一方面,如果在职责和恭顺等方面缺乏训练,那么畏惧仍然是流于形式的,并没有覆盖实存的已经达到意识的现实性。同样,如果缺乏塑造活动,那么畏惧始终是一种囿于内心的、沉寂的东西,而意识也不会把它自己当作一个对象。另一方面,如果意识不具备最初的那种绝对的畏惧,就去进行塑造,那么它只不过是一个虚妄的自主意向而已。仆从意识的形式或否定性并不是一种**自在的**否定性,就此而言,它在进行塑造时并没有意识到自己是本质。如果仆从意识不曾经历过那种绝对的畏惧,而只是克服了一些担忧,那么它就会把那个否定的本质始终看作是一个外在的东西,没有完全掌握它的实体。由于它的自然意识的内容并不是全都处于动荡之中,所以**自在地看来**,它仍然隶属于一个特定的存在,而所谓的自主意向其实是一种**刚愎自用**,一种仍然局限在奴隶状态下的自由。在仆从意识看来,纯粹形式不可能转变为本质,同样,就纯粹形式被看作是一种覆盖着个别事物的东西而言,它也不是一个普遍的塑造活动,不是一个绝对的概念,而是一种技艺,这种技艺只能掌控少许事物,但却掌控不了那个普遍的势力,也掌控不了整个客观本质。

[155]

B.自我意识的自由;斯多亚主义、怀疑主义和哀怨意识

一方面,独立的自我意识把**自我**这一纯粹的抽象表述看作是本质,另一方面,由于这个纯粹的抽象表述处于塑造的过程中,并赋予自身以各种差别,所以它的这些活动在自我意识看来并不是一个客观的、**自在**存在着的本质。因此自我意识并没有转变为一个既是单纯的、同时又真正区分着自身的自我,或者说没有转变为一个既作出绝对的区分、同时又保持着自身一致的自我。与此同时,那个被驱赶回自身内的意识在进行塑造时是被塑造的物的形式,它以它自己为对象,同时又直观到主人的自为存在

是一个意识。对于仆从意识本身而言,如下两个环节——首先,**它自己**是一个独立的对象,其次,这个对象是一个意识,因此是它自己固有的本质——是分裂开的。但是,**对我们而言**或**自在地看来**,形式和**自为存在**是同一个东西,而且按照"独立的意识"这一概念来看,**自在**存在就是一个 [156] 意识,既然如此,**自在**存在或那种在劳动中获得形式的**物性**就不是某种不同于意识的实体,而自我意识的一个新的形态随之已经出现在我们面前。这个意识是一种无限性,或者说是意识的一个纯粹运动,它把它自己当作本质。它**思维着**,换言之,它是一个自由的自我意识。所谓**思维**,并不是指一个**抽象的自我**,而是指一个**自在**存在着,同时又以自己为对象的自我,换言之,按照它与客观本质之间的关系来看,它既是意识的对象,同时又是意识的**自为存在**。——对**思维**而言,对象并不是在表象或形态里面运动,而是在**概念**里面运动,而概念在这里是一种有差别的自在存在,同时又与意识没有任何差别。严格意义上的**表象**、**有形事物**、**存在者**等等,在形式上就是某种不同于意识的东西。然而概念同时也是一个**存在者**,概念与存在之间的这个差别,就它隶属于概念自身而言,是概念的一个特定的内容,但由于这个内容同时又是一个在概念上得到把握的内容,所以思维始终都是**直接地**意识到它与这个特定的、有差别的存在者的统一。在表象那里,思维还得特别提醒自己,这是**它的**表象,而现在,我直接就认识到概念是**我的**概念。在进行思维时,**我是自由的**,因为我并不是依赖于一个他者,而是完全停留在我自身内,而对象,作为我的本质,其实是我的自为存在,它和我形成了一个不可分割的统一体。我在概念里面运动,其实就是在我自身内运动。——按照自我意识的这个形态的规定,我们必须坚持这样一个关键,即这个形态是**一般意义上的思维着的**意识,换言之,它的对象是**自在存在**和**自为存在**的**直接统一体**。那个既与自身一致,同时又排斥自身的意识,发现自己转变为一个**自在存在着的要素**,而这意味着,这个意识只能是一般意义上的普遍本质,而不是一个本身包含着复 [157] 杂多样的存在、并且处于发展和运动过程中的客观本质。

众所周知,自我意识的这种自由已经作为一个自觉的现象出现在精神史之中,这就是**斯多亚主义**。按照斯多亚主义的原则,意识是一个思维着的本质,而且,只有当意识表现为一个思维着的本质,它的对象才具有本质性,才是真的和善的。

生命之多种多样的、内在分化着的广袤领域,还有生命的个别情形和复杂状况等等,都是欲望和劳动在行动中所指向的对象。如今这种多种多样的行动已经凝缩为一个单纯的区分活动,后者又依赖于一个纯粹的思维运动。以往的差别,是**一个特定的物**与**一个以特定的、自然的实存为对象的意识**之间的差别,是情感或**欲望**与**欲望的目的**之间的差别,不管它是通过**自己的意识**还是通过**一个陌生的意识**被设定下来的。如今,只有**思想中的**差别,亦即一个直接与我毫无差别的差别,才具有更多的本质性。就此而言,这个意识是以一种否定的态度来对待主奴关系。它所采取的做法就是,一方面,既不让主人在奴隶那里获得自己的真理,也不让奴隶在主人的意志以及他的职责那里获得自己的真理,另一方面,无论是在王座上还是在枷锁中,都同样要摆脱它的个别实存的一切依赖性,只留下一种死气沉沉的宁静,一种不断逃离实存的运动,既逃离主动也逃离被动,最终**退缩为一种单纯的思想本质性**。通常所谓的刚愎自用是这样一种自由,它执着于个别性,仍然**局限在**奴隶状态下。但斯多亚主义却是另外一种自由,它从一开始就直接摆脱了奴隶状态,退缩到思想的**纯粹普遍性**里面。斯多亚主义作为世界精神的一个普遍形式,它的出现只能依赖于这样的时代条件,即一方面是普遍的畏惧和普遍的奴隶状态,另一方面是普遍的教化,因为只有这样一个时代才会把教化提升为思维。

[158]

诚然,在斯多亚主义的自我意识看来,本质既不是另一个自我意识,也不是一个纯粹而抽象的自我,而是那个本身就包含着一个他者(亦即一个思想中的差别)的自我。在这种情况下,自我意识在它的他者那里就直接返回到自身之内,因此它的本质仅仅是一个**抽象的本质**。自我意识的自由**以漠不相关的态度**对待自然的实存,因此它**同样赋予后者以自由,反映**于是成为一个**双重的**反映。思想中的自由仅仅把**纯粹的思想**当作自己的真理,但由于这种自由没有得到生命的充实,所以它仅仅是自由的一个概念,不是活生生的自由本身。在它看来,只有一般意义上的**思维**才是本质,才是真正意义上的形式,也就是说,只有一般意义上的思维才摆脱了物的独立性,退回到自身之内。但是,由于个体性本应在行动中把自身呈现为一个活生生的东西,换言之,由于个体性本应在思维中把活生生的世界理解为一个思想体系,所以**思想本身**必须不但包含着对于行动领域来说为善的**内容**,而且包含着对于思维领域来说为真的**内容**。就此而言,在**意识的对象**那里,唯一的成分只能是概念,而概念就是本质。不过,既然概念在这里作为一个**抽象表述**已经与事物的多样性无关,那么它的**内容**就不是意识**自己固有的**,而是**被给予的**。当意识思维着内容,它就把内容作为一个陌生的**存在**消灭了。然而概念是一个**特定的概念**,这个**规定性**是概念本身固有的一个陌生事物。因此,当人们询问斯多亚主义,一般意义上的真理的"**标准**"——姑且按这个说法——是什么,斯多亚主义就会陷入窘境,因为人们其实是在追问**思想本身的内容**。人们问:"**什么是善和真?**"而斯多亚主义给出的答案是:"真和善应该立足于合理性。"这仍然是一种**空无内容的**思维。思维的这种自身一致性始终只是一个纯粹的形式,在其中没有任何东西得到规定。斯多亚主义必定停留 [159] 在"真"、"善"、"智慧"、"德行"之类空泛的字眼那里,这些字眼一般说来确实带有崇高的意味,但因为它们实际上不能拓展任何内容,所以很快就让人觉得无聊透顶。

因此,当这个思维着的意识把自己规定为一种抽象的自由,那么它仅仅是以一种不完满的方式否定了他者。它脱离实存,完全**退缩回自身**之内,没有成为一种对于实存的绝对否定。诚然,它所认可的内容仅仅是思想,但思想在这里既是一个**特定的**思想,同时也是严格意义上的规定性。

斯多亚主义仅仅表达出了独立意识的概念,而**怀疑主义**则是独立意识的实现,因为它已经现实地经验到什么是思想自由。**自在地看来**,思想自由是一种否定的东西,而且必须以这种方式呈现出来。在折返回自身

129

之后,自我意识进入到一些单纯的自身思想里面,在这种情况下,那与思想自由相对立的东西,实际上已经不再是无限性,而是一个独立的实存,或者说一个持久不变的规定性。在怀疑主义那里,**意识认为**,他者是完全无关本质的,根本不独立的。思想转变为一种整齐划一的思维,目标是消灭这个**包含着众多规定性的**世界,而自由的自我意识的否定性在生命的那些复杂的形态分化里面发现自己已经转变为一种实在的否定性。——正如我们看到的,就**独立**意识显现为主人和奴隶的关系而言,独立意识的这个**概念**对应于斯多亚主义,与此同时,就独立意识显现为欲望和劳动,以否定的方式对待他者而言,独立意识的这种**实现**对应于怀疑主义。过去,欲望和劳动都没能帮助自我意识去实施否定,但现在不同了,自我意识对于事物之复杂多样的独立性的敌对态度将会取得成功,因为它在这样做的时候,本身已经是一个内在完满的、自由的自我意识。更确切地说,因为它本身就包含着**思维**或无限性,而各种独立事物就其差别而言仅仅被看作是一些转瞬即逝的分量。在一种纯粹的自身思维里,差别仅仅是众多差别的一个抽象表述,它们在这里转变为**全部**差别,而全部有差别的存在则转变为自我意识的一个差别。

[160]

通过上述情况,一般意义上的**怀疑主义的做法**及其**方式**已经得到规定。怀疑主义指明了一个从感性确定性到知觉再到知性的**辩证运动**,并且指明,那些处于主奴关系里面的东西,以及那些在抽象思维看来**特定的**东西,都是无关本质的。主奴关系在自身内包含着一个**特定的方式**,使道德律同时也表现为主人的诫命。但抽象思维里的规定却是一些科学概念,它们来自于一种空无内容的思维,后者用一种纯属外在的方式把概念和那些构成其内容的独立存在联系在一起,仅仅认可一些**特定的**概念,哪怕它们同样也是一些纯粹的抽象表述。

辩证法是一个否定运动,就这个运动直接**存在着**而言,它从一开始就对意识显现为意识必须为之作出牺牲,而且还不依赖于意识的某种东西。另一方面,这个否定运动就是**怀疑主义**,作为自我意识的一个环节,它**绝不会**在不知其所以然的情况下看到它的真实对象消失在眼前,毋宁说,由于它确信自己是自由的,所以才会让那个标榜自己为实在的他者自行消失。在这里消失的,既有严格意义上的客观事物,也有它与客观事物之间的固有关系(客观事物只有在这个关系里才被认作是客观的),既有它的**知觉活动**,以及它对于那些险些丢失的东西的**坚守**,也有**诡辩**,以及它**自行作出规定并确定下来的真相**。通过这样一个自觉的否定,怀疑主义的[161]
自我意识把它**对于自由的确定性**当作**它自己的对象**,去经验这个确定性,从而将其提升为一个**真理**。那些已经消失的东西,是特定事物或差别,而差别——且不管它以何方式、从何而来——则呈现为一种固定的和不变的差别。差别本身不包含着任何持久不变的东西,而且**必须**在思维面前消失,因为任何有差别的东西都恰恰不是一个**自在存在**,而是只有通过一个他者才能获得自己的本质性。思维洞察了有差别的东西的这个本性,所以它是一种单纯的否定本质。

按照怀疑主义的自我意识的经验,一切企图在它面前保持岿然不动的东西都是变动不居的,而它自己的自由则是它自己争取到并保留下来的。它发现自己是一种以自身为思维对象的"不动心",①一种持久不变的、真实的**自身确定性**。这种确定性既不是来自于一个已经得到充分发展的陌生事物,也不是一个孤零零的结果,仿佛已经将它的转变过程抛在身后。毋宁说,意识本身就是一个**绝对的辩证悸动**,是感性表象和思想表象的一个混合体,这些表象之间的差别和**一致性**已经混为一谈,因为一致性本身就是与**不一致**相对立的一个**规定性**。正因如此,怀疑主义实际上并不是一个自身一致的意识,而是一种完全偶然的紊乱,一种不断制造出混乱的晕眩状态。**怀疑主义发现自己本来就是这样一个东西。**它本身就包含着一种不受它控制的紊乱,并将其产生出来。怀疑主义也承认自己是一个完全**偶然的、个别的**意识——也就是说,它走的是**经验主义路线**,追随那些不具有实在性的东西,服从那些无关本质的东西,做着那些不具

---

① "不动心"(Ataraxie)是古代斯多亚主义和怀疑主义(皮浪、塞克都斯·恩皮里克)共同追求的生活目标,尽管其途径不同,即斯多亚主义强调对于不可扭转的命运的认识,而怀疑主义采取的办法则是"悬搁"判断。——译者注

备真理的事情。同样,如果说它在这个方式下表现为一个**个别的、偶然的、实际上兽性的**生命,表现为一个**迷失的**自我意识,那么它反过来又重新转变为一个**普遍的、自身一致的**东西,因为它是一种否定性,要取消全部个别性和全部差别。从这个自身一致性出发,或更确切地说,借助于这个自身一致性,意识重新堕入到那种偶然性和紊乱当中,因为这个不受其控制的否定性恰恰只是针对个别事物,只是周旋在偶然事物中间。正因如此,怀疑主义是一种无意识的躁狂,来回奔走在两个极端之间:一头是自身一致的自我意识,另一头是偶然的、紊乱的、造成紊乱的意识。这两个极端都是怀疑主义关于它自己的思想,而它并没有把它们结合在一起。它**有时**认识到它的自由超越了实存的全部紊乱和全部偶然性,**有时**又承认自己堕落为一种**无关本质的东西**,承认自己的所作所为都是无关本质的。它让无关本质的内容消失在它的思维中,但恰恰在这样做的时候,无关本质的东西成为它的意识的对象。它宣称,"消失"是绝对的,但这个宣称还**存在着**,所以怀疑主义只不过是一种口头表达出来的消失。它宣称,看、听等都是虚幻的,但它**自己**却**在看、在听**;它宣称道德律是虚幻的,但却让这些道德律支配着它的行为。它的行动和它的言语始终是自相矛盾的,而它本身同样是一个双重的、自相矛盾的意识,也就是说,它既是持久不变的、自身一致的,同时也是完全偶然的、自身不一致的。怀疑主义把这个自相矛盾分割成两个不同方面,这种做法和它在一般意义上的纯粹的否定运动中的做法是一样的。当人们指出**一致性**,它就指出**不一致**,而当人们把它刚才所说的**不一致**放在它面前,它又转而指出**一致性**。它的狡辩实际上无异于某些刚愎自用的年轻人相互之间的抬杠:只要对方说 A,他就说 B,而只要对方说 B,他就说 A。他们通过**自相**矛盾来获得**相互**矛盾的乐趣。

意识在怀疑主义那里真正经验到自己是一个自相矛盾的意识。从这个经验中产生出一个**新的形态**,把怀疑主义已经分割开的那两个思想结合在一起。怀疑主义缺乏自知之明,这个局面必须被制止,因为它实际上是**一个**意识,但却有两个表现方式。现在,这个新的形态是一个**自为**存在

[162]

[163]

着的、双重的自我意识，也就是说，它既知道自己是一个自我解放的、持久
不变的、自身一致的意识，也知道自己是一个完全紊乱的和颠倒的意识，
同时还意识到了这样一种自相矛盾。在斯多亚主义那里，自我意识是一
种单纯的自身自由，这种自由在怀疑主义那里得以实现，它消灭了特定的
实存这一对立方面，但**自己**却又发生双重化，成为一种双重的东西。在这
种情况下，过去曾经分裂为两个个别存在（主人和奴隶）的双重化重新合
并为一个单一体。自我意识的内在的双重化已经是一个既定事实（这个
现象在精神的概念里是至关重要的），但还没有达到内在的统一，而这就
是**哀怨意识**，即意识到自己是一个双重化的、完全自相矛盾的本质。

正因为意识的这种本质上的自相矛盾认识到自己是**一个**意识，所以
内在分裂的哀怨意识必然同时意识到自己的两个不同方面，当它自以为
已经胜利达到统一的宁静时，立即就被重新驱赶回分裂和紊乱之中。尽
管如此，哀怨意识的真正的自身回归或自身和解却会呈现出那个已经获
得生命并进入到实存之中的**精神**的概念，原因在于，哀怨意识在本质上既
是**一个**完整的不可分割的意识，同时也是一个双重化的意识。也就是说， [164]
它**存在着**，表现为一个自我意识对另一个自我意识的观审，它同时作为这
两个自我意识**存在着**，而且二者的统一也是它的本质。但是，**就它自己而
言**，它还不知道自己就是这个本质，还不知道自己就是二者的统一。

由于哀怨意识一开始仅仅是两种意识的**直接统一**，但二者对它来说
并不是同一个东西，而是处于相互对立的关系中，所以它把其中一方（单
纯的、持久不变的意识）当作**本质**，把另一方（在各个方面都不断变化着
的意识）当作**无关本质的东西**。作为哀怨意识的**对象**，那两种意识相互
之间也是完全陌生的。又因为哀怨意识认识到了这个矛盾，所以它把自
己放在不断变化着的意识一方，认为自己是一种无关本质的东西，但由于
它同时也认识到了那个持久不变的、单纯的本质，所以它必须努力使自己
不再是一种无关本质的东西。**它以它自己为对象**，仅仅是一个不断变化
着的意识，对持久不变的意识感到陌生，尽管如此，**它本身**同时也是一个

单纯的、因而持久不变的意识,而且知道这就是**它的**本质,只不过**它本身**作为它自己的对象时并不是显现为这样一个本质。正因如此,哀怨意识不可能让两种意识彼此之间漠不相关,而这意味着,它自己与那个持久不变的意识之间是不可能漠不相关的。实际上,哀怨意识本身直接就是两种意识,在它看来,**二者的关联**是本质与非本质之间的关联,因此非本质必须遭到扬弃。但是,由于它认为两种意识同样都是事关本质的和自相矛盾的,所以它只能表现为一个自相矛盾的运动,在这个运动中,对立双方不是在对方那里得到安宁,而是在对方那里重新制造出自己的对立面。

[165]　　就此而言,当意识与敌人进行抗争时,胜利反而意味着失败,这边赢得一个东西,就意味着那边失去这个东西。意识以生命,以它的实存和行动为对象,它为实存和行动感到痛苦,因为它在这里不得不认识到它的对立面才是本质,而它自己却是一种虚妄的东西。意识希望超脱这种局面,投奔持久不变者。然而意识本身就已经达到了超脱。所谓超脱,就是直接意识到相反的东西,也就是说,意识到自己是个别性。正因如此,那个出现在意识里的持久不变者同时也是与个别性联系在一起,只能作为个别事物存在于当前。在那个以持久不变者为对象的意识里面,个别性不但没有被消除,反而不断地从中产生出来。

　　但意识在这个运动里获得的经验恰恰是:**个别性伴随着持久不变者出现,持久不变者也伴随着个别性出现。在意识看来**,持久不变的本质包含着**一般意义上的个别性**,与此同时,意识本身也包含着**它自己的**个别性。这个运动的真理恰恰在于,双重化的意识作为一个**单一体存在着**。但在意识看来,**当统一体最初出现时**,两种意识的**差异性**还占据着主导地位。这样一来,个别性与持久不变者之间就有如下三种结合方式:**第一**,意识与持久不变的本质重新形成对立,它被抛回到斗争的开端,整个关系始终以斗争为基本要素;**第二,持久不变者**在意识看来**本身**就包含着个别性,而在这种情况下,个别性就是持久不变者的一个形态,而且各种各样的实存方式全都会采纳这个形态;**第三,意识发现它自己**就是持久不变者之内的一个个别事物。在**第一种结合方式**里,持久不变者对意识来说仅仅是一个**陌生的**、贬斥个别性的本质。由于在**第二种结合方式**里,持久不变者和意识同样都具有**个别性形态**,所以在**第三种结合方式**里,意识转变为精神,它乐于在这整个过程中发现它自己,并意识到它的个别性与普遍者达成了和解。

持久不变者在这里呈现出来的形态和关系,就是分裂的自我意识在其自怨自艾中得到的**经验**。这个经验并不是**它的单方面的**运动,因为它 ［166］本身是一个持久不变的意识,与此同时,持久不变的意识也是一个个别的意识,所以这个运动同样也就是持久不变的意识的一个运动,其中既有持久不变的意识,也有个别的意识。这个运动包含着如下一些环节:首先,持久不变的意识与一般意义上的个别意识形成对立,然后,个别意识与其他个别意识形成对立,最终,全部个别意识合为一体。但是,这个考察,作为我们这些旁观的哲学家所进行的考察,在这里相对于实际情况而言是有所延迟的,因为到目前为止,我们看到的持久不变仅仅是意识的持久不变,因此还不是一种真正的持久不变,而是仍然受到一个对立面的牵制,也就是说,那个**自在且自为的**持久不变者还没有出现在我们眼前,所以我们不知道这样一个东西将会有什么表现。目前得出的结果仅仅是:意识,作为我们的对象,认识到了持久不变者的那些已经被揭示出来的规定。

基于这个理由,当持久不变的**意识**发生形态分化的时候,它本身就保留着与个别意识相对立的"分裂存在"和"自为存在"之类特性和基础。正因如此,个别意识总是会发现这样一种**情况**,即持久不变者获得了个别性形态。同样,意识仅仅**发现**它自己与持久不变者形成对立,因此**在本性**上就具有这个关系。至于意识最终在持久不变者之内**发现它自己**并且与持久不变者形成统一,在它看来,这件事尽管在某种程度上是通过它自己而促成的(因为它本身是一个个别事物),但主要还是归功于持久不变者,不管这个统一是后来产生出来的,还是原本就存在着的。也就是说,这个统一始终包含着一个对立。事实上,通过持久不变者的**形态分化**,彼岸世界这一环节不仅保留下来,甚至得到了巩固。因为,尽管彼岸世界在形态上显现为一个个别的现实事物,似乎距离意识更近了,但另一方面,彼岸世界如今披上了**现实事物**的整个坚实外衣,作为一个不可透视的、感性的**单一体**,仍然与意识相互对立。意识希望与彼岸合为一体,但这终究

[167] 只是一个希望,也就是说,必然得不到满足和实现。那横亘在希望及其满足中间的,恰恰是一种绝对的偶然性,或者说一种岿然不动的漠不相关,它是由意识的形态分化造成的,而恰恰是形态分化才营造出那种得不到满足和实现的希望。由于**存在着的单一体**的本性,由于这个单一体所编织出的那种现实性,必然会出现如下的情况,即彼岸世界消失在时间和空间里面的幽远之处,停留在绝对的远方。

分裂意识的单纯概念从一开始就具有这样一个规定性,也就是说,分裂意识必须把自己作为一个个别意识而加以扬弃,随之转变为一个持久不变的意识,既然如此,那么分裂意识的努力就承担着这样一个任务,即断绝与那个纯粹的、**无形的**持久不变者的关系,仅仅与一个**有形的持久不变者**(亦即上帝)相关联。从现在起,个别事物与持久不变者结合而成的**单一体**是意识的**本质**和**对象**,正如过去在概念里,只有那个无形的、抽象的持久不变者才称得上是一个事关本质的对象。在目前的情况下,概念的这种绝对分裂关系是意识必须要摆脱的。在意识和有形的持久不变者之间,刚开始是一种外在的关联,也就是说,意识起初是把持久不变者看作是一个陌生的现实事物。然而意识现在必须把这个关联提升为一个绝对的合而为一的过程。

无关本质的意识努力想要与持久不变者合而为一,这样一个运动,按照意识与有形的彼岸世界之间的三种关系,也分为如下**三个方面**:第一,它是一个**纯粹意识**;第二,它作为一个**个别的本质**,表现为欲望和劳动,与**现实性**相对立;第三,**它意识到了自己的自为存在**。——现在我们要看看,意识的这三种存在方式在那个普遍的关系里是怎样的情形。

我们首先观察的是**纯粹意识**。由于它以一个有形的持久不变者亦即上帝为对象,所以上帝看起来已经被设定为他自在且自为的样子。然而

[168] 正如我们已经提到的,上帝自在且自为的样子还没有产生出来。上帝在意识里就是他自在且自为的样子——有资格作出这个断言的只能是上

帝,而不能是意识。上帝的当前存在仅仅是意识单方面提出来的,因此既不完满也不真实,而是始终受累于一个不完满的局面,受累于一种对立关系。

但是,尽管哀怨意识没有掌握上帝的当前存在,但它毕竟超越了斯多亚主义的那种纯粹的、抽象的思维(亦即**无视**任何**个别性**),同时也超越了怀疑主义的那种始终**躁动不安**的思维(亦即个别人等的无意识的矛盾,以及这个矛盾的孜孜不倦的运动)。哀怨意识超越了斯多亚主义和怀疑主义,它把纯粹思维与个别性结合起来,但它自己还没有达到那样一种境界,可以**认识到**意识的个别性与纯粹思维本身达成了和解。其实哀怨意识就是一个中项,把抽象思维与个别意识的个别性联系在一起。它本身就作为这样一个联系**存在着**,作为纯粹思维与个别性的统一。**它知道**,它是一个思维着的个别性,是纯粹思维,而持久不变者在本质上也是一个个别性。但是哀怨意识**不知道**,它的对象,亦即那个在本质上就具有个别性形态的持久不变者,就是**它自己**。它也**不知道**,它自己就是意识的个别性。

就此而言,当我们把哀怨意识作为一个**纯粹意识**而加以观察时,可以发现,它并没有以思维的方式来**对待它的对象**。诚然,**自在地看来**,它是一个纯粹的、思维着的个别性,而且恰恰以纯粹思维为对象,但由于意识与对象之间的**相互关联**本身并不是一个**纯粹思维**,所以它在思维的事情上完全是**一带而过**,充其量只是一种**默祷**。哀怨意识的"思维"始终是一种捉摸不定的钟声沉吟,或者说是一种暖洋洋的烟雾缭绕,这种音乐式的"思维"与概念不沾边,但惟有概念才是一种内在的客观存在方式。诚然,这种无限的、纯粹的、内部的感触也有自己的对象,但由于它的对象并没有经过概念把握,所以就显现为一个陌生事物。这就出现了**纯粹心灵**的一个内在运动,这心灵为自己的分裂状态**感到**痛苦。它的运动是一种无限的**渴慕**,它确信它的本质是纯粹心灵或纯粹思维,而纯粹思维又**思维着**自己的**个别性**。它也确信,正因为它的对象思维着自己的个别性,所以它才被这个对象认识到,并得到其承认。但与此同时,这个对象或本质又

［169］

是一个遥不可及的**彼岸世界**,当人们想抓住它,它就逃逸,或更确切地说早已经逃之夭夭。彼岸世界早已逃之夭夭。它是一个思维着自己的个别性的持久不变者,所以意识在它那里直接成为自我意识,但却是一个**与持久不变者相对立**的自我意识。意识没能把握到本质,它仅仅是有所**感触**,而且已经堕回到自身之内。由于意识在成为自我意识时没能排除对立面,因此它所把握到的不是本质,而仅仅是一种无关本质的东西。一方面,当意识致力于**在本质之内**成为**自我意识**,却仅仅把握到它自己的分裂的现实性,所以在另一方面,它也不可能把对方作为一个**个别事物**或**现实事物**而加以把握。无论它在哪里寻找本质,都将毫无所获,因为本质恰恰应该是一个不可能被找到的**彼岸世界**。意识所寻找的个别本质不是一种**普遍的**、思想中的**个别性**,不是**概念**,而是**个别的**对象或**某一个现实事物**——这就是直接的感性确定性的对象,因此仅仅是一个已经消失的东西。所以,意识认为惟有它的生命的**坟墓**才有可能成为一种当前存在。但因为坟墓本身也是一个**现实事物**,而现实事物在本性上就注定了不能持久地占有什么东西,所以坟墓这种所谓的"当前存在"也只能是一个必定会失败的抗争。意识在经验中得知:首先,它的**现实的**、持久不变的本质的**坟墓不具有现实性**;其次,**已经消失的个别性已经消失**,而且不再是真正的个别性。在这种情况下,意识就会放弃从前的做法,不再去寻求一种现实的持久不变的个别性,也不再去坚持一种已经消失的持久不变的个别性。惟其如此,意识才能够找到真正的亦即普遍的个别性。

[170]

刚开始的时候,**心灵的自身回归**必然意味着,它知道自己是一个**现实的个别事物**。**对我们而言**或**自在地看来**,**纯粹心灵**已经找到了它自己,并且在自身内得到满足。**它知道**,本质在它的感触里已经与它脱离,尽管如此,自在地看来,它的感触仍然是一种**自身感触**,它感触到了它的纯粹感触的对象,而这个对象就是它自己。于是它脱颖而出,表现为一种自身感触或一个自为存在着的现实事物。在心灵的自身回归中,我们已经看到了它的**第二种关系**,亦即欲望和劳动之间的关系:通过扬弃和享受陌生的本质(亦即那种在形式上表现为独立的物的东西),从而证明了意识的内在的自身确定性。哀怨意识只**知道**它自己**有欲望**、**在劳动**,却不知道这个状况是以一种内在的自身确定性为基础的,也不知道它对于本质的感触是一种自身感触。由于哀怨意识不是作为一个**自为存在**而具有自身确定性,所以它的内核始终是一种支离破碎的自身确定性。相应地,它通过劳动和享受而得到的证明同样也是一种**支离破碎的**证明。换言之,它必定会亲自消灭这个证明,因为它在这个过程中发现,真正暴露出来的事实是,它是一个分裂的东西。

在哀怨意识看来,欲望和劳动所针对的现实性不再是一个**自在的虚无**,不再是一种它必须扬弃和吞噬的东西,而是一种本身就已经**分裂的和支离破碎的现实性**,这种现实性一方面本身就是虚无缥缈的,但另一方面 [171] 也是一个被奉若神明的**世界**。这个双重世界是持久不变者的一个形态,因为持久不变者本身就已经包含着个别性,又因为它是一个普遍的持久不变者,所以它的一般意义上的个别性意味着全部现实性。

假若意识是一个自为存在着的独立意识,并且认为现实性是一种自在且自为的虚无,那么它就会在劳动和享受中感触到它自己的独立性,因为是它亲自扬弃了现实性。但是意识知道现实性是持久不变者的一个形态,所以它没法依靠自己而将其扬弃。诚然,意识消灭了现实性,并得到享受,但从根本上看来,它之所以能够做到这一点,其实是因为持久不变者自己**舍弃**了自己的形态,**拱手相让**给意识,供意识享受。——在这个过程中,意识既表现为一个现实事物,**同时**也表现为一个内在破裂的东西,而这种分裂状态就出现在意识的劳动和享受中。也就是说,一方面看来,意识必须**对付现实性**,或者说它是一个**自为存在**;另一方面看来,意识又是一个**自在存在**。意识对付现实性的办法就是**改造**或**行动**,因为自为存在隶属于严格意义上的**个别**意识。但是意识同时也是一个**自在存在**,而这个规定原本隶属于持久不变的彼岸世界。意识掌握的各种技能和能力是由持久不变者提供的,是一些外来的恩赐。

就此而言,早在意识最初采取行动的时候,就已经陷入到两端的对立关系当中。它是主动的此岸世界这一方,对方则是一种被动的现实性,双方相互关联,在坚持自己的立场的同时都已经返回到持久不变者之内。它们只不过是制造出一个相互对立的表面现象,而这个表面现象又转变为一个交织不停的相对运动。也就是说,现实性这一端被主动的那一端扬弃,而现实性之所以会被对方扬弃,只因为它自己的持久不变的本质已经将它扬弃,自己排斥自己,并且把排斥出去的东西拱手相让给对方。当现实性自行瓦解时,主动方的能力显现为**势力本身**。但由于意识把**自在体**或本质看作是一个他者,所以,尽管它在采取行动时本身就是一种势力,但却认为这种势力是它的彼岸世界。也就是说,意识并没有从它的行动出发返回到自身内,自己证明自己,反而把这个运动折射到对方那里,而对方因此呈现为一个纯粹的普遍者,呈现为一种绝对的势力——这是全部放射运动的出发点,既是最初出现的分裂两端的本质,也是整个更替过程的本质。

[172]

一方面,持久不变的意识**舍弃**了自己的形态,将其**拱手相让**,另一方面,个别的意识对此表示**感恩**,而这意味着,意识在得到满足的同时**放弃**了它的**独立性**,并把它的行动的本质转交给彼岸世界。通过双方**礼尚往来的自身放弃**这两个环节,意识认识到了**它**与持久不变者的统一。然而这个统一同时又包含着分裂,在自身内再度断裂了,由此重新产生出普遍者与个别事物的对立。意识的自身感触虽然放弃了**表面上的**满足,但实际上却获得了**现实的**满足,因为**它已经**作为欲望、劳动和满足**存在着**,或者说**它**是一个已经**欲求过**、**行动过**、**享受过**的意识。意识在**感恩**的时候承认对方是本质,并将自己扬弃,但这终究是**它自己**的一个行动,这个行动抵消了对方的行动,并以一个**相同的**行动来回报对方作出的自我牺牲这一善举。即使持久不变者仅仅是把它的**表面现象**拱手相让给意识,意识**仍然**对此表示感恩,而且,由于意识所放弃的是它的行动亦即它的**本质**,所以它比对方作出了更大的牺牲,因为对方舍弃的不过是一个表面现象。整个运动不仅反映在现实的欲求、劳动和享受里,甚至在感恩里也有所反映,仿佛这并不是持久不变者的运动,反而是**个别性这一端**的运动。在这个过程中,意识感到自己是一个个别事物,它并没有蒙蔽于自己表面上作

[173]

出的放弃,因为放弃的真理就在于它并没有放弃自己。于是出现了一种分别返回到对立两端那里的双重反映,而结果则是一个重复发生的分裂,也就是说,既存在着一个与**持久不变者**相对立的意识,也存在着一个以**对方的**意愿、行动、享受及自身放弃为对象的意识,亦即一个以一般意义上的**自为存在着的个别性**为对象的意识。

　　这就出现了哀怨意识的运动的**第三种关系**。在第二种关系里面,哀怨意识已经通过意愿和行动证明自己确实是一个独立的意识。在第一种关系里面,它仅仅是现实意识的**概念**,或者说仅仅是一种**内在心灵**,而这个东西在行动和享受中还没有成为现实。**第二种关系**,作为一种外在的行动和享受,是意识的一个实现。但从外在的行动和享受那里返回到自身之后,它**经验到**自己是一个现实的和主动的意识,换言之,它认识到,**自在且自为的存在**是一个**真理**。但在这个过程中,又出现了一个在形态上最为特别的敌人。当心灵进行抗争时,个别意识仅仅是一个音乐式的、抽象的环节。而在劳动和享受里,当个别意识使一个无本质的存在成为现实时,它能够直接忘记**自己**,而它在这个现实事物中的自觉的**自主性**则被压抑下去了,转而感恩并承认持久不变者。但是这种压抑其实是意识的一个自身回归,也就是说,意识认识到这才是真实的现实性。

　　第三种关系是这样一种**关联**:一端是意识所认识到的真实的现实性,但相对于另一端的普遍本质而言,它其实是一种虚无缥缈的东西。这个关联的运动是我们接下来将要考察的。

　　首先,在意识的对立关联里,意识发现它的**实在性直接是一种虚无缥**[174]**缈的东西**,而在这种情况下,它的现实行动转变为一种无的放矢的行动,它的享受也转变为一种自怨自艾的感触。相应地,行动和享受也失去了**全部普遍内容和普遍意义**,因为它们都获得了一个自在且自为的存在,对立双方都退回到个别性之内,尽管意识的目标恰恰是要扬弃个别性。通过一些动物性的官能,意识认识到自己是**这一个现实的个别事物**。我们不能想当然地把这些动物性官能看作是一种自在且自为的虚无,或一种对精神而言无足轻重的东西,毋宁说,它们是一种值得严肃对待的对象,是最重要的东西,因为敌人在它们那里才表现出它的独特形态。这个敌人是在遭受失败的时候才把自己制造出来的,而意识在锁定了敌人之后,不但没有摆脱敌人,反而总是和对方纠缠在一起,总是看到自己被玷污。至于意识的各种努力的内容,与其说是事关本质的,不如说是最为低级无聊的,与其说是普遍者,不如说是最个别的东西。在这种情况下,我们看到的仅仅是一个哀怨不止而又枯燥贫乏的人格性,它孤芳自赏,囿于自己的渺小行动,整天絮絮叨叨。

意识感受到了自己的哀怨,而它的行动又是贫乏无力的——这两种情况都与意识和持久不变者的统一有关。因为,意识试图直接了当地消灭它的现实存在,但这个做法又是**以一个关于持久不变者的思想为中介**,而且只有在这个**关联**中才会实现。**间接的**关联构成了否定运动的本质,意识在运动中反对它自己的个别性,但是**自在地看来**,这个关联同样也是一个肯定的**关联**,而且它将会把意识的**统一**呈现在意识面前。

就此而言,间接的关联是一个环环相扣的推论,通过这个推论,那种最初固定下来的、与**自在体**相对立的个别性,只有通过一个第三者才与另一端联系在一起。通过这个中项,各据一端的持久不变的意识和无关本质的意识才成为彼此的对象。因此中项分别代表着对立的两端,是双方差遣来差遣去的一个仆人。这个中项本身是一个自觉的本质,因为它是一种行动,使严格意义上的意识得到中介或沟通。而就内容而言,这个行动就是要使意识消灭自己的个别性。

[175]

因此,通过这个中项,意识不再把行动和享受看作是**它自己的**行动和享受。作为**自为**存在着的一端,意识把它的**意志**的本质排除在自身之外,把决断的自主性和自由——从而把它的行动所带来的**过错**——推到中项或仆人身上。作为一个中介者,仆人与持久不变的意识之间有一个直接的关联,他的作用就在于**劝告**意识做出正当的行为。由于行为遵循的是一个陌生的决定,所以就行动或**意志**这方面来看,这不再是意识自己的行为。但在无关本质的意识看来,行为的**客观**方面,亦即意识的劳动**成果**和**享受**,仍然保留下来了。意识放弃了享受,既放弃了它的意志,也放弃了它通过劳动和享受而获得的**现实性**——而这意味着：第一，它放弃了它的自觉的**独立性**已经获得的真理，去想象并谈论某种完全陌生的、对它来说毫无意义的东西；第二，它放弃了那些曾经通过劳动而占有的**外在财富**；第三，它通过绝食和苦行而把曾经到手的**享受**再次完全舍弃。

经过一系列否定的环节（即先是放弃独立自主的决断，然后放弃财富和享受），到最后，经过一个肯定的环节（即去从事一项莫名其妙的活动），意识终于以一种真实而又完整的方式剥夺了自己的内在自由和外部自由，认识到现实性是它的**自为存在**。意识确信，它已经按照它的**自我**的真理发生外化，已经把它的直接的自我意识改造为一个**物**，改造为一个 ［176］客观的存在。——只有通过这样一个**现实**的牺牲，意识才能够做到放弃自己。因为，那种表现在心绪、意向和言语等方面的感恩是一种**内在的**承认，其中包含着一个**欺骗**，这个欺骗只有通过一个现实的牺牲才会消失，而这又是因为，意识在表示感恩时虽然否认自己具有自为存在的任何势力，而是将其归诸于上天的恩赐，但在这样做的时候，由于它并没有放弃财产，所以仍然保持有一种**外部的**自主性，并且，由于它意识到这是它亲自作出的决断，意识到它亲自规定的内容没有被一个陌生的、胡乱填充的内容所替换，所以它也保持着一种**内在的**自主性。

但是，**自在地看来**，当作出现实的牺牲之后，当意识不再把**行动**看作是它自己的行动，它也就摆脱了哀怨。**自在地看来**，正是那个**自在存在着的本质**在另一端的行动，才促使意识摆脱了哀怨。作为无关本质的一端，意识作出的牺牲并不是一个单方面的行动，而是在自身内同时也包含着对方的行动。当意识放弃自己的意志，这个做法只是就一个方面而言是否定的，与此同时，**就概念而言**或**自在地看来**，它又是肯定的，因为它把意志设定为一个**他者**，或更确切地说，它不是把意志设定为一个个别的意志，而是设定为一个普遍的意志。意识知道，个别意志虽然被设定为一种否定的东西，但同时也具有一种肯定的意义，也就是说，个别意志其实就是位于另一端的普遍意志，又因为普遍意志恰恰被意识看作是一个他者，所以它不是通过自己，而是通过第三者或中介者表现为一种劝告。**意识**

知道，它的意志已经转变为一个普遍的、**自在**存在着的意志，尽管如此，**它并没有认识到它自己就是这个自在体**。意识知道，当它否定它的**个别**意志时，并没有在概念上肯定一个普遍的意志。同样，当意识放弃财产和享受时，这个做法仅仅具有一种否定的意义，而由此出现的普遍者在意识看来并不是**它自己作出的行动**。客观事物和自为存在的统一就蕴含在行动的**概念**里面，因此它被意识看作是本质和**对象**。正如意识并不认为这个统一是它的行动的概念，同样它也不认为这个统一是**它的**对象，不管这是一个直接出现的对象还是一个通过意识才出现的对象。实际上，意识是通过仆人的中介活动才得悉这个本身仍然处于分裂状态下的确定性：**自在地看来**，它的哀怨仅仅是一种颠倒的东西，确切地说，是一种在行动本身中就得到满足的行动或极乐享受，同样，**自在地看来**，它的贫乏无力的行动也是一种颠倒的东西，确切地说，是一个绝对的行动，而就概念而言，行动只有作为一般意义上的个别事物的行动才算得上是行动。但是**意识知道**，一切行动，包括它自己的现实行动，始终是一种贫乏无力的东西，它的享受始终是一种痛苦，而对于痛苦的扬弃在一种肯定的意义上始终位于**彼岸世界**。但在彼岸世界这个对象里面，当意识发现它这个**个别**意识的存在和行动是一种**自在的**存在和行动时，它就已经具有了**理性**的表象，因为理性是意识的这样一种确定性，即确信个别意识是一种绝对**自在的**东西，或者说是全部实在性。

[177]

第三部分(AA)

理 性 [178]

第五章　理性的确定性和真理

意识返回到了自身之内，因为它已经理解把握到这样一个思想，即**个别**意识**自在地看来**是一个绝对本质。在哀怨意识看来，**自在存在**位于它的**彼岸世界**。但是意识的运动已经在意识自身内完成了一些转变，它把那个完整展开的、或者说已经成为**现实意识**的个别性设定为意识的**否定者**，设定为**客观的**一端。换言之，意识把它的自为存在排斥出去，使之成为一个存在。在这个过程中，意识知道，它与这个普遍者实现了**统一**，而在我们看来，由于个别事物在遭到扬弃之后转变为普遍者，所以意识与普遍者的统一不再落于意识之外，而且，由于意识是通过自身否定才保存下来的，所以这个统一就是严格意义上的意识的本质。在一个环环相扣的推论里，相互对立的两端曾经以彻底分裂的方式出现，而意识的真理就是那个在推论里显现为中项的东西，因为中项一边告诉持久不变的意识，个别事物已经放弃了自己，另一边又告诉个别事物，持久不变者已经不再与它对立，而是与它达成了和解。这个中项是一个直接认知着对立两端、并且把它们关联在一起的统一体，它对意识从而也对**它自己**说出了这种统一关系；意识到这种统一关系，就意味着确信自己是全部真理。

随着自我意识成为理性，它与他者之间向来的否定关系就转变为一种肯定关系。迄今为止，意识所关注的仅仅是它的独立性和自由，甚至不惜以牺牲**世界**或它自己的现实性为代价来挽救和保全自己，因为它觉得它们否定了它的本质。如今，作为一个自信的理性，意识可以平静地接纳并忍受它们，它确信自己是实在性，或者说，它确信全部现实性无非就是它自己，它的思维本身就是一种现实性。因此，当面对现实性时，它表现

[179]

147

为一种唯心主义。既然意识是这样理解自己的,世界就仿佛直到现在才转变为它的世界,而在此之前,意识并未理解这个世界。意识欲求着世界,对其进行加工改造,它从世界那里退回到自身内,为了自己而去消灭世界,并作为一个意识而将自己消灭——它既意识到世界是本质,同时也意识到世界是一个虚无缥缈的东西。只有在这个过程中,当意识的真理的坟墓已经迷失,当意识不再去消灭自己的现实性,而是把意识的个别性看作是一个自在的绝对本质,它才发现这个新的现实世界是**它的**世界,才对这个持存的世界感兴趣,而不是像过去那样只对一个转瞬即逝的世界感兴趣。意识知道,世界的**持存**是它自己固有的**真理**和它自己固有的**当前存在**:它确信,只能在这个世界里面经验到自己。

作为理性,意识确信自己是全部实在性,唯心主义通过这种方式说出了理性的概念。作为理性而**登场**的意识本身就**直接**具有上述确定性,同样,**唯心主义**也**直接**说出了上述确定性:"我是我。"——这个命题的意思是,我,作为我自己的对象,既不是像在一般意义上的自我意识里那样,仅仅是一般意义上的**空洞**对象,也不是像在一种自由的自我意识里那样,仅仅逃离其他对象,听任它们与我**并立**并发挥作用。毋宁说,我同时意识到任何别的对象都**不存在**,我是唯一的对象,是全部实在性和全部当前存在。但是,只有当自我意识转变为这个实在性,或更确切地说,只有当自我意识**表明**自己是这个实在性,它才不仅**对它自己而言**,而且**自在地看来**是全部实在性。为了表明这一点,意识需要经历一条**道路**,在这条道路上,首先,通过一个从意谓到知觉、再从知觉到知性的辩证运动,他者表明自己是一个**自在**存在,然后,通过一个贯穿着"意识在主奴关系中的独立性"、"自由的思想"、"内在分裂的意识为了达到绝对解脱而进行的抗争"等环节的运动,他者作为**意识的对象**反而**自行消失**了。有两个方面相继出现:一方面,意识发现,本质或真相已经被规定为**存在**;另一方面,按照这个规定,本质或真相只能**作为意识的对象**存在着。这两方面可以归结为**一个真理**,即任何**存在着的东西**——包括**自在体**——都仅仅作为意识的**对象**存在着,而且,任何**作为意识的对象**存在着的东西,也是一个**自在**

存在。意识,作为这个真理,已经把这条道路遗忘在脑后,因为它是**直接**作为理性而登场的,换言之,这个直接登场的理性仅仅对那个真理抱有一种**确定性**。因此,理性只是**保证**自己是全部实在性,但它本身对于这一切缺乏概念上的把握,而那条被遗忘的道路恰恰是对于这个直接表达出来的宣言的一个概念上的把握。同样,对于没有经历过那条道路的人来说,当他在一个纯粹形式下听到这个宣言时,就会觉得这是不可理喻的,尽管他已经在一个具体的形态里面亲自作出了同样的宣言。

因此,如果一种唯心主义没有将那条道路呈现出来,而是仅仅以这个宣言作为开端,那么它也是一个纯粹的**保证**,这个保证对自己缺乏概念上的把握,在别人眼里也是不可理喻的。唯心主义说出了一个**直接的确定性**,与之相对立的其他直接的确定性已经在那条道路上消失殆尽了。既然如此,**除了那个确定性的保证之外**,其他确定性的**各种保证**也以同样的权利站了出来。理性诉求于每一个意识的**自我**意识:**我是我**,我的对象和本质是**我**。诚然,没有谁会否认理性的这个真理。但是,一旦理性把它的真理建立在这个诉求上面,它也就赞同了其他确定性的一个真理:**有一个他者作为我的对象存在着**。一个不同于**我**的他者是我的对象和本质,换言之,**我**之所以是我的对象和本质,仅仅因为我把我自己从一般意义上的 [181] 他者那里撤退回来,并作为一个现实的东西出现在它**旁边**。——只有当理性摆脱了这个包含着对立的确定性,作为一个**自身反映**出现,它的自我主张才不至于仅仅是一个确定性和保证,而是一个**真理**。不是众多真理**之一**,而是**唯一的**真理。理性的那种**直接登场**其实是理性的**现成存在**的一个抽象表述,这种现成存在的**本质**和**自在存在**是一个绝对的概念,亦即**它转变为现在这个样子时所经历的运动**。——意识将以不同的方式规定它与他者(亦即它的对象)之间的关系,而这取决于它在世界精神逐渐达到自我意识的过程中恰好处于哪个层次。世界精神在每一个层次上都总是**直接**发现并规定它自己和它的对象,换言之,世界精神在每一个层次上都是一个**自为存在**,至于更具体的情形,则取决于它在那个层次上**已经转变**成什么或**自在地看来**已经是什么。

理性意味着意识确信自己是全部**实在性**。但这个**自在体**或这种**实在性**仍然是一个绝对的普遍者,是实在性的一个纯粹的**抽象表述**。它是最初的**肯定性**,是一个**自在且自为存在着的**自我意识,所以自我仅仅是存在者的一个**纯粹本质性**,亦即一个单纯的**范畴**。过去,**范畴**通常意味着存在者的本质性,**不管**这里是指一般意义上的存在者,还是指那种与意识相对立的存在者;但现在,存在者仅仅指一个思维着的现实事物,而范畴则是指它的**本质性**或它的单纯**统一体**。换言之,范畴意味着自我意识和存在是**同一个**本质,而且不是通过比较,而是自在且自为地看来就是**同一个**本质。只有那种片面的、糟糕的唯心主义才会把这个统一体(亦即意识)与**自在体**重新对立起来。——实际上,范畴,或者说自我意识与存在的单纯统一体,本身又包含着**差别**,因为范畴的本质即在于,在一个**他者存在**或[182] 在一个绝对差别那里直接与自己保持一致。因此,差别诚然**存在着**,但却是完全透明的,它作为一个差别同时又不是差别。它显现为范畴的**多样性**。由于唯心主义不但宣称自我意识的**单纯统一体**就是全部实在性,而且**直接**把它当作本质,同时却没有把它理解为一个绝对的否定本质(只有这样一个东西才本身就包含着否定、规定性或差别),所以出现了一个更加不可理喻的情况,即范畴也包含着**差别**和**种**。这种一般意义上的保证,或关于**特定数目**的几类范畴的保证,都是一种新的保证,它本身就请求人们不可以再把它看作是一种保证。因为,由于**差别**最初是出现在纯粹自我或纯粹知性之内,那么可以由此断定,这里应当放弃**直接性**,放弃**保证**和**现成的发现**,转而开始进行**概念式把握**。有些人依据一份判断表,就把范畴的多样性当作一种唾手可得的东西重新接纳下来,①并且对此沾沾自喜,这种做法其实是科学的一个耻辱。知性本身就是一种纯粹的必然性,如果它不是在自己这里,那么还能在别的什么地方揭示出必然性呢?

---

① 指康德通过判断表来发现范畴表的做法。参阅康德《纯粹理性批判》之"概念分析论"之第 10 节"纯粹知性概念或范畴"(A77＝B102 ff.)。——译者注

在这种情况下,因为物的纯粹本质性和它们相互之间的差别都隶属于理性,所以严格说来,我们谈论的不可能是一般意义上的**物**,亦即一种作为意识的对象而单纯否定着意识的东西。众多范畴是一些**种**,隶属于一个纯粹范畴,而这意味着,纯粹范畴是它们的**类**或**本质**,与它们并不对立。但那些范畴已经是有歧义的东西,它们本身就具有**多样性**,与纯粹范畴**相对立**,作为纯粹范畴的他者存在着。实际上,由于这种多样性,它们与纯粹范畴形成了矛盾,所以纯粹统一体必须把它们当作一种自在存在而加以扬弃,并以这种方式将它自己构建为各种差别的一个**否定的统一体**。但是,作为一个**否定的**统一体,它不但排斥各种严格意义上的**差别**,而且也排斥最初那个**直接的**纯粹统一体,就此而言,它是**个别性**。这是一 [183] 个新的范畴,是一种排他的意识,而这意味着,它以**一个他者**为对象。个别性是介于统一体的概念和**外部**实在性之间的一个过渡,亦即纯粹**范式**,后者不但是一种意识,而且是一种个别的意识,是一个排他的单一体,所以本身就指示着一个他者。然而纯粹范畴的**他者**无非是指**另外一些基本范畴**,亦即**纯粹本质性**和**纯粹差别**。在纯粹范畴里面,恰恰当意识设定一个他者时,在这个他者那里,意识本身同样也是一个他者。在这些彼此不同的环节里面,每一个环节都指向另一个环节,但与此同时并不转变为一个他者存在。纯粹范畴指向**类**,类又转变为一种否定的范畴,亦即个体性,而个体性反过来又指向纯粹范畴。纯粹范畴本身是一种纯粹意识,在任何范畴中都保持为一个明确的自身统一体,但这个统一体同样指向一个他者。他者存在着,同时已经消失了,他者已经消失了,同时又被重新制造出来。

在这里,我们看到纯粹意识获得了一种双重规定:一方面,纯粹意识是一种躁动不安的**来回往复**,它穷尽了自己的全部环节,在其中看到一个游移不定的他者存在,企图将其把握住,但对方却在这个过程中将自身扬弃;另一方面,纯粹意识毋宁说是一个**静止的**、对自己的真理确信无疑的**统一体**。对于这个统一体而言,运动就是**他者**,但对于这个运动而言,统一体才是他者,因此意识和对象就是在这些交互规定中不断更替着角色。

从一方面来看,意识是一种来回往复的搜寻活动,它的对象是**纯粹的自在体**和纯粹的本质;而从另一方面来看,意识又是一个单纯的范畴,它的对象是一个贯串着各种差别的运动。意识作为本质乃是这样一个完整的历程,也就是说,从它自身亦即从一个单纯的范畴出发,过渡到个别性和对象,在对象那里直观到这个历程,并且把对象作为一个有差别的对象而加以扬弃,将其**据为己有**,并宣称自己是这样一个确定性:它是全部实在性,它既是它自己,也是它的对象。

[184]

　　意识的第一个宣言——万事万物都**归属于它**——仅仅是一句抽象的空话。因为只有那个确定性(亦即确信自己是全部实在性)才称得上是纯粹范畴。最初的这个在对象中认识到自己的理性,是通过一种空洞的唯心主义表达出来的,后者仅仅按照理性最初的样子来领会把握理性,当它在一切存在中都揭示出意识的纯粹**属我性**,并宣称物就是它的感觉或表象时,它以为这就足以表明意识是一种完满的实在性。与此同时,这种空洞的唯心主义必然也是一种绝对经验主义,因为,为了去**充实**那个空洞的**属我性**,也就是说,为了在其中作出区分、将其完全展开并加以塑造,唯心主义所说的那种理性不得不求助于一个陌生的阻碍①,因为那个阻碍才包含着感觉和表象的**杂多性**。如此一来,这种唯心主义就和怀疑主义一样,都是一种自相矛盾的模棱两可,它们的差别仅仅在于,怀疑主义是以否定的方式,而唯心主义是以肯定的方式进行表述,但不管怎样,它们都不能把那些相互矛盾的思想——既认为纯粹意识是全部实在性,又承认那个陌生的阻碍以及感官知觉和表象是同样实在的东西——整合在一起,而是在二者之间来回徘徊,最终堕落为一种糟糕的无限性,亦即一种感性的无限性。理性是全部实在性,而全部实在性在这里仅仅意味着一种抽象的**属我性**,对它而言,他者是一个**漠不相关的陌生事物**,正因如此,之前出现过的那些理性知识,亦即**意谓**、**知觉**、对意谓中的或知觉到的东

---

　　① "阻碍"(Anstoß)是费希特的哲学术语。费希特用这个概念来说明自我在理论和实践中所遭遇的必须克服的限制。参阅费希特《全部知识学的基础》第三部分"实践知识学的基础"之"第二定理"。——译者注

西加以领会把握的**知性**,都是被一个他者规定着的。与此同时,那种唯心主义的概念本身已经表明这类理性知识算不上是真正的知识,因为只有统觉的统一性才是知识的真理。那种唯心主义的纯粹理性认为,**他者**是一种**事关本质的东西**,是**自在体**,而为了与这个他者建立联系,纯粹理性　[185]主动把自己贬低为一种不是以真相为对象的知识。因此纯粹理性是自觉自愿地宣判自己是一种不真实的知识,尽管它认为意谓和知觉根本不包含真理,但它自己和它们其实没有任何区别。纯粹理性陷入了一个直接的矛盾,它把两个根本对立的东西,亦即**统觉的统一性**和**物**,都宣称为本质。诚然,人们可以把物称作**陌生的阻碍**、**感性经验的本质**、**感性**、**自在之物**等等,但就物的概念而言,物对于统觉的统一性来说始终意味着一种陌生的、捉摸不透的东西。

上述唯心主义之所以陷入这个矛盾,是因为它宣称理性的**抽象概念**是真相。于是它直接发现一种特定的实在性横亘在眼前,这不是理性的实在性,然而理性本应是全部实在性。理性始终是一种躁动不安的寻求,它一边寻求一边宣称,通过发现而获得满足是绝对不可能的。——当然,现实的理性并不是这样前后不一贯的。它仍然**确信**自己是全部实在性,只有在这个**概念**中,它才意识到,作为一种**确定性**,作为**自我**,它还不是真正的实在性。于是理性被迫去把它的确定性提升为真理,去充实那种**空洞的属我性**。

A. 从事观察的理性

意识知道,**存在**意味着**意识的存在**。我们看到,这个意识虽然重新开始了意谓活动和知觉活动,但它不再是仅仅确信存在着一个**他者**,而是确信,它自己就是这个他者。过去,意识仅仅是被动地接受**已经发生的事情**,去知觉和**经验**物的属性;如今,它亲自着手进行观察和经验。过去我们看到,意谓活动和知觉活动自己扬弃了自己,而现在则是意识亲自将它　[186]

们扬弃。理性的目标是**认知**真理,它发现意谓活动和知觉活动所指的物其实是一个概念,也就是说,理性在物性那里仅仅意识到它自己。理性如今对于世界抱有一个普遍的**兴趣**,因为它确信自己在世界里面掌握了当前存在,换言之,它确信当前存在是合乎理性的。理性寻找着它的他者,因为它知道,它在他者那里能够据为己有的东西无非是它自己。理性仅仅寻找它自己固有的无限性。

刚开始的时候,理性仅仅是在现实性里面看到自己的一种先兆,换言之,它仅仅知道现实性一般说来是**隶属于它的**,在这种想法的支配下,它全面占领了那些铁定隶属于它的财富,上穷碧落下及黄泉,全都打上了它的所有权的标记。然而这种表面上的属我性并不是理性的最终兴趣。当理性欣喜地大包大揽时,却发现它的财富仍然包含着一个陌生的他者,而抽象的理性原本并没有包含着这样一个东西。理性预见到自己是一个比纯粹自我更为深刻的本质,因为,纯粹自我既然**存在着**,就必然会要求,差别或**多种多样的存在**应该隶属于它,而它则应该把自己直观为一种**现实性**,把自己看作是一个当前存在着的形态和物。理性以为只需刨开事物的全部内脏,割开它们的全部血脉,另一个理性就会从中迎面跳将出来,但这种幸运的事情是没有的。毋宁说,理性必须首先在自身内达到完满,它才能够经验到自己的完满。

意识**进行观察**。也就是说,理性想要发现并坚持自己是一个存在着的对象,是一个**现实的、感性的-当前存在着**的形态。在进行着这种观察时,意识以为——而且它也是这么说的——,它想要经验的**不是它自己**,而是**那个使得物之所以为物的本质**。意识之所以会这样想和这样说,原因在于,一方面,它作为理性**存在着**,但另一方面,严格意义上的理性还没有成为它的对象。假若意识知道,**理性既**是物的本质,同样也是意识的本质,而且理性只有在意识里面才有可能真实地展现出它的独特形态,那么意识肯定会反求诸己,在自己的内心深处而不是在物那里寻找理性。假若意识在内心深处找到了理性,它会把理性重新推到外部的现实性,以便在其中直观到理性的感性外表,并立即把这个外表当作是一种事关本质

[187]

的东西,亦即**概念**。当意识作为理性**直接**出现时,它确信自己是全部实在性,在这种情况下,理性把自己的实在性当作是一个**直接的存在**,同样,它把自我与客观存在的统一体当作是一个**直接的统一体**。尽管如此,理性还没有把存在和自我这两个已分裂的环节重新结合起来,换言之,它还没有认识到这两个环节。理性作为一种从事观察的意识走向物,以为它们真的是一些感性的、与自我相对立的物。然而理性的现实活动反驳了这个想法,因为理性**认识到了**物,它把物的感性存在转变为**概念**,而概念作为一种存在同时也就是自我。这样一来,理性就把思维转变为一个存在着的思维,把存在转变为一个思想中的存在,并在事实上宣称,物只有作为概念才具有真理。在这个过程中,意识观察到的都是物,但在我们看来,这些物其实就是**它自己**。尽管如此,意识的运动最终将会表明,意识的对象是一个自在存在着的意识。

我们要看看,当理性进行观察时,它的这个**行为**在其各个环节中的表现,也就是说,理性如何把自然、精神以至二者的关联等全都作为一种感性存在而加以接纳,以及,理性如何作为一种存在着的现实性自己寻找着自己。

a.观察自然界

当一个缺乏思想的意识宣称观察和经验是真理的源泉时,这些话给人的感觉仿佛是说,一切的关键就在于尝、嗅、触、听、看等感官活动。它 ［188］大肆鼓吹尝和嗅等行为,同时却忘了说,它实际上在本质上已经规定了这些感觉的对象,而且对它而言,这个规定和那个感觉至少是同样有效的。它也将立即承认,它所强调的并不仅仅是一般意义上的知觉活动,而且不会把诸如"烟盒旁有一把弹簧刀"之类知觉当作是一个观察。被知觉的东西至少应该意味着一个**普遍者**,而不应该意味着感性的这一个。

因此,这个普遍者目前还仅仅是一个**保持自身一致者**,它的运动仅仅是同一个行动在同一个形式下的回归。只要意识在对象那里仅仅看到一种**普遍性**或一种**抽象的属我性**,它就必须在自身内接纳这个对象的原本的运动,而且,在还没有理解对象的情况下,它至少应该保持着对于这个对象的记忆,因为记忆以普遍的方式表达出那些在现实性里面只能以个别方式出现的东西。这种表面上对于个别性的挣脱,以及,这个表面上的普遍性形式(即只是接纳了感性事物,但本身并没有成为一个普遍者),换言之,这种**描述**事物的做法,还没有真正掌握对象自身内的那个运动。毋宁说,它仅仅是在描述那个运动。于是,对象一经描述便变得索然无味,而且意识在描述了一个对象之后,还得不断寻找和张罗别的对象,以免描述戛然而止。如果已经不太容易找到一些**完整的**新鲜事物,那么就必须回到已经发现的事物那里,将它们进一步分割和拆解,在它们那里搜刮出物性的一些新的方面。这种孜孜不倦的、躁动不安的本能永远都离不开材料。当然,要找到一个新奇的类,或甚至发现一个新的行星,一个虽然是个体但却具有普遍性的行星,这只能归功于好运气。但是,诸如"大象"、"橡树"、"黄金"等概念**标示出来**的东西,亦即**类**和**种**,它们的界限跨越了许多层次,过渡到混沌时期的动植物和矿石或通过力量和技能才呈现出来的金属、土壤等事物的无限特殊化。在这个无规定的普遍王国里,由于特殊化重新走向**个别化**,而且时不时地完全降格为个别化,所以其中储备着无数可供观察和描述的东西。但是在这里,当观察和描述面对一望无垠的原野时,它们却认为,普遍者的界限不是一宗不可估量的财富,而是限制着自然界,限制着它们的行动。它们再也无法知道,那个看似自在存在着的东西究竟是不是一个偶然性,至于那些在形态上混乱不堪的,或者说那些不成熟的、虚弱的、几乎不具有基本规定性的东西,都没有权利得到哪怕一点点描述。

[189]

如果说寻找和描述之类活动看起来仅仅关注于物,那么我们看到,它们实际上并没有顺着**感性的知觉活动**一路走下去,反而认为那个使得事物**被认识**的东西比其他各种感性属性更重要,这些属性虽然对物来说是不可或缺的,但对意识来说却是可有可无的。通过区分**事关本质的东西**和**无关本质的东西**,概念从感性的错综复杂中凸显出来,而认识活动在这个过程中也宣称,它认为关注**自己**和关注事物至少是同样事关本质的。既然这两种关注都是事关本质的,那么认识活动就陷入了动摇,它不能确定,那种对于**认识活动**来说事关本质的、必然的东西,是否也隶属于**物**?一方面,借助于所谓的**特征**,认识活动将各个物区分开;但另一方面,认识活动的对象不应该是物的无关本质的方面,而应该是那样一种东西,它促 [190]
使物**挣脱**一般意义上的存在的普遍延续性,**脱离**他者,成为一个**自为存在**。特征不仅与认识活动休戚相关,而且包含着物的本质规定性,人为的体系应该符合自然的体系,并且仅仅表达出自然的体系。从理性的概念来看,这一切都是必然的,而理性这一本能——理性进行观察时只能表现为一种本能——在它的各个系统里也达到了这种统一性,也就是说,理性的那些对象本身就包含着一种现实性或**自为存在**,而不是仅仅偶然地出现在这一个**瞬间**或这一个**这里**。比如,动物的辨识特征在于爪子和牙齿,但实际上通过这些特征,不仅认识活动把一个动物与另一个动物**区别开**,而且动物自身也发生了**分化**,因为借助于爪子和牙齿等武器,动物作为一种**自为存在**存活下来,并脱离了普遍者。反之,植物没有成为一种**自为存在**,而是仅仅触及到了个体性的边界。在这个边界那里,植物表现出两性**分化**的现象,并因此被认识、被区分。至于更低级的那些东西,则已经不能相互区分开来,而是在出现对立的时候就消失无踪了。**静止的存在**和**关系中的存在**相互争斗,处于前一个状态下的物不同于处于后一个状态下的物。与此相反,个体就是那种在与他者发生关系时仍然保持着独立的东西。如果个体做不到这一点,反而通过一种**化学变化**而转变为另一个东西,就像**感性经验**所表明的那样,那么它就会给认识活动带来混乱,并导致认识活动陷入刚才那种争斗,不知道自己究竟应该站在这一方还是应该站在那一方,因为在这种情况下,物不再是一个保持自身一致的东西,在它身上分裂出了相互对立的两个方面。

因此,在一个普遍的保持自身一致的东西的各种系统里,所谓"普遍的保持自身一致"既意味着认识活动保持自身一致,也意味着物保持自身一致。这就扩大了"**保持自身一致**"这一**规定性**的范围,其中的每一个 [191]

规定性都安静地描述着自己的发展顺序,并确保自己具有一定活动空间,但这种扩大在本质上同样会过渡到它的反面,过渡到这些规定性的混乱状况。特征,作为一种普遍的规定性,是对立双方的统一,亦即被规定者和自在的普遍者的统一,因此特征必然分裂为这样一个对立。一方面,规定性战胜了普遍者并因此获得自己的本质,另一方面,普遍者反过来同样获得了对于规定性的统治,把规定性驱赶到边缘,在那里将它的各种差别和本质性混淆起来。意识在进行观察时,本以为它已经将规定性和普遍者工整地区分开来,可以把它们当作某种稳固的东西,但它实际上看到的,却是一个原则凌驾于另外一些原则之上,各种过渡和混乱不断发生,原本彻底分离的东西重新结合起来,原本结合起来的东西重新分裂。在这种情况下,要想坚持一个静止的、保持自身一致的存在,这种做法恰恰在这里,在自己的那些最普遍的规定里(比如动物和植物具有哪些本质特征),必然看到自己遭到某些实例的嘲笑,这些实例剥夺了意识的任何规定,把它已经获得的普遍性压制下去,让它重新开始一种缺乏思想的观察和描述。

意识的观察把自己局限在各种单纯事物上面,要不然的话,它就通过普遍者来限制感性的杂乱情况。它在对象那里发现了**它的原则的混乱**,因为,经过规定的东西出于自己的本性必然会消失在它的对立面之中。就此而言,理性必须从一种具有持存假象的**僵化的**规定性出发,去观察这个规定性真正是什么,也就是说,理性必须**与它的对立面建立关联**。所谓本质特征,是一些**静止的**规定性,如果它们表现为一些**单纯的**规定性,并因此被理解为单纯的规定性,那么它们并没有呈现出那个构成了它们的本性的东西,因为它们的本性决定了它们是一个自身回收运动的一些转瞬即逝的**环节**。现在,理性本能企图表明,"符合自己的本性"这一规定性在本质上不是一种自为存在,而是过渡到了它的对立面。既然如此,理性本能所寻求的就是**规律**,以及规律的**概念**。它虽然把规律和规律的概念当作是一种**存在着的**现实性,但它们实际上将会消失在它面前,而规律的各个方面也将会转变为一些纯粹的环节和抽象表述,使得规律出现在

[192]

概念的本性里面,而概念本身已经消灭了感性现实的那种漠不相关的持存状态。

对从事观察的意识而言,**当它以一个感性存在为对象**,这类**经验**就包含着**规律的真理**,因为意识在这里不是一个自在且自为的存在。但是,如果规律不是通过概念而获得真理,那么它就是某种偶然的东西,不是一种必然性,实际上也就不是一个规律。规律在本质上是作为概念而存在着的,与此同时,它又可以作为一个现成的东西被观察到。这两个说法并不矛盾。我们甚至可以说,规律正因如此才获得了一种必然的**实存**,成为观察的对象。普遍者,作为**理性所认识的普遍性**,在概念本身具有的那个意义上也是普遍的,也就是说,它作为一个当前存在着的、真实的东西成为**意识的对象**;另一方面,概念虽然呈现为物和感性存在,但是并没有因此失去自己的本性,并没有堕落为一种僵化的持存状态或一种漠不相关的前仆后继。凡是普遍有效的东西,都在普遍地发挥着作用;凡是**应当存**在的东西,实际上都**存在**着,至于那种仅仅应当存在却并不**存在**着的东西,是不具有真理的。在这里,理性本能有权利坚持自己的立场,不去理睬那些仅仅存在于思想中的事物——这些东西仅仅**应当存在**,仿佛"**应当**"本身就意味着真理,尽管它们根本不可能出现在任何经验里面,——不去理睬各种猜想,也不去理睬那个千篇一律的"应当"背后的一切其他隐晦事物。因为,理性恰恰确信自己拥有实在性,而任何不能作为一个自主本质而成为意识的对象的东西,也就是说,任何不能成为现象的东西,在意识看来根本不存在。 [193]

规律的真理在本质上是一种**实在性**——在那个一直从事观察的意识看来,这个说法与概念以及自在的普遍者形成**对立**。换言之,意识并不认为规律之类事物是理性的本质,因为它觉得它在这个过程中得到的是某种**陌生的东西**。但是意识用实际行动反驳了自己的这个看法,因为它并不认为普遍性意味着**全部个别**的感性事物都必须给它展现出规律的现象,仿佛非此不足以支持规律的真理似的。对于"一块悬空的石头一旦失去支撑就会掉下来"这一判断,意识并不要求把全部石头都拿过来验证一下。它也许会说，这个判断至少是应该经过许多石头的验证之后，才能够以最大的或然性或根据充分的理由**按照类比法**推及别的石头。然而类比法不仅拿不出充分的理由，而且它在本性上是如此频繁地陷入到自相矛盾之中，我们简直可以说，类比法根本不容许进行任何推论。一个**或然性**的还原结果仍然是一个或然性，相比起**真理**，或然性的大小程度之别没有任何意义，无论多大的或然性，在真理面前都等于无。但实际上，理性本能假定某些规律就是**真理**，只有当它看不出规律的必然性时，它才开始区分真理和或然性，并把事物本身的真理降格为一种或然性，以便表明，真理是以不完满的方式出现在意识面前，因为这时的意识还没有认识到纯粹的概念。在这里，现成存在着的普遍性仅仅是一个**单纯的、直接的**普遍性。但与此同时，由于规律是一种普遍的东西，所以意识认为它具有真理。意识认为"石头会掉下来"是一个真理，因为它知道石头是**重的**，也就是说，通过重量这个东西，石头**自在且自为地**获得了与**地球**的一个本质关联，而这个关联的表现就是下落。就这样，意识在经验中获得了规律的**存在**，但同时又把规律看作是一个**概念**，而且，只有当**这两种情形**合并在一起，它才认为规律是真的。规律之所以被看作规律，就是因为它在现象中呈现出来，同时又是一个自在的概念。

[194]

规律同时也是一个**自在的概念**，正因如此，意识的理性本能必然会不自觉地想要把规律及其各个环节**纯化为概念**。理性本能试着去验证规律。最初显现出来的规律是不纯粹的，被个别的感性存在遮掩着，而概念——它构成了规律的本性——也沉陷在经验材料里。在进行验证的时候，理性本能想要看看，各种不同的情形会造成什么样的后果。在验证的过程中，规律好像更加深入到感性存在里面，但实际的情况毋宁是，规律在其中消逝了。这个探究具有一种内在的意义，即去找出规律的**纯粹条件**。尽管意识在这样说的时候心里意谓着别的什么，但它的目的无非是想要提升规律的层次，使其完全获得概念的形态，并且**取消规律的各个环节与任何一个特定的存在**之间的关联。比如，经过验证之后，最初显现为**树脂**电的负电与显现为**玻璃**电的正电就完全失去了原来的意义，转变为纯粹意义上的**正**电和**负**电,不再隶属于任何一种特殊事物,从此以后人们再也不能说,有些物体是正电性质的,另一些物体是负电性质的。同样,酸和碱之间的关系以及它们的相互转化运动也具有一个规律,各种对立在这里显现为一些物体。然而这些分离出来的物并不具有现实性。那个［195］将它们强行撕裂开的力量不能阻止它们立即进入到另一个演变过程中,因为它们完全作为这样一个关联存在着。它们不可能像一颗牙齿或一只爪子那样,保持为一个孤立的存在,并被这样揭示出来。它们在本质上就注定了要直接过渡到一个中性的产物之中,这个事实使得它们的**存在**成为一个自在地就遭到扬弃的、亦即普遍的存在,而酸和碱只有作为**普遍者**才具有现实性。玻璃和树脂既可以是正电性质的也可以是负电性质的,同样,酸和碱也不是作为一个属性而附着在这个或那个**现实事物**上面,毋宁说,任何事物都仅仅**相对地**是酸性的或碱性的,而那看起来确凿无疑的酸性物或碱性物,通过所谓的掺和作用,可以获得相反的意义并成为具有相反性质的东西。——这类验证得出的结果,就是扬弃那些环节(亦即特定事物的属性),把谓词从它们的主词那里解放出来。这些谓词真正说来只能是一些普遍的谓词。由于这种独立性,它们获得了"**物质**"这一名称,但物质既不是物体也不是属性,至于氧气、正电和负电、热之类东西,人们则应该避免把它们称作物体。

与物体相反,**物质**不是一个**存在着的物**,而是一种**普遍的**或概念意义上的存在。理性本能作出了这个正确的区分,但却没有意识到,当它用全部感性存在来验证规律时,那在这个过程中遭到扬弃的,恰恰是规律的感性存在。它也没有意识到,由于它把规律的各个环节理解为一些**物质**,所以就把这些环节的本质性看作是一个普遍者,而在这样说的时候,本质性就表现为一个非感性的感性事物,或一个虽然没有形体但却是客观的存在。

现在我们要看看,对于理性本能来说,它的结果出现了怎样一个转变,它随之又将观察到怎样一个新的形态。我们发现,这个进行着验证的意识的真理是一种已经摆脱了感性存在的纯粹规律。我们也发现,纯粹 ［196］

规律是这样一个**概念**,它包含在感性存在里面,它无拘无束地运动着,在沉浸于其中的同时又自由地脱身而出;也就是说,它是一个**单纯的**概念。这个真正的**结果**和**本质**如今亲自出现在这个意识面前,成为意识的**对象**,然而由于意识并不知道这个对象已经是一个**结果**,也不知道它与此前的运动有任何关联,所以它属于**一种特殊的**对象,而它与意识之间的关系也成了另外一种观察。

这个对象按照概念的**单纯性**而言本身就包含着一个演变过程,它就是**有机物**。有机物是一个绝对的流体,在其中,那个规定着它仅仅是一个**为他存在**的东西消解了。无机物把规定性当作自己的本质,就此而言,它只有与另一个物一起才构成概念的各个环节的完整性,而且一旦进入运动就会走向消灭。但在有机物那里则正好相反,全部规定性——它们促使有机物向其他事物开放——都集合在一个有机的单纯统一体下面。没有任何规定性可以作为一个本质规定性冒出头来,独自与其他事物相关联,因此,有机物是在一种自身关联中维系着自身。

根据前面的规定,理性本能所要观察的**规律的各个方面**,首先是那相互关联着的**有机**自然界和无机自然界。对于有机自然界来说,无机自然界恰恰是那些**分离出来的**规定性相对于它的**单纯概念**而言的一种自由。个体的自然物**消解**在那些规定性里面,**同时**又从它们的延续中分离出来,成为一种**自为存在**。气、水、土、地区和气候就是这样一些普遍元素,它们构成了个体事物的未经规定的单纯本质,与此同时,个体事物也通过反映而返回到自身内。无论个体事物或是元素都不是什么绝对自在且自为的东西,毋宁说,只有当它们一方面具有独立的自由,另一方面又相互对立着成为观察的对象,它们才同时表现为一些**事关本质的关联**,但在这种情况下,占据主导地位的是对立双方的独立性和漠不相关状态,而且这些东西仅仅是部分地过渡到抽象状态。因此,这里存在着的规律就是元素与有机物的塑造过程之间的关联,而有机物一方面与元素相对立,另一方面又通过它的有机反映把元素呈现出来。然而像这样一些**规律**,比如空中的动物具有鸟的性状,水中的动物具有鱼的性状,北方的动物的脚掌覆盖

[197]

着厚毛等等,都立即表露出一种与有机多样性不相称的贫乏。且不说有机体的自由擅长于使它们的形式摆脱这些规定,而且这类规律或规则(叫什么无所谓)在任何地方都会表现出例外,除此之外,即使对那些服从规律的有机体而言,这种情况也不过是一个非常肤浅的规定,以至于"规律的必然性"这个说法也是肤浅的,它除了表明一种"**巨大的影响**"之外没有说出更多的东西,因为人们不知道这个影响究竟包含着什么,不包含着什么。就此而言,有机体与元素之间的这类关联实际上不应该被称作**规律**。因为,一方面正如我们提到的,这类关联就其内容而言根本没有穷尽有机体的全部范围,另一方面,相互关联的各个环节之间本身始终是漠不相关的,它们没有表达出任何必然性。酸的概念里包含着碱的**概念**,正如正电的概念里包含着负电的概念。但是,尽管有厚毛遮盖着的脚掌与北方、鱼的身体构造与水、鸟的身体构造与天空总是**聚合**在一起,北方的概念却不包含着厚毛的概念,海的概念不包含着鱼的身体构造的概念, [198] 天空的概念也不包含着鸟的身体构造的概念。在对立双方的自由都得到兼顾的情况下,也**存在着**一些具有鸟或者鱼的本质特征的陆生动物。因为必然性不能被理解为一种内在的本质必然性,所以它不再包含着一个感性的实存,也不再是一个能够在现实中被观察到的对象,而是已经**脱离**了现实。这种必然性不会出现在现实事物里面,而它就是人们所说的目的论关联。对于处于关联中的事物而言,它是一个**外在的**东西,所以它毋宁说是规律的反面。① 它是一个思想,已经完全摆脱了必然的自然界,将其抛在身后,并作为一个自为存在翱翔在其上方。

　　前面提到的有机物与元素自然界之间的关联并没有表达出有机物的本质,与此相反,这个本质已经包含在**目的概念**里面。诚然,在这个从事

---

　　① 康德在《判断力批判》第 63 节写道:"经验把我们的判断力引向一个客观质料的合目的性概念,即引向一个自然目的概念,这只是在必须对原因和结果的关系作出评判的时候,而这种因果关系又只是由于我们把结果的理念作为给它的原因的原因性本身奠定基础的、使这种原因性成为可能的条件而加于其原因的原因性上,我们才觉得有可能看出它们是合乎规律的。"(据[德]康德著:《判断力批判》,邓晓芒译,人民出版社 2004 年版)——译者注

观察的意识看来,目的概念并不是有机物自己固有的**本质**,而是位于有机体之外,①因而仅仅是那种外在的、**目的论**的关联。但是,按照有机物此前已经获得的规定性来看,它实际上就是实在的目的自身。由于有机物是通过与一个他者的关联来**维系自身**,所以它恰恰是这样一种自然存在,在它那里,自然界通过一种反映返回到概念之内,至于原因和后果、主动和被动等必然已经分解的环节,则是重新凝聚为一个单一体,以至于这里出现的某种东西不只是必然性的一个**结果**而已。真正说来,因为有机物已经返回到自身内,所以最后的结果也就是那个发起运动的**最初者**,就是有机物已经实现的那个**目的**。有机物并不产生什么东西,而是**仅仅维系着自身**,换言之,产生出来的东西既可以说是产生出来的,也可以说是现成已有的。

我们必须进一步讨论,这个规定自在地是怎样,它作为理性本能的对象时又是怎样。我们这样做是为了看看,为什么理性本能在已经发掘出[199]那么多东西的情况下却没有认识到它自己。从事观察的理性已经把自己提升到目的概念的层次,而目的概念既是理性的一个**自觉的概念**,也是一个现成的现实事物,它并非仅仅是现实事物的一个**外在关联**,而是现实事物的**本质**。这个现实事物本身就是一个目的,它以一种合乎目的的方式与他者相关联,这等于是说,**就双方的直接存在而言**,这个关联是一个偶然的关联。作为一种直接存在,双方都是独立的,彼此漠不相关的。但是,双方的关联的本质实际上并不是像表面上看起来的那样,而且它们的行动的意义也不同于感性的知觉活动所**直接**领会到的那个意义。必然性

---

① 康德在《判断力批判》第 66 节写道:"一个有机的自然产物是这样的,在其中一切都是目的而交互地也是手段。在其中,没有任何东西是白费的,无目的的,或是要归之于某种盲目的自然机械作用的。这条原则虽然按照其起因可以从经验中得出来,也就是从按照一定方法来处理并被称作观察的经验中得出来;但由于它所表达的有关这样一种合目的性的普遍性和必然性,它就不仅仅是基于经验的基础上的,而必须把某一个先天的原则作为基础,哪怕只是调节性的原则,哪怕那些目的只是处于评判者的理念中、而不处于任何作用因中。因此我们可以把上述原则称之为有机物的内在合目的性的评判准则。"(据[德]康德著:《判断力批判》,邓晓芒译,人民出版社 2004 年版)——译者注

隐藏在事情的背后,只有**到了终点**才体现出来,但这个终点恰恰表明,必然性同样已经是一个起点。行动着手进行改变,但结果仍然了无新意,在这种情况下,终点表现出它自身的优先地位。换言之,如果我们从起点出发,那么起点在它的终点或它的行动结果那里只不过是返回到自身内。正因如此,起点表明自己是这样一个东西,它把**它自己**当作它的终点,因此它在作为起点时已经返回到自身内,换言之,它在作为起点时本身就是一个**自在且自为的存在**。因此,起点通过它的行动所获得的东西,就是**它自己**。它获得的仅仅是它自己——这就是它的**自身感触**。就此而言,尽管**它所是的东西**不同于**它所寻找的东西**,但这个差别仅仅是**差别的一个假象**,而这样一来,它本身就是一个概念。

但是**自我意识**也具有同样的特性,即它一方面对自己进行区分,另一方面从中却得不出任何差别。因此自我意识在观察有机自然界时无非是这样一个本质,它发现自己是一个物,**是一个生命**,它坚持它自己和它所发现的东西之间有一个差别,但这个差别又不是什么差别。禽兽本能寻找并吃掉食物,而随之产生出来的东西无非是它自己,同样,理性本能寻找并发现的也仅仅是理性本身。禽兽止步于自身感触。与之相反,理性本能同时也是一种自我意识,但因为它仅仅是一个本能,所以它被置于与意识相对立的一方,把意识当作它的对立面。由于这个对立,理性本能获得的满足也发生了分裂:一方面,它发现自己是一个**目的**;另一方面,它又发现目的是一个**物**。但这里有两点值得注意。首先,在理性本能看来,目的**外在于物**,而物也呈现为一个目的;其次,这个目的同时也是一个**客观的目的**,所以它不是出现在作为一种意识的理性本能里面,而是出现在另一个理智里面。 ［200］

如果我们进一步观察这里的情形,就会发现,物的概念里面同样也包含有这样的规定,即物**本身就是一个目的**。物维系着**自身**,而这同时意味着,物从它的本性出发就会遮掩必然性,并在一种**偶然**关联的形式下将必然性呈现出来。物的自由或物的**自为存在**就在于以漠不相关的态度去对待它的必然性,因此当物呈现出来时,它的概念和它的存在是脱节的。同样,理性也必然要把它自己的概念看作是一种外在的东西,亦即一个**物**,在这种情况下,理性以**漠不相关**的态度对待物,而物反过来也以**漠不相关**的态度对待理性,对待物的概念。作为一种本能,理性始终困守在这个**存在**或这种**漠不相关的关系**之内,在它看来,那个将概念表达出来的物始终不同于概念,而概念也始终不同于物。因此对理性而言,如果要承认有机物本身就是一个**目的**,那么唯一的前提在于,那个原本隐藏在有机物的行动里面的必然性如今出现在有机物之外,而有机物在这个过程中则表现为一个漠不相关的自为存在。——但是,由于有机物只能表现为一个本身即目的的东西,别无他法,所以我们必须在现象中通过感性的方式直接发现它本身就是一个目的。有机物表现为一种**维系着**自身、**正在返回到**自身、并且**已经返回到**自身内的东西。然而从事观察的意识在这个存在里并没有认识到目的概念,换言之,它没有认识到,目的概念并不是存在于别处的某个理智内,而是作为一个物存在于眼前。意识以为目的概念不同于自为存在或自身维系活动,但实际上这并不是一个真实的差别。意识不知道这个差别并不是一个真实的差别,它看到的是一个偶然的行动,一个对自己所造成的后果漠不关心的行动。也就是说,虽然行动和目的已经达到了统一,但意识却把它们看作是分裂开的东西。

[201]

在这个观点下,就有机物本身具有个别性的特征而言,它的行动正好处于它的起点和终点之间。但是行动同时也具有普遍性的特征,而且行动者和行动产生出来的东西是相同的,就此而言,有机物并没有包含着一种真正意义上的合乎目的的行动。个别的行动仅仅是一个中介,由于它的个别性,它从属于一种完全个别的或偶然的必然性。因此,有机物为了维系自身(不管就它作为个体还是作为类而言)而采取的行动,就其直接的内容来看是完全无规律的,因为那里面没有普遍者和概念。在这种情况下,有机物的行为是一个本身空无内容的效果。这甚至谈不上是一架机器的效果,因为机器有一个目的,它的效果因此有一个特定的内容。有机物的行动一旦脱离普遍者,就将仅仅是一个单纯的**存在者**的行为,也就是说,一个不能同时返回到自身内的行为,就像酸或者碱的行为那样。它造成的效果也将是这样一种效果,虽然不能摆脱自己的直接实存,也不能放弃那个在对立关联中消失了的东西,但还是能维系自身。我们在这里观察的是存在的效果,而存在被设定为一个在对立关联中**维系着自身**的 ［202］
物。真正意义上的**行为**无非是物的自为存在的一个纯粹的、无本质的形式,而行为的实体(它不仅是一个特定的存在,而且是一个普遍者),亦即行为的**目的**,就包含在行为自身之内。行为本身是一个正在向着自身回归的行为,而不是一个借助于陌生事物已经返回到自身内的行为。

但是,普遍性与行为的统一体并不是意识的**观察**对象,原因在于,那个统一体在本质上是有机物的一个内在运动,只能被领会把握为一个概念。但意识在进行观察时,寻求的是各种具有"**存在**"和"**持续性**"等形式的环节。有机的整体在本质上并没有包含上述环节,而且也不会让意识在它那里发现上述环节,正因如此,意识在它的观察中就把对立转变为一个符合它的观察的对立。

这样一来,那出现在意识眼前的有机物就是两个**存在着的**、**固定的**环节之间的关联或对立,——在意识看来,对立双方似乎是在观察中被给予的,与此同时,就内容来看,对立双方表现为有机物的**目的概念**与**现实性**之间的对立。原因在于,通过一种隐晦而又流于表面的方式,严格意义上的概念已经被排除在现实性之外,而思想也降低到了表象活动的层次。在这种情况下,我们看到,目的概念大约就是人们所说的**内核**,而现实性则是人们所说的**外观**,二者的关联形成了这样一条规律:**外观是内核的表现**。

如果我们进一步观察内核及其对立面,观察它们的相互关联,就会发现,首先,无论内核还是外观都不再像在之前的规律那里一样,可以作为独立的**物**而显现为一个特殊的物体;其次,普遍者也不再像过去那样,**于存在者之外**的某个地方具有自己的实存。现在的情况毋宁是,处于基础地位的有机物是一个绝对不可分割的整体,它是内核和外观的内容,对二者来说是同一个东西。在这种情况下,内核和外观之间的对立仅仅是一 ［203］
个纯粹流于形式的对立,内核和外观,作为两个实在的方面,在本质上属

于同一个**自在体**,但与此同时,由于内核和外观是相互对立的实在事物,
在意识看来是两种相互有别的**存在**,所以意识认为它们分别具有一个独
特的内容。实际上,它们的独特内容是同一个实体或同一个有机统一体,
由此只能在形式上有所差异。当从事观察的意识宣称,外观仅仅是内核
的一个**表现**,正是这个意思。——在目的概念这里,我们已经看到同样一
些关系规定,也就是说,首先,对立双方具有一种彼此漠不相关的独立性,
然后,它们消失在一个统一体之内。

现在我们要看看,内核和外观就其存在而言分别具有怎样一个**形态**。
真正意义上的内核必须和真正意义上的外观一样,也有一个外在存在和
一个形态,因为内核也是意识的对象,换言之,内核本身已经被设定为一
个存在者,一个现成的可供观察的东西。

有机的实体,作为一个**内在的**实体,是一个**单纯的**灵魂,是一个纯粹
的**目的概念**或一个**普遍者**,它在被分割的时候仍然保持为一个普遍的流
体,所以它的**存在**显现为各种**转瞬即逝的**现实事物的**行动**或**运动**;另一方
面,与存在着的内核相对立的**外观**则立足于有机物的**静态存在**。就此而
言,规律作为内核与外观之间的一种关联,可以通过以下两个途径来表现
自己的内容:要么呈现出那些普遍的**环节**,亦即**单纯的本质性**,要么呈现
出那个已经实现的本质性,亦即**形态**。单纯的本质性可以说是一些简单
的有机**属性**,即**感受性**、**激动性**和**再生性**。诚然,这些属性——至少是前
面两种属性——看起来并不涉及一般意义上的有机组织,而是仅仅涉及
[204] 动物的有机组织。实际上,植物的有机组织也仅仅是表现出有机组织的
单纯概念,**还没有展开**这个概念的各个环节。鉴于这些环节应该得到观
察,所以我们必须紧紧盯住这个概念,看它如何呈现出各个环节的展开了
的实存。

就这些环节本身而言,它们直接来自于"自主目的"这一概念。一般
说来,**感受性**表现出了有机物的自身反映这一单纯概念,以及这个概念的
普遍流体,而**激动性**则表现出了有机物的弹性(即在反映的同时**作出反
应**),以及与最初的静态的**内在存在**相对立的一个实现过程,在这个过程

中,那个抽象的自为存在转变为一个**为他**存在。至于**再生性**,则是这个**完整的**、经历了自身反映的有机组织的一种活动或行为。由于有机组织是一个自在的目的或**类**,所以通过它的行为,个体一边撕裂着自己,一边把它的机体部分或整个个体重新产生出来。作为**一般意义上的自身保存**,再生性表现出了有机物的形式概念,亦即感受性。但真正说来,再生性是一个实在的、有机的概念,亦即一个**整体**,它要么作为一个个体,通过产生出自己的个别部分而返回到自身内,要么作为一个类,通过产生出个体而返回到自身内。

当这些有机元素作为一个**外观**存在着,它们的**另一种意义**就是它们的**形态分化**方式,按照这个方式,它们表现为一些**现实的**、但同时也是**普遍的**部分,亦即有机**系统**。比如,感受性表现为神经系统,激动性表现为肌肉系统,而再生性则表现为使个体和类保持运转的内脏系统。

就此而言,有机物的独特规律涉及到了有机环节的双重意义:一方 [205] 面,这些环节是有机物的**形态分化**的一个**部分**;另一方面,它们是一些**普遍的**、**流动的**规定性,贯穿着所有那些系统。既然如此,为了表现出这样一个规律,一个**特定的**感受性,作为**整个有机组织的环节之一**,既可以通过一个具有特定结构的神经系统表现出来,也可以与个体的有机部分的特定的**再生性**联系在一起,或与整体的延续联系在一起。——这样一个规律的两个方面都能够得到**观察**。**外观**就其概念而言是一种**为他存在**。比如,感受性借助于感觉**系统**直接呈现为一个现实的存在,而作为一个**普遍的属性**,感受性在它的各种**外化活动**里仍然是一个客观的东西。所谓的**内核**也有它**自己固有的外在**方面,但这个外在方面不同于通常所谓的**外观**。

因此,我们应该观察的是有机规律的两个方面,而不是这两个方面之间的关联的规律。观察之所以是不充分的,并不是因为观察**本身**过于目光短浅,也不是因为观察不遵循经验,反而要从理念出发——因为,倘若这些规律是某种实实在在的东西,那么它们必须在事实上已经现实地存在着,成为观察的对象,——而是因为,关于这类规律的思想表明自己不具有任何真理。

规律代表着这样一种关系,即普遍的、有机的**属性**借助于一个有机**系统**把自己转变为一个物,并通过物而获得有机系统的一个形像摹本。在这种情况下,普遍环节和物就是同一个本质,只不过存在的方式不同而已。但除此之外,内核这一方面本身也是由众多方面形成的一个关系,因此,首先表现出来的是这样一个思想,即规律乃是普遍的有机行为或有机属性之间的一种关联。至于规律是否可能,则必须取决于属性的本性。

[206] 但是属性,作为一个普遍的流体,并没有限定在物的形态下,而且它之所以能够维系自身,也不是因为它不同于那个构成其形态的实存,毋宁说,感受性并未局限于神经系统,而是贯穿着有机组织的全部系统。除此之外,属性也是一个普遍的**环节**,它在本质上就与反应性(亦即激动性)和再生性不可分割地联系在一起。因为,属性作为一种自身反映,无论如何本身就包含着反应性。单纯的自身反映是一种被动性或一种僵死的存在,不能等同于感受性,同样,动作(它与反应性是同一个东西)如果缺乏了自身反映,也不能等同于激动性。动作或反应性中的反映,加上反映中的动作或反应性,它们的统一恰恰构成一个有机物,同时也意味着有机物的再生性。由此可以得出,当我们首先观察感受性和激动性之间的关系,就会发现,在任何种类的现实事物那里,感受性和激动性都必然具有同等的**分量**,而且,只要我们愿意,任何一个有机的现象都是既可以通过感受性也可以通过激动性来理解、规定和说明。同样一个东西,在一个人看来具有高度的感受性,在另一个人看来也可以是具有高度的激动性,而且是**同等程度**的激动性。如果我们把它们称作**因素**,如果这个称呼不是一个空无所指的词语,那么这就等于宣布它们是概念的一些**环节**,亦即一种实在的对象。概念构成了这种对象的本质,而且本身就以同样的方式包含着那些环节,如果概念在一个环节上被规定为一种很敏感的东西,那么它在另一个环节上就被规定为同等程度的一种很容易激动的东西。

这些环节必然不同于彼此,它们是依照概念而被区分开的,所以它们相互之间的对立是一种**质的**对立。但是,除了这种真实的区别之外,它们也被设定为一些作为表象的对象而存在着的东西,仿佛是规律的各个不同方面,而在这种情况下,它们相互之间是一种**量**的差异性。就此而言, ［207］各个环节之间的独特的质的对立就体现为**分量**的差别,于是出现了这样一类规律,比如,感受性和激动性在分量上是一种此消彼长的反比关系。或者更好的做法是,一开始就把分量本身当作内容,如果某物的分量增加,那么它的弱小程度就减少。——"如果一个洞的填充物越是**减少**,那么这个洞的分量就越是**增加**",像这样一个具有特定内容的规律是一个反比关系,但是它同样可以转化为一个正比关系,并这样表述出来:"洞的分量与被挖走的东西的数量按照正比关系而**增加**",——这是一个**同语反复的**命题,不管它是以正比关系还是以反比关系表达出来,意思都不过是说:如果一个分量增加,那么这个分量增加。洞与它的填充物或挖去物之间是一种质的对立,但既然双方的实质以及这个实质之特定的分量在双方那里是同一个东西,大的增加和小的减少是同一回事,双方的空洞对立到头来不过是一句同语反复,那么各个有机的环节从一开始就实质和分量而言都是不可分割的,都具有同样的分量。一个环节仅仅和另一个环节一起减少,仅仅和另一个环节一起增加,因为只有当一个环节存在着,另一个环节才有意义。真正说来,究竟把一个有机现象看作激动性还是看作感受性,这是无所谓的,不管是在一般的意义上还是就它们的分量而言都是如此。好比当一个洞变得更大,你既可以说这是由于它的空虚处增加了,也可以说是由于被挖走的填充物增加了。再比如"三"这个数,不管我说它是正的还是负的,其分量始终是不变的,但如果我从三增加到四,那么无论正的还是负的分量都变成了四。同样,磁场的南极和北极、正电和负电、酸和碱,都恰好具有同等强度的分量。诸如"三"或"磁场"之类有分量的东西是一个有机的实存,这类东西既可以增加也可以 ［208］减少,当它们增加时,它们的**两个**因素也会增加,好比当一个磁场加强时,它的**两极**也会加强,而对于正电负电之类事物来说,也是同样的情形。按照一种空洞对立的概念,对立双方就**内涵**和**外延**而言都是不可能有差别的,当一方在内涵上减少而在外延上增加时,另一方不会在外延上减少而在内涵上增加。但实际上,实在的内涵总是与外延具有完全同等程度的分量,反之亦然。

可见,所谓制定规律,亦即立法,其实就是使激动性和感受性从一开始就构成一个特定的、有机的对立。但这些内容消失了,而对立则转变为一个形式上的对立(分量的增加和减少,或内涵与外延的差异)——这个对立不再涉及感受性和激动性的本性,也不再表现着它们。因此,制定规律是一个空洞的游戏,它没有与那些有机的环节结合在一起,而是沦为一种在任何地方都可以被任何人利用的花招把戏,因为那些人根本没有认识到这类对立的逻辑本性。

最后,如果不是把感受性与激动性联系在一起,而是把再生性与感受性或与激动性联系在一起,那么连制定规律的理由都消失了。因为,再生性与那些环节之间不像那些环节彼此之间那样是一种对立的关系,由于制定规律必须以对立为基础,所以它在这里的所作所为仅仅是一个假象,甚至可以说是一个已经消失的假象。

[209] 正如我们刚才观察到的,制定规律包含着有机组织的各种差别,而这些差别意味着有机组织的**概念**的各个环节,所以它真正说来本应是一种先天的立法行为。它在本质上包含着这样一个思想,即那些环节意味着**现存的事物**,而单纯从事观察的意识无论如何必须坚持以这些事物为对象。有机的现实事物本身必然具有一个对立,这个对立在概念上可以被规定为激动性与感受性的对立,而且这两个东西在现象上又不同于再生性。——在这里,我们观察到的是有机组织的概念的各个环节的**外表**,这是内核**自己固有的直接的**外表,不是**外观**,后者是指整体上的外观和**形态**,而内核只有在与外观的关联中才能在随后成为我们的观察对象。

这样来理解各个环节之体现在一个实存那里的对立,就等于把感受性、激动性和再生性降格为一些普通的**属性**,它们作为特殊的重量、颜色和坚硬度等等,对彼此而言都是一些漠不相关的普遍性。在这个意义上我们可以观察到,这个有机物比那个有机物更敏感,更易激动,或具有更强的再生能力;同样,这种有机物与那种有机物在感受性等方面有所不同,这种有机物对于特定刺激的反应不同于那种有机物,正如一匹马在面对燕麦和干草的时候有不同的表现,一条狗面对这两样东西又有另外的反应等等,都是很容易观察到的,其简单程度不啻于观察到一个物体比另一个物体更坚硬。然而如果我们把坚硬度和颜色等感性属性、对于燕麦的敏感性、对于负重的激动性、生育幼崽的数目和方式等现象联系在一起并进行比较,就会发现,它们在本质上是有悖于规律的。因为,它们的**感性存在**的规定性恰恰在于,它们是一些彼此完全漠不相关的存在,它们表现了一种不受概念约束的自然自由,但极少表现出关联的统一性,它们表现出自然界以不合理性的方式沿着概念的各个环节之参差不齐的梯子上下穿梭,但极少表现出这些环节本身。

[210]

从**另一个方面**出发,可以将有机组织的概念的单纯环节与**形态分化**的环节进行比较,也只有这个方面恐怕才能制定出真正的规律,以便表明真实的外观是**内核**的一个摹本。——那些单纯的环节是一些贯穿一切的、流动着的属性,正因如此,它们在有机物那里并不具备诸如"个别的形态系统"之类分离出来的、实在的表现。换言之,如果说有机组织的抽象理念之所以在那三个环节里真正表现出来,仅仅是因为那些环节不能持存,只能隶属于概念和运动,那么反过来必须说,有机组织作为一种形态分化并不是像解剖学所分解的那样,可以通过三个特定的系统就能被把握。尽管这些系统在现实中必然会被发现并因此获得合法地位,但我们不要忘了,解剖学揭示出来的不只是那三个系统,此外还有多得多的系统。即使撇开这一点不论,我们必然也会发现,**感受系统**意味着某种完全不同于**神经系统**的东西;同样,激动**系统**不同于**肌肉系统**,再生**系统**也不同于负责再生的**内脏器官**。在严格意义上的**形态**的各个系统里,人们把有机组织理解为一种抽象而僵死的存在,而按照这种理解,有机组织的各个环节仅仅隶属于解剖学和腐尸,而不是隶属于认识和活生生的有机组织。作为这样的部分,毋宁说那些环节已经不再**存在**,因为它们不再隶属于一个演进过程。有机组织的**存在**在本质上是一种普遍性或自身反映,所以,它的整体的**存在**以及它的各个环节都不可能存在于一个解剖学的

173

系统内,毋宁说,无论是现实的表现,还是那些环节的外表,都只是作为一个运动才存在着,这个运动贯穿着形态分化的不同部分,在其中,凡是作为个别的系统而被分离出去并固定下来的东西,都在本质上呈现为一个流动着的环节。就此而言,解剖学所发现的那种现实性不能看作是那些环节的实在性,毋宁说,那些环节只有融入一个演进过程才获得它们的实在性,也只有在这个过程中,解剖学分解出来的各个部分才具有一个意义。

[211]

由此可见,有机物的**内核**的各个环节,孤立地看来,没有能力把存在的规律的相应方面确立下来,因为它们在这类规律里被用来陈述一个实存,相互之间一旦被区分开,就不可能在同样的情况下相互替换。而且,如果它们被放置到一个方面,它们也不可能通过另一方面的某个固定的系统而实现自身,因为一个固定的系统既不包含任何有机的真理,也没有将内核的那些环节表现出来。有机物是一个自在的普遍者,所以一般说来,有机物在本质上也会把它的那些现实环节当作一种同样普遍的东西,也就是说,当作一些贯穿始终的演进过程,而不是在一个孤立的物那里给出普遍者的一幅图像。

这样一来,一般意义上的**规律**的**表象**就在有机物那里消失了。规律希望把对立理解并表述为静止的双方,指出双方的规定性就是它们的相互关联。显现着的普遍性隶属于**内核**,静止形态的各个部分隶属于**外观**,内核和外观本应构成规律的对立双方,但一旦把它们分裂开,它们就失去了有机的意义。规律的表象恰恰有一个前提,即它的对立双方都具有一种自为存在着的、漠不相关的持存,同时又把它们的相互关联当作一个双重的、彼此对应的规定性而加以分享。实际上,有机物的每一个方面本身都是一个单纯的、将全部规定都消解在其中的普遍性,都是这样一个消解运动。

[212]

一旦认识到这种制定规律与之前各种形式的差别,就将完全揭示出制定规律的本性。——如果我们回顾一下知觉的运动,以及在知觉中返回自身从而规定它的对象的知性的运动,那么可以发现,知性在它的对象那里并没有发现普遍与个别、本质与外表等抽象规定之间的**关联**，毋宁说，知性本身是一个过渡，但这个过渡对知性来说并没有成为一个客观的东西。如今在这里正好相反，有机的统一体——亦即那些对立之间的关联，而这个关联又是一个纯粹的过渡——本身就是一个**对象**。这个过渡单纯就其自身而言直接就是一种**普遍性**。由于普遍性出现在差别中，而规律又应该表现出各种差别之间的关联，所以规律的环节成为这个意识的**普遍的**对象，而规律意味着，**外观**是**内核**的表现。知性在这里已经把握到了一个关于规律本身的**思想**，而在此之前，它所寻找的仅仅是一般意义上的规律，所以规律的各个环节只是作为一些特定的内容，而不是作为思想飘浮在它面前。——因此，就内容而言，这里应该保留下来的不是那样一些规律，它们仅仅是安静地把纯粹**存在着**的差别接纳到普遍性形式里面，而是这样一些规律，它们在差别那里直接掌握着概念的躁动，从而同时也掌握着各方关联的必然性。然而，对象、有机的统一体、对于存在的无限扬弃或绝对否定、静止的存在等等都是直接统一在一起的，这些环节在本质上是一个**纯粹的过渡**，正因如此，规律所要求的那些**存在着的**方面并没有体现出来。

为了得到那些方面，知性必须紧紧抓住有机关系的另一个环节，即一个有机实存的**已经折返回自身内的存在**。然而这种存在已经如此完满地折返回自身内，以至于没有留下任何一个针对着他者的规定性。**直接的** [213] 感性存在与严格意义上的规定性是直接合而为一的，因此它本身就表现出一个质的差别，比如蓝与红的差别，酸性与碱性的差别等等。但是，一个已经返回到自身内的有机存在以全然漠不相关的态度来对待他者，它的实存是一个单纯的普遍性，意识在那里观察不到任何持续不变的感性差别，换言之，有机存在的本质规定性仅仅表现为各个**存在着的**规定性之间的一种**更替过程**。因此，就差别表现为一个存在着的差别而言，它是一个**无关紧要的**差别，亦即**分量**。然而在这个过程中，概念被消除了，必然性也消失了。——如果我们把这个漠不相关的存在的内容和填充物以及感性规定之间的更替过程归结为一个单纯的有机规定，那么这同时表明，

175

那些内容和填充物恰恰不具有诸如直接属性之类规定性,而且正如我们前面已经看到的那样,质的东西完全被归结为分量。

也就是说,客观的东西,作为一个有机的规定性,本身已经包含着一个概念,并因此不同于知性的对象。知性在领会把握它的那些规律的内容时,表现为一种纯粹的知觉活动,而这种领会把握之所以在原则上和方式上完全倒退到一种单纯知觉着的知性,是因为那些被领会把握的东西变成了**规律**的一个环节。这样一来,规律就表现为一个固定的规定性,在形式上是一个直接的属性或一个静态的现象。在这之后,规律还获得了分量上的规定,而概念的本性则被压制下去了。——也就是说,那单纯被知觉的东西与那返回到自身内的东西之间的转换,单纯的感性规定性与有机的规定性之间的转换,都再度失去了自己的价值,因为知性还没有扬弃制定规律的做法。

[214]　　　为了用几个例子来比较一下前面所说的那种转换,我们从知觉出发,把一个肌肉强壮的动物规定为一个具有高度激动性的动物有机组织,把一个极度虚弱无力的状态规定为一个具有高度感受性的状态,或者如果人们愿意的话,规定为一个非同寻常的情状乃至这个情状的能量升级——附带说一句,诸如"情状"（Affektion）、"能量升级"（Potenzierung）之类词汇①非但没有把感性的东西导向概念,反而将其翻译为一种文绉绉的,甚至可以说糟糕的德式拉丁文。动物有强壮的肌肉,对此知性也可以这样来表达:动物具有一种强大的**肌肉力**。同样,极度的虚弱无力也是一种微弱的**力**。"激动性"的说法之所以胜过"**力**"的说法,原因在于,后者表达出的是一种不确定的自身反映,而前者表达出的是一种确定的自身反映,而肌肉的**独特**的力恰恰就是激动性。同样,"激动性"的说法也要胜过"**强壮肌肉**"这一说法,因为激动性和力一样,本身已经包含着一种自身反映。和所谓的"虚弱"或"微弱的力"一样,**有机的被动性**通过**感受性**得到一个确定的表达。但感受性本身作为一个固定的东西仍然没有

· ①　这些是谢林的自然哲学经常使用的术语。——译者注

摆脱**分量**的规定,也就是说,它作为一个或大或小的感受性,仍然与别的或大或小的激动性相对立。就此而言,每个感受性都被降格为一个感性元素,降格为一个具有普通形式的属性,而它们的相互关联并没有成为概念,而是成为分量,包含在其中的对立则转变为一种无思想的差别。在这里,即使清除掉"力"、"强"、"弱"等说法里面的不确定因素,产生出来的仍然是一种同样空洞和同样不确定的周旋,即在较高和较低的感受性及激动性的对立之间,在感受性和激动性相应的增强和减弱之间的一种周旋。正如"强"和"弱"都是一些纯粹感性的、无思想的规定,同样,或大或小的感受性和激动性也是一些未经思想领会把握,就这样陈述出来的感性现象。"强"、"弱"等缺乏概念的表述方式并没有被概念取代,而是通 [215]过一个规定得到充实,这个规定单就其自身而言是以概念为依据,以概念为内容的,但它已经完全不知道概念的源头和特性。也就是说,先是通过"单纯性"和"直接性"等形式(它使得内容成为规律的一个方面),然后通过分量(它构成了这类规定的差别的元素),那个原本就作为概念存在着、原本就被设定为概念的本质仍然进行着一种感性的知觉活动。但这还谈不上是一种认识活动,正如通过力的强弱或通过这些直接的感性属性来进行规定也谈不上是一种认识活动。

如今,余下需要观察的是那个**孤立无依**的东西,亦即有机物的**外观**。同样,我们既然已经考察了整体的**内核**与它**自己**的外观之间的关联,现在就要来考察,在有机物那里,**它的**内核和**它的**外观之间的对立具有怎样的规定。

外观,单就其自身来看,是一般意义上的**形态分化**,是一个以存在为**元素**而环环相扣的生命系统,在本质上同时也是有机本质的一种**为他**存在,也就是说,是一个**自为存在着**的客观本质。——这个**他者**首先显现为一个外在于它的无机自然界的东西。当我们把这两个方面与规律联系起来进行考察,就会发现(而且我们在前面已经看到同样的情形),无机自然界不可能在一个规律里面与有机本质发生对立,因为有机本质是绝对自为的,同时又与无机自然界具有一种普遍的和自由的关联。

但如果在有机物的形态那里进一步规定双方的关系,那么这个形态就会一方面转而与无机自然界形成对立,另一方面则作为一个**自为**存在返回到自身内。**现实的**有机本质是一个中项,它把生命的**自为存在**与一般意义上的**外观**(亦即**自在存在**)联系在一起。处于自为存在这一端的是内核,作为一个无限的单一体,它把形态自身的各个环节从它们的持存状态中、从它们与外观的联系中拽回到自身内,而作为一个空无内容的东西,它把形态当作自己的内容,并因此显现为形态的一个演进过程。这一端是单纯否定性或**纯粹个别性**,在这里,有机物拥有绝对的自由,可以确保自己以漠不相关的态度去对待为他存在以及形态的各个环节的规定性。这个自由同时也是各个环节自身的自由,也就是说,各个环节能够显现并且被理解为一些**实存着的**东西,它们不仅与外观漠不相关,而且本身相互之间也是漠不相关的,因为这个自由的**单纯性**就是**存在**,亦即那些环节的单纯实体。这个概念或纯粹自由总是同一个生命,无论形态或为他存在怎样变化多端。至于生命的长河究竟推动着哪些磨盘在转,这是无关紧要的。现在需要指出的是:首先,我们不能像以前观察真正的内核那样,把这个概念的形式理解为概念的各个环节的一个**演进过程**或发展过程,实际上,它现在的形式是**单纯内核**,亦即一个与**现实的**活物相对立的纯粹普遍者,换言之,这个形式是那些存在着的形态肢体得以**持存**的一个**要素**。对于我们正在观察着的这个形态而言,生命的本质在于一种单纯的持存状态。其次,**为他存在**或现实的形态分化这一规定性既然已经被纳入到这个单纯的普遍性之内,以之为本质,那么它就是一个同样单纯而普遍的、非感性的规定性,而且这样一个规定性只能表现为**数**。数是形态的中项,它把未经规定的生命与现实的生命联系在一起,如前者一般单纯,如后者一般确定。凡是在**内核**那里表现为数的东西,必须按照外观自己的方式而将其表现为各式各样的现实性、生活方式、颜色等,一言以蔽之,表现为无穷无尽的在现象中得到发展的差别。

[217] 如果我们把有机整体的两个方面——亦即**内核**和**外观**,且各自分别又有一个内核和一个外观——按照它们的内核来进行比较,那么前者的

内核就是概念，一个躁动不安的**抽象**，而后者的内核既是一个静止的普遍性也是一个静止的规定性，亦即数。概念在内核里面展开了自己的各个环节，如果说正是出于这个原因，内核才误以为这些环节之间有一种必然的关联，并宣告规律出现，那么外观则是从一开始就放弃了这个企图，因为数显然是那些规律的某一方面的规定。也就是说，数恰恰是一种完全静止的、僵死的、漠不相关的规定性，在它那里，一切运动和关联都消失了，那些通往欲望的生命因素、生活方式以及其他感性存在的桥梁也都断裂了。

但是，像这样来观察一个有机物的严格意义上的**形态**，或把内核看作是单独的某一个形态的内核，实际上都不再是对于有机物的观察。因为，本应相互关联的两个方面完全被设定为彼此漠不相关，而这样一来，那种构成了有机物的本质的自身反映就被扬弃了。在这里，我们其实是把曾经尝试过的内核和外观之间的比较应用到了无机自然界身上。在这里，无限的概念仅仅是一个**本质**，它隐藏在自身内部，或者说已经转移到了自我意识里面，而不再像在有机物那里一样具有一种客观的当前存在。就此而言，我们还必须考察内核和外观在它们的独特领域里的那种关联。

首先，形态的那个内核，作为一个无机物的单纯个别性，是**比重**。作为一个单纯的存在，比重只能具有数的规定性，因此可以像数的规定性那样被观察，或更确切地说，通过观察的比较而被发现，并以这种方式给出规律的一个方面。形状、颜色、硬度、韧性以及无数其他的属性合在一起，[218] 就能构成**外观**，而且能够表现出内核的一个规定性，亦即数，而在这种情况下，内核和外观彼此都可以把对方当作自己的一个映像。

因为否定性在这里不是被理解为一个处于演进中的运动，而是被理解为一个**静止的统一体**或一个**单纯的自为存在**，所以它毋宁显现为那样一个东西，通过它，物可以抵制演进过程，自顾自地与之漠不相关。但由于这个单纯的自为存在相对于他者而言是一种静止的漠不相关，所以比重是作为与其他属性**并存**的一个**属性**而出现的。这样一来，比重与众多合乎规律的东西之间不再有任何必然的关联。作为一个单纯的内核，比

重就其自身而言不包含任何差别,或者说它包含着一个无关本质的差别。概言之,比重的**纯粹单纯性**恰恰扬弃了一切本质上的差别。至于那个无关本质的差别,亦即**分量**,必须在另一方面亦即属性的多样性那里找到它的映像或**他者**,因为只有这样,它才终归谈得上是一个差别。如果这个多样性本身被纳入到对立的单纯性里面,被规定为**凝聚性**,那么凝聚性就是**一个处于他者存在中的自为存在**,而比重则是一个**纯粹的自为存在**。在这种情况下,首先,凝聚性就是一个纯粹的、在概念中被设定的规定性,与前面那个规定性相对立,而相应的制定规律的情形与我们前面在观察感受性与激动性之间的关联时看到的是一样的。其次,进而言之,凝聚性作为"处于他者存在中的自为存在"的**概念**,仅仅是一个**抽象表述**,它与比重相对立,本身不具有任何实存。概言之,处于他者存在中的自为存在实际上是一个演进过程,在这个过程里,无机物必须把它的自为存在表现为

[219]　一种**自身保存**,以避免自己作为产物这一环节而跌落到演进过程之外。然而无机物的这个做法恰恰与它的本性相悖,因为它的本性本身并不包含着目的或普遍性。毋宁说,无机物的演进过程仅仅是一个特定的行为,即使它的自为存在或它的比重在某种方式下**扬弃**自身。这个特定的行为也包含着无机物的凝聚性(就其真正的概念而言),但无论是它本身,还是无机物的比重的特定分量,都是一些彼此完全漠不相关的概念。倘若我们不去管那个行为的方式,而是仅仅考虑分量这一表象,那么大致可以这样来设想这个规定,即一个较大的比重,作为一种更高程度的内在存在,相对于一个较小的比重而言更不容易加入到演进过程之中。但反过来,自为存在的自由之所以岿然不动,就在于它很容易掺和到一切事物中,并通过这种杂多性保存自身。内涵如果缺乏了关联的外延,就是一种空无内容的抽象,因为外延才构成了内涵的**实存**。但正如我们已经指出的,无机物在其关联中的自身保存有悖于关联的本性,因为无机物本身不包含运动的本原,换言之,因为无机物的存在不是一种绝对的否定性,不是一个概念。

　　但如果我们把无机物的这另一个方面不是看作一个演进过程,而是

看作一个静止的存在,那么这就是通常所说的凝聚性,亦即一个**单纯的**感性属性,而它的对立面则是一个已经获得自由的环节,亦即一个**存在着的他者**,后者分解为许多彼此漠不相关的属性(比如比重),而且它本身也会作为众多属性之一而出现,在这之后,大量属性合在一起构成与凝聚性相对立的另一方面。但无论对哪一方而言,**数都是唯一的规定性**,它不仅没有表达出这些属性之间的关联和过渡,而且在本质上不包含着任何必然的关联,而是要消灭一切合乎规律的事物,因为,数所表达出的规定性 [220] 是一种**无关本质**的规定性。在这种情况下,一系列物体(它们的差别表现为比重的数量差别)与一系列不同属性之间完全谈不上一种平行关系,而且,即使我们为了简化事情而从那些属性中仅仅抽取出少数几个来考察,同样也是如此。实际上,只有把那些属性堆积在一起,才有可能构成这种平行关系的另一方面。对于观察来说,一方面,众多属性的分量规定性就在于把那种堆积理顺为一个有序的整体;但另一方面,属性之间的差别又表现为一种质的差别。如今,在这个堆积里,任何东西要么是肯定的,要么是否定的,它们相互扬弃,一般说来只能作为一个复杂程式的内在框架和外观存在着。它们隶属于概念,但概念恰恰已经被排除在外,因为众多属性现成地**存在着**,应该被接纳下来。在这种存在里,没有任何一个属性表现出一种针对着其他属性的否定特征,毋宁说,每一个属性都和其他属性一样就这么**存在着**,也没有任何一个属性表明自己在整体的秩序之内处于什么地位。对于一个在平行的差别里持续推进的序列而言——不管这种平行关系在两方面都是上升着的,还是仅仅在一方面增加,而在另一方面减少——关键只在于这整个复合体之**最终的**单纯表现,而复合体又构成了规律中与比重相对立的另一方面。但这个方面,作为一个**存在着的结果**,如我们已经提到的,无非是一个个别的属性,比如通常所谓的凝聚性,而与之并列的其他属性(包括比重)彼此都是漠不相关的,每一个属性都同样有权利,也可以说同样没有权利被推选为整个方面的代表。每一个属性都仅仅代表着本质,或者用德语来说,仅仅**表象着** [221] 本质,但它们并不是事情本身。因此,企图找出若干个系列的物体,沿着两方面的单纯平行关系持续推进,并且用这些方面的一个规律来表现出物体的本质特性——这种企图只能是一个空想,它没有认识到自己的任务,也没有认识到那用以完成任务的手段。

截至目前的观察,形态的外观和内核之间的关联已经转移到了无机物的领域。现在我们可以进一步说明这个过程转移之所以发生的原因,由此还可以得出这个关系所包含的另一个形式和另一个关联。在无机物那里,可以对内核和外观进行比较,但这种做法对于有机物来说却是根本不可能的。无机物的内核是一个单纯的内核,它在知觉面前呈现为一个**存在着的**属性。它的规定性在本质上是一个分量,而且,作为一个存在着的属性,它与外观或各种感性属性都是漠不相关的。与之相反,一个有机的活物的自为存在与它的外观并不对立,而是本身就包含着**他者**这一原则。如果我们把自为存在规定为一个**单纯的、自我保存着的自身关联**,那么它的他者存在就是一个单纯的**否定性**,而有机物的统一意味着自身一致的自身关联活动与纯粹否定性的统一。这样一种统一是有机物的内核。就此而言,有机物本身就是普遍的,或者说它是一个**类**。类有不依赖于它的现实性的自由,比重也有不依赖于形态的自由,但这两种自由不是一回事。比重的自由是一种**存在着的**自由,换言之,比重可以作为一个特殊的属性出现在客观方面。但因为这是一种**存在着的**自由,所以也可以

说,它仅仅是**一个规定性**,在本质上隶属于形态,换言之,它使得形态**成为**一个特定的**本质**。反之类的自由是一种普遍的自由,它根本不关心形态或形态的现实性。无机物的**严格意义上的自为存在**包含着一个**规定性**,这个规定性在有机物那里**从属于有机物的**自为存在,而在无机物那里则是仅仅从属于无机物的**存在**。尽管规定性在无机物那里仅仅是一个**属性**,但毕竟有资格被称作本质,因为它作为一个单纯的否定性事物与实存(亦即为他存在)相对立。这个单纯的否定性事物,就其最终的个别规定性而言,是一个数。有机物是一个个别性,而个别性本身是一个纯粹的否定性,而且消灭了它自身内固定的数的规定性,因为数隶属于一种**漠不相关的存在**。只要有机物本身包含着漠不相关的存在以及数等环节,那么

数就只能被看作是有机物的一个无关紧要的规定性,而不能被看作是有机物的生命力的本质。

　　现在,如果纯粹的否定性,亦即演进过程的原则,一方面并没有脱离有机物,没有位于有机物之外,另一方面又不是有机物的一个**本质**规定性,而个别性反而成了一个自在的普遍者,那么这个纯粹的个别性无论如何不是经过一些**抽象的**或普遍的环节而在有机物那里发展起来并成为现实的。实际上,"纯粹的个别性"这一说法已经摆脱了那种退回到**内部**的普遍性。在现实性或形态(亦即正处于发展过程中的个别性)和有机的普遍者或类之间,出现了一个**特定的**普遍者,亦即**种**。普遍者或类的否定性所获得的那种实存,仅仅是一个已经展开的演进运动,而这个运动贯穿了**存在着的形态的各个部分**。假若类本身作为一种静止的单纯性就包含着不同的部分,进而言之,假若类的**单纯否定性**本身就是一个运动,贯穿着一些同样单纯的、本身就普遍的部分,假若这些部分本身在这里就是一些现实的环节,那么有机物的类就将是一种意识了。然而,**单纯的规定性**,作为种的规定性,是以一种缺乏精神的方式通过种而表现出来的。现实性始于种,换言之,那些进入到现实性里面的东西不是一个严格意义上的类,更谈不上是一个思想。类,作为一个现实的有机物,只有一位代理人。这位代理人就是数,它似乎已经指明了从类到个体的形态分化的过渡,为观察指明了两方面的必然性(其一是单纯的规定性,另一则是得到发展的、丰富多姿的形态),但它实际上指明的毋宁是普遍事物与个别事物之间的漠不相关状态和自由,而个别事物虽然被类抛弃给一种无关本质的分量差别,但本身作为一个活物同样又摆脱了这种差别。真正的普遍性,作为一种特定的普遍性,在这里仅仅是一个**内在的本质**。特定的规定性,作为**种的规定性**,是一种形式上的普遍性,与之对立的个别性反而代表着真正的普遍性,就此而言,个别性是一种有生命的个别性,并通过**它的内核而凌驾于种的规定性之上**。但与此同时,这种个别性并不是一个普遍的个体,否则普遍性在它那里就将获得一种同样外在的现实性。毋宁说,个别性并没有包含在一个有机的活物之内。这个**普遍的**个体,当

[223]

183

它**直接**出现在各种自然的形态分化中的时候,本身并不是一种意识。假若它是一种意识,那么它本身必定包含着它的实存,也就是说,它必定已经作为一个**个别的**、**有机的**、**有生命的个体**存在着。

于是我们看到这样一个环环相扣的推论:**普遍生命**在一端显现为**普遍者**或类,在另一端显现为**个别事物**或普遍的个体,而中项则是由对立双方结合形成的。也就是说,普遍者作为一个**特定的**普遍性(亦即种),而个别事物作为**真正意义上的**或**个别的**个别性参与到中项里。——由于这个推论一般说来隶属于**形态分化**一方,所以它在概念上同样也包含着那个作为无机自然界而被区分出来的东西。

[224]

如今,由于普遍生命作为**类的单纯本质**,其本身已经把概念的各种差别展示出来,而且必须把这些差别呈现为一系列单纯的规定性,所以这个系列是一个由许多彼此漠不相关的差别构成的系统,亦即**一个数的序列**。如果说我们曾经把处于个别性形式下的有机物与一个无关本质的差别对立起来,因为这个差别既不表现也不包含着个别性的活生生的本性——鉴于无机物的完整发展起来的实存已经具备众多属性,所以它必须被称作是这样一个无关本质的差别——,那么在我们现在的观察中,普遍的个体不仅自己不依赖于任何分类,而且有能力去进行分类。按照**数的普遍规定性**,类划分为一些种,当然,类也可以把它的实存的那些个别规定性(比如形状、颜色等等)当作划分的依据。然而在这个静止的事务里,类承受着来自**地球**这一普遍的个体的暴力,也就是说,普遍的个体,作为一个普遍的否定性,可以利用它本身具有的各种差别来反抗类的系统化活动,因为那些差别隶属于另一个实体,它们的本性不同于类的本性。类的系统化活动转变为一件非常狭隘的事务,它只能在那些强有力的元素的范围内进行,而且由于那些元素的肆无忌惮的暴力的干扰,类在任何地方都变得支离破碎、扭曲变形。

由此可以得出,在观察这种已经发生形态分化的实存时,理性只能作**为一般意义上的生命**出现,而这种生命在进行区分时,本身并未包含着一种现实的、合乎理性的排列组合,而且它也不是一个立足于自身的形态系

统。——在有机物的形态分化的环环相扣的推论里,种和种的现实性是 [225]
作为一个个别的个体性而出现的,倘若这个推论的中项本身就包含着内
在的普遍性和普遍的个体性这一端,那么中项就将在它的现实的**运动**中
获得普遍性的表现和本性,就将是一个走向系统化的发展过程。在这种
情况下,介于普遍的精神及其个别性(亦即一个感性的意识)之间的**意识**
就把意识的各种形态分化体系当作中项,当作一个完整的、秩序井然的精
神生命。也就是说,我们在这里观察的就是这样一个体系,它作为世界史
已经获得了一种客观的实存。但是有机自然界并没有历史,它从它的普
遍者亦即生命那里直接降落到个别的实存,而那些在这个现实事物中统
一起来的环节(单纯的规定性、个别的活物)则产生出一个纯粹偶然的转
变和运动,在其中,每一个环节都在自己那个部分有所行动,使得整体维
系下来。这种活跃的表现**单就其自身而言**完全局限于它的那个点,因为
那里没有一个整体,而之所以如此,又是因为整体在这里还不是一个**自为
的整体**。

从事观察的理性在有机自然界里面只能直观到它自己是一般意义上
的普遍生命,除此之外,当它去直观普遍生命的发展和实现时,只能参照
一些全然不同的系统,而这些系统的规定性,亦即它们的本质,并没有包
含在严格意义上的有机物之内,而是包含在普遍的个体之内。不仅如此,
当理性**置身于**地球的那些差别里面时,也是遵循着类企图建立的各种序
列来进行观察的。

现实地从事着观察的意识缺乏一个真正的自为存在着的中介活动,
但它仍然把**有机生命的普遍性**直接降格到**个别性**这一端,而在这种情况 [226]
下,意识仅仅是一种直面事物的**意谓活动**。假如理性有闲情逸致来观察
这种意谓活动,那么它只需去描述和叙述人们关于自然界的各种奇谈怪
论就行了。意谓活动的自由缺乏精神的指导,它在任何地方都会揭示出
一些虽然堪称机智,但却似是而非的关联,比如规律的萌芽、必然性的痕
迹、秩序和序列的征兆等等。但是,通过有机物与无机物的那些存在着的
差别(元素、地域、气候等)之间的关联,意识观察到的还不是规律和必然

性,而**仅仅是一种巨大的影响**。另一方面,个体性不是意味着地球,而是意味着一个**内在于**有机生命中的**单一体**,这个单一体与普遍者的直接统一虽然构成了类,但正因如此,类的单纯统一性就仅仅被规定为数,对于质的现象不再有任何影响。就此而言,通过观察而得到的结果无非是**一些机智的评论**、**一些有趣的关联**、**一种对于概念的友好迎合**。但是,机智的**评论**并不是**关于必然性的知识**,有趣的关联也始终局限于**兴趣**,而兴趣仅仅是关于理性的一个意见。个体在暗示着一个概念时所表现出来的**友好**,是一种天真幼稚的友好,而之所以说它天真幼稚,是因为它企图自在且自为地发挥某种效准。

b.观察纯粹的以及与外部现实性相关联的自我意识;逻辑规律与心理规律

在观察自然界的时候,意识在无机自然界里面发现了一个已经得到实现的概念,发现了一些规律,这些规律的各个环节就是物,而物同时又表现为一种抽象。然而这个概念并不是一种已经返回到自身内的单纯性。与之相反,有机自然界的生命完全是一种已经返回到自身内的单纯性。生命自己与自己的对立,作为普遍者和个别事物之间的对立,在生命的本质里并未发生分化。本质不等于类,因为类可以在它的无差别的要素里产生分裂和运动,同时就其自身而言又是一个无差别的东西。只有在一个真正实存着的概念里,或者说只有在一个自我意识里,观察才会发现这样一个自由的概念,这个概念的普遍性在自身内同样绝对地包含着一种已经展开了的个别性。

[227]

如今,当观察返回到自身内,指向那个自由的、现实的概念,它首先发现的是**思维的规律**。自在的思维是一种个别性,是一个抽象的、完全单纯化了的否定运动,而规律已经超出了实在性的范围。规律不具有**实在性**,而这意味着,规律是不真实的。人们认为,规律虽然谈不上是一种**完整的**真理,但至少应该是一种**形式上**的真理。然而这种缺乏实在性的、纯粹流于形式的东西仅仅是一种思维存在,或者说是一种没有发生分化的空洞抽象,因为分化恰恰已经是一个内容。但另一方面,由于这是纯粹思维的规律,而纯粹思维是一个自在的普遍者,亦即一种本身就直接包含着存在及全部实在性的知识,所以这些规律是一些绝对的概念,亦即"形式"、"物"之类本质性。当普遍性在自身内运动时,它是一个**已分裂的**单纯概念,而在这种情况下,它本身就包含着一个**内容**,这个内容可以是任何内容,唯独不是一个感性存在。这个内容并没有与形式构成矛盾,甚至根本就没有脱离形式,毋宁说它在本质上和形式是同一个东西,因为形式无非就是一个已经分裂为各个纯粹环节的普遍者。

　　既然这个形式或内容是那种**真正意义上的观察的对象**,那么它就被 [228]
规定为一个**被发现的**、被给予的、亦即**单纯存在着的**内容。它转变为一个处于各种关联中的静态存在,转变为大量孤立的必然性,这些必然性是一种**固定的**、自在且自为存在着的内容,它们**就其规定性而言**应该具有真理,而且实际上已经脱离了形式。但是,如果固定的规定性或众多不同的规律是一个绝对的真理,那么这有悖于自我意识或思维与任何形式的统一。所谓固定的、保持自在的规律,只能是那个已经返回到自身内的统一体的一个环节,只能作为一个转瞬即逝的分量出现。如果我们把那些规定性或规律从观察到的运动联系中抽离出来,个别对待,那么它们并没有失去内容(因为它们本身就具有一个特定的内容),而是失去了形式,但形式却是它们的本质。实际上,规律之所以不是思维的真理,并不是因为它们是一些完全流于形式的东西,不具有任何内容,毋宁说正相反,是因为它们企图按照自身的规定性**或作为一个**脱离了形式的**内容**成为绝对者。真正说来,规律在思维的统一性里是一些转瞬即逝的环节,它们必须被看作是一种知识或一个思维运动,而不是被看作知识的**规律**。但是观察不等于知识,也不明白其中的道理,所以它把知识的本性颠转为**存在**的一个形态,也就是说,它把知识的否定性仅仅理解为知识的**规律**。——在这里,事情的普遍本性已经足以表明,所谓的思维规律是不成立的。因此思辨哲学的任务是呈现出接下来的发展过程,在这个过程中,规律表明自己其实是一些个别的、转瞬即逝的环节,而这些环节的真理就是整个思维运动,亦即知识本身。

[229]　　思维的这个否定统一性把自己当作自己的对象,或更确切地说,这个否定统一性是一个**自为存在**,是个体性原则,而现实的个体性原则是一个**行动着的意识**。所以,意识在进行观察时被事情的本性导向个体性原则,而个体性原则就是那些规律的现实性。由于这个关联没有成为意识的对象,所以意识以为,一方面,始终存在着一个包含着各种规律的思维,另一方面,意识借助于它现在的对象获得另外一种存在,成为一个行动着的意识。行动着的意识又是一个自为存在,也就是说,当意识扬弃他者,直观到自己是一个否定性事物,它就成为一个现实的意识。

　　这样一来,**观察获得了一个新的视野**,亦即一个**处于行动中的、现实的意识**。心理学包含着大量规律,根据这些规律,精神把它的各种现实形态看作是一个**既有的他者**,然后用不同的方式来对待它们。有时候,精神会接纳这些现实形态,去**遵循**既有的习俗、伦常和思维方式,因为现实性既是它的对象,也是它自己;有时候,精神又强调它的自主性,热衷于从现实性里面挖掘出它需要的特殊事物,**使客观事物遵循精神**。也就是说,在前面那些情况中,精神否定了自己的个别性,而在后面一些情况中,它否定的是它自己的普遍存在。从一方面来看,独立性只能使既有事物在**形式**上表现为一般意义上的自觉的个体性,但就内容而言,独立性仍然是一个既有的、普遍的现实事物。从另一方面来看,独立性至少赋予了个体性一个与它的本质内容不矛盾的独特样式,借助于这个样式,个体成了一个特殊的现实事物和一个独特的内容,它与既有的、普遍的现实事物相对立——甚至犯下罪行,也就是说,无论个体是仅仅从一个个别的立场出发,还是从一个普遍的立场出发(亦即代表着所有的人)来扬弃现实性,它都是用另一个世界,用另一种正当性、规律和伦常取代了现有的这一切。

[230]　　主动的意识具有一些普遍的形态。观察心理学起初是叙述它对于这些形态的知觉,然后在这个过程中发现了一些能力、禀好和情感,而且,由

于观察心理学在叙述这个大杂烩的同时还记得自我意识的统一性,所以它无论如何会惊奇地发现,精神就像一个口袋,可以装下如此之多、如此迥异而又偶然凑合在一起的事物,更何况这些事物并非僵死的静物,而是各种躁动不安的运动。

在叙述这些不同的能力时,观察立足于一个普遍的方面。这些能力数目繁多,它们的统一体是一种与普遍性相对立的东西,亦即一种**现实的个体性**。——但是,如果只是指出这个人更喜好这样东西,而那个人更喜好那样东西,这个人比那个人更理智等等,单凭这些方式来理解和叙述各种不同的现实个体性,甚至比列举昆虫和苔藓的种类还要更加无趣得多。毕竟,观察有权利以个别的方式并且在无需概念的情况下对待昆虫和苔藓,因为这些东西在本质上隶属于偶然的个别化之类基本元素。反之,如果一种漫不经心的观察把自觉的个体性看作一个**个别的**、存在着的现象,那么这是一个矛盾,因为自觉的个体性在本质上是一个普遍的精神。但由于意识同时也让个体性出现在普遍性这一形式之下,所以它也发现了**个体性的规律**,而现在看起来,意识已经获得了一个合乎理性的目的,而且是在从事一项必然的工作。

那些构成了规律的内容的环节,一方面看来,是个体性自身,另一方面看来,又是个体性的普遍的无机自然界,亦即既有的各种环境、处境、习俗、伦常、宗教等等。只有从这些事物出发,才能理解把握一个特定的个体性。这些事物既包含着特定的东西,也包含着普遍的东西,与此同时,它们又是一些**现存的东西**,一方面呈现为观察的对象,另一方面又在个体性的形式下表现出来。 〔231〕

现在,这个双边关系的规律必须表明,这些特定的环境对个体性起着什么样的作用和影响。但个体性恰好是这样一种东西:**一方面**,它是一个**普遍者**,因此是以一种安静的、直接的方式与**现存的**普遍者(伦常、习俗等等)融为一体,与之适应,**另一方面**,它又与那些现存的伦常习俗相对立,甚至把它们颠倒过来,要不然的话,就是坚持自己的个别性,以完全漠不相关的态度对待它们,既不受它们的任何影响,也不主动去反对它们。

因此,当人们问"**什么东西**可以影响个体性"或"个体性可以受到**哪些影响**"(这两个问题其实是同样的意思),其答案就完全取决于个体性自身。认为个体性是**通过那样一些影响**而**转变为这一个特定的个体性**,意思无非是说:**个体性本来就已经是这一个特定的个体性**。环境、处境、伦常等等一方面表现为**现存的东西**,另一方面又表现**在这一个特定的个体性里面**,但它们表达出的仅仅是个体性的不确定的本质,而这个东西其实是无关紧要的。假若这些环境、思维方式、伦常乃至一般意义上的世界状况都不曾存在,那么一个个体诚然不会是现在这个样子。原因在于,这个普遍的实体就是置身于世界状况之内的全部个体。但是,如果世界状况在**这一个个体**身上发生分殊,——如果这一个个体应该得到概念上的把握——,那么世界状况必须自在且自为地已经发生分殊,并按照它自己给予自己的这个规定性去影响一个个体。只有这样,它才使得个体成为这样一个特定的个体。如果外观(亦即世界状况)的自在且自为的样子就是它显现在个体性那里的样子,那么只需从外观出发,个体性就可以在概念上得到理解把握了。在这种情况下,我们仿佛看到两个平行的画廊,其[232] 中一方是另一方的映像;一方陈列着充分的规定性、外在环境的轮廓,另一方则是那些东西在一个自觉的本质之内的转译;前者是球面,后者是在自身内表象着前者的球心。

然而这个球面,或者说个体的世界,直接具有双重意义:它既是一个**自在且自为存在着的世界**和**处境**,也是**个体的世界**。后一种情况又有两层意思:**要么**个体已经与世界完全融为一体,把世界按其本身所是的样子接纳到自身内,仅仅作为一个形式上的意识来对待世界,**要么**个体已经把现存的东西**颠倒**过来。——正是出于这种自由,现实性才能够具有这个双重的意义,因此个体的世界只能从个体出发才能得到理解把握。现实性被设想为一个自在且自为的**存在者**,在这种情况下,它对于个体的**影响**获得了一个截然相反的意义,也就是说,个体要么**安然接受**现实性洪流带来的影响,要么干脆截断并扭转这股洪流。但这样一来,所谓的**心理学的必然性**就成了一句空话,因为这里的意思是,那应该受到影响的东西同时完全有可能不受到任何影响。

　　这样一来,**自在且自为的存在**——这个东西本应构成规律的普遍性这一方面——就消失了。个体性就是整个世界,**它所置身其中**的这个世界是一个**隶属于它**的世界。个体性本身是一个循环往复的行动,在这个过程中,它已经表明自己是现实性,表明它是**现成的存在**与**制造出来的存在**的纯粹统一体。这个统一体并不像心理学规律所设想的那样已经分裂为一个**自在的**、现存的世界和一个**自为**存在着的个体性。也就是说,如果每一个个体性都被看作是一个孤立的自为存在,那么它们相互之间的关联就完全没有必然性和规律可言。

c.观察自我意识与它的直接现实性之间的关联;面相学与颅相学 [233]

　　心理学观察发现自我意识与现实性(亦即那个与自我意识相对立的世界)之间的关联没有任何规律可言,而且,由于对立双方彼此漠不相关,心理学被迫转而观察一个实在的个体性所具有的那种**独特规定性**。实在的个体性本身是一个**自在且自为的存在**,换言之,它虽然在自身内包含着**自为**存在和**自在**存在,但却已经通过一个绝对的中介活动消灭了二者的对立。它是我们接下来要观察的对象。

　　个体本身是一个自在且自为的存在。它是**自为的**,或者说它是一个自由的行动。但它也是**自在的**,或者说它本身具有一个**原初的**、特定的**存在**,而这个规定性就概念而言就是心理学希望在个体之外找到的那个东西。因此,**个体自身内**出现了一个对立,出现了一个二重性,也就是说,它既是意识的一个运动,同时也是现象中的现实性的一种固定存在,而现象中的现实性是直接**隶属于个体的**。这种固定存在,亦即一个特定的个体性的**身体**,意味着个体性的**原初性**,意味着个体性的清静无为。但与此同时,由于个体完全等同于它的所作所为,所以它的身体也是一个由它**制造出来的**自身表现。个体的身体同时也是一个**迹象**,但迹象并不是一个直接遗留下来的事物,毋宁说,迹象仅仅让我们认识到,它的意义在于展示出个体的原初本性。

如果我们把这里现成的各个环节与之前的观点联系起来进行观察,就会发现这里有一个普遍的人类形象,或至少是关于一种气候、一个地域或一个民族的普遍形象,正如我们之前也发现了同样一些普遍的伦常和教化。不仅如此,普遍的现实性还包括各种特殊的环境和处境,在这里,
[234] 特殊的现实性是个体形态的一种特殊构造。另一方面,如果说在此之前,个体的自由行动以及那些**隶属于它的**现实性被设定为与既有事物相对立,那么现在看来,形态已经表现出**个体的**自身实现,亦即个体的独立自主的本质所具有的各种特征和形式。之前的观察在个体之外发现了一种普遍的现实性和一种特殊的现实性,但它们在这里是**同一个东西**(亦即个体)的现实性,是个体的天生的身体,而身体的各种表现恰恰隶属于个体的行动。按照心理学的观察,一个自在且自为存在着的现实性应该与一个特定的个体性相关联。但在这里,观察的对象是一个**完整的**、特定的**个体性**,而且相互对立的各方本身就是这样一个完整的东西。因此,外在的整体不仅包含着一个**原初的存在**,亦即天生的身体,而且包含着身体的构造,尽管这个构造同时也隶属于内核的行为。身体是由未经塑造的存在和已经得到塑造的存在形成的一个统一体,是一种渗透着自为存在的个体现实性。这个整体把各种特定的、原初的、固定的部分与那些只有通过一个行动才产生出来的特征包揽进来,它**存在着**,这个**存在**是内核的一个**表现**,是那个被设定为意识和运动的个体的一个表现。——同样,这个**内核**也不再是之前那种流于形式的、空洞的或未经规定的独立自主,其内容和规定性都依赖于外在环境,毋宁说现在它是一个自在的、特定的、原初的性格,而性格的唯一形式就是行为。在这里,需要观察双方的关系是怎样规定下来的,以及,内核在外观中的这个**表现**是什么意思。

起初,外观仅仅使内核成为一个可见的**器官**,或者说成为一般意义上
[235] 的为他存在。包含在器官里的内核就是**行为**本身。正在说话的嘴,正在劳动的手,还有正在走路的腿,都是一些正在实现并完成着内核的器官,

它们本身就包含着一种**严格意义上的**行动,或者说包含着一个真正意义上的内核。然而内核通过这些器官而获得的外表却是一个行为,亦即一种已经脱离了个体的现实性。通过语言和劳动等外化活动,个体不再故步自封,而是把它的内核完全放置到自身外,奉献给其他个体。因此人们既可以说这些外化活动太多地表现了内核,也可以说它们太少地表现了内核:**太多**——因为内核在外化活动中碎裂了,内核与外化活动之间的对立消失了,外化活动不是仅仅给出内核的一个**表现**,而是直接给出内核自身;**太少**——因为内核在语言和行为中转变为一个他者,从而把自己奉献给"转化"这一因素,而"转化"把说出的话和实施的行为颠倒过来,使之成为另外一种东西,尽管就一个自在且自为的存在而言,这本应是一个特定的个体的所作所为。这些所作所为在外表上体现出其他个体的影响,所以它们的作品失去了一个特征,也就是说,作品不再是某种可以与其他个体性持续对立的东西。不仅如此,由于它们包含着内核,而自身却表现为一种特殊的、漠不相关的外观,所以它们也可以是内核,而且可以**借助于个体自身**而不同于它们的现象,也就是说,要么个体故意把它们看作是一些现象,认为它们不同于它们的真实本质,要么个体由于太笨拙而不能掌握它原本希望掌握的外在方面,不能将其固定下来,以免其他个体歪曲它的作品。就此而言,行动作为一个已完成的作品具有相反的双重意义:要么它是一个**内在的**个体性,**不是**个体性的**表现**,要么它是一个外观,一个**不依赖于**内核、完全不同于内核的现实性。——鉴于这种双重的意义,我们必须审视内核周围,看看它**除了上述情形之外**,作为一个可见的或外在的东西,**在个体自身那里是怎样的表现**。但是内核在器官里仅仅是一个直接的**行动**自身,行动又通过一个行为表现在外,这个行为要么代表着内核,要么不代表内核。从这个对立来看,器官并没有提供我们所寻找的那种表现。 ［236］

　　外在形态既不是一个器官也不是一个**行动**,而只能说是一个**静态的**整体,如果它只能表现出一个内在的个体性,那么它本身则是表现为一个持存的物,静静地将内核作为一个异物接纳到它的被动的实存之中,并由此成为内核的一个迹象:如果成为一个外在的、偶然的表现,那么其**现实的**方面本身是无意义的;而如果成为一种语言,那么其个别的和复合的音调也仅仅是随意地、偶然地与事情联系在一起,并不等于事情本身。

如果事物相互之间都只能看到对方的外观,那么它们的这种随意联系就没有任何规律可言。但是,面相学①应该不同于其他一些糟糕的艺术和不可救药的研究,因为它把一个特定的个体性放在内核与外观的**必然的**对立中加以观察,也就是说,既把性格看作是一个自觉的本质,也把性格看作是一个存在着的形态。面相学并且把这些环节联系在一起,它们的具体的联系方式正好符合它们的概念规定,因此必然构成一个规律的内容。反之,在星象学、手相学之类学科里面,人们看到的仅仅是一个外观与另一个外观的联系,或者说一物与另一物的联系。**这个**天生的状况,就它确切意指身体自身的外观而言,就是**一些**手相,它们对于任何个人的生命长短和命运来说,都是一些**外在的**环节。作为一种外貌,这个手相与那个手相彼此漠不相关,没有什么必然的联系。但是,**外观**和**内核**之间的关联却应该包含着一种必然性。

[237]　　诚然,表面上看来,手并不是命运的一个外观,毋宁说它是命运的内核。毕竟命运也不过是一个现象,它所表现的东西是一个**自在的**、特定的个体性,亦即一种内在的、原初的规定性。为了认识一个自在的个体性,手相学家和面相学家的办法比梭伦等人要直截了当得多,因为梭伦认为,只有经历了整个人生并以此出发,才能够获得那些认识。② 梭伦观察的是现象,而手相学家和面相学家观察的是**自在体**。就个体性的命运而言,手之所以必然呈现出个体性的**自在体**,显然是基于这样一个事实,即当一

---

① 黑格尔在这里讨论的面相学和颅相学深受拉瓦特尔(Johann Caspar Lavater)的《论面相学》(1772)一书的影响。拉瓦特尔希望通过考察原因与后果的"自然联系"来使面相学成为一门科学。——译者注

② 根据希罗多德《历史》(I, 30-33)的记载,古代七贤之一的梭伦认为,即使一个人迄今一直过着幸运的生活,但只要还没有到生命的最后一刻,那么谁都没有把握说这个人是"幸运的",因为喜怒无常和充满嫉妒心的诸神随时有可能给这个人带来厄运。——译者注

个人要表现并实现他自己的时候,除了语言器官之外,手是使用得最频繁的。手是一个给人带来幸福的通灵神工。对此人们可以说,手作为人的**行动存在着**,因为,只有当一个人用手这个行动器官来实现自身,他才是一个当前存在着的点石成金者,而且,由于人原本就是他自己的命运,所以手也会表现出这个自在体。

行动**器官**既是一个**存在**,同时也是包含在存在之内的一个**行动**,换言之,内在的**自在存在**本身既是一个**当前存在着的东西**,同时也包含着一个**为他存在**。从这个规定出发,我们对于器官的观点相比从前已经发生了转变。一方面,器官不能被看作是内心的**表现**,因为严格意义上的行动就在器官之内当前存在着,但另一方面,行动**作为一个行为**只能表现在外,而这就造成了内心和外貌的分裂,双方成为——或可能成为——彼此陌生的东西。既然如此,根据我们已经观察到的规定,器官必须被重新看作是内心和外貌的**中项**,因为行动在器官那里是**当前存在着**的,而这种情况恰恰构成了行动的**外表**,一个有别于行为的外表。确切地说,外表始终属于个体,是个体的外表。——现在看来,首先,内心和外貌的这个中项和统一体本身也是表现在外的;其次,这个外表同时又被接纳到内心里。它是一种**单纯的外表**,与那种散乱的外表形成对立,后者要么仅仅是一个**个别的**、对于完整的个体性来说纯属偶然的作品或状态,要么是一个**完整的**外表,亦即那个分散在众多作品和状态里面的命运。这么说来,**手相的单纯特征、音量和音调范围**(它们是**语言**的个体规定性),还有**文字**(语言通过手比通过声音获得了一种更为稳固的实存),以及表现于各种特殊情况下的**笔迹**——所有这一切都是内心的表现,它们作为一种**单纯的外表**,重新与行动和命运的**多种多样的外表**形成对立,并扮演着**内心**的角色。——就此而言,如果个体的特定本性和天生独特性等等从一开始就和一些通过教育而形成的东西结合在一起,被当作**内心**,被当作行动和命运的本质,那么个体的**现象**和外表**从一开始**就体现在它的嘴、手、声音、笔迹等各种器官及其持久的规定性那里。**在这之后**,个体才**进一步**走向外边,在它的现实世界里表现出自己。

[238]

因为这个中项把自己规定为一种外化活动,而外化活动同时又被收回到内心里,所以中项的实存并没有被限定在行动的直接器官上面。实际上,中项是一个毫无成果的运动,是"面孔"、"一般意义上的形态分化"之类形式。按照这个概念,这些特征及其运动是一种收敛的、始终隶属于个体的行动。而按照个体与现实行动的关联,它们是个体亲自作出的注视和观察。这些特征及其运动既是一种**外化活动**,同时也是**关于**这种活动的一个**反映**。——个体无论是以外化活动为对象,还是亲自进行一种外在的活动,都不是缄默无语的,因为它在这个过程中折返回自身内,同时又把这种自身反映表现于外。个体的这种理论行动,或个体就此而与[239] 自己所作的谈话,是其他人也能听得见的,因为语言本身也是一种外化活动。

当内心表现于外的时候,它仍然保持为内心,而我们在这里发现,个体**已经**从它的现实性那里折返回自身内。我们得看看,包含在这个统一体之内的必然性具有怎样的性质。这种已经折返或返回到自身的存在从一开始就有别于行为本身,所以它可以是**别的**什么东西,也可以被看作别的什么东西,总之不是一个行为。人们从一个人的脸上就可以看出,这人是否**严肃真诚**地对待他所说的话或他所做的事情。但反过来,那个本应将内心表现出来的东西同时也是一个**存在着的**表现,因此降格为一个**存在**,而存在对于一个自觉的本质来说是绝对偶然的东西。它确实是一个表现,但却无异于一个**迹象**,而在这种情况下,究竟是什么性质的东西将内容表现出来,这就完全无所谓了。内心在这个现象里诚然是一种**可见的**不可见者,但并没有和这个现象捆绑在一起,因为它可以出现在另一个现象里面,正如另一个内心也可以出现在这一个现象里面。因此**李希滕贝格**①说得对:"假如面相学家一下子就抓住了人的内心,那么这完全是

---

① 李希滕贝格(G. C. Lichtenberg,1742—1799),德国著名的启蒙主义者、讽刺作家、政论家,擅长以"箴言"的方式进行创作,对后世影响极大。——译者注

因为他作出了一个毅然的决断,使自己再度在数千年间不被人理解。"①
在之前的关系里,既有的环境是这样一种存在者,个体性可以从中取得它
能够并且愿意取得的东西,要么依从既有的环境,要么加以反抗。由此看
来,存在者并没有包含着个体性的必然性和本质。同样,个体性在这里显
现出来的直接存在是这样一种东西,它要么表明个体性已经从现实性那
里折返回自身内,并表现出个体性的内在存在,要么对于个体性而言仅仅
是一个迹象,与迹象所标记的东西漠不相关,因此真正说来并没有标记出　［240］
任何东西。也就是说,这种直接存在既是个体性的真实面孔,也是个体性
随时可以摘下来的一个面具。个体性贯穿着它的形态,在其中运动、说
话。然而这个完整的实存同样也是一个跟意志和行为漠不相关的存在。
个体性取消了这个实存曾经具有的意义,使之不再包含着个体性的已经
折返回自身内的存在,或者说不再包含着个体性的真正本质,并且反过来
使意志和行为成为一种实存。

　　个体性**放弃**了那种通过**特征**而表现出来的**自身反映**,**把它的本质
放置到作品之内**。在这个过程中,个体性违背了理性本能在观察具有
自我意识的个体性时所确定下来的**内心**与**外貌**之间的关系。这个观点
把我们导向一个独特的思想,该思想堪称面相**科学**——假如人们愿意
称之为"科学"的话——的理论基础。观察身处对立之中,这个对立就
形式而言是实践和理论之间的对立,而且实践和理性在这里都被设定
在实践的范围之内,而造成这个对立的,是那个在行动(就这个词最宽
泛的意义而言)中实现着自身的个体性,它一边行动,一边脱身出来,返
回到自身内,把行动当作自己的对象。观察接纳了这个在关系上已经
颠倒了的对立,使之在现象中得到规定。按照这个观察,**无关本质的外
貌**就是**行为**本身和作品(不管这是语言的作品还是某个更稳固的现实
事物的作品),而**事关本质的内心**则是个体性的**内在存在**。实践意识本

---

　　①　李希滕贝格《论面相学》,第二版(增补版),哥廷根,1778 年,第 35 页。——德文
版编者注

身包含着两个方面,亦即意图和行为,或者说包含着对于行为的**意谓**和**行为**本身。在这里,观察认定前一个方面是真正的内心。内心应该把它的或多或少的**无关本质的**外化活动表现于行为,但是内心的真正的外化活动应该是通过它的形态表现出来的。后面这种外化活动就是个[241] 体精神的一种直接的、感性的当前存在。真正意义上的内心是指一个自主的意图和一个个别的自为存在,而这两个东西都是一个**意谓中的**精神。也就是说,意识把一种**意谓中的**实存当作观察对象,并在其中寻求着规律。

所谓的自然面相学是一种直接的意谓活动,它臆想出精神的一种当前存在,以之为对象,在第一眼看到这个对象时就对它的内在本性和形态特征迅速作出一个判断。这类意谓的对象都有一个共同点,也就是说,它们在本质上不同于一种纯粹感性的、直接的存在。诚然,当前存在着的东西恰恰是一种来自感性事物的自身反映,而观察的对象,亦即可见性,是不可见者的可见性。但是这个感性的、直接的当前存在恰恰是精神的一种**现实性**,而且只能以这个样子成为意谓的对象。有鉴于此,观察是围绕着那些意谓中的实存(亦即面相、笔迹、音调等等)来进行的。观察把这样一类实存与这样一类**意谓中的内心**联系在一起。观察所要认识的不是凶手、小偷,而是那种**能够成为**凶手和小偷的**能力**。这样一来,固定的抽象规定性就迷失在一个**个别的**个体之具体的、无穷无尽的规定性里面,而后者相对于前面那种简单断定而言,要求人们具有更多的描述技巧。这些精妙的描述诚然比"凶手"、"小偷"、"好心肠"、"纯洁"等断定说出了更多的东西,但还远远不足以达到它们的目的,即说出那种意谓中的存在或个别的个体性,正如"平坦的额头"、"长长的鼻梁"之类描述同样不足以刻画出一个具体的个别形象。因为,个别的形象就和个别的自我意识一样,作为一种意谓中的存在,是不可言说的。辨人科学以一个意谓中的人为对象,同样,面相科学以一种意谓中的现实性为对象,企图把自然[242] 面相学的无意识的判断活动提升为知识,但它们既没有目的也没有根基,永远都不可能说出它们所意谓的东西,因为它们仅仅在意谓,它们的内容仅仅是一种意谓中的东西。①

　　面相科学的目标是发现一些**规律**，把意谓的两个方面联系在一起，就此而言，这些规律同样也是一种空洞的意谓。这种处于意谓中的知识所关注的是精神的现实性，但它恰恰发现，精神已经摆脱了自己的感性实存，返回到了自身内，把任何特定的实存看作是无关紧要的、偶然的东西。既然如此，这种知识在发现规律之后必然会立即认识到，真正该说的全都没说出来，一切都是纯粹的废话，换言之，它仅仅得出**一个关于自己的意谓**。"意谓"这个词的真正用意在于，把意谓作为意谓说出来。所谓说出它的**意谓**，意思是，不是拿出事情本身，而是仅仅拿出它**关于自己**的一个意谓。但就**内容**而言，这些观察与人们通常的观察不会有什么不同，比如商贩说，每逢我们岁末在市场上摆摊的时候，天总会下雨，而家庭主妇则说道，每当我晾晒衣服的时候，天总会下雨。

　　李希滕贝格对于面相学观察的刻画可谓入木三分，②此外他还补充道："如果有人说：你做起事来虽然像一个诚实人，但我从你的相貌可以看出，你是在克制自己，你在内心里其实是一个无耻之徒。毫无疑问，任何一个正直的人都会对这样讲话的人报以一记耳光，哪怕到了世界末日的时候也不例外。"③这个耳光打得非常**贴切**，因为它驳斥了面相科学（实为一种意谓活动）的首要前提，即以为一个人的**现实性**等同于他的外貌。但实际上，人的**真实存在**是通过**他的行为**表现出来的。通过自己的行为，个体性成为一个**现实的**个体性，而且，那个把**意谓**的两个方面都加以扬弃的东西，恰恰是行为。首先，意谓中的东西是身体方面的一种静态存在。个体性主要是通过他的行为才表现为一个**否定的**本质，他之所以**存在着**，[243]

---

　　①　拉瓦特尔在《面相学片断集》（1775）中提出："如果谁能够凭借某人的外貌留给我们的第一印象就对那个人的性格作出正确判断，那么他是一个**自然的**面相学家；——如果谁能够规定一些特征，用以描述和整理那些对应于**性格**的外在方面，那么他是一个**科学的**面相学家；至于一个**哲学的**面相学家，则是有能力为如此这般的特征和外貌提供理由，为这些外在的后果指出内在的原因。"——译者注

　　②　上引李希滕贝格《论面相学》，第72页。——德文版编者注

　　③　同上引书，第6页。——德文版编者注

只因为他扬弃了存在。其次,具有自我意识的个体性在意谓里是一种无限地已经被规定和可以被规定的东西,但是这种不可言说的无限性同样也被行为扬弃了。通过一个已经实施的行为,这种糟糕的无限性被消灭了。行为是一种单纯的、特定的东西,是一个普遍者,是一种应该通过一个抽象来理解把握的东西。它既可以是凶杀和偷窃,也可以是施舍和见义勇为等等。人们可以**陈述出它的存在**,行为作为这样一些表现**存在着**,它的存在就是事情本身,而不只是一个迹象。行为作为这样一些表现**存在着**,行为是什么,个人就**是**什么。通过**这个存在**的单纯性,个人在其他人看来是一个存在着的、普遍的本质,而不再是一种只能出现在意谓中的东西。诚然,个人在这里还没有被设定为精神,但我们已经承认他的**存在**是一种存在。**一方面**,这是一种双重意义上的存在,既是**形态**也是**行为**,二者彼此对立,按理说都应该代表着个人的现实性,但实际上,只有行为才被看作是个人的**不折不扣的存在**。在这里,我们指的不是个人的相貌,因为相貌至多只能表现出个人在实施各种行为时所意谓的东西,或个人在可能实施一个行为时所意谓的东西。同样,**另一方面**,由于我们把个人的**作品**和他的内在**可能性**、能力或意图等等对立起来,所以只能认为他的作品代表着他的真正的现实性,哪怕他本人对此具有一个错觉,也就是说,哪怕他从行为那里返回到自身之后,以为自己就内心而言其实不同于他在**行为**中的表现。个体性把自己托付给一个客观的要素,由于它转变为一个作品,所以相应的代价就是被改变,被颠倒过来。然而无论个体性是一个维系着自身的当前存在,还是一个仅仅包含在意谓中,并且在自身内消失无踪的作品,上述转变都构成了行为的特性。行为即便成为一个客观的东西,也没有发生改变,而是仅仅表现出自己的**存在**:它要么**存在着**,要么**什么都不是**。人们孜孜不倦地剖析这种存在,细化到意图之类微妙事物,以便把一个**现实的**人,亦即他的行为,重新解释为一种意谓中的存在,因为任何人对于自己的现实性都会有一些特别的打算。只不过这个剖析工作必须留给那些只知道意谓的闲人来做,他们想要表明自己具有一种清静无为的智慧,于是否认行动者具有理性性格,并对其大加责

[244]

难。他们认为理性性格不是表现在行为上面,而是表现为相貌和体征,而当他们这样做的时候,必然会像前面所说的那样,被回敬以一记耳光,然后才知道,相貌不等于**自在体**,只能是一个有待处理的对象。

现在,如果我们纵览一个具有自我意识的个体性与其外貌之间的各种关系,就会发现这里遗漏了一个必不可少的东西。心理学认为,**物的外部现实性**应该在精神那里获得一个自觉的**映像**,使精神成为一种可以被理解把握的东西。与之相反,面相学认为,精神单凭它的**自己固有的**外貌就可以被认识到,这个存在着的外貌是一种**语言**,它说出了精神的本质,使不可见的东西成为可见的。余下的规定隶属于现实性一方,也就是说,个体性通过其直接的、稳固的、纯粹实存着的现实性说出了自己的本质。——最后这种关系之所以不同于面相学所认定的那种关系,原因在于,它是个体通过**言谈**而获得的当前存在。个体一边通过**行动**进行着外化活动,一边又**折返**回自身内,对此进行**观察**。这个外化活动既是一个运动,也是一些静态的特征,而特征在本质上是一个经历了中介活动的存在。最后,按照一个仍然有待观察的规定,外貌是一种完全**静态的**现实性,它本身并不是一个言谈着的迹象,而是脱离了那个具有自我意识的运动,呈现为一个孤单的物。

刚开始的时候,内心与外貌之间的关联似乎必须被理解为一种**因果联系**,因为,既然一个自在存在者与另一个自在存在者之间有一个**必然的**关联,那么这就是一种因果联系。〔245〕

精神性个体性能够影响自己的身体,而这意味着,它本身必然是一个体质上的原因。作为一个体质上的原因,它就是器官,但它的行动并不是针对着外部现实性,而是在一个具有自我意识的本质之内进行,而且,即使当指向外部时,也是仅仅作用于它的躯体。我们暂时还不能看出,这是指哪些器官。如果仅仅是指一般意义上的器官,那么人们很容易想到劳动器官(手)、性器官等等。然而这类器官只能被看作是一些工具或部分,亦即介于精神和外部**对象**这两端之间的一个中项。但我们在这里理解的是另外一种器官,通过它,具有自我意识的个体与它自己的现实性形成对立,前者保持为一个**自为存在**,同时并没有转向外边,而是通过它的行为折返回自身内,使得**存在**不再是一种**为他存在**。在面相学认定的那种关系里,器官也被看作是一个折返回自身内、并谈论着行动的实存。但是这个存在是一个客观的存在,而按照面相学观察得出的结果,自我意识恰恰与它自己的现实性形成对立,将其当作一种与它漠不相关的东西。一旦这种自身反映**发挥作用**,自我意识就会放弃漠不相关的态度,而在这种情况下,那个实存与自我意识之间就出现了一个必然的关联。自我意识作用于实存,这意味着,一方面,自我意识本身不必专门具有一个客观的存在,另一方面,人们应该指明实存就是这样一种器官。

[246] 在日常生活里,人们把愤怒之类内在行动归结为肝脏的功能。柏拉图甚至赋予肝脏某种更高级的——在某些人看来甚至是最高级的——预言功能,换言之,肝脏具有一种天赋,能够以不合常理的方式说出神圣者和永恒者。① 然而个体在肝脏、心脏等器官里的运动不能被看作是个体的一个完全折返回自身内的运动,因为真正的情形是,运动已经被封装进个体的身体之内,并且获得了一个动物性的、指向外界的实存。

反之,**神经系统**则是有机物在运动时所处的一种直接静止状态。**神经**之类器官仍然隶属于一个指向外界的意识,尽管如此,大脑和脊髓却应该被看作是自我意识的一种始终内在的、直接的当前存在,既不是客观的,也没有外露。器官的存在是一种**为他存在**,一个实存,就此而言,这个环节是一种僵死的存在,而不是自我意识的当前存在。但就概念而言,**内在存在**是一个流体,圆圈运动被抛入到其中之后,直接就消解了,表现不出任何**存在着的**差别。精神本身并不是一个抽象的单纯事物,而是一个运动系统,它一边把自己区分为不同的环节,一边保持着自己的自由。同样,精神把它的整个躯体分化为不同的器官,让躯体的每一个部分都只具

① 柏拉图《蒂迈欧篇》,71D。——原编者注。[柏拉图的原话为:"肝脏通过使自己趋向和自己本性相合的甜,恢复自己的平滑无阻,从而使在其中居住的那部分灵魂健康安详。这欲望灵魂没有理性活动,也不能理解;但它在晚上借助梦境清楚地表现它的预示能力。"(据柏拉图:《蒂迈欧篇》,谢文郁译注,上海人民出版社2003年版)——译者注]

有**一个**功能。因此我们可以设想,精神的**内在存在**既是一种流动的**存在**,也是一种已经分化的存在。看起来我们必须如此设想,因为精神是在大脑里面折返回自身内的,精神的这种意义上的**存在**本身仍然只是一个介于精神的纯粹本质和精神的躯体分化之间的中项,就此而言,这个中项必然具有两端的本性,而且由于后面一端的原因,它本身必然也会出现一种**存在着的**分化。

　　与此同时,精神性有机存在必然会面对一个**静态的**、**持存的**实存。前 ［247］ 者作为一个自为存在必须退回到自身内,把后者当作位于另一端的对象,然后它自己作为原因,作用于对方。现在,如果说大脑和脊髓是精神的那种躯体性的**自为存在**,那么头颅和脊柱就是被排除出去的另一端,亦即一个固定的、静态的物。但由于每个人在思考精神的实存的真正场所时,想到的不是后背,而是仅仅想到脑袋,所以我们在研究一个既有的知识时,可以满足于这个还不算太糟糕的理由,以便把精神的实存限定在头颅上面。或许也有人会想到后背,似乎在有些时候,通过后背的作用,知识和行动一会儿被**收纳**进来,一会儿又被**驱赶**出去。但如果人们把脊髓看作是精神的居所,把脊柱这个实存看作是精神的一个映像,那么这等于什么都没证明,因为它证明了太多的东西。也就是说,人们同样回想起,他们也愿意用另外一些外在方式来影响精神的行为,去激励或压制精神。如果人们愿意,他们大可以**合情合理地**撇开脊柱不谈。有人说,头颅本身并没有包含着精神的全部**器官**,但这个观点和另外一些自然哲学的学说一样,都是完全**建构起来的**。此前,我们从这个关系的概念出发,已经排除了上述情况,并且认为头颅代表着实存这一方。换言之,假若这里不应该提到事情的**概念**,那么经验已经教导我们,眼睛是用来看的器官,但头颅却**不是**用来杀人、偷窃、作诗的器官。就此而言,当我们此后谈到头颅的**意义**时,必须放弃"器官"这个说法。人们经常说,一个有理性的人所关心的不是词语,而是**事物**本身,但这并不意味着我们可以用一个与事物毫 ［248］ 不相干的词来标记它。如果有人这样做了,那么这不过表明了他的愚笨和自欺。他以为自己只是缺乏一个合适的**词**而已,但真正被掩盖的事实却是,他缺乏事物本身,亦即概念。——到目前为止,我们仅仅得到了这样一个初步规定:大脑是活的头脑,而头颅则是死的头脑。

在头颅这个僵死的存在里,大脑的精神性运动和特定形态必须呈现出它们的外部现实性,呈现出一种仍然隶属于个体的现实性。这个僵死的存在并不是精神的寓所,而是与那种外部现实性保持着联系。除此之外,这里也出现了前面确定下来的那种外在的和机械的关系。这样一来,某些独特的器官——它们都在大脑里面——就把头颅的某些地方弄得圆圆鼓起,又把头颅的另外一些地方弄得扁扁平平,对此人们尽可以随意想象。有机组织的任何一个部分,在头颅里就和在每一块骨头里一样,都必须被看作是一种活生生的自身塑造过程,就此而言,其实是头颅挤压着大脑,确定了大脑的外部界限,更何况那比大脑更硬的头颅确实有这个能力。但即便如此,根据头颅和大脑双方的行为的规定,它们相互之间的关系始终是不变的。因为,无论头颅是规定者还是被规定者,因果关联的实质都丝毫未变,除非**自为存在**这一方面出现在一个作为**原因**的头颅里面,那么我们可以说头颅成了自我意识的一个直接器官,但这是不可能的。由于那个**作为有机活力的自为存在**以同样的方式出现在**两端**,所以两端之间的因果关联实际上被取消了。尽管如此,它们的持续塑造过程在内心里仍然联系在一起,就好像一个有机的前定和谐,使得相互关联的两端自行其是,各自保持着自己固有的**形态**,不必与对方的形态契合。除此之外,形态和质之间也是自行其是,就像葡萄的形状与葡萄酒的味道那样毫不相干。尽管如此,由于大脑这一方被规定为**自为存在**,而头颅那一方被规定为**实存**,所以一个有机的统一体的内部**也**必须具有双方的因果联系。这是一个必然的、彼此看来外在的关联,也就是说,由于它本身是一个流于外表的关联,所以双方的**形态**都是由对方规定的。

[249]

自我意识的器官是一个主动的原因,可以作用于对方——对于这个规定,人们可以有许多说法。因为,在谈到一个原因的性质时,人们考察的是原因的**漠不相关的**实存,考察它的形态和分量,换言之,人们谈论的原因的内核和自为存在恰恰不应该涉及任何一个直接的实存。刚开始的时候,头颅的有机的自身塑造过程(这是一种关系)与机械作用(这又是一种关系)毫不沾边,而且由于前者是一种纯粹的自身关联活动,所以双方相互之间的关系是一种无规定的、无边界的东西。到后来,人们假设,大脑把精神的各种差别作为一些存在着的差别接纳到自身内,于是出现许多内部器官,各自占据一个不同的空间。然而这些假设与自然界相矛盾,因为自然界赋予概念的各个环节一个固有的实存,从而把有机生命的**流动的单纯性完全放到此一方**,同时又把有机生命的各种相互有别的**关节**和**划分**放到**彼一方**,而正如我们所理解的那样,这些关节和划分是一些特殊的、解剖学意义上的物。在这种情况下,我们就不能确定,一个精神性环节,究竟是按照其原本的强弱情况而相应地必然具有一个**更扩张的**或**更紧缩的**大脑器官呢,还是刚好相反。我们同样不能确定,这个环节的 [250] **塑造过程**是扩大了器官呢,还是压缩了器官,是使器官变得更为臃肿厚实呢,还是变得更为精致。由于我们始终不能确定原因的性质,所以也不能确定头颅究竟是怎样经受作用的,以及,这个作用是一种扩张呢,还是一种挤压和收缩。即使我们把这个作用规定为某种**比刺激更高级**的东西,但仍然不能确定,它的作用方式是像狗皮膏药一样促进敷胀呢,还是像酸一样促进收缩。——对于所有这类观点,人们都可以给出一些令人信服的理由,因为它们同时包含着一种有机的关联,这种关联既同意这个理由也同意那个理由,对于所有这些理解都报以一视同仁的态度。

但在从事观察的意识看来,关键是不要企图去规定这种有机的关联。不管怎样,当大脑出现在对立关系中的一方时,它并不是一个**动物性**部分,而是一个**存在着的、具有自我意识的**个体性。这种个体性,作为一个持存的性格和一个自动且自觉的行动,是一种**自为存在**和**内在存在**。与这种自为存在和内在存在相对立的,是个体性的现实性和为他存在。自为存在—内在存在是本质,也是主体,它的存在表现为大脑,这种存在**被统摄在大脑之下**,只有通过一个内蕴的意义才获得自己的价值。但是,具有自我意识的个体性的另一个方面是它的实存,这种**存在**要么是一个独立的东西,亦即主体,要么是一个**物**,亦即骨头;**一个人的现实性和实存就**

205

是他的头颅骨。——根据意识的观察,相关双方获得的就是上述关系和理解。

现在,意识的目标是更为精确地规定双方的关联。一般说来,头颅骨确实意味着精神的直接的现实性。然而精神的多面性赋予精神的实存以同等程度的多义性。精神的实存散落在各个个别的位置,而我们的目标[251]是去规定这些位置的意义,而且我们得看看,这些位置如何本身就指示着它们的意义。

头颅骨既不是一个行为器官,也不是一个言谈运动。头颅骨不会被用来偷窃和杀人,而且它在这类行为中是完全不动声色的,连一种欲言又止的表情都算不上。这样一个**存在者**的价值甚至不如一个迹象。姿势、表情、声音,甚至立在荒岛上的一根柱子,一个木桩,都立即表明,它们除了是一种直接的**纯粹存在**之外,还意谓着别的什么东西。人们一眼就看出它们是一些迹象,因为它们虽然具有一个规定性,但由于这个规定性并不是专属于它们的,所以指示着别的什么东西。诚然,当面对一个头颅,就像哈姆雷特面对郁利克的头颅那样,①人们的脑海中可能会涌现出很多东西,但头颅骨本身是一个如此无关紧要和平淡无奇的物,以至于我们在它那里能够看到和能够意谓的东西就是它自己,此外无他。诚然,它会让人想起大脑及其规定性,想起其他形状的头颅,但它不会让人想起一个自觉的运动,因为它既不具备任何姿势和表情,身上也不曾带有任何印记,以表明自己来自于一个自觉的行动;头颅骨是这样一种现实事物,它本应表明,个体性的另一个方面不再是一个正在折返回自身内的存在,而

---

① 莎士比亚《哈姆雷特》,V,I.——德文版编者注。[哈姆雷特端着郁利克的头颅有如下长篇联想:"唉,可怜的郁利克!霍拉旭,我认识他;他是一个最会开玩笑、非常富于想像力的家伙。他曾经把我负在肩上一千次;现在我一想起来,却忍不住胸头作恶。这儿本来有两片嘴唇,我不知吻过它们多少次。——现在你还会挖苦人吗?你还会蹦蹦跳跳,逗人发笑吗?你还会唱歌吗?你还会随口编造一些笑话,说得满座捧腹吗?你没有留下一个笑话,讥笑你自己吗?这样垂头丧气了吗?现在你给我到小姐的闺房里去,对她说,凭她脸上的脂粉搽得一寸厚,到后来总要变成这个样子的;你用这样的话告诉她,看她笑不笑吧。"(据《莎士比亚全集》第3卷,朱生豪译,人民文学出版社2010年版)——译者注]

仅仅是一个**直接的存在**。

除此之外,既然头颅骨对自己没有感触,那么它有可能具有一个更为确定的意义,也就是说,某些特定的感觉可以通过相邻关系而使人认识到头颅骨所意谓的东西。由于精神的某个自觉行为是在精神的某个特定位置那里获得感触,所以这个位置在形状上会暗示着精神的那个行为及其特殊性。比如,有些人抱怨道,每当他们进行专注的思考或者随便**思考**什么东西时,脑袋里的某处地方会有牵痛感。同样,**偷窃**、**凶杀**、**作诗**等行为 [252] 也有可能伴随着一个独特的感觉,而且这些感觉甚至各自有一个特殊的位置。大脑这个位置既然经历着更多的运动和行为,那么相邻的骨头位置就会得到更多的锻炼。换言之,通过同感或共鸣的作用,这个位置非但不会僵化,反而会变得更大或更小,或以某种方式得到塑造和锻炼。——然而上述假想是很难成立的,因为一般意义上的感触是某种完全不确定的东西,而脑袋作为正中心,它那里的感触就将是全部感受合并而成的一种普遍同感,而在这种情况下,“小偷—凶手—诗人—脑袋”的欢快和痛苦就和其他感觉混杂在一起,不但彼此不能区分,而且也不能和那些所谓的躯体感觉区别开。打个比方,当面临头痛的症状时,如果我们把症状的意义仅仅限定在躯体上面,那么我们根本不能断定这究竟是什么病。

实际上,无论从事情的哪个方面来看,一切必然的相互关联,还有这些关联自行透露出来的暗示,都消失了。即使这些关联仍然存在着,那我们也只能说,双方的相应规定之间有一个**无关概念的**、自由的前定和谐。其中一方**必须**是**一种缺乏精神的现实性,一个单纯的物**。好比这样的情形,一边是许多静态的头颅部位,另一边则是大量精神属性,其数量和性质取决于相应的心理状况。人们愈是把精神想象得贫乏,事情就愈是变得简易。因为,一方面,精神属性减少了,另一方面,它们变得更明显,更稳定,更精悍,而骨头的性质也随之变得与精神属性更相似,更有可比性。不过,尽管这种做法带来了很多方便,但头颅部分和精神属性仍然为数众多,而在从事观察的意识看来,它们的相互关联仍然是一种完全偶然的东 [253]

西。有人说,以色列的子民像海滩上的沙子那样多不胜数①,其中每一个人都以一粒指定的沙子作为自己的标志。同样,有一种精致的心理学和辨人学,它们抱着一视同仁的态度,给每一种心灵属性、情感以及所谓的"性格分阶"指定一个对应的头颅部位和骨骼形式。这些全都是一概而论和随意武断的做法。——凶手的头颅上有一块隆骨,这既不是一个器官也不是一个标志;这个凶手身上还有许多别的属性和隆骨,而且,既然有凸起的骨头,也就有凹陷下去的地方,人们可以在这些凸起和凹陷之间进行选择。凶手的行凶意识可以与任意一个凸起或凹陷的地方相关联,而这些凸起或凹陷的地方又可以与任意一个属性联系在一起。一方面,凶手并不仅仅是一个抽象意义上的"凶手",另一方面,他的身上不只有**一个**凸起和**一个**凹陷。如果意识对此所作的观察仅仅停留在这个层次,那么它跟岁末市场上的小商贩和洗衣服的家庭主妇对于雨的观察毫无区别。小商贩和家庭主妇也可能观察到,当邻居从门口走过或当大家吃烤猪排的时候,天总会下雨。但实际上,雨跟这些情况毫不相干,正如对于观察来说,精神的**这一个**规定性也与头颅的**这一个**特定存在毫不相干。意识所观察的这两个对象,前者是一个枯燥的**自为存在**,一个干瘪的精神属性,而后者同样也是一个枯燥的**自在存在**。二者都可以说是一个干瘪的**物**,与其他事物毫不相干。一个人具有饱满的天庭与他是不是凶手毫不相干,同样,凶手是不是一个塌鼻子,这也是无关紧要的。

[254]　　不过,人们毕竟不能排除这样一个**可能性**,即某个部位的隆骨与某种属性或情感有关。人们**可以想象**,凶手和小偷分别在不同的部分有一块高高的隆骨。就此而言,颅相学还有很大的发挥余地。刚开始的时候,颅相学似乎只是把某个隆骨与**同一个个体**身上的某一个属性联系在一起,也就是说,隆骨和属性是隶属于同一个人。但是,自然颅相学——既然有自然面相学,也就必然有自然颅相学——早已经超越了这个限制。它不

---

① 参阅《旧约·创世纪》(22,17):"论子孙,我必叫你的子孙多起来,如同天上的星,海边的沙。"——译者注

仅断言一个狡猾的人在耳朵背后有一块拳头大小的隆骨,而且认为,一个不忠的女人自己额头上是没有隆骨的,反倒是另一个个体亦即她的丈夫的额头上必然会有一块隆骨。同样,人们可以**想象**,如果某人在头颅的某个部分有一块高高的隆骨,那么他肯定与凶手同居于一个屋檐下,要不然的话,凶手肯定是隐匿在他的近邻或者同乡中间。这好比想象一头母牛飞到天上,先是和一只骑在驴背上的螃蟹亲热温存,然后又怎样怎样等等。但是,如果**可能性**并不意味着人们可以随意**想象**,而是指一种**内在的**可能性,亦即**概念**的可能性,那么对象就是这样一种现实性,它是而且应该是一个纯粹的物,本身不具有任何意谓,而是只有借助于想象才获得上述意谓。

尽管如此,观察者却无视那两方面彼此之间的漠不相关,而是进而着手规定它们的相互关联,因为他不但掌握了那个普遍的理性理由(即**外貌是内心的表现**),而且也得到了动物头颅的类比关系的支持。诚然,动物的性格比人的性格更为单纯,但与此同时我们也更难断言它们具有怎样的性格,因为对于任何人而言,企图通过想象来确切地把握到动物的本性可不是那么容易。幸好观察者在保证自己已经揭示出规律时,找到了一个**出色的帮手**,这个帮手就是我们在这里必然也会想到的一个差别。——无论如何,精神的**存在**至少不能被看作是某种完全没有错乱或绝对不会发生错乱的东西。人是自由的,大家都承认,**原初的**存在仅仅是一些**禀赋**,它们需要人付出很多努力,需要一个优厚的环境,然后才会得到发展。换言之,精神的**原初存在**是一种尚未实存着的存在。如果一个人宣布了一条规律,而人们实际观察到的情况却正相反,比如岁末市场和洗衣服的时候来了个风和日丽,那么小商贩和家庭主妇可能会辩解道:天**本来应该**下雨的,下雨的**基础**毕竟是**现成的**。同样,颅相学也可能会说:这个个体**本来应该**是颅相学规律所指明的那个样子,他有一个**原初的禀赋,但是**没有发展起来;换言之,这个性质虽然没有出现在我们眼前,但却**应该出现在我们眼前。规律和应该**的基础是人们对现实的雨和头颅这一规定性的现实意义的观察。但是,如果不存在一种现成的**现实性**,那么人

[255]

们就把一种**空洞的可能性**当作是现实性。这种空洞的可能性意味着,之前确立的规律是不现实的,与人们观察到的现象相矛盾,而人们之所以必然求助于它,原因恰恰在于,个体的自由以及各种处于发展过程中的状况与**存在**(无论这是指原初的内心还是指外在的骨骼)漠不相关,更何况个体有可能偏离他原初的内心,毕竟他不等于一块骨头。

[256] 由此我们知道,头颅的凸起或凹陷之处既有可能是某种现实的东西,也有可能仅仅是一个未经规定的**禀赋**,标示着某种不现实的东西。无论何时,我们都会听到一个拙劣的托辞,被用来反对它本来应该去帮助的对象。我们看到,意谓活动在事情的本性的驱使之下被迫走向一个窘境,即**不假思索地**说出它所坚持的东西的**反面**:它一方面说这个凸起暗示着什么,另一方面又说这个凸起**其实并不**暗示着什么。

当意谓求助于这个托辞时,浮现在它眼前的是那个真实的、恰恰正在摧毁着意谓的思想,即严格意义上的**存在**并不是精神的真理。作为一种**原初的存在**,禀赋没有参与到精神的行为里面去,可以说它就其自身而言无异于一块骨头。在意识看来,一个缺乏精神性行为的存在者仅仅是一个物,非但不是意识的本质,毋宁说是意识的反面,而意识只有通过否定和消灭这类存在才成为一个**现实的**意识。就此而言,如果有人宣称骨头等同于意识的**现实的实存**,那么这种说法完全否定了理性。人们之所以会这样说,是因为他们把骨头看作是精神的外貌,而外貌恰恰是一个存在着的现实性。有人说,我们**仅仅**从外貌出发**推算出另一个东西**,亦即内心,还有人说,外貌不等于内心,仅仅是内心的一个**表现**。但所有这些说法全都是毫无意义的。因为在内心和外貌的关系里,内心这边恰恰被规定为一个**思维着**自身的、**处于思想中的现实性**,而外貌那边则被规定为一个**存在着的现实性**。因此,如果谁走到一个人面前说:"你(亦即你的内心)就是这样一个人,**因为你的骨头**长成了这个样子",那么这等于是说:"我把一块骨头看作是**你的现实性**。"如果我们没有忘记的话,在面相学那里,类似的断言得到了一记耳光作为回应,这个回应暂时使某些**柔软的**部分发生位移,只是为了表明它们不是真正的**自在体**,不是精神的现实

性。而在颅相学这里，作此断言的人只挨一记耳光肯定是不够的，他应该
被揍得头破血流才对，因为只有这样他才会明白，除了他的"智慧"之外，　[257]
另一个事实也是确凿无疑的，即对人来说，一块骨头根本不是什么**自在的
东西**，更不等同于**他的**真实的现实性。

　　具有自我意识的理性的朴素本能会不假思索地拒斥自己的另一个观
察本能，即颅相科学。后者已经是**认识活动**的先兆，它通过一种缺乏精神
的方式得知外貌是内心的一个表现。但有时候一个思想越是拙劣，人们
就越是弄不清它究竟拙劣在什么地方，越是不知道该怎么分析它。因为，
如果思想把抽象当作本质，那么，抽象越是纯粹和空洞，思想也就越是拙
劣。这里的关键是这样一个对立：一方是自觉的个体性，另一方则是抽象
的外表（已经完全转变为一个**物**）。前者是精神的内在存在，一种固定
的、缺乏精神的存在，而后者是一种纯粹的存在。这样看来，从事观察的
理性既已达到了自己的顶端，就必须离开这个地方，自己把自己翻转过
来。然而只有拙劣至极的东西才必然会直接翻转过来。人们说，犹太民
族之所以从始至终都是一个最为邪恶的民族，恰恰因为他们直接站在救
赎的门槛边缘。犹太民族不是一个自在且自为存在着的民族，因为那种
独立本质性已经被他们置于彼岸世界。通过这种弃绝，如果犹太民族不
是保持为一种直接的存在，而是把对象重新收回到自身内，那么他们就使
一种更高的实存成为**可能**，因为精神在返回自身时所摆脱的对立愈深重，
精神就愈是伟大。至于这个对立的来源，则是由于精神扬弃了自己的直
接统一性，弃绝了自己的自为存在。但是，如果这个意识没有折返回自身
内，那么它所置身的中项就是一种悲惨的空虚，因为那些本应充实中项的
东西转变为固定的一端。所以，从事观察的理性的最后这个阶段是它的　[258]
最糟糕的阶段，但正因如此，它才必然会发生翻转。

　　如果我们回顾一下迄今看到的这一系列关系（它们都是观察的内容
和对象），就会发现，在观察的**第一种方式**里，当意识观察无机自然界的
关系时，**感性存在已经消失无踪**。无机自然界的关系环节呈现为一些纯
粹的抽象和一些单纯的概念，它们本应该与事物的实存紧密结合在一起，

但后者却已经消失无踪了,而这意味着,环节是一个纯粹的运动,是一个普遍者。这个自由的、在自身内得以完成的演进过程仍然是一个客观的东西,但它仅仅显现为一个**单一体**。在无机物的演进过程里,单一体是一个并未实存着的内核。但是,当演进过程转变为一个实存着的单一体,它就是一个有机物。单一体是一个自为存在,或者说是一个否定的本质,它与普遍者对立,摆脱了普遍者,始终保持着自己的自由,而在这种情况下,概念的实现只能以一种绝对的个别化为基本要素。但在一个有机的实存那里,概念并没有得到真正的表现(亦即**成为一个实存着的普遍者**),而是仅仅获得一个外观,换言之,概念仍然只是有机自然界的**内核**。有机的演进过程仅仅是一种**自在的**自由,还不是一种**自为的**自由。它的自为存在体现为一个目的,而这个**实存着**的本质不同于一个外在的、自觉的智慧。从事观察的理性转而以这个智慧亦即精神为对象,而精神是一个作为普遍性而实存着的概念,或者说是一个作为目的而实存着的目的。从现在起,理性是以它自己的本质为对象。

理性首先以它自己的纯粹本质为对象。它把那个在运动中区分着自身的对象理解为一个存在者,因此发现了**思维的规律**,亦即一个持久不变者与另一个持久不变者之间的关联。但由于这些规律的内容仅仅是一些环节,所以它们会合到自我意识这个单一体之内。如果我们把这个新的对象仍然看作是一个**存在者**,那么它是一个**个别的、偶然的**自我意识。就此而言,理性的观察范围是局限于一个意谓中的精神,局限于一个有意识的(自觉的)现实性与一个无意识的现实性之间的关系。精神本身仅仅是这样一种必然的关联,所以意识在进行观察时把精神与身体更紧密地联系在一起,把精神的意愿着和行动着的现实性与精神折返回自身内的、从事观察的、客观的现实性进行比较。这种外观虽然是个体本身就在使用的一种语言,但它同时也是一个迹象,与它所标示的内容漠不相关,正如迹象所标示的东西也与迹象漠不相关。

[259]

最终,观察从这种变化不定的语言那里退回到一个**固定的存在**,并根据自己的概念宣称道,当我们把外表等同于精神的外在的和直接的现实性时,它既不是一个器官,也不是一种语言和迹象,而是一个**僵死的物**。意识最初在观察无机自然界时已经扬弃了那样一种看法,即以为概念是一个现成的物。正是那种看法使得人们把精神的现实性看作是一个物,或者反过来把一个僵死的存在看作是精神。这样一来,观察就说出了我们过去心目中关于它的概念,即理性的确定性把自己当作一种客观的现实性来寻求。在这里,人们当然不会以为,精神既然是通过一个头颅表现出来的,所以是一个物。这个思想不应该包含着所谓的唯物主义,毋宁说,精神应该不同于这块骨头。但是精神**存在着**,而这无非是说,精神是一个**物**。如果我们把严格意义上的**存在**(亦即像物那样的存在)看作是精神的谓词,那么真正的表述应该是:精神像**一块骨头**那样存在着。人们必须重视这个至关重要的关键,也就是说,如果要在一种纯粹的意义上来说"**精神存在着**",那么这才是一个真正得当的表述。除此之外,当人们说,**精神存在着**,精神具有一个**存在**,精神是一个**物**,精神是一个个别的**现实性**等等,虽然他们所**意谓**的并不是某种看得见、拿得到、摸得着的东西,但他们**说出来**的却是这样一种东西。他们真正**所说**的东西其实可以这样表述出来:**精神的存在是一块骨头。** [260]

　　这个结果现在具有双重意义。首先,它的真实意义在于,这是对自我意识此前的运动的结果的一个补充。哀怨意识放弃了它的独立性,把它的**自为存在**降格为一个**物**。于是它从自我意识那里返回到一种以**存在**、**物**为对象的意识。但由于物就是自我意识,所以自我意识是自我与存在的统一体,亦即**范畴**。当意识的对象获得这个规定,**意识就具有了理性**。**自在地看来**,意识和自我意识已经作为真正意义上的理性**存在着**,但是只有当意识把它的对象规定为范畴,我们才可以说它**具有**理性。除此之外,这和知道"什么是理性"也是两回事。——范畴是**存在**和**意识自身**的一个**直接**统一体,它必须贯穿这两个形式,并以**存在**的形式恰恰呈现在一个从事观察的意识面前。根据它的结果,意识把它无意识中确信的东西作为一个命题,一个包含在理性的概念中的命题,陈述出来。这是一个**无限判断**,一个自己把自己扬弃了的判断:"自主体是一个物。"通过这个结

213

果,范畴还额外获得了一个规定,即它是一个自己扬弃着自己的对立。**纯粹的范畴以存在**或**直接性**的形式呈现在意识面前,它是一个**未经中介的、现成的**对象,而意识同样表现为一个未曾经历中介活动的东西。那个无限判断是一个环节,即从**直接性**过渡到中介活动或**否定性**。在这种情况下,现成的对象被规定为一个否定的对象,而意识则被规定为一个与对象相对立的**自我**意识,换言之,那个在观察里一直以**存在**的形式出现的范畴,现在是以自为存在的形式出现。意识不再想要**直接发现**自己,而是想要通过它的行为自己制造出自己。现在,**意识本身**就是它的行动的目的,而过去它在进行观察时仅仅以物为目的。

[261]

上述结果的另一个意义,就是我们已经看到的那种缺乏概念的观察,亦即颅相学。这种观察只懂得用一种办法来理解自己和陈述自己,也就是说,它毫无顾忌地宣称骨头是自我意识的**现实性**,哪怕骨头作为一个感性事物在意识看来仍然是一个客观的东西。不仅如此,它对于自己的宣称完全缺乏清醒意识,不但没有按照主词和谓词各自的规定性及其关系,更没有在一种无限的、自己消解着自己的判断和概念的意义上来理解自己的命题。除此之外,当精神的一种更深层次的自我意识在这里显现为一种天然的诚实时,颅相学却利用这种诚实来掩饰它那种缺乏概念的、赤裸裸的思想(即把自我意识的现实性看作是一块骨头),并用各种缺乏思想的做法来加以粉饰,把各种毫无意义的因果关系、迹象、器官等等混杂在一起,并通过从中得出的差别来掩盖命题的荒诞无稽。

当意识把大脑纤维之类东西看作是精神的存在时,它们已经是一种处于思想中的、纯属猜想的现实性,而不是一种**实存着的**、摸得到看得见的现实性,不是一种真实的现实性。如果它们**实存着**,被人们看到,那么意识就认为它们是一些僵死的对象,不是精神的存在。但是真正的客观事物必然是一种**直接的、感性的、僵死的**客观事物(骨头可以说是一个活体内的死东西),而置身其中的精神却被认为是一个现实的精神。——这个表象的概念意味着,理性认识到**它自己**是**全部物性**,而且是一种**纯粹客观**的物性。但理性只有**在概念里面**才是这个样子,换言之,概念仅仅是

[262]

理性的一个真理,概念本身愈是纯粹,就愈是降格为一种愚蠢无比的表象(在这种情况下,概念的内容已经不再是概念,而是表象)。对于一个自己扬弃着自己的判断,如果人们同时没有意识到这个判断的无限性,而是把它看作一个一成不变的命题,就会以为主词和谓词可以彼此毫不相干,以为自主体始终是自主体,物始终是物,根本不管双方是否会相互转化。——理性在本质上是一个概念,它直接分裂为自己和自己的对立面,但正因如此,这个对立同样直接就被扬弃了。但如果人们把理性固定在这个分化过程的一个孤立的个别环节之上,执着于理性自己与自己的对立,那么这不过是以一种不合理性的方式来理解理性。这个分化过程的环节愈是纯粹,内容的现象就愈是荒谬,因为只有意识才会看到这些内容,并且毫无顾忌地把它们说出来。——精神从内部散发出来的**深邃内核**仅仅达到一种**表象式意识**,而且始终局限在这个范围之内,而这种表象式意识是一种**无知**(亦即不理解自己所说的东西),是高贵事物与低贱事物的结合体。同样的情况也以一种质朴的方式出现在自然界的生物那里,比如,最完善的器官亦即生殖器官就是与排尿器官结合在一起。——无限判断之所以是无限的,因为它完成了一种自己理解着自己的生命。如果意识以无限判断为对象,但却始终局限于表象的范围之内,那么它和一泡尿液真的没有什么差别。

B.合乎理性的自我意识自己实现自己

[263]

自我意识发现物是自己,自己是物。也就是说,**它认识到,自在地看来**,它是一种客观的现实性。自我意识不再是一种**直接的**确定性(即确信自己是全部实在性),反而发现,一般意义上的直接事物在形式上都是一种已经遭到扬弃的东西,而在这种情况下,自我意识的**客观存在**只能说是一个表面现象,其内核和本质才是**自我意识自己**。就此而言,那个与自我意识具有一种肯定关系的对象,也是一个自我意识。这个对象具有物性的形式,也就是说,它是**独立的**。但自我意识确信这个独立的对象对它来说并不是什么陌生的东西,因此它知道,**自在地看来**,它已经得到了对方的承认。它成为了**精神**,确信自己是一个统一体,尽管它的自我意识发生了二重分化,而且分化出来的双方都是独立的。在它看来,这个确定性现在已经升级为真理。它所认可的那种情况——即它作为一个**自在存在**具有一种**内在的**确定性——应该进入到它的意识里面,成为**它的对象**。

一般说来,如果我们把自我意识的实现过程与迄今的这条道路作一番比较,就不难揭示出这个过程里面的各个普遍阶段。如果说从事观察的理性已经在范畴这个因素里面重温了**意识**从感性确定性到知觉、再从知觉到知性的那个运动,那么**自我意识**的双重运动也将会再度贯穿那个运动,从独立性过渡到自由。刚开始的时候,这个主动的理性仅仅意识到自己是一个个体,它必须作为这样一个个体在其他个体那里要求并制造出它自己的现实性。在这之后,由于它的意识升级为一个普遍的意识,它也成为一个**普遍的**理性,意识到自己是理性,意识到自己是一个已经得到

[264] 承认的自在且自为的存在,已经通过它的纯粹意识把全部自我意识统一起来。它是一个单纯的精神性本质,同时也具有意识,因此它是一个**实在的实体**,把过去那些形式重新收回到自身内,成为它们的根据。相比这个根据,那些形式仅仅是它的转变过程中的个别环节,看似已经从中挣脱出来并分别获得一个独特的形态,但实际上它们仅仅是一种依托于根据的**实存**和**现实性**,而且只有一直保持在根据之内,才具有自己的**真理**。

现在的目标是一个已经出现在**我们**面前的**概念**,亦即一个已经得到承认的自我意识,它通过另一个自由的自我意识获得它的自身确定性,并恰恰在这个过程中获得它的真理。如果我们把这个目标当作一个实在的东西接纳下来,换言之,如果我们使这个原本居于内部的精神凸显为一个已经实存着的实体,那么**伦理王国**就出现在这个概念里面。所谓伦理,无非是指众多独立的、**现实的**个体在本质上形成一个绝对的精神性**统一体**。这是一个自在存在着的、普遍的自我意识,它的现实性依赖于另一个意识,后者因此获得了完满的独立性,或者说被看作是一个物,而前者恰恰

通过这种方式意识到它与后者的**统一**,而且,它只有与这个客观的本质统一起来,才成其为一个自我意识。既然**普遍性**是一个**抽象**,那么这个伦理**实体**仅仅是一个**处于思想中的**规律。但它同样直接地是一个现实的**自我意识**,或者说它就是**伦常**。反之,**个别的**意识仅仅是一个存在着的单一体,在这个时候,它知道自己是一个个别的普遍意识,而它的行动和实存是一种普遍的伦常。

具有自我意识的理性得以实现——这个概念的意思是,在一个独立的**他者**那里直观到自己与它形成了一个完整的**统一体**,或把眼前这个自由的、无异于**物**的他者看作是**我的自为存在**,尽管这个对象是对我的一个否定。实际上,这个概念只有在一个民族的生活里才获得它的完满实在性。当前的理性是一个流动的普遍**实体**,一个持久不变的、单纯的**物性**。就像光分散为无数星星或独自闪亮着的点一样,理性也分散为许多完全独立的本质。由于理性是一个绝对的自为存在,所以那些本质不仅**自在地**,而且**自为地**消融在这个单纯的、独立的实体之内。它们意识到,惟有献出自己的个别性,把这个普遍的实体当作是它们的灵魂和本质,它们才有可能作为一些个别的独立本质存在着。同样,这些个别的本质的**行动**,还有它们制造出来的作品,也是这个普遍者。 [265]

个体是一个自然存在,或一个**存在着的个别性**,所以他有各种生理需要,而他的**纯粹个别的**所作所为都与这些生理需要相关。借助于一个普遍的、维系着一切的媒介,借助于整个民族的**势力**,个体的那些最普通的功能都没有退化,而是获得了现实性。借助于这个普遍的实体,个体不但获得了他的全部行动的**持存形式**,而且获得了**他的内容**。一个个体的所作所为,作为全部个体的普遍技能和普遍伦常**存在着**。但是,一旦这个内容成为一种纯粹个别的东西,他在现实中就凝缩为全部个体的一个行动。个体出于自己的生理需要进行**劳动**,这既满足了他自己的生理需要也满足了他人的生理需要,同样,也只有通过他人的劳动,个体才能满足自己的生理需要。也就是说,个人在他的**个别的**劳动中已经**无意识地**从事着一个**普遍的**劳动,同样,他又**自觉地**把这个普遍的劳动当作是他自己的工作。只有当整体成为他的作品，这才是一个**整体**，而他则是为整体作出牺牲，并恰恰因此从整体那里赢回自己。在这里，没有什么东西不是交互性的，只要一个独立的个体取消自己的自为存在，**否定**自己，他必然也会获得一个肯定的意义，亦即成为一个自为存在。为他存在（或自甘为物）与自为存在的这种统一，这个普遍的实体，其**普遍的语言**是通过一个民族的伦常和规律体现出来的。但这个存在着的、持久不变的本质所表现出来的东西，无非是那个在现象中与普遍实体相对立的、个别的个体性本身。规律规定了任何个人**是什么**和应该**做什么**。个体不仅认识到这些规律是**他的普遍的**、客观的物性，而且认识到，他就包含在这个物性之内，换言之，这个物性在他自己固有的个体性以及他的每一个同胞那里**发生个别化**。所以，每个人都是在普遍的精神那里获得他的自身确定性，也就是说，每个人都发现这种存在着的现实性其实就是他自己。每个人都既有自身确定性也有他人确定性。——我在所有的人那里都直观到，他们就其自身而言仅仅是一些独立的本质，和我一样。我在他们那里直观到，我和他人组成了一个自由的统一体，这个统一体既依赖于我，也依赖于他人。——他人就是我，我就是他人。

因此，理性在一个自由的民族那里真正得以实现。理性是一个当前存在着的活生生的精神，在这里，个体发现他的**使命**（亦即他的普遍而又个别的本质）明摆着是一种物性，不仅如此，个体本身就是这个本质，而且也满足了他的使命。有鉴于此，古代那些最智慧的人留下了这样一句谚语：智慧和德行在于按照本民族的伦常去生活。[①]

自我意识满足了他的使命并生活在这个使命之中——这是他的幸运。但由于他最初只是**直接地**、只是**就概念而言**被看作是一个精神，所以再次失去了这个幸运，或者也可以说，他还没有得到这个幸运。这两个说法其实是同样的意思。

---

① 这里指苏格拉底。按照柏拉图《克里同篇》(51D-53A)的记载，苏格拉底坚决服从城邦的法律和判决，因此拒绝越狱，哪怕为此牺牲自己的生命。——译者注

理性**必须失去这个幸运**。因为只有**自在地或直接地**看来，一个自由 ［267］
的民族的生活才是一种**实在的伦理**，换言之，理性是一个**存在着的理性**，
既然如此，这个普遍的精神本身已经是一个个别的精神，而伦常和规律的
整体则是这样一个**特定的**伦理实体，它只有在一个更高的环节（亦即**一
个以自己的本质为对象的意识**）那里才会破除自己身上的限制，而且只
有通过这个认识——而不是就这么直接存在着——才获得它的绝对真
理。一方面，存在着的理性已经意味着一个限制，另一方面，倘若精神采
纳**存在**的形式，那么这更可以说是一个绝对的限制。

此外，如果**个别**意识在一个实在的伦理或一个民族里面直接获得自
己的实存，那么他会信心满满地认为精神还没有化解为一些**抽象的**环节，
而且他知道自己不是一个纯粹的**自为存在着的个别性**。但是，一旦个别
意识不可避免地掌握了这个思想，那么他与精神的**直接统一**（亦即他的
包含在精神之中的**存在**），还有他的信心，都会消失。**孤立地**看来，个别
意识已经知道自己是本质，不再是一个普遍的精神。这个**环节**，亦即**自我
意识的这种个别性**，虽然包含在普遍的精神自身之内，但它仅仅是一个转
瞬即逝的、无足轻重的东西，即使呈现为一个自为存在，同时也立即消融
在普遍的精神里面，只能说对意识还抱有一些信心。每一个环节都是本
质的环节，都必须呈现为本质，既然如此，一旦刚才那个环节固定下来，那
么个体就转变为规律和伦常的对立面。规律和伦常仅仅是一个缺乏绝对
本质性的思想，是一种缺乏现实性的抽象理论。但个体，作为这一个我，
却知道自己是一个活生生的真理。

当然，也可以说自我意识**还没有得到这个幸运**，也就是说，它还没有
成为一个伦理实体或民族精神。精神虽然不再进行观察，但它尚未实现
自身，尚未成为真正意义上的精神。它仅仅被设定为一个**内在的**本质，或
者说被设定为一个抽象。换言之，精神起初是一个**直接的存在**，而作为一 ［268］
个直接存在着的东西，它是**个别的**。它是一种实践意识，在这个既有的世
界之内埋头耕耘，尽管本身是一个个别事物，但却希望发生二重分化，把
自己作为这一个人、作为它的一个存在着的映像制造出来，并意识到它的

现实性与这个客观本质达成了统一。实践意识对于这个统一抱有**确定性**。实际上，这个统一**自在地**已经发生，或者说实践意识与物性的和谐一致已经是一个既定的事实，只不过**实践意识以为**这一切还必须靠它来完成，换言之，我们既可以说这个统一是由实践意识制造出来的，也可以说是由它**发现**的。如果这个统一叫做**幸运**，那么个体就是被他的精神派遣到世界上，去**寻找**他的**幸运**。

在我们看来，这个合乎理性的自我意识的真理就是伦理实体，而在自我意识看来，它在伦理世界中的经验才刚刚开始。一方面，既然自我意识还没有转变为伦理实体，那么它就是一个向着这目标推进的运动，而在这个运动中遭到扬弃的，是那些孤立存在着的个别环节。这些环节在形式上是一个直接的意愿或**自然冲动**，后者一旦得到满足，这个满足本身又会成为一个新的冲动的内容。另一方面，既然自我意识已经不可能像从前那样幸运地存在于实体里面，那么这些自然冲动也会意识到它们的目的是一种真实的规定或本质性。伦理实体已经降格为一个无根的谓词，它所依附的活生生的主词是个体，而个体必须依靠自己来充实他们的普遍性，必须自己规定自己。在前一个意义那里，那些形态是伦理实体的形成过程，出现在伦理实体之前，而在后一个意义这里，它们出现在伦理实体之后，使自我意识摆脱了它的规定。按照前一方面，当自然冲动经验到它们的真理之后，就在这个运动中就失去了它们的直接性和淳朴性，而它们的内容也过渡到一种更高级的内容，而按照后一方面，意识纠正了自己的[269]错误观念，不再认为自然冲动是自己的规定。按照前一方面，那些形态达到了它们的**目标**，亦即一个直接的伦理实体，而按照后一方面，意识以那些形态为对象，认识到它们是它的自己固有的本质。在这个意义上，我们几乎可以说这个运动就是道德性的形成过程，而道德性是一个比伦理更高级的形态。但与此同时，那些形态只是构成了道德性的转变过程的**一个方面**（即道德性成为一个**自为存在**，或者说意识扬弃了**它**的目的），但并没有构成另一个方面（即道德性从实体那里自行产生出来）。这些环节并没有与已经消失的伦理相对立，并被改造为目的，就此而言，它们在这里是按照它们的朴素内容发挥着效准,前进的目标仍然是伦理实体。尽管如此,由于我们这个时代的人觉得环节的那个显现形式(亦即伦理)更为亲切,而意识在失去了它的伦理生活之后一边寻找一边不断地重复着那些形式,所以我们更倾向于用这类术语来指代它们。

　　自我意识最初仅仅是精神的一个概念,当它作为一个个别的精神走上这条道路时,已经被规定为本质。既然如此,它的目的就是要使自己作为个别的精神得以实现,并在这个过程中回味着自己。

　　按照规定,自我意识作为一个**自为存在者**同时也是本质,所以它是一种针对着他者的**否定性**。意识到这一点之后,自我意识表现为一种肯定性,与一个虽然**存在着**,但却并非自在存在着的东西相对立。意识在现象中分裂为两个东西,一边是既有的现实性,另一边是它通过扬弃这个现实性而达到的**目的**,或者说一个取而代之的现实性。但是,意识的最初目的是成为一个**直接的**、抽象的**自为存在**,换言之,意识希望直观到自己在他者那里是**这一个个别意识**,或直观到另一个自我意识就是它自己。在经验到这个目的的真理之后,自我意识上升到了一个更高的层次,从现在起,它认识到它自己就是目的,因为它既是一个**普遍的**自我意识,同时本身又**直接**包含着规律。然而当自我意识实施它的**内心规律**时,它却通过经验得知,**个别的**本质在这种情况下不可能得以保全,毋宁说,善只有通过牺牲个别本质才能得以实行。在这种情况下,自我意识转变为**德行**。德行获得的经验只能是这样,即自在地看来,它的目的早已付诸实施,幸福直接包含在行动之中,行动本身就是善。这整个领域的概念——物性是精神本身的一种**自为存在**——在运动中成为自我意识的对象。由于自我意识已经找到这个概念,所以它发现自己是一种实在的、直接表达着自身的个体性,这种个体性不再认为它所面对的现实性是一种阻碍,而是认为只有这种表达活动才是对象和目的。

[270]

a.快乐与必然性

自我意识认识到自己无论如何是一种**实在性**,它本身具有一个对象,但这个对象仅仅包含在那**自为的**自我意识之内,本身尚未存在着。自我意识把与之相对的**存在**看作是另一种现实性,不同于它自己的现实性,而它的目标是,通过完善它的自为存在,从而直观到自己是另一个独立的本质。**第一个目的**,就是要意识到自己是包含在另一个自我意识之内的个别本质,或使对方成为它自己。它确信,**自在地看来**,对方已经是它自己。——自我意识既然已经摆脱了伦理实体和静态的思维存在,升级为一个**自为存在**,于是把伦常和实存的规律、对于观察的认识、还有理论等等全都当作一个灰暗的、转瞬即逝的影子抛在身后。因为,这类知识的对象其实是这样一个东西,它的自为存在和现实性不同于自我意识的现实性。那闯入自我意识的东西,不是一个闪耀在高空的精神,不是一个代表着知识和行动的普遍性,并因此压抑着个人感觉和个人享受的精神,而是一个大地精灵,在它看来,既然存在是指个别意识的现实性,那么只有存在才是真实的现实性。

> 它蔑视理智和科学,
>
> 这可是人类的至高才能——
>
> 它已献身魔鬼
>
> 必须走向沉沦。①

自我意识投入到生命之中,表现为一个纯粹的个体性,并将其充分展开。它用不着去创造幸福,只需直接把幸福拿来享用就可以了。那些横亘在自我意识和它的固有现实性之间的科学、规律、原理等等,它们的阴影像一片死气沉沉的云那样消失了,因为自我意识不愿意确信它们是一些实在的东西。自我意识把生命抓取过来,这种情形好比人们采摘一个

① 引自歌德《浮士德》第一部分,《研究室》,V. 1851-52,1866-67。黑格尔的引文有改动,准确的原文应该是:"他蔑视理智和科学,/这可是人类的至高才能,/……/即使他未曾献身给魔鬼,/终究还是得走向沉沦!"——德文版编者注

成熟的果子,刚刚把手伸过去,果子就自己掉到手里。

　　只有从一个环节出发来看,自我意识的行动才是一种**欲望**行动。它想要消灭的不是整个客观本质,而仅仅是客观本质的"他者存在"或"独立性"等形式,因为这个形式是一个缺乏本质的假象。**自在地看来**,客观本质和自我意识是同一个东西,或者说它是自我意识的一种独立自主性。欲望和它的对象彼此漠不相关,独立地存在着——这种情况的因素是一个**活生生的实存**。当欲望以一个活生生的实存为对象,它的享受就会扬弃这个实存。但在这里,那个使得欲望及其对象成为一种孤立的现实性的因素,其实是范畴,而这种存在在本质上是一个**表象**。因此这是一个以独立性为对象的**意识**——不管它仅仅是一个自然的意识,还是一个已经发展为规律体系的意识——,是每一个个体都各自保有的一个意识。自在地看来,这个分裂并没有成为自我意识的一个对象,但自我意识知道别的意识是**它自己固有的**独立自主性。于是它享受到了**快乐**,意识到自己是通过另一个独立显现的意识而得以实现的,换言之,它直观到了两个独立的自我意识的统一。它达到了自己的目的,但却恰恰在这个过程中经验到了目的的真理。它从概念上认识到自己是**这一个个别的自为存在着的**本质,然而实现目的就意味着扬弃目的,因为它发现,自己作为对象并不是**这一个个别意识**,而是它与另一个自我意识的**统一**。就此而言,它发现自己是一个遭到扬弃的个别意识,或者说它发现自己是一个**普遍的意识**。

　　享受到的快乐既有一个肯定的意义(即认识到**自己**已经转变为一个客观的自我意识),也有一个否定的意义(即它已经扬弃了**自己**)。由于自我意识仅仅在那个肯定的意义上来理解它的实现过程,所以它发现自己的经验是一个矛盾,也就是说,它的个别性所达到的现实性却被一个否定的**本质**消灭了,后者虽然相比之下是一种缺乏现实性的、空洞的东西,但却具有将其吞噬的力量。无论个体性自在地看来是什么,它的概念都只能是这样一个否定的本质。但是个体性仅仅是那个自我实现着的精神的一个最贫乏的形态。它只知道自己是一个抽象的理性,或者说只知道

[272]

223

自己是**自为存在与自在存在的一个直接统一**,因此它的本质仅仅是一个**抽象**的范畴。尽管如此,在从事观察的精神看来,当个体性被设定为一个陌生的抽象**存在**或一般意义上的**物性**,它在形式上就不再是一个**直接的、单纯的**存在。在这里,自为存在和中介活动都出现在这个物性之中。物性于是表现为一个**圆圈**,而圆圈的内容则是各个单纯本质性的纯粹关联的发展过程。也就是说,个体性之所以得到实现,原因仅仅在于,它把这些绕着圈子的抽象东西从一个单纯的自我意识的封闭状态中抓出来,使它们成为一种基本的**为他存在**,或者说成为一种客观的延展。因此,当自我意识享受着快乐时,它发现它的**客观**本质是那些空洞的本质性(比如"纯粹统一"、"纯粹差别"、"二者的关联"等等)的一种延展。除此之外,个体性所经验到的客观**本质**没有别的什么内容。这个内容就是所谓的**必然性**。必然性、**命运**等等无非是这样一类东西,人们说不出它会做**什么**,也说不出它的特定规律和肯定内容是什么,因为它是一个绝对的、被看作是**存在**的纯粹概念,是一种单纯而又空洞的、但却不可阻挡和不可破坏的**关联**,而这个关联的结果只能是个别性的毁灭。这是一个**稳固的联系**,因为相互联系在一起的东西是一些纯粹本质性或空洞抽象。诸如"统一"、"差别"、"关联"等等范畴没有哪一个是自在且自为的,它们只能与它们的对立面联系在一起,并因此不至于分散。这些范畴通过它们的**概念**相互关联,因为它们是一些纯粹的概念。这个**绝对的关联**,还有这个抽象的运动,构成了必然性。完全个别化了的个体性只能把理性的纯粹概念当作它的内容,它不是从一种无生命的理论出发,进入到生命当中,而是仅仅意识到自己的死气沉沉的状态,坚持认为自己仅仅是一种空洞而陌生的必然性,仅仅是一种**僵死的**现实性。

[273]

这里出现了如下一些过渡:从**单一体**的形式过渡到**普遍性**的形式,从一个绝对的抽象过渡到另一个绝对的抽象,从一个摆脱了**他者**的纯粹的**自为存在**的目的过渡到一个**纯粹的**对立面,亦即一个同样抽象的**自在存在**。表面上看来,个体已经消亡了,个别性的绝对脆硬状态也在一个同样坚硬但却持之以恒的现实性那里撞得粉碎。由于个体是一个意识,是它

自己与它的对立面的统一,所以它知道自己是怎么消亡的,不但知道它的　[274]
目的和它的实现,而且知道**它过去心目中的**本质与**自在**存在着的本质是
一个矛盾。个体通过经验得知,当它把它的**生命抓取**过来时,这个行为包
含着一种双重的意义:它想要抓取生命,但拿到手的却是死亡。

　　个体从一个活生生的存在转变为一个无生命的必然性,而这个**过渡**
在它看来是一个直接发生的颠倒。假若它需要一个中介者,那么这个中
介者必须使对立双方合而为一,使意识在一个环节那里认识到另一个环
节,在命运那里认识到它的目的和行动,在它的目的和行动那里认识到它
的命运,在**必然性**那里认识到**它自己固有的本质**。但是意识恰恰以为这
个统一等同于快乐,或者说等同于一种**单纯的**、**个别的**感触,在它看来,从
一个环节(它的目的)到另一个环节(它的真实本质)的过渡是一个纯粹
的飞跃,即是说直接过渡到它的对立面。因为,这些环节并没有包含在感
触之内,在其中结合,而是仅仅包含在一个纯粹的自主体(亦即作为普遍
者的思维)之内。就此而言,当意识通过经验认识到它的真理之后,反而
发现自己是一个不解之谜,它的行为的后果看上去跟它的行为也没有关
系。**在它看来**,它的经历并没有让它经验到那个**自在**存在着的东西。上
述过渡并不是指同样一个内容和本质仅仅在形式上有所变化,不是指它
们一会儿被表象为意识的内容和本质,一会儿又被表象为意识的对象或
一个**出现在直观中的**本质。这样一来,**抽象的必然性**就被看作是一种纯
粹否定的、捉摸不定的**普遍性势力**,它把个体性辗为粉碎。

　　这就是自我意识这一形态的现象到此为止的情形。作为一种实存,
它的最后一个环节是这样一个思想,即知道自己已经丧失在必然性里,或
者说知道自己是一个绝对**陌生的**本质。但是,**自在地看来**,自我意识同时
也得以幸存,因为这个必然性或纯粹的普遍性是**它自己固有的**本质。意　[275]
识知道必然性就是**它自己**——这个自身反映是一个新的意识形态。

b. 心的规律与自大狂

自我意识本身真正包含着的必然性,是它的新的形态所面对的一种必然性,而自我意识因此认识到自己是一个必然的东西。它知道,它在自身内**直接**包含着**普遍者**或规律,这就是**心的规律**,因为它被规定为**直接**存在于意识的自为存在之内。**就其自身而言**,这个新的形态和之前的形态一样,都是一个**个别的**本质。但与此同时,在它那里多出了一个规定,也就是说,它的这个**自为存在**被看作是一个必然的或普遍的东西。

规律直接就是自我意识自己固有的规律,换言之,由于心本身包含着规律,所以它是自我意识必须去实现的一个**目的**。我们得看看,这个目的的实现是否契合概念,以及,自我意识在这个过程中能否通过经验认识到心的规律就是本质。

心与现实性相互对立。因为,心里面的规律仅仅是一个**自为存在**,尚未得到实现,因此同时也是概念的一个**他者**。在这种情况下,这个他者被规定为一种与那个有待实现的东西相对立的现实性,并因此造成**规律与个别性之间的矛盾**。一方面看来,这种现实性也是一个规律,它压迫着个别的个体性,作为一个强制性的世界秩序,与心的规律相矛盾;另一方面看来,它又是一种遭受着这个世界秩序折磨的人性,不是遵循着心的规律,而是遵循着一个陌生的必然性。——显然,那与当前的意识形态**相对立**的现实性无非就是之前所说的那个分裂关系(即个体性和它的真理之间的分裂),是那个残酷地压迫着个体性的必然性关系。**在我们看来**,此前的那个运动之所以与这个新的形态相对立,是因为后者来自于前者,而前者因此成为后者的一个必不可少的环节。但是这个环节在新的形态看来是一个**既有的东西**,因为新的形态不知道自己的**起源**,反而以为它的本质在于成为一个**自为存在**,换言之,以为它的本质在于否定那个肯定的自在体。

[276]

个体性希望扬弃那个与心的规律相矛盾的必然性,扬弃必然性所带来的痛苦。在这里,个体性不再像之前的形态那样只是轻率地追求个别的快乐,而是严肃地制定了一个崇高的目标,即以呈现它的**卓越的**固有本质并创造出**人类福祉**为乐。它所实现的东西是规律,所以它的快乐同时也是所有的心的一个普遍的快乐。对个体性来说,规律和快乐是**不可分割的**。它的快乐是一种合乎规律的东西,与此同时,全人类的规律的实现也给它提供了个别的快乐。在个体性自身的范围之内,个体性和必然性**直接**合为一体。规律是心的规律。个体性还没有离开它的位置,它和必然性的统一既不是借助于双方的一个中介运动,也不是借助于一种教化。所谓实现一个直接的、**未经教化的**本质,就是呈现出一种卓越性,并为人类带来福祉。

另一方面,那个与心的规律相对立的规律已经与心分开了,已经成为一个自由的自为存在。受制于那个规律的人没有生活在规律与心的幸福统一之中,他要么生活在一种凄惨的分裂和痛苦里面,要么在**遵循**规律的时候缺乏一种**自我**满足感,而在**违背**规律的时候却又意识不到自己有什么卓越之处。那个大权在握的神性秩序和人性秩序已经脱离了心,正因 [277] 如此,心把它们看作是一种**假象**,认为它们应该失去手里掌握的那些东西,亦即强权和现实性。诚然,这些秩序就其**内容**而言能够以一种偶然的方式与心的规律达成一致,并因此得到赞许。但是心并不认为一种纯粹合乎规律的东西就是本质,毋宁说,本质应该是一种**自我**意识,在遵循规律的时候得到一种**自我**满足。只要普遍必然性的内容与心不一致,那么这个必然性即使就内容而言也什么都不是,而且必须在心的规律面前退避三舍。

个体于是**实现了**它的心的规律。心的规律转变为一个**普遍的秩序**,快乐转变为一个自在且自为的合乎规律的现实性。但在这个实现过程中,心的规律实际上已经摆脱了个体,直接转变为一个本应遭到扬弃的关系。心的规律在得以实现之后恰恰不再是**心**的规律。因为它在这个过程中保留了**存在**的形式,如今转变为一个**普遍的势力**,与**这一个**心漠不相干,而这样一来,个体在**建立起它自己的秩序**之后,却发现这个秩序跟它毫无关系。也就是说,个体在实现了它的规律之后并没有创造出一个**隶**

属于它的规律,相反,由于这个实现活动**自在地看来**是个体自己的活动,而个体却认为这是一个外来的活动,所以个体的唯一后果就是陷入到一个现实的秩序里面,发现这个秩序不仅是一个陌生的,更是一个敌意深重的超强势力。——通过自己的行为,个体把自己设定**在**"存在着的现实性"这一普遍因素**之内**,或确切地说,把自己设定**为**这样一个普遍因素,而它的行为就其意义而言理应包含着一个普遍的秩序。但这样一来,个体已经**释放**了自己,它作为一个自为存在着的普遍性不断成长起来,清除了自身的个别性。个体只愿意按照它的直接的自为存在这一形式来认识

[278] 普遍性,所以,尽管它本身就属于普遍性,尽管普遍性是它的一个行动,但它却在这个自由的普遍性那里认识不到它自己。在这种情况下,这个行动的意义颠倒过来,反而与一个普遍的秩序**相矛盾**,因为个体的行为应该是**它的**个别的心的行为,而不应该是一个自由的、普遍的现实性。与此同时,个体实际上**承认**了这个现实性,因为行动的意义就在于把它的本质设定为一个**自由的现实性**,也就是说,承认现实性是它的本质。

个体通过它的行动的概念进一步规定了它所隶属的那个现实的普遍性反过来与个体相对立的情形。个体的行为隶属于一个普遍者,而普遍者是一个**现实性**。然而行为的内容却是一个独立自主的个体性,后者希望自己始终是这一个**个别的**、与普遍者相对立的个体性。个体并不是要建立一个特定的规律,毋宁说,个别的心与普遍性的直接统一已经是这样一个具有规律效力的思想:**每一个心都必须在规律里面认识到它自己**。但是只有这一个个体的心才有可能通过一个行为获得现实性,而在个体看来,行为所表现出来的是**它的自为存在**和**它的快乐**。行为应该被直接看作是一个普遍者,也就是说,行为其实是某种特殊的东西,仅仅具有普遍性的形式:它的**特殊**内容本身应该被看作是一种普遍的**内容**。所以,其他个体在这个内容里发现它们的心的规律并没有得到实现,反倒是**另一个个体**的心的规律得到实现。按照"每一个个体都应该在规律中发现自己的心"这个普遍的规律,它们转而反对**那个个体**建立起来的现实性,同样,那个个体也转而反对它们的现实性。个体最初只是觉得一个僵化的

规律有悖它的高尚目的,值得憎恶,但现在它发现人心同样也是如此。

因为意识目前仅仅认识到普遍性是一个**直接的**普遍性,认识到必然性是**心**的必然性,所以它并没有认识到实现过程和影响作用的本性,也就是说,这些**存在着的东西**其实是一个**自在存在着的普遍者**,意识的个别性投身到其中,本来是想**成为这一个**直接的**个别性**,实际上却走向了消亡。意识并未达到**它的存在**,反而在存在之内发生**自身**异化。意识在这个过程中惘然不知的东西,不再是一个僵死的必然性,而是一个借助于普遍的个体性而起死回生的必然性。意识把既有的神性秩序和人性秩序当作是一个僵死的现实性,与此同时,它把自己固定为一个自为存在着的、与普遍者相对立的心,并使那个秩序之下的其他的心不能达到自我意识。但实际上,意识发现那个秩序借助于所有的心的意识起死回生,成为所有的心的一个规律。当意识经验到现实性是一个起死回生的秩序,它实际上也就实现了它的心的规律。而这无非意味着,个体性虽然把自己看作是一个普遍的对象,同时却没有认识到它自己。[279]

因此,自我意识的这个形态发现,它在经验中认识到的真相与它的**自为**存在相矛盾。作为一个自为存在,它知道自己在形式上是一个绝对的普遍性,而且心的规律与**自我**意识是直接合为一体的。那个持存着的、活生生的秩序同时也是它**自己固有的本质**和作品,因为那个秩序只能通过它制造出来。同样,秩序也是与自我意识直接形成一个统一体。自在地看来,自我意识既然隶属于一个双重化的、自相对立的本质性,所以本身就是自相矛盾的,在内心的最深处已经瓦解了。**这一个**心的规律只能使自我意识认识到它自己。但在自我意识看来,在心的规律得以实现之后,那个普遍有效的秩序已经转变为它自己固有的**本质**和它**自己固有的**现实性。在它看来,它的意识里面相互矛盾的双方在形式上都是本质,都是它自己固有的现实性。

由于自我意识一边表现出它的自觉消亡这一环节,一边表现出它的经验的结果,所以它呈现为一个内在的自身颠倒,呈现为一个错乱的意识,也就是说,它直接把它的本质看作是一个无关本质的东西,把它的现[280]

实性看作是一个非现实的东西。当然,这种错乱并不是把一切无关本质的东西都看作是事关本质的,或把一切非现实的东西都看作是现实的,从而导致某个东西对于一个人来说是事关本质的和现实的,而对于另一个人来说则不是,导致两个意识的分裂,也就是说,一个意识以现实性和本质性为对象,另一个意识以非现实的和无关本质的东西为对象。如果某个东西对意识来说确实是现实的和事关本质的,但对我来说却不是如此,那么我在意识到它的虚无缥缈的同时,也意识到了它的现实性,因为我无论如何也是一个意识。由于双方都是固定下来的,所以它们的统一体是一个普遍的疯狂。但在这种情况下,只能说意识的**对象**是错乱的,而不能说意识本身作为一个内在存在和自为存在是错乱的。按照意识的经验活动在这里得出的结果,意识是通过它的规律才认识到**自己**是一个现实的东西。与此同时,由于意识发现同样一个本质性或同样一个现实性发生了**异化**,所以它认识到自己是一个自我意识,认识到自己既是一个绝对的现实性,同时也是一个非现实的东西,换言之,意识认为相互矛盾的双方直接都是**它的本质**,亦即一个在内心最深处已经错乱的本质。

如此一来,以人类福祉为目标的热心肠就转变为一种错乱的自负所发出的叫器,转变为意识为了免遭毁灭而发出的一阵咆哮。之所以出现这个局面,是因为意识把它的颠倒状态披露出来,竭力认为并宣称这是一个他者。意识宣称道,普遍的秩序是由那些狂热的教士、骄奢的暴君以及低贱的仆从——这些仆从通过贬低和压迫更下层的人们来抵消自己遭受的贬低——所发明出来的一个秩序,是心的规律及其幸福联手作出的一个颠倒,将会给遭到欺骗的人们招致无穷苦难。这个错乱的意识宣称**个体性**是一种错乱而颠倒的东西,是一种**陌生的**和**偶然的**个体性。**个别意识想要直接成为一个普遍者**,但实际上,意识的这个用心才是一种错乱而颠倒的东西,而且它的行动只会促使**它**意识到这个矛盾。意识以为心的规律是一个真相,但这只不过是一个**意谓**,它不会像那个持存的秩序一样经受时日的考验,而是必定会在意识眼前消逝。意识的规律本应具有**现实性**,因此意识认为,规律既然是一个**现实性**,既然是一个**有效的秩序**,那

[281]

么也会是目的和本质。但是意识同样直接发现，**现实性**，尤其是当规律作为一个**有效的秩序**时，其实是一种虚无缥缈的东西。同样，意识**自己固有的现实性**，**意识本身**，作为一个个别意识，认为自己是本质。但是意识知道，它的目的在于把这个现实性设定为一个**存在着的现实性**。但实际上，意识直接发现，它的自主体是作为一个普遍者才成为本质，换言之，只有当目的作为一个普遍者成为意识的对象，这个目的才是一个规律。——意识的这个概念通过它的行动转变为它的对象。也就是说，意识通过经验得知，它的自主体是一个非现实的东西，而一个非现实的东西反而是它的现实性。所以，真正颠倒而错乱的东西，不是那种偶然的和陌生的个体性，而恰恰是这个从任何方面来看都存在于自身之内的心。

　　既然一个直接普遍的个体性是一种颠倒而错乱的东西，那么普遍的秩序作为所有的**心**的一个规律（亦即作为所有颠倒的东西的一个规律），本身自在地看来也是颠倒的，就像那个咆哮着的错乱所宣称的那样。在某些时候，当一个心的规律在其他个别的心那里遭到抵抗，普遍的秩序表明自己是所有的心的一个**规律**。各种持存的规律在一个个体的规律面前得到捍卫，因为它们不是一个无意识的、空洞的、僵死的必然性，而是一个 [282] 精神性普遍性和一个精神性实体，它的现实性来自于各个个体，而个体则因此获得生命和自我意识。这样一来，尽管个体也会抱怨这个秩序与一个内在的规律相悖，并用心的各种意谓来反对它，但实际上个体以及它们的心都依附于这个秩序，以之为本质，而且，如果它们失去或摆脱了这个秩序，它们也就失去了一切。在这里，公共秩序的现实性和势力是屹立不倒的，因此它显现为一个自身一致的、具有普遍生命的本质，而个体性则显现为它的一个形式。——尽管如此，这个秩序同样也是一个颠倒的东西。

　　概言之，既然公共秩序是所有的心的一个规律，既然全部个体都直接是这个普遍者，那么公共秩序作为一个现实性就完全依赖于一个**自为存在着的**个体性或心。意识在树立它的心的规律时，遭到了其他意识的反抗，因为它的规律与它们的规律相矛盾，这些规律**同样也是个别的**，而其他意识之所以要反抗,无非是为了树立它们各自的规律。所以,当前的**普遍者**仅仅是一场一切人对一切人的普遍抗争,①每个人都想确立他自己的个别性,却又做不到这一点,因为他的个别性遭遇到同样的反抗,与别人的个体性一起同归于尽。所谓的公共**秩序**也是这样一场普遍的斗争,每个人都尽可能地为自己捞取好处,一边指责别人的公正带有个别性,一边树立他自己的公正,但他的公正同样由于别人的指责而消失了。这个秩序就是**世道**,表面上风平浪静,但实际上仅仅是一个**意谓中的普遍性**,而它的内容则是个别性在建立和瓦解之间的一场无关本质的游戏。

[283] 如果我们对比观察这个普遍秩序的两个方面,就会发现,后一种普遍性的内容是一个躁动不安的个体性,对它来说,规律就是意谓或个别性,现实的东西是非现实的,而非现实的东西却是现实的。但它同时也是秩序的**现实性这一方**,因为它包含着个体性的**自为存在**。另一方是一个**静态的普遍者**,它仅仅作为**内心**存在着,尽管不是一种完全虚无缥缈的东西,但毕竟不是一种现实性,而是只有通过扬弃那个强占了现实性的个体性才能成为一个现实的东西。当意识发现它在规律或**自在存在着的**真和善那里不再是个别性,而仅仅是**本质**,当意识知道个体性是一种颠倒错乱的东西,意识的个别性因此必须遭到舍弃——意识的这个形态,就是**德行**。

c.德行和世道

在主动理性的第一个形态那里,自我意识认识到自己是一个纯粹的个体性,与一个空洞的普遍性相对立。而在第二个形态那里,对立双方各自包含着相互对立的**两个**环节,亦即规律和个体性。对立的一方是心,是规律和个体性的直接统一,而另一方则是规律和个体性的相互对立。如

---

① 这是托马斯·霍布斯构想的人类原始自然状态。参阅其著作《利维坦》(第一部分第 13 章)和《论国家》(第一部分第 12 章)。——译者注

今,在德行和世道的关系里,双方各自都是规律和个体性的统一和对立,或者说都是这两个环节之间的一个来回交叉运动。在德行意识看来,**规律是事关本质的东西**,个体性应该遭到扬弃,而且,既要在个体性的意识自身那里,也要在世道中遭到扬弃。在世道中,自主的个体性应该接受普遍者或自在存在着的真和善的教化。但是这里仍然保留着个人的意识。唯一真实的教化一方面要舍弃,另一方面也要保全整个人格性,也就是说,使个人的意识实际上已经不再耽于各种个别性。在舍弃了个别性之后,个体性同时**在世道中**也被消除了,因为它也是一个单纯的、双方共有的环节。在这个环节里,个体性的表现正好颠倒了德行意识的规定,也就是说,它在这里把自己当作本质,反而让**自在存在着的**真和善服从于它。再者,对于德行而言,世道同样也是一个**被个体性颠倒了**的普遍者,不仅如此,绝对的**秩序**同样也是一个共有的环节,只不过世道在这里不是仅仅作为一个**存在着的现实性**,而是作为**意识的本质**出现在意识面前。所以,绝对的秩序其实并不是通过德行才产生出来的,因为这种**产生活动**是个体性的一种意识,而个体性是应该遭到扬弃的。但是,只有当扬弃了个体性之后,世道的**自在体**才获得可供施展的余地,以便成为一个自在且自为的实存。 [284]

现实的世道的普遍**内容**已经显露出来了。仔细看来,它无非还是自我意识在此之前的那两个运动,从中已经产生出德行的形态,那两个运动是德行的源头,所以德行必须面对它们。但是德行的目标是扬弃自己的源头,实现自身,换言之,德行必须转变为一个**自为存在**。因此,世道一方面是一个寻求着快乐和享受的个别个体性,个体性在这个过程中自取灭亡,并因此使普遍者得到满足。但从另一方面看来,这个满足就和关系里的其他环节一样,都是普遍者的一个颠倒形态和颠倒运动。现实性仅仅是快乐和享受的个别性,而与之对立的普遍者则是一个必然性,但这个必然性仅仅是普遍者的一个空洞形态,仅仅是一个否定的反作用和一个没有内容的行动。——至于世道的另一个环节,则是这样一种个体性,它想要成为一个自在且自为存在着的规律,并在这个想象的支配下干扰了持

[285] 存着的秩序。普遍的规律在这个自大狂面前保留下来,不再表现为一个与意识相对立的空洞事物,不再表现为一个僵死的必然性,而是表现为**意识自身内的一个必然性**。尽管如此,当普遍的规律实存着,作为彻底矛盾的现实性的一个**自觉的**关联,它是一种错乱状态。同样,当它作为一个**客观的**现实性存在着,它就是一般意义上的颠倒状态。因此,普遍者在两个方面里都是它们的运动所体现出来的一种势力,但这种势力的**实存**仅仅是一个普遍的颠倒运动。

现在,通过扬弃个体性或颠倒运动的原则,普遍者应该从德行那里获得它的真实的现实性。德行的目的在于通过这种方式把颠倒的世道重新颠倒过来,创造出世道的真实本质。这个真实本质在世道中仅仅是它的**自在体**,尚未成为现实的。因此德行仅仅对这个真实本质抱有一个**信念**。德行希望把信念提升为直观,希望不必付出劳动和牺牲就享受到成果。因为,德行作为**个体性**乃是与世道进行的一个斗争**行动**;它的目的和真实本质是战胜世道的现实性。就此而言,德行所促成的善的实存反而意味着它的**行动**的终止,或者说意味着个体性的**意识**的终止。至于这个斗争将会如何收场,德行在斗争中将会经验到什么东西,以及,通过德行作出的牺牲,德行是否打败了世道,所有这些问题都必须取决于斗争双方所使用的活生生的**武器**的本性。因为,武器无非是斗争者自身的**本质**,这个本质只有针对斗争双方才体现出来。就此而言,我们从这个斗争的自在的、现存的本质那里已经可以推知斗争双方使用了什么武器。

对于德行意识来说,**普遍者**虽然在**信仰**里面或**自在地看来**是真实的,但尚未成为现实,仅仅是一个**抽象的**普遍性。它在德行意识之内**作为目**[286] **的**存在着,在世道里面则是**作为内核**存在着。正是通过这个规定,普遍者也表现为一种与世道相对立的德行。德行一开始只是**想要**行善,并没有宣称善是一个现实的东西。我们可以这样来看这个规定性:由于善出现在一个反抗世道的斗争当中,所以它呈现为一个**为他存在**,呈现为一个并非**自在且自为存在着**的东西,否则的话,它就不会企图通过强迫对方来赋予自己以真理。善最初只是一个**为他存在**,这句话的意思在此前对它的相反观察里面已经表现出来,也就是说,它最初只是一个**抽象**,只能在一个关系里而不是作为一个自在且自为的存在获得实在性。

这里出现的善或普遍者就是所谓的**天赋**、**才能**、**能力**等等。精神性事物的存在方式在于,一方面被表象为一个普遍者,但另一方面需要借助于个体性原则才会获得生命和运动,并因此获得**现实性**。只要个体性原则隶属于德行意识,那么它就是**正确地使用着**普遍者,但如果它隶属于世道,那么它就是**错误地使用着**普遍者。普遍者是一个被动的工具,至于实际的使用,则取决于一个自由的个体性,哪怕它有可能被滥用,制造出一个导致它自身毁灭的现实性。普遍者是一种无生命的、缺乏独立自主性的质料,可以任人塑造,甚至被用来毁灭它自己。

既然德行意识和世道有同等的权利去使用普遍者,那么很难说这样装备起来的德行是否能够战胜各种丑恶现象。双方使用的武器都是一样的,而这些武器就是此前所说的才能和能力。诚然,德行相信它的目的与世道的本质是一个原初的统一体,它把它的这个信念埋伏起来,以便让那个原初统一体在战斗中从敌人的背后发动袭击,**自在地**解决敌人。在这种情况下,德行的捍卫者发现,他的**行动**和斗争实际上不过是一种虚张声势,**不可能**也**不应该**认真进行,因为,只有使善成为一个**自在且自为的存在**,即是说只有使善完满实现,他的真正强大的实力才得以体现。而现在他发现,他用来反对敌人和反对他自己的那个东西,他在自己和敌人那里都敢拿来损耗的那个东西,不应该是善本身。因为,他是为保全和实现善而斗争,所以他敢于拿出来损耗的东西,只能是那些无论浪费多少都不足惜的天赋和才能。然而天赋和才能恰恰是那个缺乏个体性的、应该通过斗争而得到保全和实现的普遍者。——但是,根据斗争的概念,这个普遍者直接地**已经得到实现**。它是**自在体**、**普遍者**,而它的实现仅仅意味着,它同时也是一个为他存在。上面提到的那两个方面各自都曾经把普遍者弄成一个抽象表述,但现在它们**不再是分开的**,毋宁说,通过一个斗争并且在这个斗争之中,善在两个方面同时建立起

[287]

235

来。——德行意识当初反抗世道时,认为世道是一个与善相对立的东西。在这个反抗过程中,德行意识发现世道是一个普遍者,这个普遍者不是一个抽象的东西,而是一个借助于个体性而获得生命的为他存在,或者说是一个**现实的善**。因此,无论德行在什么地方与世道发生接触,它所遭遇的都是一个实存着的善。善作为世道的**自在体**,与其中的全部现象都不可分割地交织在一起,并通过世道的现实性同时也获得它自己的实存。也就是说,世道对于德行而言是不可撼动的。善的各种实存及其不可撼动的关系全都是这样一些环节,为了它们的缘故,德行

[288] 本应毅然作出牺牲。就此而言,德行的斗争只能动摇在保全和牺牲之间,或更确切地说,德行既不能牺牲自己,也不能伤害对方。德行好比这样一位战士,他在战斗中的唯一要务是保持宝剑的光亮,不仅如此,他之所以已经投身到战斗中,其实是为了保全武器。德行不仅不能使用它自己的武器,而且必须确保敌人的武器也毫发无损,确保自己不会破坏那些武器,因为所有的武器都是善的高贵部分,而德行是为了善才进行斗争的。

反之,德行的敌人却认为,本质并非**自在体**,而是**个体性**,因此它的能力是一个否定的原则,不承认任何持存的和绝对神圣的东西,而是敢于并且承受得起任何东西的损失。这样一来,不论是通过它自己,还是通过那个困扰着它的敌手的矛盾,它的胜利都是确凿无疑的。在世道看来,德行的**自在体**仅仅是**它的对象**。世道摆脱了任何一个与德行紧密联系在一起的环节,它既可以扬弃一个严格意义上的环节,也可以使其成立,正因如此,它既控制着每一个环节,也控制着那个固定在该环节上面的德行捍卫者。德行捍卫者不可能像脱掉一件外衣那样摆脱世道并因此获得自由,因为他知道世道是一个不应当被放弃的本质。

最后,至于那个埋伏,即指望**善的自在体**出其不意地从世道的背后发动袭击,也不过是一个彻底虚渺的希望。世道是一个清醒的、具有自身确定性的意识,它的额头朝向四面八方,绝对没有任何东西可以从背后偷袭它。因为,一切都是**它的对象**,一切都**摆在它面前**。在我们已经看到的那

场斗争里,善的**自在体**是一个**为他存在**,是敌人的一个对象。换言之,如果它不是**敌人的一个对象**,而是一个**自在存在**,那么它就是天赋和才能之类被动的工具,是一个缺乏现实性的质料;假若我们把它想象为一个实存,那么只能说它是一个沉睡的意识,始终躺卧在后面谁也不知道的某处地方。

德行于是被世道打败了,不仅因为它的目的实际上只是一个抽象的、[289]非现实的**本质**,也因为它的现实行动是立足于一些仅仅包含在**词语**中的**差别**。德行原本希望通过**舍弃个体性**来实现善,但是**现实性**这一方面本身就是**个体性**所在的那个方面。善本应是一个**自在存在**,与存在者相对立,但是一个实在的和真实的自在体恰恰就是**存在本身**。**自在体**最初是一个**抽象的本质**,与现实性相对立。但是一个抽象的东西恰恰不是真实存在着的,而是仅仅作为**意识的对象**才存在着。也就是说,自在体是所谓的**现实事物**,而现实事物在本质上是一个**为他存在**,或者说现实事物就是**存在**。德行意识立足于**自在体**与**存在**的区分,但这个区分不具有真理。世道本来应该是善的一个颠倒运动,因为它把**个体性**当作它的原则。然而个体性才是**现实性**的原则。个体性恰恰是一个意识,因此**自在存在者**同样也是一个**为他存在**。世道把那个持久不变者颠倒过来,使之从**一个虚无缥缈的抽象**转变为**一个存在着的实在性**。

世道战胜了德行在和它的对立中制造出来的东西,战胜了那种把一个缺乏本质的抽象表述当作是本质的德行。但是世道的手下败将并不是什么实在的东西,而是一种炮制出一些并非差别的差别的做法,是关于"人类的至善""人类遭受的压迫""为了善而牺牲""天赋的滥用"等方面的各种夸夸其谈。这样一些理想的本质和目的归根到底不过是一些空话,它们诚然促使心地高尚,但也使得理性空疏,它们大张旗鼓,却毫无建树。这些富丽堂皇的言辞仅仅表达出一个特定的内容,也就是说,个体既然宣称自己是为了一些高贵的目的去行动,并且对此振振有辞,于是不免[290]认为自己是一个卓越的本质。这种吹嘘虽然使自己和别人都变得头昏脑胀,但是再大的牛皮也只不过是一个空荡荡的气球而已。——古人推崇的德行具有一个特定的稳妥意义,因为这种德行把民族的**实体**当作它的一个**内容丰富的基础**,把一个**现实的、已然实存着的**善当作它的目的。所以,它既不会把现实性当作一个**普遍的颠倒状态**而加以反对,也不会反对**世道**。但是我们在这里所观察的德行已经脱离了实体,是一种缺乏本质的德行,它只存在于表象和那些空无内容的词语之中。——只要请那些与世道相抗衡的议论说出它们究竟是什么意思,马上就可以揭露出它们的空洞无聊。正是在这个意义上,它们**被假定为众所周知的常识**。人们要求它们把这些常识说出来,但这个要求或者被一通新的滔滔不绝的议论应付过去,或者与另一种诉诸内心的做法相对立,而内心只是**在内部**说出那些话的意思。这两种情况都等于承认,它们没有能力**在事实上**说出那些话的**意思**。对于我们这个时代的教化来说,大家似乎在无意识的情况下已经确信那些议论是一种空洞无物的东西,因为人们对于所有这类议论及其吹嘘方式已经失去了任何兴趣。这个表现就是,一旦听到这些议论,人们马上哈欠连天,无聊透顶。

上述对立因此造成了一个结果,也就是说,从现在起,意识像脱下一件轻飘飘的外衣那样,摆脱了一个观念,不再认为善是一个尚未获得现实性的**自在体**。意识在它的斗争中经验到,世道并不是像它表面上看起来的样子那么糟糕。因为,世道的现实性是一个普遍者的现实性。伴随着这个经验,此前的中介活动(即通过**舍弃**个体性来产生出善)也被丢到一边,因为个体性本来就是自在存在者的一个**实现**。颠倒活动不再是善的一个颠倒运动,因为恰恰是它使得一个单纯的目的转变为现实性:个体性的运动成为普遍者的实在性。

[291]

实际上,这样一来,那个作为**世道**而与一个以自在存在者为对象的意识相对立的东西,同样也被打败并且消失了。过去,个体性的**自为存在**在世道中与本质或普遍者对立,显现为一个脱离了**自在存在**的现实性。但现在既已表明,现实性与普遍者属于一个不可分割的统一体,那么,正如德行的**自在体**仅仅是一个**观点**,同样,世道的**自为存在**也表明自己不再成立。诚然,世道中的个体性有可能认为自己完全是**自为的**或**自利的**,也有可能认为它的行动同时也是一个**自在存在着的、普遍的**行动。相比之下，它的前一个想法要优于后一个想法。当个体性为了自己的利益而行动时，它其实不知道自己究竟在做什么，而当它保证所有的人都是为了各自的利益去行动时，实际上只不过是宣称，所有的人都意识不到行动是什么东西。当个体性**自为地**采取行动时，这恰恰使得一个最初仅仅**自在**存在着的东西成为现实的。**自为存在**的目的在意谓中认为自己是与自在体相对立的，但它的空洞的自作聪明，还有它费尽心思想要在任何地方揭露出自利行为的做法，都和**自在体**的目的以及它的那些空谈一样，已经消失得无影无踪。

就此而言，**个体性的行动和所作所为是一个自在存在着的目的**。恰恰是**能力的使用，能力的外化活动的交织**，赋予能力以生命，否则的话，这些能力就将是一个僵死的自在体。自在体并不是一个未经实现的、缺乏实存的、抽象的普遍者，毋宁说，它本身直接就是个体性的一个当前存在着的、现实的演进过程。

C.个体性认识到自己实际上是一个自在且自为的存在 [292]

自我意识现在已经理解把握到了一个关于它自己的概念（过去只有我们才认识到这个概念），也就是说，它确信自己是全部实在性，并从现在开始认识到，目的和本质在于一个把普遍者——即各种天赋、才能——和个体性贯穿起来的运动。在普遍者和个体性**达到统一之前**，这个充实过程和贯穿运动中的个别环节，就是我们迄今观察到的那些目的。作为一些抽象和幻象，它们已经消失了，因为它们隶属于精神性自我意识最初的那些枯燥形态，它们的真理仅仅立足于心、想象、言谈等意谓中的存在，而不是立足于理性。理性如今作为一个自在且自为的存在，确信自己是全部实在性，它不再企求把自己当作一个**目的**，不再坚持自己与直接存在着的现实性之间的**对立**，而是把严格意义上的范畴当作它的意识的对象。——理性曾经被规定为一个**自为存在着的**或**否定的**自我意识,但这个规定已经被扬弃了。**它曾经认为,现实性**是对它的否定,只有将其扬弃才能实现它的**目的**。但现在既已表明,**目的**及**自在存在**是同一个东西,都是一个为**他存在**或一种**既有的现实性**,那么真理和确定性就不再是分裂开的,因为已经设定下来的目的被当作是一种自身确定性,而这个目的的实现则被当作是一个真理,或者也可以说,目的被当作是一个真理,而现实性则被当作是一种确定性。真正说来,目的和本质,作为一个自在且自为的存在,本身就确信自己是一个直接的实在性,是一个把**自在存在**与**自为存在**、把普遍者与个体性贯穿起来的行动。行动本身就代表着它的真理和现实性,对它来说,**个体性的呈现或表达**本身就是一个自在且自为存在着的目的。

[293]

在理解把握到这个概念之后,自我意识已经返回到自身内,摆脱了各种相互对立的规定,这些规定当初是通过范畴才呈现出来的,而自我意识先是对范畴进行观察,然后才对范畴采取行动。自我意识以纯粹范畴为对象,或者说它已经转变为一个已经获得自我意识的范畴。通过这种方式,自我意识与它的旧有形态清算完毕。那些形态沉入忘川,不再作为一个既有的世界而与自我意识相对立,而是仅仅在自我意识内部作为一些透明的环节继续发展。尽管如此,自我意识还是发现这些不同的环节四分五裂,始终处于一个**运动**之中,还没有凝聚为一个基本的统一体。但是,在**所有的**环节那里,自我意识都坚持着存在与自主体的单纯统一,坚持着那些环节的**类**。

在这种情况下,意识已经抛弃了它的行动中的全部对立和全部条件,它重新**从自身**出发,不是指向**一个他者**,而是指向**它自己**。由于个体性本身是一个现实性,所以行动本身就是一种可供利用的**材料**,就是**目的**。所以,行动在外表上是一个圆圈运动,自由地奔波在自身的空虚之中,无拘无束,时而扩张时而收缩,完全满足于这种自娱自乐。如果个体性用一个要素来呈现它的形态,那么这个要素可以说完全接纳了它的形态。这个要素就是一般意义上的白日,意识想要把自己展现在光天白日之下。行动不改变任何东西,也不反对任何东西。它既是一个纯粹的过渡形式(从**未被看见**到**被看见**),也是一个被揭示出来并呈现在时日面前的内容,而这个内容无非是行动的自在存在。所谓行动是一个**自在存在**,意思是,它的形式是一个**思想中的统一体**。而所谓行动是**现实的**,意思则是,它的形式是一个**存在着的统一体**。只有当行动被规定为一个单纯的东西,而不是被规定为一个过渡或运动,才可以说行动本身就是**内容**。

[294]

a.精神性动物王国和欺骗,或事情本身

首先,这个自在的、实在的个体性仍然是**个别的**和**特定的**个体性,所以尽管它知道自己是一个绝对的实在性,但同时也知道这是一个**抽象的和普遍的**实在性,缺乏任何填充物和内容,仅仅是一个类似于范畴的空洞思想。——我们得看看,"自在的、实在的个体性"这个概念是如何在它的各个环节里规定自己,以及,这个个体性关于它自己的那个概念是如何出现在它的意识里面。

首先,当个体性认识到自己是全部实在性时,它的这个概念是一个**结果**。个体性还没有呈现出它的运动和它的实在性,它在这里被**直接**设定为一个**单纯的自在存在**。但运动其实是否定性的一个现象,它在**单纯的自在体**那里表现为一个**规定性**。至于**存在**或单纯的自在体,则转变为一个被规定了的范围。个体性于是表现为一个原初的被规定的本性:之所以说"**原初的**",因为它是一个**自在存在**,而之所以说"原初**被规定的**",因为否定性出现在**自在体**身上,而自在体因此是一个质。不过,尽管存在遭到限制,但这个局面却**不可能限制**意识的**行动**,因为行动在这里是一个完满的**自身关联活动**。那个原本起着限制作用的他者关联已经被扬弃了。所以,本性的原初规定性仅仅是一个单纯的原则,是一个透明而普遍的因素,它使得个体性既可以自由地保持自身一致,也可以无拘无束地展开它的各种差别,并在实现这些差别的过程中与自身形成一个纯粹的交互作用。好比一个未经规定的动物生命,将它的嘘气吹入水、气、土等元素,吹

[295] 入这些元素内部的一些具有更丰富规定性的本原,让它的全部环节都浸透它们,同时把它们牢牢地掌握在手中,毫不理睬元素的那个限制作用,把自己作为一个单一体保存下来,不但是这一个特殊的组织机构,而且始终是同一个普遍的动物生命。

意识自由而完整地保存在它的原初的被规定的**本性**之内,这个本性显现为个体的目的之直接而唯一的真正**内容**。这个内容诚然是**被规定的**,但当我们把一个**自在存在**孤立出来予以观察,那么它仅仅是一般意义上的**内容**。真正说来,它是一个贯穿着个体性的实在性,是个别意识本身具有的一个现实性,最初只是被设定为**存在着**,还没有被设定为行动着。但对于行动来说,一方面,那个规定性并不是意识想要逾越的一个限制状态,因为它作为一个存在着的质,是一个单调的因素,仅仅确保意识可以运动;另一方面,否定性只有在一个存在那里才表现为一个**规定性**。然而**行动**本身就是否定性,所以在一个行动着的个体性那里,规定性化解为一般意义上的否定性,或者说化解为全部规定性的集合体。

现在,既然**行动**和行动意识之间出现了差别,那么那个单纯的原初本性也会具有差别。行动**最初**只是一个对象,确切地说,是一个隶属于**意识**的**对象**,这时它是一个现成的**目的**,与一个现成的现实性相对立。**随后的**另一个环节则是目的(人们原本以为它是静态的)的一个**运动**,亦即目的的实现,它把目的与一个完全流于形式的现实性联系在一起,因此意味着**过渡**本身或**中介**。最后,**第三个**环节是一个脱离了行动者的对象,行动者不再直接意识到这个对象是**他自己的**目的,而是认为它是一个**他**
[296] **者**。——我们必须按照这个领域的概念把上述不同方面确定下来,使得内容在其中保持为同样的内容,不容许出现任何差别,也就是说,个体性与一般意义上的存在之间,**目的**与作为**原初本性**的**个体性**之间,目的与现成的现实性之间,都不应该有任何差别,同样,**中介**与作为绝对**目的**的个体性之间,**受影响的现实性**与目的、原初本性或中介之间,也不应该有任何差别。

首先,个体性的原初的被规定的本性,或者说个体性的直接本质,还没有被设定为行动着,因此叫做**特殊的**才能、天赋、性格等等。我们必须把精神的这个独特色调看作是目的的唯一内容,将其完全看作是一个实在性。试想,假若意识超越了那个唯一内容,企图使另一个内容成为现实,那么这不过是意识的一种**从无到无**的无益劳作而已。除此之外,这个原初本质不仅是目的的内容,而且自在地看来也是一个**现实性**,它通常显现为行动中的一个**给定的**材料,显现为一个**既有的**、但必须在行动中接受塑造的现实性。也就是说,行动仅仅是一个纯粹的过渡,就形式而言,是从一个尚未呈现出来的存在过渡到一个已经呈现出来的存在。至于那个与意识相对立的现实性的自在存在,已经降格为一个单纯而空洞的假象。当意识被规定着去行动时,不会迷惑于现成的现实性的假象,同样,它必须不再围绕着一个空洞的思想或目的打转,而是应该去关注它的本质的原初内容。诚然,这个原初内容刚开始只是意识的一个**对象**,因为是意识**将它实现的**。但在这里,我们已经不可能再区分一个仅仅**位于意识内部的对象**,和一个在意识之外自在存在着的现实性。意识只有去行动,才能使一个**自在存在**成为它的**对象**,换言之,行动恰恰是精神**之为意识**的一个转变过程。因此意识是通过它的现实性才认识到它的**自在存在**。但个体 [297] 在还没有通过行动来实现自己之前,不可能知道自己**作为什么**存在着。表面上看来,个体在采取行动之前不可能规定行动的**目的**。但与此同时,既然个体是一个意识,那么它必须从一开始就把行动当作一个**完全由它负责的行动**,亦即当作一个摆在面前的**目的**。个体在采取行动时似乎陷入了一个怪圈,其中的每一个环节都已经以其他环节为前提,因此找不到一个开端。这种情况的原因在于,个体**只有通过行为**才能认识到它的原初本质(这个东西必定是它的目的),但是,它必须**预先**有一个**目的**,然后才能去行动。正因如此,个体无论在什么背景情况下都必须**直接**开始,作出一个行为,而不去考虑什么**开端**、**中介**和**终点**。它的本质和它的**自在存在着**的本性是一中之全,囊括了开端、中介和终点。作为**开端**,这个本性已经包含在行动的各种**背景情况**里面,而个体对于某些东西的**兴趣**,已经回答了"这里该不该做"以及"这里该做什么"之类问题。自在地看来,既有的现实性就是个体的原初本性,只不过隐藏在**存在**的假象之下,这个假象包含在一个自身分裂的行动的概念之内,但作为**个体的**原初本性,它表现为个体对于这个本性的**兴趣**。至于**方式**或**中介**,同样也是一个自在且自为的规定性。同样,**天赋**既是一个原初被规定的个体性,同时也被看作是从目的到现实性的一个**内部中介**或**内部过渡**。至于**现实的**中介和实在的过渡,则是天赋与那个包含在兴趣中的事情本性的一个统一。天赋通过中介代表着行动方面,而兴趣代表着内容方面,双方都隶属于个体性,表现为一个贯穿着存在和行动的运动。首先,现成的是一些既有的**背景**

[298] **情况,自在地看来**,它们就是个体的原初本性。其次,兴趣恰恰把这个原初本性设定为**它的本性**,或者说设定为一个**目的**。最后,这个对立在**中介**那里得到结合和扬弃。这个结合仍然是在意识的内部发生的,而我们刚才观察到的整体仅仅是对立的一个方面。通过一个**过渡**或**中介**,这个残余的对立假象被扬弃了,原因在于,中介是外观和内核的统一,而作为一个**内在的**中介,它包含着一个相反的规定性。中介扬弃了这个规定性,把自己(作为行动和存在的统一)设定为**外观**,同时把已经得到实现的个体性(亦即**自为的**个体性)设定为**存在者**。通过这种方式,整个行为不管是作为**背景情况**、**目的**、**中介**还是作为**作品**,都没有超出自身。

在一个作品那里,原初本性的差别也出现于现象之中。作品和作品所表现的原初本性一样,都具有一个**规定性**。因为,否定性在脱离行动而成为一个**存在着的现实性**之后,表现为作品的一个质。意识把自己规定为一个与作品相对立的东西,规定为一个行动,其本身具有的规定性就是**一般意义上的**否定性。因此意识是一个与作品的规定性相对立的普遍者,它可以拿这个作品与其他作品进行**比较**,从而把那些个体性理解为一些**相互有别的**个体性:个体通过它的作品而得以继续延伸,它要么具有更坚强的意志力,要么具有一个更丰富的本性(即是说它的原初规定性较少受到限制)。与之相反,另一个本性则是一个更软弱或更贫乏的本性。与这种无关本质的**分量**差别相反,"**好**"与"**坏**"表达出了一个绝对的差别。但这里还谈不上这样一个绝对的差别。不管采取什么方式,都是同

244

样的行动和行为,都是个体性的同样的呈现和表现,因此一切都是好的。我们实在说不出什么是坏的。通常所谓的坏的作品,是指一个特定的本性通过一个个体生命得以实现。其实,只有通过一种比较,一个作品才被 [299] 贬低为坏的,但是比较本身是某种空洞无聊的东西,因为它不知道作品是个体性的一个自身表现,于是对于作品的这个本质置之不理,反而去寻找和要求一些莫名其妙的东西。换言之,比较只能涉及前面所说的那种分量差别。但自在地看来,分量差别是一种无关本质的差别,因为它把一些相互有别的作品或个体性拿来进行比较,但它们实际上彼此之间风马牛不相及,而是仅仅与自己相关。惟有原初本性才是**自在体**或评判作品的尺度,反过来说,唯有作品才是评判原初本性的尺度。原初本性和作品是相互契合的。个体性的任何**对象**都是**通过**个体性才存在着,换言之,任何**现实性**都是个体性的本性和行动,个体性的任何行动和自在体都是现实的——只有这些环节才值得进行比较。

　　因此,这里根本不会出现超脱,也不会出现**抱怨**和**懊悔**。所有这类情绪都是产生于一个不明真相的思想,它想象着另一个**内容**和另一个**自在体**,却认识不到个体的原初本性,以及这个本性在现实性中的明确表现。个体做了什么,经验到了什么,它就是什么。它已经这样做了,它是它的行为和经验。个体只能意识到**它自己**是一个纯粹的过渡,即从可能性的黑夜过渡到当前存在的白昼,从一个**抽象的自在体**过渡到一个**现实的**存在和这样一个确定性:但凡在这个白昼里出现于它面前的东西,都曾经沉睡在那个黑夜里面。意识到这个统一,同样也是一个比较,但拿来比较的东西只具有对立的**假象**。理性的自我意识知道这个形式上的假象是一个不折不扣的假象,因为它知道个体性本身就是一个现实性。**自在地看来,个体只能体会到愉悦**,因为它知道,它在它的现实性里面只能发现如下一 [300] 些情况,也就是说,它与现实性形成一个统一体,它的自身确定性成为一个真理,以及,它无一例外地达到了它的目的。

　　意识确信自己是一个彻头彻尾贯穿着个体性和存在的运动,于是它理解把握到了关于它自己的这个概念。我们来看看,这个概念是否在经验中得到了意识的证实,并因此与意识的实在性达成一致。作品是意识给予自己的一个实在性。借助于一个作品,个体把它的**自在存在**转变为一个对象,这样一来,那个以作品里面的个体为**对象**的意识就不再是一个特殊的意识,而是一个**普遍的**意识。个体在任何作品那里都把自己提取出来,转而放置到普遍性这一因素之内,放置到存在的一个缺乏规定性的空间之内。就意识退出它的作品,与这个**特定的**作品相对立而言,它是一个普遍的意识,因为它在这个对立关系里转变为一个**绝对的否定性**或一个绝对的行动。因此,意识超越作品就等于超越自己,它本身是一个缺乏规定性的空间,同时发现自己并没有得到作品的充实。此前,在概念里面,意识和作品的统一确实保存下来了,而之所以如此,恰恰因为作品作为一个**存在着的**作品当时就被扬弃了。但是作品应该**存在着**,我们得看看,个体性将如何通过作品的**存在**而把作品的普遍性保存下来,并以此得到满足。我们首先应该单独观察一个已经完成的作品。作品已经吸收了个体性的全部本性,因此作品的**存在**本身就是一个行动,通过这个行动,全部差别相互贯穿,瓦解无存。在这种情况下,作品被抛到外面,成为一个**持存**,通过这个持存,原初本性的**规定性**实际上凸显出来,与另外一些特定的本性一边相互对抗,一边相互贯穿,并作为一个转瞬即逝的环节消解在这个普遍的运动里面。如果自在且自为存在着的、实在的个体性的**概念内部**的全部环节(背景情况、目的、中介、实现等)都是彼此一致的,

[301] 而且原初被规定的本性仅仅被当作一个普遍的因素,那么反过来,由于这个因素转变为一个客观的存在,所以它的严格意义上的**规定性**就在作品那里见诸天日,并在瓦解的时候获得自己的真理。确切地说,瓦解的表现就是,借助于一个规定性,个体已经转变为**这一个**现实的个体。但是这个规定性不仅是现实性的内容,而且也是现实性的形式,换言之,一般意义上的现实性恰恰已经被规定为一个与自我意识相对立的东西。从这个方面来看,规定性表现为一个消失在概念之外的、**既有的**、**完全陌生的**现实性。作品**存在着**,也就是说,它是另外一些个体性的一个对象,在它们看来是一个陌生的现实性,而**那些个体性**必须用它们的现实性来替代这个

陌生的现实性,以便通过**它们的**行动去意识到**它们**与现实性的统一。换句话说,**那些个体性**对于作品的兴趣是出于**它们的**原初本性,这个兴趣不同于作品本身包含着的那个**独特的**兴趣,而正是后者才使得一个作品不同于别的作品。因此一般说来,作品是某种变动不居的东西,它在反抗别的能力和兴趣时遭到瓦解,至于它所呈现出来的个体性的实在性,与其说是一个已臻完满的事物,不如说是一个转瞬即逝的东西。

意识于是发现,它的作品里出现了行动和存在之间的对立,这个对立在以前那些意识形态里面不仅是行动的结果,而且是行动的**开端**,但在这里却仅仅是一个**结果**。事实上,当意识作为一个**自在存在着的**、实在的个体性开始采取行动时,这个对立同样已经是行动的基础。对于行动而言,**原初被规定的本性**曾经被预设为**自在体**,被一种纯粹为实现而去实现的做法当作**内容**。但纯粹的行动是一个**自身一致的**形式,就此而言,这个形式与原初本性的**规定性**是不一致的。在这里和在别处一样,二者之中谁被称作**概念**,谁被称作**实在性**,这是无所谓的。原初本性是一个**思想中的东西**,是那个与行动相对立的**自在体**,它只有通过这个对立才得到它的实在性。换言之,原初本性既是严格意义上的个体性的**存在**,也是作品—— [302]
它代表着个体性——的**存在**,而行动则是一个原初的**概念**,表现为一个绝对的过渡或一个绝对的**转变过程**。意识在它的作品那里经验到,概念与实在性是**不匹配的**,这种情况本身就包含在意识的本质之内。意识在它的作品那里才真正认识到它自己,而它关于自己的那个空洞概念也消失了。

作品是这个自在存在着的、实在的个体性的真理,而在作品的这个基本矛盾里面,个体性的全部方面重新表现为各种矛盾。换言之,**行动**作为一个否定的统一体,本来已经把全部环节聚集在一起,但是当整个个体性的内容脱离行动,转变为一个外在的**存在**,作品就把那些环节释放出来了,而这些被释放出来的环节在持存的因素里面彼此漠不相关。于是,概念和实在性分开了,前者成为一个目的,后者成为一个**原初的本质性**。至于目的具有一个真正的本质,或自在体被当作一个目的,这些都是纯属偶然。同样,当概念和实在性分开时,概念也可以成为一个以实在性为目标的**过渡**,而实在性则成为一个**目的**。至于究竟是哪一个**中介**被选来表现目的,同样也是一件偶然的事情。最后,这些内部环节(不管它们能不能形成一个统一体)聚在一起,就成了个体的一个**行动**,它只是偶然地针对着一般意义上的**现实性**。**幸运**既站在一个糟糕规定的目的和一个糟糕选定的中介**一边**,也站在与之相对的**另一边**。

　　就此而言,如果说意识在它的作品那里看到了意愿与实现之间、目的与中介之间以及所有这些内心事物与现实性本身之间的**对立**——这些情况已经把**意识的内在行动的偶然性**完全包括进来——,那么它同样也不会忽略行动的**统一性**和**必然性**。这些方面相互重叠,而对于**行动的偶然性**的经验本身只是一个**偶然的经验**。行动的**必然性**在于**目的**与**现实性**息[303]息相关,而目的与现实性的统一就是行动的概念。意识之所以采取行动,因为一个自在且自为存在着的行动是现实性的本质。诚然,作品也包含着偶然性,这是**已经实现的东西**与**意愿**及**实现过程**之间的对立造成的。意识的经验看似必须被承认为一个真理,但是它与行为的那个概念相矛盾。尽管如此,如果我们完整地观察这个经验的内容,那么可以说,内容是一个**转瞬即逝的作品**。保存下来的东西并不是**消失过程**,毋宁说,消失过程本身是现实的,与作品结合在一起,和作品一起消失。**否定与肯定**(亦即**否定之否定**)同归于尽。

　　消失过程本身也消失了。这种情况包含在一个自在的、实在的个体性的概念里面。因为,作品或作品的属性之所以会消失,经验之所以会战胜个体性关于它自己的那个概念,完全是取决于一个**客观的现实性**。但是客观的现实性是一个环节,孤立地看来,它在这个意识之内不再具有任何真理。真理完全取决于意识和行动的统一,**真实的作品**仅仅是**行动和存在、意愿和实现**的统一。在意识看来,由于它的行动在根本上具有一种确定性,所以那个与确定性**相对立**的现实性只能是**意识的对象**。意识在这里是一个已经返回到自身内的自我意识,在它看来,既然全部对立都消失了,那么**自为存在**与**现实性**等形式之间也不再存在着对立。实际上,对立,还有作品所体现出来的否定性,不仅涉及作品**乃至**意识的内容,而且涉及严格意义上的现实性,随之也涉及那个仅仅通过现实性并在现实性里面表现出来的对立,涉及作品的消失过程。通过这种方式,意识从它的变动不居的作品那里折返回自身内,宣称它的概念和确定性是一个**存在着的**和**持久不变的东西**,绝对不同于一个以行动的**偶然性**为对象的经验。意识实际上经验到了它的概念,按照这个概念,现实性仅仅是一个环节,是**意识的对象**,不是一个自在且自为的存在。意识经验到现实性是一个转瞬即逝的环节,所以它认为现实性只不过是一般意义上的**存在**,其普遍性与行动是同一个东西。这个统一体是一个真实的作品。它是**事情本身**,是一个绝对的自身肯定,同时在经验中表现为一个持久不变者,不依赖于严格意义上的个体行动之类**偶然事物**,也就是说,不依赖于背景情况、中介和现实性等等。 [304]

只有当这些环节被看作一些孤立的东西,**事情本身**才与它们相对立,但就本质而言,事情本身是一个贯穿着现实性和个体性的运动,是二者的统一。它同样也是一个行动,而作为一个行动,它既是一般意义上的**纯粹行动**,同时也是**这一个个体的行动**,而后面这种意义上的行动就是一个与现实性相对立的**目的**。不仅如此,事情本身同样也是一个**过渡**,从一个规定性过渡到相反的另一个规定性。最后,它是一个现成的**现实性**,是**意识的对象**。可以说,**事情本身**表达出了一个**精神性**本质性,通过这个本质性,任何孤立的环节都被扬弃了,只有一些普遍的环节保留下来,而在这个过程中,意识发现它的自身确定性转变为一个客观的本质,转变为**一个事情**。这是一个来自于自我意识的对象,隶属于**意识**,同时不失为一个自由的、真正的对象。对于自我意识来说,感性确定性和知觉活动所指的**物**只有通过自我意识才获得一个意义。**物**和**事情**之间的差别就在于这里。——至于那个与感性确定性和知觉相契合的运动,将循着这个差别一直持续下去。

因此,**事情本身**是一个已然客观化的、贯穿着个体性和客观性本身的运动,在它那里,自我意识已经认识到了关于它自己的真实概念,换言之,

[305]　　自我意识已经认识到了自己的实体。另一方面,就自我意识现在才达到这个地步而言,也可以说它是**直接地**认识到实体,而由于这个特定的方式,精神性本质在这里仅仅是一个现成的东西,还没有发展成为一个真正实在的实体。当意识直接地认识到实体时,**事情本身**在形式上是一个**单纯的本质**,作为一个普遍者,它把它的全部相互有别的环节包含在自身内,与它们亲近,同时又把它们当作一些特定的环节而一视同仁,自己则保持自由,表现为这样一个**自由而单纯的**、**抽象的**事情本身,**表现为本质**。**这一个**个体的原初规定性或**事情**、他的目的、中介、行动、现实性等等是一些相互有别的环节,一方面,它们对于这个意识来说是一些个别的环节,相比于**事情本身**而言,是可以舍弃的,但另一方面,它们全都以事情本身为本质,以至于事情本身作为它们的一个**抽象**普遍者出现**在**每一个相互有别的环节**那里**,能够成为这些环节的一个**谓词**。事情本身还不是一个主词,毋宁说那些环节才是,因为它们出现在一般意义上的**个别性**这一方,而事情本身仅仅是一个单纯普遍者。它是**类**,上述所有环节是它的**种**。类既在种之内,同时也独立于它们。

　　所谓**诚实的**意识,就是一方面达到了**事情本身**所表达出来的这种唯心主义,另一方面又把事情本身当作一个形式上的普遍性,在那里获得真相。诚实的意识永远只关注事情本身,于是在那些相互有别的环节或种里面转来转去,而且,正因为它在某一个环节或某一个意义那里没有理解把握到事情本身,所以它恰恰在另一个环节那里理解把握到了事情本身,因而实际上总是得到满足,而这个满足是意识就其概念而言理应得到的。无论意识怎样行动,它总是已经实现并理解把握到**事情本身**,原因在于,事情本身既然是那些环节的一个**普遍的类**,那么也可以成为其中每一个环节的谓词。

[306]　　即使意识未曾使一个**目的**成为**现实**,但它毕竟**意愿**过这个目的,也就是说,它把严格意义上的**目的**或无所事事的**纯粹行动**转变为**事情本身**,因此可以用这样一个托辞来聊以自慰,即它无论如何总是**做过**一点什么。既然普遍者本身包含着一个否定或一个消失过程,那么作品的自行消灭

也可以算作是**意识的**一个行动。意识唆使别人来否定它自己，并在它的现实性的**消失过程**中获得满足，就跟某些品行恶劣的小年轻一样，他们把挨揍当作一种享受，只因为在这种情况下，**他们自己**是挨揍的原因。也可以说，正如意识**从未尝试过，从未实际做过什么**，以实现事情本身，它也从未这样**想望过**。在意识看来，**事情本身**恰恰已经是它的**决断和实在性**的**统一**。意识宣称，**现实性**无非是它的一个**想望**。——最后，当某种令意识感兴趣的东西在完全无需意识插手的情况下出现在它面前，意识于是认为，它对于事情本身的兴趣恰恰已经包含着事情本身的**现实性**，尽管这个现实性并不是由意识产生出来的。如果意识碰巧得到幸运的眷顾，它就把这归功于它的**行为**和它的**贡献**。即使是一个与它毫不相干的事件，它也同样认为这是它的一个行为。在意识看来，一个**与行为无关的兴趣**就像一个**党派**，它要么表示赞成要么表示反对，要么**为之斗争**，要么**将其抵制**。

可见，意识之所以是**诚实的**，之所以在任何地方都体会到满足，其实是因为它**没有把它关于**事情本身的**那些思想结合在一起**。在意识看来，**事情本身**既可以说是**它的**事情，也可以说根本**不是一个作品**，既可以说是一个**纯粹的行动**和一个**空洞的目的**，也可以说是一个**与行为无关的现实性**。意识把一个接一个的意义当作"事情本身"这个谓词的主词，又一个接一个地忘掉这些意义。现在，按照一种单纯的"**曾经意愿过**"或"**未曾想望过**"，事情本身意味着一个**空洞的目的**，意味着意愿和实现**在思想中**的统一。意识在眼看着目的消失时作出的自我安慰——它毕竟**意愿过**或**纯粹地行动过**——，以及它在这个过程中得到的满足——它曾经让别人去做某些事情——，都是把一个**纯粹的行动**或一个无比糟糕的作品当作是本质。当人们称一个作品是"糟糕的"，意思其实是，这根本不是一个作品。最后，在某种幸运的情况下，当现实性就这么**摆在面前**，于是这个与行为无关的存在转变为事情本身。 ［307］

然而，这个"诚实"的真相毋宁意味着，它并非如它表面上看来那么诚实。它不可能没有脑子到这种程度，竟然真的把这些相互有别的环节分割开来,毋宁说,它之所以必定会直接意识到这些环节的相互对立,正因为它们之间有一个绝对的相互关联。**纯粹的**行动在本质上是**这一个**个体的行动,同样,个体的行动在本质上是一个**现实性**或一个事情。反过来说,**现实性**在本质上不但是**个体的**行动,而且是**一般意义上的行动。个体的**行动不但是一般意义上的行动,而且是一个现实性。乍看起来,个体所关心的**事情本身**仅仅是一个**抽象的现实性**,但实际上个体是把事情本身当作**它自己的行动**。同样,当个体看上去仅仅关心**一般意义上的行动和行为**时,它并不是真心的,因为它实际上**唯一**关心的**事情是它自己的**事情。最后,当个体看起来只想关心**它自己的**事情和**它自己的**行动时,它实际上关心的反而是**一般意义上的事情**或一个始终自在且自为存在着的现实性。

正如事情本身及其诸多环节在这里显现为一个**内容**,同样,它们在意识那里必然会显现为**一些形式**。它们作为内容出现,只是为了尽快消失,每一个环节都得给另一个环节腾出位置。所以,只有当它们被规定为一些**已经遭到扬弃的**环节,才会保存下来。但这样一来,它们就转变为意识本身的各个方面。现成的**事情本身**是**自在体**,或者说是意识的一个**自身反映**。在意识那里,各个环节的相互**排挤**表明它们不是一种自在存在,而仅仅是一种**为他存在**。意识把内容的某一个环节显露出来,放置到**其他环节**面前,但意识同时又摆脱了这个状况并折返回自身之内,在自身内部同样具有一个对立面,把这个对立面当作它自己的对立面保留下来。实际上,没有任何一个环节**完全**被抽取出来,也没有任何一个环节**完全**保存在内核里面,意识会轮流处置它们。因为,意识必须使每一个环节都成为一个事关本质的东西,不但是一个自为存在,而且是一个为他存在。所谓**整体**,就是一个把个体性和普遍者贯穿起来的运动。但在意识看来,因为这个整体仅仅是一个现成的**单纯的**本质,是**事情本身**的一个抽象,所以它的各个环节全都散落于事情本身之外,四分五裂。**作为一个整体**,它必须通过每一个分裂环节的轮流隐现才能完完全全地呈现出来。在这个交替轮换的过程中,意识把**某一个环节**当作一个自为存在,当作一个对意识的

[308]

自身反映而言事关本质的东西,同时却把另一个环节置于**意识**的外面,或将它与**其他环节**并列,这样一来,个体性之间的欺骗游戏就出现了,他们既欺骗自己也欺骗别人,既被自己欺骗也被别人欺骗。

任何一个个体性都想要有所作为。在这种情况下,他似乎已经把某些东西改造为**事情**。他的行动同时也是为了别人,而且他所关心的似乎是**现实性**。别人以为他的行动是出于对事情本身的一个兴趣,以为他的目的在于**促使事情本身得以实现**,至于这是通过他还是通过别人来实现,其实是无所谓的。他们表明他们已经实现了这个事情,或者,如果还没有成功的话,那么他们愿意为此提供援助。他们以为那人也是同样的想法,但那人其实另有打算,因为当他对一个事情产生兴趣时,他所关心的是**他自己的**行动和行为。而当那些人意识到原来所谓的**事情本身**其实是那人自己的行动和行为时,他们发现自己受骗了。但实际上,当初他们急急忙忙赶来援助,其意图仍然不过是为了看到并表现**他们自己的**行动,而不是为了**事情本身**。也就是说,他们一边抱怨自己遭到了欺骗,一边企图用同样的方式去欺骗别人。现在既然真相大白,即**每个人自己的行动和行为**以及**每个人自己的能力**的运作才是事情本身,那么表面上看来,意识就不是为了别人,而是**为了它自己**才推动着它的本质,而且它只关心**它自己的**行动,不关心别人的行动,因此听任别人**自行其是**,不理不问。但是那些人又错了。他们以为意识和他们是一般见识,但意识早就另有打算。意识所关心的事情不是**它的这一个个别的**事情,而是一个对任何人都有效的普遍者,亦即**事情本身**。意识介入到人们的行动和作品里面,如果说它再也不能从他们手中夺走作品,那么它至少可以通过评判来表达他的兴趣。如果它给作品打上认可和赞扬的标签,那么这意味着,它在这里不仅是在赞扬作品本身,而且也在赞扬**它自己的**大度和克制,也就是说:看吧,我可没有通过苛责来摧毁一个总算是作品的作品!当意识对一个**作品**发生兴趣时,它在这里所享受的是**它自己**。同样,它也友善地对待它所批评的作品,因为它在批评一件作品时可以享受到**它自己的**行动。至于那些由于这种介入而感到受骗,或宣称受骗的人们,实际上想用同样的方式来

[309]

欺骗别人。他们宣称他们的行动和行为仅仅是为了他们自己,仅仅以**他们自己**和**他们自己的**本质为目的。然而,当他们通过某些行为而把自己呈现在光天化日之下时,这些行为本身就反驳了他们的那些口号(比如拒绝光天化日、禁止任何人的参与、排斥一个普遍的意识等等)。真正说来,事情的实现就是把每个人自己的东西陈列在一个普遍的因素里面,只有这样,每个人自己的东西才会并且一定会转变为全人类的**事情**。

[310]　　因此,如果谁只是关心一个**纯粹的事情**,那么他肯定是在自欺欺人。当一个人做成了某件事情之后,他从经验中得知,另一些人会急急忙忙地凑过来,就像苍蝇们俯冲向刚端上来的牛奶那样,仿佛他们也有一份功劳。但这些人也会发现,那人所关心的事情同样不是一个对象,而是**他自己的**事情。反之,如果人们只是把**行动本身**、能力和才能的使用、个体性的表现等等看作是事关本质的东西,那么大家就会通过经验得知,**全人类**都搅和在一起,都认为自己是受邀参与进来的,至于那真正做成的事情,却不是一个**纯粹的**行动或某人的**个别的**行动,而是**众人的对象**,或者说是**唯一的事情本身**。这两种情况其实是同一件事,仅仅针对那个恰好在这里参与进来的人而言,才具有不同的意义。意识通过经验得知,首先,两个方面同样都是事关本质的环节,其次,**事情本身的本性**既不完全是一个事情(亦即一个与一般意义上的行动和个别的行动相对立的东西),也不完全是一个行动(亦即一个与持存状态相对立的东西),更不是一个摆脱了**种**(亦即它的那些环节)的类。真正说来,事情本身的本性其实是这样一个本质,它的**存在**是**个别的个体**和**全部个体**的一个**行动**,而它的行动本身就是一个**为他存在**或一个**事情**,而且,只有作为**全人类的行动**和**每一个人的行动**,它才是一个事情。这个本质是一切本质的本质,亦即一个**精神性本质**。意识通过经验得知,在那些环节里面,没有哪一个环节堪称**主体**,毋宁说它们全都已经消解在一个**普遍的事情本身**之内。个体性的各个环节都曾经先后被这个漫不经心的意识当作是主体,而现在它们凝聚为一个单纯的个体性,既是**这一个**个体性,同时本身又是一个普遍的个体性。在这种情况下,事情本身与谓词不再有任何关系,也不再是一个无生

命的、抽象的普遍性,而是转变为一个贯穿着个体性的实体。如今,事情
本身既是一个主体(因此个体性既是**这一个**个体性也是**全部**个体),也是 ［311］
一个普遍者(它的**存在**仅仅表现为全人类的行动和每一个人的行动),同
时还是一个现实性(**每一个**意识都知道这既是他自己的个别的现实性,
也是全人类的现实性)。纯粹的**事情本身**就是那个此前被规定为**范畴**的
东西(存在即自我,自我即存在),但是,作为一个**思维**,它仍然不同于一
个**现实的**自我意识。如果我们把这个现实的自我意识的各个环节称作它
的内容,那么它们就是目的、行动和现实性,而如果我们把它们称作它的
形式,那么它们就是自为存在和为他存在。这些环节已经与单纯的范畴
融为一体,所以单纯的范畴同时也是全部内容。

b.制定规律的理性

精神性本质是一个单纯的存在,在这个意义上,它既是一个**纯粹的意
识**,也是**这一个**以**自主体**为对象的意识。个体的原初**被规定**的本性已经
失去了它的肯定意义,也就是说,**自在地看来**,这个本性已经不再是个体
的行为的要素和目的。这个本性仅仅是一个已经遭到扬弃的环节,而个
体是一个**自主体**,一个普遍的自主体。另一方面,**形式上的事情本身**通过
一个行动着的、自己区分自己的个体性得到充实。因为,个体性作出的区
分构成了那个普遍者的**内容**。范畴是一个**自在存在**,因为它是**纯粹意识**
所认识的普遍者。范畴也是一个**自为存在**,因为意识的**自主体**同样也是
范畴的一个环节。范畴是一个绝对的**存在**,因为那个普遍性是**存在**的一
种单纯的**自身一致性**。

因此,任何东西一旦成为意识的对象,就会成为一个**真相**,它存在着
并且**发挥着效准**,意思是,**它自在且自为地存在着**并且**发挥着效准**。它是
一个**绝对的**事情,不再受限于确定性与真理之间、普遍者与个别事物之
间、目的与实在性之间的对立等等,而它的实存就是自我意识的**现实性**和
行动。因此这个绝对的事情是**伦理实体**,而那个以伦理实体为对象的意

[312] 识是一个**伦理**意识。伦理意识同样认为它的对象是一个**真相**,因为它把自我意识和存在联合在一起,形成了一个统一体。伦理实体被看作是**绝对者**,因为自我意识再也不能、再也不愿超越这个对象,因为自我意识在伦理实体那里找到了宾至如归的感觉:之所以**"不能"**,因为对象是全部存在和全部势力,而之所以**"不愿"**,因为对象是**自主体**,或者说是这个自主体的意志。伦理实体本身是一个对象,一个**实在的**对象,因为它包含着意识的差别。它分化为一些群体,亦即分化为绝对本质的一些**特定的规律**。但是这些群体并没有使得概念模糊不清,因为概念始终包含着"存在"、"纯粹的意识"、"自主体"等环节,——这个统一体构成了上述群体的本质,并借助于这个差别而使各个环节不再彼此分离。

伦理实体的这些规律或群体直接得到承认,人们不可以追问它们的起源和合法性,不可以寻找一个他者,因为,假若存在着这样一个他者,那么它作为一个**自在且自为**存在着的本质仍然只能是自我意识。自我意识无非是一个自在且自为存在着的本质,它本身就是这个本质的自为存在,而这个本质之所以是一个真理,原因恰恰在于,它既是意识的**自主体**,同时也是意识的**自在体**(亦即一个纯粹的意识)。

既然自我意识知道自己是伦理实体的**自为存在**这一环节,它就把自身内的规律的实存这样表达出来,仿佛**健全理性**直接知道了什么是**正确的和好的**。健全理性既然**直接知道**这些东西,也就直接认为它们**有效**,并直接说道:这是正确的和好的。健全理性真正的意思是:这是一些**特定的**规律,是得到充实的、内容丰富的事情本身。

凡是以一种直接的方式表现出来的东西,也必须以一种直接的方式被接纳和被观察。我们要看看,感性确定性直接所指的存在者、这个伦理的直接确定性所陈述的存在、还有伦理本质的那些直接存在着的群体等等,究竟是怎样的情形。此类规律的几个例子将会表明这一点。由于这些例子在形式上是一些箴言,由一个**具有真知灼见**的健全理性说出,所以我们没有必要再去讨论那样一个环节,即这些箴言是如何被确立为**直接的伦理规律**的。

　　"**每个人都应当说出真理。**"①——在这个号称无条件的义务里,同时也包含着一个条件:**如果他知道真理的话**。就此而言,这个戒律的意思其实是说,**每个人应该总是按照他的认识和信念说出真相**。健全理性,也即那个直接知道什么是正确的和好的东西的伦理意识,还会解释道,按照它的**意谓**,上述戒律就是这个意思,所以那个条件已经与它的普遍箴言联系在一起了。但这样一来,健全理性实际上等于承认,它在说出上述戒律的同时已经损害了这个戒律。因为,按照它的**说法**,每个人都应当说出真理,**但按照它的意谓**,每个人应当按照他的认识和信念说出真理,也就是说,**它所说的与它所意谓的是不同的**。这种言不由衷的状况等于没有说出真理。现在,人们把这种假话或笨话加以改良,并这样表达出来:**每个人应当总是按照他的认识和信念说出真理**。——但在这种情况下,命题想要说出的**普遍必然的**或**自在**有效的东西反而转变为一个纯粹的**偶然性**。因为,我是否说出真理,这完全取决于一个偶然的情况,即我能否认识到真理并对此确信无疑。而这无非是说,按照一个人的认识、意谓和理解,他所说的话里面既有真也有假。**内容的偶然性**只有借助于**命题形式**才具有**普遍性**,才能够表达出普遍性。作为一个伦理命题,它必须具有一个普遍而必然的**内容**,但却因为内容的偶然性陷入到自相矛盾之中。——假如命题最终改良到这个地步,转变为"认识和信念的偶然性**应当脱离真相,真相也应当被知道**",那么这个说法作为一个戒律就与前面那个作为出发点的戒律完全矛盾。健全理性本应有能力一开始就**直接**说出真理,但现在的情况却是,它**本应知道**真理,而这等于是说,它没办法**直接**说出真理。从内容这方面来看,当人们提出"人应当**知道**真理"这一要求时,已经把内容撇在一边,因为这个要求针对的是**一般意义上的知识**,即人应当知道点什么。人们在这里要求的,其实是一个摆脱了任何特

[314]

————————

　　① 这个戒律尤其是康德和费希特所强调的。康德在《论一种错误的出于仁爱而撒谎的权利》(1797)中甚至认为,哪怕当一个凶手问我,他所追杀的人(这个人甚至可能是我的朋友)是否正好躲藏在我家,我也不应当对他撒谎。"说真话"是每一个人都不能回避的最严格的义务,不管这是否会给自己或他人带来什么伤害。(VIII, 428)——译者注

定的内容的东西。可是别忘了，我们在这里谈论的是一个**特定的**内容，是伦理实体本身包含着的**一个差别**。然而伦理实体的这个**直接**规定是一个纯属偶然的内容，当它被提升为一个普遍而必然的东西，以至于**知识被宣布为一个规律**时，它自己却消失无踪了。

另一个著名的戒律是："你应当像爱你自己一样去爱你的邻人。"①这个戒律指导一个人如何对待其他个人，并**宣称这是一种个人对个人的关系**或一种情感关系。付诸行动的爱——至于那种无所作为的爱因为不具有任何存在，所以不在讨论之列——是为了消除一个人的疾苦，为他带来好处。要做到这一点，我必须分清什么是他的疾苦，什么是与疾苦相反的、合乎目的的好处，以及什么是他的根本福祉。也就是说，我必须**理智地**爱他，不理智的爱甚至会比恨给他带来更多的伤害。但是，一种理智的、事关本质的善行，按照其最纯粹和最重要的形态来看，乃是国家实施的一个理智的、普遍的行动。相比于这个行动，单纯个人的行动是一种如此微不足道的东西，完全不值一提。国家的行动具有如此强大的力量，如果个人的行动企图与之对立，不管它是为了自己而触犯法律，还是为了取悦其他人而在权利和义务方面欺骗了普遍者，无论如何都是毫无裨益的，不可避免地会遭到摧毁。最终说来，作为一种情感的善行只能是一个完全个别的行动，只能是一个偶然的、转瞬即逝的救济。至于善行的时机，还有善行究竟是不是一个**作品**，善行是否立即又被消解或甚至带来疾苦等等，这些情况全都纯属偶然，没有个准。这种给别人带来福祉的行动虽然号称是一个**必不可少的**行动，但实际的情形却是，它可能存在，也可能不存在。除此之外，如果事情偶然呈现出来，那么它可能是一个作品，可能是好的，但也可能并非如此。就此而言，这个规律和最初的规律一样，都没有包含着一个普遍的内容，都没有表现出那个**自在且自为存在着的**

[315]

————————

① 这个戒律也是康德在《实践理性批判》(V, 82ff.) 里强调指出的。关于这个戒律的宗教起源，可以参看《旧约·利未记》(19, 18)："不可报仇，也不可埋怨你本国的子民，却要爱人如己。"以及《新约·马太福音》(22, 37-39)："你要尽心、尽性、尽意，爱主你的上帝。这是戒命中的第一，且是最大的。其次也相仿，就是要爱人如己。"——译者注

东西,而这是一个绝对的伦理规律本应做到的。换言之,这类规律始终停留于**应当**,但是不具有任何**现实性**。它们不是**规律**,仅仅是**戒律**。

但实际上,事情本身的本性已经表明,人们必须放弃一个普遍的、绝对的**内容**。原因在于,单纯的实体——它在本质上注定是一个单纯的东西——与它本身包含着的每一个**规定性**都**相抵触**。戒律作为一个单纯而绝对的东西宣布了一个**直接的伦理存在**。显现在戒律身上的差别是一个规定性,因此是一个内容,**从属于**这个单纯的存在的一种绝对的普遍性。由于人们必须放弃一个绝对的内容,所以戒律只能表现为一个**形式上的普遍性**,或者说一个不会自相矛盾的东西。缺乏内容的普遍性是一个形式上的普遍性,而"绝对的内容"与"不是差别的差别"或"无内容"是同一个意思。　[316]

当理性制定规律时,它手里只剩下一个**纯粹的普遍性形式**,或者说只剩下意识的一种**同语反复**。这种同语反复是内容的对立面,作为一种**知识**,它所认识到的并不是一个**存在着的**或真正的**内容**,而是内容的**本质**,亦即内容的一种自身一致性。

就此而言,伦理本质本身并不直接就是一个内容,而仅仅是一个不会自相矛盾的尺度,用来衡量一个内容能否成为一个规律。制定规律的理性降格为一种只是**进行检验**的理性。

c.检验规律的理性

对于单纯的伦理实体来说,它本身包含着的任何一个差别都是一个偶然性。我们在一些特定的戒律那里发现,这个偶然性表现为知识、现实性、行动等等方面的偶然性。我们曾经把那个单纯的存在拿来和一个与之不契合的规定性进行**比较**。在这个过程中,单纯的实体已经表明自己是一个形式上的普遍性,或一个纯粹的**意识**,它不依赖于内容,与内容相对立,**知道**内容是一个特定的内容。这样看来,这个普遍性和当初那个**事情本身**仍然是同一个东西。但是意识里面的普遍性又是另一回事。概言

259

之,它不再是一个与思想无关的、僵化的类,而是与一个特殊事物相关,并且被看作是特殊事物的势力和真理。——刚开始的时候,这个意识看起来与我们此前进行的检验活动是同一个东西,它所做的事情仍然没有什么两样,也就是说,它把普遍者拿来和特定的事物进行比较,指出它们不匹配。但是内容与普遍者之间的关系在这里是另外一个情形,因为普遍者已经赢得了另一个意义。它是一个**形式上的**普遍性,同时又能够体现在一个特定的内容身上,而按照这个普遍性,我们仅仅把这个特定的内容当作一个自身关联而加以观察。此前当我们进行检验时,发现一个与普遍的、稳固的实体相对立的规定性,它后来得到发展,成为意识的一个偶然性,甚至把实体包揽进来。如今,可供比较的一方已经消失无踪了。普遍者不再是一个**存在着**并且**发挥着效准**的实体,或者说不再是一个自在且自为的正当性,而是一个单纯的知识或一个形式,这个形式仅仅拿自己和内容进行比较,去检验内容是不是一个同语反复。当务之急不再是制定规律,而是**检验**规律。当意识进行检验时,规律**已经**是一种给定的东西。意识把规律的**内容**当作一个单纯的东西予以接纳,不是像我们过去所做的那样,去观察那种依附在内容的现实性身上的个别性和偶然性,而是止步于一个严格意义上的戒律。在这里,意识同样表现为一个单纯的东西,因为戒律是它的尺度。

但正因如此,意识的检验活动难以深入下去。正因为尺度是一个同语反复,与内容漠不相关,所以它也把内容当作一个对立面完全接纳到自身内。人们提出一个问题:**"保障私有财产"**应当**自在且自为地**(亦即不是因为有利于其他目的)成为一个规律吗?① 伦理的本质性恰恰在于,规律仅仅与自身一致,以这种自身一致性亦即规律的固有本质为基础,而不是依赖于其他条件。自在且自为地看来,私有财产并不是一个自相矛盾,

[317]

---

① 黑格尔在这里及以下的讨论涉及卢梭对于私有财产的看法。卢梭区分了"财产权"和"最初占有者的权利"。后者起源于自然状态,可以通过生理需要和相关劳动就确立下来,反之前者则是只有通过一个普遍的社会契约才能成立。参阅卢梭《社会契约论》(1762)第一卷,第九章。——译者注

它是一个**孤立的**或仅仅与自身一致的规定性。与此同时,对于私有财产的否定、无主之物、财产公有制等等同样谈不上自相矛盾。某些东西可以不属于任何人,也可以属于一个就近占有它们的人,或者还可以属于所有的人,要么每人各取所需,要么大家平均分配,这些情况和它们的反面亦即私有财产一样,都是一个**单纯的规定性**,都是一个**形式主义的思想**。——诚然,如果一个无主之物被看作是**生活必需品**,那么它必然会被 [318] 某一个人占有。如果谁竟然认为物的自由是一个规律,那么这是非常荒谬的。但是无主之物并不是绝对无主的,毋宁说,物应当按照个人的**生理需要**而被占有,不是为了被保存,而是为了直接被使用。但像这样以一种纯属偶然的方式去满足生理需要,与人的本性相矛盾。因为,人作为一个自觉的本质或一个具有自我意识的生命必须认为他的生理需要具有**普遍性**形式,必须关心他的整个生存,并为自己赚取到一份持久不变的财产。有些人认为,物应该被分配给一个就近的人,以满足他的生理需要。然而这些碰运气和诉诸偶然性的想法也是难以自圆其说的。——按照财产公有制的规定,为了确保**按需**分配,人们必须遵循一个普遍的和持久不变的分配方式。但在这种情况下,生理需要的不平均就与意识的本质相矛盾,因为意识把个人的**平等**当作是一个原则。另一方面,如果按照平等的原则来进行**平均**分配,那么份额与生理需要之间的关联也就不存在了,但问题在于,唯有这个关联才是份额的概念!

就此而言,如果说对于私有财产的否定看起来是一个自相矛盾,那么原因仅仅在于,人们没有把它当作是一个**单纯的**规定性。如果人们把私有财产分解为一些环节,那么它同样也会是一个自相矛盾。所以,个别的物,作为我的私有财产,被当作是一个**普遍的、固定的、持久不变的东西**。但这恰好与它的本性相矛盾,因为按照它的本性,它应该供人使用,然后**消失**。与此同时,它被当作一个**属我的东西**,得到所有别的人的承认,与他们毫无瓜葛。但是,我既然得到承认,那么这个事实也包含着我与所有别的人的一致性,我和他们并不是毫无瓜葛的。——我所占有的是一个**物**,亦即一个一般意义上的为他存在,它是完全普遍的,不一定仅仅为着

[319]　我而存在。**我**占有它,这和它的普遍的物性相矛盾。所以,从任何方面来
看,私有财产和对于私有财产的否定都同样是一个自相矛盾,它们各自在
自身内包含着个别性和普遍性这两个相互对立和相互矛盾的环节。但
是,如果我们把私有财产或对于私有财产的否定看作是一个**单纯的**规定
性,而不去考虑随后的发展,那么双方都是同样**单纯的**,都不是什么自相
矛盾。——因此,理性本身包含着一个用以检验规律的尺度,这个尺度和
全部规律都同样相融甚洽,因而实际上就不是一个尺度了。在一个认识
到了理论真理的意识看来,矛盾律仅仅是一个流于形式的标准,亦即某种
与真和假完全不相干的东西,而在一个认识到了实践真理的意识看来,如
果同语反复和矛盾律除此之外**还具有更多的意义**,那倒真是一件稀奇
的事。

　　我们刚才对于上述两个环节的观察充实了那个原本空空荡荡的精神
性本质,在这个过程中,那种先是在伦理实体之内设定一些直接的规定
性,然后再去考察它们是不是规律的做法,已经扬弃了自身。就此而言,
这里得出的结果似乎是,既不存在一些特定的规律,也不存在一种对于这
些规律的考察或知识。然而实体是一个**意识**,它知道自己是一个绝对的
本质性,因此既不能放弃自身内的**差别**,也不能放弃对于差别的**认识**。说
规律的制定和规律的检验已然是一种虚无缥缈的东西,这不过意味着,如
果这两个活动被看作是个别的和孤立的东西,那么它们只能是伦理意识
的两个难以持久的**环节**。从规律的制定到规律的检验,这个运动具有一
个形式上的意义。伦理实体因此呈现为一个意识。

　　如果说这两个环节更为细致地规定了那个以**事情本身**为对象的意
识,那么它们也可以被看作是**诚实**的形式。诚实通常是热衷于它的那些
形式上的环节,如今它又热衷于"善"和"正当性"之类应当存在的内容,
[320]　热衷于去检验一些确凿无疑的真理,而且以为借助于健全理性和理智洞
见就可以获得戒律的力量和有效性。

　　但是如果没有这个诚实,那么规律就不能被看作是**意识的本质**,而检
验同样也不能被看作是意识**内部的**一个行动。实际上,当这两个环节各

自**直接地**作为一个**现实性**出现时,前一个环节表明,现实规律的制定和存在是无效的,而后一个环节则表明,那种无视规律的做法同样是无效的。规律作为一个特定的规律具有一个偶然的内容,而这句话的意思是,它是某个个别的意识通过某个随意武断的内容而得出的规律。因此,那种直接建立规律的做法是一种专断的胡作非为,它把随意武断当作规律,认为伦理就意味着服从规律,而且是服从一些**单纯的**规律,而不是服从那些同时也是**戒律**的规律。同样,如果把后一个环节(对于规律的检验)孤立出来,那么它就意味着去撼动一个不可动摇的东西,去亵渎知识,而这种亵渎的表现就是,扬言自己不依赖于各种绝对的规律,并且把这些规律看作是一种强加在它身上的随意武断。

在以上两个形式里面,这些环节与实体或那个实在的精神性本质之间是一个否定的关系。也就是说,实体在这些环节里还没有获得它的实在性,反倒是意识凭借其固有的直接性这一形式把实体包揽进来,但实体仅仅是这一个个体的一个**意愿**和**知识**,换言之,仅仅是一个非现实的戒律的**应当**,以及一个以形式上的普遍性为对象的知识。但由于这些方式自己扬弃了自己,所以意识退回到普遍者之内,而那些对立也消失无踪。当这些方式不是被看作一些个别事物,而是仅仅被看作一种已经遭到扬弃的东西,那么精神性本质就成为一个现实的实体。那个把它们作为环节而包揽进来的统一体是意识的自主体,而意识一旦被设定到精神性本质之内,它就使精神性本质成为一个现实的、得到充实的、具有自我意识的本质。

就此而言,首先,精神性本质对自我意识来说是一个**自在**存在着的规律。检验活动的普遍性是一个形式上的、并非**自在**存在着的普遍性,所以遭到扬弃。其次,精神性本质同样也是一个永恒的规律,它并不是以**这一个个体的意志**为自己的根据,毋宁说它是一个自在且自为的存在,是一个绝对的、纯粹的普遍意志,在形式上是一个直接的**存在**。这个意志也不是一个仅仅**应当**存在的戒律,毋宁说它**存在着**并且**发挥着效准**。精神性本质是一个以范畴为对象的普遍自我,它本身是一个现实性,而且世界完全就是这个现实性。但由于这个**存在着的规律**是绝对有效的,所以自我意 [321]

263

识对它的服从并不是像伺候一个主人那样。主人的命令是一种随意武断的东西，而自我意识在这种情况下不可能认识到它自己。自我意识本身具有一个绝对的意识，这个绝对的意识直接**包含着**一些思想，而它们就是规律。自我意识不**相信**它们，因为信念虽然也直观到了本质，但这是一个陌生的本质。伦理**自我**意识通过它的**自主体**的**普遍性**与本质**直接**合为一体。与之相反，信念的出发点是一个**个别的**意识，信念是个别意识的一个运动，虽然永远趋向于那个统一体，但却从来不能使它的本质成为一个当前存在着的东西。——另一方面，这个意识已经把自己作为一个个别的意识而加以扬弃，这个中介活动已经完成，而且，只有在这个中介活动完成之后，意识才成为一个直接认识到伦理实体的自我意识。

　　因此自我意识与本质之间的差别是一个完全透明的差别。这样一来，**本质本身包含着的差别**就不是一些偶然的规定性，毋宁说，为了保障本质与自我意识（惟有它才会产生出不一致性）的统一，那些差别转变为一群一群生机盎然的部落，转变为一些清澈透明的、未曾分裂的魂灵，转变为一些完美无瑕的天上形象，它们虽然相互有别，但都保留着本质上的纯洁无辜和团结一致。同样，自我意识与它们之间也是一种单纯而明确的**关系**。它们**存在着**，此外无他，——这种情况使自我意识认识到自己和它们的关系。所以，它们在索福克勒斯①的《安提戈涅》中被当作是一个**未成文的**和**确实可靠的神律**：

[322]

　　　　并非今天或昨天，而是永恒以来，

　　　　它就活着，没有人知道它何时开始显现。

　　它们存在着。如果我去追问它们的出身，并把它们限制在它们的起源之处，那么我已经超越了那个起源。因为从现在起，我是一个普遍者，

---

① 索福克勒斯《安提戈涅》，第456、457行。——黑格尔原注。[这段引文之完整的前后文是安提戈涅的这样一段话："因为向我宣布这法令的不是宙斯，那和下界神祇同住的正义之神也没有为凡人制定这样的法令；我不认为一个凡人下一道命令就能废除天神制定的永恒不变的不成文律条，它的存在不限于今日和昨日，而是永久的，也没有人知道它是什么时候出现的。"（据《罗念生全集》第2卷，上海人民出版社2004年版）——译者注]

而它们则是一种有条件的、受到限制的东西。如果说它们应该得到我的知识的认可,那么我已经动摇了它们的坚定不移的自在存在,并把它们看作一种对我来说也许真实,也许并不真实的东西。然而伦理态度恰恰在于毫不动摇地坚持正当事物,放弃任何对于正当事物的改动、折腾和追究。比如我保管着一笔存款,它**是别人的私有财产**,而我之所以承认这一点,**只因为它就是别人的私有财产**。我坚定不移地保持着这个关系。但如果我把存款据为己有,那么根据我的检验原则,根据同语反复原则,我同样不会陷入到一个自相矛盾里面,因为在那种情况下,我已经不再把它看作是别人的私有财产,而如果我不把它看作是别人的私有财产,那么把它据为己有就是一件完全说得通的事情。**观点**的改变并不是一个矛盾,因为这里的关键在于,那种不应该陷入自相矛盾的东西是对象和内容,而不是观点。当我把某个东西转送给别人,我可以从一个观点("这是我的私有财产")转变到另一个观点("这是别人的私有财产"),同时并没有陷入什么自相矛盾。反过来,我同样可以不带矛盾地改变观点,从"这是别人的私有财产"转到"这是我的私有财产"。并不是因为我认为某个东西不是自相矛盾,所以它是正当的。毋宁说,正因为它是正当的,所以它是正当的。"某些东西是别人的私有财产",这是一切的**基础**。对此我不需要推理来推理去,也不需要挖掘出或回想起众多思想、关联、顾虑等等,既不必去考虑规律的制定,也不必去考虑规律的检验。通过我的这些思想活动,我破坏了那个关系,因为我实际上既可以随心所欲地使我的那个不确定的、同语反复的知识与它的反面相契合,也可以使之成为一个规律。至于究竟是这个规定还是相反的那个规定是正当的,已经**自在且自为地**决定下来。但就我自己来说,我既可以认为我所意愿的规定全都是规律,也可以认为任何规定都不是规律,而当我开始进行检验时,我已经站在一条违背伦理的道路上。由于正当事物对我来说是一个**自在且自为的存在**,所以我存在于伦理实体之内。在这种情况下,伦理实体是自我意识的**本质**,而自我意识则是**伦理实体的现实性**和**实存**,是伦理实体的**自主体**和意志。

[323]

第三部分（BB）

精　神

第六章 精　　神

　　理性之所以成为精神,在于"知道自己是全部实在性"这一自身确定性已经提升为真理,理性意识到自己就是世界,世界就是自己。——精神的转变过程揭示出了此前刚刚发生的那个运动,在这个过程中,意识的对象,亦即纯粹范畴,已经提升为理性的概念。在**从事观察的**理性那里,**我**与**存在**的纯粹统一体,或者说**自为存在**与**自在存在**的纯粹统一体,被规定为**自在体**或**存在**,理性的意识**发现了**自己。但真正说来,观察的真理就在于扬弃这个只懂得直接发现的本能,扬弃理性的这个无意识的实存。**直观到的范畴**,亦即一个**已被发现的物**,进入意识,进入到我的**自为存在**里面,而我在一个客观的本质那里认识到自己是**自主体**。范畴作为一个自为存在,与自在存在相对立——但这个规定同样也是一个片面的、自己扬弃着自己的环节。所以,对于意识来说,范畴是通过其普遍的真理而被规定为一个**自在且自为**存在着的本质。这个仍然**抽象的**规定——它构成了**事情本身**——只能说是一个**精神性本质**,它的意识是一种形式上的自我认知,围绕着精神性本质的某些内容兜圈子。事实上,这个意识作为一个个别的事物仍然不同于实体,这表现在它要么制定一些随意武断的规律,要么以为它的自我认知已经包含着一些自在且自为存在着的规律,并且认为自己有能力对这些规律作出评判。——而从实体这方面来看,可以说实体是一个**自在且自为存在着的**精神性本质,只不过还没有成为一个**自我意识**。但如果一个**自在且自为存在着的**本质认识到自己是一个现实的意识,同时还把自己当作自己的表象活动的对象,那么它就是**精神**。[325]

　　精神的精神性**本质**在前面已经被称作**伦理实体**,但精神是**伦理现实**

269

性。它是一个现实的意识的**自主体**,同时却与之对立,或更确切地说,意识发现自己作为一个客观的现实**世界**与自己相对立,而世界对于自主体来说已经完全不再意味着一个陌生事物,正如自主体也完全不再意味着一个脱离了世界的、要么有所依附要么独立的自为存在。作为**实体**,作为一个普遍的、自身一致的、持久不变的本质,精神是全人类的行动的一个不可动摇和不可瓦解的**根据和出发点**,是全人类的**目的和目标**,是全部自我意识的处于思想中的**自在体**。——这个实体同样也是一个普遍的**作品**,是通过全人类的**行动**和每一个人的**行动**而制造出来的全人类的统一体和一致性,因为实体就是**自为存在**,就是自主体,就是行动。精神作为**实体**是一个坚定的、正确无误的**自身一致性**,但实体作为**自为存在**又是一个已经瓦解了的、把自己牺牲了的善良本质,通过这个本质,每一个人都完成了他自己的作品,他们把那个普遍的存在撕为粉碎,各自攫取一部分。本质的这种瓦解和细分恰恰是全人类的行动和全人类的自主体的一个**环节**,这个环节是实体的运动和灵魂,是一个已经实现的普遍本质。正因为实体是一个消解于自主体之中的存在,它才不是一个死的本质,而是一个**现实的和活生生的**东西。

就此而言,精神是一个自己承载着自己、绝对实在的本质。迄今的全部意识形态都是这个本质的一些抽象表现。出现这个局面的原因在于精神的自行分化,在于精神区分出自己的各个环节,并在每一个个别的环节那里稍事逗留。这种把各个环节孤立出来的做法以精神本身为**前提**,依赖于精神的**持存**,换言之,这种做法之所以成立,完全依赖于一个本身即实存的精神。任何孤立的环节都有一个假象,仿佛它们单凭自己就**存在着**,但是当它们向前推进并返回到它们的根据和本质之内,我们就会发现,它们仅仅是一些环节或一些转瞬即逝的分量,而那个本质恰恰是这些环节的一个运动和消解过程。在这里,当精神或那些环节的自身反映确立下来之后,我们的反思可以从这个方面简短地回顾一下它们:那些环节曾经是意识、自我意识和理性。因此精神是一般意义上的**意识**,它把感性确定性、知觉活动和知性包揽在自身之内,因为精神在自行分化时坚持着

[326]

这样一个环节,即它虽然认识到自己是一个**客观的**、**存在着的**现实性,但却不知道这个现实性是它自己固有的自为存在。反之,如果精神坚持自行分化的另一个环节,即认为它的对象是它的**自为存在**,那么精神就是自我意识。但是,作为一个直接以**自在且自为的存在**为对象的意识,作为意识与自我意识的统一体,精神是一个**具有理性**的意识,这个意识——正如"**具有**"一词表明的——所具有的对象是一个**自在地**合乎理性的东西,换言之,这个对象**自在地**具有范畴的价值,只不过那个意识并没有认识到这一点。精神就是此前我们刚刚考察过的那个意识。当精神最终直观到它所**具有**的理性真正作为理性**存在着**,或者说,当理性在精神之内成为一个**现实的**理性,成为精神的世界,那么精神就达到了它的真理:它作为精神**存在着**,它是一个**现实的伦理本质**。

精神作为一个**直接的真理**乃是一个**民族**的**伦理生活**。个体是一个世界,精神必须前进,达到对于它的直接存在的意识。精神必须扬弃美好的伦理生活,并通过一系列的形态达到自我认知。这些形态与此前那些形态的区别在于,它们是一些实在的精神,是一些真正的现实性,它们不仅仅是意识的形态,而且也是世界的形态。

作为真相的精神是一个活生生的伦理世界。当精神对它的本质获得一种抽象的知识,伦理就在"正当性"这一形式上的普遍性里没落了。从此以后,精神在自身内分裂了,它一方面把它的客观要素当作是一个顽固生硬的现实性,在其中描绘出**教化的王国**,另一方面又在思想的要素里描绘出**信仰的世界**,亦即**本质的王国**。但是精神的这两个世界是按照那个遭受损失并返回到自身内的精神,按照**概念**来理解的,在这种情况下,通过**识见**以及识见的传播(亦即**启蒙**),这两个世界被弄得颠倒错乱,与此同时,那个曾经被划分并扩散为**此岸世界**和**彼岸世界**的王国也返回到了自我意识之内。于是自我意识借助于**道德**认识到自己是一个本质性,认识到本质是一个现实的自主体,它不再把它的**世界**以及这个世界的**根据**排斥出去,而是把一切都包揽在自身内,使之逐渐消沉下去,并表现为一个**具有自身确定性**的精神,亦即**良知**。

[327]

271

因此,诸如"伦理世界"、"一个分裂为此岸世界和彼岸世界的世界"和"道德世界观"等等是这样一些精神,它们的发展表现为一边向前运动,一边回归到精神的那个单纯的、自为存在着的自主体之内。这个发展的目标和结果将会是绝对精神的现实的自我意识。

A.作为真相的精神;伦理

精神就其单纯的真理而言是一个意识,它已经把它的各个环节分拆开。**行为**把精神分割为实体和以实体为对象的意识,此外,行为不但分割实体,而且分割意识。实体自己与自己对立,它一方面是普遍**本质**和**目的**,另一方面是**个别化的现实性**。至于无限的中项则是一个自我意识。作为一个**自在存在**,自我意识是它自己与实体的统一,如今它转变为一个**自为存在**,把普遍本质与它的个别化的现实性统一起来。它一方面把个别化的现实性提升为普遍本质,以便作出一个伦理行为,另一方面又把普遍本质降低为个别化的现实性,以便实现目的,或者说去具体展开那个仅仅存在于思想中的实体。自我意识把它的自主体与实体的统一当作**它的作品**(随之也当作一个**现实性**)制造出来。

[328]

在意识的分化过程中,单纯的实体保留着它与自我意识的对立,但正因如此,它本身同样也呈现出意识的本性(即在自身之内自己区分自己),呈现为一个由若干群体组成的世界。单纯的实体分裂为两个相互有别的伦理本质,分裂为人的规律和神的规律。同样,那个与实体相对立的自我意识也按照其本质而被分配给这两大势力中的前者(亦即人的规律),并分裂为两种知识:一种是不知道自己做什么,另一种是知道自己做什么,但后一种知识恰恰是一种遭到蒙骗的知识。自我意识通过它的行为不仅经验到了实体分裂而成的两大**势力**之间的相互矛盾和相互摧毁,而且经验到,它对于它的伦理行为的知识与一个自在且自为存在着的伦理相矛盾。自我意识于是发现了**它自己固有的**没落之道。但实际上,伦理实体已经通过这个运动转变为一个**现实的自我意识**,或者说这个自在体已经转变为一个**自在且自为**存在着的东西。但恰恰在这个过程中,伦理没落了。

a.伦理世界;人的规律和神的规律;男性和女性

精神的单纯实体作为一个意识发生了分化。或者说,正如那个以抽象的感性存在为对象的意识过渡到了知觉,同样,这个以实在的伦理存在为对象的直接确定性也过渡到了知觉。正如对于感性知觉来说,单纯的存在是一个具有许多属性的物,同样,对于伦理知觉而言,一个已经发生的行动也是一个包含着许多伦理关联的现实性。但是,对于感性知觉来说,无关痛痒的众多属性可以归结为唯一的一个根本对立,亦即个别性与普遍性之间的对立。但对于伦理知觉这个已经纯化了的实体性意识而 [329] 言,情况则要复杂得多,也就是说,伦理环节的多样性应该归结为规律的二重性,即不但存在着个别性的规律,而且存在着普遍性的规律。实体的这两个群体单独看来都是一个完整的精神。如果说在感性知觉那里,物所具有的实体只不过是"个别性"和"普遍性"这两个规定,那么在伦理知觉这里,这两个规定仅仅表现出了双方之间的一个流于表面的对立。

在我们如今观察着的本质这里,个体性意味着一般意义上的**自我意识**,而不是意味着一个个别的、偶然的意识。因此,按照这个规定,伦理实体是一个**现实的**实体,是一个通过实存着的**意识**的多样性而**得以实现的**绝对精神。这个绝对精神是一个**共同体**。**对我们来说**,这个共同体曾经出现在一般意义上的理性的实践形态里面,那时它是一个绝对的本质,如今,它按照它的真理而言已经是一个**自为存在**,并表现为一个自觉的伦理本质和一个**作为意识的对象**而存在着的**本质**,而这个本质就是我们的观察对象。共同体是精神,而精神是一个**自为存在**,因为它在**众多个体的映像**里面维系着自身。与此同时,精神也是一个**自在存在**或实体,因为它在自身内维系着那些个体。作为一个**现实的实体**,精神是一个**民族**,而作为一个**现实的意识**,精神是民族的**公民**。这个现实的意识通过一个单纯的精神获得它的**本质**,而它的自身确定性——与此同时还有它的**真理**——则是依赖于这个精神的**现实性**(亦即整个民族),也就是说,不是依赖于什么非现实的东西,而是依赖于一个**实存着**并且**发挥着效准**的精神。

这个精神可以被称作人的规律,因为它就其根本形式而言是一个**具有自我意识的现实性**。按照普遍性的形式,它是**众所周知**的规律和**既有的伦常**;按照个别性的形式,它是一般意义上的**个体**所具有的现实的自身确定性,而作为政府,它是这样一种自身确定性,即知道自己是一个**单纯的个体性**。它的真理是一种公开的、摆在光天化日之下的**有效性**。它是一个**实存**,代表着一个直接的确定性,在形式上则是一个自由的无拘无束的实存。

[330]

但是这个伦理势力和公开性遭遇到了另一个势力亦即**神的规律**的抵抗。伦理的**国家势力**,作为**自觉行动的一个运动**,与伦理的那个**单纯而直接的**本质形成对立。作为一个**现实的普遍性**,伦理的国家势力是一个针对着个体的自为存在的暴力,而作为一般意义上的现实性,它在那个**内在本质**那里仍然面临着一个他者。

我们曾经提出,伦理实体的两个相互对立的实存形态各自完整地包含着伦理实体,包含着它的内容的全部环节。因此,如果共同体是伦理实体,并且表现为一个自觉的、现实的行动,那么它的对立面在形式上就是一个直接的或存在着的实体。后者一方面是一般意义上的伦理的内在概念或普遍可能性,另一方面本身也包含着自我意识这一环节。当自我意识在**直接性**或**存在**这一要素里表现出伦理,换言之,当自我意识**直接认识**到自己既是本质也是一个位于他者之内的自主体(亦即一个**自然的伦理共同体**),那么它就是**家庭**。作为一个**无意识的**、单纯内在的概念,家庭与一个自觉的现实性相对立;作为民族的现实性的一个**要素**,家庭与民族本身相对立;作为一个**直接的**伦理存在,家庭与那个通过为普遍者**劳动**而得到塑造并维系下来的伦理相对立;最后,作为私宅守护神,家庭与普遍的精神相对立。

　　诚然,家庭的**伦理存在**已经被规定为一个**直接的**存在,但是**只要**家庭成员之间的关系隶属于**自然界**,换言之,**只要**家庭内部的关联是**个别的**、**现实的**家庭成员之间的一个**直接的**关联,那么家庭在自己的范围之内就不是一个**伦理本质**。伦理是一个自在的**普遍者**,那个隶属于自然界的关系虽然在本质上是一个精神,但只有作为一个精神性本质才与伦理有关。现在我们要看看,它的独特的伦理体现在什么地方。——首先,因为伦理 [331] 是一个自在的普遍者,所以家庭成员之间的伦理关联并不是一个情感上的关联或一个爱的关系。表面上看来,**个别的**家庭成员与一个**完整的**家庭(亦即实体)之间的关系必然包含着伦理,在这种情况下,家庭成员的行动和现实性仅仅以家庭为目的和内容。家庭这个整体的**行动**有一个自觉的目的,但是当这个目的指向整体时,它本身也是一个个别的事物。对于权力、财富的追求和保持,一方面只是为了满足生理需要,因此属于欲望的范围,但另一方面按照一个更高的规定,它们又成为某种单纯的手段。这个更高的规定并没有出现在家庭之内,而是指向一个真正普遍的东西,亦即共同体。实际上,这个规定是对于家庭的否定,因为它的目的在于把个人推到家庭之外,一边压抑他的自然属性和个别性,一边把他导向**德行**,导向一种以普遍者为基础和目的的生活。家庭的独特的**肯定**概念是严格意义上的个人。既然这是一个伦理关联,那么个人——无论是作出行为的个人还是行为所关涉的个人——就不可能按照一个**偶然性**(比如依靠某个帮手或某种资助)去行动。伦理行为的内容必须是一个实体性的或完全普遍的内容,因此伦理行为只能涉及**完整的**个人或普遍的个人。在这里,我们的意思并不是说,人们只能去**想象**有一种**资助**会给他们带来完全的幸福,事实上,这种资助作为一个直接而现实的行为只能为人们做一些个别的事情。同样,我们也不认为,伦理行为会在现实中表现为一种教育,可以通过**一系列**的努力把完整的个人当作一个对象、当作一个作品制造出来,因为,除了那个针对着家庭的否定目的之外,**现实的行为**仅仅具有一个有限的内容。最后,我们也不认为伦理行为是一种抢救措施,可以真正使完整的个人得到拯救,因为抢救措施本身是一个纯属 [332]

偶然的行为,它的出现时机是一个既可能存在也可能不存在的普通现实性。行为可以把一个有血缘关系的人的整个实存都包揽进来,把他当作对象和内容,但是,这里所说的人并不是指公民(因为公民并不隶属于家庭),也不是指那个应当转变为公民、应当**不再**作为**这一个**个人而存在的人,而是指**这一个**隶属于家庭的个人,亦即一个**普遍的**、被剥离了感性现实性或个别现实性的本质。就此而言,行为所针对的不再是**活人**,而是**死者**,因为死者已经摆脱了他的漫长而支离破碎的实存,归结为完满的**唯一**形态,摆脱了喧嚣不安的、偶然的生活,上升到一种宁静而单纯的普遍性之内。——正因为个人只有作为公民才是一个**现实的**和**实体性的**东西,所以,当他不是一个公民,而是隶属于家庭时,就仅仅是一个**非现实的**、轻飘飘的幽灵。

严格意义上的个人所能达到的普遍性是一个**纯粹的存在**,亦即**死亡**。这是一个**直接的**、**自然地转变而来的存在**,不是某一个**意识的行动**。正因如此,家庭成员的义务在于作为一个意识去行动,这样他的最终**存在**,作为一种**普遍的**存在,就不再是单单隶属于自然界,不再是一种从头到尾都与理性无关的东西,而是一个**行动的后果**,其中包含着意识的正当性。换言之,行为的真正意义在于,正因为自我意识的宁静状态和普遍性真正说来并不是隶属于自然界,所以人们还不如抛弃掉自然界自以为拥有的那个行动假象,去彰显真理。自然界在个人那里的所作所为是一个方面,从这个方面来看,个人之转变为普遍者的过程表现为一个**存在者**的运动。这个运动是在伦理共同体之内进行的,以伦理共同体为目的。死亡是一种完满,是严格意义上的个体为了伦理共同体而承担下来的一个最为艰辛的劳动。尽管如此,由于个体在本质上是**个别的**,所以他的死亡并不会必然与他的那个劳动直接联系在一起,成为劳动的成果。一方面,如果死亡确实是劳动的成果,那么它就是一个**自然的**否定性,是个人作为**存在者**的一个运动,而在这个过程中,意识并没有返回到自身内并成为一个自我意识;另一方面,如果**存在者**的运动在于扬弃存在者,使其成为一个**自为存在**,那么死亡就是一个分裂,也就是说,终点处的自为存在不同于起点

[333]

处的存在者。——正因为伦理是那个置身于**直接的**真理之中的精神,所以精神的意识所分裂开的两个方面也获得了**直接性**形式,而个别性则转变为这样一个**抽象的**否定性,它既然**自在地**不具有安慰与和解,于是必须**在本质上**通过一个**现实的和外在的行为**获得那些东西。就此而言,血缘关系对于那个抽象的、自然的运动来说意味着一个补充,因为它额外作出了意识的运动,中断了自然界的作品,使一个有血缘关系的人免遭毁灭;或者换个更好的说法,正因为毁灭(在这里指一个有血缘关系的人转变为纯粹的存在)是必然的,所以血缘关系亲自承担了实施毁灭的行为。而这样一来,**死的、普遍的存在**成为一个返回到自身内的东西,而**自为存在**或一个虚弱无力的、纯粹**个别的**个别性则被提升为一个**普遍的个体性**。既然死者已经让他的**存在**摆脱了他的**行动**或他的否定的单一体,那么死者就是一个空洞的个别性,仅仅是一个被动的**为他存在**,不得不听任一切低级的、缺乏理性的个体性,听任各种抽象质料的腐蚀力去处置——前者由于具有生命,后者由于具有否定的本性,如今都比死者更强大。家庭制止了那些无意识的欲望和抽象质料对于死者的侮辱活动,它把它的所有物亦即死去的亲人摆放整齐,托付给大地的怀抱,托付给这个基本的、永恒不变的个体性。家庭通过这种方式使死者成为共同体的一员,而共同体则牢牢地控制着个别质料的腐蚀力和各种低级生物,防止它们毫无忌惮地毁灭死者。 ［334］

　　这个最后的义务于是构成了一个完满的**神的**规律或一个对于个人来说具有肯定意义的**伦理**行为。所有别的针对着个人的关系,如果不是局限于爱,而是具有伦理的意义,那么都是隶属于人的规律,而且包含着一个否定的意义,也就是说,使个人摆脱封闭性,并作为一个**现实的**个人归顺于一个更高的自然共同体。但是,如果人的正当性把一个现实的、自觉的伦理实体(亦即整个民族)当作自己的内容和势力,而神的正当性和规律却把那个凌驾于现实性之上的个人当作自己的内容和势力,那么个人也会有他自己的势力。他的势力是一个**抽象的**、纯粹的**普遍者**,一个**基本的**个体,它使一个已经摆脱要素、并构成民族的自觉现实性的个体性重新落入到纯粹抽象之中。纯粹抽象是那个个体的本质,正如那个个体是纯粹抽象的根据。——至于个人的这个势力在民族那里如何呈现出来,将在随后得到进一步的阐发。

如今,不管是在人的规律还是在神的规律那里,都存在着各种**差别**和**层次**。由于两个本质都包含着意识这一环节,所以它们各自的内部都出现了差别,而这种情况恰好构成了它们的运动和独特生命。通过观察这些差别,我们可以看到伦理世界的这两个普遍本质的**所作所为**和**自我意识**,以及它们之间的**联系**和**相互过渡**。

[335]

一个**共同体**,亦即一个高高在上的、正大光明地发挥着效准的规律,其现实的生命力表现为**政府**,因为政府使得共同体成为一个个体。政府是一个**折返回自身内的**、现实的精神,是整个伦理实体的单纯的**自主体**。这个单纯的力允许本质扩展为一个组织机构,并赋予每个部分以持存和一种固有的自为存在。通过这种方式,精神获得了它的**实在性**或**实存**,而家庭则成为这个实在性的**要素**。但精神同时也是一个凝聚力,它把上述部分重新整合为一个否定的单一体,让它们感到自己没有独立性,让它们始终意识到只有在整体之内才能拥有自己的生命。也就是说,共同体一方面可以扩展为一个包含着个人独立性、私有财产、人身权和物权等系统的有机体,另一方面也可以把那些最初以盈利和享受为个人目的的劳动方式划分为各行各业,赋予它们独立性。普遍行业的精神是一个**单纯性**,一个否定着这些孤立系统的本质。为了不让这些系统继续孤立下去,以至于整体分离崩析、精神涣散,政府必须时不时地通过战争在这些系统的内部制造动荡,并以这种方式来破坏和扰乱它们的已经合法化的秩序和独立权。至于那些严重脱离整体、努力追求自己的神圣不可侵犯的**自为存在**和个人保障的个体,政府必须把战争的任务交付给他们,让他们在战争中去领教他们的主人,亦即死亡。通过持存形式的瓦解,精神避免自己从一个伦理实存堕落为一个自然实存,它不但保住了它的意识的自主体,更将其提升为**自由**,提升为精神的**力量**。——否定的本质于是表明自己是共同体的真正**权力**,是共同体赖以保存自身的**力量**。这个共同体在**神**

的规律的本质和**阴曹地府**那里获得了真理,并加强了自己的势力。

当神的规律在家庭里起着主宰作用时,它自身内部同样也包含着一些差别,这些差别之间的关联使得神的规律的现实性成为一个活生生的运动。在夫妻关系、父母子女关系、兄弟姊妹关系里,首先,**夫妻关系**是指一个意识在另一个意识那里**直接**认识到它自己,认识到彼此得到了对方 ［336］ 的承认。因为这是一个**自然的**而非伦理的自我认识,所以它仅仅是精神的一个**表象**和**形象**,不是一个现实的精神。然而表象或形象恰恰是通过一个他者才获得现实性,所以夫妻关系本身并不具有现实性,而是通过子女亦即一个他者才获得现实性。夫妻关系是这个他者的生成过程,并在这个过程中消失。世代的延续和更替只有在一个民族之内才能持续下去。就此而言,夫妻之间的恩爱掺杂着一个自然的关联和情感,但夫妻关系本身并不包含着一个自身回归。至于第二种关系,**父母与子女**的相互**怜爱**,也是同样的情形。父母对子女的怜爱来自于这样一种感动,即意识到自己的现实性依赖于一个他者,同时看到这个他者之内的自为存在以一种不可挽回的方式逐渐长成,因为他者终究是一个陌生的、自立的现实性。反过来,子女对父母的怜爱则是来源于这样一种感动,即意识到他们的自身形成过程或他们的自在体出现在一个正在消失着的他者那里,而他们只有通过与根源分离才会获得一个自为存在和一个自立的自我意识,而根源在这个分离的过程中则枯竭了。

在上述两种关系里面,总是有一方过渡到另一方,而且双方之间并不是对等的。然而**兄弟姊妹关系**却是一种纯粹的关系。他们具有同样的血缘,但血缘在他们那里已经达到了**静止**和**平衡**。所以,他们对于彼此没有生理欲望,既没有给予对方自为存在,也没有从对方那里获得自为存在,而是作为一些自由的个体性相互关联。女性作为姐妹对于伦理本质具有一种最为强烈的**敏感**。她之所以没有认识到伦理本质的**意识**和现实性,原因在于,家庭的规律是一个**自在**存在着的、**内在的**本质,它并未显露在意识的照耀之下,而是保持为一种内心的感触,保持为一种缺乏现实性的神性事物。女性总是与各个私宅守护神联系在一起,她有时把他们看作 ［337］

是她的普遍实体,有时又把他们看作是她的个别性,但在这种情况下,个别性关联同时并不是一个自然的快乐关联。——作为**女儿**,女性必然会看到父母伴随着自然的运动和伦理的静止逐渐老去,因为只有以牺牲父母子女关系为代价,她才会实现自己的潜能,成为一个**自为存在**。也就是说,她并不是以一种肯定的方式在父母那里直观到她的自为存在。——作为**母亲**和**妻子**,女性在这类关系里有时候把个别性当作某种自然的、伴随着快乐的东西,有时候又把它当作某种否定的、只会导致她消失的东西。还有些时候,个别性是某种偶然的东西,因为它可以被另一个个别性取代。在一个伦理大家庭里,女性的这些关系不是基于**这一个**丈夫,不是基于**这一个**孩子,而是基于**一般意义上的丈夫和子女**,也就是说,不是基于一种情感,而是基于一个普遍者。女性伦理与男性伦理之间的差别在于,女性在本质上倾向于个别性,倾向于快乐,但同时仍然保持着普遍性,与欲望的个别性保持距离。反之在男性那里,普遍性和个别性这两个方面是分离开的,而且,由于他作为公民占据着**普遍性**所具有的那种**自觉的**力量,所以他一方面以这种方式攫取了**生理欲望**的权利,另一方面又保持着不受生理欲望约束的自由。由于妻子所处的那个关系掺杂进了个别性,所以它不具有一个纯粹的伦理。在这种情况下,个别性成为一个**漠不相关的东西**,而妻子则损失了这样一个环节,也就是说,她没有认识到自己是他者之内的**这一个**自主体。——但对于姊妹来说,兄弟是一般意义上的静止的、相同的本质,她对兄弟是一种纯粹的承认,没有掺杂进任何自然关联,因此在兄弟姊妹关系里,个别性的漠不相关状态以及个别性的伦理偶然性是不存在的。真正说来,那个作出承认和得到承认的**个别的**

自主体,作为一个环节,可以在这里主张它的正当性,因为它代表着血缘的平衡和一种跟生理欲望不沾边的关联。因此,对于姊妹来说,兄弟的损失是不可弥补的,而她对于兄弟的义务是一个最高的义务。

兄弟姊妹关系同时也是一个界限,在这里,一个封闭在自身内的家庭瓦解了,变得支离破碎。就兄弟这方面而言,家庭的精神转变为一个个体性,这个个体性又从一个他者那里折返回来,转变为一个以普遍性为对象的意识。兄弟抛弃了这种**直接的**、**基本的**、因而真正说来**否定的**家庭伦理，以便获得并创造出一个自觉的、现实的伦理。

兄弟原本生活在神的规律的庇护之下，如今他从神的规律转移到人的规律。姐妹成为家庭的主管以及神的规律的守护者，而妻子则是始终扮演着这个角色。通过这种方式，男性和女性都克服了他们的自然本质，尽管相互有别，但都获得了自己的伦理意义。至于性别的区分，则是伦理实体本身确定下来的。伦理世界的这两个**普遍的**本质之所以在一些**自然地**区分开的自我意识那里获得自己特定的**个体性**，原因在于，伦理精神是实体与自我意识的**直接统一体**，而这种**直接性**按照实在性和差别的方面来看，同时又显现为一个实存着的、自然的差别。——正是这个方面，在那个认识到自己是真实个体性的形态那里，在精神性本质的概念里，曾经表现为一个**原初被规定的本性**。这个环节不再是一个缺乏规定性的东西，也不再包含着天赋和才能等方面的偶然的差异性。如今它是一个特定的对立，亦即男性和女性的对立，而两性的自然状态同时也决定了它们各自的伦理使命。

尽管如此，两性本身之间的差别，以及它们各自的伦理内容之间的差别，仍然保留在实体的统一体之内，而差别的运动恰恰是这个统一体的持续转变过程。男性被家庭精神派遣到共同体之内，在这里找到他的自觉的本质。正如家庭因此把共同体当作自己的普遍实体和持存，反过来，共同体也把家庭当作自己的现实性这一形式上的因素，把神的规律当作自己的力量和考验。单独地看来，无论家庭还是共同体都不是一个自在且自为的存在。活生生的、运动着的人的规律起源于神的规律，在大地上发挥着效准的规律起源于阴曹地府的规律，有意识的规律起源于无意识的规律，中介活动起源于直接性。但另一方面，所有这些东西同样都会返回到它们的出发点。阴曹地府的势力反过来在大地上具有它的**现实性**，它通过意识转变为实存和行为。

因此，各种普遍的伦理本质，作为实体，不但是一个普遍者，而且是一个个别的意识。它们把民族和家庭当作它们的普遍的现实性，却把男性

[339]

和女性当作它们的自然的自主体,当作一个处于行动中的个体性。在伦理世界的这个内容里,我们看到,之前那些缺乏实体的意识形态为自己制定的目的都已经得到满足。理性过去认为仅仅是对象的东西,已经转变为一个自我意识,而自我意识过去仅仅包含在自身内的东西,已经明摆着是一个真实的现实性。——意识曾经以为它所观察到的**既有事物**与自主体没有半点关系,但那些事物如今是既有的伦常,是这样一种现实性,它不但是发现者的行为,而且是发现者的作品。个人企图在**享受自己的个别性时**得到快乐,这个愿望在家庭那里得到了满足。但当他意识到自己是他的民族的一个公民时,那种快乐必然会消失。换言之,个人的自我意识是这样一种知识,它知道,**心的规律**是所有的心的规律,而那个以**自主体**为对象的意识则是一个得到了承认的普遍秩序。而这就是**德行**,它享受着它的自我牺牲所带来的成果。德行实现了自己的目的,也就是说,使本质表露在外,成为一个现实的当前存在,而它的享受就是这样一种普遍的生命。最终,那个以**事情本身**为对象的意识在一个实在的实体那里得到了满足,因为后者以一种肯定的方式包含并且维系着那些空洞范畴的众多抽象环节。德行把那些伦理势力当作是一个真实的内容,这个内容已经取代了健全理性企图制定并加以认识的那些缺乏实体的戒律。就此而言,德行获得的是一个内容丰富的、本身就被规定好了的尺度,这个尺度不是用来检验规律,而是用来检验人们的所作所为。

[340]

整体是全部成员之间的一个静态的平衡,每一个成员都是一个作为原住民的精神,它们不必在自身之外寻求满足,而是仅仅在自身内就得到满足,因为它们与整体之间是一个平衡关系。这种平衡之所以是充满活力的,原因仅仅在于,整体里面的不平等在产生出来之后,通过一种**公正**而复归于平等。但是公正既不是一个陌生的、立足于彼岸世界的本质,也不是尔虞我诈、背信弃义、忘恩负义之类有损于现实性尊严的东西,因为这些东西遵循的是一种缺乏思想的偶然性,而且它们作为一种未经概念把握的联系和一种不自觉的行动或不行动,擅自作出了一个判决。真正说来,公正是指**人的**正当性的公正,它把那个脱离了平衡的自为存在,把那些独立的阶层和个体重新带回到普遍者之内,就此而言,它是一个民族的政府,不但是普遍本质的一个当前存在着的个体性,而且是全体人民的一个自立的、具有自我意识的意志。——公正使那个统治着个人的普遍者重新获得平衡,就此而言,它同样也是那些遭受不公正待遇的人的一个单纯的精神。也就是说,公正并没有分裂为一个遭受不公正待遇的人和一个位于彼岸世界的本质。这个单纯的精神本身就是阴曹地府的势力,**它手下的**厄利尼厄斯女神①负责进行复仇,它的个体性和它的血缘在家庭之内生生不息,而它的实体具有一种持久的现实性。个人在伦理王国里有可能遭受不公正待遇,但这种不公正仅仅是某种纯粹**碰巧发生**在他身上的东西。那个把不公正施加在意识身上,使之成为一个纯粹的物的势力,是自然界。不公正作为一个普遍性并不是来源于**共同体**,毋宁说,不公正是**存在**的一个**抽象的**普遍性。个人在消除他所遭受的不公正待遇时,并不是反对共同体(因为共同体并没有让他遭受不公正待遇),而是反对存在。如我们所见,那个以个体的血缘为对象的意识既然通过上述方式消除了不公正,那么一个**碰巧发生**的事件就转变为一个**作品**,而**存在**或**最终结果**随之也转变为意识所**乐见其成**的东西。 [341]

通过这个方式,**屹立持存着的**伦理王国成为一个纯洁的、没有被任何分裂玷污的世界。同样,它的运动是一个静态的转变过程(即从一个势力过渡到另一个势力),而在这种情况下,一个势力不但本身包含着另一个势力,而且还把它产生出来。诚然,我们看到它们已经分裂为两个本质,分裂为两个现实性,但它们的相互对立更像是彼此给予对方的一个考

---

①　厄利尼厄斯(Erinnye),希腊神话中的复仇女神三姊妹。据赫希俄德《神谱》记载,厄利尼厄斯是乌兰诺思被亲生儿子克罗洛斯残忍地阉割之后滴下的鲜血形成的。传说中她们面目狰狞,像蛇发女怪戈耳工一样满头缠绕着蛇,喷出死亡和毁灭的气息。她们不辞辛劳,彻底地追踪并惩罚凶手。在艺术作品里,她们的肩上或头上有一对翅膀,所以行动无比迅捷。她们高举火把,使得罪人无处可逃。此外她们手里还拿着鞭子或蛇,以及一面镜子,让那些罪人看清自己的真实面目。厄利尼厄斯是母系氏族血统关系的维护者,她们尤其不放过那些损害了神圣的血缘纽带、犯下弑亲罪行的人。——译者注

验,而在这个过程中,它们作为现实的本质直接与对方接触,它们的中项和要素是双方相互之间的一个直接渗透。一端是一个普遍的、自觉的精神,另一端是这个精神的力量和要素,亦即一个**不自觉的**精神。双方通过**男性**的**个体性**联系在一起。与此相反,**神**的规律是通过女性而成为一个个体性,换言之,个人的**不自觉的**精神是通过女性而成为一个实存,这个不自觉的精神借助于女性这一**中项**从非现实性进入到现实性,从一种无知识和无意识的东西进入到意识的王国。男性和女性的结合构成了整体的一个能动的中项,构成了这样一个要素,它分裂为神的规律和人的规律,同时又是这两方面的直接统一体,这个统一体把起初的那两个联系改造为同一个联系,并且把那两个相互对立的运动——其中一个归功于男性,是人的规律(一个由许多独立环节组成的有机体)的运动,即从现实性下降到非现实性,下降到死亡的危险和考验,另一个归功于女性,是阴曹地府的规律的运动,即从死亡上升到光天化日的现实性,上升到一个自觉的实存——结合为唯一的一个运动。

[342]

b.伦理行为;人的知识和神的知识,过失与命运

但是,既然伦理王国里仍然包含着这样的对立,那么自我意识就还没有按其理所应当的那样,作为**个别的个体性**出现。按道理来讲,个体性一方面仅仅是**普遍的意志**,另一方面则是家庭的**血缘**,而这一个个别的人只不过是一个**不真实的阴影**。——他还没有实施**任何行为**,而行为才是一个**现实的自主体**。——行为扰乱了伦理世界的安静的组织机构和运动。凡是在伦理世界里表现为秩序,表现为和谐一致的东西(对立双方得以相互保存和完善),全都通过行为而转变为**对立双方之间的过渡**,其中的每一方都意味着自身及对方的消灭,而不是意味着自身及对方的保存。这就成了一种否定性的运动,或者说可怕**命运**的永恒必然性,它把神的规律和人的规律,还有那使两大规律或势力获得实存的两种自我意识,通通卷入到它的**单纯性**的深渊之中。——对我们来说,这就过渡到了纯粹个

别的自我意识的**绝对的自为存在**。

这个运动的**根据**——它既是运动的出发点也是运动的归宿——就是伦理王国,但这个运动的**具体行为**却是自我意识。作为**伦理**意识,它是对于伦理本质性或**义务**的一种**单纯而纯粹的指向**。其中没有自觉自愿,没有斗争,也没有悬而未决的状态,因为人们已经放弃了规律的制定和检验,伦理本质在意识看来已经是一种直接的、毫不动摇的、无可辩驳的东西。就此而言,这里既不存在激情与义务相冲突的糟糕场面,也不存在义务与义务相冲突的闹剧。后面这种情况就内容而言实际上也是激情与义务的冲突,也就是说,激情同样可以被设想为一种义务,因为当意识摆脱了义务的直接的、实体性的本质性,返回到自身内,义务也就成为一种流于形式的普遍者,对于任何内容都是完全适用的,就像我们前面已经看到的那样。义务之间的冲突之所以是一个闹剧,因为它表现出了"**处于对立中的绝对者**"这一矛盾,换言之,它一方面尊奉绝对者,另一方面又直接主张这个所谓的绝对者或义务是一种虚无缥缈的东西。——但伦理意识知道应该做什么,而且已经作出了决断,不管它是隶属于神的规律还是人的规律。这种决断状态的直接性是一种**自在存在**,因此同时也意味着一种自然存在,就像我们看到的那样。是自然,而非环境或选择之类偶然因素,把一种性别分配给神的规律,把另一种性别分配给人的规律,——或者反过来说,两大伦理势力通过两种性别分别给予自己以个体的实存和实现。 [343]

一方面,伦理性在本质上立足于这种直接的**决断状态**,因此对于意识来说,只能以**某一种**规律为本质,另一方面,两大伦理势力在意识的**自主体**之内是一种现实的东西,这样一来,两大伦理势力就意味着**相互排斥**和**相互对立**。它们在自我意识之内是**自为**的,正如它们在伦理**王国**里面仅仅是**自在**的。因为伦理意识已经作出**决断**,遵循其中一种规律,所以它在本质上是一个**性格**。对它来说,两种规律并不具备同样的**本质性**。对立因此表现为义务单单与不合理的**现实性**之间的一个**不幸**的冲突。伦理意识,作为置身于这个对立之中的自我意识,本身同时也有一个目的,即强 [344]

迫这个与它对立的现实性屈从于它所遵循的那种规律,换言之,伦理意识企图蒙蔽现实性。当它仅仅看到自己的合理和对方的不合理,那么就双方各自的立场而言,那隶属于神的规律的东西,在对方眼里只不过是人的偶然的**暴行**,而那隶属于人的规律的东西,在对方眼里则是内在的自为存在的一种顽冥和**不从**。政府的号令是一种普遍的、显露无遗的公开意识,而另一个规律的意志则是一种秘密的、隐藏在内心里的意识,它显现为一个实存着的个人意志,显现为一种与政府的号令相矛盾的恶行。

因此,正如实体里面出现了**意识**与**无意识**的对立,同样,在意识里面也产生出**已知的东西**与**未知的东西**之间的矛盾。一方面是伦理**自我意识**的绝对**正当性**,另一方面是**本质**的神的**正当性**,二者争执不下。对于作为意识的自我意识而言,客观的现实性本身就具有本质。但按照它的实体而言,自我意识是它与对立面的统一,而伦理自我意识乃是实体的意识。因此当对象与自我意识相互对立的时候,就再也不可能单靠自己而具有本质。正如过去那些层面——对象在其中还仅仅是一个**物**——早就已经消失了,同样,现在这些层面——意识在其中掌握着某些来自于自身的东西,把某个个别的环节当作本质——也已经消失了。现实性本身有力量去反对上述片面性,它与真理结成了一个针对着意识的联盟,然后才把真理呈现在意识面前。然而伦理意识已经打破了绝对实体的外壳,它昏昏沉沉地,忘记了自为存在的一切片面性,忘记了它的目的和那些独特的概念,因此它在这冥河之水里同时也忘记或洗刷掉了自己的一切本质性以及客观现实性的独立意义。就此而言,伦理意识的绝对正当性在于,当它遵循伦理规律去行动的时候,也即当它这样实现自身的时候,它看到的仅仅是这个规律本身的完成,而行为所展现出来的无非是一种伦理行动。——伦理既是绝对**本质**,同时也是绝对**势力**,它不可能容忍它的内容被颠倒过来。假若伦理仅仅是一个缺乏势力的绝对**本质**,那么它是有可能通过个体性而被颠倒过来的。但个体性作为伦理意识既已放弃了片面的自为存在,也就不再去进行颠倒。反过来同样可以说,假若个体性仍然

[345]

是一种片面的自为存在,那么单纯的势力也有可能被本质颠倒过来。由于绝对本质和绝对势力的统一,个体性成为实体的一个纯粹形式,这个形式同时也是内容,而行动则是意味着从思想过渡到现实性,只不过这个过渡是一个缺乏本质的对立的运动,这个对立的各个环节并不具备特殊的、彼此有别的内容和本质性。因此伦理意识的绝对正当性立足于这样一个事实,也就是说,**行为**作为伦理意识的**现实性的形态**无非是伦理意识的**知识**。

但是伦理本质本身已经分裂为两种规律,而意识作为对待规律时的一致态度,仅仅被判决给其中的一种规律。正如这个**单纯的**意识(作为伦理意识)坚持认为自己有一个绝对的正当性,认为本质已经把它**自在的样子显现**在意识面前,同样,本质也坚持认为自己的**实在性**具有正当性,或者说本质可以持续地发生二重化。但与此同时,本质的这种正当性并没有站在自我意识的对立面,因为它并不是存在于别的什么地方,毋宁说它是自我意识本身固有的本质。惟其如此,本质才获得它的实存和势力,而它的对立则是**自我意识的行为**。正因为自我意识认识到自己是自主体,并采取行动,它才摆脱**单纯的直接性**,为自己制造出一种**分裂**。自我意识通过行为放弃了伦理的规定性(也就是说它不再是对于直接真理的单纯确定性),并在自身内造成分裂:一边是行为者,另一边是与行为 [346] 者相对立的、否定着行为者的现实性。自我意识通过行为于是转变为**过失**。因为这是它的**行动**,而行动是它的最为根深蒂固的本质。**过失**也获得了**罪行**的含义,也就是说,当自我意识作为单纯的伦理意识去遵守一种规律时,它不但规避了另一种规律,而且更通过它的行为触犯了后者。——**过失**不是一种漠不相关的和模棱两可的本质,仿佛那个**现实地**表现出来的行为既可能是、也可能不是它的自主体的**行动**,仿佛那与行动联系在一起的是某种外在的和偶然的东西,仿佛这些东西既然不是隶属于行动,那么行动就是无过失的了。但实际上,行动本身是一种分裂,即一方面把自己设定为一个自为存在,同时另一方面又设定一个与之对立的、陌生的和外在的现实性,而这种现实性的存在和出现都是归咎于行动本身。所以,只有像一块石头的存在那样的不行动才是无过失,而哪怕一个小孩的存在都不能说是无过失的。——就内容而言,伦理**行为**本身就具有罪行这一环节,因为它并没有扬弃"两种规律归于两种性别"这一**自然的**分配,而是作为对于规律的**一致**指向仍然保持在**自然的直接性**的范围之内。作为行动,它认为过失在于这样一种片面性,即仅仅抓住本质的一个方面,去否定乃至损害另一个方面。至于在普遍的伦理生活里,过失和罪行,行动和行为将导致什么结局,后面还会以更确定的方式表达出来。但到目前为止,有一点是很明确的,也就是说,并非**这一个个人**在行动中有了过失,因为他作为**这一个**自主体仅仅是一个非现实的阴影,或者说他只有作为一个普遍的自主体和一个纯粹的个体性才是一般意义上的**行动**这一**形式上的**环节,而内容则是法律和伦常习俗,对个人确切地来说,就是他的那个阶层所遵循的法律和伦常习俗。个人是一个作为类的实体,类虽然通过它的规定性转变为种,但种同时仍然保持为类的普遍者。在民族的范围之内,自我意识从普遍者出发仅仅下降到特殊性,还没有下降到个别的个体性,因为个别的个体性在自我意识的行动中设定了一个排他的自主体,设定了一种自己否定着自己的现实性。毋宁说,在自我意识的行动里,对于整体的坚定信任是一切的基础,其中没有夹杂着任何陌生的东西,没有夹杂着任何恐惧和敌意。

[347]

现在,伦理自我意识在它的行为里,不管是遵循神的规律还是遵循人的规律,都同样经验到一个**现实的**行动的具体展开的本性。那明示于它面前的规律在本质里面与相反的规律联系在一起;本质是两种规律的统一体;但行为只是执行其中一种规律,同时反对另一种。但既然两种规律在本质里是联系在一起的,那么其中一方的满足肯定会导致另一方受到损害,使之成为一个怀有敌意、寻求报复的本质。这就是行为的后果。对于行动来说,明白表现出来的终归只是决断的一个方面。然而决断是一个**自在的**否定,它作为知识,把一个他者或一个陌生的东西放在对立面。所以,现实性把另一方面(即对知识来说陌生的那个方面)隐藏在自身内,不把它自在且自为的样子展现在意识面前,比如不让儿子知道他所杀的冒犯者就是他的父亲,不让儿子知道他所娶的女王就是他的母亲。①
这样看来,伦理自我意识背后埋伏着一个见不得光的势力,它要等到行为
发生以后才跳出来,揪住自我意识的这个行为不放,因为行为一旦实施,
认知着的自主体与客观的现实性之间的对立就已经遭到扬弃。行动者不
能否认罪行以及他的过失。正是行为推动着不动的东西,把那种仅仅封
闭在可能性之中的东西制造出来,并通过这种方式把无意识与意识、把非
存在与存在联系在一起。基于这个真理,行为明明白白地昭显出来,也就 [348]
是说,它既在自身内把意识与无意识、把自己固有的东西与陌生的东西结
合在一起,同时也是一个分裂的本质,意识在此经验到本质的另一方面就
是它自己的一个方面,但这个方面却是表现为一个被它损害的,怀有敌意
的势力。

　　事实有可能是这样的:那埋伏起来的正当性并没有按照它的独特形
态出现在行动着的**意识**面前,而是仅仅**自在地**隐含在决断和行动的内在
过失里面。但是如果伦理意识**事先就认识到**它要反抗的规律和势力,把
它们当作暴行和不正当,当作一种伦理上的偶然性,并且像安提戈涅那样
明知故犯地犯下罪行,②那么伦理意识就会更完整,它的过失也会更纯
粹。已经实施的行为扭转了伦理意识的观望,行为的**实施过程**本身就表
明:凡是**合乎伦理**的东西,都**必然**是**现实的**,因为目的的**现实性**就是行动
的目的。行动恰恰表明了**现实性与实体的统一**,它表明,现实性对于本质
而言并非偶然的,而是与本质结合在一起,凡是与本质结合在一起的东
西,都是一种真实的正当性。由于这种现实性,也由于它的行动,伦理意

---

① 这是索福克勒斯的《俄狄浦斯王》的剧情。俄狄浦斯是波吕玻斯及其妻子墨洛珀
收养的孩子,虽然他自己并不知道。在得到福玻斯的预言——他将杀害自己的父亲,并玷
污母亲的床榻——之后,俄狄浦斯为了逃避这个命运,仓皇出逃,在路上杀死了一个与他争
吵的老人(实即他的生父,忒拜城国王拉伊俄斯),后来因为打败了为害忒拜的斯芬克斯
斯,成为忒拜城的国王,迎娶了王后伊俄卡斯忒,亦即他的亲生母亲。——译者注
② 据索福克勒斯《安提戈涅》,尽管克瑞翁发布命令禁止埋葬和哀悼波吕涅刻斯的
尸体(因为他犯了叛国罪),但波吕涅刻斯的妹妹安提戈涅仍然明知故犯,去祭拜和埋葬她
哥哥的尸体。——译者注

识必须承认它的对立面就是它自己的现实性,它必须承认它的过失:

因为我们受苦,所以我们承认,我们犯了过错。①

这种承认表明伦理**目的**与**现实性**之间的分裂已经被扬弃了,表明意识返回到了伦理**思虑**,这种思虑知道,除了正当的东西之外没有什么能够行之有效。但这样一来,行动者就放弃了它的**性格**以及它的自主体的**现实性**,走向毁灭。行动者**存在着**,意思是,行动者遵循它的伦理规律,以之为它的实体。但在承认对立面的时候,伦理规律对它来说就不再是实体了。行动者所获得的不是它的现实性,而是非现实性,是一种思虑。——

[349] 诚然,实体**在**个体性**那里**显现为个体性的**情怀**,而个体性则显现为某种赋予实体以生命力,因而凌驾于实体之上的东西。但是实体作为一种情怀同时也是行动者的性格。伦理个体性直接地、自在地与它的这个普遍者合为一体,它的实存完全依赖于这个普遍者,而如果这个伦理势力在与相反势力的对抗中走向毁灭,那么个体性也不可能幸免于难。

但伦理个体性在这个过程中获得了一种确定性,也就是说,既然个体性的情怀是这个相反的势力,那么**它所遭受的折磨并不比它造成的折磨更多**。两大伦理势力相互之间的运动通过不同的个体性体现在生命和行动里面,只有当对立双方同归于尽时,这个运动才会达到它的**真正的终点**。因为,两大势力中的每一方都并不比另一方具有一种优先性,去成为实体的一个**更为根本**的环节。双方同等的本质性和彼此漠不相关的持存状态表明它们是一种缺乏自主体的存在,也就是说,在**行为**里面,它们都是一些自主本质,但却彼此有别,而这与自主体的统一性相矛盾,并导致它们作为缺乏正当性的东西必然走向毁灭。**性格**同样也是如此:一方面,就它的情怀或实体而言,性格仅仅隶属于某一种伦理势力,但另一方面,就知识而言,双方的性格都分裂为意识和无意识。由于双方各自的性格都会造成这种对立,而且其行为的后果都是一种无知,所以性格陷入到过失之中,被过失吞噬。因此可以说,某一方势力及其性格的胜利和另一方

---

① 索福克勒斯《安提戈涅》,V. 926。——德文版编者注

的失败都只是一个部分,是一件未完成的作品,将会不可避免地走向双方之间的平衡或势均力敌。只有当双方都同样臣服之后,绝对正当性才得以实现,伦理实体才作为一种将双方吞噬的否定势力,或者说作为一个全能而正义的**命运**显现出来。

　　如果就其特定的内容以及这个内容的个体化情形来看待两大伦理势力,那么它们在意识形态中的冲突在形式上则是呈现为这样一幅情景:冲突的一方是伦理和自我意识,另一方则是无意识的自然界以及自然界导致的偶然性(偶然性相对自我意识而言也有自己的正当性,因为自我意识还只是一个**作为真相**的精神,还只是与它的实体处于一个**直接的统一体**之中)。从内容来看,这个冲突则是神的规律与人的规律之间的分裂。——一个青年人脱离无意识的本质,脱离家庭精神,成为共同体里面的个体性;与此同时他仍然隶属于他所摆脱了的自然界,这表现在,他偶然地成为两兄弟之一,①而两兄弟都有同样的权利来统治这个共同体。**对于**进入到伦理本质里面的**他俩**来说,或早或迟的出生作为一种自然的差别并不具备什么特别的含义。但是政府作为民族精神的单纯灵魂或自主体不可能具有两个个体性。自然界作为多样性的偶然性,与这个统一体的伦理必然性形成对立。于是两兄弟不再和睦共处,他俩对于国家权力的诉求同样都是正当的,也同样都是不正当的,这个矛盾将他们双方一并摧毁。从人的角度来看,当那个没能**统治**共同体的人向对方统治的共同体发起进攻,这就犯下了罪行。反之,如果那个失去了统治权的人仅仅把对方理解为一个与共同体无关的**个人**,那么从他自己这方面来说,这样做是正当的,因为他在这种情况下所触犯的仅仅是一个严格意义上的个体,而不是共同体,不是人的正当性的本质。那个遭受空洞的个别性攻

---

　　①　以下所述是索福克勒斯的《俄狄浦斯在科罗诺斯》加上埃斯库罗斯的《七雄攻忒拜》的剧情。俄狄浦斯发现自己杀父娶母之后,就弄瞎了自己的眼睛,流浪出国。此后他的两个儿子争夺王位,次子厄忒俄克勒斯获得胜利,把他的长兄波吕涅刻斯驱逐出国。波吕涅刻斯来到阿耳戈斯城,娶了国王的女儿,并率领外邦军队攻打忒拜。最后的结果是波吕涅刻斯和厄忒俄克勒斯兄弟双双战死,后者被忒拜城确立为捍卫城邦的英雄,而前者则被认为是叛国贼,其尸体不得被埋葬并接受哀悼。——译者注

击,也得到空洞的个别性捍卫的共同体保存下来了,两兄弟相互导致了对方的灭亡。因为个体性既然为了**它的自为存在**而使整体陷于危险之中,那么它已经脱离了共同体,在自身内自行瓦解了。但站在共同体一方的个人将会受到共同体的尊崇,而那个站在城墙上扬言要血洗共同体的人遭到了如下惩罚:政府,亦即共同体的自主体所重新建立的单纯性,将剥夺他的全部乃至最基本的荣誉。谁要是冒犯了意识的最高精神,冒犯了共同体,必然会被剥夺他的整个完满本质本应享有的荣誉,即一个亡灵本应享有的荣誉。

[351]

尽管普遍者通过这种方式轻松地削平了它的金字塔的最高顶端,**战胜了**个别性的叛逆原则,战胜了家庭,但正因如此,在普遍者与神的规律之间,在自觉的或有意识的精神与无意识的精神之间,仍然只是一种**抗争**状态。也就是说,后者(神的规律或无意识的精神)作为一种根本的势力并没有被前者(普遍者或自觉的精神)摧毁,而仅仅是遭到其羞辱。但相对于那种掌握权力,正大光明的规律而言,无意识的精神只能借助于没有血肉的阴影来获得一种**现实的**展现。所以,作为代表着软弱和黑暗的原则,它首先得屈从于那个代表着力量和光明的原则,因为它的势力范围是在阴间而不是在阳世。但现实事物既然已经剥夺了内在事物的荣誉和权力,也就摧毁了内在事物的本质。公开精神的力量扎根于阴曹地府。民族对于自身,对于自己的安全保障抱有**确定性**,这种确定性源于那个把全民族团结为一个单一体的誓约,而誓约只有在全民族无意识的、静默的实体中,在冥河的遗忘之水中,才成其为**真理**。这样一来,公开精神在完成之后就走向自己的反面,它经验到,它的最高正当性毋宁是极端的不正当,它的胜利毋宁是它自己的灭亡。至于那个死者,他的正当性既然已经受到侵害,也会懂得如何利用一些工具来实施报复,这些工具相比于那个伤害他的势力具有同样的现实性和力量。这些工具或势力是另外一些共同体,它们把尸体放在祭坛上,任由野狗和秃鹫进食,弄得一片狼藉。尸体本来应该被交还给一个基本的个体,以便超度为无意识的普遍性,但现在却停留在阳世的现实王国里面,并作为神的规律的力量获得一种自觉

的、现实的普遍性。这些敌意深重的势力一哄而起，将共同体摧毁，而正　[352]
是这个共同体曾经羞辱那个死者，剥夺他的力量，并扼杀掉家庭的亲情。

按照这个观念，人的规律和神的规律之间的运动的必然性表现在一
些个体身上，在他们那里，普遍者显现为一种**情怀**，而运动的所作所为则
是显现为**个体的**行动，这种行动给运动的必然性套上了偶然性的假象。
然而个体性和行动恰好构成了一般意义上的个别性原则，这个原则作为
一种纯粹而普遍的东西曾经被称作内在的神的规律。作为公开共同体的
一个环节，它不仅具有那种阴间的、或在它的实存中外露出来的影响力，
而且同样具有公开的、体现在一个现实的民族身上的一种现实的实存和
运动。在这个形式下，那个曾经被看作是个体化了的情怀的单纯运动的
东西，获得了另一种面貌，而罪行以及罪行对共同体的破坏则获得了它们
的独特的实存形式。——人的规律，作为一种普遍的实存，是共同体，作
为一般意义上的行动，是男性，作为一种现实的行动，是政府。人的规律
之所以**存在着**、**运动着**、**维系着**，原因在于，它在自身内镇压了家庭守护神
的特殊化，镇压了女性所主导的家庭的独立孤立化，先是把它们消解在它
的流体的延续性之中，然后保存下来。但与此同时，家庭又是人的规律的
一般意义上的要素，而个别意识则是一个普遍的、有所行动的基础。共同
体只有通过破坏家庭幸福并将自我意识消解在普遍意识中才能获得持
存，在这种情况下，共同体为自己招致了一个内在的敌人，亦即女性，后者
一方面遭受共同体的压迫，另一方面对共同体来说又是事关本质的。以
下情形可以说是对于共同体的一个永恒讽刺：女性通过诡计把政府的普
遍目的转化为一个私人目的，把政府的普遍成果转化为这一个特定的个
体的事业，把国家的公共财富转化为家庭的私有财产和饰物。通常，人到　[353]
了一定年纪就会摆脱个别性——诸如感官快乐、享受以及现实的行为
等——，仅仅思考和关心普遍的东西，但是女性一方面嘲笑并且蔑视老人
的严肃智慧，另一方面又去赞美未成熟的年轻人的刚勇和狂热，推崇年轻
人的一切力量，不管这年轻人是儿子、兄弟还是一般的青年。在这里，儿
子是作为母亲的主人而被母亲生下来的，兄弟是与姐妹平等的男人，而一

般的青年则使女儿摆脱了对于娘家的依赖性,给予她妻子的享乐和尊严。——共同体只有通过压迫这种个别性精神才能维系自身,但因为个别性精神是一个事关本质的环节,所以共同体又得把它制造出来,确切地说,通过压迫的举动把它作为一个敌对原则制造出来。尽管如此,由于这个敌对原则一旦脱离了普遍目的就仅仅是恶和虚无,所以,只要共同体本身不承认年轻人的力量,不承认那种未成熟的、尚且局限在个别性范围之内的男性是整体的**力量**,那么敌对原则是什么事都做不了的。因为整体是指民族而言,而民族本身又是一个个体性,而且在本质上只有当**另外一些个体性为着它**存在,只有当它把它们从自己这里**排除出去**,知道自己不依赖于它们,它才是一个**自为存在**。共同体的否定方面——**对内**表现为对于个体的个别化行为的压制,**对外**表现为一个**独立自主**的东西——把个体性当作共同体的武器。战争是这样一种精神和形式,在战争里面,伦理实体的根本环节,亦即伦理**自主本质**的那种独立于任何实存的绝对**自由**,获得了现实性和保障。一方面,战争不但让财产、个人的独立性等个别的**体系**,而且让个别的**人格性**本身感受到否定性的力量,另一方面,这个否定的本质在战争中明确表现为整体的捍卫者。如今,那些曾经给女性带来感官快乐的勇敢青年,那个曾经遭受压迫的腐败原则,登上舞台,成了行之有效的东西。现在决定着伦理本质的实存、决定着精神性必然性的东西,是一种自然的力量,还有那种偶然显现为幸运的东西。正因为伦理本质的实存基于这类力量和幸运,所以它**已经注定**要走向灭亡。——从前,仅仅是家庭守护神在民族精神里面走向灭亡,如今,众多**活生生的**民族精神由于它们的个体性而在一个**普遍的**共同体里面走向灭亡,这个共同体的**单纯普遍性**是一种缺乏精神的、僵死的东西,而它的生命力在于**个别的**个体,在于个人。精神的伦理形态消失了,被另一个形态取而代之。

[354]

伦理实体之所以注定走向灭亡并过渡到另一个形态,原因在于,伦理意识在本质上是**直接**指向规律。正是直接性的规定使得一般意义上的自然界进入到伦理行为里面。伦理行为的现实性仅仅展示出一个矛盾,展示出腐败的萌芽,这个萌芽包含在伦理精神的优美和谐与静态平衡之中,恰恰体现为这种静态和优美。直接性具有一种自相矛盾的意义,也就是说,它一方面是自然界的无意识的静止状态,另一方面也是精神的自觉的、不平静的静止状态。——由于这种自然性的缘故,这个伦理民族总的说来是一个被自然界规定的、从而有限的个体性,而且会被另一个个体性扬弃。但由于这个设定于实存中的规定性,亦即限制,同样也是一般意义上的否定,是个体性的自主体,所以,一旦它消失,那么精神的生命以及这个在一切个体性里面都达到了自我意识的实体也会丧失。这个达到了自我意识的实体作为一种**形式上的普遍性**出离到了一切个体性之外,不再是一个寓居在它们之内的鲜活精神,毋宁说,实体的个体性的单纯凝固状态已经裂变为众多的点。

c. 法权状态

[355]

那个由个体性和实体之活生生的直接统一体倒退而成的普遍统一体,是一个缺乏精神的共同体,它已经不再是个体的缺乏自我意识的实体,而个体在其中按照各自的自为存在来说,现在都是作为一些自主本质和实体发挥着效准。普遍者既然已经裂变为无限多的个体原子,那么这个死去的精神就成了一种**一致性**,也就是说,**所有的**个体,**每一个**个体,都作为**个人**发挥着效准。——那个在伦理世界里曾经被称作隐蔽的神的规律的东西,事实上已经从内核进入到现实性里面。当初在伦理世界里,个人真正说来只有作为一种普遍的**家庭血缘**才存在着,才发挥着效准。作为**这一个**个人,他曾经是一个**缺乏自主体的亡灵**。但如今他已经摆脱他的非现实性,显现出来。因为伦理实体仅仅是作为**真相的**精神,所以个人返回到自身**确定性**之内。作为一个**肯定的**普遍者,个人是伦理实体,但他的现实性却体现在他是一个**否定的**、普遍的**自主体**。——我们曾经看到,伦理世界的各种势力和形态都在空洞**命运**的单纯必然性里面湮沉了。现在,伦理世界的这个势力是一个折返回它的单纯性之内的实体,而这个折返回自身内的绝对本质恰恰是空洞命运的那个必然性,它不是什么别的,无非是自我意识的**自我**。

从现在起,自我得到承认,作为一个**自在且自为**存在着的本质发挥着效准。自我的实体性在于**作为一个得到承认的东西存在着**,然而这种实体性是一种**抽象的普遍性**,因为它的内容是**这一个敏感矜持的自主体**,而不是那个已经消解在实体之中的自主体。

因此在这里,人格性已经摆脱了伦理实体的生活,显现出来。它是意识的**现实地发挥着效准**的独立性。至于人格性的那种**非现实的思想**,即

[356] 通过**放弃现实性**来寻求独立,在前面曾经作为**斯多亚主义**的自我意识出现过。正如斯多亚主义来自于主奴关系(这是**自我意识**的直接实存),同样,人格性也是来自于一个直接的**精神**,亦即一切人都普遍具有的统治欲和服从心。斯多亚主义在**抽象**中认识到的那个**自在体**,如今看来是一个**现实的世界**。斯多亚主义无非是这样一种意识,它给法权状态原则(亦即那种缺乏精神的独立性)提出了一个抽象的形式。通过逃离**现实性**,意识仅仅获得了关于独立性的思想。意识之所以是绝对**自为的**,原因在于,它并没有把它的本质与任何实存结合在一起,而是想要放弃任何实存,把它的本质仅仅置于纯粹思维的统一性之中。在这种情况下,与个人法权联系在一起的,既不是严格意义上的个体的更丰富或更有力的实存,也不是一个普遍的活生生的精神,反倒是一个纯粹的单一体,这个单一体是个人法权的抽象的现实性,或者说是一般意义上的自我意识。

正如斯多亚主义的**抽象的独立性**已经呈现出它的实现过程,同样,这个实现过程将会重复那个抽象的独立性的运动。斯多亚主义的抽象的独立性过渡到怀疑主义的意识紊乱,变成一种否定一切的空谈,捉摸不定,迷失在存在和思想的一个又一个的偶然性之中。尽管它也把这些偶然性消解在一种绝对的独立性里面,但同时又立即把它们制造出来,因此它自己实际上仅仅是意识的独立性与非独立性之间的一个矛盾。——个人的**法权**独立性其实同样也是一种普遍紊乱和相互消解。那作为绝对本质而发挥着效准的东西,是自我意识,是个人的纯粹而**空洞的单一体**。与这种

空洞的普遍性相反,实体具有"**充实**"和"**内容**"等形式,但内容如今已经被完全置之不理,变得杂乱无章,而那个曾经管制并统一着内容的精神也已经不见踪影。——因此,个人的这个空洞的单一体,就它的**实在性**而言,是一个偶然的实存,是一个缺乏本质的运动和行动,不能持续多久。 ［357］法权的形式主义和怀疑主义一样,仅仅依靠自己的概念,不具有什么独特的内容。它和怀疑主义一样,刚看到丰富多姿的持存事物,就以为已经将它们占有了,而且还给它们打上同样的抽象普遍性的印记,将占有物称作**私有财产**。但是,如果说这种特定的现实性在怀疑主义那里被称作一般意义上的**假象**,只具有一种否定的价值,那么它在法权这里则具有一种肯定的价值。之所以说"否定的价值",原因在于,现实的东西意味着一个作为思维、作为**自在的**普遍者的自主体,而之所以说"肯定的价值",原因则是在于,现实的东西意味着范畴意义上的"**我的**",这是一种**得到承认的**、现实的效准。也就是说,两种价值都是同一个**抽象的普遍者**。"我的"的现实内容或**规定性**——不管这是指一种外在财富,还是指精神和性格方面的内在丰富或贫乏——并没有包含在这个空洞的形式里面,与这个形式毫不相干。因此内容是隶属于一个**自立的权力**,但这个权力并不是那个形式上的普遍者,而是一个偶然和随意的东西。——就此而言,法权意识在它的现实效准中所亲自经验到的,毋宁是它的实在性的丧失,是它的完全的非本质性,至于把一个个体称作**个人**,则是一种蔑视的表现。

按照内容的自由权力对自己作出的规定,内容虽然分解为**无限多**的个人原子,但通过这个规定性的本性,个人原子同时又聚集到**一个**对它们来说陌生的、而且同样缺乏精神的点。一方面,这个点和它们的人格性的敏感矜持一样,是纯粹个别的现实性,但另一方面与它们的空洞个别性相反,这个点同时意味着全部内容,因此也意味着人格性的实在本质的内容。而且,如果说人格性是一种自以为绝对,但自在地看来缺乏本质的现实性,那么正相反,这个点才是普遍的权力和绝对的现实性。这样一来,这位世界主宰就认为自己是一个绝对的、在自身内同时包含着一切实存

[358]　的个人,在他的意识里,比他更高的精神是不存在的。他是个人,但却是孤独的个人,与**一切**个人对立。但是惟有"一切个人"才建立起个人的切实有效的普遍性,因为严格意义上的个别事物只有作为个别性的普遍的多样性才是真实的。如果脱离了这种普遍的多样性,那么孤独的自主体实际上只是一个非现实的、虚弱无力的自主体。——与此同时,他所意识到的内容与那个普遍的人格性相对立。这内容既已摆脱了他的否定势力,就成了一团混乱的精神势力,这些被释放出来的精神势力是一些基本本质,肆无忌惮地相互摧残着对方。它们的虚弱无力的自我意识是一个形同虚设的疆界,是它们相互厮杀的场所。这位世界主宰既已知道自己是一切现实势力的总体,于是转变为一个宏大的自我意识,认为自己是一个现实的神。但由于他还只是一个形式上的自主体,还没有能力去约束那些现实势力,所以他的活动和自我享受同样只不过是一种宏大的放荡不羁而已。

　　世界主宰具有一种现实的意识,认识到他自己是什么,而在他针对臣民的对立的自主体而实施的摧毁性暴力中,他认识到了现实性的普遍势力。因为,他的势力或权力并不是在于精神的**和谐一致**,仿佛众多个人在其中认识到他们各自的自我意识似的,毋宁说,个人作为一种自为存在,全都视自己的孤立性为绝对不可侵犯的,因此全都排斥自己与他人之间的延续性。因此,个人之间,个人与世界主宰之间,都仅仅是一种否定的关系,尽管世界主宰作为他们的关联和延续性存在着。作为这种延续性,世界主宰是他们的这种形式主义的本质和内容,但对他们来说,这是一个陌生的内容,是一个敌对的本质,因为这将扬弃他们一向珍视为本质的那种空无内容的自为存在——并且,世界主宰作为他们的人格性的延续性,恰恰是要摧毁他们的人格性。因此,当一个陌生的内容成为一个发挥着效准的东西,法权意义上的人格性就经验到自己毋宁是缺乏实体的,而那

[359]　个内容之所以能在他们那里发挥着效准,原因在于,它是他们的实在性。另一方面,那个在这片缺乏本质的土地上进行着颠覆活动的势力意识到了自己的无所不能,但是这个自主体是一种纯粹的破坏活动,所以只是在

自身之外进行的,或更确切地说,这种破坏活动意味着抛弃它自己的自我意识。

因此,当自我意识作为绝对本质成为一个**现实的**东西,就是这个样子。但是,那个**被驱逐回**自身内的**意识**在失去现实性之后,它所思维的是它自己的这种非本质性。之前我们曾经看到,斯多亚主义的纯粹思维的独立性经历了怀疑主义的阶段,并在哀怨意识中达到了自己的真理,亦即它的自在且自为的存在。如果说这种知识在当时还只是作为某一个意识本身的片面观点而出现,那么在这里出现的,则是那些观点的**现实的**真理。这个真理表明,自我意识的**普遍效准**是一种对自我意识而言异化了的实在性。这个**效准**是自主体的普遍的现实性,但这种现实性直接地同样也是一种颠倒,或者说它是自主体的本质的丧失。——自主体的现实性本来在伦理世界里面还不是一种现成的东西,但当它返回到**个人**,也就获得了这种现成的现实性。当初在伦理世界里面和谐一致的东西,如今得到了发展,但却是作为一种异化了的东西出现。

B.自身异化了的精神;教化

伦理实体始终把对立封闭在它的单纯意识之内,这个单纯的意识又与自己的本质形成一个直接的统一体。因此,对于意识来说,本质具有"**存在**"这一单纯的规定性,而意识则是直接指向本质,作为本质的伦常习俗存在着。意识并不认为自己是**作为这一个排他的自主体存在着**,同样,实体也不是意味着一个遭到意识排斥的实存,否则的话,意识就只得通过自身的异化才能与实存合而为一,同时把实体产生出来。然而那个精神——它的自主体是一种绝对隐秘的东西——把它的内容看作是一个处于对立面的、同样强硬的现实性,而世界在这里被规定为一种外在的、[360]否定着自我意识的东西。但这个世界是一个精神性本质,自在地看来,它是存在与个体性的融合。世界的实存是自我意识的**作品**。世界同样也是一种直接现成的、在自我意识看来陌生的现实性,它具有一种独特的存在,而自我意识在其中并没有认识到它自己。世界是法权的外在本质和自由内容;但这个被法权世界的主宰牢牢掌握在手中的外在现实性并非仅仅是一个偶然地摆放在自主体面前的基本本质,而是自主体自己的劳作,尽管这是一种否定的而非肯定的劳作。外在世界之所以获得实存,是通过自我意识**自己固有的**外化活动和去本质活动,乍看起来,这些活动在那个支配着法权世界的破坏活动里,把失控要素的外在暴力强加在了自我意识身上。这些要素就其自身而言仅仅是一种纯粹的破坏活动,是一种自行瓦解;但这种瓦解作为它们的否定本质恰恰是自主体。自主体是它们的主体,是它们的行动和转变过程。这些行动和转化过程使实体成为一个现实的实体,同时也意味着人格性的异化,因为那个**直接的、尚未异化的**、仍然自在且自为地发挥着效准的自主体缺乏实体,仅仅是那些喧嚣要素的一种嬉戏活动。因此可以说,自主体的实体是自主体的外化活动本身,而外化活动就是实体,或者说是一些精神性势力,它们自行组建为一个世界,并通过这种方式维系着自身。

在这种情况下,实体是**精神**,是自主体与本质的自觉的**统一体**。但是自主体和本质都意味着相对彼此而言的异化。精神作为一个**意识**,以独立自主的、客观的现实性为对象。那与这个意识相对立的东西,是自主体与本质的统一体,也就是说,这里是一个**纯粹的意识**与一个**现实的意识**相对立。一方面,现实的自我意识通过自己的外化活动过渡到现实世界,现实世界也返回到现实的自我意识之内,但另一方面,恰恰是这个现实性[361](无论它是指个人还是指客观世界)被扬弃了。它们成为一种纯粹普遍的东西,而它们的这种异化是一个**纯粹的意识**或**本质**。当前的现实世界直接以它的**彼岸世界**(也即它的思维和思维中的存在)为对立面,反过来,思维直接以此岸世界(也即它自己异化出来的现实性)为对立面。

所以,这个精神给自己塑造出来的并非仅仅是**单一的**世界,而是一个双重的、分裂开的、并且相互对立的世界。——伦理精神的世界是这个精神自己固有的**当前存在**。这样一来,这个世界的双方势力都包含在一个当前存在着的统一体之内,而且虽然双方有所区别,但仍然与整体保持着一种平衡状态。没有任何东西意味着对于自我意识的否定。甚至连亡灵都仍然作为一种当前存在着的东西包含在亲属的**血缘**、家庭的**自主体**之内,而政府的普遍**权力**乃是民族的**意志**或自主体。但是在这里,所谓当前存在着的东西仅仅意味着那种以意识为彼岸世界的客观**现实性**。每一个个别的环节,作为**本质**,都获得了这种客观现实性,随之也获得了他者的现实性,而且就它作为一个现实的东西而言,它的本质和它的现实性是两码事。没有任何东西具有一个立足并寓居于自身内的精神,毋宁说,任何东西都是在自身外,在一个异己的东西之内。整体的平衡并不是指那个一动不动的统一体,也不是指那种返回到自身内的宁静状态,而是以对立面的异化为基础。因此,整体和任何个别环节一样,都是一种自身异化了的实在性。整体分裂为两个王国,在其中一个王国里,**现实的自我意识**既是它自己,也是它自己的对象,而在另一个王国亦即**纯粹**意识的王国里,纯粹意识已经超越现实的自我意识,因此并不具有一个现实的当前存在,而是处于**信仰**之中。现在,如果说伦理世界摆脱了神的规律与人的规律以及其他形态之间的分裂,它的意识也摆脱了知识与无意识状态的分裂,返回到它的命运,返回到**自主体**(亦即那个**否定着**对立的势力)之内,那么同样地,自身异化了的精神的这两个王国也将返回到**自主体**之内。但 [362] 如果说前面那个王国是一个直接发挥着效准的**自主体**,是个别的**个人**,那么后面这个从其外化活动返回到自身内的王国就将是一个**普遍的自主体**,是一个理解把握着概念的意识,这两个精神世界——它们的所有环节都坚持自己是一个固定的现实性和一个缺乏精神的持存——也将在**纯粹识见**里自行瓦解。纯粹识见作为一个**理解把握**着自身的自主体完成了教化。它所领会把握的东西不是别的,就是自主体,它把一切东西都当作自主体来领会把握,也就是说,它对一切东西都进行**概念式把握**,消除一切客观事物,把一切**自在**存在都转化为**自为**存在。当它转而反对信仰,也即反对那个异己的、位于彼岸世界的**本质**王国时,它是**启蒙**。启蒙也在这个王国里完成了异化,因为异化了的精神逃到这个王国之内,企图通过一个自身均衡的平静意识来挽救自己。启蒙把异化精神在这里的家庭事务弄得一团糟，原因在于，它把此岸世界的什物都携带进来，而异化精神又不能否认这些确实是它自己的财产，毕竟它的意识同样也隶属于此岸世界。——在这个具有否定意义的事务里，纯粹识见同时也实现了自身，并把它自己固有的对象制造出来，也就是说，把那个不可认识的**绝对本质**，把**功用**制造出来。由于现实性在这种情况下失去了一切实体性，而且在自身内不再包含着任何**自在**的东西，所以信仰的王国和真实世界的王国都同样被颠覆了。这种颠覆或革命产生出一种**绝对的自由**，伴随着这种自由，此前异化了的精神既然已经完满地返回到自身内，于是离开这个教化的国度，过渡到另一个国度，亦即**道德意识**的国度。

I.自身异化了的精神的世界

[363]　　异化精神的世界分裂为双重的世界：一个世界是现实性，或精神的异化活动本身，另一个世界是精神置于前者之上，在纯粹意识的以太里面为自己建立起来的世界。后面这个世界与前面那种异化**相对立**，但正因如此，它没有摆脱异化，反而成为另一种形式的异化，其表现就是，对两个世界都有所意识，并且将两个世界都包含在自身内。也就是说，这不是绝对本质之**自在且自为**存在着的自我意识，不是我们在本书中所考察的宗教，而是**信仰**，因为信仰意味着**逃避**现实世界，不再是一个**自在且自为**的东西。就此而言，对于当前存在的逃避本身就直接是一种双重的逃避。精神把自己提升到纯粹意识这一要素之中，然而纯粹意识不只是**信仰**的要素，而且同样也是**概念**的要素。因此信仰和概念是同时结伴出现的，而且前者只能被看作是后者的对立面。

　　a.教化及其现实性王国

　　这个世界的精神是一个渗透着**自我**意识的精神性**本质**，这个本质知道自己作为**这一个自为存在着的**东西是一种直接的当前存在，并且知道

本质是一个与自己相对立的现实性。但是这个世界的实存,以及自我意识的现实性,都是基于这样一个运动,即自我意识脱离它的人格性发生外化,从而创造出它的世界,把这个世界看作是一个异己的、从现在起必须掌控在手的世界。但是,当自我意识放弃它的自为存在之后,就会制造出现实性,并通过这个办法把现实性直接掌控在手。换言之,只有当自我意识自身发生异化之后,它才是**某种东西**,才具有**实在性**。通过自身异化,自我意识把自己设定为一个普遍者,而它的这种普遍性是它的效准和它的现实性。因此,这种一切人的**平等**并不是法权意义上的平等,不是自我意识仅仅因为自己的**存在**就直接获得的那种认可和效准。毋宁说,自我意识的效准依赖于一种异化着的中介活动,必须使自己符合于普遍者。[364]
缺乏精神的法权普遍性把性格以及实存的一切自然形态都接纳到自身内,赋予其合法性。但那种在这里发挥着效准的普遍性是一种**转变而来**的普遍性,因而是一种**现实的**普遍性。

也就是说,正是**教化**使得个体在这里获得了效准和现实性。个体的真正的**原初自然**和真正实体是**自然的**存在**发生异化时**所遵循的精神。因此,这种外化活动既是个体的**目的**,也是个体的**实存**。它既是一个从**思想中的实体**到现实性的**中介或过渡**,同时反过来也是一个从**特定的个体性**到**本质性**的中介或过渡。这种个体性把自己教化为它**自在地**所是的东西,只有通过教化,它才**自在地存在着**,并且具有一种现实的实存。个体性经历了多少教化,就会具有多少现实性和权力。尽管自主体作为**这一个个体**在这里知道自己是现实的,但它的现实性完全在于去扬弃一个自然的自主体。原初**被规定的**自然于是被归结为一种**无关本质**的分量上的差别,被归结为或多或少的意志能力。然而自主体的目的和内容完全隶属于普遍实体自身,只能是一个普遍的东西。自然的特殊性既已转变为目的和内容,那么可以说是某种**无关紧要的**和非现实的东西。特殊性是一个**种或模式**,它徒劳而可笑地企图成为某种现实的东西。它是这样一个矛盾,一方面赋予特殊事物以现实性,但另一方面却发现,这种现实性直接是一个普遍的东西。所以,如果个体性被错误地归结为本性和性格方面的**特殊性**,那么在一个实在的世界里就不会存在着众多个体性和个性,毋宁说,每一个个体对彼此来说具有一种同等的实存。那种遭到误解的个体性仅仅只是一种**意谓中的**存在,这种存在在这个世界里面毫无立足之地,因为其中只有自行外化出来的东西,从而只有普遍的东西才能获得现实性。——就此而言,**意谓中的东西**本身是指一个种或模式。就"模式"这个词而言,与之相对应的德语"Art"和法语"Espéce"还不是完全同样的意思,因为后者乃是"一切绰号中最可怕的那个;它意味着平庸,并且表达出一种最高程度的蔑视。"①而德语的"**模式**"和"**就他的模式来说是好的**"之类说法除了意味着平庸之外,还附带有一种诚恳的态度,仿佛这其实并没有多么糟糕。或者也可以说,德语的这类说法还没有意识到什么是模式,什么是教化和现实性。

[365]

那与个别的**个体**相关联,并显现为个体的教化的东西,是**实体**本身的一个根本环节,即从它的思想中的普遍性直接过渡到现实性。换言之,那个东西是实体的单纯灵魂,它**使自在体得到承认**,成为一个**实存**。因此,个体性的自我教化运动同时也是个体性作为一个普遍的客观本质发生的转变过程,也就是说,同时也是现实世界的转变过程。现实世界尽管是通过个体性转变而来的,但在自我意识看来仍然是一个直接异化了的东西,在形式上则是体现为一种坚定不移的现实性。但自我意识既已确信现实世界是它的实体,当然想要控制这个世界。自我意识通过教化获得了掌控现实世界的权力,从这个方面来看,教化意味着,自我意识在它原初性格和原初天分的力量所许可的范围内之尽量使自己符合于现实性。在这里,个体的暴力看似控制并扬弃了实体,但实际上却是实现了实体。因为个体的权力就在于让自己符合于现实性,也即摆脱自己的自主体而发生外化,把自己设定为一个客观存在着的实体。就此而言,个体的教化和个体自己固有的现实性是实体本身的实现过程。

自主体只有作为一个**遭到扬弃的自主体**才是现实的。因此它并没有

---

① 狄德罗《拉摩的侄儿》,歌德译,1805。——德文版编者注

把它的自我**意识**与对象统一起来,而是认为对象是对于它的否定。—— [366]
通过那个作为灵魂的自主体,实体在它的各个环节那里都被塑造成这样
的情形,也就是说,每一方都赋予对方生命,每一方都通过自己的异化来
保障对方的持存,并且以同样的方式从对方那里获得自己的持存。与此
同时,每一个环节的规定性都发挥着一个不可抹煞的效准,对于对方来说
都具有一个稳固的现实性。思维以最一般的方式,即通过"**好**"和"**坏**"的
绝对对立,将这个差别固定下来,也就是说,"好"和"坏"水火不容,绝不
可能成为同一个东西。但是这个稳固的存在就其灵魂而言已经直接过渡
到它的对立面;实存其实是一种颠转,即每一个规定性都转变为相反的规
定性,而且只有这种异化才是整体的本质和保全手段。我们现在将要观
察的是这样一个运动,即各个环节的实现过程和获得生命的过程;异化本
身又将发生异化,而整体将会通过异化把自己收回到自己的概念里。

　　我们首先要观察单纯的实体本身,观察它的那些实存着的、尚未获得
生命的环节所直接形成的组织机构。我们知道,自然界可以分解为一些
普遍的元素,比如,气是一个**持久不变的**、纯粹普遍而透明的本质,水是一
个始终不断被**消耗掉**的本质,**火**是它们的**生命原动力**统一体,一边不断消
解着它们的对立,一边始终分裂着它们的单纯性,造成对立,最后,**土**作为
这些环节的**固定枢纽**,乃是这些本质及其转变过程的**主体**,是它们的出发
点和归宿。同样,自觉的现实性的内在**本质**或单纯精神,作为一个世界,
也分解为如下一些普遍的、但却是精神性的群体:**第一个群体**是一个**自在
普遍的**、**自身一致的**精神性本质,**第二个群体**是一个**自为存在着的**、在自
身内已经转变为**不一致**、**牺牲**并**奉献**着自己的本质,而**第三个群体**则是一
个具有自我意识的主体,它本身直接具有火的那种力量。在第一个本质 [367]
里,精神意识到自己是**自在存在**,而在第二个本质里,精神通过牺牲掉普
遍者来使自己转变为**自为存在**。但精神本身是整体的**自在且自为的存
在**,这个整体一边**分裂**为一个持久不变的实体和一个自我牺牲的实体,一
边又把它们**收回**到自己的统一体之内,一方面是爆发出来的、将两种实体
吞噬掉的烈焰,另一方面是它们的持久不变的形态。——我们看到,这些

305

本质分别对应于伦理世界里面的共同体和家庭,但是它们并不具有共同体和家庭本身固有的那种精神。相反,如果说命运在那种精神看来还是一种异己的东西,那么自我意识在这里不仅本身就是这些本质的现实权力,而且知道自己是这样一种权力。

我们现在要观察的这些环节,首先在纯粹意识的内部呈现为**思想**或**自在**存在者,然后在现实的意识里面呈现为**客观的**本质。——在单纯性这一形式之下,第一个本质,作为全部意识之**自身一致的**、直接的和持久不变的本质,是**好**;——它是**自在体**的独立的精神性权力,相比之下,自为存在着的意识的运动仅仅是一种附带作用。相反,第二个本质是一个**消极的**精神性本质,或者说是那个作出自我牺牲的普遍者,它让个体在它那里意识到他们的个别性;它是一个虚无缥缈的本质,是**坏**。——本质完全瓦解,但这个瓦解过程本身是持久不变的。第一个本质是个体的基础、出发点和归宿,个体在其中转变为纯粹普遍的东西,但第二个本质正相反,它一方面是一个作出自我牺牲的**为他存在**,另一方面却恰恰因此是**个别的个体**的持续的自身回归,换言之,它是个体持续不断地**转变为自为存在的过程**。

但同样地,诸如"好"和"坏"之类单纯的**思想**也直接发生了异化,因为它们是**现实的**,作为一些**客观的**环节存在于一个现实的意识之内。就此而言,第一个本质是**国家权力**,第二个本质是**财富**。——国家权力既是一个单纯的**实体**,也是一个普遍的**成果**,是绝对的**事情本身**,在它那里,个体明白认识到了他们的**本质**,而他们的个别性根本说来仅仅是一种以自己的**普遍性**为对象的意识。同样,国家权力是一个成果,一个单纯的**结果**,虽然我们从结果里面已经看不出这是个体的**行动**的产物,但它始终是个体的全部行动的绝对基础和持续存在。——由于个体生命的这个**单纯的**、以太般纯净的实体被规定为一种持久不变的自身一致性,所以它作为**存在**仅仅是一种**为他存在**。这个实体本身直接是它自己的对立面,即**财富**。财富虽然是一种消极的或虚无缥缈的东西,但同样也是一种普遍的精神性本质,它既是**所有的人的劳动和行动**之持续转变着的结果,同样又

[368]

306

消解在所有的人的**享受**之中。通过享受,个体性成为一个**自为的**或**个别的**个体性,但这个享受本身是普遍行动的一个结果,正如它反过来又促成了普遍的劳动以及所有的人的享受。**现实事物**在根本上具有一种精神性意义,即直接作为一种普遍的东西存在着。诚然,在这一个环节里面,每个人都认为自己是**出于自私自利**才行动的。他在这个环节里意识到自己是一个自为存在,从而并没有把享受当作是某种精神性的东西。但实际上哪怕仅仅从外表来看,我们都可以发现,每个人在享受着什么东西的时候,也让所有的人得到了享受,每个人在劳动的时候,既是为了他自己,也是为了所有的人而劳动,正如所有的人的劳动也是为了他。因此,每个人的**自为存在**本身就是**普遍的**,而自私自利仅仅是某种意谓中的,不能成为现实的东西,也就是说,没有任何人能做什么纯粹只是为了他自己而不是为所有的人带来福利的事情。

　　自我意识于是在这两种精神性权力里认识到它的实体、内容和目的,它在其中直观到了它的双重本质:在前一种权力里直观到它的**自在存在**,在后一种权力里直观到它的**自为存在**。——但与此同时,自我意识作为精神又是一个否定的**统一体**,它把那两种分庭抗礼的权力以及个体性与普遍者之间(或者说现实性与自主体之间)的分裂统一起来。因此在个体看来,统治权和财富是一些现成的对象,当面对这类对象的时候,个体 ［369］ 知道自己是**自由**的,他认为自己能够在二者之间随便挑选一个,甚至一个都不挑选。个体作为这样一个自由的和**纯粹的**意识,与那个仅仅**为着他**而存在的本质相对立。这样一来,个体才认为本质是他的内在**本质**。——在这个纯粹的意识里面,实体的各个环节对个体来说不是国家权力和财富,而是诸如“**好**”和“**坏**”之类思想。——除此之外,自我意识还把个体的纯粹意识与个体的现实意识联系在一起,把个体所思想的东西与客观的本质联系在一起,也就是说,自我意识在本质上是一种**判断**。诚然,对于现实本质的那两个方面来说,单凭它们的直接规定就可以得出其中哪个是好,哪个是坏。确切地说,国家权力是好的,而财富是坏的。但是这个最初的判断不能被看作是一个精神性的判断,因为在那个判断里,一方仅仅被规定为**自在**存在者或肯定的东西,而另一方仅仅被规定为**自为**存在者和否定的东西。但是国家权力和财富,作为精神性本质,每一方都是两个环节的贯穿渗透,因此在那些规定里并没有完全充分地表现出来,而那个与它们相关联的自我意识,是一个**自在且自为**的东西。因此自我意识必须以双重的方式与每一方都相关联,而在这种情况下,国家权力和财富的本性也将清楚表现出来,也就是说,它们是一些自身异化了的规定。

如今对于自我意识而言,如果它所认识到的是它自己,那么对象是**好的**和**自在的**,而如果它所认识到的是它的对立面,那么对象是**坏的**。**好**意味着客观实在性与自我意识**一致**,而**坏**则意味着它们**不一致**。与此同时,那**对于自我意识而言**是好的和坏的东西,**自在地**就是好的和坏的,因为正是在自我意识里面,**自在**存在和**为他**存在这两个环节成为同一个东西。自我意识是一个现实的、以客观本质为对象的精神,当它作出一个判断,这个行为本身表明自我意识拥有一种支配客观本质的权力,能够**使得客**观本质成为它们**自在地**所是的东西。客观本质的标准尺度和真理,不在于它们如何本身直接是**一致的**或**不一致的**,也就是说,不在于它们是一种抽象的自在存在呢,还是一种抽象的自为存在,而是在于,当它们与精神相关联的时候,是与精神一致呢,还是不一致。在精神与客观本质的**关联**中,客观本质首先被设定为**对象**,并**通过精神转变为自在体**。这个关联同时也是客观本质的**自身反映**,客观本质因此才获得一种现实的精神性存在,而**它们的精神**也才显现出来。但是,正如客观本质的第一种**直接规定**不同于精神与它们的**关联**,那么第三种规定,即客观本质自己固有的精神,也将不同于第二种规定。——客观本质的**第二种自在体**是首先通过精神与客观本质的关联才产生出来的,它所表现出来的样子必定会不同于那个**直接的**自在体。毋宁说,精神的这种**中介活动**所推动的是一种**直接的规定性**,并使之成为别的什么东西。

这样一来,**自在且自为**存在着的意识在**国家权力**里面所看到的,诚然是它的**单纯本质**和**一般意义上的持存**,但却不是它的严格意义上的**个体**

性,它所看到的是它的**自为存在**,但不是它的**自在存在**。毋宁说它在国家权力里面发现,个别意义上的行动已经遭到否定,并在压制之下转变为服从。面对国家权力,个体返回到自身内,把国家权力当作一种压迫性本质,当作**坏**。国家权力不是一种与个体性一致的东西,而是一种与之完全不一致的东西。与之相反,**财富**是**好**,它提供普遍的享受,牺牲自己,让所有的人都意识到他们的自主体。**自在地看来**,财富是一种普遍的善行。如果说它没有作出某一个善举,没有满足每一个需要,那么这只是一个偶然现象,无损于财富的那个普遍必然的本质,即把自己分配给所有的个人,做一个有求必应的施予者。

　　这两种判断使得诸如"好"和"坏"之类思想获得了一个新的内容,这个内容与我们之前在它们那里看到的内容正好相反。——但到目前为止,自我意识与它的对象之间的关联还不算完满,也就是说,这个关联仅 [371] 仅是按照**自为存在**的标准尺度来进行的。但意识同样也是一个**自在存在**着的本质,而且必须让自在存在这一方面也成为标准尺度,只有这样,精神性判断才会最终完成。就自在存在这一方面而言,**国家权力**向意识宣告了意识自己的**本质**。它有时候是静态的法律,有时候是政府,有时候又是一些把普遍行动的个别运动整合起来的号令。法律是单纯的实体本身,而政府和号令则是实体采取的一个行动,以便使实体自身以及所有的人都生存下来。个体于是发现他的根据和本质在国家权力里面已经表现出来,得到了整合和确认。——相反,在享受**财富**的时候,个体并没有经验到他的普遍本质,而是仅仅得到一种**飘忽即逝**的意识,把自己当作一种自为存在着的**个别性**,当作一种与自己的本质**不一致**的东西来享受。——正是在这里,"好"和"坏"的概念获得了一个与跟前面的内容相反的内容。

　　这两种判断方式分别发现了一种**一致性**和一种**不一致性**。在前一种判断里面,意识发现自己与国家权力**不一致**,与享受财富**一致**,而在后一种判断里面则正相反,意识发现自己与国家权力一致,与享受财富**不一致**。在这里,在意识与国家权力和财富这两个现成的实在本质性的关联之中,存在着一种双重的"**发现一致**"和一种双重的"**发现不一致**"之间的对立。——我们必须对这种彼此有别的判断活动进行评判,为此我们必须依据已经建立起来的标准尺度。就此而言,当意识**发现一致**时,这种关联是**好**,而当意识**发现不一致**时,这种关系是**坏**。从现在起,我们必须断定,这两种关联方式本身是**意识的不同形态**。当意识以不同的方式与对象发生关联,它本身已经遵循着好和坏之间的差异性,也就是说,意识并不是预先把**自为存在**或纯粹的**自在存在**当作原则,然后才遵循这种规定,因为自为存在和自在存在是一些同样根本的环节。之前考察过的那种双重判断把自为存在和自在存在这两个原则看作分裂开的东西,因此它仅仅包含着一种**抽象**方式的判断活动。现实的意识本身就包含有这两个原则,所谓的差别仅仅在于意识的**本质**,亦即在于意识本身与实在性之间的**关联**。

[372]

这个关联具有相反的两种方式,其中一种方式是把国家权力和财富当作与自己**一致**的东西,而另一种方式则是把它们当作与自己**不一致**的东西。在前一种情况下,意识是**高贵的**,它在公开的权力那里所看到的,是与它自己一致的东西,因此它在其中获得了自己的**单纯本质**以及这个本质的所作所为,不仅在各种事务中实实在在地听从于本质,而且在内心里也对它尊重有加。在财富那里也是同样的情形,因为财富使意识认识到自己的另一个根本方面,亦即**自为存在**。所以,意识同样把那个与自己相关联的财富看作**本质**,把它所享受的财富认作施予者,并对其表示衷心感谢。

反之,后一种情况下的意识则是**卑贱的**,它断定自己与国家权力和财富这两种本质性**不一致**,于是把统治者的权力看作是一种针对着**自为存在**的束缚和压迫,并因此仇恨统治者,对其只是阳奉阴违,并随时准备着发起叛乱。同样,尽管它通过财富享受到了它的自为存在,但仍然把财富看作是一种与经久不变的本质**不一致**的东西。由于财富仅仅让它意识到个别性和飘忽即逝的享受,所以它对财富既爱又恨,而随着享受——这是一种自在地转瞬即逝的东西——的消失,它发现它与财富的关系也消失了。

到目前为止,这些关联所表达出的仅仅是一个**判断**,这个判断规定了两个本质作为意识的**对象**是什么东西,但还没有规定它们**自在且自为地**是什么。那在判断中呈现出来的反映关系,一方面**对我们来说**只是设定了此一规定和彼一规定,因此把两个规定同样都扬弃了,还不是意识所认 [373] 识到的那种反映关系。另一方面,两个本质都仅仅是直接**存在着的本质**,既没有**发生转变**,也没有包含着**自我**意识。它们是意识的对象,但意识还没有给它们带来生命。它们是一些本身还算不上主词或主体的谓词。由于这个分裂,整个精神性判断活动也分别出现在两个具有片面规定的意识那里。——异化的两个方面,其中一方是纯粹意识的**自在体**,即关于好和坏的特定**思想**,而另一方则是异化的**实存**,即国家权力和财富。如果说异化的这两个方面之最初的**漠不相关**已经升格为一种相互关联,亦即**判断**,那么这种外在的关联也必须升格为一个内在的统一体,换言之,这种思维的关联必须升格为现实性,两种形态下的判断的精神也必须显现出来。要做到这一点,**判断**必须成为**推论**,成为一种中介运动,而判断的两个方面的必然性和中项就会在其中出现。

因此,当高贵意识在判断中面对国家权力时,尽管国家权力还不是一个自主体,仅仅是一个普遍的实体,但高贵意识已经认识到这是它的**本质**,是目的和绝对内容。高贵意识既然以这种肯定的方式与国家权力相关联,于是以否定的方式来对待它的私人目的,对待它的特殊内容和特殊实存,让它们统统消失。高贵意识是一种**履行职责**的英雄主义,——它是这样一种**德行**,为了普遍者而去牺牲个别存在,从而使普遍者成为一个实存,——它是这样一种**人格**,自愿放弃财富和享受,其行动和现实性都是为了服务于现有权力。

通过这个运动,普遍者与一般意义上的实存结合在一起,而实存着的意识则通过这种外化活动把自己教化为一种事关本质的东西。意识在履行职责时发生自身异化,它所摆脱的是它的那种沉浸在实存之中的意识。 [374] 发生了自身异化的**存在**乃是**自在体**。通过这种教化,意识在自己这里和别人那里都获得了尊重。——国家权力过去还只是一个**处于思想中的**普遍者或**自在体**,但恰恰是通过这个运动,它成为一个**存在着的**普遍者,成为一种现实的权力。国家权力只有在一种现实的服从中才成其为一种现实的权力,而它之所以得到现实的服从,又是通过自我意识作出的"国家权力是**本质**"这**一判断**,通过自我意识自由地作出的牺牲。这种将本质与自主体结合在一起的行动产生出了一种**双重的**现实性:一个具有**真实的**现实性的自我意识,以及一种作为**真相**而**发挥着效准**的国家权力。

但在经过这种异化之后,国家权力仍然不是一个自知其为国家权力的自我意识。发挥着效准的东西仅仅是它的**法律**或它的**自在体**,它还不具有一个**特殊的意志**。履行着职责的自我意识尚未通过使它的纯粹自主体发生外化而赋予国家权力以生命和活力,而仅仅是用它的存在来激活国家权力。它仅仅为国家权力牺牲了自己的**实存**,而不是牺牲了自己的**自在存在**。——发挥着效准的自我意识是一种符合于**本质**的东西,它之所以得到认可,是由于它的**自在存在**。其他人在这个自我意识里发现,得到实现的是他们的**本质**,但不是他们的自为存在,确切地说,得到满足的是他们的思维或纯粹意识,但不是他们的个体性。自我意识于是在他们的**思想**里面发挥着效准,享有**荣誉**。它是一个**高傲的**大臣,其一切活动都是为了国家权力,但国家权力并不是谁的个人意志,而是一种**事关本质的**意志,其效准仅仅体现为这个**荣誉**,仅仅体现为普遍意见的一种**事关本质的表达**,而不是体现为个体性**理应感谢**的一种表达,因为这种意志并没有帮助个体性达到它的**自为存在**。在自我意识与国家权力的关系里面,如果国家权力还没有成为谁的个人意志,那么自我意识所使用的**语言**就是**商议**,是它为了普遍至善而提出来的商议。

[375]　因此国家权力尚未具有一个意志来对待商议,还不能在各种关于普遍至善的意见中作出一个裁决。它还不是**政府**,因此还不是真正意义上的现实的国家权力。——自为存在,亦即那个尚未作为意志而被牺牲掉的意志,是各个阶层的内在的隐蔽精神,它一边谈论着**普遍至善**,一边却保留着它自己的**特殊利益**,并且擅长用这种关于普遍至善的空谈来取代

真正的行动。在履行职责的时候,实存乃至生命都不免会有牺牲。但是
那种死里逃生后的危险会留下一个特定的实存,随之也会留下一个**特殊
的自为存在**,后者使得关于普遍至善的商议成为一种模棱两可的、令人起
疑的东西,并且实际上保留着私人意见和特殊意志,以与国家权力相抗
衡。就此而言,自为存在还不是一种与国家权力一致的东西,仍然服从于
卑贱意识的规定,总在跃跃欲试地企图进行叛乱。

　　自为存在必须扬弃一个矛盾,这个矛盾就形式而言是与国家权力的
普遍性不一致的,与此同时,这个形式下面又包含着另一个形式的矛盾,
即实存通过死亡而完成的那种外化活动本身又是一个存在着的外化活
动,而不是一个返回到意识之内的外化活动。换言之,自为存在并没有安
然无恙地经历外化活动,成为一个**自在且自为**的东西,而是仅仅过渡到了
它的不可协调的对立面。所以,**自为存在**之真正的牺牲只能是这样的情
形,即它一方面把自己彻底奉献出去,就像投身于死亡一样,但另一方面
又在这个外化活动中完整地保全下来。在这种情况下,自为存在实现了
它的本质,成为它与它的对立面(这对立面也是它自己)的同一性统一
体。由于隐蔽的内在精神或严格意义上的自主体显现出来,发生异化,所
以国家权力在这个时候也升格为一个自主的自主体。假若没有这种异
化,那么高贵意识的荣耀行为,还有那些根据它的见解而提出的建议,都
将继续是一种模棱两可的东西,并且难免包含着特殊意图和个人私心之
类隐蔽的诡计。

　　然而这种异化仅仅发生在**语言**当中,而语言在这里才表现出它的独 ［376］
特的意义。——语言在伦理世界里表现为**规律**和**命令**,在现实世界里则
是表现为**商议**,总之都是把**本质**当作内容,并作为内容的形式存在着。但
在这里,语言获得的形式是它自己,它把自己当作内容,并作为**语言**发挥
着效准。它是严格意义上的言说活动所具有的力量,能够去实现那必须
实现的东西。语言是纯粹自主体作为自主体时的**实存**。在语言中,自我
意识的严格意义上的**自为存在着的个别性**成为一个实存,成为**其他个别
性的对象**。**我**,作为这一个**纯粹的我**,除了凭借语言之外,不能说是一个

实存。换了任何别的表达方式,我都会泯然于现实之中,泯然于我所能够摆脱的一个形态之中。我既可以从我的行为,也可以从我的外貌那里返回到自身之内,让这样一种不完满的实存作为一个缺失灵魂的东西摆放在那里,至于包含在那里面的东西,在任何情况下都既可以说太多,也可以说太少。但是语言包含着纯粹的我,只有语言才会说出"我",说出我自身。我的这种**实存**,作为**实存**而言,是一个客观事实,其本身包含着我的真实本性。**我**是**这一个我**,但同样也是**普遍的我**。我的显现同样直接是**这一个**我的外化活动和消失过程,因此意味着普遍的我保持不变。当**我**表述我自己,我**被倾听到**。我是一种传播,与那些以我为对象的人直接达成统一,成为一个普遍的自我意识。当我**被倾听到**,我的**实存**立即**沉寂下来**,而我的这种他者存在已经被收回到自身内。我的实存恰恰在于,作为一个自觉的"**这时**",当我实存着的时候,其实是消失了,而当我消失的时候,其实是实存着。也就是说,这种消失本身直接等于是我的持存。我是我的自我认知,我知道我自己已经过渡到另一个自主体,过渡到一个被倾听到的、普遍的自主体。

[377]　　精神在这里获得了这种现实性,因为它作为**统一体**包含着两端,而两端同样也被直接规定为一些自为存在着的、自主的现实性。这个统一体分裂为泾渭分明的两个方面,对每一方面而言,对方都是一个现实的、被它排斥于外的对象。统一体于是显现为**中项**,它摆脱了分裂双方的孤僻的现实性,并且不同于这种现实性。就此而言,统一体本身具有一种现实的、与分裂双方都不同的客观性,是**它们的对象**,也就是说,统一体是一个实存着的东西。严格意义上的**精神性实体**之所以也成为一个实存,在于它的分裂双方都获得了自我意识,知道这个纯粹的自主体是一种**直接发挥着效准**的现实性,同时也直接知道,这种现实性只有通过一种正在发生异化的**中介活动**才是可能的。通过前面一端,各个环节升华为一种认知着自身的范畴,进而升华为精神的环节;而通过后面一端,精神成为一种实存着的精神性。——在这种情况下,精神是一个以两端为前提的中项,而且是通过两端的实存而产生出来的。但精神同样也是一个从两端之间

绽放出来的精神性整体,它分裂为两个方面,每一方面只有通过与整体的接触才从它的原则里面产生出来。——两端**自在地**已经遭到扬弃,是分裂的,这一事实促成了它们的统一,而统一是这样一种运动,即将两端联合在一起,使它们相互交换对方的规定,确切地说,**在每一端那里都把两端的规定联合在一起**。如此一来,中介活动就让对立两端各自的**概念**获得了现实性,或者说使对立两端各自的**自在存在**成为各自的精神。

由于高贵意识这一端的存在和活动,两端的国家权力和高贵意识发生了进一步的分裂,也就是说,国家权力分裂为一个得到遵从的抽象普遍者,以及一个自为存在着的、尚未成为普遍者的意志,而高贵意识则分裂为一种对于被扬弃了的实存的遵从(或者说自尊和荣誉的**自在存在**),以及一个尚未被扬弃的纯粹的自为存在(亦即一个仍然有私心算计的意志)。对立双方已经升华为两个环节,因此它们也是语言的两个环节,一 [378] 个是号称普遍至善的**抽象普遍者**,另一个则是在履行职责时告别了自己沉浸在杂多实存中的意识的纯粹**自主体**。二者在概念里是同一个东西。因为纯粹的自主体同样也是一个抽象的普遍者,所以它们的统一被设定为它们的中项。**自主体**只有在意识这一端才是现实的,反之,**自在体**只有在国家权力那一端是现实的。意识的欠缺在于,国家权力仅仅是一种**荣誉**,还没有真正过渡到意识这里。国家权力的欠缺在于,人们只是把它当作所谓的**普遍至善**,而不是当作一个意志或一个能够作出决断的自主体来遵从。国家权力仍然局限在概念里面,而意识已经升华为概念,在这种情况下,概念的统一体就通过这个**中介着的运动**成为一个现实的东西,至于运动的单纯的实存,作为**中项**,乃是语言。——尽管统一起来的双方都是自主体,但并不是作为**自主体**现成地存在着,因为国家权力只有得到精神的活力之后才会成为一个自主体。就此而言,语言也还不是那个已经完全认知自身并将自身陈述出来的精神。

高贵意识既然代表着自主体这一端,于是显现为**语言**的源泉,而通过语言,处于关系中的双方才各自成为一个有灵魂的整体。在这种情况下,那种默默苦干、履行职责的英雄主义变成了一种**只会阿谀奉承的英雄主**

义。职责的这种言说着的反映产生出一个精神性的、自身分裂着的中项，不仅在自身内折射出它自己这一端，而且把普遍权力那一端折射回去，并使那个原本还是**自在存在着**的普遍暴力具有**自为存在**，具有自我意识的个别性。在这种情况下，出现了一个精神，代表着"**不受制约的君主**"这一权力。之所以说"**不受制约**"，是因为阿谀奉承的语言把权力抬举为一种已经升华的**普遍性**。语言是一个已经升华为精神的实存，而这个环节作为语言的产物，也是一种已经升华的自身一致性。而之所以说"**君主**"，是因为语言同样也把**个别性**抬高到了顶峰。就高贵精神是一个单纯的精神性统一体而言，它在外化活动中所舍弃的东西，是**它的思维**的纯粹**自在体**，是它的自我本身。更确切地说，当语言给予君主一个独有的**名字**，它就把个别性这个本来只能**存在于意谓之中**的东西抬高为一个实存着的纯粹事物了。因为惟有通过名字，某个个人与所有别的个人之间的**差别**才不是仅仅存在于意谓中，而是真正有所不同。通过名字，个人不再是仅仅在他的意识里面，而是在所有的人的意识里面都作为一个纯粹的个人**发挥着效准**。因此，通过"君主"这一名字，君主从所有的人那里脱颖而出，真的可以说是孤家寡人了，因为通过这个名字，君主成为一个原子，其本质不可与人分享，无与伦比。——就此而言，这个名字是一种自身反映，或者说是一种**本身**就拥有普遍权力的**现实性**。通过这个名字，现实性成为**君主**。反过来，君主**这一个个人**知道**自己作为这一个个人**是普遍权力，因为贵族们不仅时刻准备着为国家权力效劳，而且作为一些**仪仗**侍立在王座周围，不断地**告诉**那高踞王座的君主，他是作为什么样的人物**存在着**。

[379]

通过这种方式，贵族们的赞美语言成为一个在**国家权力自身**之内把国家权力和高贵意识结合在一起的精神。这种语言使抽象权力折返回自身内，使之具有另一端的环节，成为一个有意志、能够作出决断的**自为存在**，随之成为一个具有自我意识的实存。换言之，这个**个别的**、**现实的**自我意识得以**确切地知道**自己是权力。权力是自主体的一个焦点，众多的点通过舍弃自己的**内在确定性**汇聚到其中。——但是，由于国家权力之固有的精神在于通过牺牲高贵意识的行动和思维来获得它自己的现实性和持存，所以国家权力是一种**自身异化的独立性**。而高贵意识，亦即**自为存在**这一端，在舍弃了思维的普遍性之后，重新获得了**现实的普遍性**这一端，以作为补偿。国家权力已经过渡到了高贵意识。只有通过高贵意识，国家权力才真正得到证实。通过高贵意识的**自为存在**，国家权力不再像当初出现在自在存在一端那样是一个**僵化的本质**了。——**自在地看来**，所谓"国家权力返回到自身内"或"国家权力转变为精神"，无非意味着，它已经转变为**自我意识这一环节**，也就是说，它仅仅是一种**遭到扬弃的国家权力**。就此而言，国家权力现在是这样一种本质，其精神就在于被牺牲和被奉献出去，换言之，国家权力是作为**财富**实存着。诚然，国家权力就概念而言终究会转变为财富，但它同时又是一种始终与财富相对立的现实性，而这种现实性的概念恰恰是一个运动，即先是借助于职责和尊崇转变为国家权力，然后过渡到自己的对立面，亦即过渡到对于权力的舍弃。因此，国家权力的独特的**自主体**，作为国家权力的意志，通过抛弃高贵意识而转变为一种外化出来的普遍性，转变为一种完满的个别性和偶然性，可以为了任何一个更强有力的意志作出牺牲。至于那个得到**普遍**承认的、始终不可分享的独立性，则是只剩下一个空空的名字。[380]

因此，如果说高贵意识曾经把自己规定为一种与普遍权力保持**一致**关系的东西，那么它现在的真理毋宁在于，在履行职责的时候维持着自己的自为存在，在真心实意地放弃自己的人格性的同时，以一种现实的方式扬弃和撕裂普遍实体。高贵意识的精神处于一种完全失衡的关系之中，它一方面要通过荣誉来维持自己的意志，另一方面又要放弃这个意志。一方面，它想要脱离自己的内核，达到最高程度的自身不一致，另一方面，它想要征服普遍实体，使对方也达到彻底的自身不一致。——很显然，这样一来，不仅高贵意识在**判断**中曾经具有的与卑贱意识相对立的规定性消失了，而且卑贱意识也随之消失了。卑贱意识已经达到了自己的那个目的，也就是说，使普遍权力屈从于自为存在。[381]

自我意识既已通过普遍权力而变得更加丰富，于是作为**普遍恩惠**实

317

存着,换言之,普遍恩惠就是**财富**,而财富本身再次成为意识的对象。诚然,财富对于意识来说是一个居于从属地位的普遍者,但这个普遍者通过前面第一个扬弃活动还没有完全返回到自主体之内。也就是说,**自主体**还没有把**作为自主体的自己**当作对象,而是把**遭到扬弃的普遍本质**当作对象。由于这个对象才刚刚形成,所以意识与它**直接**相关,还没有表现出它与对象的不一致。高贵意识在那个已经变得无关本质的普遍者那里获得了它的自为存在,因此它承认对象,并对施恩者表示感谢。

财富本身已经包含着自为存在这一环节。财富既不是国家权力的缺乏自主体的普遍者,也不是精神的朴素的无机自然界,毋宁说财富和国家权力一样,都要求意志坚定地反对那企图掌控并享用它们的人。但由于财富只具有本质这一形式,所以财富是一种片面的自为存在,它不是一个**自在存在**,而是一个遭到扬弃的自在体,是个体在享受时表现出来的一种缺乏本质的自身回归。因此财富本身也需要获得生命和灵魂。财富的自身反映运动在于,从一个片面的自为存在转变为一个**自在且自为的存在**,从一个遭到扬弃的本质转变为本质。这样一来,财富在自己这里得到了它自己固有的精神。——由于之前我们已经分析了这个运动的形式,那么这里所说的也足以规定这个运动的内容。

高贵意识在这里并不是把对象当作一般意义上的本质而与之相关联,而是发现**自为存在**本身成了一种陌生的东西。高贵意识**发现**它的自 [382] 主体是一个异化了的自主体,和别的稳固的自为存在一样,作为一种客观的、稳固的现实性摆在面前。自为存在是它的对象,因此是**它自己的**自为存在。自为存在作为对象,同时直接是一种陌生的现实性,是一个自主的自为存在和一个自主的意志,也就是说,高贵意识发现它的自主体受到一个陌生意志的强制约束,至于能否得到释放,是由这个陌生意志说了算。

自我意识能够摆脱任何个别的方面,因此它虽然有责任去关涉个别的方面,但本身仍然作为一个自为存在着的本质**自在地**发挥着效准,并得到承认。然而就它的纯粹的、最真切的**现实性**亦即它的自我这一方面而言,自我意识发现自己已经脱离自身,隶属于他人,看到它自己固有的**人**

格性依赖于他人的偶然的人格性,依赖于偶然的一瞬、一念之差等等最为漠不相关的环境。——在法权状态下,那个遭受着客观本质强制约束的东西,显现为一个可以被忽略的**偶然内容**,而强制约束所针对的不是**严格意义上的自主体**,因为自主体已经得到了承认。只不过在这里,自我意识发现它的自身确定性成了一种最无关本质的东西,看到纯粹的人格性成了一种绝对的非人格性。就此而言,它的感恩精神不但感受到这种无比深重的离弃,而且感受到一种无比深重的恼怒。纯粹自我看到自己发生异化,支离破碎,在这种支离破碎的状态之中,一切具有延续性和普遍性的东西,一切号称规律、善和正当的东西,都分离崩析,走向毁灭;所有一致的东西都瓦解了,只剩下**最彻底的不一致**、绝对根本事物的绝对无关紧要、自为存在的异化存在;纯粹自我本身已经彻底分裂了。

因此,如果这个意识从财富那里重新得到自为存在的客观性,并且将其扬弃,那么这就像之前的那个反映运动一样,不仅就财富的概念而言没 [383] 有完成,而且没有使意识得到满足。当自主体感到自己是一个客观的东西时,反映运动就作为一个直接的矛盾被设定在纯粹自我自身之内。但意识作为自主体同时又直接凌驾于这个矛盾之上,表现为一种绝对的弹性:它再度扬弃自主体的被扬弃状态,离弃自主体的那种离弃状态(即自主体发现自己的自为存在转变为一个陌生的东西),并且在一种**自身感受**中,对自主体的自身感受深表不满。

也就是说,当这种意识所处的关系与这种绝对的支离破碎状态结合在一起,高贵意识和**卑贱意识**的差别就在意识的精神中消失了,高贵意识和卑贱意识成了同一个东西。——除此之外,那个代表着施恩者(即财富)的精神,和那个代表着受惠者(即意识)的精神,也可以区分开来,而且前者应该得到特别的关注。财富曾经是一个缺乏本质的自为存在,是一个被舍弃的本质。但是当财富得到分享,它就转变为**自在体**;由于财富完成了自己的使命(即作出牺牲),它就扬弃了那种只顾自己享受的个别性,而作为一种被扬弃的个别性,财富乃是**普遍性**或**本质**。也就是说,财富拿出来分享的,财富给予他人的,是**自为存在**。但当财富把自己拿出来分享的时候,它并不是把自己当作一个缺乏自主体的自然界,或一种可以随便舍弃的生活条件,而是把自己当作一个具有自我意识的、自为地维系着自身的本质。财富并不是像受惠者所想的那样,是一种本身飘忽不定的无机元素力量,而是一种凌驾于自主体之上的权力,这权力知道自己是**独立的和随意自主的**,同时也知道,它所施予的是他人的自主体。尽管财富给予受惠者以某种离弃之感,但是在这里,傲慢取代了恼怒。一方面,财富和受惠者都知道,**自为存在**是一个偶然的**物**,但另一方面,财富本身就是这种强制约束着人格性的偶然性。财富的傲慢在于,以为通过请人吃一顿大餐就可以赢得一个陌生的自我自主体,以为那人因此在内心深处就已经归顺于它,而在这种情况下,财富并没有察觉到对方内心里的恼怒。财富也没有察觉到,当一切束缚都已经被完全抛弃,在这种纯粹的支离破碎状态之下,既然自为存在的**自身一致性**已经转变为绝对不一致,既然所有一致的、持存的东西都变得支离破碎,那么施恩者的看法和观点也会遭到极大的损害。财富直接面临这个内心最深处的崩溃,面临这个将一切支撑物和一切实体都吞噬其中的无底深渊。它在这个深渊中所看到的,无非是一些寻常事物,它的情绪波动的游戏,还有它的偶发的欲念。财富的精神是一个完全无关本质的意见,即以为自己是精神遗留下来的一个表征。

[384]

既然自我意识在与国家权力的对立中曾经拥有自己的语言,换言之,既然精神曾经作为一个现实的中项出现在两端中间,那么自我意识,或更确切地说自我意识的恼怒,如今在与财富的对立中同样也拥有自己的语言。那种使财富意识到自己的本质性并因此将财富掌控在手的语言,虽然同样也是一种阿谀奉迎的语言,但却是一种卑贱的阿谀奉迎的语言。原因在于,它知道它所宣称的本质是一个被舍弃的而非**自在存在**着的本质。但正如前面已经指出的,阿谀奉迎的语言是一个仍然具有片面性的精神。诚然,那个通过职责的教化而升华为纯粹实存的**自主体**,以及权力的**自在存在**,都是这个精神的一些环节,但是,那个在自身内把单纯的**自主体**和**自在体**,把纯粹自我和纯粹本质或思维合而为一的纯粹概念,作为交互作用着的双方的统一体，并没有出现在一个拥有这种语言的意识里面。这个意识仍然认为对象是与自主体相对立的**自在体**，或者说仍然不知道**对象**同时也是它自己固有的**自主体**。——但是，那种表述着支离破碎状态的语言，乃是这整个教化世界的完满语言，是一个作为真相实存着的精神。自我意识对自己的遗弃状态抱有一种谴责性的恼怒，它在绝对 [385] 的支离破碎状态中直接是一种绝对的自身一致性，是纯粹自我意识的纯粹的自身中介活动。它是同一性判断中的"等同"，使得同一个人格性既是主词也是谓词。但是这个同一性判断同时又是一个无限判断，因为人格性已经彻底分裂，主词和谓词已经成为两个完全**漠不相关的存在者**，互不干涉，缺乏必然的统一性，甚至都有能力成为一个自立的人格性。**自为存在把它的自为存在**当作对象，当作一个完全的**他者**，同时又直接当作**它自己**。在这里，把自己当作他者，并不意味着这个他者具有别的内容，而是说，无论内容是处于绝对对立这一形式之下，还是处于完全自立而漠不相关的实存这一形式之下，它都是同一个自主体。——到此为止，这个实在的教化世界的精神就在它的真理和它的**概念**中达到了自我**意识**。

　　这个精神是现实性和思想的一种绝对而普遍的颠倒和异化。这就是**纯粹教化**。按照意识在这个世界里获得的经验，无论是权力和财富的**现实本质**，还是它们的关于"好"和"坏"的特定**概念**，还有关于"好"和"坏"的意识，以及高贵意识和低贱意识等等，全都不具有真理。毋宁说，所有这些环节都处在相互转换的过程中，每一个环节都是它自己的反面。——普遍权力是**实体**，当它通过个体性原则获得一种自立的精神性，那么它自己固有的自主体对它来说仅仅是一个名字，而且，作为一个**现实的权力**，它其实是一个虚弱无力的、作出自我牺牲的本质。但实际上，这个遭到舍弃的、缺乏自主体的本质，或者说这个已经变为物的自主体，乃是本质的自身回归；它是一个**自为存在着的自为存在**，是精神的实存。——关于"好"和"坏"之类本质的**思想**同样也在这个运动中发生了 [386] 颠倒转换：那被规定为好的东西，是坏的，而那被规定为坏的东西，是好的。所有这些环节都有相应的意识，即所谓的高贵意识和卑贱意识，这两种意识真正说来同样也是这些规定性之应有意义的颠倒转换：高贵意识转变为卑贱的、遭到遗弃的意识，而遭到遗弃的意识则转变为高贵的、最有教养的、自由的自我意识。——形式上看来，一切东西就其**外表**而言，都是它们的**自为**存在的颠倒；同样，自为存在着的东西真正说来也不是自为存在，而是某种不同于它们的自我期许的东西，自为存在其实是一种自身丧失，自身异化反而是一种自身保存。因此现在的情形是，所有环节相互之间都表现出一种普遍的公正，每一个环节本身都会发生异化，把自己塑造为自己的反面，同时又形成自己的反面，并以这种方式把反面颠倒过来。——然而作为真相的精神恰恰是绝对分裂的东西的这种统一性，也就是说，正是由于**缺乏自主体**的两端的**自由的现实性**，精神才作为它们的中项实存着。精神的实存是一种普遍的**言说活动**和一种从事分裂的**判断活动**，对于这类活动而言，所有那些环节，不管是本质，还是整体的现实的组成部分，都会自行瓦解，而且这类活动同样也是一种自行瓦解着的自娱自乐。既然这种言说活动和判断活动掌控着一切，那么它们就是一种真实的、无拘无束的东西，是这个实在世界里面**唯一真正**值得重视的东西。这个世界的每一部分都盼着自己的精神被说出来，盼着人们在说起它的时候也提到精神，盼着人们宣称它的本质是精神。——诚实的意识把每一个环节都当作是一种常驻不变的本质性，但这是一种缺乏教养的昏庸做法，因为它不知道自己同样也在做着颠倒过来的事情。但是支离破碎的意识却是一种以颠倒转换（而且是绝对的颠倒转换）为对象的意识。概念是这种意识的主宰者，它把那些与诚实毫不相干的思想揉捏在一起，所以它的语言充满了机智。

[387]   因此，当精神谈论自己的时候，这些言谈的内容是全部概念和全部现实事物的颠倒，是一种普遍的欺骗，亦即自欺欺人。正因如此，如果有谁恬不知耻地说出这种欺骗，那么这就是最大的真理。这些言谈就好像那位音乐家的疯言呓语，他"把三十首风格迥异的咏叹调，意大利的，法国的，悲剧的，喜剧的，杂拌在一起；他忽而用一种深沉的低音婉转吟哦，几乎沉落到地狱深处，忽而捏住嗓子，用假声尖叫着直冲云霄……他变幻莫

测,忽而狂躁,忽而安详,忽而庄严,忽而戏谑。"①——在那个安静意识看来(它只懂得老老实实地把善和真的旋律转换为音调的一致,也就是说,转换为**单一的**音符),这些言谈"是关于智慧和愚昧的瞎扯淡,有多少高雅,就掺和着多少粗俗,有多少正确观念,就掺和着多少错误观念,既是一种无比彻底的情感错乱和厚颜无耻,也是一种完完全全的坦诚和真实。安静意识将不得不深入到所有这些音调之中,来回不停地历经各种层次的感受:下抵最为卑微的蔑视和遗弃,上至最为崇高的赞叹和感动;这后一种状态将会融入一个可笑的特征,破坏它的崇高本性",②而前一种状态将由于它的坦诚而具有一个和解的特征,由于它的动人心魄的深刻而具有一个无所不能的、自己给予自己以精神的特征。

　　如果我们对照这两种言谈,观察这个本身就很清楚的紊乱状态,还有那个以真和善为对象的**单纯意识**,那么后者相对于教化精神之公开的和自觉的坦诚而言,只能说太幼稚了。单纯意识不可能告诉教化精神什么东西,这东西是教化精神自己不知道或未曾说过的。当单纯意识克服了自己的幼稚,它所说的和教化精神所说的其实就是同样的东西,但它偏偏愚蠢地认为自己说出了什么新颖之见。甚至可以说,单纯意识使用的 [388]
"**厚颜无耻**"和"**卑贱**"之类字眼本身就已经意味着这种愚蠢,因为教化精神是把这些字眼用作自嘲。如果教化精神在自己的言谈中把所有单调的东西都颠倒过来(因为这种自身一致的东西仅仅是一个抽象,实际上本身是一种颠倒),反过来,如果单纯意识按照那种在这里唯一可能的方式来捍卫"好"和"高贵"之类在外表上保持自身一致的东西——实则"好"之所以失去价值,并不是因为它与"坏"**联系**或掺和在一起,毋宁说,"坏"是"好"的**条件**和**必然性**,此乃大自然的**智慧**之所在——,那么,当单纯意识自以为要反驳什么的时候,其实只是以一种平庸的方式对精神的言谈内容作出一个概括,而这种平庸的方式之所以是缺乏头脑的,原因在于它

---

① 狄德罗《拉摩的侄儿》,歌德译,1805。——德文版编者注
② 见上引位置,黑格尔在引用时有所改写。——德文版编者注

把"好"和"高贵"的**反面**当作"好"和"高贵"的**条件**和**必然性**。因此,它自以为说出了什么新颖别致的东西,其实仍然无非是说:所谓的"高贵"和"好"就其本质而言是一种自身颠倒,反过来"坏"才是一种优秀事物。

如果单纯意识用优秀事物的**现实性**来替代这种缺乏精神的**思想**,也就是说,如果它以一个虚构的事件或一个真实的轶事为**例子**来展示出优秀事物,并表明"优秀"不是一个空洞的名字,而是**一个现成的**事实,那么,已经颠倒的行动的**普遍**现实性就与整个实在世界处于对立之中,而那些例子在这里只是构成了某种完全个别化了的东西,亦即法语的"Espéce"一词所指的那种千篇一律的模式。对于单纯意识来说,无论怎样,企图把"好"和"高贵"的实存当作一个个别的轶事,不管是虚构的还是真实的轶事,都是最为艰苦的一项任务。——最后,单纯意识可以要求整个颠倒世界归于瓦解,但却不可能去要求一个**个体**摆脱这个世界,因为即便那位栖居在木桶里的第欧根尼①也仍然依赖于这个颠倒的世界,而且,任何对于个人提出的要求恰恰是一种坏的东西,因为它所关心的是**自为的个人**。即使这种要求针对的是普遍的**个体性**,要求它摆脱颠倒世界,那么这也不可能意味着让理性重新放弃它如今已经经过精神教化的意识,或者把它那些丰富多姿的环节重新沉没在自然心灵的幼稚单纯之中,退回到粗野而亲近的动物意识之类号称"无辜"的自然状态。实际上,瓦解的要求只能针对教化**精神**自身提出来,也就是说,精神应当摆脱自己的混乱局面,作为**精神**返回到自身内,并赢得一种还要更高的意识。

[389]

但实际上精神已经自在地做到了这一点。意识的自觉的、自言自语的支离破碎状态嘲笑着实存和整体的混乱局面,也嘲笑着它自己。这种嘲笑同时也是这整个混乱局面的一种仍然萦绕在耳边的余响。——全部

---

① 希诺佩的第欧根尼(Diogenes von Sinoppe, 404-323)是古代犬儒主义者的最大代表。他自愿当一个乞丐,平时居住在一个大木桶里面。在第欧根尼·拉尔修的《古代名哲言行录》里,记载了大量关于第欧根尼生平事迹的故事,其占据的篇幅仅次于伊壁鸠鲁和柏拉图。在狄德罗的《拉摩的侄儿》一书里,第欧根尼是理想化人格的鲜明体现。——译者注

现实性和全部特定概念的这种萦绕在耳边的虚妄是实在世界的一种双重的自身反映:有时是通过意识的**严格意义上的这一个自主体**,有时是通过意识的纯粹**普遍性**,亦即通过思维。在前一种情况下,那个已经返回到自身内的精神把目光投向现实世界,把现实世界当作它的目的和直接内容。而在后一种情况下,精神的目光要么仅仅停留在自身内,对现实世界报以否定的态度,要么脱离现实世界而转向上天,把现实世界的彼岸当作它的对象。

就自主体的自身回归来看,**万物**的虚妄都是自主体**自己固有的虚妄**,换言之,自主体作为一种虚妄的东西**存在着**。它是一个自为存在着的自主体,不仅擅长评判和议论一切,而且能够机智地指出,判断所设定的现实性的那些稳固本质以及稳固规定性都处于**矛盾**之中,而且这矛盾就是它们的真理。从形式上看,自主体知道一切事物都发生了自身异化:**自为存在**与**自在存在**分裂了,意谓和目的与真理分裂了,上述双方又与**为他存在**分裂了,表面措辞与真正的看法、与事情真相及真实意图分裂了。——[390]自主体懂得正确地指出每一个环节与其他环节的对立,以及一切环节的颠倒状态,它更懂得正确地指出每一个环节存在时的情形,无论这环节具有怎样的规定性。它在自身内统一了**争执和对抗**,但由于它是从争执和对抗的方面而不是从和谐一致的方面来认识基础事物,所以它虽然能够很好地**评判**基础事物,但却失去了**理解把握**这个东西的能力。——这种虚妄需要万物的虚妄,以便从中攫取自主体的意识,所以它自己产生出自己,是一个承载着万物的灵魂。权力和财富是自主体的最高奋斗目标。它知道,通过放弃和牺牲可以把自己教化为普遍者,可以占有普遍者,并因此获得一种普遍的效准。权力和财富是一种现实的、得到了承认的力量。但是自主体的这种效准本身同样也是虚妄的。正因为它掌握了权力和财富,所以它知道它们不是自主本质。毋宁说它才是支配着它们的力量,它们才是虚妄的。自主体在占有权力和财富的同时又从它们那里超脱出来,这一点在那种充满机智的语言里得到了明确表述,因此语言乃是自主体的最大兴趣之所在,是整体的真理。通过语言,**这一个自主体**,作为一个纯粹的、不受任何现实性和思想规定约束的自主体,转变为一个精神性的、真正普遍有效的自主体。它作为全部关系的自行碎裂了的自然界,作为这个自然界的自觉的碎裂活动**存在着**。但只有作为一种恼怒的自我意识,它才认识到自己的碎裂状态,并通过这种知识直接超脱于碎裂状态之上。在上述虚妄里,全部内容都转变为一种否定的、不可能再以肯定方式去理解把握的东西。肯定的对象仅仅是**纯粹自我本身**,而**自在地看来**,碎裂的意识就是那个已经返回到自身内的自我意识的纯粹的自身一致性。

[391]　　b. 信仰与纯粹识见

　　自身异化的精神在教化世界里面拥有它的实存。但由于这个整体已经发生自身异化,所以**纯粹意识**(亦即**思维**)的非现实世界就凌驾于教化世界之上,构成一个彼岸世界。非现实世界的内容是纯粹思想,其绝对要素则是思维。然而由于思维从一开始就是这个世界的**要素**,因此意识仅仅**拥有**这些思想,还没有去**思维**它们,或者说还不知道它们是思想。在意识看来,这些思想存在于**表象**形式之下。意识摆脱现实性,进入到纯粹意识之内,但它本身总的说来仍然停留在现实世界的层面和规定性里面。碎裂意识目前只是**自在地看来**或对我们而言,而不是对它自身而言,成为了纯粹意识的**自身一致性**。因此它仅仅是一种**直接的**、尚未在自身内完成的提升,尚且在自身内包含着自己的对立原则,依赖于这个原则,仍然停留在自身内,还没有通过中介运动来控制对方。所以在它看来,它的思想的本质,作为**本质**而言,其表现形式不只是一个抽象的自在体,而且是**普通的现实事物**,这些现实事物仅仅被提升到另一种要素之中,但与此同时仍然不是一种存在于思想中的现实性。——碎裂意识与那个作为**斯多亚意识**的本质的**自在体**必须有根本的区别,因为斯多亚意识只承认严格意义上的**思想形式**,而思想的内容是一种陌生的、来自于现实世界的东西;反之,碎裂意识并不认为**思想形式**具有什么效准。——同样,碎裂意识与德行意识的**自在体**也必须有根本的区别,因为德行意识虽然承认本质与现实世界有关,但现实世界的本质对它来说暂时还是一个非现实的本质,而碎裂意识认为,本质尽管位于现实世界的彼岸,但仍然是一个现实的本质。同样,制定规律的理性所认识的自在的正当性和善,还有检验 [392] 着规律的意识所认识的普遍者,都不具有现实性的规定。——所以,如果说在教化世界的范围内,纯粹思维曾经落入到异化这一方面,沦为一个去衡量抽象的"好"和"坏"的尺度,那么在经历了整体的运动之后,它已经获得了现实性这一环节,从而在内容上得到了充实。但与此同时,本质的这种现实性仅仅是**纯粹**意识的现实性,还不是**现实**意识的现实性。这种现实性尽管已经上升到思维的要素之中,但仍然没有被现实意识看作是一个思想,毋宁说,这种现实性已经凌驾于现实意识自己固有的现实性之上,位于彼岸世界。简言之,前一种现实性是对于后一种现实性的逃避。

当**宗教**——我们谈论的显然就是它——在这里作为教化世界的信仰出现,这还不是它**自在且自为**的样子。对我们来说,宗教早就已经以别的规定性显现出来,比如作为**哀怨意识**,作为意识本身的一种缺乏实体的运动形态等等。在伦理实体那里,宗教也显现为对于阴曹地府的信仰,但严格说来,那种以亡灵为对象的意识并不是**信仰**,不是一个被设定在纯粹意识的要素里面、凌驾于现实事物之上的本质,毋宁说,亡灵本身就拥有一种直接的当前存在;它的要素是家庭。但在这里,一方面,宗教产生自**实体**,是实体的纯粹意识;另一方面,纯粹意识对于它的现实意识而言已经异化了,**本质**对于它的**实存**而言也已经异化了。因此,尽管宗教已经不再是意识的一个缺乏实体的运动,但仍然包含着对立的规定性,也就是说,它与一般意义上的**这一个**现实性相对立,尤其是与自我意识的现实性相对立,所以宗教在本质上仅仅是一个**信仰行为**。

绝对本质的**纯粹意识**是一种**异化的**意识。我们必须进一步考察,纯粹意识如何把它自己规定为它的他者,而且我们只能把它和它的他者联系在一起进行考察。大致说来,刚开始的时候,纯粹意识好像是仅仅面对 [393] 着现实**世界**而已。但当它逃避现实世界,从而导致**对立**这一**规定性**出现,它本身就具有了这个规定性。所以,从本质上来看,纯粹意识本身发生了自身异化,而信仰只不过代表着纯粹意识的一个方面。至于另一个方面,已经同时出现在我们面前。也就是说,纯粹意识是一个来自于教化世界的反映,而这恰好使得教化世界的实体及其下属群体表现出它们自在的样子,表现为一些精神性本质性,表现为一些绝对无止无休的、在自己的反面那里直接把自己加以扬弃的运动或规定。它们的本质,亦即单纯意识,是一个单纯的绝对差别,而这个差别直接地又不是差别。就此而言,单纯意识是一个纯粹的自为存在,它不是这一个个人的自为存在,而是一个内在的普遍的自主体,表现为一个无止无休的运动,攫取并渗透着事情的静止本质。于是它获得了这样一种确定性:知道自己直接就是真理,知道纯粹思维作为绝对概念拥有一种否定的力量,这力量消除了一切客观的、本应与意识相对立的本质,使之成为一种存在着的意识。——与此同时,这个纯粹意识同样也是单纯的,因为它的差别恰恰不是一个差别。但作为单纯的自身反映这一形式,它是信仰的要素,而精神也因此被规定为一种肯定的普遍性,被规定为一个自为存在,与自我意识的那种自为存在相对立。——那个被迫从缺乏本质的、自行瓦解着的世界返回到自身之内的精神,真正说来是处于一个不可分割的统一体之内,不但是它的显现活动的绝对运动和否定性,而且也是这个运动在自身内得到满足的本质,是这个运动的一种肯定性的静止状态。但由于这两个环节总的说来已经被规定为异化,它们就作为一种双重的意识自行分裂了。前一个环节是纯粹识见,是一个在自我意识之内统摄着自身的精神性演进过程,这个演[394] 进过程面对着一种以肯定事物为对象的意识,面对着客观性或表象活动的形式,对其进行反抗。但实际上,纯粹识见自己固有的对象仅仅是纯粹自我。——与此相反,单纯意识虽然表面上是以肯定事物或静止的自身一致性为对象,但实际上是以一个内在的、作为本质的本质为对象。就此而言,纯粹识见刚开始的时候本身并不具有任何内容,因为它是一个否定的自为存在。另一方面,信仰虽然有内容,但缺乏识见。如果说纯粹识见并不是来自于自我意识,那么反过来,尽管信仰的内容同样也是包含在纯粹自我意识的要素里面,但却是包含在思维里,而不是包含在概念里,是

包含在纯粹意识里，而不是**包含在纯粹自我意识里**。诚然，信仰是一种以**本质**，亦即以**单纯内核**为对象的纯粹意识，因此是作为思维**存在着**，——这是信仰的本性里通常被忽略掉的一个主要环节。信仰包含着一个**直接的本质**，这种直接性意味着它的对象是**本质**，亦即**纯粹思想**。但是，只要**思维**出现在意识里，换言之，只要纯粹意识出现在自我意识里，那么这种**直接性**意味着一个客观的、超出于自我意识之外的**存在**。既然**意识**之内的**纯粹思维**意味着直接性和单纯性，那么信仰的**本质**就从思维下降到**表象**的层面，成为一个超感官的世界，在根本上作为自我意识的一个**他者**存在着。——反之，在纯粹识见里，从纯粹思维到意识的过渡具有这样一个相反的规定，即客观对象意味着一个纯粹否定的、自己扬弃自己的、返回到自主体之内的内容，也就是说，只有自主体才真正把自己当作一个对象，换言之，对象只有当具有自主体的形式时，才具有真理。

信仰和纯粹识见共同隶属于纯粹意识这一要素，既然如此，它们也共同离开现实的教化世界，返回到自身之内。所以它们从以下三个方面表现出来。首先，双方都摆脱了任何关系，是**自在且自为的**；其次，双方都与一个**现实的**、与纯粹意识相对立的世界相关联；再次，双方都在纯粹意识的范围之内与对方相关联。[395]

信仰意识之内的**自在且自为的存在**这一方面是信仰意识的绝对对象，而这个对象的内容和规定已经一览无遗。因为就信仰的概念而言，对象无非是一个已经提升到纯粹意识的普遍性层面的实在世界。正因如此，实在世界的组织机构也决定了对象的组织机构，只不过对象的各个部分在获得精神和生命时，并没有相互异化，而是成为一些自在且自为存在着的本质，成为一些返回到自身并停留在自身之内的精神。就此而言，它们的过渡运动仅仅对我们来说才意味着规定性的异化，并导致它们彼此有别，仅仅对我们来说才是一个**必然的**序列。但对于信仰而言，它们的差别是一种静态的差异性，而它们的运动则是一个**偶发事件**。

如果按照它们的形式的外在规定来简便称呼它们，那么是这样：正如教化世界里的第一个环节是国家权力或善，那么这里的第一个环节是**绝**

对本质,是一个自在且自为存在着的精神,因为它是一个单纯而永恒的**实体**。但在第二个环节里,这个就概念而言本应是精神的实体在实现其概念的时候转变为一个**为他存在**,它的自身一致性转变为一个**现实的**、作出**自我牺牲的**绝对本质。绝对本质转变为**自主体**,但却是一个行将消逝的自主体。因此在第三个环节里,这个发生异化的自主体,这个遭到贬低的实体返回到它的最初的单纯性之内。惟其如此,实体才被表象为精神。

这些彼此有别的本质,一旦脱离现实世界的变迁,并通过思维而被收回到自身之内,就成为一些持久不变的永恒精神,它们之所以存在,是为了去思维它们所形成的那个统一体。因此,这些本质尽管已经脱离了自我意识,但仍然干预着自我意识。假若本质始终处于最初单纯的实体这一形式之下,那么它在自我意识看来将始终是一种异己之物。然而这个实体脱离自身发生外化,它的精神获得了现实性这一环节,从而使自己获得了一种有所信仰的自我意识,换言之,信仰意识隶属于实在世界。

[396]

按照这第二种关系,一方面,信仰意识在现实的教化世界里面亲自获得了它的现实性,并且构成了这个世界的精神及其实存,这是我们已经考察过的。另一方面,信仰意识与它自己的现实性相对立,将其当作一种虚妄的东西,企图在运动中将其扬弃。这个扬弃运动并不是表现在对于它的颠倒状态具有一种机智的意识。恰恰是单纯意识把机智当作一种虚妄,因为机智仍然以实在世界为自己的目的。实际的情形是,现实性作为一种缺乏精神的实存,与信仰意识的静态的思维王国相对立,所以必须以一种外在的方式得到克服。信仰意识毕恭毕敬地参与敬神仪式和对上帝的赞美,而在这样扬弃了感性知识和感性行动之后,它发现自己与那个自在且自为存在着的本质是统一的,只不过这个统一体还不是一个出现在直观之中的现实的统一体,毋宁说,这种敬神仪式仅仅是一种持续不断的创造活动,目前还没有达到它的目标。宗教社团诚然已经达到了这个目标,毕竟它是一个普遍的自我意识。但是在个别的自我意识看来,纯粹思维的王国必定仍然是一个凌驾于它的现实性之上的彼岸世界,换言之,既然彼岸世界已经通过永恒本质的外化活动进入到现实性之内,那么现实性就成了一种未经概念把握的感性现实性。一个感性现实性与另一个感性现实性始终是漠不相关的,而彼岸世界仅仅被规定为一种必须保持着时空距离的东西。——至于概念,亦即精神自己呈现给自己的当前存在着的现实性,仍然是一个包含在信仰意识里面的**内核**,它作为万物存在着,发挥着效准,但自身并未显现出来。

但对于**纯粹识见**而言,概念是唯一现实的东西。信仰的这第三个方面,即作为纯粹识见的对象存在着,是信仰出现在这里时所处的一种独特关系。——同样,我们不但要考察自在且自为的纯粹识见本身,而且要考察与现实世界相关的纯粹识见,在后面这种情况下,现实世界仍然是一种肯定的东西,亦即一种虚妄的意识。最后,我们还得考察那种与信仰相关的纯粹识见。 [397]

我们已经看到,自在且自为的纯粹识见是什么东西。如果说信仰是一种静态的纯粹**意识**,知道精神是**本质**,那么纯粹识见是本质的**自我意识**。纯粹识见知道,本质不仅是**本质**,更是一个绝对的**自主体**。因此纯粹识见的目标是扬弃一切与自我意识相对立的**别的**独立性,不管这是现实事物的独立性还是**自在**存在者的独立性,使之成为**概念**。纯粹识见不仅仅是自觉的理性的一种确定性,即知道自己是一切真理。它并且**知道**,自己就是这种确定性。

但是当纯粹识见的概念出现时,这个概念还没有得到**实现**。就此而言,以概念为对象的意识尚且显现为一个**偶然的**、**个别的**意识,而它的本质则显现为它必须要去实现的一个**目的**。意识起初的**意图**是,使**纯粹识见**成为一个**普遍的**东西,也就是说,使一切现实的东西成为概念,成为一个包含在一切自我意识之内的概念。这个意图是**纯粹的**,因为它以纯粹识见为内容。这个识见同样也是**纯粹的**,因为它的内容仅仅是绝对概念,绝对概念既不与任何对象相对立,本身也没有遭受任何限制。不受限制的概念直接包含着两个方面:首先,一切客观的东西仅仅意味着**自为存在**,意味着自我意识;其次,自我意识意味着一个**普遍者**,纯粹识见转变为一切自我意识的共同财产。意图的这两个方面可以说是教化的结果,因

[398]　为通过教化,客观精神的各种差别,现实世界的各个部分和判断规定,还有那些显现为原初的特定本性的差别,全都瓦解了。天才、天分、还有一般意义上的特殊才能,都隶属于现实世界,因为现实世界本身还包含着一个方面,即作为一个精神性的动物王国存在着,在这个王国里,人们彼此施暴,陷入混乱状态,为了争夺实在世界的各种本质而彼此斗争和欺骗。——诚然,各种差别在实在世界里并不是作为一些诚实的平庸模式才站稳脚跟。个体性不能满足于非现实的**事情本身**,但又不具有什么**特殊的**内容和自己固有的目的。实际上,个体性仅仅被当作一种普遍有效的东西,亦即某种经过教化的东西。差别被归结为能量的多寡,也就是说,被归结为**分量**上的差别,亦即一种无关本质的差别。但是,当差别在意识的完全碎裂状态中转变为一种绝对的质的差别,最终的差异性就瓦解了。在这种情况下,自我的他者仅仅是自我本身。在这个无限判断里,原初自为存在的一切片面性和自主性都被消灭了。自主体,作为纯粹的自主体,知道自己是自己的对象。双方的这种绝对一致性是纯粹识见的要素。就此而言,纯粹识见是一个单纯的、内在无差别的**本质**,既是一个普遍的**成果**,也是一个普遍的收获。在这个**单纯的**精神性实体里,一方面,自我意识在任何对象那里都始终不渝地意识到它的**这一个个别性**或**行动**,另一方面,自我意识的个体性在这个过程中是**自身一致的**和普遍的。——因此纯粹识见是这样一个精神,它向**一切**意识呼吁道:你们**自在地是什么**,对于你们自己来说也应该是什么,换言之,你们应该是**合乎理性的**。

II. 启蒙

　　纯粹识见动用概念的力量来对付的那个独特对象,是信仰,而信仰和纯粹识见立足于同一个要素,在形式上表现为一个与纯粹识见相对立的

[399]　纯粹意识。然而纯粹识见也与现实世界相关,因为它和信仰一样,都是从现实世界返回到纯粹意识之内。我们首先得看看,纯粹识见在反对现实

世界的那些不良意图和颠倒观点时,采取了怎样一些行动。

我们此前已经提到一种静态意识,它与这种在自身内循环生灭着的骚乱状态相对立,并且构成了纯粹识见和纯粹意图这一方面。但正如我们也曾看到的,这种静态意识对于教化世界并不具有任何**特殊识见**。实际上,特殊识见对于自己具有一种最痛苦的感受和一种最真实的识见,也就是说,一切坚实稳固的东西都在不断瓦解,它的实存的全部环节都遭到践踏,被挤压得粉身碎骨。同样,特殊识见也是一种说出这些感受的语言,是一种评判着它的各方面处境的机智言谈。因此,纯粹识见在这里不可能具有什么独特的行动和内容,而是只能从形式方面去忠实地**领会把握**这个独特而机智的世界观及其语言。这种语言是支离破碎的,各种论断都是一些如耳边风般的瞎扯淡,而且,只有一个作为第三者的意识才能把整体当作对象。既然如此,如果这个意识要想表明自己是**纯粹**识见,就只能把那些支离破碎的特点整合为一幅完整的图像,使之成为一个共识。

通过这个简单的手段,纯粹识见将会消除这个世界的混乱状态。因为很显然,无论群体、特定的概念抑或特定的个体性,都不是这种现实性的本质,毋宁说,现实性惟有在精神之内才获得自己的实体和支撑,而精神则是作为一种判断活动和交谈活动实存着,不仅如此,为了赋予这类胡思乱想和夸夸其谈以一个内容,还得有兴趣才行,而惟有兴趣才维系着这个整体及其众多组织机构。在识见的这种语言里,识见的自我意识仍然认为自己是一个**自为存在者**,是**这一个**个别的东西。内容是虚妄的,但这同时意味着,那个知道内容为虚妄的自主体也是虚妄的。现在,当静态的 [400] 领会式意识从全部机智而虚妄的夸夸其谈中挑出一些最中肯和最犀利的论点汇编在一起,那个一直还在维系着整体的灵魂,亦即机智批判的虚妄,也就走向实存之剩余的虚妄,走向消亡。对于绝大多数或所有自认幽默机智的人来说,那份论点汇编不仅指明了一种更好的,或至少是更简单的幽默机智,而且表明,一般意义上的内行知识和评判是某种普遍的东西,是普通的常识。这样一来,当初仅存的那个唯一的兴趣也消失了,个别的求知行动融入到共识之中。

但在虚妄的知识之上仍然屹立着一种以本质为对象的知识,而只有当纯粹识见站出来反对信仰,它才表现出它的独特行为。

a.启蒙与迷信的斗争

意识的各种不同方式的否定态度,无论是怀疑主义,还是理论的和实践的唯心主义,相对于**纯粹识见**及其推广传播——亦即**启蒙**——而言,都是一些低级的形态。因为纯粹识见是从实体那里产生出来的,它知道意识的纯粹**自主体**是绝对的,于是将其接纳,同时它自己也是一种以一切现实性的绝对本质为对象的纯粹意识。——由于信仰和识见是同一个纯粹意识,只是在形式上相互对立(信仰认为本质是**思想**而不是**概念**,因此是**自我**意识的绝对对立面,而纯粹识见则知道本质是**自主体**),所以它们彼此都是彻底地否定着对方。当双方相互对立时,一切**内容**都归属于信仰,因为在信仰的静态的思维要素里,每一个环节都获得了持存。至于纯粹识见,一开始并不具有任何内容,或更确切地说,纯粹识见意味着内容完全消失无遗。但通过一种否定之否定的运动,纯粹识见将会实现自身,并给予自己以内容。

[401]

纯粹识见知道信仰是一种与它、与理性和真理相对立的东西。在纯粹识见看来,信仰通常都是与各种迷信、偏见和谬误交织在一起,那种以这些内容为对象的意识进而建立起一个谬误王国,在其中,错误观点有时候作为意识的**普通群众**直接而朴素地存在着,并没有返回到自身内,有时候虽然它本身就包含着返回到自身或自我意识之内这一环节,但又与朴素毫不相干,也就是说,这个环节是一种始终见不得人的观点和邪恶意图,连自我意识都被其蒙骗。普通群众是**教士阶层**欺骗下的牺牲品,教士阶层狂妄地以为惟有他们才是始终真理在握,他们自私自利,同时又与**专制政体**勾结在一起,而专制政体作为现实王国与理想王国之缺乏概念的综合统一体,作为一个罕见的颠三倒四的本质,凌驾于群众的恶劣观点和教士阶层的恶劣意图之上,并将二者统一在自身内,在鄙视他们的同时,借助于教士阶层的欺骗手段,利用民众的愚昧和混乱,大获其利,既做到了安定治理,又能够使自己的享乐和专断得到满足。但与此同时,专制政体同样具有错误的观点,它不但是迷信,而且是一种谬误。①

启蒙并不是不分青红皂白地去对待敌人的这三个不同的方面。既然启蒙的本质是纯粹识见,是一个自在且自为的**普遍者**,那么它与对手的真正关系其实是这样的,也就是说,它在这个关系中所关注的是双方**共有的**和**一致的**东西。当**个别性**从普遍的朴素意识那里孤立出来,这种情况是启蒙的对立面,是启蒙不能直接触动的东西。因此,启蒙运动所直接针对的对象,并不是骗子教士阶层以及专制暴君的意志,而是一种无意志的、尚未个别化为自为存在的识见,是合乎理性的自我意识的**概念**,这个概念的实存依赖于群众,但在群众那里还不是一个现成的概念。但是,一旦纯粹识见促使这个诚实识见及其朴素本质摆脱了偏见和谬误的威胁,它也就剥夺了恶劣意图的现实性及其谎言的力量——这类东西以普通群众的缺乏概念的意识为它们**基地**和**质料**,正如**自为存在**是以一般意义上的**单纯**意识为它的**实体**。 [402]

纯粹识见与那个以绝对本质为对象的朴素意识相关联,如今这种关联包含着双重方面:一方面,**自在地看来**,它和那个朴素意识是同一个东西,但另一方面,朴素意识在它的思想的单纯要素中对于绝对本质及其各个部分不理不问,自己赋予自己以持存,仅仅承认纯粹识见是它的**自在体**,亦即一种客观地发挥着效准的东西,同时却否认它的**自为存在**包含在这个自在体之内。——就前一方面而言,**自在地看来**,既然信仰是作为一个纯粹的**自我**意识成为纯粹识见的对象,那么它现在就应该**自为地**转变为纯粹自我意识,而在这种情况下,纯粹识见通过信仰的概念就具有了一个要素,在这个要素里,那得到实现的不是错误观点,而是纯粹识见。

既然纯粹识见和朴素意识在本质上是同一个东西,而且,既然纯粹识见的关联是通过并且在同一个要素里面建立起来的,那么纯粹识见的传

---

① 这个段落表述的是法国启蒙思想家和哲学家霍尔巴赫(1723 — 1789)的观点。这些观点在整个启蒙主义思潮中都非常流行。——译者注

播就是一种**直接的**传播,纯粹识见和朴素意识之间的授受关系也是一种不可阻挡的相互交融。除此而外,不管还有什么东西深深地扎根在意识之内,意识**自在地**都是这样一种单纯性,它把里面的一切东西都消融并且遗忘掉了,无拘无束,因此很容易接受概念。正因如此,纯粹识见的传播,就好像一阵芬芳的气息在开阔的空间里安静地蔓延或**扩散**。这是一种逐渐渗透式的感染,它并没有从一开始就让人注意到它是反对它所阿谀奉承的那个漠不相关的要素,而是不动声色地传播着,因此是不可抵挡的。直到感染扩散开来,那个原本对纯粹识见不理不问的**意识**才发现**它的存在**。诚然,意识在自身内感受到的是一个单纯的、与它和与自己都一致的本质,但它同时也感受到了那个折返回自身内的**否定性**的单纯性,在这之后,那个否定性也按照自己的本性发展为一种相反的东西,并以这种方式让意识回忆起它的旧有形态。否定性,作为概念,是一种单纯的知识,它认识到了它自己,同时也认识到了自己的反面,更认识到这个反面已经在它自身内遭到扬弃。所以,当意识注意到纯粹识见的存在时,后者已经扩散开了。那些针对着纯粹识见的斗争表明,感染已经发生。但这场斗争来得太迟了,任何用药都只会加重病情,因为病情已经深入精神性生命的膏肓,深入到那个具有概念形态的意识,深入到意识的纯粹本质自身。既然如此,这里面也没有什么力量能将其制服。由于病情发生在本质自身之内,所以各种具体的病理表现都可以被捂住,各种表面症状也可以被掩饰。这种情况对于病情一方来说是非常有利的,因为它并没有无谓地挥霍自己的力量,也没有辜负自己的本质,除非它在各种症状和呕吐中爆发出来,公开反对信仰的内容,反对信仰的各种联系在一起的外在现实性。事实上,它现在是作为一个不可见的、隐蔽的精神,悄然地逐一穿过那些高贵的部分,并且很快彻底地控制了无意识的神像的全部内脏和全部关节,然后,"**在一个美好的早晨**,它用肘臂推了一下同伴,稀里!哗啦!神像倒在地上。"①——在**一个美好的早晨**,倘若感染还没有渗透到精神性

① 狄德罗:《拉摩的侄儿》,歌德译,1805。——德文版编者注

生命的全部官能之内,那么到中午就看不见血迹了。只有记忆,作为一段
已逝的历史,以一种奇妙莫测的方式收藏着以往精神形态的僵死样式。［404］
在这种情况下,那条新的、被高挂起来以供朝拜的智慧之蛇①只是轻松地
蜕下一层皱缩的皮。

　　对自己的行为秘而不宣的精神,在它的实体的单纯内核里面默默地
向前推进,但这仅仅是纯粹识见之实现过程的**某一个**方面而已。纯粹识
见的传播不仅仅意味着同类相吸,毋宁说它的实现过程并非完全是一种
一帆风顺的蔓延。实际上,否定本质的行动在本质上同样是一个已经展
开的、在自身内进行着区分的运动,这个运动作为一个自觉的行动,必须
在特定的、公开的实存中确立自己的各个环节,并且始终与对立面进行着
尖厉的争吵和激烈的斗争。

　　因此我们得看看,**纯粹识见**和**纯粹意图**如何**以否定的方式**来对待它
们的对立面。——纯粹识见和纯粹意图是一种否定的态度,由于它们的
概念是全部本质性,在此之外不存在任何东西,所以它们只能是一种自身
否定。所以,作为识见,它们转变为对于纯粹识见的否定,转变为非真理
和非理性;而作为意图,它们转变为对于纯粹意图的否定,转变为谎言和
邪恶目的。

　　纯粹识见之所以陷入这个矛盾,是因为它参与到冲突之中,以为自己
在和**别的**什么东西进行抗争。而它之所以有这种看法,又是因为它的本
质是这样一种绝对的否定性,即本身包含着一个他者存在。绝对概念是
一个范畴,它表明知识和知识的**对象**是同一个东西。因此,纯粹识见宣称
为他者,宣称为谬误和谎言的那个东西,只能是它自己。它所谴责的东
西,只能是它自己。凡是不合乎理性的东西,都没有**真理**,换言之,凡是没
有经过概念把握的东西,都不**存在**。因此,当理性谈论一个**他者**的时候,
实际上只是谈论它自己。它根本没有摆脱它自己。正因如此,对立双方　［405］

---

　　①　参阅《旧约·民数记》(21, 8):"你制造一条火蛇,挂在杆子上,凡被咬的,一望这
蛇,就必得活。"——译者注

的这种斗争同时也意味着对立双方的**实现过程**。也就是说,这个过程恰恰是一个将各个环节展开,并将它们重新收回到自身内的运动。这个运动的一个方面是进行区分,而通过区分,那个进行着概念式把握的识见把自己树立为自己的**对象**,而且在这个环节里始终处于自身异化的状态。作为纯粹识见,它不具有任何**内容**,因此它的实现过程是这样一个运动,即**它自己**转变为自己的内容。它不可能具有别的内容,因为它是一种以范畴为对象的自我意识。但由于纯粹识见一开始只是在对立面那里发现**内容**,还不知道这内容就是它自己,所以它在内容那里也没有认出它自己。就此而言,当纯粹识见达到完成时,它会认识到当初客观的内容其实是它自己的内容。但这样一来,完成的结果就既不是重新制造出它与之斗争的谬误,也不是仅仅成为它的最初的概念,而是成为这样一个识见,即认识到绝对的自身否定是它自己固有的现实性,就是它自己,或者说是它的自我认知着的概念。——这就是启蒙与各种谬误之间的斗争的本性:启蒙是在与自己进行抗争,它所谴责的正是它所主张的东西。这一点已经呈现在**我们**面前,换言之,这是启蒙及其斗争的**自在的**本质。但是按照斗争的第一个方面,启蒙把否定的态度接纳到它的自身一致性的**纯粹性**之内,于是变得不纯粹,这个方面尤其表现在,正如启蒙是**信仰的对象**,被信仰当作谎言、非理性和恶劣意图,同样,启蒙也把信仰看作是谬误和偏见。——至于启蒙的内容,可以说启蒙最初是一种空洞的识见,它把它自己的内容当作一个他者,还不知道这是它自己的内容,而在这种情况下,启蒙于是**发现**内容是一个完全不依赖于它的、包含在信仰之中的实存。

　　一般说来,启蒙刚开始是这样来领会把握它的对象,即把后者当作一种**纯粹识见**,并且在缺乏自知之明的情况下,宣称其为谬误。意识在某一[406]个**识见**那里把握到一个对象,以为这个对象是意识的本质,或者说以为这是一个已经渗透着意识的对象,而在这个过程中,意识维系着自身,停留在自身内,保持为一种当前存在着的东西,而且,由于意识是对象的一个运动,所以对象是由意识产生出来的。启蒙正确地指出,信仰恰恰是这样一种意识,原因在于,信仰所承认的那个绝对本质其实只是它自己固有的意识的一种存在,是它自己固有的一个思想,是一种通过意识产生出来的东西。启蒙于是宣称,信仰对于启蒙的看法是一种谬误和臆想。——启蒙想要给信仰传授一种新的智慧,但实际上并没有说出什么新东西,因为信仰恰好也把它的对象看作是它自己固有的意识的纯粹本质,而这样一来,信仰不但没有迷失和遭到否定的感觉,反而倍加信任那个纯粹本质,也就是说,正是**通过纯粹本质**,信仰才发现自己作为**这一个**意识,或者说作为一个**自我意识存在**着。当我信任一个人的时候,他的**自身确定性**对我来说是**我的自身确定性**。我在他身上认识到我的自为存在,而他则承认我的自为存在,并将其当作目的和本质。但信任就是信仰,因为它的意识与它的对象**直接相关**,于是认识到,它与对象是**一体**的,就在对象之内。进而言之,当我在一个对象身上认出我自己,那么与此同时,我对自己而言也完全转变为**另一个**自我意识,而在这种情况下,自我意识既然已经摆脱了它的特殊个别性(亦即它的自然性和偶然性),于是一方面仍然保持为自我意识,另一方面则成为一个**事关本质的**意识,就和纯粹识见一样。——识见的概念仅仅包含着这样一些意思:首先,意识在它所审视的对象身上认出它自己,但并没有摆脱思想并从对象那里返回到自身内,而是把自己**直接**放置到对象之内;其次,意识不但以它自己为对象,同时也以**中介运动**为对象,换言之,意识认识到自己是一种**行动**或创造活动。就此而言,意识是在思想中**认识**到自己是**自主体**和对象的统一体。——这种意识恰恰也是信仰。**服从并行动**是一个必然的环节,通过这个环节,绝对本质才获得了存在的确定性。诚然,信仰的行动并不是表现为把绝对本质自身产生出来,但信仰所认定的那个绝对本质在本质上并不是一个**抽象的**、凌驾于信仰意识之上的本质,毋宁说它是宗教社团的精神,是抽象本质和自我意识的统一体。既然绝对本质是宗教社团的精神,那么宗教社团的行动就是一个事关本质的环节。这个精神**只有通过意识才能产生**出来,或更确切地说,这个精神的产生**离不开**意识。尽管意识的创造活动是一种事关本质的东西,但毕竟只是一个环节而已,并不是本质的唯一

[407]

根据。本质既是自在的,同时也是自为的。

从另一方面来看,纯粹识见的概念也把自己当作一个**他者**,当作一个对象,因为正是这个否定的规定制造出了对象。在这种情况下,纯粹识见也从另一方面出发,宣称信仰的本质是一个**异于**自我意识的东西,宣称这个东西不是**信仰的**本质,而是一个被人偷偷塞在信仰怀里的怪胎。然而启蒙的这些说法是非常可笑的。在信仰看来,启蒙是一种自己都搞不清楚自己的胡言乱语,而且在谈到教士的欺骗行为和民众遭受的蒙蔽时也不符合事情真相。启蒙声称,通过教士们的鬼把戏,某个完全**陌生的他者**被当作本质强加在意识头上,但启蒙同时又说道,这是意识的本质,意识信仰它,信任它并试图迁就它,而这等于是说,意识在其中不但直观到了**它的纯粹的**本质,而且直观到了**它的**个别的和普遍的**个体性**,并通过它的行动把它自己与它的本质统一起来。启蒙刚刚宣称某个东西是**异于**意识的,马上又宣称这是意识**最本己**的东西。但既然如此,启蒙还有什么资格

[408] 来谈论欺骗和蒙蔽呢? 由于启蒙**直接**违背了它关于信仰的言论,那么在信仰看来,启蒙才是一种自觉的**谎言**。既然意识在它的真理中直接具有**自身确定性**,既然意识在自己的对象那里不但发现自己,而且还产生出自己,并以这种方式持有**它自己**,这时还有什么欺骗和蒙蔽可言? 甚至可以说,连字面上的差别都没有。——既然如此,如果有人提出这样一个宽泛的问题,**蒙蔽民众的做法能否得到容许**,①那么真实的答案只能是:这个问题毫无意义,因为要在这些地方蒙蔽民众是不可能的。——诚然,在一些个别的买卖中,黄铜被当作黄金,假支票被当作真支票,在一段时间以内,败仗被鼓吹为胜仗,也有人相信关于感官事物和生活琐碎的各种谎言,这些都是可能的。但是,意识一旦获得直接的**自身确定性**,并认识到本质,那些带有欺骗性的思想就完全消失无踪了。

让我们进一步看看,信仰在它的意识的**各个**环节里所经验到的启蒙

① 这是柏林科学院 1779 年提出的一个悬赏征文问题,由达朗贝策划,并由普鲁士国王腓特烈二世宣布。——德文版编者注

是怎样的情形,因为此前揭露出来的观点还只是一般地谈到信仰意识。这些环节包括:1)纯粹思维,作为一个对象,是一个自在且自为的**绝对本质**;2)信仰意识,作为一种知识,它与对象的**关联**是**信仰的根据**;3)意识在行动中与对象的关联是**意识的敬神仪式**。纯粹识见既然已经在一般意义上的信仰那里错认并否认了自己,那么同样,它在这些环节里也将表现为一种颠倒的东西。

详细说来,**第一个环节**是如下的情形。纯粹识见对于信仰意识的**绝对本质本身**持以否定的态度。这个本质是纯粹思维,而纯粹思维在自身的范围内又被设定为一个对象或**本质**。在信仰意识里,思维的**自在体**同时也获得了一个空洞的客观性形式,呈现于一个自为存在着的意识面前。 [409] 也就是说,它被规定为一个**表象**。但由于纯粹识见作为一个**自为存在着的自主体**就是纯粹意识,所以它认为**他者是对于自我意识的否定**。本来,人们可以把这个他者看作是思维所认识的纯粹**自在体**,或者看作是感性确定性所认识的**存在**。但由于这个他者同时又是**自主体**的对象,而**自主体**既然拥有一个对象,也就拥有一个现实的意识,所以纯粹识见的真正的独特对象是**感性确定性**所认识的**一个存在着的普通物**。在纯粹识见看来,它的这个对象出现在信仰的**表象**那里。纯粹识见谴责这个表象,因此也是在谴责它自己的对象。但在这样做的时候,纯粹识见已经对信仰不公,因为它把信仰的对象当作是它自己的对象。纯粹识见随后宣称信仰的绝对本质是一块虽然有眼睛但却看不到东西的石头或木头,①或者是一块面团,在田里膨胀,被人改变形状之后又扔回田里。——按照一些哲人的说法,信仰把本质拟人化了,使之成为一种客观的和当面呈现的东西。

在这里,自居纯洁的启蒙,把精神认识到的永恒生命和圣灵降格为一个现实的、**行将消逝的物**,把永恒生命和圣灵与感性确定性的虚妄观点混

---

① 参看《旧约·诗篇》(115, 4):"他们的偶像是金的银的,是人手所造的,/ 有口却不能言,有眼却不能看,/ 有耳却不能听,有鼻却不能闻,/ 有手却不能摸,有脚却不能走,有喉咙也不能出声……"——译者注

为一谈——这类观点跟那种虔敬尊奉的信仰毫不相干,因此完全是启蒙栽赃给信仰的。信仰所崇拜的东西绝不是石头、木头、面团之类尘世中的感性事物。如果启蒙又冒出一个念头说道,信仰的对象确实**也**是石头之类东西,甚至这些东西自在地看来且真正说来是信仰的对象,那么实际的情形是,一方面,信仰同样也知道**那个"也"**,但这与它的尊奉无关,另一方面,信仰从来不认为石头之类东西是**自在的**,毋宁说在它看来,惟有纯粹思维的本质才是自在的。

[410]　　至于**第二个环节**,则是信仰作为一种**认知**意识而与这个本质的关联。就信仰是一种思维着的、纯粹的意识而言,本质对它来说是一个直接的东西。但纯粹意识同样也是确定性与真理的一个**间接**关联,这个关联才建立起了信仰的根据。在启蒙看来,这个根据仍然是一种以**偶然**状况为对象的**偶然**知识。但知识的根据是一个**认知着**的普遍者,真正说来即绝对**精神**,绝对精神在抽象的纯粹意识或严格意义上的思维那里仅仅是绝对**本质**,但绝对精神作为自我意识乃是一种自我**认知**。纯粹识见把这个认知着的普遍者,把这个**单纯的、自我认知着的精神**仍然看作是对于自我意识的否定。诚然,纯粹识见本身是一种**纯粹的、经过中介**的东西,亦即一种自我中介着的思维,是一种纯粹知识。但是,既然它是**纯粹识见**和**纯粹知识**,那么它还没有认知它自己,也就是说,还没有认识到它自己就是这个纯粹的中介运动,所以这个运动和所有那些东西一样,尽管实际上都是纯粹识见自身,但都被它看作是一个他者。因此,当纯粹识见的实现过程中的一个根本环节展现出来,纯粹识见却以为这是信仰的一个环节,以为这是一个注定外在的东西,是一种以通常的现实状况为对象的偶然知识。于是纯粹识见在这里捏造出一些关于宗教信仰的说法,说宗教信仰的确定性依赖于一些**个别的历史见证**,既然如此,宗教信仰的内容,作为历史见证,其确切可靠程度当然不会高过报章杂志对于某一事件的报道。纯粹识见还声称,宗教信仰的确定性依赖于这些见证**保存下来**时所遭遇的偶然情形,比如纸张的保存状况,从一张纸誊写到另一张纸时的熟练手法和忠实态度,以及是否正确领会了僵死文字的意义等等。但实际上,信仰

从没想过要把它的确定性与这类历史见证和偶然情形绑在一起。当它具　［411］
有这种确定性的时候,它是以一种朴素的态度来对待它的绝对对象,是一
种以后者为对象的纯粹知识,这种知识不会容许文字、纸张和誊写者进入
到它关于绝对本质的意识之中,不会把这类事物当作它和绝对本质之间
的中介。实际上,这种意识是它的知识的自我中介着的根据;它是精神自
身,不管是在**个别意识的内核**里面,还是在一种**普遍的当前现实**里面——
所有人都信仰它——,它都自己见证着自己。如果信仰也像启蒙所说的
那样,企图在历史中寻求它的内容的支持或至少是证实,如果信仰真的是
这样想和这样做的,仿佛这是一件至关重要的事情,那么它就已经被启蒙
引向了一条歧路。至于信仰为此所做的一切努力,即以这种方式来支持
或巩固自身,只能表明它已经受到侵染。①

　　余下的第三个方面,则是**意识与绝对本质的关联**——这个关联是一
种**行动**,它扬弃了个体的特殊性,或者说扬弃了个体的自为存在的自然形
态,并由此得出这样一个确定性:它是一个有所行动的自我意识,换言之,
它作为一个**自为存在着**的个别意识,与本质合为一体。——在行动那里,
合目的性不同于**目的**,而纯粹识见在与这个行动相关联的时候,仍然**表现
为一种否定的东西**,就像在其他环节那里一样,把自己都否定了。既然如
此,就合**目的性**而言,纯粹识见必然会表现为一种理智错乱,因为它把识
见和意图的结合,把目的和手段的吻合都看作是稀罕的事,甚至认为这是
悖理的。但就**目的**而言,纯粹识见必然会把恶劣的东西,把享受和占有当
作目的,从而表明自己是一种最为肮脏的意图,因为纯粹意图作为他者同
样也是一个肮脏的意图。

　　于是我们看到,就合**目的性**而言,启蒙认为一个有所信仰的个体的如

---

　　①　本段落的思想受到了莱辛的影响。莱辛认为,偶然的历史真理不能用来证明理性
真理,因此必须区分圣经的字面意思和圣经的精神,分别对待圣经和真正意义上的宗教。
反过来,对于圣经的批评也不一定适用于宗教本身。当神学家向异教徒宣战,固执认为圣
经记载的“历史真理”都是“理性真理”时,这种做法恰恰表明他们受到了异教徒思想的“侵
染”。——译者注

[412] 下做法是很可笑的,即他竟然**真的**放弃了自然享乐,并**通过这个行为**证明他对这些东西的蔑视不是**谎言**,而是**真话**,而这样做又是为了表明他是一个高尚的意识,不受自然享乐的束缚。——启蒙同样觉得可笑的是,个体通过舍弃自己的财产来逃避自己的规定性,仿佛这样他就不再是一个绝对个别的、排斥一切其他个体并占有一定财产的个体了。**真正说来**,个体以这种方式表明,他还没有严肃地对待自己的孤立状态,而仅仅是超脱了那样一种自然必然性,即先是发生个别化,然后在自为存在之绝对的个别化过程中否认别人**与自己**是同一个东西。——在纯粹识见看来,上述两种情形既是不合乎目的的,也是不正当的。所谓"**不合乎目的**",就好比一个人为了证明自己摆脱了享受和占有,所以拒绝任何享受和占有;反之,如果谁是为了证明自己要吃饭才抓起碗筷真的去吃饭,那么纯粹识见也会认为他是一个**傻瓜**。而所谓"**不正当**",则是好比一个人暂时不想吃饭,但却既不拿黄油和鸡蛋换金钱,也不拿金钱换黄油和鸡蛋,而是干脆不计回报把它们全都送出去。纯粹识见宣称用餐或享受用餐之类是一种自私自利,这些说法实际上反而表明它自己是一个非常醒豁的意图,因为它以为人们的根本目的在于得到这些享受。纯粹识见,作为纯粹意图,一再主张人们必须超脱自然存在,超脱贪欲及其各种手段,同时却又认为,**用行动**来证明这种超脱是一种可笑的和不正当的做法。换言之,这个纯粹意图实际上是一个欺骗,它标榜和倡导**内心的**超脱,但却认为,严肃地对待这件事、**真正去实施超脱**、**去证明超脱是真理**等等做法是多余的和可笑的,而这等于是说,纯粹意图表明它自己其实才是不正当的。——就此而言,纯粹识见把自己当作纯粹识见而加以否定,因为它拒绝一种直接合

[413] 乎目的的行动,与此同时,它也把自己当作纯粹意图而加以否定,因为它不打算去证明自己已经摆脱了个别性的各种目的。

这就是信仰所经验到的启蒙。启蒙的形象之所以如此糟糕,原因在于,它是通过与一个他者的关系而给予自己一种**否定的实在性**,并且呈现为它自己的反面。但是纯粹识见和纯粹意图必须承担起这种关系,因为这是它们的实现过程,而这个过程首先显现为一种否定的实在性。人们

可能会问,没准它的**肯定的实在性**有着更好的情形呢？既然如此,我们就来看看这种肯定的实在性的表现。——如果一切偏见和迷信都被驱除了,那么接下来的问题就是：**下一步是什么东西？如果启蒙传播的不是偏见和迷信,那么它传播的真理是什么东西呢？**——启蒙在剿灭谬误的时候已经说出了它的肯定的内容,因为它的自身异化恰恰是它的肯定的实在性。——信仰的对象是绝对精神,启蒙把它在这里**注定**会发现的东西理解为木头、石头等等,理解为个别的现实事物。由于启蒙以这种方式把那个绝对精神的**一切规定性**亦即一切内容都理解为**有限事物**,理解为**人的本质和人的表象**,所以**绝对本质**对它来说成了一种不可能具有任何规定和谓词的**虚空**。既然如此,把虚空和各种谓词掺和在一起的做法当然是不可原谅的,因为这种做法是无穷无尽的迷信的根源。理性或**纯粹识见**本身诚然不是空虚的,因为它的自身否定就是**它的对象**,就是它的内容。实际上,纯粹识见是很丰富的,只不过是富于个别性和局限性而已；不允许绝对本质沾染上任何个别性和局限性,这是纯粹识见的敏锐的生活方式,它懂得如何把它和它的丰富的有限性摆放到应有的位置,也懂得如何合乎尊严地对待绝对者。

那与这个空虚的本质相对立的东西,是启蒙的肯定真理的**第二个环节**,亦即意识和一切存在都具有的、但却被绝对本质排除在外的一般意义上的**个别性**,或者说一个**绝对的自在且自为的存在**。意识在它的最初的现实性中曾经是**感性确定性**和意谓,现在它已经走过了完整的经验之路,返回到出发点,重新转变为一种以**纯粹的自身否定**或**感性事物**为对象的知识,而所谓感性事物,是指一些**存在着的**、漠不相关地与意识的**自为存在**相对立的物。但意识在这里并不是作为一个**直接的**自然意识存在着,而是认识到自己**已经转变为**一个自然意识。在意识的不由自主的整个实现过程当中,它由于自身的展开而沉沦,然后通过纯粹识见而被导回到它的最初形态,**经验到这是一个结果**。这个感性确定性以识见为**基础**,它知道意识的其他一切形态以及感性确定性的整个彼岸世界都是虚妄的,因此它不再是意谓,反而是绝对真理。诚然,指出一切凌驾于感性确定性之

[414]

上的东西都是虚妄的,这仅仅是以一种否定的方式证明了那个真理,但除此之外的证明是不可能的,因为感性确定性的肯定真理本身恰恰是概念的**直接的**自为存在,而概念本身则是一个对象,亦即处于他者存在这一形式之下。——那个肯定的真理意味着,每一个意识都**完全确定地**知道:它和它之外的**其他现实事物**都**存在着**,它作为一种**自然**存在,和这些事物一样,都是**自在且自为的**,或者说都是**绝对的**。

最后,**启蒙的真理的第三个环节**是指个别本质与绝对本质的关系,亦即前面两个环节之间的关联。识见,作为以**一致者**或**未受限制者**为对象的纯粹识见,**超越**了作为有限现实性的**不一致者**,或者说超越了作为单纯的他者存在的它自己。它把他者存在的彼岸世界看作是**空虚**,使之与感性现实性相关联,但实际上,双方都没有作为**内容**进入到这个**关系**的规定之中,因为前者本身是空虚,而内容只有通过后者亦即感性现实性才会出现。由于**自在体**这一方在关联的规定里起着协助作用,所以关联的**形式**是尽可随意的。形式是一种**自在的否定**,因而是一种自身对立。存在即无,**自在体**即反面。换言之,**现实性**与作为**彼岸世界**的**自在体**之间的关联一方面是对于现实性的**否定**,另一方面则是对于现实性的**肯定**。所以真正说来,有限现实性是什么样子,完全取决于人们的需求。感性事物如今以一种**肯定的方式**与绝对者相关联,把绝对者当作**自在体**,而感性现实性本身则是**自在的**。绝对者制造出、保护并照料着感性现实性。反过来,当感性事物与绝对者相关联时,则是把绝对者当作它们的反面,当作**非存在**,而按照这种关系,感性现实性不是自在的,而仅仅是**为他的**。如果说在此前的意识形态里面,相互对立的两个**概念**把自己规定为"**好**"和"**坏**",那么现在在纯粹识见看来正相反,它们变成了"**自在存在**"及"**为他存在**"之类纯粹抽象的东西。

但事实上,有限事物与自在体之间的肯定关联和否定关联这两种观察方式都是同样必要的,因此任何事物都不但是一个**自在存在**,而且是一个**为他存在**,或者说任何事物都是**有用的**。——任何事物都为其他事物作出牺牲,供其利用,**为着它们**而存在。反过来也不妨说,任何事物都踏

[415]

踏实实地,干脆利落地对待他者,为着自己而利用它们。——人,作为一个**意识到**这种关联的物,从中获得了他的本质和他的地位。当一个人直接存在着的时候,作为一个自然的意识,他是**自在的**、**好的**,而作为个别的意识,他是**绝对的**,其他事物都是**为着他**而存在。可以说,由于人是一种具有自我意识的动物,各个环节对他来说都具有普遍性意义,所以**万物**都是为着他的满足和愉悦而存在着,而他这个天子骄子在世界里面巡视,把世界当作是一个专门为他培育起来的后花园。——他也必定已经从分辨善恶的知识之树上摘取了果实。① 于是他占有了一项用处,这项用处把他与其他一切事物区别开来。原来他的自在的善良本性碰巧**也**具有这样的特性,即过度的愉悦会带来伤害,或更确切地说,他的个别性本身**也包含着自己的彼岸世界**,有可能僭越并摧毁自己。与此相反,理性对他来说是一个有用的工具,可以用来适当地限制那种僭越,或更确切地说,使他在僭越规定的时候保全自身,这就是意识的力量。一个自觉的、自在**普遍的**本质所得到的享受,无论从繁复性还是从持续性来看,都必然不是一种经受规定的东西,而应该是普遍的。所以,尺度的任务在于使享受保持为一种繁复的和持续的东西,防止它遭到打断。也就是说,尺度的任务是无度。——正如对人来说任何东西都是有用的,同样人自己也是一种有用的东西,而他的任务同样在于使自己成为团队的一员,对大家都有用,具有普遍的使用价值。他搞到了多少东西,同样也必须为他人付出多少东西,而他付出了多少东西,他也就搞到了多少东西;一只手是用另一只手来洗的。无论他置身何处,他在那里都是正当的。他利用别人,同时也被别人利用。②

[416]

不同的东西,其相互利用的方式也不同。一切事物在本质上都具有

---

① 以上情形出于《旧约·创世纪》第2—3章的记载。——译者注

② 法国启蒙思想家爱尔维修、霍尔巴赫、拉美特利等人认为,个体和社会之间是相互利用的关系。如果一个人是有德行的,那么他的行为既利于他自己,也利于社会。由于一切行为在本质上都是一种自利,所以没有谁会为了别人的幸福而牺牲自己的幸福。至于一个智慧的立法者的任务,则是把个人利益与国家利益结合在一起,保障德行能够给每一位个人带来幸福。——译者注

这种相互利用的特点,也就是说,一切事物都以双重的方式与绝对者相关联:在肯定的方式下,成为一个**自在且自为**的存在,而在否定的方式下,成为一个**为他**存在。就此而言,与绝对本质的**关联**,或者说宗教,是一切有用事物中最有用的,①因为它是**纯粹用处本身**,不但是万物的立身之本(亦即它们的**自在且自为的存在**),而且是万物的毁灭之源(亦即它们的**为他存在**)。

当然,在信仰眼里,启蒙的这个肯定结果和启蒙对待它的否定态度一样,都令人憎恶。无论是那种**识见**——它在绝对本质那里看到的仅仅是绝对本质、**至高无上者**、**空虚本身**,还是那种**意图**——它认为一切事物在
[417] 其直接的现实存在中都是**自在的**或好的,最后还有个别自觉的存在与绝对本质的那种**关联**,亦即"**宗教**"这个将有用性穷尽无疑地表达出来的概念,所有这些在信仰眼里都是极为**可恶**的东西。对信仰来说,启蒙自己固有的**智慧**必然是一种**陈词滥调**,而且这种智慧对于自己的陈词滥调**供认不讳**。原因在于,启蒙对绝对本质一无所知,或者说启蒙对于绝对本质只知道这样一个非常平凡的真理,即它仅仅是**绝对本质**而已。启蒙只认识有限事物,把它们当作是真实的东西,并且把这种知识当作是最为崇高的东西。

信仰用神的正当性(亦即绝对的**自身一致性**或纯粹思维的正当性)去反对启蒙,却遭到启蒙极为不公的待遇,因为启蒙在信仰的全部环节里面都把信仰歪曲了,而且把这些信仰内部的环节歪曲为另外的东西。但启蒙仅仅用人的正当性去反对信仰,捍卫自己的真理,因为它作出的不公行为也是一种正当性,也就是说,即使出现**不一致**、发生颠倒和改变等等,这些情况都是正当的。这种正当性隶属于**自我意识**的本性,被用来反对单纯本质或思维。但是,由于启蒙的正当性是自我意识的正当性,所以启蒙**不仅**将会保持自己的正当性,以至于精神的两个同等的正当性相持不

① 这同样也是爱尔维修的观点。爱尔维修认为任何宗教都必须具有普遍的用处,如果一个宗教能够按照这个永恒不变的原则建立起来,那么它就能够成为全人类共同的宗教。——译者注

下,而且启蒙还将会进而主张一种绝对的正当性,因为自我意识是概念的否定性,这种否定性不仅是**自为的**,而且也干预着它的反面。正因为信仰是一种意识,所以它不能否认启蒙的正当性。

启蒙在对待信仰意识的时候,它所依据的不是启蒙自己的原则,而是信仰意识本身具有的原则。启蒙仅仅是把信仰意识**自己固有的**、无意识中散落的**思想**收拾在一起,交还给信仰意识。启蒙仅仅是让信仰意识在它的**某一个**形态那里回忆起**其他**形态,因为信仰意识原本**也**具有这些形态,但总是在置身某一形态时把其他形态忘记了。正是通过这个方式,启蒙表明自己是与信仰意识相对立的纯粹识见,它在一个**特定的**环节那里 [418] 看到整体,找出与那个环节相关联的**对立面**,将二者相互颠倒,得出这两个思想的否定本质,亦即**概念**。因此在信仰看来,启蒙是一种歪曲和谎言,因为启蒙揭露了信仰的各个环节的**他者存在**。在信仰看来,启蒙把那些环节直接打造为某种不同的东西,不再是它们处于个别状态下的样子。然而这个**他者**同样也是事关本质的,它实际上就包含在信仰意识之内,只不过没有被信仰意识回忆起来,而是随便藏在什么地方;就此而言,这个他者既不是一个异于信仰意识的东西,也不能遭到信仰意识的否认。

启蒙促使信仰回忆起它的各个孤立环节的对立面,但是启蒙对于它自己的情况同样没有清楚了解,换言之,启蒙还没有给自己启蒙。启蒙对信仰持以**否定的**态度,其表现是,它把自己的内容从自己的纯粹性那里排除出去,把信仰看作是对它的否定。于是,启蒙既没有在这个否定亦即信仰的内容里认出它自己,也没有以之为根据,把那两个思想——其中一个是它主张的思想,另一个是它反对的思想——结合在一起。既然启蒙没有认识到,它在信仰那里所谴责的东西直接是它自己的思想,那么它就陷入到两个环节的对立之中:在前一个环节里,它在任何时候都只承认信仰的对立面,而在后一个环节里,它恰恰和信仰的做法一样,脱离了那个对立面。因此启蒙并没有创造出对立双方的真正意义上的统一体,亦即概念。对启蒙而言,概念是自为地**生发出来**的,或者说启蒙仅仅发现概念已经是一个**现成的**东西。自在地看来,这正是纯粹识见的实现过程,也就是说,以概念为本质的纯粹识见首先发现自己转变为一个绝对的**他者**,于是否定了自己(因为概念的对立是一种绝对的对立),然后又摆脱这个他者存在,返回到自身之内,或者说返回到它的概念之内。——启蒙仅仅作为

[419] 这个运动**存在着**,它是纯粹概念的尚且处于无意识阶段的行为,这个行为虽然返回到了作为对象的自身之内,但却认为对象是一个**他者**,而且也没有认识到概念的那个本性,即无差别的东西是一种绝对分裂的东西。——就此而言,那与信仰相对立的识见是概念的**权力**,因为它是信仰意识内部的那些孤立环节的运动和关联,在这个关联里,各个环节之间的矛盾一览无遗。在这里,启蒙施加在信仰身上的暴力具有绝对的**正当性**。这种暴力促成的**现实性**恰恰表现在,信仰意识本身就是概念,而且本身就承认了识见给它制造出来的对立面。这样一来,识见对于信仰意识的反对就是正当的,因为它在信仰意识身上确立的那个东西对于信仰意识而言是必然的,而且本身就隶属于信仰意识。

首先,启蒙坚持着概念这一环节,也就是说,它作为**意识**的一个**行动**存在着。这个做法是**针对**信仰的,因为后者宣称,它的绝对本质是**它的**意识作为一个自主体时的本质,换言之,它的绝对本质是通过意识**创造出来的**。对信仰意识而言,它的绝对本质是一个自在体,同时又不是一个来去无踪、莫名**存在着**的异物。毋宁说,它对于绝对本质的信任恰恰表现在,**发现**自己是**这一个**个人意识,而它的服从和敬神仪式则是表现在,通过它的**行动**把绝对本质作为**它的**绝对本质创造出来。实际上,当信仰毫无保留地宣称绝对本质的自在体位于意识的**行动**的**彼岸世界**时,启蒙已经提醒信仰应该注意到这一点。——但是,尽管启蒙针对信仰的片面性指出了一个对立的环节,即信仰的**行动**与信仰在这里所唯一思考的**存在**之间的对立,但由于启蒙同样没有把自己的思想整合起来,所以它把**行动**这个纯粹环节孤立出去,宣称信仰的自在体**仅仅**是意识的一个**产物**。但那个

[420] 被孤立出去的、与自在体相对立的行动是一个偶然的行动,当它作为一种表象活动时,会制造出各种虚构,制造出一些并非**自在**存在着的表象。启蒙就是这样来看待信仰的内容的。——但反过来,纯粹识见同样也说出

了自己的反面。由于纯粹识见坚持着本身就包含在概念之内的**他者存在**这一环节，所以它宣称信仰的本质与意识**毫不相干**、位于意识的**彼岸世界**、在意识看来是一个陌生的和未知的东西。对于信仰而言，也是同样的情形：一方面，信仰信任它的本质，并因此获得它的**自身确定性**，但另一方面，本质的道路是不可探究的，本质的存在也是不可触及的。①

其次，启蒙在反对信仰意识时主张它拥有后者自己也认可的一种正当性，即把信仰意识的崇拜对象看作是石头和木头之类有限的、拟人的规定性。既然信仰是一种分裂的意识，不仅具有一个相对于**现实性**而言的**彼岸世界**，而且具有一个相对于那个**彼岸世界**而言的纯粹**此岸世界**，那么信仰实际上**也**包含着一种关于感性事物的观点，按照这种观点，感性事物**自在且自为地发挥着效准**。尽管如此，信仰并没有把**自在且自为存在者**的那两个思想（**纯粹本质**，以及通常的**感性事物**）结合在一起。——最后这种观点甚至影响着信仰的纯粹意识。因为信仰的超感性王国缺乏概念，所以其中的各种差别是一系列的独立的**形态**，而这些差别的运动是一个**偶发事件**，也就是说，它们仅仅存在于**表象**里面，本身仅仅具有感性存在的形态。——至于启蒙这边，同样也把**现实性**当作一个遭到精神遗弃的本质，把规定性当作一种固定不变的有限性孤立出去，这种有限性在本质的精神性运动里谈不上是一个**环节**，它不是无，但也不是自在且自为地**存在着**的某物，而是一种转瞬即逝的东西。

很明显，在**知识的根据**那里也是同样的情况。信仰意识本身认可一种偶然的**知识**，因为它与偶然事物有关系，而且在它看来，绝对本质本身就形式而言是一种存在于表象里面的普通现实性。就此而言，信仰意识　[421]
也是一种原本不具有真理的确定性，它坦承自己是一种无关本质的意识，居于此岸世界，隶属于一个自身确定的、检验着自身的精神。——但在信仰意识对于绝对本质的精神性直接知识中，它忘记了这个环节。与此同

①　参阅《新约·罗马书》(11, 33)："深哉！上帝丰富的智慧和知识。他的判断何其难测！他的踪迹何其难寻！"——译者注

时,启蒙虽然使信仰意识回忆起了这个环节,但启蒙自己同样**只是**记住一些偶然的知识,却忘记了其他事物。也就是说,启蒙仅仅记住了一个中介运动(以某个**异己的**第三者为中介),却没有回忆起另一个中介活动(直接的东西本身对自己而言就是第三者,并以之为中介),而在后面这个中介活动里,所谓与他者实现中介沟通,就是与**自己**实现中介沟通。

最后,按照启蒙对于信仰的**行动**的观点,它认为信仰舍弃享受和财产的做法是不正当和不合目的的。——关于什么是不正当,启蒙和信仰意识的一致之处在于,信仰意识本身也承认,占有、保持并享受财产是一种现实的状况。信仰意识越来越坚决和顽强地捍卫财产,越来越肆无忌惮地投身到享受里面,因为它的虔敬行动,它的**放弃着**财产和享受的行动,位于现实世界的彼岸世界,会从那边换回自由以作补偿。通过这个对立,如果一个敬神仪式要求人们牺牲自然冲动和享受,那么这个敬神仪式实无真理可言。有牺牲,就会**伴随着**保存,所谓牺牲只不过是一个**姿态**,它真正牺牲的仅仅是很小的一部分,所以实际上仅仅是**一种象征性的**牺牲。

关于什么是**不合目的**,启蒙不能容忍一种虚伪的做法,即通过舍弃**一份**财产和**一个**享受,就让自己感到并向别人证明自己已经摆脱了**财产本身和享受本身**。信仰意识把绝对行动理解为一种**普遍的**行为。在它看来,它的绝对本质,作为它的对象,其行动是一种普遍的行动,不仅如此,

[422] 个别意识也应该表明自己已经完全地、普遍地摆脱了自己的感性本质。但是,舍弃一份**个别的**财产或放弃一个**个别的**享受,这并不是一种**普遍的**行为。在一个行为里,关键在于一个普遍的**目的**,而个别的**举动**在意识看来必然是不恰当的,既然如此,举动呈现为一种与意识无关的行动,但这种行动实在是太**幼稚**了,简直不能称之为一个行为。它太幼稚了,以至于没法进行斋戒,以此证明自己已经摆脱了进餐带来的快乐;它太幼稚了,以至于不能像奥利金①那样,把**肉体的**其他享乐全都抛弃,以此证明自己

---

① 奥利金(Origen, 185-254)是古代基督教希腊教会神学家,深受柏拉图主义的影响。他的《基督教原理》是历史上第一部关于基督教神学的系统论述。——译者注

已经克服了它们。行为本身表明自己是一种**外在的**和**个别的**行动。然而贪欲却是一个起源于**内部**的东西,是一个**普遍者**。贪欲的享乐既不会随同工具一起消失,也不会因为个别欲望的节制而消失。

但启蒙在这里的做法却是把**内在的东西**,把非现实的东西孤立出来,与现实性相对立,正如它以前是把事物的外在性孤立出来,与信仰在进行直观和祈祷时的内在性对立起来。启蒙认为**意图**和**思想**是事关本质的东西,这样一来,就没有必要真正去摆脱各种自然目的。反之,这种内在性本身是一种形式上的东西,将会通过自然冲动而得到充实,而自然冲动之所以为正当的,原因就在于它们是内在的,并且隶属于一种**普遍的**存在,隶属于自然界。

因此,启蒙对于信仰拥有一种不可抗拒的支配力量,也就是说,在信仰意识之内有一些环节,它们是通过启蒙才发挥着效准。如果我们仔细观察那种力量带来的影响,那么可以看到,它对待信仰的态度已经撕裂了**信任**和直接**确定性**的美满的统一体,信仰的**精神性**意识已经被**感性**现实性的低贱思想玷污了,信仰在其谦卑中具有的**安静而踏实**的心情已经被理智、私意、举动之类**虚妄**的东西破坏了。但实际上,启蒙真正的成果其实是扬弃了信仰内部的那种**缺乏思想的**、或更确切地说**缺乏概念的分裂状态**。信仰意识使用的是双重的尺度,它有两双眼睛、两双耳朵、两只舌头和两种语言,它把一切表象都双重化了,却没有去衡量这些双重意义。换言之,信仰生活在两种知觉里面:一种是在**睡梦中**,完全沉湎在一些缺乏概念的思想里,另一种是在清醒的时候,完全陷入到鲜活意识的感性现实性之内。在这两种知觉里面,信仰分别过着自己的两种生活。——启蒙用感性世界的表象照亮了那个天国世界,并向天国世界展示出信仰所不能否认的有限性,因为信仰是一种自我意识,从而是一个把两种表象方式结合起来,使之不至于分裂的统一体。两种表象方式都隶属于信仰转变而成的那个不可分割的、单纯的自主体。

[423]

这样一来,信仰已经失去了那些曾经充实着它的要素的内容,蜕化为一个沉闷的精神,在自身之内徘徊迂回。它被驱逐出了自己的王国,或者说这个王国已经被洗劫一空,因为觉醒的意识已经把王国里的全部内涵和全部外延都抢夺过来,把王国的全部疆域都索回并交还给了尘世大地,使之成为尘世大地的财产。但信仰对此不能感到满意,因为经过这种启蒙之后,无论在任何地方,产生出来的都是个别的本质,以至于精神只能去忍耐一种缺乏本质的现实性,以及一种遭到精神遗弃的有限性。——由于信仰没有了内容,但又不能停留在这种空虚状态之中,换言之,由于信仰在超越有限事物——这是唯一的内容——之后只能发现一片空虚,所以信仰成了一种**纯粹的渴慕**,它的真理成了一个空虚的、不可能具有任何合适内容的彼岸世界,因为万物的性质都发生了改变。——就此而言,信仰和启蒙实际上已经转变为同样一个意识,它们的对象都是各种自在存在着的有限事物与一个无谓词的、未知的和不可认识的绝对者之间的

[424]
关联。只不过,**启蒙**是一种**得到满足**的启蒙,而**信仰**则是一种**未得到满足**的启蒙。尽管如此,启蒙本身将会表明它是否能够一直得到满足。那个为失去自己的精神性世界而悲伤郁闷的精神,把它的渴慕隐藏起来。启蒙本身包含着一个缺陷,也就是说,它是一种未得到满足的渴慕。这个缺陷在启蒙的**空虚的**绝对本质那里表现为**纯粹对象**,在启蒙**超越**自己的个别本质而走向空虚的彼岸世界的过程中表现为**行动和运动**,在有用事物的**无主状态**那里表现为**充实的对象**。启蒙将会扬弃这个缺陷。通过仔细观察那个肯定的结果(亦即启蒙的真理),我们将会发现,这个缺陷在这个过程中自在地已经遭到扬弃。

b. 启蒙的真理

精神的那种沉闷的、在自身内不再作出任何区分的徘徊迂回于是进入到自身之内,凌驾于意识之上,而意识反过来已经变得清晰明白。这种清晰性的第一个环节,就其必然性和条件而言,取决于这样一个事实,即纯粹识见作为一个**自在的**概念已经得到实现。纯粹识见之所以做到这一点,因为它在自身内设定了一个他者存在或规定性。在这种情况下,它转变为一种否定的纯粹识见,亦即概念的否定,而且这种否定同样也是纯粹

的。随之出现的是一个**纯粹的物**，一个不具有更多规定的纯粹本质。更确切地说，作为绝对概念的纯粹识见，必须区分一些不复是差别的差别，区分一些不能承载自身、只有通过**整个运动**才能保全下来并相互区别开的抽象事物和纯粹概念。对无差别的东西作出区分，这恰恰意味着，绝对概念使自己成为自己的**对象**，把自己设定为一个与上述运动相对立的本质。这个本质缺少了一个可以把各种抽象或差别进行**分门别类**的环节，于是转变为一种**纯粹思维**，而纯粹思维就是**纯粹的物**。——这恰恰是信 [425] 仰在失去了有差别的内容之后陷入的那种状态，即精神在自身内沉闷的、无意识的徘徊迂回。但这同时也是纯粹自我意识的一个**运动**，对这个运动来说，纯粹自我意识是一个绝对陌生的彼岸世界。因为这个纯粹自我意识是一个出现在纯粹概念里、出现在无差别的差别里的运动，所以它实际上凝缩为一种无意识的徘徊迂回，也就是说，凝缩为纯粹**感触**或纯粹**物性**。——那个自身异化了的概念，因为仍然处于异化阶段，所以并没有认识到自我意识的运动和自我意识的绝对本质这两个方面的**同一个本质**，没有认识到这**同一个本质**实际上是双方的实体和持存。由于它没有认识到这个统一体，所以它认为本质只能处于客观的彼岸世界这一形式之下，而作出区分的意识既然已经通过这种方式把自在体排除在外，那么就是一个有限的意识。

围绕着那个绝对本质，启蒙分裂为两派。如果说此前启蒙是与信仰争吵，那么现在它是自己与自己争吵。只有当一个派别分裂为两个派别，它才证明自己是**胜利者**，因为它在这个过程中表明它本身就掌握有它所反对的那个原则，而且因此还扬弃了它此前带有的片面性。那曾经为双方所共有的兴趣，现在完全落到它这一方，将对方忘记，因为兴趣在这一方发现了它所关注的对立。但与此同时，对立已经被提升为一个更高的胜利因素，并呈现为一种已经得到升华的东西。就此而言，当一个派别发生分裂，尽管这表面上看起来是一种不幸，其实却是这个派别的幸运。

纯粹本质本身不包含任何差别，而它之所以又有差别，因为两个这样的纯粹本质出现在意识面前，换言之，因为出现了一个以纯粹本质为对象

[426] 的双重意识。——纯粹的绝对本质完全包含在纯粹思维之内，或更确切地说，它就是纯粹思维本身，因此它完全**凌驾于**有限事物和**自我意识之**上，仅仅是一个否定的本质。但在这种情况下，它恰恰是**存在**，是对自我意识的否定。它在**否定**自我意识的同时，**也**与之相关联。它是一种**外在存在**，通过与包含着各种差别和规定的自我意识的关联，本身也获得了一些可以被尝到和看到的差别。这种关系就是**感性**确定性和知觉。

那个否定的彼岸世界必然过渡为一种**感性**存在，如果我们从这个感性存在出发，但又撇开它与意识相关联时的那些特定形态，那么剩下来的就只是纯粹**物质**，或者说一种沉闷的、内在的徘徊迂回和运动。在这里有一个值得注意的关键，即**纯粹物质**仅仅是在**撇开**观看、感触、品尝等等之后**剩余**下来的东西，也就是说，它并没有被看到、尝到和触到。那真正被看到、触到和尝到的东西，并不是**物质**，而是一种颜色，一块石头，一粒盐等等。实际上，物质是一种**纯粹的抽象**，而这样一来，**思维的纯粹本质或**纯粹思维本身就作为一个自身内无差别的、无规定的、无谓词的绝对者呈现出来。

对于那个从思维出发，在思维之内凌驾于现实意识之上的无谓词的绝对者，一派启蒙称之为绝对本质，另一派启蒙则称之为**物质**。如果把绝对者区分为**自然界**和精神（或**上帝**），那么自然界作为一种内在的无意识的徘徊迂回将会缺乏一种丰富的具体生活，而精神或上帝将会缺乏一个在自身内作出区分的意识。正如我们看到的，绝对本质和物质，二者是同一个概念。差别不是在于事情本身，而完全只是在于两种教化的不同出发点，在于这样一个事实，即每一种教化在思维的运动里都坚守在自己固有的那个位置。假如双方都别去在意那些位置，那么它们将会走到一起，

[427] 并认识到，一派所说的憎恶和另一派所说的愚昧其实是同一个东西。在一派启蒙看来，绝对本质包含在它的纯粹思维之内，或者说是纯粹意识的一个直接对象，位于有限意识之外，是一个**否定着**有限意识的彼岸世界。假如这一派反思到这样一个事实，即一方面，思维的那种单纯的直接性无非是**纯粹存在**，而另一方面，那**否定着**意识的东西同时又与意识相关联，

以至于即使是在一个否定判断里面，系词"**是**"依然把两个分裂开的东西联系在一起，那么，这个被规定为**外在存在者**的彼岸世界就将与意识发生关联，因此和所谓的**纯粹物质**是同一个东西。假若这样的话，我们将会得到**当前存在**这一原本缺失的环节。——另一派启蒙从感性存在出发，然后**撇开**品尝和观看等感性关联，使之成为纯粹的自在体，成为**绝对物质**，成为一种不可触摸和不可品尝的东西。这样一来，感性存在已经转变为一个无谓词的单纯东西，转变为**纯粹意识**的本质。它是一个**自在地**存在着的纯粹概念，或者说一种**内在的纯粹思维**。这派识见在它的意识里并没有迈出一个从**存在者**走向思维物、或从纯粹的肯定走向纯粹的否定的步伐，因为存在者和思维物是同样一个**纯粹的**存在者。肯定只有通过否定才成为**纯粹的**肯定，而**纯粹的**否定同样也是肯定，因为它是一种纯粹的、自身一致的东西。——换言之，两派启蒙都没有掌握笛卡尔形而上学的那个概念，即**自在地看来**，存在和思维是同一个东西。它们没有掌握这样一个思想，即**存在**、**纯粹的存在**并不是一个**具体的现实事物**，而是一个**纯粹的抽象**，反过来，所谓纯粹思维、自身一致性或本质等等，一方面是对于自我意识的**否定**，因此是**存在**，另一方面作为一种直接的单纯性，同样无非也是**存在**。思维就是**物性**，或者说**物性**就是**思维**。

　　本质直到这里才发生**分裂**，因为它分别隶属于两种不同的观察方式。一方面，本质自身必须包含着某种差别，另一方面，正是由于这种差别，两种观察方式合并为一种观察方式，因为那些把它们区别开来的抽象环节，亦即纯粹存在和否定，随后又在这两种观察方式所考察的对象那里统一起来。——两种观察方式共同面对的普遍者是一种抽象的东西，比如纯粹的内在颤动，纯粹的自身思维等等。这个单纯的、围绕着轴心旋转的运动必须四分五裂，因为只有当它把自己的各个环节区分开，它才成其为一个运动。区分环节的活动将会把不动者当作纯粹**存在**的空壳抛在身后，而纯粹存在则不再被认为是一种现实的思维或一种内在的生命。这个活动，作为差别，乃是全部内容。但是，如果这个活动**脱离**了那个**统一体**，它就成了"**自在**存在—**为他**存在—**自为**存在"等环节的**一去不复返**的更替

[428]

过程。这个活动是现实性,亦即纯粹识见的现实意识所认识到的对象;这个活动是**有用性**。

　　尽管在信仰、敏感心绪、还有那个固守自在体并自命为思辨的抽象思维看来,有用性是一种非常恶劣的东西,但正是通过有用性,纯粹识见才完成了自己的实现过程,才使自己成为自己的**对象**。现在,纯粹识见不再否认这个对象,也不再认为对象意味着空虚事物或纯粹的彼岸世界。正如我们曾经看到的,纯粹识见是存在着的概念本身,或者说是一种自身一致的纯粹人格性,它在自身内作出区分,使得每一个区分出来的东西本身又成为纯粹概念,也就是说,使得区分出来的东西直接又是无差别的。纯粹识见是一种单纯的纯粹自我意识,不但是**自为的**而且是**自在的**,是这两种情况的直接统一体。既然如此,它的**自在存在**就不是一个一成不变的**存在**,而是在具有差别之后立即停止作为某种东西存在着。但是这种转瞬即逝的存在并不是一个**自在存在**,而是在本质上是一个**为他**存在,这个他者是一种可以把它吞噬的权力。然而,这个与第一个环节亦即自在存

[429]　在相对立的第二个环节,和第一个环节一样,也是直接消失了。换言之,作为一个**纯粹的为他存在**,它其实是**消失过程**本身,然后**被设定为一个返回到自身之内的存在**或自为存在。然而这个单纯的自为存在,作为一种自身一致性,其实是**一个存在**,或更确切地说,是一个**为他**存在。——有用的东西表达出了纯粹识见**在展开它的各个环节时**的本性,或者说表达出了作为**对象**的纯粹识见。有用的东西是一个**自在地**持存着的东西或物,与此同时,这个自在存在仅仅是一个纯粹的环节。因此它是一个绝对的**为他存在**,即使本身是一个自在存在,但同样也只能是一个为他存在。现在,这些相互对立的环节返回到了自为存在的不可分割的统一体之内。但是,如果说有用的东西确实表达出了纯粹识见的概念,那么纯粹识见在这里还不是作为纯粹识见,而是作为**表象**或纯粹识见自己的**对象**出现。在那些环节的无休止的更替过程中,每一个环节虽然都是一个返回到自身之内的存在,但仍然只是一个**自为存在**,也就是说,仍然只是一个抽象的、在其他环节面前退避三舍的环节。有用的东西本身并不是一个否定

的本质，也就是说，它既不会把这些相互对立的环节当作**不可分割**的东西同时置于**同一个视角**之下，也不会把它们看作是一个自在的**思维**，尽管它们就是纯粹识见。自为存在这一环节诚然依附于有用的东西，但自为存在还没有达到能够包揽其他环节（**自在体**和**为他存在**）的地步，否则它就将是**自主体**了。因此，纯粹识见在有用的东西那里把它自己固有的概念及其**纯粹**环节当作**对象**。纯粹识见意识到了这种**形而上学**，但还没有对其进行概念式把握，还没有达到**存在与概念的统一体**本身。对纯粹识见来说，有用的东西仍然处于对象的形式之下，正因如此，尽管纯粹识见所拥有的是一个不再自在且自为地存在着的世界，但这毕竟是一个**世界**，是纯粹识见从自己那里区分出去的。只不过，由于对立已经发展到概念的顶端，因此在下一个阶段里，这些对立将会瓦解，而启蒙将会收获它的劳动果实。

如果我们把目前掌握的这个对象与整个层面联系在一起，并在这个 [430] 关联中对其进行考察，那么可以说，现实的教化世界已经把自己归结为自我意识的一种**虚妄**，归结为一个**自为存在**，它仍然以教化世界的混乱状态为内容，仍然是一个**个别的**概念而不是一个自为的**普遍的**概念。当概念返回到自身之内，它是**纯粹识见**，也就是说，如果纯粹意识是纯粹**自主体**或否定性，而信仰则是**纯粹思维**或肯定性，那么纯粹意识和信仰可以说完全是同一个东西。信仰在那个自主体那里找到了一个使信仰得到完善的环节。但是，信仰恰恰通过这个完善或补充走向毁灭，而在纯粹识见那里，我们看到了这样两个环节：一个是绝对本质，亦即纯粹的**思维物**或否定者，另一个是**物质**，亦即肯定的**存在者**。——为了达到上述完满局面，不但需要自我意识的**现实性**（这本是属于**虚妄**意识的），而且需要思维由之提升出来的那个**世界**。这些曾经匮乏的东西在有用性那里得到了，因为纯粹识见借助于有用性达到了一种肯定的客观性，并因此成为一个现实的、在自身内得到满足的意识。现在，这种肯定的客观性构成了纯粹识见的**世界**，并且已经成为此前整个世界（不管是观念中的还是现实中的世界）的真理。精神的第一个世界是一个广袤的王国，其中包含着精神的分散的实存以及个别化的自身**确定性**,这种情形就好像自然界把自己的生命分散在无穷丰富的形态之中,但并不让这些形态的**类**直接存在着。精神的第二个世界包含着**类**,是**自在存在**的王国,或者说是那个与个别化的自身确定性相对立的**真理**的王国。至于第三个环节,**有用的东西**,则是这样一个**真理**,它同时也是一种自身**确定性**。**信仰**的真理王国缺乏**现实性**原则,或者说缺乏这一个**个人**的自身确定性原则。反过来,现实性或这一个个人的自身确定性缺乏**自在体**。在纯粹识见的对象里面,两个世界结合在一起。有用的东西成为对象,也就是说,自我意识洞察了对象,在对象那里得到了它的**个别的自身确定性**,得到了它的享受(它的**自为存在**)。自我意识以这种方式**认知**对象,由此获得的识见包含着对象的**真实本质**,即对象是一个被洞察的东西或一个**为他**存在。因此纯粹识见本身是一种**真实的知识**,而自我意识在这个关系里同样也直接得到了普遍的自身确定性,得到了它的**纯粹意识**。在这个关系里,真理以及当前存在与**现实性**结合在一起。两个世界相互和解,天国降临大地。

[431]

III.绝对自由与恐怖

意识已经在"有用性"那里找到了它的概念。但一方面,这个概念仍然是一个**对象**,所以另一方面,它仍然是意识尚未直接掌握的一个**目的**。有用性仍然是对象的一个谓词,还不是主体自身,或者说还不是主体的直接的、唯一的**现实性**。这和我们之前看到的那种情形是同样的意思,也就是说,**自为存在**尚未表明自己是其他环节的实体,所以有用的东西也还没有表明自己是意识的自主体,还没有表明自己掌握着意识。——但是,有用的东西的客观性形式**自在地**已经被收回或取消了,这种内在的变革导致现实性方面出现一种现实的变革,于是出现了一个新的意识形态,即**绝对自由**。

实际上,现有的东西无非是一个空洞的客观性假象,它把自我意识和它的占有物分割开来。一方面,无论是现实世界的还是信仰世界的组织机构的特定成员,它们的全部持存和效准都已经返回到一个单纯的规定之内,以之为它们的根据和精神,另一方面,这个单纯的规定不再包含着任何自己固有的东西,毋宁说,它是纯粹的形而上学,是自我意识的纯粹概念或纯粹知识。有用的东西作为对象是一个**自在且自为的存在**,意识 [432] 从它那里认识到,意识自己的**自在存在**在本质上是一个**为他存在**。真正说来,**缺乏自主体的自在存在**是一个消极的自在存在,或者说是另一个自主体的对象。在意识看来,对象处于**纯粹的自在存在**这一抽象形式之下,而意识自己则是一种**纯粹的洞察活动**,它所发现的各种差别都处于概念这一纯粹形式之下。——当为他存在返回到**自为存在**之内,后者作为自主体,并不是一个有别于自我的自主体,也不是对象自己固有的自主体。因为,意识作为纯粹识见并不是一个**个别的**自主体,而对象同样也不是一个与之相对立的**自立的**自主体,毋宁说,意识是纯粹概念,是自主体对自主体的静观,是一种绝对的双重化的**自身观审**。意识的自身确定性是一个普遍的主体,意识的认知着的概念是全部现实性的本质。从前,有用的东西仅仅是众多环节的一个更替过程(它们在这个过程中并没有返回到有用的东西自己固有的**统一体**之内),因而只是知识的一个对象,但现在它已经不再是这样的东西。知识本身是那些抽象环节的一个运动,它是一个普遍的自主体,既是自己的自主体,也是对象的自主体,而作为一种普遍的知识,它是这个运动的向着自身返回的统一体。

在这种情况下,精神作为**绝对自由**呈现出来。作为一种自我意识,精神领会到这样一个事实,即它的自身确定性是实在世界和超感官世界的全部精神性群体的本质,或者反过来说,本质和现实性是意识关于**它自己**的一种知识。——精神意识到了它的纯粹人格性,同时也意识到了全部精神性实在性,而全部实在性都仅仅是一种精神性东西。在精神看来,世界完全就是它的意志,而它的意志则是一个普遍的意志。确切地说,精神并不是一个空洞的思想,以为意志就在于得到默默的或代表性的赞同,毋宁说它是一个实实在在的普遍意志,是全部严格意义上的**个人**的意志。自在地看来,意志是人格性或每一个人的意识,而且它应该作为这种真实 [433]

361

的、现实的意志,作为全部人格性和每一个人格性的**自觉的**本质存在着,使得每一个人的行动都是一个完整不可分的行动,使得整体的行动也是**每一个人**直接的和自觉的行动。

绝对自由的这个完整实体登上了世界的王座,没有任何力量能与它抗衡。因为真正说来,惟有在意识这个要素里面,精神性本质或精神性权力才拥有自己的实体,而这样一来,当个别的意识发现对象的本质无非是自我意识本身,或发现对象纯粹只是概念,那么,精神性本质的整个体系就崩溃了,尽管它曾经通过分裂为一些群体而得到组织和保存。当初,正是由于概念自身分化为一些孤立的、**持存的**群体,它才成为一个存在着的**对象**。但是当对象转变为概念,它本身就不再包含着任何持存的东西,因为否定性已经渗透了它的全部环节。对象成为一个实存,在这种情况下,每一个个别的意识都从原本指定给它的那个范围中超脱出来,不再认为这个特殊的群体是它的本质和它的事业,而是把它的自主体理解为意志的**概念**,把全部群体都理解为这个意志的本质,就此而言,它也只有通过一个劳动才能实现自己。于是,通过这个绝对的自由,那些精神性本质,亦即构成着社会整体的全部阶层,都被消灭了。个别意识原本隶属于这些阶层之一,并在其中实现自己的意志和行为,而现在,它已经扬弃了自己的局限性。它的目的是一个普遍的目的,它的语言是一种普遍的法律,它的事业是一种普遍的事业。

在这里,对象和**差别**已经不再意味着**有用性**,而"有用"曾经是全部实在存在的一个谓词。意识的运动始于意识自身,这个开端不是**一个异物**,所以意识不是从某个异物出发,然后返回到自身之内。实际上,在意识看来,对象就是意识自身。就此而言,唯有在**个别**意识和**普遍**意识的差别之中,才存在着对立。但个别意识本身又直接把对立仅仅当作一个**假象**,个别意识就是普遍意识和普遍意志。**彼岸世界**飘荡在个别意识的现实性之上,散发着一种黯淡瓦斯的气息,散发着空洞的"至高无上者"的霉味,而下面则是实在世界或信仰世界的已经消失不见的独立性的尸体。

[434]

在依次扬弃了相互有别的精神性群体、个体的有限生命以及这种生命的两个世界之后,剩下来的仅仅是普遍自我意识的一种内在运动,它表现为**普遍性**和**个人**意识这两种形式的交互作用。普遍意志**返回到自身之内**,成为一个与普遍法律和普遍事业相对立的**个别**意志。但这个**个别的**意识在自身内同样直接意识到自己是一个普遍意志,意识到这样一个事实,即它的对象是它所制定的法律,是它已经完成的事业。因此,当它过渡到行为并创造出客观事物,它的产物就不是什么个别的东西,而完全是法律和国家行为。

　　这样一来,这个运动就是意识自己与自己之间的交互作用,在这个过程中,它没有放弃任何东西,只要这个东西在形态上是一个**自由的**、与意识相对立的**对象**。由此得出的结果是,意识不可能完成任何肯定的事业,既不能完成语言上的普遍事业,也不能完成现实中的普遍事业,既不能给**自觉的**自由提供法律和普遍准则,也不能保障**有意志的**自由去实施行为和事业。——假若**自觉的**自由能够完成一项事业,那么这项事业就是,作为一个**普遍的**实体把自己改造为**对象**和**常驻不变的存在**。假若这样的话,那么这个他者存在就是自觉的自由本身所包含着的一个差别,按照这个差别,自由分化为一些持存的精神性群体,分化为一系列不同的势力。一方面来看,这些群体是立法**权力**、司法**权力**、行政**权力**之类孤立出来的**思想物**,①另一方面,如果我们更多地注意普遍行动的内容,就会发现,那些曾经出现在实在的教化世界里面的**实在本质**,是一些特殊的劳动群体,它们进而分化为一些更加专门的**阶层**。——假若普遍自由按照这种方式分化为一些特殊的组织机构,并恰恰因此使自己成为一个**存在着的**实体,那么在这种情况下,它会摆脱个别的个体性,把**大批个体**分配到它的各个组织机构中去。但这样一来,人格性的行动和存在就处于整体的一个分支上面,被限定为行动和存在的方式之一。当置身于**存在**的因素中,人格性意味着一个**特定的**人格性,而不再是一个真正意义上的普遍自我意识。关于**现实性**的问题,没有什么东西能够蒙蔽普遍自我意识,无论是借助于

[435]

---

　　①　这里指法国启蒙思想家孟德斯鸠的三权分立思想。——译者注

"去服从**自己制定的**(确切地说是它参与制定的)**法律**"这一**观念**,还是借助于普遍自我意识在制定法律和普遍行动中的**代表地位**,都行不通。——这种不能被蒙蔽的**现实性**表现在,意识必须**亲自**去制定法律,**亲自**去完成一个普遍的而非个别的事业。当自主体仅仅**被代表**和**被表象**的时候,它不是**现实的**。每当它**被代表**,它就不存在。

无论是在绝对自由的**普遍事业**里面(这时绝对自由是一个实存着的实体),还是在绝对自由的独特**行为**和**个体式**意志行为里面,都没有个别的自我意识的位置。普遍者要想作出一个行为,就必须与个体性合为一体,把一个个别的自我意识置于顶端地位;因为普遍意志只有在一个单独的自主体那里才是一个**现实的**意志。但这样一来,**所有其他个人**都被排除在这个行为的**整体**之外,只能有限地参与到这个行为之中,以至于行为也不再是一个**现实的**、**普遍的**自我意识所作出的行为了。——就此而言,[436] 普遍自由不但不能完成任何肯定的事业,而且不能作出任何行为。它始终只能面对一种**否定的行动**;它只能是那些带来毁灭的弗里亚女神。①

但是,最高的、与普遍自由最为对立的现实性,或更确切地说,普遍自由将要面对的唯一对象,是一个现实的自我意识本身的自由和个别性。那个不让自己获得有机组织的实在性、并以保持自身为完整的延续性为目的的普遍性,同时也在自身内作出了区分,因为它是一个运动,或者说是一般意义上的意识。由于它本身的抽象性,它分裂为同样抽象的两端,一边是单纯的、刚直的、冰冷的普遍性,另一边则是现实的自我意识的那种个别的、绝对的、生硬的干脆利落和顽固孤僻。现在,当它消灭掉实在的组织机构,并成为一个自为存在之后,就只剩下唯一的一个对象。这个对象不再有任何别的内容、占有物、实存和外在广延,而仅仅是一种知识,知道自己是一个绝对纯粹的和绝对自由的个别自主体。对于这个对象,我们仅仅知道它是一般意义上的**抽象**实存。——因此,由于双方都直接

①　弗里亚(Furie)是罗马神话中的复仇女神,等同于希腊神话中的复仇女神三姊妹,即上文所说的厄利尼厄斯(Erinnye)以及下面将会提到的欧墨尼得斯(Eumenide)。——译者注

是一个绝对的自为存在,没有相互交叉和借以联系的中项,所以双方之间的关系是一种完全**无中介**的纯粹否定,是对于**存在于**普遍者之内的个人的否定。所以,普遍自由的唯一事业和唯一行为是**死亡**,一种没有任何内容和意义的**死亡**。任何被否定的东西,都是那个绝对自由的自主体的一个未得到充实的点。这种死亡之所以是最冷酷的和最平淡无奇的东西,就在于它并不比劈下一颗白菜根或吞一口水具有更多的意义。

正是在这件平淡无奇的事情里面,包含着政府的智慧,包含着普遍意志的日趋完满的理智。政府本身无非是一个固守自身的点,或者说是一个个体化的普遍意志。政府,作为一种从某一个点出发的意愿和举动,同时也在意欲并实施着一个特定的秩序和行为。在这种情况下,政府一方面把别的个体从它的行为里面排除出去,另一方面又以这种方式把自己建构为一个具有特定意志的、与普遍意志相对立的政府。正因如此,政府完全别无他法,只能呈现为一个**小集团**。只有那个获胜的小集团才叫作政府,而且正因为它是一个小集团,所以它的必然灭亡也是直接注定的。反过来,正是政府的身份使得它成为一个小集团,并担负起罪过。如果说普遍意志坚持认为政府的现实行动是针对它的,是一种罪行,那么反过来,政府却拿不出什么确定的和显而易见的东西,来表明那个与它相对立的普遍意志同样也有过错。因为,当政府是一个**现实的**普遍意志,那么与之对立的仅仅是一个非现实的纯粹意志,亦即**意图**。在这种情况下,**有嫌疑**代替了**有过错**,确切地说,"有嫌疑"和"有过错"具有同样的意义和作用,而那些针对着这种现实性的外在反抗,仅仅是包含在意图的单纯内核里面,至于具体的做法,就是干脆消除掉这个存在着的自主体,而能从它那里夺走的东西没有别的,只有它的存在本身。

绝对自由在它的这个独特的**事业**里成为自己的对象,而自我意识也经验到了绝对自由的**存在**。**自在地看来**,绝对自由恰恰是这个**抽象的自我意识**,它在自身内消除了一切差别,消除了差别的一切持存。作为一个抽象的自我意识,绝对自由以它自己为对象。死亡带来的**恐怖**,就是直观到绝对自由的这个否定的本质。绝对自由的自我意识发现,它如今的实

[437]

在性完全不同于绝对自由当初对自己所持的概念,按照那个概念,普遍意志仅仅是人格性的**肯定的**本质,而人格性则知道自己只有在普遍意志中才是肯定的,或者说才能得以保存。实际上,自我意识在这里发现,纯粹识见已经把它的肯定本质(作为纯粹**思维**的无谓词的绝对者)和它的否定本质(作为纯粹**物质**的无谓词的绝对者)彻底分开,前者完全**过渡到**后者,表现为一个现实的东西。——普遍意志之所以从一个绝对肯定的、现实的自我意识转变为一个**否定的**本质,其原因在于,那种意识不但是一种已经**升华**为**纯粹**思维或**抽象**物质的自觉现实性,而且也表明自己是对于**自我思维**或自我意识的扬弃。

[438]

于是绝对自由,作为普遍意志的**纯粹**自身一致性,本身就包含着一个**否定**,从而也包含着一般意义上的**差别**,而且它把这种差别发展为一种**现实的差别**。从自身一致的普遍意志那里,纯粹**否定性**获得了**持存**或**实体**之类**要素**,而它的那些环节是通过这些要素而得以实现的。纯粹否定性掌握有物质,可以把物质转变为它的规定性。不仅如此,既然这个实体表明自己是对于个别意识的否定,那么一些精神性群体就会重新形成一个组织机构,并且把大批个体的意识集结在自身之内。这些个体的意识曾经非常惧怕它们的绝对主人,亦即死亡,如今它们再次屈服于否定和差别,加入那些群体,并返回到一个局部的和有限的事业中去,而这样一来,它们也就回到了它们的基本现实性。

我们几乎可以说,精神已经从这些骚乱里面被抛回到它的出发点,亦即伦理世界和实在的教化世界,并且由于心里重新感受到了对于主人的畏惧,在这个激励之下,竟然活力充沛,重获青春了。倘若结局就是自我意识和实体相互之间的一种完满的渗透,那么精神必须永远重复,一再经历这个必然性的圆圈。在那种相互渗透里,自我意识经验到了它的普遍本质针对着它的否定力量,但它不愿意把自己看作是一个特殊的东西,而是希望把自己看作是一个普遍者,正因如此,它也能够忍受那个客观的、把它当作特殊事物而加以排斥的普遍精神的现实性。——但在绝对自由里面,那个已经沉沦为杂多存在的意识,或者说那个固守着某些特定目标

[439]

和思想的意识,还有那个**外在地**发挥着效准的世界(不管它是现实世界还是思维世界),它们之间不存在任何相互作用。实际上,世界完全处于意识的形式之下,是一个普遍意志,而自我意识则是凝聚为一个单纯的自主体,摆脱了一切广延存在,摆脱了众多目的和判断。因此,自我意识通过与那个本质的相互作用而获得的教化,是一种最崇高的、终极的教化,即眼睁睁地看着它的纯粹而单纯的现实性直接消失在一种空洞的虚无之中。在教化世界里,自我意识还不能通过纯粹抽象的形式来直观它的否定或异化。实际上,它的否定是一种内容充实的否定,是用它的异化了的自主体换来的荣誉或财富,换言之,是那个破碎的意识所掌握的精神语言和识见语言。也可以说,它的否定是信仰心目中的天国,或启蒙心目中的有用的东西。所有这些规定都随着自主体在绝对自由中遭受的损失而消失无踪了。它的否定是一种无意义的死亡,是那个在自我意识之内看不到任何肯定事物和内容的否定者所带来的纯粹恐怖。——但与此同时,这个否定在得以实现之后并不是一个**异物**,既不是那种把伦理世界埋葬了的、普遍的、位于彼岸世界的**必然性**,也不是破碎的意识所依赖的私有财产或财产所有者的心情之类个别的偶然情况,毋宁说它是一个**普遍意志**,但在它的这个最高程度的抽象里,它不包含着任何肯定的东西,因此也不能为牺牲给出任何补偿。但正因如此,普遍意志与自我意识直接合为一体,换言之,它之所以是一个纯粹肯定的东西,恰恰因为它是一个纯粹否定的东西。至于那种无意义的死亡,亦即自主体的尚未得到充实的否定性,则是在一个内在的概念里面转变为一种绝对的肯定性。对意识而言,它与普遍意志的直接统一体,它的那个要求(即知道自己是普遍意志中的这一个特定的点),全都转变为完全相反的经验。那在这个过程中消失在意识眼前的东西,是无实体的点的抽象**存在**或直接性,而这种消失了的直接性就是普遍意志自身。现在,当意识知道自己是一种**遭到扬弃的直接性**,知道自己是纯粹知识或纯粹意志时,它也知道自己其实是普遍意志。这样一来,意识便知道普遍意志是它自己,知道自己是本质。但是它还不知道自己是一个**直接存在着的本质**,既不知道自己是一个革命

[440]

政府,或一种以建立无政府状态为目标的无政府主义,也不知道自己是这个派别或对立派别的中心点。实际上,**普遍意志**是意识的**纯粹知识和纯粹意愿**,而**意识**则是作为这种纯粹知识和纯粹意愿而存在着的普遍意志。在这里,它并没有迷失**自己**,因为它是纯粹知识和纯粹意愿,而不仅仅是意识的一个原点。因此,这是纯粹知识自己与自己的交互作用。纯粹**知识**作为**本质**乃是普遍意志,但这个**本质**根本说来仅仅是纯粹知识。就此而言,自我意识,作为纯粹知识,知道本质就是纯粹知识。此外,作为一个**个别的自主体**,自我意识仅仅是"**主体**"或"**现实行动**"之类形式,而且知道这些都是**形式**。同样在它看来,**客观现实性或存在**是一种完全缺乏自主体的形式,否则它们也不会成为意识的对象。然而这种知识知道知识就是本质。

这样,绝对自由已经使自己适应了普遍意志与个别意志之间的对立。自身异化了的精神被驱赶到它的对立的顶峰,于是把这个仍然区分着 [441] "纯粹意愿"和"纯粹意愿者"的对立贬低为一个透明的形式,并在这个形式中发现它自己。——如同现实世界的王国过渡到信仰和识见的王国那样,绝对自由也从它的自我毁灭着的现实性过渡到另一片天地,过渡到一种自觉的精神,在这个新的王国里面,不具备现实性的绝对自由被看作是真相,而精神则是通过新王国的思想而重新振作起来,因为**精神作为思想存在着**,始终是思想,并且知道这个封闭在自我意识之内的存在是一个完满的和完整的本质。这就产生了一个新的意识形态,亦即**道德精神**。

C.对自身具有确定性的精神;道德

伦理世界曾经表明,那个在它之内已经完全消逝的精神,或者说**个别的自主体**,是它的命运和它的真理。然而这种**法权意义上的个人**却没有在自身内包含着它的实体和内容。从教化世界到信仰的运动扬弃了个人的这种抽象性,而通过最终完成的异化,通过最高程度的抽象,精神的自主体发现实体起先是转变为**普遍意志**，最后转变为它的私有财产。在这里，知识看起来终于已经与它的真理完全达成一致，因为它的真理就是这个知识本身，而且双方之间的一切对立都消失了，确切地说，不是**自在地看来**或**对我们而言**，而是对自我意识本身而言，一切对立都已经消失了。换句话说，这个知识已经把意识的对立掌控在自己手里，而不是受其摆布。意识依赖于它的自身确定性与对象之间的对立，而现在对象却是它的自身确定性。也就是说，当意识的自身确定性本身不再包含着各种自立的目的，那么知识也不再是一个特定的知识，而是成为纯粹知识。

　　因此对自我意识而言，它的知识是**实体**本身。在自我意识看来，实体既是**直接的**，也是绝对**间接的**，是这两方面的不可分割的统一体。——所 [442] 谓"**直接的**"，意思是自我意识和伦理意识一样，认识到了义务，履行义务，隶属于义务，把义务当作它的本性。但是它又不像伦理意识那样是一种**性格**，因为伦理意识是一个直接的东西，所以注定是一个特定的精神，仅仅隶属于众多伦理本质性**之一**，而且**不会去进行认知**。——而所谓"**绝对间接的**"，意思是它和教化意识及信仰意识一样，在本质上是自主体的一个运动（即扬弃**直接存在**的抽象性，并使自己成为普遍者），只不过这个运动既不是让自主体与现实性之间出现一种完全的异化和分裂，也不是让自主体逃离现实性。实际上，自我意识在它的实体里面是一个**当前存在着的**东西，因为实体是它的知识，是它的被直观到的纯粹自身确定性。恰恰是**这个直接性**，作为自我意识自己固有的现实性，就是全部现实性，因为直接的东西是存在本身。作为一种纯粹的、通过绝对否定性而得到升华的直接性，它是纯粹存在，是一般意义上的**存在**，亦即**全部**存在。

　　所以，"**作为思维的单纯本质存在着**"，这只不过是绝对本质具有的众多规定之一。实际上，绝对本质是全部**现实性**，而全部现实性又仅仅作为一种知识存在着。假若有什么东西是意识所不知道的，那么这些东西对它而言没有任何意义，没有任何力量；全部客观性和整个世界都退回到意识的认知意志之内。意识是绝对自由的，因为它认识到了自己的自由，而这种以自己的自由为对象的知识恰恰是意识的实体和目的，是意识的唯一内容。

a.道德世界观

自我意识知道义务是绝对本质。它只受义务的约束,而这个实体是它自己固有的纯粹意识。对自我意识而言,义务不可能保留着异物的形

[443] 式。但是,像这样封闭在自身内,道德自我意识还没有作为**意识**而被设定下来并接受考察。对象是一种直接的知识,当它完全被自主体渗透之后,就不是一个对象。但自我意识既然在本质上是一种中介活动和否定性,那么它在它的概念里就与一个**他者存在**相关联,并因此成为意识。因为义务构成了自我意识唯一的、事关本质的目的和对象,所以那个他者存在,从某一方面来看,对自我意识而言只不过是一种**毫无意义**的现实性。但因为意识完全封闭在自身之内,它对待那个他者存在的态度是完全开放和根本无所谓的,所以从另一方面来看,实存是一种被自我意识完全置之不理的、自身关联着的实存。自我意识愈是自由,它的意识的否定对象也愈是自由。就此而言,这个否定的对象是一个在自身内完全达到了自己固有的个体性的世界,既是众多独特规律构成的一个独立整体,也是这些规律的独立进程和自由实现过程。也就是说,这个否定的对象是一般意义上的**自然界**,它的规律和它的行动都隶属于它自己,以它为本质,但这个本质对道德自我意识毫不关心,正如道德自我意识对它也是不理不睬。

从这个特性出发,形成了一种**道德世界观**,它立足于**道德**的自在且自为的存在与**自然**的自在且自为的存在之间的**关联**。这个关联又有两方面的基础:一方面,**自然界**与**道德**目的及**道德**行为之间彼此完全**漠不相关**,各自**独立**;另一方面,义务的独一无二的本质性,还有自然界的完全的非独立性和非本质性,成为意识的对象。道德世界观包含着一些环节的发展过程,这些相互关联的环节摆放在那里,作为两种完全矛盾的前提存在着。

第一个前提是一般意义上的道德意识,它把义务当作本质,而且它既然是**现实的**和**能动的**,于是通过它的现实性和行为履行了义务。但与此同时,道德意识面对着另一个前提,亦即自然界的自由,换言之,道德意识从**经验**中得知,自然界才不管道德意识能否认识到它的现实性与自然界的现实性的统一,也就是说,自然界**或许**会给它带来**幸福**,**或许不会**。道 [444]
德意识只能看到行动的**诱因**,但并没有把握说通过行动就一定会赢得幸福,一定会享受成功,事实上,不道德的意识却有可能碰巧得到实现。所以,道德意识很有理由去抱怨这样一些情况,比如它与实存之间的不合拍,还有那种限制着它的不公正,也就是说,它只能把它的对象当作**纯粹义务**,但却既看不到这个对象的实现,也看不到**它自己**的实现。

道德意识不可能放弃幸福,不可能从它的绝对目的那里刨去这个环节。当目的被宣布为**纯粹义务**,于是具有一个事关本质的规定,也就是说,它本身包含着这个**个别的**自我意识。**个体的信念**,加上那种以这个信念为对象的知识,一起构成了道德性的一个绝对环节。在已经**客观化**的**目的**那里,在**得到履行**的义务那里,这个环节是那个直观到自己的实现过程的**个别**意识,或者说是那样一种**享受**,它不是作为一种**意向**直接包含在道德性概念之内,而是包含在道德性的**实现**这一概念之内。但这样一来,享受仍然是作为一种**意向**包含在道德性之内,而道德性的目标则是,不要继续作为一种意向而与行动相对立,而是应当去**行动**,或者说去实现自己。目的意识到了自己的各个环节,它与这个意识形成了一个整体,在这种情况下,所谓"目的"无非意味着,得到履行的义务既是一个纯粹的道德行为,也是一个得以实现的个体性,而**自然界**,作为与抽象目的相对立的**个别性**这一方,与这个抽象目的**合为一体**。——义务与自然界之间的不和谐必定会出现在经验之中,因为自然界是自由的,但话说回来,惟有义务才是事关本质的东西,反之自然界则是一个缺乏自主体的东西。那个带来和谐的完整**目的**在自身内包含着现实性。它同时也是 [445]
关于**现实性**的思想。只有当意识经验到自然界与它的统一,自然界才成为一个值得考虑的对象,就此而言,道德性与自然界的和谐,或者说道德性与幸福的和谐,在**思想中**和现实中都必然**存在着**,换言之,这种和谐是一个**公设**。① 因为,所谓"**要求**",意思是某种东西虽然已经存在于思想之中,但还不是现实的。这不是指**概念**之为概念的那种必然性,而是指存在的必然性。但必然性在本质上同时也是一种借助于概念的关联。因此,那个被要求的**存在**并不隶属于一个偶然意识的表象活动,而是包含在道德性概念本身之内,这个概念的真正内容就是**纯粹**意识与**个别**意识的**统一**。个别意识**发现**,这种统一是这样一种现实性:作为目的的**内容**,它是幸福,而作为目的的**形式**,它是一般意义上的实存。——就此而言,这里所要求的实存或双方的统一并不是一个单纯的希望,如果我们把它看作是一个目的,那么它也不是那种尚未确定能否实现的目的,毋宁说这个目的是理性提出的要求,是理性的直接确定性和直接前提。

前面那些经验,还有那个公设,都不是独一无二的。实际的情形是,许多公设形成了一个完整的圆圈。自然界不仅仅是一个完全自由的和**外在的**形态,不仅仅是一个纯粹的对象,只是为了让意识在它那里实现自己的目的。从本质上看,意识**本身**是这样一种东西,**为着它**,另一个自由的现实事物才存在着,也就是说,意识本身是一个偶然的和自然的东西。自然界,作为意识自己的自然界,乃是**感性**,而当感性在意愿的**形态**下表现为**冲动**和**禀好**时,它就为自己确立了一些**特定的**本质性或**个别的目的**,并因此与纯粹意志及其纯粹目的形成对立。但在纯粹意识看来,这个对立与其说是对立,还不如说是它与感性之间的关联,而它们的绝对统一就是本质。意识既是纯粹思维也是感性,也就是说,**自在地看来**,纯粹思维和感性是**同一个意识**,正是为着纯粹思维并且在纯粹思维之内,才有这种纯粹统一。反之,当纯粹思维作为意识的时候,它所面临的则是它自己与冲动之间的对立。在理性与感性的这个矛盾里,理性认为,在根本上应该出现这样的情形,即矛盾自行瓦解,然后双方的统一作为一个**结局**出现,这

[446]

① 这是康德在《实践理性批判》(V, 110 ff.)和《判断力批判》(V, 450)里面提出的思想。——译者注

个统一不是那种**原初的**统一（亦即双方共存于一个个体之内），而是一种从**自觉的**对立里面产生出来的统一。后面这种统一才是一种**现实的**道德性，因为正是通过道德性内部的对立，自主体才成为一个现实的意识，不但是自主体，而且是普遍者。换言之，这里表达出来的是一种**中介活动**，而正如我们看到的，它对道德性而言是根本重要的。——关于对立的这两个环节，既然感性完全是一种**他者存在**或一种否定，既然义务的纯粹思维不可能放弃任何东西的本质，那么双方的统一看起来似乎只有通过扬弃感性才会出现。但由于统一本身是这个转变运动的一个环节，亦即**现实性**这一环节，所以对于这种统一而言，人们必须首先满足于这样一个说法，即感性是**适合于**道德性的。——同样必须指出的是，这种统一是一个**作为公设的存在**，并未**实存着**。**实存着**的东西是意识，或者说是感性与纯粹意识之间的对立。但与此同时，这种统一也不是像最初的公设那样是一个自在体，在那里，自由的自然界构成一方，自由与道德意识之间的和谐因此出现在道德意识之外。实际上，道德意识本身就包含着自然界，它在这里的目标是道德性本身，是行动着的自主体自己固有的和谐。因此意识必须自己制造出这种和谐，并在道德性方面不断取得进步。然而道德性的**完满**必须**无限推迟**，①因为，倘若道德性真的达到完满了，那么道德意识将会扬弃自己。只有作为一个否定的本质，**道德性**才是道德**意识**，　[447]
而对于它的纯粹义务来说，感性仅仅意味着一种**否定**，亦即与纯粹义务**不合适**。在纯粹义务与感性达到和谐时，作为**意识**的**道德性**或道德**现实性**消失了，同样，在道德**意识**或现实性里，那种**和谐**也消失了。就此而言，道德性的完满是不可能真正实现的，毋宁说这仅仅是我们可以去思想的一个**绝对任务**，亦即一个无论如何都永远不能完成的任务。尽管如此，我们还是必须去思想它的内容本身，认识到这是一个无论如何必须**存在着**的东西，而不是永远只是一个任务。比如，人们可以设想，在达到那个目标

---

①　康德在《实践理性批判》（Ⅴ，122）中认为，神圣状态只有在一个"无限推进的过程"中才能达到。——译者注

之后,意识或许被完全扬弃了,或者也不会被扬弃。至于那边真实的情况究竟是什么样子,人们是不可能搞清楚的,因为那个目标已经被推移到黑暗的无限远方去了。其实我们必须指出,我们不应该对某个特定的表象感兴趣,不应该去追求它,因为这会导致一些自相矛盾的说法,比如任务应该保持为任务,但又应该被完成,道德性不应该是一种意识,不应该是一种现实的东西,等等。我们既然已经发现"完满的道德性"这个说法包含着一个矛盾,那么道德本质性的神圣地位就会遭到损害,而绝对义务也会显现为某种非现实的东西。

最初的公设是道德性与客观自然界之间的和谐,这是**世界**的终极目的。随后的公设则是道德性与感性意志之间的和谐,这是严格意义上的**自我意识**的终极目的。前一个公设是**自在存在**形式下的和谐,后一个公设是**自为存在**形式下的和谐。至于那个把这两个在思想中各据一端的终极目的维系在一起的东西,亦即中项,则是**现实的**行动本身的一个运动。两种和谐的各个环节相互之间只有抽象的差别,还没有成为对象。这种情形反映在现实当中,就是双方在真正意义上的意识里面作为彼此的**他者**而出现。这样一来,如果说最初的公设仅仅包含着两种分裂开来的和谐,即**自在存在着**的和谐和**自为存在着**的和谐,那么随后出现的公设则是包含着一个**自在且自为存在着的**和谐。

[448]

道德意识,作为一种以纯粹**义务**为对象的**单纯知识**和**单纯意愿**,当它采取行动的时候,就与那个与它的单纯性相对立的对象(亦即**复杂多样的现实性**)相关联,从而陷入到一种复杂的道德**关系**之中。这里产生出来的东西,就内容而言是**众多**法律,就形式而言则是两种相互对抗的势力,其一是认知意识,另一是无意识的事物。——首先,关于**众多的义务**,道德意识仅仅认可其中的**纯粹义务**。至于**众多的义务**,则是一些**特定的**义务,因此在道德意识看来不是什么神圣的东西。但是与此同时还存在着一种**行动**,它在自身内包含着复杂的现实性,从而也包含着复杂的道德关联,而通过这个行动的概念,众多义务**必然**而且必须被看作是一种自在且自为存在着的东西。除此之外,由于它们只能出现在某一个道德**意识**

里面,所以它们同时也出现在与之不同的另一个意识里面,在后一个意识看来,惟有真正纯粹的义务才是自在且自为的,才是神圣的。

于是又有如下这个公设,即存在着**另一个**意识,这个意识使各项义务神圣化,或者说它知道并且愿意这些义务是义务。道德意识维护着纯粹义务,但是它**漠不相关**地对待一切**特定的内容**,于是义务也与那些内容完全漠不相关。后面这个意识不仅和行动之间具有一种根本的关联,而且包含着**特定的**内容的**必然性**。由于它认为义务是作为**特定的**义务发挥着效准,所以它认为内容和形式是同样根本重要的东西,尽管内容是借助于形式才成其为义务。如此一来,在后面这个意识里面,普遍和特殊完全合为一体,它的概念就是道德性与幸福之间的和谐这一概念。同样,道德性与幸福之间的对立表明**自身一致**的道德意识与现实性发生了分裂,表明 ［449］ 现实性作为**复杂多样的存在**与义务的单纯本质相互矛盾。但如果最初的公设仅仅表现出道德性与自然界之间的一个**存在着**的和谐,那么,因为自然界在这里是对于自我意识的否定,是**存在**的一个环节,所以现在的情形颠倒过来了,也就是说,这个自在体在本质上被设定为一个意识。存在者如今在形式上表现为**义务的内容**,换言之,存在者如今是**特定的义务**所包含着的**规定性**。就此而言,自在体是那样一些本质性的统一,它们作为**单纯的本质性**或思维的本质性,仅仅出现在一个意识里面。从现在起,这个意识是世界的主人和主宰,它使道德性和幸福达成和谐,同时把**众多**义务——也就是说不只是那个唯一的纯粹义务——提升到神圣的地位。就后面这一点而言,其意思是,在那个以**纯粹义务**为对象的意识看来,特定的义务不可能直接就是神圣的,但因为它们指向一个现实的、特定的行动,同样也是**必然的东西**,所以它们的必然性就从那个意识落入到另一个意识之内,后者于是把特定的义务和纯粹义务沟通起来,确保特定的义务也发挥着效准。

然而在一个现实的行为里面,意识却是表现为这一个自主体,表现为一个绝对个别的东西。它指向严格意义上的现实性,以之为目的,因为它想要达成完满。于是**一般意义上的义务**脱离了意识,落入到另一个本质之内,而这个本质就是那个以纯粹义务为对象的意识,是纯粹义务的神圣立法者。行动着的意识,正因为它行动着,所以直接承认纯粹义务的他者也发挥着效准。纯粹义务于是成为另一个意识的内容,而且仅仅是通过一种间接的方式,也就是说,它在后面这个意识之内被那个行动着的意识看作是一种神圣的东西。

于是可以确定,义务作为一种**自在且自为的**神圣东西,其有效性的范围并不在现实意识之内,正因如此,现实意识作为一个**不完满的**道德意识完全站到了另一面。就它的**知识**而言,现实意识知道自己的知识和信念都是不完整的和偶然的,而就它的**意愿**而言,它知道自己的目的受到了感性的影响。由于自己不够资格,所以它不能把幸福看作是必然的,而是只能看作是某种偶然的东西,只能期待着通过赏赐才得到幸福。

[450]

但是,尽管现实意识的现实性是不完满的,但它的**纯粹**意志和**纯粹**知识仍然承认义务作为本质发挥着效准。就此而言,在那个与实在性相对立的概念里,或者说在思想里,现实意识是完满的。然而绝对本质恰恰是一种存在于思想中的东西,是一个凌驾于现实性之上的公设。所以,绝对本质是一个思想,在那里面,道德上不完满的知识和意愿作为一种完满的东西发挥着效准,被看作是一种至关重要的东西,而在这种情况下,绝对本质就依据资格,亦即依据那些**归结到**不完满者身上的**贡献**,授予其幸福。

到此为止,道德世界观完成了。因为在道德自我意识的概念里,纯粹义务和现实性这两方面被设定在**同一个**统一体之内,于是双方都不是自在且自为地存在着,而是成为一些**环节**,或者说被扬弃了。在道德世界观的最后阶段,意识已经认识到了如下情况;意识把纯粹义务设定在不同于它的另一个本质里面,也就是说,意识一方面把纯粹义务设定为一种**表象**,另一方面又把它设定为一种并非自在且自为地发挥着效准的东西,反而认为不道德的东西是完满的。同样,意识也把自己设定为这样一种意识,它的现实性由于与义务不符,所以遭到扬弃,而这样一来,这个**遭到扬弃的**或包含在绝对本质的**表象**中的现实性,就与道德性不再矛盾了。

尽管如此,对道德意识而言,它的道德世界观并不意味着它已经发展出了自己固有的概念,并使这个概念成为它的对象。它既没有意识到形式上的对立,也没有意识到内容上的对立,而且它也没有把对立双方联系起来进行比较,没有成为一个把各个环节凝聚起来的**概念**,而是在自己的发展过程中缓缓前进。它仅仅知道,**纯粹本质**或对象——就对象是**义务**, [451] 是它的纯粹意识的**抽象**对象而言——是纯粹知识,或者说它自己。也就是说,道德意识仅仅在进行思维,而不是在进行概念式把握。因此在它看来,它的**现实**意识的对象还不是透明的。它不是那个绝对概念,因为惟有绝对概念才知道任何**他者存在**或它的绝对对立面都是它自己。诚然,在道德意识看来,它自己固有的现实性,还有全部客观的现实性,都是作为一种**无关本质的东西**发挥着效准,但它的自由乃是纯粹思维的自由,因为与之对立的自然界同样也是自由的。**存在是自由的,**存在同样也被封闭在意识之内——既然这两种情况都以同样的方式蕴含在道德意识里面,那么道德意识的对象就成了一个虽然**存在着**、但**同时仅仅被思维**的东西。在道德世界观的最后阶段,内容被设定为一种根本重要的东西,以至于道德意识的存在反而成了一个**表象**,而当存在与思维的这种联合被宣布为它实际上所是的东西,就是**表象活动**。

在我们看来,道德世界观这一客观的形态无非是道德自我意识的客观化了的概念,而在意识到道德世界观的起源形式之后,这个世界观的另一个形态就呈现出来。——最初的道德意识,作为出发点,是一个**现实的**道德自我意识,亦即这样一个命题:**存在着这样一个意识。**按照概念的规定,道德意识发现,一切现实性只有在符合义务的情况下才具有一个本质。概念把这个本质设定为知识,设定为本质与一个现实的自主体的直接统一体。就此而言,这个统一体本身是现实的,它作为一个道德的现实意识**存在着。**——这个道德的现实意识,作为一个意识,把它的内容想象为一个对象,确切地说,想象为**世界的终极目的**,想象为道德性与一切现实性之间的和谐。但由于它把这个统一体想象为一个**对象**,由于它还不 [452] 是一个概念,没有能力支配对象本身,所以这个统一体在它看来是对于自我意识的否定,换言之,这个统一体在它之外,位于它的现实性的彼岸世界,与此同时,这个统一体虽然**也存在着**,但仅仅是作为思维的对象存在着。

在这种情况下,道德意识,作为一个**不同于**对象的自我意识,最终面临着义务意识与现实性之间的不和谐,或更确切地说,面临着道德意识自身内部的不和谐。因此现在的命题是:**不存在一个在道德上达到完满的、现实的**自我意识。由于义务是一个**纯粹的**、未夹杂任何东西的自在体,而道德性仅仅在于与这个纯粹事物保持一致,所以只有完满的道德才是真正的道德,而这样一来,第二个命题就成了:**不存在任何道德上的现实事物**。

最后还有第三个命题:道德意识是**一个**自主体。因此,**自在地看来**,道德意识是义务与现实性的统一体,这个统一体作为完满的道德性成为道德意识的对象。它虽然处于道德意识的**彼岸世界**,但还是会成为现实的东西。

我们的目标是把前面两个命题综合统一起来,在这个目标里,无论是自觉的现实性,还是义务,都仅仅被设定为一个遭到扬弃的环节。因为它们都不是孤立个别的东西,但在本质上又注定**不依赖于对方**而存在着,所以一旦统一起来,它们就不再是互不依赖的,也就是说,它们都被扬弃了。在这种情况下,就内容来看,它们转变为对象,**每一方都对对方发挥着效准**,同时就形式来看,它们之间的这种交流仅仅是一个**表象**。——换言之,**现实中不道德的东西**,因为它同样也是纯粹思维,并且凌驾于它的现实性之上,所以它在表象中反而是道德的,并且被看作是完全有效的。在这种情况下,第一个命题,亦即"**存在着**一个道德的自我意识",就建立起来了,而与之联系在一起的是第二个命题,亦即"**不存在**一个道德的自我意识"。后面这个命题的意思是,尽管**存在着**一个道德的自我意识,但却是仅仅存在于表象中。换言之,尽管不存在一个道德的自我意识,但另一个意识仍然认为有一个道德的自我意识发挥着效准。

b. 颠倒错位

[453]

在道德世界观里，一方面，我们看到意识**自己有意识地制造出**它的对象。我们看到，意识并没有把既有的对象看作一个异物，对象也不是在它未察觉的情况下出现在它面前，毋宁说，意识在任何地方都是依据着同一个理由去展开行动，**去设定一个客观的本质**。意识知道这个本质是它自己，因为它知道是自己**在行动中**制造出了对方。在这里，意识看起来已经得到了安宁和满足，而要做到这一点，前提是意识不再需要超越它的对象，因为对象也不再超出意识之外。但是，另一方面，我们也看到意识其实是把对象设定在它**自身之外**，设定为它的彼岸世界。与此同时，这个自在且自为存在着的东西也被设定为一个不是独立于自我意识，相反却是为着自我意识并且通过自我意识才存在着的东西。

因此，道德世界观实际上不是别的，无非是这个基本的矛盾向着不同方面发展的塑造过程。借用康德的一个无比贴切的说法，道德世界观是"**整整一窝**"缺乏思想的矛盾。① 意识在这个发展过程中的做法是，先设定一个环节，从这里直接过渡到另一个环节，然后将前者扬弃。但意识**刚刚建立起**这第二个环节，马上**又**重新将其**颠倒**，反而以它的对立面为本质。意识意识到了自己的矛盾，同时**也**意识到了自己的**颠倒行动**，也就是说，当它与一个环节**还保持着关联**的时候，它已经从这个环节**直接**过渡到了另一个对立的环节。**正因为**一个环节对它而言不具有实在性，所以它把这环节设定为**实实在在的**，换言之，意识为了主张**一个环节**自在存在 [454] 着，于是主张**相反的环节**是自在存在着的。这样一来，意识等于承认它实际上对这两个环节都不是严肃认真的。对于这一点，我们将在这个带有欺骗性的运动的各个环节里进行仔细考察。

我们暂且不去管"存在着一个现实的道德意识"这一前提（因为这个

---

① 参阅康德《纯粹理性批判》（B637）：在关于上帝存在的宇宙论论证里，隐藏着"整整一窝辩证的僭越主张"。——德文版编者注

前提与此前所说的东西没有直接联系),而是去考察那个最初的公设,即道德性与自然界之间的和谐。这种和谐应该是**自在的**,并不是现实意识的对象,或者说不是一种当前存在着的东西,因为按照当前的实际情况,毋宁是道德性与自然界之间存在着矛盾。在当前的实际情况里,**道德性**被认为是一个**现成的**东西,而现实性则被断定为与道德性不和谐。然而**现实的道德意识**是一个**行动着**的意识,这里恰恰蕴涵着它的道德性的现实性。通过**行动**本身,那个断言被直接颠倒了,因为行动无非是去实现一个内在的道德目的,无非是去创造出一种**受目的规定的**现实性,或者说应当制造出道德目的与现实性本身之间的和谐。与此同时,行为的实施是在意识面前进行的,它是这样一种**当前存在着的情况**,即现实性与目的的统一。在一个已经实施的行为里,意识作为这一个个别的东西实现了自己,换言之,意识直观到实存已经返回到意识之内,从而得到享受,正因如此,道德目的的现实性里面同时也包含着现实性的那种形式,亦即所谓的享受和幸福。——也就是说,行动实际上直接满足了那个当初被认为不能实现、仅仅位于彼岸世界的公设。意识通过行动表明,提出公设的做法只是权宜之计,因为行动的意义毋宁在于使原本不大可能在当前的实际

[455] 情况中出现的东西成为一种当前存在着的东西。正是为了督促行动,和谐才被作为这样一个公设提出来:凡是应该通过行动而得以**实现**的东西,都必须**自在地**就是现实的,否则它**不可能**成为现实的。所以,行动和公设是这样结合起来的,即为了督促行动,亦即为了让目的与现实性之间出现一个**现实的**和谐,和谐才被设定为一种**非现实的**、位于**彼岸世界**的东西。

　　意识既然**采取行动**,于是根本没有把目的与现实性之间的**不符**看作是多么严肃的事情。反过来,它重视的似乎是**行动**本身。但实际上,现实的行为仅仅是**个别**意识的行为,因此本身仅仅是某种个别的东西,而成果同样也是偶然的。理性的目的,作为一个普遍的、无所不包的目的,可以当之无愧地称作整个世界。这是一个终极目的,远远超出了这一个个别的行为的内容,因此必须凌驾于一切现实的行动之上。因为应该做到普遍的至善,所以人们不做任何个别的善事。但实际上,现实行动的**虚妄**,

还有**整个**目的如今才建立起来的**实在性**,在任何方面都重新被颠倒了。道德行为不是什么偶然的和有限的东西,因为它以纯粹**义务**为自己的本质。纯粹义务构成了**唯一完整的**目的,而行为,作为这个目的的实现,无论内容方面遭受什么限制,都要去实现那个完整的绝对目的。换言之,如果现实性重新被看作是一个有着**自己固有的**规律、并与纯粹义务相对立的自然界,以至于义务不能在自身内实现自己的规律,那么实际的情形是,由于严格意义上的义务就是本质,所以行动**不是为了去履行**纯粹义务,不是为了实现整个目的才行动。因为,义务的履行并不是以纯粹义务本身为目的,而是以那个与纯粹义务相对立的**现实性**为目的。但是,当我们说行动不是以现实性为目的,这里又发生了颠倒。因为按照道德行动的概念,纯粹义务在本质上是一个**行动着的**意识。也就是说,人们无论如何都应该采取行动,绝对义务应该表现在整个自然界里面,道德律应该成为自然规律。① 　　　　　　　　　　　　　　[456]

　　因此,如果我们承认这个**至善**是本质,那么意识不可能严肃地对待一般意义上的道德性。因为在这个至善里面,自然界和道德性具有同样的规律。于是道德行动本身消失了,因为只有以一个必须通过行为而被扬弃的否定者为前提,行动才会出现。但如果自然界是合乎道德律的,那么对于存在者的扬弃将会损害道德律。——也就是说,那个假定已经承认了本质状态是这样一种情形,即道德行动不但是多余的,甚至根本就不存在。道德性与现实性之所以达到和谐,是由于道德行动的概念使二者达成一致,这种和谐,作为一个公设,也从如下这个方面表现出来,也就是说,正因为道德行动是绝对目的,所以绝对目的意味着道德行动根本不存在。

　　意识在它的道德表象活动中缓缓前进,如果我们把它经过的那些环节放在一起,就可以发现,意识把每一个环节都在其各自的对立面那里重

---

① 康德在《道德形而上学的奠基》(Ⅳ, 421)中强调:"这样去行动,仿佛你的行为准则通过你的意志可以成为普遍的自然规律。"——译者注

新扬弃。意识一开始以为,**对它而言**,道德性与现实性之间不存在和谐,但意识并没有严肃地看待这件事情,因为通过一个行为,**对它而言**,那种和谐成为了当前的实际情况。但是,意识同样也没有严肃对待这种**行动**,因为行动是某种个别的东西,而意识拥有一个如此崇高的目的,即**至善**。然而至善仅仅是事情的又一个颠倒,因为在它那里,一切行动和一切道德性都消失了。换言之,意识其实根本没有严肃对待**道德**行动,毋宁说,那在它看来最值得期盼、最无与伦比的事情是:至善得到实现,而道德行动成为多余。

[457]　　从这个结果出发,意识必须在它的那个充满矛盾的运动里面继续缓慢前进,并且必然会再次颠倒它对于道德行动的**扬弃**。道德性是一个自在体。我们不能说,只有等世界的终极目的实现了之后,道德性才会实现,毋宁说,道德意识必须**自为地**存在着,必须面对那个与它**相对立的自然界**。但道德意识必须就其自身而言是完满的。这导致第二个公设,即它与自然界或者说与感性之间的和谐,因为当自然界直接出现在道德意识自身之内时,就是感性。道德自我意识把它的目的树立为一个纯粹的、不依赖于禀好和冲动的东西,所以它在自身内把各种感性目的都清除掉了。——然而这种刚刚确立下来的、对于感性本质的扬弃,再度被倒置过来。道德意识采取行动,使它的目的成为现实,而那个本应被扬弃的、自觉的感性恰恰是介于纯粹意识与现实性之间的一个中项,也就是说,它是纯粹意识借以实现自身的工具或官能,即所谓的冲动、禀好等等。因此意识并没有严肃认真地去扬弃禀好和冲动,因为这些东西恰恰是一个**正在实现自身的自我意识**。不仅如此,禀好和冲动也不应该遭到**压制**,只能说,它们应该**合乎或迁就**理性。它们确实是合乎理性的,因为道德**行动**无非是一个正在实现自身、给予自己以**冲动**形态的意识,也就是说,道德行动直接就是冲动和道德性在当前的实际情况中达成的和谐。但事实上,冲动仅仅是一个空洞的形态,它仿佛在自身内包含着不同于自己的另一个动机,并被这个动机推动着。感性是一个有着自己固有的规律和发条的自然界。就此而言,道德性不可能真正去充当冲动的发条或禀好的倾

斜趋势。由于冲动和禀好有着自己固有的规定性和独特的内容,所以与
其说是它们迁就意识,不如说是意识迁就它们,而这种迁就是道德自我意 [458]
识绝不容许的。所以,双方之间的和谐仅仅是**自在的**,仅仅是一个**公设**而
已。——此前在道德行动里面,道德性与感性**在当前实际情况中的**和谐
已经建立起来,但**现在**又被颠倒了。它位于意识的彼岸世界,隐藏在云雾
缭绕的远方,其中没有什么东西能够被清楚辨认,能够从概念上得到把
握;我们刚才曾经尝试着从概念上去把握这个统一体,可惜失败了。——
在这个自在体里,意识完全放弃了自己。这个自在体意味着意识的道德
完满,在这种状态下,道德性和感性停止了相互之间的争斗,后者以一种
不可捉摸的方式迁就了前者。① 尽管如此,这个完满仍然只是事情的一
个颠倒,因为在那种状态下,其实是**道德性**放弃了自己,因为它仅仅意识
到绝对目的是一个**纯粹**目的,是一个与其他一切目的**相对立的**目的。同
样,道德性也是这个纯粹目的的一个**行为**,因为它意识到了自己对于感性
的超越,意识到了感性的介入,意识到了它与感性之间的对立和斗
争。——意识并没有严肃对待道德完满,这一点直接体现在意识的如下
做法里:它颠倒了道德完满,把它推移到**无限远**的地方,也就是说,它主张
道德完满永远都不会实现。

因此意识认可的东西,仅仅是"未完成"这样一个中途半端的状态,
而这个状态至少应该是一种趋向完成的**前进过程**。然而实际情形又不可
能是这样,因为在道德性那里,前进毋宁意味着走向道德性的消亡。概言
之,这里的目标就是前面提到的道德性以及意识本身的虚无,就是对于道
德性和意识本身的扬弃,而一步一步地越来越靠近虚无,就叫做衰退。除
此之外,**前进**一般说来和**衰退**一样,都假定了道德性有着**分量**上的差别,
然而道德性本身是不可能有这类差别的。道德性作为一个意识,以**纯粹**
义务为道德目的,在它那里,我们根本不能设想有任何差异性,至少不能

---

① 这里指席勒在《秀美与尊严》及《审美教育书简》里面的思想。席勒反对康德把道
德性与感性看作水火不容的争斗双方,而在他自己描述的"优美灵魂"和"审美自由"状况
下,感性以一种不可捉摸的方式顺从道德性,从而形成一种和谐状态。——译者注

[459]　设想有一种肤浅的分量上的差异性。惟有**一种**德行,惟有**一种**纯粹义务,惟有**一种**道德性。

　　既然意识真正严肃对待的不是道德完满,而是那种中途半端的状态,亦即刚才讨论过的不道德,那么我们就从另一个方面返回到最初那个公设的内容。我们实在看不出,道德意识如何能够出于它的**资格或尊严**而要求享有幸福。它意识到了自己的未完成或不完满,所以当它要求享有幸福的时候,并没有把这当作它理应得到的报酬,而是认为幸福只能依赖于一个自由的恩赐。也就是说,意识要求得到的是自在且自为的幸福**本身**,在这个过程中,它不能依赖那个绝对的理由,而是只能在偶然和随意中期待着什么事情发生。——正是在这里,我们明白看出所谓"不道德"是什么意思,也就是说,意识关心的不是道德性,而是那种与道德性无关的、自在且自为的幸福。

　　通过道德世界观的这第二个方面,那前一个方面的主张,亦即道德性与幸福之间是不和谐的,也被扬弃了。——意识将会从经验中得知,按照当前的实际情况,有道德的人经常不得好报,而不道德的人反而经常走好运。然而,"未完成的道德性"这一中途半端的状态既然已经表明自己是一种事关本质的东西,它就会明白指出,这些情况和可能出现的经验都仅仅是事情的一个颠倒。既然道德性尚未完成,也就是说,既然道德性实际上**不**存在,那么什么经验能够表明道德性不得好报呢?——同时,既然已经有一个结论,即大家关心的都是一种自在且自为的幸福,那么很显然,"不道德的人走好运"这一论断的意思并不是说这里出现了不公正。既然道德性根本没有完成,那么贴在一个"不道德的人"身上的标签**自在地**
[460]　就是无效的,也就是说,这个标签的理由完全是随意的。就此而言,经验论断的意义和内容无非只有这样一个意思,即某些人不应当获得一种自在且自为的幸福。换言之,这其实是一种披着道德外衣的**嫉妒**。至于为什么其他人就应当获得所谓的幸福,其理由则是出于一种良好的友谊,也就是说,人们**衷心祝愿**自己和朋友们都会得到这个恩赐,亦即碰巧得到幸福。

　　现在确定下来的情况是,道德性在道德意识里面是未完成的或不完满的。但道德性的本质在于仅仅作为一个**完满的**、**纯粹的**东西存在着,所以未完成的道德性是不纯粹的,或者说是不道德。在这种情况下,道德性本身就不是包含在一个现实的意识里,而是包含在另一个本质里,这个本质是一个神圣的道德立法者。——这个公设的理由就是那种在意识里**未完成**的道德性,它**最初**的意思是:既然道德性作为一个**现实的**东西被设定在意识之内,那么它就与一个**他者**,与一个实存相关联,也就是说,它本身包含着一个他者存在或一个差别,而在这种情况下,大量道德诚命就产生出来了。但与此同时,道德自我意识又认为如此**众多的**义务是无关本质的东西,因为它只关心**唯一一个**纯粹义务,**对它而言**,那些**特定的**义务并不具备真理。如此一来,众多的义务只能在一个他者那里获得它们的真理,它们尽管在道德自我意识看来毫无神圣可言,但现在却借助于一个神圣的立法者而变得神圣。——然而这些情况本身又是事情的一个颠倒。因为,道德自我意识认为自己是绝对者,惟有**它所知道的**义务才算得上是义务,而它只知道纯粹义务是义务。在它看来不神圣的东西,自在地就是不神圣的,而凡是自在地就不神圣的东西,也不能借助于一个神圣本质而被提升到神圣的地位。道德意识根本不相信可以**通过**不同于它的**另一个**意识而让某些东西变得神圣,因为它坚决认为,只有那种在它看来是**通过自身并且在自身内**就神圣的东西才是神圣的。与此同时,道德意识同样也不相信另一个本质是神圣的,因为那个本质居然会让某些东西获得本质性,而这些东西对于道德意识而言或者说自在地看来根本不具备本质性。 ［461］

　　当神圣本质作为一个公设被提出,以确保义务不是作为纯粹义务,而是作为众多**特定的**义务而拥有有效性,那么这个神圣本质必然会被再度倒置,而另一个本质必然会成为神圣的,因为在后者这里,惟有**纯粹义务本身**才拥有有效性。实际上,纯粹义务也不是在道德意识里,而是只有在另一个本质里才拥有有效性。虽然在道德意识那里,看起来惟有纯粹的道德性才拥有有效性,但道德意识还是必须被另行安置,因为它同时也是一个自然的意识。在这个自然的意识里面,道德性受到感性影响,依赖于感性,因此不是自在且自为的,而是表现为自由**意志**的一种偶然性,而且,就这是一个**纯粹**的意志而言,表现为**知识**的偶然性。因此可以说,道德性在另一个本质里是**自在且自为的**。

在这里,这个本质是一种纯粹完满的道德性,因为道德性在它那里与自然界以及感性没有任何关联。然而纯粹义务的**实在性**恰恰立足于通过自然界和感性而**得以实现的过程**。道德意识之所以是不完满的,是因为在它那里,道德性与自然界以及感性有一个**肯定的**关联,尽管道德意识认为,从原则上来说,道德性包含着一个事关本质的环节,即它与自然界以及感性之间无论如何只能有一个**否定的**关联。反之,道德意识因为超脱出了与自然界和感性进行的**斗争**,所以它与它们之间没有什么否定的关联。事实上,道德意识别无选择,它与自然界和感性只能有一种肯定的关联,而这种关联正是我们刚才所说的未完成状态或不道德。但是,如果**纯粹道德性**完全脱离现实性,竟至于与现实性之间没有任何肯定的关联,那么它就是一个无意识的、非现实的抽象,而道德性的概念——即作为一种以纯粹义务为对象的思维,作为一种意志和行动存在着——也将会在这个抽象中遭到彻底扬弃。就此而言,这个如此纯粹的道德本质仍旧是事情的一个颠倒,必须被抛弃。

[462]

但在这个纯粹的道德本质里,矛盾的各个环节聚集在一起。在这个矛盾里,综合式表象活动兜着圈子,却无力整合自己的思想,这些思想,亦即各个相互对立的“**也**”或“**并且**”,相继涌现,一个接一个地取代彼此。当这些环节聚集到一定程度,意识必然会放弃它的道德世界观,逃遁到它自身之内。

意识之所以认识到它的道德性是未完成的,原因在于,它受到了那与道德性相对立的感性和自然界的影响。感性和自然界一方面把道德性本身弄得浑浊不堪,另一方面又让大量义务产生出来,在这些义务的干扰之下,意识在现实行动所面临的具体事情那里每每束手无策。因为,每一件事情都是众多道德关联的具体化,好比知觉的对象始终是一个具有众多属性的物。当**特定的**义务被看作是目的,它就获得了一个内容,它的**内容**是目的的一部分,而在这种情况下,道德性就不纯粹了。——道德性于是在另一个本质那里取得自己的**实在性**。但这种实在性的意思无非是,道德性在这里是**自在且自为的**。所谓**自为**,即是说道德性是一个**意识**的道德性,而所谓**自在**,即是说道德性有着**实存**和现实性。——道德性在那个最初未完成的意识里没有得到实现,因为它在那里是一个自在体,但却是作为一个**思想物**存在着。它与自然界和感性,与存在和意识的现实性为伴,这种现实性构成了道德性的内容,而自然界和感性则是一种在道德上无足轻重的东西。——在第二个意识里,道德性呈现为一个**完成的**东西,不再是一个没有得到实现的思想物。但道德性之所以在这里得到完成,恰恰是因为它在一个**意识**那里获得了**现实性**(一种**自由的现实性**),获得了全部实存,因此不再是一种空无,而是一个充盈的、富含内容的东西。也就是说,道德性之所以得以完成,原因在于,我们刚才所说的那些在道德上无足轻重的东西不但包含在道德性里面,而且还在它身上表现出来。一方面,道德性无论如何应当仅仅作为一个纯粹抽象的、非现实的思想物就拥有有效性;另一方面,它在这种情况下又不应当拥有有效性。道德性的真理应当这样体现出来,也就是说,一方面,它与现实性相对立,完全脱离现实性,空空荡荡,但另一方面,它就是现实性。 [463]

　　道德世界观的内部曾经分布着大量矛盾,而今这堆矛盾自行消失了,因为矛盾所依据的差别曾经是一种必然被思考和被设定、但同时又无关本质的差别,但现在这种差别成了一种根本不能付诸言辞的差别。那些最终被设定下来的参差不齐的事物,无论是作为虚无缥缈的东西还是作为实实在在的事物,实际上都是同一个东西,亦即实存和现实性。另一方面,那个完全位于当前存在和现实意识的**彼岸世界**的东西,无论是在现实存在和现实意识之内,还是在彼岸世界,都是一种虚无缥缈的东西——这就是纯粹义务,以及一种以纯粹义务为对象,以纯粹义务为本质的知识。意识造成了这种不是差别的差别,它宣称现实性既是虚无缥缈的也是实在的,宣称纯粹的道德性既是真正的本质也是缺乏本质的东西。意识把它从前的那些分散的思想一并说了出来,郑重宣布,它不会严肃看待**自主体**和**自在体**这两个环节的规定和分立状态,毋宁说它真正关心的是,如何在自我意识的自主体之内仍然完整地掌握着那个绝对的、**存在于**意识之外的东西,正因如此,它认为所谓的绝对思想物或绝对**自在体**并不具备真理。——意识发现,这些环节的分立是一种颠倒,倘若它继续保留着这种颠倒,自己就将是一种**伪善**了。但是,作为一个有道德的纯粹自我意识,它摆脱了它的**表象活动**与它的**本质**之间的不一致状态,摆脱了这样一种虚假(即把对意识来说不真的东西称作是真的),带着憎恶的心情返回到自身之内。它成了**纯粹良知**,鄙视着上述道德世界观。纯粹良知**在自身之内**是一个单纯的、具有自身确定性的精神,它无需那些表象的中介,直接按照良知去行动,并且把这种直接性看作是它的真理。——但如果说这个颠倒的世界无非是道德自我意识在其各个环节中的发展过程,亦即它的**实在性**,那么就意识的本质而言,道德自我意识的这种自身回归也不可能有别的情形。意识返回到自身之内,这无非意味着,它**已经意识到**它的真理是一个既定的真理。但是意识仍然**不得不**一再**宣称**这个真理是**它的**真理,因为它必须宣称自己是一个客观的表象,必须呈现为一个客观的表象,尽管它清楚地**知道**,这一切只不过是一个颠倒。就此而言,意识实际上就是伪善,而对于上述颠倒的**鄙视**已经是伪善的第一个表现。

[464]

c.良知;优美灵魂,恶及其宽恕

按照道德世界观的二律背反,既存在着一个道德意识,又不存在一个道德意识,或者说,义务的有效性一方面位于意识的彼岸世界,另一方面又只能出现在意识之内。这个二律背反可以归结为这样一个观念,在这个观念看来,不道德的意识是道德的,它的偶然知识和偶然意愿是无比重要的,而且它会通过恩赐得到幸福。道德自我意识并没有把这个自相矛盾的观念供奉起来,而是把这个观念放置到另一个本质之内。但是,当它把它必然会思考的东西排斥到自身之外,这种做法就形式而言已经是一个矛盾,正如道德自我意识本身就其内容而言已经是一个矛盾。自在地看来,那个显现为矛盾的东西,和道德世界观来回兜着圈子想要脱离并将其重新消解的那个东西,实际上是同一个东西,因为,作为**纯粹知识**的纯 ［465］粹义务无非是意识的**自主体**,而意识的自主体是**存在**和**现实性**。同样,那本应位于**现实**意识的彼岸世界的东西,无非是纯粹思维,实际上也就是自主体。正因如此,**对我们而言**或**自在地看来**,自我意识已经返回到了自身之内,并且知道自己是这样一个本质,在其中,**纯粹知识和纯粹义务**同时都是一种**现实的**东西。在这里,即使有着相当的偶然性,意识仍然把自己看作是一种完全有效的东西,它知道它的直接个别性是纯粹知识和纯粹行动,是真正的现实性和真正的和谐。

　　良知的自主体,亦即那个直接确知自己是绝对真理和绝对存在的精神,就是我们看到的从第三个精神世界里面转变而来的**第三种自主体**。在此我们把它与前面两种自主体进行简单比较。第一种自主体是**个人的**自主体,是一种作为伦理世界的真理而呈现出来的总体性或现实性,因此个人的实存是一种**得到承认的存在**。如果说个人是一种缺乏实体的自主体,那么它的实存同样也是一种抽象的现实性。个人**发挥着效准**,而且是以一种直接的方式。自主体是一个直接安息在它的存在要素之内的点,这个点没有脱离自主体的普遍性,所以双方相互之间谈不上运动和关联。普遍者没有在那个点里面作出区分,它不是自主体的内容,而自主体也没有把自己充实起来。——至于**第二种自主体**,则是那个已经掌握了自己的真理的教化世界,或者说那个经过分裂之后重塑自身的精神,亦即绝对自由。在第二种自主体那里,个别性与普遍性的最初的直接统一体瓦解了。普遍者一方面仍然是一个纯粹的精神性本质,是一种得到承认的存在,或者说是一种普遍意志和普遍知识,另一方面同时也是自主体的**对象**和内容,是自主体的普遍现实性。普遍者在形式上并不是表现为一种摆脱了自主体的实存,因此它在这个自主体那里没有得到充实,没有得到任何肯定的内容,没有成为一个世界。诚然,道德自我意识一方面放任自己 ［466］的普遍性成为一个自由的和独立的自然界,另一方面又把这个自然界作为一种遭到扬弃的东西牢牢控制在自身之内。但实际上,这两种情况的更替过程只不过是一个反复颠倒着的游戏。只有作为良知,它才在具有**自身确定性**的同时,用**内容**去充实以前那种空泛的义务,去充实空泛的权利和空泛的普遍意志。正因为这种自身确定性同样也是一种**直接的东西**,所以道德自我意识才拥有实存本身。

一旦掌握它的这个真理,道德自我意识就会遗弃——更确切地说是扬弃——它自身内的那种导致颠倒的分裂,扬弃**自在体**和**自主体**之间的分裂,扬弃纯粹义务(作为纯粹**目的**)和**现实性**(作为与纯粹目的相对立的自然界和感性)之间的分裂。当这样返回到自身以后,它成为一个**具体的**道德精神,再也不会把那种以纯粹义务为对象的意识看作是一种与现实意识相对立的空洞标准。如今,纯粹义务以及与纯粹义务相对立的自然界都是一些遭到扬弃的环节。具体的道德精神是一个在直接统一体中**实现着**自己的**道德本质**,而它的行为直接就是一个**具体的**道德形态。

精神显然采取了行动。在认知着的意识看来,这件事情是一种客观的现实性。认知着的意识,作为良知,以一种直接而具体的方式认识到了这件事情,反过来说,也只有当认知着的意识认识到了这件事情,这件事情才存在着。如果一种知识不同于它的对象,那么它是一种偶然的知识。然而那种具有自身确定性的精神不再是这样一种偶然的知识,它在自身内创造出来的思想也不再是一种有别于现实性的东西,实际上,既然**自在体**和**自主体**之间的分裂已经被扬弃,那么,一件事情**自在地**是怎样的,它直接出现在知识的感性**确定性**中就是怎样的,而且,它在这种知识里是怎样的,它**自在地**也只能是怎样的。——就此而言,行动,作为一种实现过程,是意志的一个纯粹形式,是从一种现实性(一件**存在着**的事情)到另一种现实性(一个**行为**),或者说从一种知识形态(这种知识以单纯的**客观事物**为对象)到另一种知识形态(这种知识以意识创造出来的**现实事物**为对象)的单纯转化。正如感性确定性是直接被吸纳到精神的自在体之内,或更确切地说,正如感性确定性直接转化为精神的自在体,同样,现在的这种转化也是一种单纯的、未经中介的转化,是一种仅仅借助于纯粹概念而不必改变内容的过渡,至于内容是怎样的,则由那个认知着内容的意识的兴趣来决定。——除此之外,良知也没有把事情的具体情境分派给众多彼此有别的义务。良知并不是表现为一种**肯定的普遍媒介**,在那种媒介里,每一个义务都自为地包含着一种牢不可摧的实体性,以至于只剩下两种选择:**要么**人们根本不能采取任何行动,因为每一件具体的事情都包含着一般意义上的对立,每一件道德事情都包含着义务的对立,所以任何行动都注定会**损害某一个**方面,**损害某一个**义务;**要么**人们采取行动,于是那些相互对立的义务总会有一方遭受到现实的损害。真正说来,良知其实是一个否定的单一体,或者说是一个绝对的自主体,它把这些彼此有别的道德实体消灭殆尽;良知是一种单纯的合乎义务的行动,它不是去履行这个或那个特定的义务,而是知道并且做着具体的正确事情。因此总的说来,只有当此前那个无所作为的、以道德性为对象的意识过渡到行动,良知才是一种真正意义上的道德**行动**。——作出区分的意识可能会把一个具体的行为形态分解为一些彼此有别的属性,也就是说,分解为一些彼此有别的道德关联;意识要么把每一个属性或道德关联都称作是绝对有效的——因为,如果它们是义务的话,就必然是如此,——要么对它们进行比较和审查。在良知的单纯的道德行为里,各种义务混杂到了这种程度,以至于所有这些个别的本质都被直接**取缔**,与此同时,良知认为确切无疑的义务却根本不会遭到审查的冲击。

同样,良知里也没有包含着意识此前的那种徘徊不决的不确定性,在 [468] 那种情况下,意识一会儿把所谓的纯粹道德性排斥出去,设定在另一个神圣本质之内,反而认为自己是一种不神圣的东西,一会儿又重新收回道德的纯粹性,却把感性事物与道德事物的结合设定在另外那个本质之内。

当良知抛弃了那种认为义务和现实性互为矛盾的意识,也就抛弃了道德世界观的所有这些设定和颠倒。在那种认为义务和现实性互为矛盾的意识看来,当我**意识到**自己仅仅是去履行纯粹义务而不是以**别的什么东西**为目的时,我采取了一个道德的行动。但这实际上等于说,**当我什么都不做**的时候,我采取了一个道德的行动。当我在做什么的时候,我意识到一个**他者**,意识到一个明摆着的**现实性**,以及我想要促成的一个现实性,我怀着一个**特定的**目的,去履行一个**特定的**义务。这里除了纯粹义务之外还有**别的东西**,尽管有人说惟有纯粹义务才值得关注。——反之,良知是这样一种意识,它知道,当道德意识宣称**纯粹义务**是它的行动的本质时,这个纯粹目的是对于事情的一个颠倒;因为事情本身的情况是,纯粹义务立足于纯粹思维的空洞抽象,只有通过一个特定的现实性才获得它的实在性和内容,而这个特定的现实性,作为意识自己的现实性,不是隶属于一个作为思想物的意识,而是隶属于个别的意识。良知**自己认识到**,它的真理就在它的**直接的自身确定性**之内。这种**直接的**、具体的自身确定性就是本质。如果从意识的对立出发来看这种自身确定性,那么每个人自己固有的直接**个别性**就是道德行动的内容。然而道德行动的**形式**恰恰是这样一个自主体,它是一个纯粹的运动,是一种**知识**,或者说是**自己固有的一个信念**。

如果我们按照它的统一性以及各个环节的意义来仔细考察这个自主体,就会发现,道德意识仅仅把自己理解为**自在体**或**本质**,却把它的**自为存在**或它的**自主体**理解为良知。在这种情况下,道德世界观的矛盾**自行瓦解**了,也就是说,这个矛盾所依据的差别表明自己不是一个差别,而是可以归结为一种纯粹的否定性,但这种纯粹否定性恰恰是**自主体**,确切地说,是这样一个单纯的**自主体**,它既是一种**纯粹**知识,也是一种特定的知识(即知道自己是**这一个个别的**意识)。这个自主体于是构成了此前那个空洞的本质的内容,因为它是一个**现实的**自主体,已经不再是一个对本质而言陌生的、有着自己固有的规律的、独立的自然界。作为一种否定,它是纯粹本质的一个**差别**,是一个自在且自为地发挥着效准的内容。

[469]

此外,这个自主体,作为一种纯粹的、自身一致的知识,乃是**绝对普遍者**,以至于可以说,这种知识,**作为它自己固有的知识**,作为一种信念,恰恰就是**义务**。义务不再是一个与自主体相对立的普遍者,而是这样一种意识,它知道自己在这种分裂状态下不具有任何效准。现在是法律为自主体服务,而不是自主体为法律服务。就此而言,法律和义务不仅意味着

自为存在,而且也意味着**自在存在**,因为这种以保全自己的自身一致性为目的的知识正是**自在体**。这个自在体也在意识之内脱离了它与自为存在的直接统一,反而与自为存在相对立,而在这种情况下,它是一种**存在**,一种**为他存在**。——正是在这里,义务,作为遭到自主体遗弃的义务,被认识到仅仅是一个**环节**。义务的本意是作为**绝对本质**存在着,现在它降格为一种存在,这种存在不是自主体,不是**自为存在**,而是一种**为他存在**。但这种**为他存在**之所以仍然是一个事关本质的环节,原因在于,自主体作为意识造成了自为存在与为他存在之间的对立,而且义务现在本身直接就是一个**现实的东西**,不再仅仅是一个抽象的纯粹意识。

因此这种**为他存在**是一个**自在**存在着的、与自主体区分开的实体。[470] 良知并没有放弃纯粹义务或**抽象的自在体**,毋宁说,纯粹义务是一个事关本质的环节,因为它是作为**普遍性**而与其他环节相关联。良知是各种自我意识的公共要素,而这个公共要素是一个实体,确保行为在其中具有**持存和现实性**。作为一个环节,良知意味着**得到别人的承认。实存着的纯粹意识**得到承认。但这个环节并没有包含在道德自我意识之内,因此道德自我意识根本不是一种行动着和实现着的意识。在它看来,它的**自在体**要么是一个抽象的、非现实的本质,要么是一种缺乏精神的**现实性**或**存在**。然而良知的**存在着的现实性**是这样一种现实性,它是一个**自主体**,也就是说,是一个自觉的实存,是一个促使意识得到承认的精神性要素。就此而言,行动仅仅是把它的**个别的**内容转化为一个**客观的**要素,让内容在那里成为一个普遍的和得到承认的东西,而正是由于内容得到承认,一个行为才具有现实性。一个行为之所以得到承认,从而具有现实性,是因为实存着的现实性直接与信念或知识结合,换言之,是因为那种以它的目的为对象的知识直接就是实存的要素,就是一种普遍的承认活动。行为的**本质**,亦即义务,取决于良知对于行为的**信念**,而这个信念正是**自在体**本身。自在体是一个**自在的普遍自我意识**,或者说是一种**得到承认的存在**,因而是一种现实性。就此而言,那些怀着对于义务的信念而做的事情直接具有持续性和实存。也就是说,这里谈论的不再是一个善良的意图没有得到实现,或一个好人没有得到好报之类现象。毋宁说,那个被认识到的义务已经得到履行,具有了现实性,因为合乎义务的东西恰恰是一切自我意识的普遍者,是一个得到承认的、存在着的东西。但是,倘若这个义务被割裂开来孤立看待,而且失去了自主体的内容,那么它就是一种**为他存在**,是一种透明的东西,仅仅意味着一般意义上的缺乏内容的本质性。

[471]　　如果我们回顾一下整个**精神性实在性**最初出现时的那个领域,就会发现这样一个概念,即个体性表现为一种**自在且自为的东西**。把这个概念直接表述出来的意识形态,是**诚实意识**,这种意识始终与**抽象的事情本身**纠缠不清。在当时,**事情本身**是一个**谓词**。但只有在良知这里,事情本身才成为一个**主体**,这个主体囊括了意识的全部环节,而且在它看来,所有这些环节——即一般意义上的实体性、外在的实存、思维的本质等等——都包含在它的这种自身确定性之内。**事情本身**在伦理那里具有一般意义上的实体性,在教化那里具有外在的实存,在道德性那里具有思维的认知着自身的本质性。而在良知这里,事情本身是这样一个**主体**,它知道这些环节都是隶属于它的。如果说诚实意识始终只能把握到**空洞的事情本身**,那么正相反,良知赢得的是充实的事情本身。良知之所以有这个能力,是因为它知道意识的各个环节是一些**环节**,并且把这些环节当作它们的否定本质而加以控制。

　　行动透露出对立,如果我们把这个对立的个别规定与良知放在一起,如果我们再看看良知对于这些个别规定的本性的意识,那么可以发现,当行动不可避免时,良知首先表现为一种以**现实发生的事情**为对象的**知识**。既然这种知识包含着**普遍性**这一环节,那么一种以出于良知的行动为对象的知识就会包含着如下要素,即充分掌握眼前的现实性,确切了解事情的来龙去脉,并对各种情况加以权衡考虑。但由于这种知识已经**认识到**普遍性是一个**环节**,那么它在了解事情的来龙去脉之后,就会自觉地回避这些情况,有意识地不去掌握它们,或者说在这里不去遵循良知。有些人以为,知识之真正普遍的和真正纯粹的关联应该是一种自身关联,而不是与**对立面**发生关联。但实际上,由于**行动**包含着一个根本的对立,所以它

通过这个对立与一个否定着意识的东西相关联，与一种**自在存在着**的现 ［472］
实性相关联。与纯粹意识的单纯性、一个绝对的**他者**或**自在的**杂多性相
反，这种自在存在着的现实性是无穷丰富的具体情况，当它无限地分解和
扩散开来，如果沿着后退的方向来看，就是具体情况的条件，如果沿着旁
边的方向来看，则是具体情况的并列，而如果沿着前进的方向来看，则是
具体情况的后果。——遵循良知的意识不但认识到了事情的本性，以及
它与这个本性的关系，而且也知道，当它在一件事情上采取行动的时候，
并不是按照这里所要求的普遍性来认识那件事情的。此外它还知道，当
它声称自己遵循着良知考察了所有具体情况时，这不过是一句空话。当
然，认识并考虑到所有具体情况也不是绝对不可能，只不过这些认识和考
虑仅仅是一个**环节**，是某种仅仅为着**其他环节**而存在着的东西。它的不
完整的知识，正因为是**它的**知识，所以在它看来是一种充分的、完满的
知识。

　　关于**本质**的普遍性，或者说关于纯粹意识对内容的规定，也是同样的
情形。——当良知着手采取行动时，它与事情的众多方面发生关联。事
情碎裂了，同样，纯粹意识与事情的关联也碎裂了，在这种情况下，事情的
杂多性意味着**义务**的杂多性。——良知知道，它必须在众多义务之间进
行挑选和区分，因为除了**纯粹义务**之外，没有任何个别的义务就其规定性
和内容而言是绝对的。但纯粹义务这个抽象的东西在其实在性中已经意
味着一个具有自我意识的自我。具有自身确定性的精神，作为良知，栖息
在自身之内，而它的**实在的**普遍性，或者说它的义务，则是蕴含在它对于
义务的纯粹**信念**之中。**纯粹**信念就其自身而言是和纯粹**义务**一样空洞
的，它的意思仅仅是，在它那里，没有什么东西，没有任何特定的内容可以
成为义务。但是良知必须采取行动，良知必须由一个个体来**规定**。那具
有自身确定性的精神——自在体在它那里已经意味着一个具有自我意识
的自我——知道这个规定和内容包含在它的直接的自身**确定性**之内。这 ［473］
个直接的自身确定性，作为规定和内容，是一种**自然的**意识，亦即冲动和
禀好。——良知不承认任何内容对它而言是绝对的，因为良知是一种针

对着一切特定事物的绝对否定性。良知**从自身出发**进行规定。然而自主
体圈定下来的那个领地就是所谓的感性，而严格意义上的规定性就出现
在其中。如果良知想要在这个直接的自身确定性里面找出一个内容，那
么它只能找到感性，此外无他。——所有那些在此前的意识形态里呈现
为好和坏，呈现为规律和正当性的东西，都是一个不同于直接的自身确定
性的**他者**。这个他者是一个**普遍者**，而普遍者如今是一种为他存在。或
者换个角度来看，这个他者是一个对象，当意识进行着自身中介的时候，
这个对象出现在意识和意识自己固有的真理中间，使意识脱离自己，而不
是去成为一个直接的意识。——但对良知而言，它的自身确定性是一个
纯粹的、直接的真理。这个真理虽然是良知的直接的自身确定性，但却被
表象为一个**内容**，也就是说，总是被看作是个人的随意任性，被看作是个
人的无意识的自然存在的偶然性。

这个内容被看作是一种道德**本质性**，同时也被看作是一个**义务**。因
为，正如我们在检验规律时已经看到的，纯粹义务一方面与任何内容都是
完全漠不相关的，但另一方面也可以接纳任何内容。在这里，纯粹义务同
时还有着一个事关本质的形式，亦即**自为存在**。这个形式的另一个表现
就是个人信念，它不仅意识到纯粹义务的空泛无物，而且意识到，纯粹义
务仅仅是一个环节，这个环节的实体性是一个谓词，这个谓词把一个个体
当作它的主体，而这个主体又以随意任性的方式赋予纯粹义务以内容，使
每一个内容都可以与这个形式结合在一起，并且为其贴上"出于良知"的
标签。——当一个人以某种方式扩大自己的财富时，就会面临这样一个
义务。也就是说，每个人都设法维系他自己的和他的家人的生活，但在同
样的程度上也维护着这样一种**可能性**，即成为一个对周围的人有用的人，
并且为那些需要帮助的人做有益的事情。个体意识到这是一个义务，因
为这些内容直接包含在他的自身确定性之内。除此之外他还认识到，他
在这件事情上履行了这个义务。也许别人会认为这种做法是一个骗局。
他们坚持的是具体事情一方，而他坚持的是义务一方，因为他意识到发财
致富就是纯粹义务。在这种情况下，他的某个行为虽然被别人称之为暴

[474]

行或不公,但实际上却是履行了一个义务,即在别人面前坚持他自己的独立性;同样,他的某个行为虽然被人们称之为懦弱畏缩,但实际上也是履行了一个义务,即不但维持了自己的生活,而且能够给周围的人带来利益;再者,他的某个行为也有可能被那些人称之为勇敢,其实却损害了前面两个义务。当然,一个人的懦弱畏缩不可能拙劣到这种程度,竟至于不知道"维持生活"和"利于周围的人"都是义务,竟至于对他的行动之合乎义务失去**信念**,或不知道所谓合乎义务就是体现在这种**知识**上面。否则的话,人的懦弱畏缩就到了不道德的地步了。如果说道德性就在于意识到自己已经履行义务,那么无论是懦弱畏缩的行动还是勇敢的行动都不缺乏这种意识。那个号称义务的抽象东西既然能够接纳任何东西,当然也能够接纳这个内容。也就是说,如果一个人知道他所做的是义务,那么,由于他认识到了这一点,由于对义务抱有信念意味着合乎义务,他也就得到了别人的承认。他的行为因此发挥着效准,并且具有一个现实的实存。

把任意一个内容——无论什么内容都一样——放置到纯粹义务和纯粹知识这一普遍而被动的媒介里面去,这是一个自由。针对这个自由,说什么应该把另一个内容放置进去等等,都是毫无作用的,因为无论什么内容本身都会带有一个**规定性**,而这恰恰是它的**缺陷**。纯粹本质没有这个缺陷,它既可以接纳任何规定性,同样也可以鄙视任何规定性。任何内容都注定了是一个特定的内容,都与其他内容处于同一个水平,尽管它看起来碰巧具有这样一个性格,仿佛特殊的东西已经在它之内遭到扬弃。现 [475] 实中很有可能出现这样的情况,即义务在一件现实的事情那里总是分裂为**对立**的两方,并因此形成**个别性**和**普遍性**之间的对立,而那个义务——它的内容就是普遍者本身——因此在自身内直接具有纯粹义务的本性,从而使得形式与内容相互之间完全契合。在这种情况下,如果要举一个例子的话,那么可以说,以普遍至善为目的的行为优于以个人利益为目的的行为。总的说来,这个普遍的义务**明摆着**是一个自在且自为存在着的实体,是正当性和规律,其有效性既**不依赖于**知识和信念,也**不依赖于**个人的直接兴趣。而道德性在根本上所反对的,恰恰是这个东西的**形式**。至于这个东西的**内容**,可以说也是一个**特定的**内容,因为普遍至善与个人**相对立**。既然这样,这个东西的规律对良知而言就是这样一种规律,良知知道自己完全不受它约束,而且随心所欲到了这种极端地步,既可以以之为归宿,也可以以之为出发点,既可以忽略它,也可以遵循它。——除此之外,尽管针对个别事物和普遍者分别存在着不同的义务,但就一般意义上的对立的本性而言,这种区分义务的做法并不是确凿无疑的。实际上,个人为自己所做的事,也会让普遍者受益。他愈是关心自己,就愈是**有可能给其他人**带来利益。不仅如此,他的**现实性**完全在于和其他人一起存在,一起生活。他的个别的享受在本质上意味着同时也向其他人奉献出了自己的私利,帮助他们获得各自的享受。也就是说,当一个人履行了针对个人的义务之后,也就履行了针对普遍者的义务。——假若有人在这里对各种义务进行**权衡和比较**,那么或许是为了计算一下,普遍者从一个行为那里能够得到多少收益,但这样一来,道德性就会湮没于**识见**的不可避免的**偶然性**之中了,而事情不应该是这样的。因为从另一方面来看,良[476] 知的本质恰恰在于与这种**计算**和权衡的做法**决裂**,并且在无需任何理由的情况下从自身出发作出决断。

在这种情况下,良知是遵循着**自在存在**和**自为存在**的统一、遵循着纯粹思维和个体性的统一去行动,同时也维系着自身。它是一个具有自身确定性的精神,本身具有它的真理,也就是说,在它的自主体里面,在它的知识(在这里指对义务的知识)里面具有它的真理。精神之所以能够在这里维系自身,原因在于,行为中的那些**肯定因素**,不管是义务的内容和形式,还是对义务的知识,都隶属于精神的自身确定性。而凡是想要作为一个**独立的自在体**而与自主体**相对立**的东西,都不是什么真实的东西,而仅仅是一个遭到扬弃的东西,仅仅是一个环节。因此,真正有效的东西不是一般意义上的普遍知识,而是**良知**对于各种具体情况的**认识**。良知从它的自然的个体性里面取出一些内容,将其放置到义务这一普遍的**自在存在**之中。这些内容在良知那里是现成的,唾手可得的,它们由于出现在

一个普遍的媒介里面,于是成为良知所履行的**义务**,正因如此,空洞的纯
粹义务被设定为一个遭到扬弃的东西或一个环节。这些内容是纯粹义务
的已经遭到扬弃的空洞性,或者说是纯粹义务的充实或履行。——但另
一方面,良知同样也是独立于任何内容。它超脱了任何特定的义务,哪怕
这个义务应当作为规律发挥着效准。借助于它的自身确定性的力量,良
知拥有一种尊贵的绝对主权,可以随意进行结合或者分离。① ——就此
而言,这种**自身规定**直接就是完全合乎义务的。义务就是知识本身。然
而这种单纯的自主性是一个自在体。也就是说,自在体是一种纯粹的自
身一致性,而这种自身一致性就包含在良知的意识里面。

这种纯粹知识直接是一种**为他存在**;作为一种纯粹的自身一致性,它
是**直接性**或存在。但这种存在同时也是一个纯粹的普遍者,是所有的人
的自主性。换言之,行动已经得到承认,因此是现实的。这种存在是一个
要素,良知借助于这个要素,直接与全部自我意识都处于一个相互一致的
关联之中。这个关联并不意味着一个缺乏自主体的规律,而是意味着良 [477]
知的自主体。

但由于良知的行动的正当性同时也是一种**为他存在**,所以在它身上
似乎出现了一种不一致。良知所履行的义务是一个**特定的**内容,这个内
容是意识的**自主体**,因此是意识的一种自我**认知**,是意识的一种自身**一致
性**。尽管如此,一旦义务得到履行,并被放置到**存在**这一普遍的媒介之
内,那么这种一致性就不再是一种**知识**,也不再是一种直接扬弃自身内的
差别的区分活动。毋宁说,在**存在**里面,差别被设定为持存着,而行为则
被设定为一个**特定的**行为,而且与所有的人的自我意识这一要素不一致,
因此并不是必然会得到承认。一方面,良知采取了行动,另一方面,普遍
意识承认良知的这个行为是一个义务,就此而言,双方都是同样**自由的**,

① 参阅《新约·马太福音》(16,19):"我要把天国的钥匙给你,凡你在地上所捆绑
的,在天上要捆绑;凡你在地上所释放的,在天上也要释放。"以及《新约·马太福音》
(18,18):"我实在告诉你们:凡你们在地上所捆绑的,在天上也要捆绑;凡你们在地上所释
放的,在天上也要释放。"——译者注

亦即同样都摆脱了这种行动的规定性。由于这种自由,当双方通过一个共同的媒介结合在一起时,它们之间的关联是一种完全不一致的关系。在这种情况下,以行为为对象的意识对于那个行动中的、具有自身确定性的精神就毫无把握了。精神采取行动,把规定性设定为存在着。其他人把这种**存在**当作是精神的真理,因此对精神抱有确定性。精神在这个过程中已经表明,**什么东西**是它所认可的义务。然而精神是自由的,它摆脱了任何一个**特定的**义务。当人们以为精神仍然现实地存在于那里时,精神已经超脱在外。在精神看来,作为媒介的存在,还有**自在**存在着的义务,都仅仅是一个环节。精神把某些东西置于人们面前,然后又重新将其颠倒,或更确切地说,精神直接将那些东西颠倒。在精神看来,它的**现实性**并不是这类超脱在外的义务和规定,而是它在它的绝对的自身确定性中所具有的那种义务和规定。

[478] 因此其他人不知道这个良知在道德上究竟是善的还是恶的,或更确切地说,他们不能仅仅不知道就算了,而是必须认定良知是恶的。因为,他们和良知一样,都是自由的,都摆脱了义务的**规定性**,摆脱了**自在**存在着的义务。当良知把某些东西置于他们面前时,他们的拿手好戏是把这些东西颠倒过来。由此表现出来的,不是他们自己固有的**自主体**,而是另一个意识的**自主体**。他们知道自己是自由的,摆脱了良知,不仅如此,他们还必须在自己固有的意识里面瓦解良知,还必须通过评判和解释来消灭良知,以便保全他们的自主体。

然而良知的行为不仅仅是这个遭到纯粹自主体遗弃的存在的**规定**。任何应当作为义务发挥着效准,并得到承认的东西,其所以如此,完全取决于一种以义务为对象的知识和信念,取决于一种包含在行为之中的自我认知。如果行为本身不再具有这个自主体,那么行为就不再是那个唯一构成自己的本质的东西。行为的实存倘若遭到这个意识抛弃,就将是一种普通的现实性了,而我们会以为行为的目的仿佛只是为了满足意识的享乐和欲望。那应当**实存着**的东西,在这里之所以是本质性,完全是因为它**被认识到**是一种表述着自身的个体性。**被认识到的东西**是得到承认的东西,是那种**原本**就应当具有**实存**的东西。

　　自主体成为一个实存着的**自主体**,具有自身确定性的精神以这个样子存在于人们面前。它的**直接的**行为不是一种发挥着效准的、现实的东西,那得到承认的,不是一个**特定的东西**,不是一个**自在存在者**,而仅仅是一个严格意义上的认知着自身的**自主体**。持存的要素是一个普遍的自我意识;出现于这个要素之中的东西,不可能是行为产生的**作用**。行为在那个要素里是没法持续下去的,毋宁说,只有自我意识才得到承认并赢得现实性。

　　就这样,我们再次发现**语言**是精神的一种实存。语言是一种**为着其他人**而存在着的自我意识,它直接**以这个样子呈现出来**,不但是**这一个**自我意识,而且同时也是普遍的自我意识。语言是一个自行分裂的自主体,一方面,它作为纯粹的"我=我",成为它自己的客观对象,同时在这种客观性中保持为**这一个**自主体,另一方面,它与其他自主体直接结合在一起,成为**它们的**自我意识。当其他自主体在倾听着它的时候,它同样也在倾听着自己,而倾听活动恰恰是一种**已经转变为自主体的实存**。 ［479］

　　语言在这里已经赢得的内容,不再是教化世界的那个已经颠倒的、正在颠倒着的、碎裂的自主体,而是一个已经返回到自身内、具有自身确定性、在它的自主体之内对自己的真理或承认活动抱有确定性、并且作为这种知识而得到承认的精神。伦理精神使用的语言是规律、单纯的命令、抱怨(这个东西更像是面对必然性而流下的眼泪)。与此相反,道德意识仍然是**沉默的**,封闭在自己的内核里面,因为自主体在它那里尚未获得实存,实存和**自主体**之间目前只能有一个外在的关联。语言只有作为各个独立的、得到承认的自我意识之间的一个中项才会出现,而**实存着的自主体**直接就是一个普遍的、既多样又单纯的、得到承认的东西。良知的语言的内容是一个**自知其为本质的自主体**。良知的语言唯一表达出就是这一点,而这种表达是行动的真正现实性,是一个行为的效准体现。意识表达出它的**信念**。唯有靠着这个信念,行为才成为义务。不仅如此,惟有当信念被**表达出来**,行为才被**认可**为义务。普遍的自我意识是自由的,它摆脱了一个**单纯存在着的**、**特定的**行为。这种自我意识所认可的东西,绝不是一个**实存着的行为**,而是一个认定行为为义务的**信念**,而信念在语言里是现实的。——在这里,所谓实现一个行为,意思并不是把这个行为的内容从"**目的**"或"**自为存在**"等形式下转换到"**抽象的现实性**"形式下,而是

[480] 从"**直接的自身确定性**"形式下转换到"**保证**"的形式下,也就是说,在那种直接的自身确定性里,意识知道自己的知识或自为存在是本质,而当实现一个行为的时候,意识可以作出保证道:意识对义务抱有信念,而且知道义务是一个**起源于自身**的良知。因此,这里作出的保证其实是保证道,意识对于"它的信念就是本质"这一情况抱有信念。

意识保证道,它是由于对义务抱有信念而采取行动的。那么这个保证是**真的**吗?意识的所作所为**真的**是一个**义务**吗?——这类针对良知的提问或怀疑没有任何意义。——当人们询问**保证**是否为**真**时,已经假定内心的意图有别于口头上的意图,也就是说,已经假定个别自主体的意愿有可能脱离义务,有可能脱离普遍意识和纯粹意识的意志。假若真的是这样的情况,那么这个意志就仅仅是诉诸言语,而那个意愿反而是行为的真正的推动力了。然而,普遍意识与个别自主体之间的差别恰恰是一个已经遭到扬弃的差别,而良知正是对于这个差别的扬弃。自主体既然具有自身确定性,那么它直接认识到的就是规律和义务。而它的意图,正因为是它的意图,所以是正当的。我们仅仅要求它认识到这一点,并说出它的那个信念,即它的知识和意愿是正当的。自主体一旦说出这个保证,于是在自己那里扬弃了它的特殊性形式;说出这个保证,等于承认了**自主体的必然的普遍性**。当自主体称自己为**良知**时,它认为自己是一种纯粹的自身认知,是一种纯粹的抽象意愿,也就是说,它自命为一种普遍的知识和普遍的意愿,这种知识和意愿承认其他自主体,与它们**一致**,也得到它们的承认,因为它们同样也是一种纯粹的自身认知和意愿。在具有自身确定性的自主体的意愿里面,在"自主体即本质"这个知识里面,蕴含着正当事情的本质。——因此,如果一个人说他是出于良知而采取行动时,他说的诚然是真话,因为他的良知是一个有着知识和意愿的自主体。但

他必须在根本上**说出**这一点,因为这个自主体必须同时也是一个**普遍的**自主体。普遍的自主体并没有出现在行为的**内容**里面,因为内容就其**规定性**而言原本是一种无足轻重的东西。实际上,普遍性蕴含在行为的形式之内,这个形式必须被设定为现实的。形式是这样一个**自主体**,它原本在语言里就是现实的,并且宣称自己是真相,正因如此,它承认一切自主体,并得到一切自主体的承认。[481]

尊贵的良知于是凌驾于任何特定的规律之上,凌驾于义务的一切内容之上,却把随便什么内容放到它的知识和意愿里面。良知是一种道德天赋,这种天赋知道它的直接知识在内心里说出的声音是上帝的声音,而且,由于它靠着这种知识同样也直接认识到了实存,所以它是一种神性的创造力,通过自己的概念就获得了生命。道德天赋同样也是一种内在的敬神仪式,因为它的行动就是去直观它自己固有的这种神性。

这种孤独的敬神仪式在本质上同时也是一个**宗教社团**的敬神仪式,而纯粹内在的自身**认知**和自身倾听进而发展为**意识**的一个环节。它的自身直观是它的**客观的**实存,而这个客观的要素是一种表述活动,也就是说,把它的知识和意愿表述为一个**普遍者**。通过这个表述活动,自主体转变为一个发挥着效准的东西,行为则转变为一个处于实施过程中的举动。自主体的行动的现实性和持存是一个普遍的自我意识;但良知的表述活动把它的自身确定性设定为一个纯粹的、从而普遍的自主体。自主体在言谈中被称作本质,并得到承认,由于这些言谈的缘故,其他人承认行为发挥着效准。因此,那把人们联系在一起的精神和实体就在于,他们相互之间作出保证(保证自己遵循良知、心怀善意),由于相互之间的这种纯洁坦诚而产生出喜悦,并且乐于见到知识和表述活动的辉煌地位,乐于见到这类卓越的东西得到爱护和关照。——只要这种良知仍然区分着它的**抽象**意识和它的**自我意识**,那么它的生命仅仅是**隐藏**在上帝之内。上帝诚然**直接地**呈现于良知的精神和心灵面前,呈现于良知的自主体面前。[482]但是那种启示出来的东西,亦即良知的现实意识,以及这种意识的中介运动,在良知看来毕竟不同于那个隐藏的内核,不同于当前存在着的本质的直接性。只有当良知达到完满,它的抽象意识和它的自我意识之间的差别才会自行扬弃。良知知道,**抽象意识恰恰是这一个自主体**,是这一个具有自身确定性的自为存在;良知知道,那个被设定在自主体之外的自在体是一个抽象的本质,是一个隐藏起来不让自主体发现的东西,但恰恰是通过自主体与自在体的**直接的关联,差异性已经遭到扬弃**。如果在一个关联里,相关双方并不是同一个东西,而是对彼此而言都是一个**他者**,只有在某个第三者那里才合为一体,那么这是一个**中介式**的关联。相反,**直接的关联**实际上仅仅意味着一个统一体。意识既然已超脱出了那种头脑不清醒的做法(即把那些不是差别的差别仍然当作是差别),就会知道,当本质在意识之内直接地当前存在着,那么本质与它的自主体已经统一起来,而且还会知道,它的自主体是一个活生生的自在体。它的这种知识是一种宗教,而宗教作为一个被直观到的或实存着的本质,是宗教社团关于自己的精神的一种言说活动。

于是我们在这里看到,自我意识已经返回到它的至深内核里面,一切严格意义上的外表对它而言都消失了。也就是说,自我意识已经返回到"我=我"这一直观之中,在这个直观里,我是全部本质性和全部实存。自我意识湮沉在它关于自己而形成的这个概念里面,因为它已经被推至它的极端顶点,在这种情况下,它所赖以成为实在或仍保持为**意识**的那些不同环节,并不是对我们而言才仅仅是这样一些纯粹的极端,实际上,所谓的"自为存在"、"**自在存在**"、"**实存**"等等,都已经蒸发为一些抽象的说法,这些说法对这个意识本身而言再也站不住脚,再也没有什么依据。一切曾经被意识看作是本质的东西,全都已经凝缩为这类抽象的说法。——意识既然已经升华为这种纯粹性,于是进入到一个最为贫乏的

[483]　意识形态之中,而它唯一的所有物,亦即困乏,本身是一种消逝运动;实体已经瓦解为一种绝对的**确定性**,这种确定性是一种在自身内发生崩溃的绝对**不真**;这就是绝对的**自我意识**,意识已经在其中湮没。

如果我们在意识自身的范围之内来观察这种湮沉,那么对意识而言,**自在存在着的实体**是一种知识,是**意识的**知识。作为意识,这种知识分裂

为对立的两方：一方是它自己，另一方是它视之为本质的对象。但这个对象恰恰是一个完全透明的东西，是**它的自主体**，而它的意识仅仅是一种自身认知。全部生命和全部精神性本质性都已经返回到这个自主体之内，并且失去了它们与那个作为自我的自主体之间的差异性。因此，意识的各个环节都是这样一些极端的抽象事物，它们中间没有一个是持存的，而是一个消失在另一个那里，一个把另一个制造出来。这就是哀怨意识的自身更替过程，但这种更替过程是作为一个对象而在哀怨意识内部进行的。**自在地看来**，哀怨意识本就是理性的概念，如今它已经认识到自己是这样一个概念。绝对的自身确定性发现自己作为意识直接转变为一种声音扩散，转变为它的自为存在的客观性。但这个被造的世界就是意识的**言谈**，言谈能够直接被意识倾听到，而且言谈的回声只会向着意识返回。这种返回并不意味着意识在这个过程中是**自在**且**自为**的。本质并不是意识的**自在体**，而是意识本身。同样，意识也不具有**实存**，因为客观的东西不会去否定一个现实的自主体，正如自主体也不会获得现实性。意识缺乏一种外化的能力，缺乏一种使自己成为物，并经受存在的折磨的能力。意识活在恐惧之中，生怕行为和实存会玷污它的庄严内核。为了保持心灵的纯净，意识回避与现实性的接触，深陷在一种执拗的软弱无力之中，既没有能力摆脱它那已经抽象到极点的自主体，给予自己以基础性，也没有能力把它的思维转化为存在，或者坚信思维与存在之间有一个绝对的差别。意识创造出一个腹中空空的对象，然后用一种以空虚性为对象的 ［484］意识来充实它；意识的行动是一种渴慕，无奈在意识转变为一个缺乏本质的对象的过程中，渴慕迷失了自己，而在超出这个迷失状态并跌落到自身内之后，渴慕发现自己仍然不过是一种迷失的渴慕。——在意识的各个环节的这种透明的纯粹性里，有一种哀怨的、所谓的**优美灵魂**，①它在自身内渐渐黯淡下去，如同一缕莫可名状的轻烟，消散在空气中。

---

① 除了席勒以外，歌德在《威廉·迈斯特的求学年代》，雅各比在《沃尔德玛》等文学著作中对于所谓的"优美灵魂"也甚为推崇。——译者注

生命仿佛蒸发了,它的那些完美无瑕的本质性静静地汇聚在一起。这种情况还需要按照良知的**现实性**的另一种意义,并且在良知的运动这一**现象**里面得到解释,除此之外,行动中的良知也应该得到考察。——在这个意识里,**客观的**环节刚才已经把自己规定为一个普遍的意识。一种认知着自身的知识,作为**这一个**自主体,有别于另一个自主体。在语言里,所有的人都相互承认对方是遵循良知而行动的,如今这个普遍的一致性分化为个别的自为存在的不一致,每一个意识都从它的普遍性那里同样彻底地折返回自身之内。这样一来,必然会出现个别性与另外一些个人的对立,亦即个别性与普遍者的对立,而这种关系及其运动是有待考察的。——换言之,这种普遍性和义务具有完全相反的意义,它们意味着一种特定的、游离于普遍者之外的**个别性**,对这种个别性而言,纯粹义务仅仅是一种流于**表面**的和转向外面的普遍性。义务只是被挂在嘴上,被认为是一种为他存在。刚开始,良知仅仅以**否定的**态度来对待**这一个特定的、现成的**义务,它知道自己是自由的,不受其约束;但是当良知**从自身出发**,用一个**特定的**内容去满足了空洞的义务之后,它对此就获得了一种肯定的意识,也就是说,它知道自己作为**这一个**自主体给自己提供了内容。它的纯粹的自主体,作为一种空洞的知识,是一个缺乏内容和规定的东西。它为自己提供的内容,取自于它的**这一个**特定的自主体,取自于它的自然的个体性。当它宣称它的行动遵循着良知时,它确实意识到了它的纯粹的自主体,但在它的行动的**目的**(亦即一个现实的内容)那里,它意识到自己是这一个特殊的个人,意识到它的自为存在和它的为他存在之间的对立,意识到普遍性或义务和它的逃避做法之间的对立。

[485]

采取行动的良知陷入到对立之中,这个对立不但体现在良知的内核里面,而且是一种指向外部、在实存的要素中体现出来的不一致,是它的特殊的个别性与其他个别事物之间的不一致。——良知的特殊性在于,它的意识是由两个环节(即自主体和自在体)建构起来的,这两个环节具有**不同的价值**,因为它们服从于这样一个内在的规定,也就是说,自身确定性才是本质,而与之**相对立的自在体**或普遍者仅仅作为一个环节发挥着效准。因此，与这个内在的规定相对立的东西，是实存的要素，或者说是一个普遍的意识，对于后者而言，普遍性或义务才是本质，反之那种与普遍者相对立的、自为存在着的个别性仅仅是一个遭到扬弃的环节。在坚持义务的人看来，前一种意识是**恶**，因为它的**内在存在**与普遍者不一致，而且，由于这种意识同时又宣称它的行动与它自身一致，是义务并且还遵循着良知，所以它**伪善**。

刚开始的时候，这个对立的**运动**在形式上建立起那个内在的恶与它所说出来的东西之间的一致性；在此之后，这个运动必须表明，恶的实存与恶的本质是一致的，也就是说，**伪善必须被揭穿**。——正如人们常说的那样，当伪善制造出义务和德行的**假象**，并利用这个假象来达到自欺欺人的目的时，这些做法恰恰表明它是尊重义务和德行的。伪善承认对立面，这种承认本身已经包含着和谐一致。但即便如此，也不能说那种蕴含在伪善之中的不一致已经转变为一致。——与此同时，伪善已经摆脱了语言上的承认，折返回自身之内，而且，当它把**自在存在者**仅仅当作一种**为他存在**来使用时，这种做法其实是表达出了它对于自在存在者的蔑视，同时也向所有的人表明，自在存在者是一种缺乏本质的东西。诚然，如果某个东西可以被当作一个外在的工具来使用，这确实表明它是一个无足轻重的物。 [486]

此外，无论是通过恶的意识对于自身的片面坚持，还是通过普遍者作出的判断，都不能达到上述一致性。——如果恶的意识在义务意识面前否认自己的恶劣，否认自己与普遍者之间的完全不一致，并且把义务意识所主张的东西称作是一种依据于内在规律和良知的行动，那么，在这种单方面的对于一致性的保证里，仍然保留着它与对方之间的不一致，因为对方既不相信它，也不承认它。换言之，如果恶的意识不再片面地坚守**某一个极端**，那么恶固然会承认自己是恶，但这样一来，它会**直接**扬弃自己，不再是伪善，而且也不会去揭穿自己的伪善。实际上，当意识违背那个已经得到承认的普遍者，宣称它的行为是依据于**它的**内在规律和良知时，它就已经承认自己是恶了。因为，假若这些规律和良知不是它的**个别性**和随

意性的规律,那么意识就不会是某种内在的、自以为是的东西,而应该是得到了普遍的承认。因此,如果有谁说他是依据他的规律和良知来对待别人,那么他实际上等于是说,他亏待了别人。但是**现实的**良知并没有坚持着一种与普遍者相对立的知识和意志,毋宁说,普遍者是良知的实存的要素,普遍者通过语言宣称良知的行动是一个**得到承认**的义务。

[487]　　　同样,如果普遍意识固执于自己的判断,那么它也不可能揭穿并消除对方的伪善。——当普遍意识大声斥责伪善是恶劣的、低贱的东西时,它在这类判断里所依据的只是**它自己的**规律,正如**恶**的意识也是依据于**它自己的**规律。普遍意识的规律与恶的意识的规律相对立,因此是一种特殊的规律。前一种规律相对于后一种规律毫无优越之处,毋宁说反而赋予了后者以合法的地位。就普遍意识的目标而言,这种热衷于对立的做法恰恰是南辕北辙。也就是说,那个被它称作真正的义务、应当得到**普遍**承认的东西,事实上表现为一种**没有得到承认**的东西,并因此给了对方同样成为一个自为存在的权利。

　　　但这个判断同时还具有另一个方面,从这个方面来看,它可以逐步消除当前的这个对立。——**普遍**意识并不是作为一个**现实的和行动着的**东西来反对恶的意识,因为恶的意识才是现实的东西,毋宁说,当普遍意识与恶的意识形成对立时,它并没有束缚在个别性与普遍性的对立上面,而这个对立是在行动中才出现的。普遍意识保持着**思想**的普遍性,表现为一种**领会式**的意识,而它的第一个行为仅仅是作出一个评判。——通过这个评判,正如我们刚才已经指出的那样,普遍意识把自己与恶的意识相提并论,而恶的意识则是**通过这个一致性**在另一个意识(亦即普遍意识)身上直观到它自己。义务意识表现为一种**领会式的、被动的**意识。但这样一来,它陷入了自相矛盾,因为它另一方面同时也是一个绝对的义务意志,应当完全从自身出发来规定自己。它毫发未损地保留着纯粹性,因为它**不采取行动**。它是伪善,只希望别人把它的评判活动看作是一个**现实的**行为,而不是通过一个行为、通过说出高贵的意向来证明自己的正当性。就此而言,它和此前那个遭到谴责的意识是完全同样的情形,也就是说,它们都是仅仅把义务挂在嘴边而已。在这两种意识里,现实性一方都是与言谈区分开的;之所以有这个区分,前一种意识是由于其行为的**自利目的**,后一种意识则是由于根本**缺乏任何行动**;对于义务的谈论本身包含着行动的必要性,因为义务一旦缺失了行为就没有任何意义。 [488]

　　评判活动也可以看作是一个肯定的思想行为,并且具有一个肯定的内容;通过这个方面,那个呈现在领会式意识里面的矛盾变得更加完整,两种评判活动的一致性也变得更加完整。——行动意识宣称它的这个特定的行动是一个义务,评判意识对此不能否认,因为义务本身是一个没有任何内容,但又能接纳任何内容的形式。换言之,具体的行为,就其多样性而言,本身是一种千差万别的东西,它既有一个普遍的方面,被看作是义务,同时本身又是一个特殊的方面,构成了个体的参与性和兴趣。评判意识并没有局限在义务那个方面,也没有局限于行动者的知识,即仅仅知道这是它的义务,是它的现实性的形式和具体情况等等。实际上它坚持的是另一方面,即去调和行为与内核的关系,从行为的自身相左的**意图**及其自私自利的**动机**出发来解释行为。从某个角度看来,可以说每一个行为都是合乎义务的,同样,从另一个角度看来,也可以说每一个行为都是**特殊的**。概言之,真正意义上的行为是个体的一种现实性。——这种评判活动把行为和行为的实存区分开,使行为反映在内核,或者说反映在"自立的特殊性"这一形式。——当一个行为得到赞誉时,评判意识却认为,这个行为的内核是一种**沽名钓誉**。而如果一个行为完全符合个体的具体情况,并无僭越,而且个体不是把具体情况看作一个外在地黏附在身上的规定,而是凭借其自身满足了这种普遍性,并恰恰以此表明自己有能力担当高尚的事物,那么评判意识仍然会认为,这个行为的内核不过是一种好大喜功而已。由于在任何行为里面,行动者都会在客观事物那里做 [489]
到**自我**直观,或在它的实存中做到自我感触,并因此获得享受,所以评判意识认为,无论一个行为是出于内在的道德虚荣,还是为了享受自己固有的优越感,或者是为了去体味对于未来幸福的憧憬等等,这个行为的内核都是一种追求自己幸福的冲动。——没有任何行为能够逃脱这样一种评判活动,因为所谓的为义务而义务的纯粹目的是一种非现实的东西。纯粹目的只有在个体性的行动之中才获得自己的现实性,就此而言,行为本身就包含着特殊性。——所谓"仆从眼里无英雄",并不是因为仆从的主人算不上英雄,而是因为仆从看在眼里的不是主人的各种英雄事迹,反倒是主人吃饭、喝水、穿衣等等遵循着个别生理需要和个别观念的行为。因此无论在什么行为里面,评判活动都会制造出个体的个别性一方与行为的普遍性一方之间的对立,都会扮演一个紧盯着行动者的道德仆从的角色。

就此而言,评判意识本身是**卑劣的**,因为它割裂行为,制造出并坚持着行为的自身不一致。此外这种意识也是**伪善**,因为它声称这样一种评判活动是关于行为的**正确意识**,却不敢承认这其实是**另一种形态**下的恶,而且它一方面宣称对于善或更好事物的知识是不现实的、虚妄的,另一方面又贬低各种行为,自居其上,希望人们把它的空谈当作是一种卓越的**现实性**。——这样一来,评判意识使自己与那个接受评判的行动者达成一致,而行动者也认识到自己和评判意识是同一个东西。行动者发现,评判意识并没有把它仅仅看作是一个异己的、与之不一致的东西,毋宁说,评判意识就其自身的性质而言是与行动者一致的。行动者既已直观到并且[490] **说出**这种一致性,就在评判意识面前**供认不讳**,而且它期待着那个已经和它在行为中达成一致的评判意识同样也会在**言谈**中作出答复,说出它们之间的一致性,从而造成一种相互承认的局面。行动者的供认不讳并不意味着它在对方面前的自贬、自谦和自甘堕落,因为这不是一种片面的、造成双方之间**不一致**的言说。相反,完全是为了直观到对方与它之间的**一致性**,行动者才这样言说,以便表明,通过它的供认不讳,在它这边已经达到了双方之间的一致性。它之所以说出这种一致性,原因在于,语言是精神的一种**实存**,而精神是一个直接的自主体。因此,行动者期待着对方从它那个方面也为这种实存作出应有的贡献。

然而,当行动者招认"**我是恶的**",它所得到的回应并不是同样的招认。恰恰相反,评判意识根本就没有这样的打算!它拒绝承认这种共同性,心肠坚硬地只顾及自己,拒斥它与对方之间的延续性。——于是场面颠倒过来了。供认不讳的行动者发现自己碰了钉子,发现对方很不公正,因为对方拒绝走出自己的内核并进入到言语的实存之中。当行动者对自己的恶供认不讳时,评判意识却在标榜自己的优美灵魂,要么理直气壮地宣称自己的性格经久不变,要么沉默地坚持着自己的立场而不作任何退缩。在这里,那具有自身确定性的精神简直是出离地愤怒了,因为它在对方那里直观到自己是一种**单纯的、以自主体为对象的知识**,也就是说,评判意识的外在形态不像在财产中那样是一种缺乏本质的东西,不是一个物,而是一个始终处于对立面的思想,是知识本身,是纯粹**知识**的绝对流动着的延续性。这种延续性拒绝与精神进行沟通,尽管精神在对自己的恶供认不讳时已经放弃了**孤立的自为存在**,已经把自己设定为一种遭到扬弃的特殊性,从而把自己设定为一种沟通着对方的延续性,设定为一个普遍者。然而评判意识**原本**就保留着一种拒绝沟通的自为存在。它认为招认者也保留着这种自为存在,尽管招认者实际上已经将其抛弃。这样一来,评判意识表明自己是一个遭到精神遗弃,同时又遗弃着精神的意识,因为它不知道,精神在它的绝对的自身确定性中掌控着一切行为和现实性,能够抛弃它们并使它们从不发生。与此同时,评判意识没有认识到自己深陷其中的那个矛盾,也就是说,它一方面并不认为发生在**言语本身**之中的抛弃是一种真正的抛弃,另一方面却不是在一个现实的行为中,而是在它的内核里面获得它的精神的确定性,在它的评判**言语**里面获得它的精神的实存。就此而言,恰恰是评判意识阻碍着对方从行为那里返回到言语的精神性实存,返回到精神的一致性之内,恰恰是评判意识通过它的强硬做法才制造出这种明摆着的不一致局面。 [491]

现在看来,那具有自身确定性的精神,作为优美灵魂,确实没有能力外化为一种以它自己为对象的坚实知识,既然如此,它就不能与那个碰了钉子的意识达成一致,不能和对方形成一个可以直观到的统一体,不能形成一种实存。因此一致性只能以否定的方式,作为一种缺乏精神的存在出现。缺乏现实性的优美灵魂陷入到矛盾之中:一边是它的纯粹的自主体,另一边是一种必然性(也就是说,这个自主体必然外化为一种存在,必然转化为一种现实性)。优美灵魂处于这个坚定不移的对立的**直接性**之中,唯有这个直接性才能够沟通和调和那个已发展到纯粹抽象程度的对立,唯有这个直接性才是纯粹存在或空洞虚无。优美灵魂既已意识到这个处于它的不可调和的直接性之中的矛盾,于是变得神思错乱,伴随着一种充满渴慕的肺结核憔悴而终。① 在这种情况下,它诚然不再强硬地坚持**它的自为存在**,但它产生出来的只不过是一种缺乏精神的存在**统一体**。

[492]   真正的、亦即**自觉的**和**实存着的**平衡,就其必然性而言,已经包含在前面所说的一切里面。铁石心肠破碎了,上升到普遍性,这两种情况作为同一个运动是在那个作出招认的意识身上体现出来的。精神的创伤已经愈合,没有留下任何伤痕。行为不是一种常驻不逝的东西,而是已经被精神收回到自身内,而行为本身包含着的个别性这一方面,无论是表现为一个意图,还是表现为一个否定并限制着行为的实存,都是一种直接地转瞬即逝的东西。处于实现过程中的**自主体**,它的行为的形式,都仅仅是整体的一个**环节**,而那种通过评判来进行规定、坚持对行动的个别方面和普遍方面作出区分的知识,同样也是一个环节。行动者把这种自身外化活动或者说把它自己设定为一个环节,由于它在对方亦即评判意识那里直观到自己,所以被引诱着招认了自己的恶。行动者必须放弃它的特殊的自为存在,放弃它的这种片面的、没有得到承认的实存,同样,评判意识也必须放弃它的片面的、没有得到承认的评判。行动者表明精神有能力掌握自己的现实性,而评判意识则表明精神有能力掌握自己的特定概念。

    但实际上,评判意识之所以放弃割裂双方的念头,放弃强硬地坚持其自为存在的做法,是因为它也在行动者那里直观到了它自己。因此,当评判意识抛弃自己的现实性,使自己成为**遭到扬弃的这一个**,它在事实上就

---

    ①   这里是在影射死于肺结核的浪漫派诗人诺瓦利斯(Novalis),即弗里德里希·冯·哈登贝格(Friedrich von Hardenberg,1772—1801)。诺瓦利斯最初在弗莱贝格(Freiberg)学习矿物学,后来前往耶拿大学学习,与诗人蒂克(Ludwig Tieck)及文论家施莱格尔(F. Schlegel)友善,成为耶拿浪漫派最重要的代表人物之一。——译者注

呈现为一个普遍者；它从它的外在现实性那里返回到自身内，把自己当作本质。在这个过程中，普遍意识认识到了它自己。——它对行动者所表示出的宽恕，意味着它放弃了自己，放弃了自己的**非现实的**本质。它使这个非现实的本质与那种**现实的**行动达成一致，并且承认那个曾经被称作恶的东西——这是思想中的行动给出的规定——是好的，或更确切地说，它放弃了对于特定的思想的区分，放弃了它的自为存在着的规定评判，正如行动者也放弃了它的自为存在着的对于行为的规定。——和解的话语 [493] 是一个**实存着的**精神，这个精神在一种纯粹的自我认知（即认识到自己是一个完全存在于自身之内的**个别性**）那里直观到另一种纯粹的自我认知（即认识到自己是一个**普遍的**本质）。——这样一种相互承认就是**绝对精神**。

绝对精神只有在某个最高点才会成为一个实存，在那里，它的纯粹的自我认知表现为一种自身对立和自身更替。绝对精神认识到它的**纯粹知识**是一个抽象的**本质**，它作为这种认知着的义务，与另一种知识（即知道自己作为自主体的绝对**个别性**乃是本质）处于绝对的对立之中。前一种知识是普遍者的纯粹延续性，它知道，那种自认为本质的个别性是一种自在的虚诞事物，是**恶**。后一种知识是一种绝对的间断性，它知道，它在自己的纯粹单一体之中是绝对的，而那个普遍者反而是不现实的东西，仅仅是一种**为他**存在。双方都已经升华为一种纯粹性，其中不再有缺乏自主体的实存，不再有否定着意识的东西，毋宁说，**义务**是精神的自我认知的一个持续不变的性格，同样，恶在它的**内在存在**那里获得了目的，在它的言语中获得了现实性；这些言语的内容是持存的精神所依赖的实体。言语是一种保证，精神于是确信自己存在于自身内。——这两个具有自身确定性的精神都以它们的纯粹的自主体为唯一的目的，除了这种纯粹的自主体之外，它们没有别的实在性，没有别的实存。但这两个精神仍然是彼此有别的，而且这是一种绝对的差异性，因为它被设定在纯粹概念这一要素之内。不仅对我们而言，而且对那些处于这个对立之中的概念而言，都存在着这种绝对的差异性。因为，虽然这是一些**特定的**相互对立的概念,但它们同时又是一些原本就普遍的概念。在这种情况下,它们填满了自主体的全部范围,而自主体的唯一内容就是它自己的这个规定性,换言之,自主体的唯一内容就是它自己,不多也不少。总的说来,无论是那个绝对的普遍者,还是个别性的这种绝对的间断性,都同样是一种纯粹的自我认知,双方都完全是这样一种纯粹的自知。两种规定性都是认知着的纯粹概念,这些概念的规定性本身直接是一种知识,换句话说,这些概念的**关系**和对立就是自我。这样一来,它们**对彼此而言**都是一个绝对的对立面;恰恰是一个完全**内在的东西**,自己与自己相对立,进入到实存之内。它们构成了**纯粹知识**,而纯粹知识是通过这个对立才被设定为一个**意识**。但这还不是**自我意识**。它在这个对立的运动中实现自己,这个对立其实就是"我=我"的**不间断的延续性**和**一致性**。位于系词两端的我,各自都是一个**自为存在**,它们分别扬弃了自己,因为每一个我的纯粹普遍性都包含着一个矛盾,也就是说,这种普遍性阻碍着我与对方达成一致,同时它自己也脱离了一致性。通过这些外化活动,那种在它的实存状态下就已经分裂了的知识返回到**自主体**的统一体之内。它成为一个**现实的我**,成为一种普遍的**自我认知**,即在它的**绝对对立面**,在一种**内在**存在着的知识那里,认识到它自己,而后面这种知识本身是一个完全普遍的东西,因为它具有一种纯粹的、孤立的内在存在。促成和解的**肯定**已经使得系词两端的我放弃了它们的相互对立的**实存**,而它自己也成为二分的**我的实存**,与此同时,二分的我仍然保持着自身一致,并且在它的完满外化活动和它的那些完满的对立面那里取得它的自身确定性。——它显现为神,显现在那些知道自己是纯粹知识的我中间。

第三部分(CC)

宗　教

第七章　宗　教

　　精神迄今分化出来的那些形态，一般说来可以区分为**意识**、**自我意识**、**理性**以及**精神**。在这些形态里面，**宗教**诚然已经表现为一种以一般意义上的**绝对本质**为对象的意识，只不过那时的**着眼点**还是在于一种认识到了绝对本质的**意识**。至于那**自在且自为**的绝对本质本身，或者说精神的自我意识，并没有显现在那些形式里。

　　当**意识**还是**知性**的时候，它已经认识到了客观实存的**超感性方面**或**内核**。然而超感性的、永恒的东西，不管人们此外如何称呼它，终究是**缺乏自主体**的。它仅仅是一个**普遍者**，还远远谈不上是一个自知其为精神的精神。——随后，那在**哀怨意识**的形态里最终得以完成的**自我意识**，也仅仅是精神的一种**痛苦挣扎**，因为精神努力使自己客观化，但却始终没有达到目的。尽管**个别**的自我意识与它的持久不变的**本质**建立了统一，但这个统一始终位于个别的自我意识的**彼岸世界**。——我们看到，从那种痛苦挣扎中产生出来的是**理性**，但理性的实存以及理性的各种独特形态都不需要宗教，因为理性的自我意识是在一种**直接的**当前存在里面认知并寻找**它自己**。

　　反之我们在伦理世界里面看到了一种宗教，即一种**阴间的宗教**。这种宗教所信仰的，是**命运**之可怕的、未知的暗夜，是那些守护着**亡灵**的欧墨尼得斯女神 ①。这两种信仰都意味着纯粹的否定性，只不过前者遵循

---

　　① 欧墨尼得斯（Eumenide）就是上文所说的厄利尼厄斯。根据希腊神话传说，俄瑞斯忒斯为了替遭到谋害的父亲阿伽门农报仇，杀死了自己的母亲克利特姆内斯特拉。在厄

[496] 普遍性形式,而后者遵循个别性形式。诚然,绝对本质在个别性形式下是一个**自主体**,是一个**当前存在着的东西**,因为自主体不可能是别的什么东西。然而**个别的**自主体是**这一个**个别的阴影,它已经使自己摆脱了那个堪称命运的普遍性。诚然,它是一个阴影,是**已经遭到扬弃的这一个**阴影,因此是一个普遍的自主体;但是此前那种否定的意义还没有转化为现在这种肯定的意义,就此而言,已经遭到扬弃的自主体同时仍然直接意味着这一个特殊的和缺乏本质的东西。——另一方面,缺乏自主体的命运始终是一个无意识的黑夜,既不能在自身内作出区分,也不能达到明澈的自我认知。

这种以必然性的虚无和阴间为对象的信仰转变为对于**天国**的**信仰**,因为已逝的自主体必须与它的普遍性形成一个统一体,在这个统一体里面,自主体的内容必须分开罗列,并且清楚地呈现出来。但正如我们曾经看到的,这个信仰**王国**仅仅是在思维的要素里展开它的那些缺乏概念的内容,正因如此,它在它的命运亦即**启蒙的宗教**里走向没落。在启蒙的宗教那里,知性的超感性彼岸世界重新建立起来,只不过在那种情况下,自我意识在此岸世界得到了满足,在它看来,那个超感性的、**空洞的**、不可认识也无需畏惧的彼岸世界既不是一个自主体,也不是一种势力。

而在道德宗教里,绝对本质终于重新成为一种肯定的内容,只不过这种内容已经融入了启蒙的否定性。它既是一种被收回到自主体之内,并一直封闭在其中的**存在**,也是一种**包含着差别的**内容,其各个部分在被建立起来的同时又直接遭到否定。这个自相矛盾的运动所陷入其中的命运,是这样一个自主体,它知道自己是**本质性**和**现实性**的命运。

认知着自身的精神在宗教里直接是它自己固有的纯粹**自我意识**。我

利尼厄斯的残酷的追踪之下,走投无路的俄瑞斯忒斯向阿波罗和雅典娜求救。经过雅典娜设立的雅典最高法院的审理,俄瑞斯忒斯被判无罪释放。雅典娜为了安抚被激怒的厄利尼厄斯,在雅典最高法院的山区上为她们建了一座神庙。从此厄利尼厄斯改名为欧墨尼得斯(意为"友善者"),尽管仍然不放过那些有罪之人,但对于有悔改之意的罪人,更多的是表现出仁慈和宽恕的态度。厄利尼厄斯的改名反映了伦理关系的发展和深化,意味着单纯的报复弑亲之仇被共同体的普遍公正扬弃。——译者注

们已经考察过的那些精神形态——作为真相的精神、自身异化的精神、具 [497]
有自身确定性的精神——合在一起构成了精神的某种**意识**,这意识与它
的**世界**相对立,在其中没有认识到它自己。但在良知那里,精神不但征服
了它的整个客观世界,而且征服了它的表象和它的那些特定的概念,从而
成为一种存在于自身之内的自我意识。在这种自我意识里,精神把自己
当作一个**被表象的对象**,发现自己意味着一个普遍的精神,包含着全部本
质和全部现实性,但在形式上却不是一种自由的现实性,或者说不是一个
独立显现的自然界。就精神是它自己的意识的对象而言,它诚然具有存
在的**形态**或形式,但因为它自己的意识在宗教里被赋予了一种根本的规
定,即作为**自我**意识而存在,所以那个形态是完全透明的。恰恰当我们说
"**全部现实性**"的时候,精神所包含的现实性被封闭在精神之内,或者说
在精神之内被扬弃了。这是一种**存在于思想中**的普遍的现实性。

由于在宗教里,精神的独特意识的规定并不包含着"自由的**他者存
在**"这一形式,所以精神的**实存**不同于精神的**自我意识**,而它的独特的现
实性也就不在宗教的范围之内。诚然,实存和自我意识都隶属于**同一个**
精神,但精神的意识并没有同时包揽二者,就此而言,精神的实存、行动、
努力等方面显现为宗教,其他方面则是显现为精神的现实世界中的一种
生活。我们现在已经知道,处于自己的世界之中的精神,和自知其为精神
的精神(亦即宗教中的精神),是同一个东西,既然如此,宗教的完满就在
于促使这两种精神达成一致,也就是说,一方面,宗教掌握了精神的现实
性,另一方面,精神真正成为一个具有自我意识的精神,成为**它自己的意
识的对象**。——宗教里面的精神把自己当作一个**表象**,在这种情况下,精
神诚然是一种意识,而封闭在宗教之内的现实性则是精神表象的一个形
态,一件外衣。但是现实性在这种表象里并没有享受到它的完整的权利, [498]
也就是说,现实性不应当仅仅是一件外衣,而且还应当是一种独立的、自
由的实存。反过来,因为现实性在表象里面没有达到完满,所以仅仅是一
个**特定的**形态,没有表现出它本应呈现出来的那个东西,也就是说,没有
表现出一个具有自我意识的精神。假若一个精神形态要表现出精神本

身,那么它必须本身就无异于精神,而且精神在现象和现实中的样子也必须无异于它在它的本质中的样子。问题在于,假若真做到了这一点,那么那个看似相反的要求——精神的意识的**对象**必须同时具有"自由的现实性"这一形式——也将会得到满足,而这是不可能的。只有那个作为绝对精神而成为自己的对象的精神,才会认识到自己同时也是一种自由的现实性,因为它在这个过程中始终是一种自我意识。

由于我们首先区分了精神的自我意识和精神的独特意识,区分了**宗教**和一个置身于它自己的世界之内的精神(亦即精神的**实存**),所以精神的实存包含在整个精神之内,而在这种情况下,精神的各个环节是相互分立的,每一个环节都呈现为一个自为存在。这些环节就是:**意识**、**自我意识**、**理性**、**精神**,只不过这里的精神是指一个直接的精神,它还不是精神的意识。由这些环节**整合起来的**总体性构成了一般意义上的置身于它自己的世界之内的精神,而严格意义上的精神则在一些普遍的规定(亦即刚才提到的那些环节)里面包含着迄今的各种形态分化。宗教以上述环节的完整进程为前提,它是它们的**单纯的**总体性,或者说是它们的绝对自主体。——此外需要指出,那个进程与宗教的关系是不能在时间中加以表象的。只有整个精神才存在于时间之中,而那些形态,作为整个严格意义上的**精神**的形态,一个接一个地呈现出来;只有整体才具有真正的现实性,才具有一个与他者相对立的纯粹自由的形式,而这个形式恰恰表现为时间。然而整体的那些**环节**(意识、自我意识、理性和精神),正因为是一[499] 些环节,所以不具有彼此有别的实存。——精神已经区别于它的各个环节,同样,在这些环节里面还必须区分出第三种东西,即它们的个别化规定。我们曾经看到,每一个环节本身又在一个自己固有的进程里面继续区分自身,分化为各种形态。比如,在意识那里有感性确定性和知觉之分。后面这些方面在时间之中分别出现,各自隶属于一个**特殊的整体**。——通过一个**规定**,精神从它的**普遍性**下降到**个别性**。这个规定或中项就是**意识**、**自我意识**等等。但**个别性**是由这些环节的形态构成的。就此而言,这些形态呈现出一个个别的或**现实的**精神,而它们自己则是在

时间之中相互区分,在这种情况下,后起的形态在自身内保存着先行的
形态。

所以,如果说宗教意味着精神的完满,精神的个别环节(意识、自我
意识、理性和精神)**正在返回**并且**已经返回**到宗教之内,把宗教当作它们
的**根据**,那么当它们合在一起,就构成了整个精神的**实存着的现实性**,而
整个精神则是仅仅作为它的这些方面的一个运动(从区分自身到回归自
身)**存在着**。**一般意义上的宗教**的转变过程就包含在这些普遍的环节的
运动之内。但由于每一个环节或属性呈现出来的都不仅是它一般地被规
定的样子,而且是它**自在且自为**的样子,亦即它作为一个整体在自身内运
转时的样子,那么随之出现的也不仅仅是**一般意义上的宗教**的转变过程,
毋宁说,**个别**方面的那些完整进程同时也包含着**宗教**本身的**各种规定性**。
整个精神作为宗教的精神重新成为一个运动,也就是说,精神从它的直接
性出发,**认识到**它的自在存在或直接存在,认识到它的显现**形态**作为它的
意识的对象与它的本质完全一致,认识到它自己的本质。——在这个转
变过程中,精神本身处于一些**特定的**形态之中,这些形态构成了上述运动 [500]
所包含着的各种差别。这样一来,一个特定的宗教同样也具有一个**特定
的、现实的**精神。因此,如果说意识、自我意识、理性和精神都隶属于一个
一般意义上的认知着自身的精神,那么这个认知着自身的精神的那些**特
定的**形态同样也统辖着一些**特定的**形式,这些形式分别在意识、自我意
识、理性和精神的内部以独特的方式发展起来。宗教的**特定的**形态从精
神的每一个环节的形态那里抓取出一个合适的形态,分派给宗教的现实
精神。宗教的**单一的**规定性贯穿着它的现实实存的一切方面,并且给它
们打上这样一个共同的烙印。

在这种情况下,迄今已经出现的形态并不是按照它们此前显现时的
顺序排列起来的。对此还需要作一些必要的简短说明。——在我们已经
观察到的那个顺序里面,每一个环节都在自身内不断深化,各自发展为一
个具有独特原则的整体。曾几何时,认识活动是一个深邃内核,或者说是
一个精神,这个精神充当着那些单靠自己无法持存下来的环节的实体。

但从现在起,这个实体已经呈现出来。它是那个具有自身确定性的精神的深邃内核,不允许个别原则脱离出去之后形成一个独立的整体,所以它把所有这些环节都集结并维系在自身之内,在它的现实精神的全体内容中向前推进,而现实精神的全部特殊环节都共同接纳并吸收了同样一个整体规定性。——这个具有自身确定性的精神及其运动是它们的真正的现实性,是每一个人都拥有的**自在且自为的存在**。——因此,如果说迄今的**单一**顺序曾经在某些节点上表现出倒退的趋势,但最终仍然从那里重新沿着**单一**直线前进,那么在当前的情形下,这个顺序似乎已经在这些节

[501] 点上面,在这些普遍的环节上面,发生中断,并且分裂为许多线段,这些线段合并为**一束**之后,以一种对称的方式统一起来,以至于每一条线段在自身内分化而成的同样一些差别也重叠在一起。——此外,从整个阐述也可以看出,我们应该如何去理解那些普遍的方向在这里所表现出来的排列秩序,也就是说,这些差别在本质上只能被看作是转变过程中的一些环节,而不能被看作是转变过程的组成部分,对此无需赘言。在现实的精神那里,这些差别是精神的实体的属性,而在宗教那里,它们仅仅是主体的谓词。——同样,**自在地看来**或**对我们而言**,一切形式诚然已经包含在一般意义上的精神以及每一个精神之内,但对于精神的现实性来说,整个问题的关键仅仅在于如下几点:精神在它的**意识**里面服从的是哪一个规定性? 精神通过哪一个规定性来表现出它的自主体? 以及,精神在哪一种形态下认识到它的本质?

现实的精神与自知其为精神的精神之间曾有的差别,换言之,作为意识的精神与作为自我意识的精神之间曾有的差别,已经在那个真正认识到自己的精神之内遭到扬弃。精神的意识和精神的自我意识达到了平衡一致。但正如宗教在这里方才**直接**出现,所以这个差别尚未返回到精神之内。目前确立下来的仅仅是宗教的**概念**。按照这个概念,本质是**自我意识**,自我意识认识到自己是全部真理,并且在真理之中包含着全部现实性。这个自我意识把一个意识(实即它自己)当作自己的对象。方才**直接**认知着自身的精神成为一个处于**直接性形式**之下的精神,而它的显现

形态的规定性就是**存在**的规定性。那些使这种存在得到**充实**的内容,不是感觉或杂多质料,也不是诸如此类的片面环节、目的、规定等等,而是精神,所以这种存在意识到自己是全部真理和全部现实性。在这种情况下,**填充物**与自己的**形态**是不一致的,而精神作为本质也与它自己的意识不一致。精神之所以成为一个现实的绝对精神,原因仅仅在于,它不但具有[502]**自身确定性**,而且具有**真理**,换言之,精神作为一个意识分裂为两端,两端都在"精神"这一形态之下彼此作为对方的对象存在着。精神在成为它自己的意识的对象时,发生了形态分化,这种形态分化始终充斥着精神作为实体而具有的确定性。凭借着这种内容,对象才不会降格为一个纯粹的客观事物,不会降格为自我意识的否定性形式。精神的直接的自身统一体是一个基础,或者说是一个纯粹意识,只有**在**这个基础或这个纯粹意识的**范围之内**,意识才会发生分裂。精神既然已经通过这种方式被封闭在它的纯粹意识之内,它在宗教里就不是作为一般意义上的**自然界**的创造者存在着。毋宁说,精神在这个运动中产生出来的东西,是它的各种形态,是这样一些精神,它们合在一起构成了精神现象的完整性,而这个运动本身则是精神的转变过程,在这个过程中,精神历经它的个别方面或不完满的现实性,走向它的完满的现实性。

精神的**第一种**现实性是宗教的概念本身,或者说是一种**直接宗教**或**自然宗教**。在这里,精神知道它自己作为对象是处于一个自然的或直接的形态之下。但在**第二种**现实性里,精神必然会知道,它自己作为对象是处于"**遭到扬弃的自然性**"或"**自主体**"这一形态之下,而这就是**艺术宗教**,因为,通过意识的**创造活动**,形态升格为**自主体**的形式,而意识也因此在它的对象那里直观到它的行动或自主体。最后,在**第三种**现实性里,前两种现实性的片面性都被扬弃了。自主体是一个**直接的**自主体,正如**直接性**就是**自主体**。如果说在第一种现实性里,精神的表现形式是意识,而在第二种现实性里,精神的表现形式是自我意识,那么在第三种现实性里,精神的表现形式就是意识和自我意识的统一。精神具有**自在且自为的存在**这一形态,而当它自在且自为的样子出现在一个表象之中,这个表

[503] 象就是**天启宗教**。不过,尽管精神在天启宗教那里取得了它的真正**形态**,但**形态本身**和**表象**恰恰是一个尚未被克服的方面。精神必须从这个方面过渡到**概念**,以便在概念里面完全取消客观性形式,与此同时概念把它的对立面包揽在自身之内。这样一来,就像我们方才掌握了精神的概念那样,精神也掌握了那个关于它自己的概念,而既然精神的形态是概念,那么这个形态,或者说精神的实存要素,就是精神本身。

A. 自然宗教

认知着精神的精神是一种自我意识,不仅如此,它知道自己就形式而言表现为一种客观事物。精神**存在着**,同时也是一种**自为存在**。**精神自为地存在着**,它是**自我**意识这一方面,与之对立的另一方面则是精神的意识,亦即一种以自身为**对象**的自身关联活动。精神的意识里面包含着对立,因此也包含着精神的显现形态和自我认知形态的**规定性**。这个规定性是我们在这里考察宗教时唯一需要关注的东西,因为我们此前已经得出了精神的未经形态分化的本质,或者说已经得出了精神的纯粹概念。意识和自我意识之间的差别同时也出现在自我意识的范围之内。宗教形态并不包含着精神的实存,不管这精神是一种摆脱了思想的自然界还是一种摆脱了实存的思想。毋宁说,宗教形态是一种保存在思维中的实存,同时也是一种实存着的思想物。——按照精神的自我认知形态的**规定性**,一种宗教与另一种宗教区别开来。但同时需要指出的是,根据这个**个别的规定性**来表述精神的自我认知,这实际上并没有穷尽一个现实的宗教的整体。一系列将要表现出来的不同宗教同样只是呈现出唯一的宗教的不同方面,确切地说,呈现出**每一种个别的**宗教的不同方面,而一种宗教之所以不同于其他宗教而具有的那些标志性表象,在每一种宗教里都

[504] 会出现。但与此同时,差异性必须也被看作是宗教的一种差异性。因为,既然精神发现它的意识与它的自我意识之间存在着差别,那么运动的目

标就是去扬弃这个主要差别,并赋予形态(亦即意识的对象)以自我意识的形式。但是,即使意识包含着的各种形态本身也具有自主体这一环节,即使神**被表象**为一种**自我意识**,那个差别也还没有因此遭到扬弃。**被表象的**自主体不是一个**现实的**自主体。一方面,被表象的自主体必须通过自我意识的行动而被设定到一个形态之中,另一方面,低级的规定必须表明自己已经被较高的规定扬弃和掌握,这样才可以说,被表象的自主体和这个形态的任何其他具体的规定一样,都是真正隶属于这个形态。因为,只有当自主体创造出被表象的东西,把对象的规定当作**它自己的**规定,并因此在对象那里直观到它自己,被表象的东西才不再是一个被表象的、异于知识的东西。——通过这个行为,较低的规定同时已经消失了。原因在于,行动是一种否定的行动,它的实施是以牺牲对方为代价的。即使那个较低的规定还会出现,那么它也已经退居为某种无关紧要的东西。同样,如果较低的规定反过来占据着统治地位,而较高的规定同时也有出现,那么其中一方的地位只能是依附性的。因此,如果说个别宗教内部的不同表象呈现出了这个宗教的各种形式的完整运动,那么每一种宗教的特性都是由意识和自我意识的特殊的统一体所规定的,也就是说,借助于这个特殊的统一体,自我意识在自身内部把握了意识的对象的规定,通过它的行为把这个规定完全占为己有,并且知道这是一个相对其他规定而言具有根本意义的规定。——对于宗教精神的某一个规定性的信仰,其之所以具有真理,是因为**现实的**精神就是精神在宗教里直观到自身时的样子。——比如,在东方的宗教里,神虽然也变成了人,但这个观念并不 [505] 具有真理,因为它的现实的精神还缺乏和解的观念。——就此而言,我们没有必要从规定的总体那里返回到个别的规定,没有必要去指出,其他规定的完整性是包含在哪一种形态的规定或哪一种形态的特殊宗教里面。较高形式如果被重新放置到较低形式的下面,它对具有自我意识的精神来说就失去了意义,仅仅是在表面上隶属于精神和精神的表象而已。我们必须按照它的独特的意义来考察较高的形式,去看看它如何成为这个特殊宗教的原则,并得到该宗教的现实的精神的验证。

a.光明之神

精神,作为一个本身即**自我意识**的**本质**,或者说作为一个具有自我意识的本质,是全部真理,并且知道全部现实性都是它自己。——它在它的意识的运动中给予自己实在性,与此相反,就它自身而言,它最初仅仅是**它的概念**。这个概念,相对于它的敞开的白昼而言,是它的本质的黑夜,相对于它的实存着的环节亦即那些独立的形态而言,是它的诞生之际的创造性秘密。这个秘密在自身之内包含着它的启示。实存在这个概念里有着它的必然性,因为概念是一个认知着自身的精神,因此在它的本质里包含着这样一个环节,即去成为一个意识,并把自己表象为一个客观的东西。——这就是纯粹自我,它在它的外化活动中,在它自身内(亦即在一个**普遍的对象**里面)拥有它的自身确定性,换言之,在纯粹自我看来,这个对象是全部思维和全部现实性之间的相互渗透。

当认知着自身的绝对精神直接发生最初的分裂,它的形态所获得的规定,就是**直接意识**或**感性**确定性具有的那个规定。绝对精神在**存在**的形式下直观自己,但这里**存在**不是一种缺乏精神的、充斥着偶然的感觉规定、隶属于感性确定性的**存在**,而是一种充满了精神的存在。这种存在同样也包含着一个直接的**自我意识**所具有的形式,按照这个形式,一方是**主人**,另一方是从它的对象那里退缩回来的精神的自我意识。——因此,这种充满了精神概念的**存在**,是精神的一个**单纯的**自身关联**形态**,或者说是一个无形态的形态。由于这个规定,这个形态是一个纯粹的、包容一切并无所不在的、于东方升起的**光明之神**,它通过它的缺乏形式的实体性维系着自身。它的他者存在是一个同样单纯的否定者,即**黑暗**。它自己固有的外化运动,它在未遭到对方抵抗的情况下所进行的创造,是一系列光波。这些单纯的光波同时也是光明之神转变为自为存在、从它的实存那里返回到自身之内的过程,是一片焚烧着具体形态的火海。光明之神施加在自己身上的差别,虽然在实存的实体之内不断滋生,并形成自然界的各种形式,但它的思维的根本单纯性却在那些形式里面四处晃荡,飘忽不

[506]

定且不可理喻,甚至越过自己的界限,成为一种毫无规范的东西,最终在一种崇高的状态下消解了它那已臻辉煌的美。

因此,这种纯粹**存在**所发展起来的内容,或者说光明之神的知觉活动,是发生在实体身上的一种无关紧要的嬉戏,这个实体仅仅**冉冉升起**,但却没有在自身内**下沉**,也没有成为一个主体,更没有通过一个自主体来固定它的各种差别。这个实体的规定仅仅是一些属性,它们没有成为一种独立的东西,始终只是那个名目众多的太一的各种名字。太一披戴着实存的众多力量以及现实性的众多形态,但这些东西只不过是一种缺乏自主体的装饰。它们仅仅是一些缺乏自主意志的使者,宣扬着太一的威力,直观着太一的辉煌,并对太一发出赞美之声。

但是这种朦胧迷离的生命必须把自己规定为一种**自为存在**,必须使它的那些转瞬即逝的形态持存下来。那种使得它与它的意识相对立的**直接存在**,本身是一种**否定的**势力,正在消除着生命的各种差别。真正说来,这种生命就是一个**自主体**。因此精神的过渡目标是在自主体的形式下认知自身。纯粹光明把它的单纯性投射到无穷多的形式中去,通过牺牲自己来成全自为存在,使个别事物能够从它的实体那里获得持存。 [507]

b.植物和动物

具有自我意识的精神既然已经从一个缺乏形态的本质那里返回到自身内,把它的直接性提升为一般意义上的自主体,于是把它的单纯性规定为众多的自为存在,并成为一种精神性**知觉**的宗教。在这种宗教里,精神分裂为无数或弱或强、或富或贫的魂灵。这种泛神论最初意味着魂灵原子们的**安静**持存状态,但后来却转变成了一种内在的**敌对**运动。**花草宗教**心目中的天真无辜原本只是自主体的一个缺乏自主体的表象,后来却转变为一种充斥着斗争的严肃生命,或者说转变为**动物宗教**心目中的过失,而直观状态下的个体性的安静柔弱则转变为一个具有破坏性的自为存在。——即使从知觉到的物那里拿走**抽象性**这个不啻**死亡**的东西,并

427

将它们提升为精神性知觉所认识的本质,也是无济于事的。魂灵王国在获得生命的同时也接受了死亡,因为生命本身具有的规定性和否定性已经破坏了生命的天真无辜的坦然状态。通过那种规定性和否定性,安静的植物形态的多样分化转变为一种敌对运动,在这个运动中,各种形态的自为存在相互之间的仇恨消耗殆尽。——精神发生分化,它的**现实的**自我意识是由大量个别化的、充满不幸的民族魂灵组成的,它们带着仇恨彼此之间进行殊死搏斗,并且把某些特定的动物形态认作是它们的本质,因 [508] 为它们自己无非也是一些动物魂灵,是一些相互分离的、没有意识到普遍性的动物生命。

在这种仇恨里,纯粹否定的自为存在的规定性消耗殆尽了,而通过概念的这种运动,精神进入到另一个形态之中。**遭到扬弃的自为存在**是**对象的形式**,这个形式是由自主体产生出来的,或更确切地说,这个形式是那个自己产生出自己、自己消耗着自己的自主体,亦即那个正在转变为物的自主体。因此,相对于那些只知道相互撕咬的动物魂灵而言,劳动精神是占据上风的,因为它的行动不是仅仅去否定,而是带来安宁,具有肯定的意义。精神的意识如今是一种运动,不但超越了直接的**自在存在**,而且超越了抽象的**自为存在**。由于自在体陷入到对立之中,并且降格为一种规定性,所以它不再是绝对精神的固有形式,而是成为一种与绝对精神的意识相对立的现实性。意识认为这种现实性是一种普通的实存,于是将其扬弃,而且意识不仅是一个进行扬弃的自为存在,它同样也会创造出它的表象,创造出那种外化为对象形式的自为存在。尽管如此,这种创造活动还不完满,还只是一个有条件的行为,即对现成事物进行加工定形。

c.工匠

精神于是在这里显现为一个**工匠**,通过它的行动,它把自己作为一个对象创造出来,但还没有掌握那个关于它自己的思想。这种行动是一种本能式的劳动,就像蜜蜂修筑它们的蜂巢那样。

最初的形式，因为是一个直接的形式，所以是知性所认识到的抽象形式，至于作品本身，则还没有得到精神的充实。金字塔的水晶体和希腊的方尖碑柱，笔直的线条与平坦的表面之间、还有比例均匀的各个部分之间的简单联结(这种方式解决了圆拱屋顶不能加以测算的问题)，都是这个 [509] 遵循严格形式的工匠所从事的工作。由于形式完全属于知性的范围，所以它本身表现不出它的意义，它还不是一个精神性自主体。也就是说，作品只能通过两种方式把精神接纳到自身之内：要么它们把精神当作一个陌生的、已逝的、不再渗透着活生生的现实性、僵化地进入到这些缺乏生命的水晶体中的精神，要么它们以一种外在的方式与精神相关联，把精神当作一个本身即外在的、不是作为精神而实存着的精神，也就是说，当作一种冉冉上升的、将它的意义投射到它们身上的光明。

劳动精神由之出发的那个分裂，亦即**自在存在**(这是供劳动精神加工的材料)与**自为存在**(这一**方面**是一个劳动着的自我意识)之间的分裂，已经在它的作品那里客观地呈现出来。精神下一步要操心的事，就是必须要扬弃灵魂和肉体之间的分裂，一方面使灵魂本身具有一个躯壳或形态，另一方面又给肉体注入灵魂，使其获得生命。即使这两个方面彼此接近，它们相互之间仍然保留着一个被表象的精神以及这个精神的外壳之类规定性。这个精神的自身统一性包含着个别性与普遍性的对立。既然作品在精神的两个方面都接近自己，那么这时就会出现另外一种情况，即作品也会接近劳动着的自我意识，而后者则是在作品那里达到了自我认知，知道了它自在且自为的样子。但这样一来，作品仅仅是构成了精神**行为**的抽象方面，这个行为既不认识自己，也不认识自己的内容，而是在精神的作品亦即一个物那里认识到精神。至于工匠自身，亦即完整的精神，还没有显现出来，还只是一个内在的被遮掩着的本质，而这个本质一方面是一个现成的整体，另一方面已经分裂为两个东西：一个是处于行动中的自我意识，另一个是这个意识创造出来的对象。

因此，周围的陌居，外在的现实性等等，都是起先被提升为知性所认 [510] 识的抽象形式，然后被工匠加工制造成一种更有生命力的形式。为了达到这个目的,工匠使用了植物生命。早先那种柔弱的泛神论曾经把植物生命看作是一种神圣的东西,如今工匠既然意识到自己是一个自为存在着的本质,于是把植物生命当作某种可资利用的东西,并且将其贬低为外在的装饰点缀。但在使用的过程中,植物生命不可能不发生改变,因为自我意识形式下的劳动者同时也消除了直接存在着的植物生命本身具有的暂时性,并使植物生命的有机体形式接近于一种更严格、更普遍的思想形式。那种被放任着在特殊性之中蔓延生长的有机体形式,一方面受限于思想的形式,另一方面则把这些笔直而平坦的形态提升为一个更有生命力的圆拱。——正是这样一种混合,成为了自由建筑术的根源。

这个居所,精神的**普遍要素**或无机自然界方面,如今在自身内也包含着**个别性**形态,这个形态使得那个此前已经与实存分开、处于实存之内或之外的精神接近于现实性,从而使作品与行动中的自我意识达成一致。劳动者一开始抓住的是一般意义上的**自为存在**的形式,亦即**动物形态**。劳动者的自我意识不再是直接隶属于动物生命,对此的证据在于,他已经把自己树立为一种与动物生命相对立的创造性力量,而且把动物生命当作**他的**作品,在其中认识到他自己。这样一来,动物形态同时也成了一个遭到扬弃的形态,成了一种具有另外的意义和思想的象形文字。就此而言,动物形态也不再是全盘供劳动者使用的,而是与思想的形态,与人的形态混合在一起。然而作品还缺乏形态和实存,以便让自主体作为一个自主体存在着。也就是说,作品还不能单靠自身就表明,它在自身内包含着一种内在意义。它缺乏语言,缺乏一种具有充实作用的要素。因此,即使作品已经完全清除了动物因素,并且仅仅出现在自我意识的形态之下,它仍然是一个无声的形态,还需要借助于冉冉上升的太阳所放射的光明才能发出声音,而光明制造出的声音也只是一种声响而不是一种语言,它只能表现一个外在的自主体,不能表现一个内在的自主体。

与这种外在自主体形态相对立的是另一种形态,它表明自己本身就具有一个**内核**。那返回到自己的本质之内的自然界把它的活生生的、个别化的、迷失在自然运动中的多样性贬低为一个无关本质的躯壳，以**掩盖内核**。这个内核最初不过是一种单纯的黑暗，一个不动的东西，一块黑色的无形式的石头。

上述两种呈现方式都包含着**内在性**和**实存**，而这是精神的两个环节。两种呈现方式在一个对立的关系当中（一边是作为内核的自主体，另一边是作为外观的自主体）同时包含着那两个环节。这两种情况必须统一起来。比如，人体雕塑的灵魂还不是来自于内核，还不是一种语言，还不是一种本身就具有内核的实存。在这里，形状万千的实存的内核仍然是一种无声的东西，是一种在自身内没有差别，与它的千差万别的外观割裂开的东西。——工匠为了将二者统一起来，就把自然形态和具有自我意识的形态混合在一起，于是这些意义双关的、本身成谜的本质以成双成对的方式——意识与无意识、单纯的内核与形态多样的外观、思想的晦涩与外表的清晰——迸发出来，表现为一种充满了深刻而难解的智慧的语言。

在这个作品里，本能式劳动终止了，过去正是它造成了自我意识与无意识的作品之间的对立。因为在作品里，那个制造出自我意识的工匠行为面临着一个同样具有自我意识的、叙述着自己的内核。在这个过程中，工匠的辛勤劳动导致他的意识发生分裂，使得一个精神遭遇另一个精[512]神。在具有自我意识的精神的这种自身统一里，当精神认识到它自己是它的意识的形态和对象，它与直接的自然界形态的那些无意识的混合就自行清除了。这个由形态、言语和行为构成的庞然大物化解为一种精神性形态分化，化解为一种已经返回到自身之内的外观，化解为一种从自身出发、并通过自身而表现于外的内核，化解为一个思想，这个思想是一个自生的、保持着自己的合适形态的、清晰的实存。精神成了**艺术家**。

B. 艺术宗教

精神在"精神"这一形态之下成为它自己的意识的对象。精神已经把"精神"这一形态提升为意识本身的形式，并创造出这样一个形式，摆在自己面前。工匠已经放弃**综合调和式**的劳动，不再把思想和自然事物这两种不同性质的形式**混合**在一起。由于形态已经获得"自觉的行为"这一形式，所以工匠成为一个精神性劳动者。

如果我们问，什么是**现实的精神**，什么是那个在艺术宗教里意识到自己的绝对本质的精神，那么可以发现，它就是**伦理**精神，或**作为真相的**精神。它是全部个人的普遍实体，不仅如此，由于普遍实体在一个现实的意识看来具有意识的形态，那么这意味着，每个人都知道那个包含着个体化运动的普遍实体是他们自己固有的本质和作品。对他们而言，普遍实体不是光明之神，因为那包含在光明之神的统一体之内的自我意识虽然是一个自为存在，但却仅仅是某种否定的、行将消逝的东西，只能去直观它的现实性的主人。同样，普遍实体也不是各个相互仇视的民族之间的无休止的火拼，更不是一些奴役着各个民族的特权阶层，这些特权阶层合在一起造出了一个完满且完整的组织机构的假象，其中却没有个体的普遍自由。真正[513] 说来，普遍实体是一个自由的民族，在其中，伦常习俗构成了所有的人的实体，而且每个人都知道这个实体的现实性和实存是他的意志和他的行为。

伦理精神的宗教意味着精神超越了自己的现实性，从**它的真理**返回到它的纯粹的**自我认知**之内。由于伦理民族的生活与它的实体形成了一个直接的统一体，本身并不包含着自我意识的纯粹个别性原则，所以，只有当它**脱离**了它的**持存状态**，它的宗教才得以完成。伦理实体的**现实性**有两个前提：首先，它相对于自我意识的绝对运动而言是一种静止的**持久不变的东西**，也就是说，自我意识尚未摆脱它的静止的伦常习俗和坚定信任，尚未返回到自身内；其次，自我意识是由众多权利和义务形成的一个组织结构，同时又分化为众多阶层以及这些阶层的特殊行动，这些特殊行动聚集在一起产生作用,形成一个整体。就此而言,这个前提意味着,个人满足于他的实存的局限性,不知道它的自主体是一个无拘无束的、自由的东西。但是,对于实体的那种静止的**直接信任**转变为一种**对于自身的信任**,转变为一种**自身确定性**,而权利和义务的多样性,以及各种受限的行动,还有事物及其规定的多样性等等,都属于伦理实体的同样一个辩证运动,而这个运动只有在一个单纯的、具有自身确定性的精神那里才得到平息和稳定。——所以,当伦理完全成为一种自由的自我意识,当伦理世界的命运揭示出来,这就是一种已经返回到自身内的个体性,是一种完全无忧无虑的伦理精神,后者把它的全部持存着的稳固差别,把它的有机结构的众多群体消解在自身内,完全知道自己是一种无拘无束的欢乐,随心所欲地享受着自己。精神的这种单纯的确定性就其自身而言有着双重意味,它不但意味着一种静止的持存状态,一个稳固的真理,而且意味着一种绝对的躁动不安,以及伦理的行将消逝。但总的说来,精神的确定性倾向于后一种情况,因为伦理精神的真理目前仅仅是一种最基本的本质和 [514] 信任,在这里,自主体不知道自己是一个自由的个别性,所以它在这个内在状态中,或者说在自主体趋于自由的过程中走向没落。因此,当信任破裂,当民族的实体在自身内出现裂痕,精神就不再是变动不居的两端的一个中项,而是过渡到那个把自己理解为本质的自我意识一端。自我意识是一个具有内在确定性的精神,它一边为失去了它的世界而悲伤,一边超越了现实性,把它的本质从一个纯粹的自主体那里创造出来。

绝对艺术出现在这个时期。在此之前,它是一种本能式的劳动,沉浸在实存之中,来自实存,又复归于实存,而不是在一种自由的伦理那里获得它的实体,因此它的从事劳作的自主体并没有施展出一种自由的精神性行为。在这之后,精神超越了艺术,以便获得一种更高级的呈现。也就是说,精神不再仅仅是一个诞生于自主体的**实体**,而是呈现为**这个自主体**的对象,精神不再仅仅从它的概念那里分娩出自己,而是把它的概念本身当作一个形态,使得概念和创作出来的艺术品都认识到彼此是同一个东西。

既然伦理实体已经摆脱它的实存,把自己收回到它的纯粹自我意识之内,那么自我意识就代表着概念一方,代表着精神把自己作为对象而创造出来的**行为**。这个行为是一个纯粹的形式,因为劳动着的个人通过伦理服从和伦理职责已经清除了一切无意识的实存,清除了一切稳固的规定,而恰恰在这个过程中,实体本身已经转变为这样一个流动的本质。这个形式是一个黑夜,实体在其中显露出来,转变为一个主体。在挣脱了纯粹的自身确定性这一黑夜之后,伦理精神在另一个形态下死而复生,摆脱了自然界,从而也摆脱了它的直接的实存。

[515]　　精神逃离它的形体,遁入纯粹概念,而纯粹概念的**实存**是一个个体,一个被精神选中,用来容纳其痛苦的个体。精神在这个个体身上作为普遍者和支配性权力存在着,而个体则忍受着这种权力的折磨。也就是说,精神是这个个体的情怀,个体委身于它,其自我意识毫无自由可言。尽管如此,普遍性作为一种肯定的权力还是被个体的纯粹自主体这一否定的权力驯服了。这个纯粹行为意识到自己的力量并未失去,便与那个未经形态分化的本质缠斗不休。纯粹行为逐渐赢得上风,把情怀当做它的质料,赋予自己以内容,当这个统一体作为一个作品呈现出来,普遍精神就转变为一个个体,并出现在表象之中。

a.抽象的艺术品

　　最初的艺术品,作为一个直接的东西,是一种抽象的和个别的艺术品。一方面,艺术品必须放弃它的直接的和客观的形态,去迎合自我意识;另一方面,自为的自我意识也必须接受文化熏陶,以便扬弃它自己造成的与精神之间的隔阂,并通过这个方式创造出一个本身即具有生命力的艺术品。

　　艺术精神致力于把它的形态和它的主动意识最大程度地区分开,它最初采取的方式是一种直接的方式,即让它的形态作为一般意义上的**物**而**实存着**。——这种方式本身包含着个别性和普遍性之间的区别。也就是说,自主体的形态本身包含着个别性,而普遍性则是把无机本质与自主

体的形态放在一起,把无机本质表现为自主体的背景和居所。当整体被
提升到纯粹概念,自主体的形态于是获得了它的纯粹的、隶属于精神的形
式。这个形式既不是一个包含着理智的晶体,可以容纳僵死的东西或通
过一个外部的灵魂而被照亮,也不是一种在植物那里才出现的形式融合,
即自然界和思想的融合,因为思想的行为在这里仅仅是一种**模仿活动**。[516]
毋宁说,概念剥离了那些通过根茎叶而仍然依附于形式的东西,把根茎叶
精简为一些形状,按照这些形状,晶体的直线和平面被提升到一种不可通
约的比例关系之中,而在这种情况下,有机体的生命进程就被吸纳到知性
所认识的抽象形式之内,与此同时,生命进程的本质,亦即不可通约性,则
作为知性的对象保留下来。

　　但是,潜伏的神是一块由动物躯壳打造而成的黑色石头,渗透着意识
之光。人的形态剥离了曾经附着在它身上的动物形态;动物对于神而言
仅仅是一个偶然的外壳。动物与神的真实形态并列出现,本身毫无意义,
仅仅意味着一个他者,仅仅是一个单纯的符号。正因如此,神的形态就其
自身而言已经洗刷掉了动物实存的各种前提条件,暗示着有机生命的内
部机构已经与它的外表交融在一起,完全隶属于这个外表。——但是神
性**本质**是自然界的普遍实存与自觉的精神的统一体,尽管二者在现实中
看起来是相互对立的。与此同时,神的实存最初是一个**个别的**形态,是自
然界的众多要素之一,正如它的自觉的现实性是一个个别的民族精神。
在这个统一体之内,神的实存是一个返回到精神之内的要素,是通过思想
而得到升华的、与自觉的生命合为一体的自然界。就此而言,诸神的形态
所包含着的自然要素是一个已经遭到扬弃的要素,是一个晦暗的回忆。众
多要素是一些自由的实存,至于它们的荒蛮本质和昏暗斗争,还有提坦们①

---

　　① 提坦(Titan)是最初一代的神祇(俄刻阿诺斯、刻俄斯、克利俄斯、许珀里翁、伊阿
佩托斯、克洛诺斯)及其后代。天神乌兰诺斯在遭到克洛诺斯的阉割之后,责骂他的子女
们为"提坦"(紧张者),说他们在紧张中犯下了一个可怕的罪恶,将来会受到报应。宙斯取
得统治地位之后,提坦们起来反对宙斯领导的奥林波斯诸神,然而被打败,被囚禁在塔耳塔
罗斯(地狱)中。——译者注

的残暴王国,都已经被征服了,被放逐到清澄透明的现实世界的边缘,被放逐到精神所包容的那个安宁世界的浑浊边界。光明之神和黑暗之神的[517]结合所最先产生出来的这些古老神灵,比如天、大地、海洋、太阳、大地的盲目的提丰式烈焰等等,①已经被另一些形态取代了,这些形态本身仅仅包含着一丝让人回忆起那些提坦们的黑暗余韵,它们不再是一些自然本质,而是转变为各个自觉的民族的明确的伦理神灵。

这个单纯的形态一刻不息地进行着无限的个别化运动:一方面,它是一个自然要素,仅仅作为一个普遍的本质才是必然的,但在它的实存和运动中却表现为一个偶然的东西;另一方面,它也是一个民族,同时分化为众多特殊的行动群体以及自我意识的个体原点,所以它的实存包含着多种多样的意义和行动。——但是这个形态已经自在地消除了这种躁动不息的个别化运动,已经凝聚为一个静态的个体性。这个静态的个体性与"躁动不息"这一环节相对立,它作为**本质**与**自我意识**相对立,而自我意识作为它的发源地,除了表现为一个**纯粹行为**之外,本身已经不再保留有任何东西。艺术家把那些隶属于实体的东西完全倾注在他的作品当中,而他自己作为一个特定的个体性,在他的作品里面却不具有任何现实性。只有当艺术家摆脱了他的特殊性,仿佛脱胎换骨般把自己提升为一种抽象的纯粹行动,他才能赋予他的作品以完满性。——在这个最初的直接创作中,作品与艺术家的自觉行为之间的分裂尚未重新统一起来。所以,作品就其自身而言并没有真正获得生命,毋宁说它只有与它的**转变过程**合在一起才形成一个**整体**。一切艺术品都具有一个共同点,即它们都是产生自意识,并通过人的双手而被创造出来的。这个共同点是那个作为

---

① 根据赫希俄德《神谱》的记载,最先产生的神是卡俄斯(混沌),卡俄斯生出厄瑞玻斯(黑暗)和埃忒耳(光明)。卡俄斯也生出该亚(大地),该亚生出乌兰诺斯(天),然后和乌兰诺斯交合,生了俄刻阿诺斯(海洋)、许珀里翁(日神赫利俄斯的父亲)等等。至于提丰(Typhon)则是该亚与塔耳塔罗斯相爱生下的最后一个孩子,他是一条巨蟒,长着一百个蛇头,每一个蛇头都喷射出烈焰。由于他威胁到了宙斯的统治,因此遭到宙斯的雷电的重创。重伤的提丰隐藏在大地深处,他的火焰甚至使岩石溶化,在古人看来,这就是火山活动的原因。——译者注

概念而实存着的概念的一个环节,而概念与艺术品尚且处于一种对立的关系之中。如果概念,作为艺术家或观察者,足够无私地宣称艺术品本身就绝对地具有生命,并忘却行动者或观望者,那么反过来精神的概念也必须得到坚持,精神必须包含着自我意识这一环节。但这个环节是与作品相对立的,因为精神在其最初的分裂中分别赋予双方以"**行动**"和"**作为物而存在着**"这两个抽象的规定,分裂的双方还没有返回到它们由之出发的那个统一体之内。 [518]

艺术家因此在他的作品那里经验到,他所创作出来的**不是一个与他一致的本质**。诚然,在这种情况下,艺术家仍然会意识到,作品激起了群众的惊叹,被群众当作精神亦即他们的本质而加以崇拜。作品仿佛具有了生命力。但是,由于这种生命力仅仅是作为一种惊叹来回应艺术家的自我意识,所以这其实是等于承认,这种生命力加诸艺术家身上的东西并不能等同于艺术家。由于作品回报给艺术家的全都是喜悦,所以艺术家在这里感受到的不再是创作过程中的痛苦,不再是劳动的艰辛。群众尽可以随意评价或膜拜他的作品,或以各种方式把他们的观点扣在作品身上。当他们凭借他们的知识而居高自傲地对待作品时,艺术家知道,他的**行为**远不是他们的理解力和言语所能涵盖的;而当他们**谦虚地仰视**作品,并认识到那个统治着他们的本质时,艺术家知道自己是作品的主宰。

所以,艺术品的实存需要一个独特的要素,而神则需要另一种创作方式,以便脱离他的创造力的深沉黑夜,跌落到他的反面亦即外在性那里,被规定为一个缺乏自我意识的**物**。这个更高的要素是**语言**,而语言是一种本身就具有自我意识的实存。正如**个别的**自我意识在语言中实存着,同样,它也是直接作为一种**普遍的**感染存在着。自为存在之完满的特殊化过程既是一个流体,同时也是众多自主体所普遍共享的一个统一体;这种特殊化过程是一个作为灵魂而实存着的灵魂。神既然把语言当作他的形态的要素,那么他是一个本身就具有生命力的艺术品,一个在其实存中直接包含着纯粹行为的艺术品,而在过去,纯粹行为与那个作为物而实存着的神是相互对立的。换言之,在自我意识的本质的客观化过程中,自我

[519] 意识始终是一个直接的内在统一。当自我意识作为一个内在统一的本质存在着,它是一种**纯粹思维**或默祷,而默祷的**内在性**在赞歌那里同时具有一个**实存**。默祷在赞歌那里保留着自我意识的个别性,作为一种能够被倾听的东西,这个个别性同时也是一个实存着的普遍个别性。那在所有的人的内心里激起的默祷,是一股精神性洪流,它在自我意识的多样性中意识到自己是所有的人的同一个**行动**,意识到自己是一个**单纯的存在**。精神是所有的人的普遍自我意识,它在**一个统一体**之内既包含着它的纯粹内在性,也包含着个人的为他存在和自为存在。

赞歌这种语言不同于神的另一种语言——**神谕**,因为神谕并不是普遍自我意识的一种语言。无论是艺术宗教的神,还是更早之前那些宗教的神,他们发出的神谕都是神的必然的最初语言。神的**概念**同时也包含着这样一个环节,也就是说,神作为精神性自然界的本质,于是不但拥有一种自然的实存,而且拥有一种精神性实存。由于这个环节最初仅仅蕴涵在神的**概念**之中,尚未在宗教里面得到实现,所以语言对于宗教意识来说是一个**陌生的**自我意识的语言。那个令宗教社团感到陌生的自我意识还不是一个**实存**,尽管实存乃是神的概念所要求的东西。自主体是一个单纯的因而绝对**普遍的**自为存在。当自主体脱离宗教社团的自我意识时,最初仅仅是一个**个别的**自主体。——这种自立的、个别的语言的内容源自于一个普遍的规定性,通过这个规定性,一般意义上的绝对精神被设定在它的宗教之中。——那冉冉上升的普遍精神尚未具有一个特殊的实存,因此它在谈到本质时说出的是一些单纯而普遍的命题,这些命题的基本内容作为单纯的真理而言是崇高的,但由于这种普遍性的缘故,所以在那个持续不断地塑造着自身的自我意识看来又是平庸无奇的。

那进一步得到塑造的自主体已经把自己提升为一个**自为存在**,因此[520] 掌握着实体的纯粹情怀,掌握着东方升起的光明之神的客观性,并且知道真理的那种单纯性是一个**自在存在者**,这个东西不是通过一种陌生的语言获得偶然实存的形式,毋宁说,**它是一种确凿的和未成文的神律,永恒地活着,没有人知道它起源于何时**。——那个曾经通过光明之神启示出

来的普遍真理在这里已经退回到内核或根基处,从而摆脱了偶然现象的
形式,既然如此,反过来在艺术宗教里面,因为神的形态已经具有了意识,
并且因此具有了一般意义上的个别性,所以,神作为伦理民族的精神,其
固有的语言就是神谕。神谕了解一个民族的各种特殊情况,并颁布有利
于这些情况的指示。因为普遍真理已经被认识到是一种**自在存在者**,所
以**认知思维**要求重新掌握这些真理,不仅如此,那种说出这些真理的语言
在认知思维看来也不再是一种陌生的语言,而是它自己固有的语言。古
代那位贤哲①在他自己的思维里寻找善和美的东西,而对于那些琐碎而
偶然的知识内容——比如与这人或那人交往是否有好处,或作一次旅行
对某位朋友来说是否有益——,对于这类无关紧要的事情,他只需让心中
的神明去认识和决定就行了。与此同时,普遍意识是从飞鸟、树木、发酵
的土壤(其湿气会使自我意识陷入不清醒的状态)等偶然事物那里汲取
知识。由于偶然事物是一种未经思虑的和陌生的东西,所以伦理意识就
像扔骰子一样,听任自己以一种未经思虑的和陌生的方式来对此作出决
定。如果个人是通过他的理智来决定自己,经过慎重考虑之后选择了对
他有利的事物,那么这种自我决定是以一个特殊性格的规定性为基础。
这种规定性本身也是偶然的,所以理智的那种知识——即知道什么东西
是有利于个人的——和那种通过神谕或抽签而获得的知识没有什么两
样,差别仅仅在于,求助于神谕或抽签的人对于偶然事物表现出一种伦理 [521]
上的漠不关心态度,而依赖于理智知识的人则相反,他们把纯粹偶然的东
西当作是他的思维和知识的根本兴趣来对待。所以,比这两种情况都更
高明的做法是,固然去慎重考虑那个关于偶然行动的神谕,但同时却知道
这个经过慎重考虑的行为本身仍然是一种偶然的东西,原因在于:首先,
这个行为与特殊事物相关联;其次,这个行为追求的是利益。

　　当语言不再是一个陌生的、偶然的、非普遍的自我意识的语言,精神
在语言中获得的真实的自觉实存就是我们此前已经看到的艺术品。自觉

---

　　① 　当指苏格拉底。参阅柏拉图《泰阿泰德篇》(151A, 186A)。——译者注

的实存与雕像里面的物的因素相对立。如果说雕像是一种静态的实存，那么自觉的实存就是一种转瞬即逝的实存；如果说在雕像那里，客观性得到释放，缺乏一个自立的、直接的自主体，那么反过来在自觉的实存这里，客观性却是太过于受到自主体的束缚，基本上没有表现出形态分化，就和时间一样，当其存在时，立即不复存在。

神的形态在自我意识的纯粹的感知要素里面是**动态的**，而在物性的要素里面是**静态的**，在这两个方面的运动中，两种形态彼此放弃了它们的不同规定，而它们的统一体——作为它们的本质的概念——成为一个实存。这个运动是通过**崇拜仪式**实现的。借助于崇拜仪式，自主体意识到神性本质不再处于彼岸世界，而是向它降临。神性本质此前是一个非现实的、纯粹客观的东西，如今它也因此获得了自我意识独有的现实性。

自在地看来，崇拜仪式这一概念已经现成地包含在赞歌的洪流之中。这种默祷是自主体通过自身并且在自身内获得的一种直接的和纯粹的满足。自主体是一个得到净化的灵魂，通过这种纯粹性，它直接只是一个本质，与本质合为一体。作为一种抽象的东西，灵魂不是一个能够把自己与对象区分开的意识，因此它仅仅是意识的实存的黑夜，是意识的形态的**预**
[522] **备场所**。就这样，**抽象的崇拜仪式**把自主体提升为一个纯粹的**神性要素**。灵魂有意识地完成了这个纯化过程；然而灵魂毕竟还不是那个已经下降到深处并认识到自己为恶的自主体，毋宁说它是这样一个**存在者**，这样一个灵魂，它用水清洁自己的外表，穿上白色的衣服，而它的内在方面则是在表象里面经历了一条贯穿劳动、惩罚和奖励的道路，一条在一般意义上逐步挣脱特殊性的教化之路，在此之后，灵魂才会到达福祉的家园和共同体。

这种崇拜仪式最初仅仅是**一个秘密的**，亦即一个仅仅存在于表象之中的、非现实的行动。然而它必须是一个**现实的**行为，因为一个非现实的行为意味着自相矛盾。**原本的意识**于是提升为它的**纯粹的**自我意识。在这种意识里面，本质意味着一个自由的对象。通过一个现实的崇拜仪式，对象返回到自主体之内。由于对象在纯粹意识里面意味着一个纯粹的、居于现实性的彼岸世界的本质，所以这个本质通过崇拜仪式的中介从普遍性下降到个别性，并因此与现实性结合在一起。

　　至于上述两个方面出现在行为之中的方式，可以这样来规定，即对于自我意识这一方而言，由于它是一个**现实的**意识，所以本质呈现为一个**现实的自然界**。首先，自然界隶属于自我意识，是它的私有财产，而不是被看作一个**自在**存在着的实存；其次，自然界是**自我意识自己固有的**直接的现实性和个别性，而这种现实性和个别性在自我意识看来同样不是本质，而是一种已经遭到扬弃的东西。但与此同时，对于自我意识的**纯粹**意识来说，那个外在的自然界还具有一个**相反的**意义，也就是说，意味着一个**自在存在着**的本质，面对这个本质，自主体把它自己的非本质性当作祭品，反过来却把自然界这一无关本质的方面当作它自己的祭品。这样一来，行为成为一个精神性运动，因为它包含着如下双重意义：首先，按照默祷规定对象的方式，去扬弃**本质**的抽象性，使之成为一个现实事物；其次，按照行动者规定对象和他自己的方式，把**现实事物**提升到普遍性的层次，提升为普遍性。　　[523]

　　所以，崇拜仪式中的行为的出发点是完全**舍弃**自己的占有物，财产所有者把自己的占有物当作一种全然无用的东西予以忘却，或掷于火焰中使之化作一股青烟。在这个过程中，他在他的纯粹意识的本质的面前放弃了自己的占有物、放弃了对于私有财产的权利和享受、放弃了人格性、不再把行动归功于自主体，不再把行为折返回自身内，而是把行为投射到普遍者或本质那里。——但反过来，**存在着的本质**在这个过程中同样走向没落。那被献祭的动物，是某一个神的**象征符号**；而那些被吃掉的水果，是**活生生**的塞雷斯和巴克科斯**本身**。① 在动物那里，拥有血肉和现实生命的上界正当性的各种势力死去了；而在水果这里，无血肉的、阴险狡诈的下界正当性的各种势力也死去了。——面向神性实体作出的献祭，作为一个**行动**，隶属于自我意识这一方。而为了使这个现实的行动成为

―――――――――――

　　①　参阅本书第 69 页注释②。——译者注

可能,本质必须**自在地**已经把自己当作祭品。本质这样做了,也就是说,它已经给予自己以**实存**,使自己成为**个别的动物**,成为**水果**。行动中的自主体在一个实存那里表明,本质已经**自在地**作出牺牲,自主体把这个牺牲作为它的意识的对象,并且用一种更高的现实性亦即**它自己的现实性**取代了本质的那种**直接的**现实性。当双方(本质和自主体)的个别性和分裂遭到扬弃,结果就是产生出一个统一体,这个统一体不是一个纯粹否定的命运,而是具有肯定的意义。对于一个抽象的阴间本质而言,只有那些献祭给它们的东西才是已经被完全舍弃的,才因此具有这样的特征,即私有财产和自为存在被投射到普遍者那里,与严格意义上的自主体区别开来。但实际上,被舍弃的仅仅是很微小的**一部分**,绝大多数献祭活动都是仅仅毁弃掉一些无甚价值的东西,祭品其实是为随后的筵宴准备的,①筵宴上的美味珍馐掩饰了献祭行为的否定意义。献祭者把最初的祭品身上的绝大部分都保留下来,并且把其中最有用的部分**留给自己享受**。这种享受是一种不但扬弃**本质**而且扬弃**个别性**的否定力量,但它同时也是一种肯定的现实性,通过它,本质的**客观的**实存转化为一个**自觉的**实存,而自主体则意识到它与本质的统一。

此外,这种崇拜仪式虽然是一个现实的行为,但它的意义却主要包含在默祷之中。那隶属于默祷的东西,并没有客观地呈现出来,正如**享受**中的结果自己剥夺了自己的实存。为了弥补这个缺陷,崇拜仪式进而赋予它的默祷以一个**客观的持存**,也就是说,既然崇拜仪式是一个共同的,或虽然是个别的,但却适宜于每一个人的劳动,那么就得给神搭建一个居所,以便彰显神的荣耀。这样一来,一方面,雕像的客观性被扬弃了,因为劳动者既然把他的礼物和劳动成果奉献给神,也就得到了神的青睐,并直观到他的自主体是隶属于神的;另一方面,这个行动并不是艺术家的个别的劳动,毋宁说这个特殊性已经消解在普遍性之中。但这里出现的不仅

[524]

---

① 据考证,古代的献祭活动通常只是把祭品的内脏在祭坛上烧掉,然后把其他可以食用的部分留下来以供宴席之用。——译者注

仅是神的荣耀,神出于好感而施予的恩典也不是仅仅在**表象**里面涌向劳动者,毋宁说劳动也获得了另一种意义,与外化活动和外来荣耀的最初意义正好相反。神的居所和厅堂是供人使用的,其中收藏的宝物在紧急情况下也是属于人的,因此神在各种装饰中享受到的荣耀,其实也是一个才华横溢和气度开阔的民族的荣耀。在举行节日庆典的时候,这个民族用各种华丽的物品装饰神的建筑物,同时也装饰它自己的住宅和衣服。通过这种方式,这个民族感到,它的付出得到了它所感恩的神的回应,神对它的好感也得到了证明,正因如此,这个民族通过劳动与神联系在一起,不是在一种渺茫的希望和一种迟来的现实性之中,而是在为神争取荣耀和对神的献礼中直接享受到它自己的财富和饰物。 [525]

b.有生命的艺术品

一个通过艺术宗教的崇拜仪式而去接近神的民族,是一个伦理民族,它知道它的国家以及国家的行为是它的意志,是它的自我实现。所以,自觉的民族所面对的精神不是那个缺乏自主体的、不具备个体的确定性的光明之神,而仅仅是众多个体的一个普遍本质和统治性势力,在那里面,个体们都消失了。就此而言,当宗教以一个单纯的、没有形态的本质为对象时,它的崇拜仪式一般说来只能给它的追随者们以这样的回报,即承认他们是他们所信奉的神的子民。崇拜仪式仅仅使他们获得持存状态和一般意义上的单纯实体,而不是使他们获得一个现实的自主体,因为这样一个自主体毋宁是遭到压制的。他们所崇拜的神是一个空洞的深邃内核,不是精神。但另一方面,艺术宗教的崇拜仪式缺乏本质的那种抽象的**单纯性**,因此也缺乏本质的**深邃内核**。但是,**自在地看来,那个与自主体直接合为一体的本质**是一个精神,是一个**认知着的真理**,尽管还不是一个已经获得知识的真理,或者说还不是一个在自己的深邃内核里认知着自身的真理。在这里,因为本质本身就包含着自主体,所以它的现象在意识看来是一个友好的现象,而意识在崇拜仪式中不仅得到了它的持存状态的普遍合理性,而且还得到了它的内在的自觉实存。同样,反过来说,本质之所以具有一种缺乏自主体的现实性,并不是取决于一个遭到压制的民族(它的实体仅仅是得到承认而已),而是取决于这样一个民族,它的**自主体**在它的实体中得到承认。

[526]　　因此,当自我意识在它的本质那里得到满足,就摆脱了崇拜仪式,与此同时,神进入自我意识之中,把自我意识当作它的圣地。这个**圣地**就其自身来说是实体的黑夜,或者说是实体的纯粹的个体性,但却不再是艺术家的那种紧张的、尚未与它的**客观地**转变着的本质达成和解的个体性,而是一个已经得到满足的黑夜,它本身包含着一个情怀,但却无欲无求,因为它已经从直观,从一种遭到扬弃的客观性那里,返回到自身之内。——这个**情怀**就其自身而言是**上升过程**的本质,但本质如今已经在自身内**没落**了,而且本身就包含着它的没落,包含着自我意识,因此也包含着实存和现实性。——本质在这里已经完全经历了它的实现运动。它脱离了它的纯粹的本质性,降格为一种客观的自然力及其外化活动,成为一个为他存在,成为自主体的对象,被自主体消灭。缺乏自主体的自然界的寂静本质在它的果实那里赢得了一个阶段,在这里,自然界呈现在一个具有自主体的生命面前,供其享受和消化。作为一种可以充当食物和饮料的有用东西,自然界因此达到了它的最高的完满性。因为,通过这种方式,自然界有可能成为一种更高的实存,与精神性实存相接壤。大地精神在它的形态转变过程中,一方面发展为一个寂静而有力的实体,亦即一个阴性原则(滋养着一切),另一方面发展为一种精神性酵母,亦即一个阳性原则(自觉实存所具有的自发推动力)。①

　　在获得这样的享受时,那个冉冉上升的光明之神已经透露了它的本质。享受是光明之神的奥秘之所在。奥秘并不是指一个隐藏的秘密或一种无知状态,而是意味着,自主体知道自己与本质是本质合为一体的,就此而言,本质已经启示出来。只有自主体才会启示给自己,换言之,启示

---

① 阴性原则指德墨忒尔,阳性原则指狄奥尼索斯。——译者注

出来的东西仅仅出现在一种直接的自身确定性之中。但在这种自身确定
性里面，单纯本质已经通过崇拜仪式被设定下来。单纯本质作为一个有
用的东西，不仅包含着一个看得见、摸得着、闻得到、尝得着的实存，而且 [527]
本身也是欲望的对象，并通过一种现实的享受与自主体合为一体，从而完
全透露给自主体，在自主体面前启示出来。——当人们说某种东西启示
在理性或心灵面前时，那种东西实际上仍然是秘密的，因为对于直接的实
存，这里还缺乏一个现实的确定性，不但缺乏一个客观的确定性，而且缺
乏一个通过享受得到的确定性，而这种现实的确定性在宗教里不仅仅是
一种缺乏思想的、直接的确定性，而且同时也是自主体的一种纯粹认知着
的确定性。

这样一来，那个通过崇拜仪式而在自觉的精神之内启示出来的东西，
就是一个**单纯的**本质，这个本质是一个运动，也就是说，一方面从它的黑
夜的隐蔽处上升到意识之中，成为一个寂静地滋养着意识的实体，另一方
面同样重新湮沉在阴间的黑夜之中，湮沉在自主体之中，仅仅伴随着一种
寂静的母性渴望在上界稍事逗留。——然而纯洁的冲动就是那个名目众
多的冉冉上升的光明之神，是光明之神的步履蹒跚的生命，这个生命同样
已经摆脱了它的抽象存在，先是化身为水果的客观实存，然后把自己托付
给自我意识，在自我意识那里获得真正的现实性。现在，这个生命表现为
一群狂热的四处奔走的妇女，①表现为一个具有自我意识形态的自然界
的无拘无束的极度狂欢。

但是，启示在意识面前的绝对精神还只是这个单纯本质，还不是一个
本身即精神的绝对精神，换言之，启示在意识面前的仅仅是一个**直接的**精
神，亦即自然界的精神。因此它的自觉的生命仅仅是面包和红酒的奥
秘，②仅仅是塞雷斯和巴克科斯的奥秘，而不是另外一些真正的上界之神
的奥秘，因为不管怎样，上界之神的个体性是把严格意义上的自我意识当

---

① 参阅本书第 69 页注释②。在厄琉西斯的带有狂欢意味的农庆节里，参与者主要
是妇女。——译者注

② 参阅本书第 69 页注释②。——译者注

作一个根本环节包含在自身之内。也就是说,精神尚未作为一个**自觉的**精神把自己献祭给单纯本质,面包和红酒的奥秘还不是肉和血的奥秘。

[528]　　　神的这种动摇不定的极度狂欢必须把自己当作一个**对象**平息下来,而且那种未曾进入意识之中的亢奋必须制造出一个作品,这个作品对于亢奋而言——就像雕塑对于此前的艺术家的亢奋而言——虽然同样也是一个完满的作品,但却不再是一个本身就缺乏生命的自主体,而是一个**有生命的**自主体。——这样一种崇拜仪式就是人为了他自己的荣耀而举行的庆典,①只不过它尚未获得绝对本质的意义。目前在人的面前启示出来的仅仅是**本质**,还不是精神。启示出来的还不是一个**在本质上**采纳人的形态的本质。但是这种崇拜仪式为精神的人形启示奠定了基础,并且把这种启示的各个环节逐一罗列出来。所以,这里是一个抽象的环节,即本质的有生命的**躯体**,正如在这之前,本质和躯体是统一在一种无意识的狂热之中。于是人取代了雕塑的地位,把他自己当作那有教养的、经受过陶冶的形态所达到的一种完全自由的**运动**,正如雕塑是一种完全自由的**静止**。既然每一个人至少都懂得作为火炬手而把自己呈现出来,那么也会有一个人从他们中间脱颖而出,成为一个有形的运动,代表着全体成员的流畅舒展和流动性力量,成为一个有灵魂、有生命的艺术品,美貌与力量并重,不但接受了那些曾经用来尊崇雕塑的饰物,以作为对他的力量的嘉奖,而且也接受了这样的荣耀,即他对族人而言不是一个石质的神,而是他们的本质的最高的肉身呈现。

　　　在上述两种呈现方式里面,明摆着自我意识与精神性本质的统一体。但是它们还没有达到平衡。在巴克科斯的亢奋状态下,自主体出离到自身之外,而在一个美丽的躯体里,则是精神性本质出离于自身之外。躯体的清晰实存必须吸纳意识的那种蒙昧状态及其野性呓语,而亢奋的内在[529]性必须吸纳躯体的无精神的清晰性。在一个完满的要素里面,内在性同

---

　　　①　指古希腊的奥林匹克庆典。奥林匹克庆典不仅是一场体育盛会,更具有广泛的文化意义和社会意义。造型艺术家和文学家可以在庆典上展示他们的作品,发表对于城邦生活各方面的观点。——译者注

样也是外在的,外在性同样也是内在的。这个完满的要素仍然是一种语言,只不过这既不是一种就其内容而言纯属偶然的、个别的神谕,也不是一种出于情感的、仅仅颂扬着个别的神的赞歌,更不是巴克科斯在躁狂状态下发出的那种毫无内容的呓语。实际上,语言已经赢得了它的清晰而普遍的内容。之所以说"**清晰**",因为艺术家已经摆脱了最初的、纯粹本能式的激奋状态,已经把自己打造为一个形态,这个形式是一个自立的、在其全部活动中都渗透着自觉的灵魂、与自觉的灵魂同生共死的实存;而之所以说"**普遍**",因为在这个给人带来荣耀的庆典里面,雕塑(它们仅仅包含着一个民族精神和一个特定的神灵性格)的片面性已经消失了。一尊美丽的武士雕像虽然是它那个特殊民族的荣耀,但毕竟是一个有躯体的个别性,在这种个别性中,具体而严肃的意义,还有精神的内在性格(它承载着他那个民族的特殊生活、关切、生理需要和伦常习俗)都已经没落了。精神外化为一个完整的躯体,在这个过程中,精神抛弃了自然界的各种特殊的印记和声调,尽管它曾经作为一个现实的民族精神把那些东西包容在自身之内。所以,树立武士雕像的民族在精神那里不再意识到自己的特殊性,而是意识到特殊性遭到抛弃,意识到它的人类生存的普遍性。

c.精神性艺术品

通过一个特殊的动物,诸多民族精神已经意识到它们的本质的形态,于是它们汇集为**单一的**民族精神。在这种情况下,各个特殊的、美丽的民族精神合并到**单一的**万神殿之内,而万神殿的要素和居所乃是语言。纯粹的自身直观——即直观到自己是**普遍的人性**——借助于民族精神的现实性获得了一个形式,也就是说,民族精神与其他民族精神一起天然地形成**单一的**民族,结合为一项共同的事业,并且为了这项事业构成一个整全的民族,从而构成一片整全的天地。尽管如此,精神在它的实存那里达到的这种普遍性仅仅是最初的普遍性,它起源于伦理意义上的个体性,尚未克服个体性的直接性,尚未把这些民族共同体糅合为**单一的**国家。现实 [530]

的民族精神的伦理一方面依赖于个人对他们的整个民族的一种直接的信任,另一方面依赖于一种直接的参与,也就是说,每一个人不分阶级差别都参与到政府的各种决断和行为当中。人的联合刚开始并未形成一个持久不变的秩序,而是仅仅形成一个共同的行动。在这种联合里,所有的人和每一个人的参与自由都**暂时**被搁置在一边。就此而言,这种最初的共同体更像是众多个体性的一种聚集,而不是意味着抽象思想的统治地位,因为抽象思想会禁止个人自觉地参与到整体的意志和行为中去。

各个民族精神聚在一起形成了一个由众多形态构成的圆圈,这个圆圈如今不但包含着整个自然界,而且包含着整个伦理世界。自然界和伦理世界也是服从于某一个人的**最高命令**,而不是服从于这个人代表着的**最高统治权**。就其自身而言,它们是两个普遍的实体,承担着一个**自觉的**本质之**自在的**存在和行为。但这个自觉的本质构成了一种力量,至少是刚开始的时候构成了一个让那些普遍本质为之奔忙的核心,尽管这个核心看起来仅仅是以一种偶然的方式把普遍本质的各种事务联系在一起。神性本质返回到自我意识之内,但这种返回恰恰已经包含着一个理由,使得自我意识可以为神的那些力量建立起一个核心,从一开始就把那个根本的统一体乔装打扮成两个世界之间的一种友好的外在关联。

这些内容所具有的普遍性,必然也隶属于意识形式,也就是说,隶属于内容的显现形式。意识不再是崇拜仪式的一种现实的行动,而是这样一种行动,它尚未提高到概念,而是仅仅提高到**表象**,提高到自觉实存和外部实存之间的一种综合式联系。这种表象的实存,亦即**语言**,是最初的语言,是真正意义上的**史诗**,它包含着一种普遍的内容,这些内容即便没有意味着**思想的普遍性**,但至少意味着世界的**完整性**。**歌唱者**是一个个别的和现实的人,是这个世界的主体,是语言的创造者和承担者。他的情怀并不是一种令人眩晕的自然力,而是一种记忆,一种静思和一种后来形成的内在性,一种对于已往的直接本质的追忆。歌唱者是一个消失在他的内容之中的工具。那发挥着作用的,不是他自己的自主体,而是他的缪斯,他的普遍的歌声。实际上这里有一个环环相扣的推论,在其中,借助

[531]

于特殊性这一中项,普遍性一端(诸神的世界)与个别性一端(歌唱者)联系在一起。中项是一个拥有众多英雄①的民族,这些英雄和歌唱者一样都是个别的人,但他们完全是一些**代表性人物**,因此他们和处于自由的普遍性一端的诸神一样,同时也是一些**普遍的人**。

因此在史诗里,那种通过崇拜仪式而**自在地**确立下来的东西,亦即神与人的关联,完全**呈现**在意识面前。内容是自觉的本质的一个**行为**。**行动**破坏了实体的宁静,使本质激动起来,而这样一来,本质的单纯性就被割裂了,展示为一个包含着自然力量和伦理力量的杂多世界。行为损害了宁静的大地,它是一个通过血液而获得了生命的墓穴,这个墓穴把那些渴望着生命的亡灵召唤过来,使它们通过自我意识的行动获得生命。人们普遍操心着的那项事务获得了两个方面:一个是**自立的**方面,这是通过全部现实的民族和一些处于其巅峰地位的个体性完成的,另一个是**普遍的**方面,而它是借助于各个民族的实体性势力才完成的。但这两个方面之间的**关联**老早就已经规定下来了,也就是说,这是普遍者与个别事物之间的一个**综合式联系**,或者说是一个**表象活动**。对于这个世界的评判就是依赖于上述规定性。——这样一来,可以说双方之间是一种混合的关系,但所谓"混合",就是胡乱分割行动的统一体,多此一举地把行为从这个方面抛到另一个方面。诸神作为一些普遍的势力,本身就具有个体性形态,从而具有行动的原则。它们的作用因此显现为一种同样自由的、完全起源于它们的行动,亦即人的行动。就此而言,神和人所做的完全是同样的事情。那些势力摆出的严肃样子是非常可笑的,完全是多此一举,因为实际上正是它们在支配着采取行动的个体性。同样,个体性的努力和劳动也是一种无益的操劳,因为其实是那些势力在引领着一切。——过于操劳的终有一死者是一种虚无缥缈的东西,但他们同时也是一个强大的**自主体**,这个自主体征服了普遍的本质,虽然给诸神造成伤害,但总算

[532]

---

① 这里及以下的"英雄"(Held)一词同时亦有戏剧中的"主人翁"的意思。——译者注

给诸神带来一种现实性,带来对于行动的兴趣。反过来,这些软弱无力的、以人类的施舍为生、并因此才有点事情可做的普遍本质不但是万事万物的自然本质和材料,而且也是行动的伦理质料和情怀。一方面,它们的基本本性只有通过个体性的自由的自主体才进入现实性和行动关系之中,另一方面,它们同样也是一个摆脱了上述联系的普遍者,这个普遍者注定不受任何限制的约束,它借助于它的统一体的不可摧毁的弹性抹去行动者的精准位置和它自己的各种造型,维系着自己的纯粹性,并且把一切个体事物都消解在它的流体之中。

[533]   普遍本质面对着一个自立的自然界,和它一起陷入上述矛盾关联当中,不但如此,在它们的普遍性和它们自己固有的规定之间,在它们的相互关系之间,也出现了矛盾。它们是一些永恒美丽的个体,安息在各自固有的实存之中,与时光的流逝无关,也不必承受外来的暴力。但与此同时,它们也是一些**特定的**要素,是一些**特殊的**神,因此相互之间不免发生关系。这种关系表现为对立,表现为争执,因此是以一种奇怪的方式自行遗忘了它们的永恒本性。——规定性扎根于神的持存之中,通过持存状态的局限性获得了整个个体性的独立性。通过这种规定性,诸神的性格同时也失去了敏锐的特点,仅仅模棱两可地搅和在一起。——既然诸神的行为针对着一个他者,因此针对着一种不可战胜的神性力量,那么行为的目的以及行为本身就是一种偶然而空洞的虚张声势。这种虚张声势的做法同样也会偃旗息鼓,并且把行为假装出来的严肃转化为一种不会带来危险的、对自身抱有确定性的游戏,没有结果,没有成就。但是,在诸神的神性本性那里,如果这个本性的否定方面或规定性仅仅显现为诸神在行为上的前后不一贯,显现为目的与结局之间的矛盾,如果那个独立的自身确定性压倒了处于规定之下的事物,那么这个本性恰恰会因此遭到一种**纯粹的否定力量**的反对,这种力量是诸神的终极势力,甚至不受诸神的掌控。诸神代表着普遍性和肯定性,在他们的威权之下,终有一死者的**个别的自主体**难以为继。但与此同时,**普遍的自主体**却是飘游于诸神以及这个完整的、包含着全部内容的表象世界之上,显现为一种**缺乏概念的空**

洞必然性。对于这件事情,诸神表现出一种六神无主的哀伤态度,因为这些**特定的**本性并没有出现在这种纯粹性之内。

但这种必然性乃是**概念的统一性**,它掌控着个别环节的相互矛盾的实体性,从而把诸神的前后不一贯的、偶然的行动纳入一个秩序之中,使他们的嬉戏行为本身就具有严肃的意义和价值。表象世界的内容在**中项** [534] 那里轻松而自顾自地表演着一个运动,这些内容集中在一个英雄的个体性身上,但英雄在体会到内容的力量和美好时,却感到自己的生命残缺不全,哀叹着即将出现的夭亡。因为,**内在稳固的、现实的个别性**已经被放逐到片面的一端,分裂为两个尚未发现彼此,尚未统一起来的环节。其中一个环节是**抽象的**、非现实的个别事物,即必然性,另一个环节则是**现实的**个别事物,即一个出离于自身之外,沉迷在他的表象之中的歌唱者。这两个环节都没有分享中项的生命。但是双方都必须向内容靠近:必然性必须用内容来充实自己,歌唱者的语言必须分享到内容,至于那个此前一直对自己听之任之的内容,也必须凭借自身去获得否定事物的确定性和确切规定。

因此,这种更高的语言,**悲剧**,就把本质世界和行动世界这两个分崩离析的环节紧密结合在一起。神性事物的**实体依据概念的本性**分化为各种形态,实体的运动同样也是遵循着概念。当语言深入到内容之中,它在形式上就不再是一种叙事性的语言,正如内容也不再是一种存在于表象之中的内容。英雄本人在说话,而听众兼观众在表演中看到的是一些**具有自我意识的**人,这些人**知道**自己的正当性和自己的目的,知道自己的规定性具有权力和意志。他们也知道如何**说出**这些情况。这些人是艺术家,他们不像那种伴随着现实生活里的普通行动的语言,仅仅无意识地、自然地、朴素地说出他们决定要做和开始去做的事情的**外在方面**。毋宁说,他们表达出内在的本质,证明他们的行动的正当性,他们经过深思熟虑之后,明确无误地宣布,那种支配着他们的情怀并不依赖于各种偶然处境和特殊人物,而是直指一种普遍的个体性。最后,这些性格的**实存**是一些**现实的**人,他们扮演英雄,通过一种现实的、非叙事性的(亦即第一人 [535]

称式的)语言呈现出英雄的人物角色。雕塑在本质上是通过人的双手而被制造出来的,同样,演员在本质上也是借助于他的面具才成其为演员。在这里,面具并不是一个在艺术考察中可以置之不理的外在条件。换言之,如果人们在进行艺术考察时坚持要把面具放在一边不予理会,那么这等于是说,艺术在自身之内尚未包含着一个真实而独特的自主体。

这些产生自概念的形态,其运动依赖于一个**普遍的基础**,依赖于一个意识,这个意识以最初的表象式的语言及其缺乏自主体的、支离破碎的内容为对象。它就是普通人民群众,他们的智慧通过**老年人合唱队**而得以付诸言表。这种有气无力的合唱队代表着普通人民群众,因为相对于政府的个体性而言,普通人民群众仅仅充当着一种既可主动、亦可被动的质料。他们缺乏进行否定的能力,没法把神性生命的丰富多姿的内容维系在一起,而是任其分崩离析,把每一个个别的环节都当作一个独立的神来加以敬仰和赞美,把他们的赞歌一会儿献给这个神,一会儿又献给另一个神。但是,当普通人民群众觉察到概念的严肃性,觉察到概念踏破各种形态迈步前进,当他们慢慢发现他们所赞美的诸神在侵入概念的领地时是如何狼狈不堪,在这个时候,他们本身并没有成为一种行动干预式的否定势力,而是坚持着一种缺乏自主体的、以否定势力为对象的思想,坚持着一种以**陌生命运**为对象的意识,时而用空洞的愿望来麻痹自己,时而用软弱的言语来抚慰自己。普通人民群众**畏惧**上界的势力(它们是实体的直接帮手),**畏惧**它们的相互争斗,**畏惧**必然性的单纯的自主体(它不但摧毁上界的势力,而且摧毁那些和它们联系在一起的活物)。与此同时,他[536] 们也**怜悯**上界的势力(因为他们同时知道,自己和它们是同一个东西),①所以,对于普通人民群众而言,他们只能束手无策地、惊恐地看着这个运动,而这种惊恐同样只是一种无可奈何的悲叹,最终是在一片空虚的寂静中听任必然性的摆布,而必然性的作品既不能被理解为性格作出的一个

---

① 根据亚里士多德的悲剧理论,"怜悯"(eleos)和"畏惧"(phobos)是悲剧引发的最主要的情感。参阅亚里士多德《诗学》(1452a2-3,1452a38,1452b32-1453a6,1453b1-17)。——译者注

必然的行为,也不能被理解为绝对本质在自身内采取的一个行动。

在这种旁观的意识里面,也就是说,在表象活动的漠不相关的基础之上,精神并不是表现为一些杂乱事物,而是表现为概念的一种单纯的分裂。就此而言,精神的实体仅仅表现为两种各据一端的势力。这些基本的、**普遍的**本质同时也是一些具有自我意识的**个体性**,是一些英雄,他们拿自己的意识去代言两种势力中的一种,依靠那种势力获得一个特定的性格,并构成那种势力的行为和现实性。——正如我们已经指出的那样,这种普遍的个体化运动还得继续下降,直到获得一个直接的、现实的、独特的实存,以便呈现在一群观众面前。观众在合唱队那里看到他们的映像,或更确切地说,看到他们自己固有的、自言自语的表象。

精神在这里以它自己为对象,它的内容和运动已经被我们看作是伦理实体的本性和实现过程。在它的宗教里,精神达到了自我意识,或者说精神意识到自己有一个更纯粹的形式,意识到自己发生了一种更单纯的形态分化。因此,如果说伦理实体通过自己的概念在**内容**上分裂为两种势力,即此前规定下来的**神**的正当性和**人**的正当性,或下界的正当性和上界的正当性——前者指**家庭**,是**女性性格**;后者指**国家权力**,是**男性性格**——,那么此前那个形式多样的、在各种规定之间游移不定的诸神范围就限定在上述两种势力上面,而两种势力则由于这个规定变得更加接近真正的个体性。过去,当整体分化为众多抽象的、看似基本的力,这意味着**主体的瓦解**,而主体仅仅是把这些力当作不同的**环节**包揽在它的自主体之内,所以个体性仅仅是那些本质的表面上的形式。反过来,除了刚才提到的差别之外,各个**性格**之间的进一步的差别只能归结到一种偶然的、自在地外化出来的个人特征。 ［537］

与此同时,本质在**形式**上或就**知识**而言也发生了分裂。**行动中的精神**作为一个意识与对象相对立,它的行为针对着对象,对象因此被规定为一个**否定着**认知者的东西。这样一来,行动者就是置身于知识和无知的对立之间。他由他的性格来决定他的目的,他知道性格是伦理中的本质因素。但是,通过性格的规定性,他所认识到的仅仅是实体的两种势力之一,而另一种势力是隐藏着的。所以,当前的现实性一方面是**自在的**,另一方面又是作为意识的对象存在着。在这个关联里,上界的正当性意味着一种认知着的、展现在意识面前的势力,而下界的正当性则意味着一种隐藏着自身的、潜伏在幕后的势力。前者是**光明一方**,是那个颁布神谕的神,他按照他的自然环节而言乃起源于那个照亮一切的太阳,所以他知道一切,展示一切。这一方是**福玻斯**①及其父亲**宙斯**。但是这个说真话的神所发布的那些命令,还有他对于**存在者**的种种揭示,更多是欺骗性的。概言之,这种知识就其概念而言直接等于无知,因为**意识**本身在行动中就是这样一个对立。那个有能力解答斯芬克斯之谜的人,②和很多天真地信任神的人一样,都是通过神的启示才陷入不幸当中。女祭司作为美丽之神的代言人,其实是那一向说话模棱两可的命运姊妹,她们用预言来诱人犯罪,用确凿无疑的保证(实则包含着语义双关的解释)去欺骗那个信赖其表面意义的人。所以,有一种意识,它比那种相信女巫的意识更纯粹,同时比那种信任女祭司和美丽之神的意识更清醒、更彻底,它在得到父亲的鬼魂亲自作出的关于那件谋害他的罪行的启示之后,并没有急于报仇,而是继续搜寻别的证据,原因在于,谁知道这个作出启示的鬼魂是不是一个魔鬼呢?③

[538]

不去信任启示是有道理的,因为认知意识陷入了自身确定性和客观本质之间的对立。伦理的正当性在于,**自在地看来**,那种与绝对规律相对立的现实性是毫不足道的。但是伦理的正当性从经验中得知,它的知识是片面的,它的规律仅仅是它的性格的规律,它仅仅抓住了实体的两种势力之一。行为本身就是一种颠倒或反转,也就是说,它使**已知的**事物转变为它的**反面**,转变为**存在**,使性格和本质的正当性转变为相反的正当性,

---

① 福玻斯(Phöbus)即阿波罗(Apollon),希腊神话中的太阳神。——译者注

② 指俄狄浦斯。按照希腊神话传说,斯芬克斯是一个狮身人面的有翼怪兽,它坐在忒拜城附近的悬崖上,向过路人出一个谜语:"什么东西早晨用四条腿走路,中午用两条腿走路,晚上用三条腿走路?"如果路人猜不出,就被害死。俄狄浦斯猜出了这个谜语的正确答案,即"人",于是斯芬克斯羞愧地跳崖自杀。——译者注

③ 这里所说的是莎士比亚的《哈姆雷特》第一场第五幕的情景。——译者注

两种正当性在实体的本质里面结合在一起,转变为厄利尼厄斯女神,她们具有另外一种激动起来的敌对势力和性格。这个**较低的**伦理正当性和**宙斯**一起高踞王座之上,它所享受的声望一点都不逊色于那个作出启示和进行认知的神。

借助于一个行动着的个体性,合唱队唱出的诸神世界被限制在这三个本质上面。其中一个本质是**实体**,它既是一种看管炉灶的力量和守护家庭孝道的精神,也是一种通过国家和政府体现出来的普遍势力。由于这个差别隶属于实体本身,所以它在表象里面并没有成为两个不同的个体形态,而是在现实中通过两个人来代表它的不同性格。反之,知识与无知之间的差别出现在**每一个现实的自我意识**那里,因为只有在抽象中,在普遍性这一要素之中,这个差别才被分派给两个个体形态。英雄的自主体只有作为一个完整的意识才具有实存,所以它在本质上是一个**完整的**、隶属于形式的差别。然而英雄的实体又是一个特定的实体,他仅仅掌握着千差万别的内容的其中一个方面。因此,尽管意识的两个方面在现实中没有分裂开,各自具有一个独特的个体性,但这两个方面在**表象**里面却是分别有一个特殊的形态:一个是作出启示的神,另一个是隐藏起来的厄利尼厄斯。一方面,两位神享受着同等的荣耀,另一方面,**实体的形态**,亦即**宙斯**,则是两位神的彼此**关联**的必然性。实体是这样一种关联,它意味着:1)知识是自为的,但却是通过一个单纯事物获得它的真理;2)现实意识依赖于一个差别,这个差别通过一个消灭着差别的内在本质获得自己的根据;3)对于**确定性**的明确**保证**只有通过**遗忘**才得到证实。 [539]

意识曾经通过行动揭示出这个对立。当意识遵循着启示出来的知识去行动,就会经验到这种知识的欺骗性,但就内核而言,它既然已经归顺实体的两个属性**之一**,也就损害了另一个属性,因此它承认后者的反抗是正当的。意识追随着知识之神,但它抓取到的反而是某种未曾启示出来的东西。它因为信任一种模棱两可的知识而遭到惩罚,而模棱两可既然是这种知识的本性,那么意识必须把它当作一个**对象**,当作一个明白摆放着的**警示**。女祭司的躁狂呓语,女巫的非人的形象,树和鸟儿的声音,还有梦等等,①都不是真理的显现方式,而是一些具有警示作用的信号,它们提醒人们,这里存在着欺骗、头脑发热、知识的个别性和偶然性等情况。换言之,意识所损害的相反势力,明摆着是公开的法律,是发挥着效准的正当性,且不管这是家庭规则还是国家法律。与此相反,意识听从它自己的知识,对于启示出来的东西视而不见。内容和意识作为两种相互对立的势力出现,它们的真理是这样一个结果:诚然,双方都是同样正当的,但正因如此,在行动造成的对立当中,双方又都是同样不正当的。当两种势

[540] 力和两种自觉的性格同归于尽,行动的运动体现出它的统一性。对立双方自己和解了,其标志就是死者必须经过的**下界忘川**,②或者也可以说是**上界忘川**,但它并不宽恕过错(因为过错并不能抹杀一个行动着的意识),而是宽恕罪行,抚慰有赎罪之心的意识。两个忘川都代表着**遗忘**,也就是说,实体的各种势力的现实性和行动,实体分化而成的众多个体性,还有“善”和“恶”等抽象思想的势力等等,已经消失无遗。因为,没有一种势力单独就其自身而言是本质,毋宁说,本质是整体的内在静止状态,是命运的岿然不动的统一体,是家庭和政府的静态实存乃至无所作为、死气沉沉,是阿波罗和厄利尼厄斯的同等荣耀乃至漠不相关的非现实性,是两位神祇的精神活动和行为之向着单纯的宙斯的回归。

这个命运最终灭绝了天界的诸神,灭绝了个体性和本质的无思想的混合。而正是通过这种混合,本质的行动才显现为一种前后不一贯的、偶然的、有损本质尊严的东西。因为,如果个体性仅仅在表面上依附于本质,那么它是一种无关本质的个体性。古代某些哲学家③曾经要求把一些缺乏本质的表象清除掉,但这个工作在通常的悲剧那里已经开始了,也就是说,在悲剧那里,实体的划分是由概念决定的,因此个体性是一种事

---

① 这里所说的是莎士比亚《麦克白》第二场第三幕、第三场第三幕、第三场第五幕的情形。——译者注

② “忘川”(Lethe)是古希腊神话中一条位于阴间的河流。死者的灵魂在转世投生之前,必须饮用河水,这样就会忘记前世的事情。——译者注

③ 指埃利亚学派的塞诺芬尼(Xenophanes)和柏拉图。——译者注

关本质的个体性,而各种规定则是一些绝对的性格。正因如此,悲剧中表现出来的自我意识只知道和只承认**唯一的**最高势力,仅仅把宙斯看作是一种守护着国家和炉灶的势力,而在与知识的对立中,则认为宙斯创造出了一种转变为形态、并以**特殊事物**为对象的知识,即认为宙斯代表着誓言和厄利尼厄斯,代表着**普遍者**或一个隐藏起来的内核。反之,那些进一步来自于概念,并分化为各种表象的环节,已经逐渐得到合唱队的认可,它们并不表现英雄的情怀,而是沉淀为英雄的情感,沉淀为一些偶然的、缺乏本质的环节,它们虽然得到那个缺乏自主体的合唱队的赞扬,但是并不能刻画出英雄们的性格,而英雄们也不会宣称并认为这些是他们的本质。 [541]

那些扮演着神性本质的人物角色,还有这个本质的实体的各种性格,也聚集到一个无意识事物的单纯性里面。与自我意识相反,这个必然性的特性在于,它是一种否定的势力,针对着全部显现出来的形态,在这种势力里,各种形态没有认识到它们自己,而是走向没落。自主体仅仅表现为某种被分派给**性格**的东西,而不是表现为运动的中项。但是自我意识,作为一种单纯的自身**确定性**,实际上就是那种否定的势力,是宙斯、**实体性**本质和**抽象的**必然性这三个东西的统一体。它是万物都要返回到其中的那个精神性统一体。正因为现实的意识仍然有别于实体和命运,所以,**一方面看来**,它是合唱队,或更确切地说是旁观的群众,战战兢兢地把神的生命运动看作是一个**陌生的事物**,或者说,作为一个与这个运动戚戚相关的东西,它是出于畏惧才感受到一种无须行动的**同情心**;另一方面,既然意识也参与到行动当中,隶属于性格,那么这种联合可以说是一种外在的联合(因为真正的联合亦即自主体、实体和命运这三者的联合尚不存在),是一种**伪装**。出现在观众面前的英雄分裂为面具和演员,分裂为人物角色和现实的自主体。

英雄们的自我意识必须走出它的面具,呈现出来,也就是说,它知道自己不但是合唱队所唱的诸神的命运,而且是那些绝对势力本身的命运,它再也不脱离合唱队,再也不脱离普遍意识。

因此,**喜剧**首先包含着这样一个方面,即一个现实的自我意识呈现为

457

诸神的命运。这些基本的本质，作为一些**普遍的**环节，既不是自主体，也

[542] 不是现实的东西。诚然，它们也具有个体性形式，但这个形式仅仅是在
想象中，而不是自在且自为地隶属于它们；现实的自主体不会把这样一个
抽象的环节当作它的实体和内容。现实的自主体，亦即主体，于是超越这
样一个环节，好比超越一个个别的属性。它戴着这个面具去嘲讽个别的
属性，因为后者企图成为一个自为存在。对于普遍本质性的鼓吹在自主
体那里暴露出来了。自主体企图成为某种正当的东西，正因如此，它表明
自己囿于现实性，而它的面具也掉了下来。当自主体作为一个现实的东
西显现出来时，它戴上面具，而且戴着面具一直演下去，以为自己就是它
所扮演的人物角色；但是它同样很快挣脱了这个假象，重新暴露出它原本
固有的赤裸面目和习惯特征，并且表明，这些东西与真正的自主体，与演
员，与观众都没有任何差别。

　　当一般意义上的有形的本质性作为一个个体发生普遍的瓦解，它的
内容愈是具有严肃而必然的意义，那么这个瓦解过程也就愈是显得严峻，
愈是具有刻意而苦涩的意味。在这个瓦解过程中，神性实体的两种意义
（作为一个自然的本质性，和作为一个伦理的本质性）达到了统一。关于
自然事物，当现实的自我意识用它们来修饰自身、建造房屋等等，用它们
在祭祀的宴席上供人享用时，自我意识就表明自己是这样一种命运，对它
而言，自然界的自主本质性已经不是什么秘密。在面包和红酒的奥秘里，
自我意识赋予这种自主本质性以内在本质的意义，并把它们合在一起据
为己有，而在喜剧里，它却故意对所谓的"内在本质"这一意义大加嘲
讽。——既然这一意义包含着伦理的本质性，那么它首先是一个民族，而
它的两个方面分别是国家或真正意义上的人民，以及家庭个别性；其次，
它是一种自觉的纯粹知识，或者说是一种以普遍者为对象的合乎理性的
思维。——"人民"是一个普遍的群体，它知道自己是主人和统治者，是

[543] 一种必须受到尊重的理智和见解，于是它顽固地坚持自己的特殊的现实
性，表现出种种可笑的巨大落差，无论是在它的自我评价和它的直接实存
之间，还是在它的必然性和它的偶然性之间，以及在它的普遍性和它的卑

劣性之间,莫不如此。人民的个别性已经脱离了普遍者,如果这个个别性的原则表现为现实性的一个独特形态,明目张胆地要治理国家(实际上是暗中危害国家),那么这里就更加明确地暴露出普遍者作为一种理论而与实践事务之间的巨大落差,在这里,直接的个别性的各种目的不但根本不受一个普遍秩序的约束,而且嘲笑着普遍秩序。

合乎理性的**思维**已经取消了神性本质的偶然形态,于是与合唱队的缺乏概念的智慧相对立,并且把后者提出的各种伦理格言、法律、特定的义务和权利概念等等提升为**美**和**善**之类单纯的理念。——这个抽象思维的运动是这样一个意识,它认识到那些准则和法律本身包含着辩证法,因此它们曾经具有的绝对有效性已经消失了。过去,表象曾经赋予神性本质性以偶然的规定和表面上的个体性,现在由于这些东西已经消失了,所以各种神性本质性按照它们的**自然的**方面看来仅仅具有一种赤裸裸的、直接的实存,它们是一些浮云,①是一缕转瞬即逝的烟,就和那些表象一样。但是,从神性本质性的**处于思想中的**本质性方面看来,它们已经转变为**美**和**善**之类**单纯的**思想,可以用任何内容去填充。辩证知识的力量一方面给予那些耽于享乐和胡思乱想、因而已经腐化堕落的青年人以特定的行为规则和准则,另一方面也给予那些整天为着生活琐事担惊受怕的老年人以一个武器,让他们去欺骗别人或自己。美和善之类纯粹的思想因此展现出这样一部喜剧,即通过摆脱意见——这个意见既包含着内容 [544] 上的规定性,也包含着一种绝对的规定性,而且紧紧依附着意识——来成为一种空洞的知识,其中除了一个偶然的个体性的胡思乱想和随意任性之外,没有任何别的东西。

在这里,那个原本无意识的命运与自我意识结合在一起。而在过去,命运却是处于空洞的静止状态和遗忘状态之中,与自我意识是分开的。**个别的自主体**是一种否定的力量,通过它并且由于它,诸神以及他们的各

---

① 按照阿里斯托芬在喜剧《云》(253 ff.)里面的记载,苏格拉底曾经教导他的学生说,诸神都是一些浮云。——译者注

个环节(实存着的自然界,有关自然界的各种特性的思想)才会消失。与此同时,个别的自主体并不是一种空洞的消失过程,而是在这种虚渺状态中维系着自身、坚持着自身,成为唯一的现实性。艺术宗教已经在个别的自主体之内得以完成,已经作为一个完满的东西返回到自身内。由于具有自身确定性的个别意识呈现为一种绝对势力,所以绝对势力在形式上已经不再是一个**被表象的东西**,不再是一个完全**脱离意识**、对意识而言陌生的东西,也就是说,不再是雕塑,不再是有生命的美丽躯体,不再是史诗的内容,也不再是悲剧中的各种势力和人物角色。同样,统一也不是指崇拜仪式和秘仪的**无意识的**统一,而是指演员的独特的自主体与他所扮演的人物角色融为一体,与此同时,观众对于演出的内容无比熟悉,就好像在看他们自己演戏一般。自我意识在直观中发现,那个在它之内,采取本质性形式而与它相对立的东西,其实已经瓦解并牺牲在自我意识的思维、实存和行动之中;自我意识意味着一切普遍者都返回到自身确定性之内,而在这种情况下,自身确定性意味着,一切陌生事物都完全缺乏本质,完全不值得畏惧,而意识则是健康的和怡然自乐的。如果不是在这种喜剧里面,试问还能在哪里找到这样的自我意识呢?

[545]

C. 天启宗教

通过艺术宗教,精神已经从**实体**形式过渡到**主体**形式,因为艺术宗教**创造了**精神的形态,在这个形态中设定了**行动**或**自我意识**,而自我意识在令人畏惧的实体里面仅仅是一种转瞬即逝的东西,还没有通过对于实体的信任理解把握到它自身。神性本质的肉身化过程始于雕塑,雕塑本身仅仅具有自主体的**外在**形态,但**内核**(亦即雕塑所体现的行为)却是出落在雕塑之外。在崇拜仪式里,外在形态和内核合为一体,而在艺术宗教的结果里,这个完满的统一体同时已经转移到了自主体这一端。当精神通过意识的个别性获得完满的自身确定性,精神里面的全部本质性就全都沉没不见了。这种轻松感是通过"**自主体是绝对本质**"这样一个命题表达出来的。过去,本质是实体,自主体是某种附着在它身上的东西,如今,本质已经沉淀为一个谓词,精神也已经在**这个自我意识**里失去了它的意识,因为没有什么东西能够在本质的形式下与这个自我意识相对立。

不言而喻,"**自主体是绝对本质**"这一命题隶属于一种非宗教的、现实的精神。这里有必要回想一下,那个把这种精神表现出来的精神形态是什么东西。这个形态将同时包含着上述命题的运动和颠倒,即一方面自主体降格为谓词,另一方面实体提升为主体。也就是说,这个颠倒的命题并不是**自在地**或**对我们而言**把实体转化为主体,换言之,并不是重新制造出一个实体,以至于精神的意识又被重新导回到它的开端,导回到自然宗教,毋宁说,这个颠倒是**为了自我意识**并且**通过自我意识**本身才得以成立的。由于自我意识自觉地放弃了自身,所以它在它的外化活动中保留下来,仍然是实体的主体,但作为这样一个已经发生外化的东西,它同时也具有一个以实体为对象的意识。换言之,由于自我意识是通过自我牺牲才把实体作为主体**创造出来**,所以这个主体始终是自我意识自己固有的自主体。按照前一个命题,主体在实体性里仅仅是一种转瞬即逝的东西,而按照后一个命题,实体仅仅是一个谓词,就此而言,实体和主体在这两个命题里具有相反的、不同的价值。但正因如此,两种本性(实体和主体)结合在一起,相互渗透,在同等的意义上,既是两个**根本性的东西**,同时也仅仅是两个**环节**。这样一来,精神就既是一种有明确对象的自我意识(即知道自己是一个**客观的**实体),也是一种单纯的、保持在自身之内的**自我意识**。 [546]

艺术宗教隶属于伦理精神,正如我们之前看到的,伦理精神已经在**法权状态**中没落了,也就是说,已经在"**严格意义上的自主体或抽象的个人是绝对本质**"这一命题中没落了。在伦理生活里,自主体沉浸在它那个民族的精神之内,是一种**充实的**普遍性。然而**单纯的个别性**自视甚高,它摆脱了这个内容,轻率地把自己简化为一个个人,简化为一种法权意义上的抽象普遍性。在这种抽象普遍性里面,伦理精神丧失了**实在性**,各个民族英雄的空无内容的魂灵聚集在**单一的**万神殿之内,这个万神殿不是一个表象,其苍白无力的形式可以容许任何人都去染指,而是一种抽象的普遍性,一个纯粹的思想,它剥夺了魂灵们的肉身,并赋予缺乏精神的自主体或个别的个人以自在且自为的存在。

然而缺乏精神的自主体已经由于自身的空洞性而将内容拱手让出。意识仅仅作为一个**内在**存在才是本质。它自己固有的**实存**,亦即在法权意义上作为一个个人而得到承认,是一种空洞无物的抽象。因此真正说来,它仅仅具有一个关于它自己的思想,换言之,当它**实存着**并且知道自己是一个对象时,它其实是一个**非现实的东西**。所以它仅仅是斯多亚主义的**思维独立性**,而这种思维独立性在经历了怀疑主义意识的运动之后,发现它的真理包含在所谓的**哀怨意识**这一形态里面。

[547]

哀怨意识不但知道抽象的个人在现实中具有哪些效准,而且知道抽象的个人在纯粹思想中具有哪些效准。它知道,这样一类效准其实是一种彻底的损失状态。因此哀怨意识本身就是这种自觉的损失状态,是它的自我认知的一种外化活动。——我们看到,哀怨意识构成了那种在自身内完全达到幸福的喜剧意识的反面,并使喜剧意识成为一个完整的东西。一切神性本质都返回到喜剧意识之内,换言之,喜剧意识是**实体**的完满**外化活动**。与此相反,哀怨意识是那种本应自在且自为存在着的**自身确定性**的悲剧命运。哀怨意识是这样一种意识,它知道,一切**本质性**都在**这种**自身确定性之中损失了,这种自我认知也损失了;也就是说,实体和自主体都损失了。它是这样一种痛苦,如果要用一句残酷的话表达出来,就是:**上帝已死**。①

因此,在法权状态下,伦理世界和伦理世界的宗教都湮沉在喜剧意识当中,而哀怨意识则是认识到了这种**全然**的损失状态。对哀怨意识而言,它的直接的人格性的独立价值,还有它的间接的亦即**存在于思想中的人**

---

① 黑格尔在这里引据的是马丁·路德于 1581 年发表的如下言论:"……基督已死,而基督是上帝,因此上帝已死。"以及一首流行于 17 世纪的教会歌曲:"……连上帝自己都死了,躺在那里,他已经死在十字架上……"——译者注

格性的独立价值,都已经损失了。同样,对于诸神的永恒法则的信赖,还有那些在特殊事情上给出指示的神谕,也都沉寂下去了。雕塑如今成为一堆失去了生命灵魂的死尸,同样,赞歌也成为一通失去了信仰的词语,诸神的案桌上不再陈列着精神性食品和精神性饮料,意识在嬉戏和庆祝时再也不能愉悦地感觉到自己与本质融为一体。缪斯的作品失去了精神的力量,尽管精神在摧毁诸神和人类之后获得了自身确定性。这些作品就是我们现在看到的样子。它们是一些从树上摘下来的美好果实,然后一个友好的命运把这些作品交付给我们,就好像一个少女把那些果实捧到我们面前。这里没有它们的实存的现实生命,没有结着果实的树,没有 [548] 构成它们的实体的土壤和元素,没有构成它们的特性的气候,也没有支配着它们的转化过程的四季更替。——因此,命运虽然把古代艺术作品交付给我们,但却没有把古代艺术所处的那个世界,没有把伦理生命的春天和夏天(古代艺术就是在其中绽放和成熟的)一并给予我们,而是让我们对于这些现实事物仅仅具有一种遮遮掩掩的回忆。正因如此,当欣赏这些作品的时候,我们的行动并不是在敬神,以便我们的意识掌握行动的完满的、充实着意识的真理,毋宁说,我们的行动是一种外在的行动,它擦去那些附着在果实身上的雨点和灰尘,用它们的外在实存、语言、历史等庞杂的僵死因素去取代那些包围、创造并激励着伦理生活的现实性的内在因素,不是为了把自己的生命深深扎根在那些因素之中,而是仅仅为了在自身内表象着它们。但是,当少女把采摘的果实捧上来时,她除了直接呈现出一个分散为各种条件和元素(树、空气、光照等等)的自然界之外,还呈现出了更多的东西,因为她以一种更高超的方式把所有这一切都糅合在一起,通过她的自觉的目光和捧着果实的姿态表现出来。同样,当命运精神把那些艺术品交付给我们时,它所给予我们的也不仅仅是那个民族的伦理生活和现实性,因为它是那个仍然**外化于**艺术品之中的精神的**深入内核过程**,或者说**回忆**(Er-Innerung)。——它是悲剧命运的精神,这个命运把那些个体的神灵和实体属性集合在单一的万神殿里面,集合在一个自知其为精神的精神里面。

精神出现的全部条件都已经准备停当,而这些条件的总体性构成了精神的转变过程,构成了精神的**概念**或精神的*自在存在着*的发生过程。——艺术创作的圆圈包含着绝对实体的各种外化活动的形式。在个体性形式下,首先,绝对实体是一个物,是感性意识认识到的一个**存在着的**对象;其次,绝对实体是一种纯粹的语言,或者说是形态的一个转变过程,而形态的实存尚未脱离自主体,仅仅是一个纯粹的、**转瞬即逝的**对象;再次,绝对实体与那个普遍的、处于激奋状态下的**自我意识**的统一既是**直接的**,也是间接的(即以崇拜仪式的行动为中介);最后,绝对实体是一个美丽的、**自主的形体**,是一个已经提升为**表象**的实存,而这个实存又扩展为一个世界,一个最终凝聚为普遍性、凝聚为**纯粹的自身确定性**的世界。——现在,一方面是上述形式,另一方面是**个人世界**和法权**世界**,还有内容的各种被释放出来的蛮横粗野的要素,加上斯多亚主义的**存在于思想中的**个人以及怀疑主义意识的没完没了的躁动不安,所有这些东西合在一起,构成了一个由众多形态组成的圆圈,它们焦急地围在一起,期待着精神转变为自我意识,在这里诞生。哀怨的自我意识的无所不在的痛苦和渴慕是这个圆圈的正中心,是各种形态在精神的出现过程中共同承受着的分娩之痛,是纯粹概念(它把那些形态当作它的不同环节包含在自身内)的单纯性。

精神本身包含着两个方面,就像此前的那两个相反的命题所表明的那样。一方面,**实体**脱离自身发生外化,转变为自我意识,反过来在另一方面,**自我意识**也脱离自身发生外化,转变为物性或普遍的自主体。在这种情况下,双方相互迎合,达到了真正的统一。实体的外化活动,实体之转变为自我意识的过程,表现出一种向着对立面的过渡,表现出**必然性**的一种无意识的过渡,换言之,实体**自在地**就是自我意识。反过来,自我意识的外化活动则表明,它**自在地**就是普遍的本质,也可以说,正因为自主体是纯粹的自为存在,在它的对方那里仍然保持在它自身内,所以**自我意识认识到**,实体就是自我意识,实体就是精神。所以,当精神摆脱实体的形式,并且在自我意识的形态下成为一种实存,我们可以这样来说它——

[549]

[550]

如果我们愿意采用自然繁殖所表达出的那种关系的话——，即精神有一个**现实的**母亲，但精神的父亲却是一个**自在**存在者。**现实性**或自我意识，与作为实体的**自在体**，是精神的两个环节，通过它们的相互外化和彼此转变为对方，精神作为它们的统一体进入到实存之中。

由于自我意识仅仅是片面地理解把握到**它自己固有的**外化活动，所以，尽管它的对象既是存在也是自主体，尽管它知道一切实存都是精神性本质，但它还是没有认识到作为真相的精神，因为一般意义上的存在或实体就其自身而言并不是**自在地**就发生外化并转变为自我意识。也就是说，在那种情况下，一切实存都仅仅是**从意识的立场来看**才是精神性本质，而不是自在地本身就是精神性本质。通过这种方式，精神仅仅是借助于人们的**想象**才附着在一个实存身上。这种**想象**是一种**狂热**，它赋予自然界和历史，赋予上述各种宗教的神秘表象世界以另一个内在的意义，以区别于它们在现象中直接呈现于意识面前的那个意义，而且，就宗教而言，也区别于自我意识——那些宗教全都是自我意识的宗教——在这个过程中所认识到的宗教。但是这种意义是一种转借来的意义，是一件不能遮掩赤裸现象的外衣，它不能赢得信仰和尊崇，而是保持为意识的深沉黑夜和固有迷狂。

客观事物的上述意义必须**自在地**存在着，而不是作为一种单纯的想象存在着，也就是说，**首先**，这种意义必须起源于概念，并且作为一种必然的东西出现在意识面前。因此，通过去认识一个**直接的**意识或一个以**存在者**为对象的意识，通过那个自己认知自己的**精神**的必然运动，这种意义 [551] 也出现在我们面前。**其次**，这个概念，作为一个直接的概念，也具有**直接性**的形态，并且意识到了这一点，因此它已经**自在地**（亦即按照概念的必然性）赋予自身以自我意识的形态，而作为**存在**或**直接性**（亦即感性意识的空无内容的对象），它已经脱离自身发生外化，并意识到自己是一个自我。——但是，**直接的自在体或存在着的必然性**本身有别于**思维着的自在体或以必然性为对象的认识活动**，只不过这个区别同时并不是存在于概念之外，因为概念的**单纯统一性**就是**直接的存在**本身。概念诚然已经脱离自身发生外化,或者说概念是那个**被直观到的必然性**的转变过程,但与此同时,它在必然性中也是保持在自身之内,认知并理解把握着必然性。——精神既已赋予自己以自我意识的形态,那么它的**直接的自在体**无非表明,现实的世界精神已经掌握了这种自我认知;于是这种知识才进入到精神的意识之内,成为一个真理。至于这一切是如何发生的,我们在前面已经加以说明。

绝对精神**自在地**赋予自己以自我意识的形态,并随之**意识到**这一情况——如今看来,这个事实就是**世界的信仰**:精神作为一个自我意识(亦即一个现实的人)**实存着**,精神是直接确定性的对象,信仰意识**看到**、**摸到**并**听到**这个神灵。因此这不是一个想象,而是现实地依附于信仰意识。于是意识不再是从**它的**内心里的思想出发,**在自身内**把关于神的思想和实存结合在一起,而是从一个直接的、当前存在着的实存出发,并在其中认识到神。——"**直接的存在**"这一环节现成地包含在概念的内容里面,也就是说,当一切本质性都返回到意识之内时,宗教精神已经转变为一个

[552] **单纯的**、肯定的自主体,正如通常的现实精神在哀怨意识那里已经转变为一个**单纯的**、具有自我意识的否定性。这样一来,实存着的精神的自主体在形式上是一个完满的直接性。它既不是一个存在于思想或表象中的东西,也不是一个被创造出来的东西,反之,直接的自主体在自然宗教里仅仅存在于思想或表象中,而在艺术宗教里则是被创造出来的。如今,这个神在感性直观中直接表现为一个自主体,表现为一个现实的、个别的人。因此,神仅仅作为自我意识**存在着**。

神性本质化身为人,换句话说,神性本质在本质上直接具有自我意识的形态,这些情况是绝对宗教的单纯内容。在绝对宗教里,人们认识到本质是精神,换言之,绝对宗教意味着,神性本质意识到自己是精神。因为精神就是在它的外化活动中认识到它自己,而本质则是这样一个运动,即在它的他者存在那里保持与自身一致。这就是实体,因为实体在它的偶性中同样也折返回自身内,不是把偶性当作一种无关本质的、身处陌生地位的东西,因此对其不理不睬,而是在偶性中如同在自身内,也就是说,归

根结底,实体是**主体**或**自主体**。——所以,神性本质在绝对宗教里面**启示**出来了。显然,所谓神性本质启示出来,就是指人们认识到它是什么。而人们之所以认识到它,恰恰在于人们认识到它是精神,认识到它是一个在本质上是**自我意识**的本质。——对**意识**而言,如果它的对象是一个**他者**或一个**陌生的东西**,如果它不知道它的对象就是**它自己**,那么其中就包含着某种秘密。当绝对本质作为精神成为意识的对象,那种秘密就荡然无存了,因为在这种情况下,对象是作为一个**自主体**与意识发生关联。也就是说,意识在这种情况下直接认识到它自己,换言之,意识在对象中启示给它自己。意识只有在一种固有的自身确定性里面才启示给它自己;它的那个对象是一个**自主体**。但自主体却不是什么陌生的东西,而是一个不可分割的自身统一体,是一个直接的普遍者。自主体是纯粹概念,是纯粹思维,或者说是这样一个**自为存在**,它是一个直接的**存在**,因而是一个 [553] **为他存在**,而作为一个**为他存在**,它同样直接返回到自身内,并且保持在自身内;因此它是真正的和唯一启示出来的东西。所谓"仁慈者"、"公正者"、"神圣者"、"天和地的创造者"等等都是一个主体的**谓词**,是一些普遍的环节,它们只有依附于主体这一支点才能站稳脚跟,只有在意识返回到思维的过程中才能存在。——当**它们**成为认识的对象时,它们的根据和本质,亦即**主体**自身,尚未启示出来,同样,普遍者的各种**规定**还不是**这个普遍者**自身。但主体自身,随之相应地,**这个纯粹的普遍者**,显然就是**自主体**,因为自主体恰恰是这样一个折返回自身内的内核。内核直接实存着,作为自主体的对象存在着,是自主体自己固有的确定性。因此,精神的真正形态就在于按照它的**概念**启示出来,而它的这个形态,亦即概念,同样只是精神的本质和实体。精神被认作自我意识,并直接启示给自我意识,因为精神就是自我意识本身。神的本性和人的本性是同一个东西,而人们直观到的就是这种统一性。

因此在这里,意识,或者说本质作为意识的对象时的存在方式,亦即本质的形态,实际上是与本质的自我意识相一致的。这个形态本身是一个自我意识。就此而言,形态同时也是一个**存在着的**对象,而这种存在同样直接地意味着一个**纯粹思维**或一个绝对本质。——绝对本质作为一个现实的自我意识实存着,它看似已经脱离了它的永恒的单纯性,**降低了身份**,但却恰恰因此才达到了它的**最高**本质。因为,只有当本质的概念达到了它的单纯的纯粹性,这个概念才是一个绝对的**抽象**,而绝对的抽象既然是一个**纯粹思维**,因此也就是自主体的纯粹的个别性,而且由于它的单纯性,又是一个**直接的东西**,亦即**存在**。——所谓的感性意识恰恰是这个纯粹的**抽象**,是这样一种思维,对它而言,**存在**是一个**直接的东西**。因此,最

[554] 低级的同时也是最高级的;那完全启示于**表面**上的东西,恰恰因此是**最深刻**的东西。当最高本质作为一个存在着的自我意识被看到和听到,这实际上意味着它的概念达到了完满。在这种完满状态下,本质就作为本质直接**实存着**。

与此同时,这个直接的实存不但是一个直接的意识,而且是一个宗教意识。直接性不但意味着一个**存在着的**自我意识,而且不可避免地同时意味着一个纯粹位于思想中的、或者说绝对的**本质**。**存在即本质**——这不但是我们在我们的概念里意识到的内容,而且是宗教意识所意识到的内容。存在与思维的这种**统一性**——思维直接地**就是实存**——不但是宗教意识的一个**思想**或间接知识,而且是**宗教意识**的一个**直接**知识。存在与思维的这种统一性就是**自我**意识,而且本身就**实存着**,换言之,这个**位于思想中的**统一性同时在形态上也是一个存在着的统一性。因此神在这里**启示出他的存在**;他**自在地**是怎样的,就怎样**实存着**。他作为精神实存着。神只有通过一种纯粹的思辨知识才能被把握到,他仅仅存在于这种知识之内,仅仅是这种知识自身,因为他是精神,而这种知识就是天启宗教的知识。——这种知识认识到神是**思维**或纯粹本质,认识到这种思维是存在,是实存,而且认识到实存是一种自身否定性,从而是一个自主体,是**这一个**普遍的自主体;天启宗教所认识到的恰恰是这样一个自主体。——此前世界的各种美好希望和殷切期待都迫不及待地涌向这个启示,唯愿直观到绝对本质是什么,并在绝对本质那里发现它们自己。这种在绝对本质中直观自身的欢乐情绪出现在自我意识面前,使全世界都为

之振奋，因为绝对本质是精神，是一个包含着那些纯粹环节的单纯运动，而这个运动本身就表明，只有当本质被直观为一个**直接的**自我意识，它才被认作是精神。

精神认识到自己是精神——这个概念本身是一个直接的、尚未展开 [555] 的概念。本质即精神，换言之，本质已经显现，已经启示出来。这种最初的启示本身是**直接的**。但直接性同样也是一个纯粹的中介活动，或者说是一种思维；所以直接性必须通过自己把上述情况呈现出来。——只要我们更确切地考察这些情况，就会发现，精神，作为一个直接的自我意识，是**这一个个别的**自我意识，与**普遍的**自我意识相对立。精神是一个排他的单一体，它作为**意识**的对象实存着，而在意识看来，精神在形式上仍然免不了是一个**感性的他者**。意识尚未认识到精神是它的精神，换言之，当精神是一个**个别的**自主体时，它尚不能作为普遍的自主体或作为全部自主体实存着。再者，形态在形式上还不是一个**概念**，也就是说，还不是一个普遍的自主体，还不是一个直接的、现实的、同时又遭到扬弃的自主体，还不是一种普遍的、同时在普遍性中不失现实性的思维。——从形式上来看，这种最初的、直接的普遍性还不是**思维本身**或**作为概念的概念**，而是表现为现实性的普遍性，表现为全部自主体，以及实存提升为表象的过程。对此如果举一个例子来说明的话，那就是在任何地方，当**感性的这一个**遭到扬弃之后，它仅仅是**知觉**所认识的物，还不是知性所认识的**普遍者**。

因此，当绝对本质作为这一个人启示出来，这个人就作为一个个人在自身内完成了**感性存在**的运动。他是一个**直接地**当前存在着的神。这样一来，他的**存在**于是过渡到**曾经存在**。当神作为这样一种感性的当前存在成为意识的对象，意识就不再看到、听到神。意识**曾经**看到和听到神。只因为意识**曾经**看到和听到神，它才转变为一个精神性意识，换言之，过去，神作为一个**感性的实存矗**立在意识面前，而现在，神已经矗立**在精神之中**。——因为，如果意识是以感性的方式看到和听到神，那么它本身仅 [556] 仅是一个直接的意识，并没有扬弃它与客观方面的不一致，没有将其纳入纯粹思维之中，只知道这个客观的个别的神是精神，却不知道它自己也是

469

精神。一个直接的实存被认作是绝对本质,转瞬即逝,在这个过程中,直接的东西得到了它的否定环节。精神仍然是现实性的一个直接的自主体,但却是作为宗教社团的**普遍的自我意识**栖息在它自己的实体之内,而这个包含在精神之中的实体是一个普遍的主体。单独的神并不能构成精神的完满整体,它只有与宗教社团的意识一起,并且作为宗教社团的对象,才能做到这一点。

但是,"**过去**"和"**远方**"仅仅是一些不完满的形式,以便表明,直接的方式已经被设定为一种经历了中介活动的、普遍的东西。它仅仅是被肤浅地纳入思维的要素中,**作为**一种感性的方式保存下来,与思维的本性并未融为一体。它仅仅被提升为一种**表象活动**,因为表象活动是感性直接性和思维(亦即感性直接性的普遍性)之间的一种综合式联系。

表象活动的形式构成了一个规定性,按照这个规定性,精神在它的这个宗教社团里面达到了自我意识。这个形式表明,精神的自我意识尚未掌握它的作为概念的概念。中介活动尚未完成。也就是说,存在与思维的这种联系包含着一个缺陷,即精神性本质仍然昭示着此岸世界与彼岸世界之间的一个不可调和的分裂。**内容**诚然是真实的,但它的全部环节都被设定在表象活动的要素里面,这些环节的特征在于,不是囊括在一个概念中,而是显现为一些完全独立的方面,以一种**外在的方式**相互关联。为了使意识认识到真实的内容也具有真实的形式,意识必须接受一种更

[557] 高的教化,也就是说,意识必须把它对于绝对实体的直观提升到概念,并且**亲眼看到**它的意识和它的自我意识达到平衡一致,就像我们已经看到的或**自在地**已经发生的那样。

我们必须按照这个内容处于它的意识中的样子来观察它。——绝对精神是**内容**,所以它处于它的**真理**的形态之中。但它的真理意味着,既不是仅仅作为宗教社团的实体或宗教社团的**自在体**存在着,也不是完全脱离这种内在性并上升到表象活动的客观性中,而是去成为一个现实的自主体,折返回自身之内,作为主体存在着。这就是精神在它的宗教社团中所完成的运动,也可以说,就是精神的生命。所以,要想知道这个启示出

来的精神**自在且自为地**是什么,是不可能通过下面的办法来实现的,即把它在宗教社团中的丰富生命像一个卷轴那样慢慢摊开,并追溯到它的最初的线索,比如那个最初的不完满的宗教社团的各种表象,或者那个现实的人所说的话,等等。这种追溯是基于一种寻求概念的本能,但是它把**起源**(亦即最初的现象的**直接的实存**)与概念的单纯性混淆在一起。所以,通过简化精神的生命,通过抛弃宗教社团的表象以及宗教社团针对其表象采取的行动,人们所得到的与其说是概念,还不如说是一种单纯的外在性和个别性,是直接的现象的一种历史方式,以及对于个别的、意谓中的形态及其过往年代的一种缺乏精神的回忆。

首先,精神在**纯粹实体**的形式下成为它的意识的内容,换言之,精神是它的纯粹意识的内容。第二个要素是思维,一种走向实存或个别性的下降运动。位于思维和实存之间的中项是它们的综合式联系,亦即一种以转变为他者的过程为对象的意识,或者说严格意义上的表象活动。至于第三个要素,则是从表象或他者存在那里返回到自身内的过程,或者说自我意识本身。——这三个要素或环节构成了精神。精神在表象里面的分化,就在于按照一个**特定的**方式去存在,然而这个特定的方式无非是精神的众多环节之一。因此,精神的具体展开运动就是在它的每一个环节或因素那里展示它的本性。由于这些圆圈全都在自身内得到了完成,所以精神的这种自身反映同时又过渡到另一个圆圈那里。**表象**构成了纯粹思维和严格意义上的自我意识的中项,它仅仅是众多规定性**之一**。但与此同时,正如我们已经看到的那样,表象的特性(即作为一种综合式联系存在着)已经扩散在所有这些因素里面,是它们的共同的规定性。

有待观察的内容本身就某些部分而言已经表现为**哀怨**意识和**信仰**意识的表象。在哀怨意识那里,内容是**意识创造出来**并**渴求**着的东西,精神在其中既不能得到满足也不能找到安宁,因为内容尚且不是**自在地**或作为精神的**实体**成为精神的内容。反之,在信仰意识那里,内容已经被看作是世界的无自主体的**本质**,或者说在根本上已经被看作是表象活动的**客观的**内容。表象活动逃离了一般意义上的现实性,因此缺乏**自我意识的**

[558]

确定性,这种确定性一方面作为一种虚妄的知识,另一方面作为纯粹识见,与表象活动相分离。与此相反,宗教社团的意识把内容当作它的**实体**,正如内容就是宗教社团对于自己固有的精神所抱有的**确定性**。

精神最初被表象为一个包含在**纯粹思维要素**里面的实体,就此而言,它直接地是一个单纯的、自身一致的、永恒的**本质**,但这个本质并不是抽象**意味**上的本质,而是意味着绝对精神。唯有精神才不仅仅是意味和内核,而是作为一个现实的东西存在着。所以,假若那个单纯的、永恒的本质始终局限于"单纯的、永恒的本质"之类表象和名称,那么它仅仅是一个空洞的、停留在字面意思上的精神。但是,正因为单纯的本质是一个抽象的东西,所以它实际上是**否定者本身**,也就是说,是思维的否定性,或者说一种自在地包含在**本质**之中的否定性。一言以蔽之,单纯的本质是一个绝对的自身**差别**,或者说是一个纯粹的转变为他者的过程。它仅仅是**自在地**或对我们而言才作为**本质**存在着。但由于这种纯粹性恰恰是一种抽象或否定性,所以它**本身**又是一个**自为存在**,或者说它本身就是**自主体**,是**概念**。——因此它是**客观的**。由于表象已经领会把握到刚才所说的概念的**必然性**,并宣布这是一件**已发生的事情**,所以我们可以说,永恒的本质给自己**制造**出了一个他者。但是在这种他者存在里面,单纯的本质同样又直接地已经返回到自身内。差别是一个**自在的**差别。也就是说,这个差别直接地仅仅有别于它自己,因此它是一个已经返回到自身内的统一体。

[559]

于是这里区分出三个环节:首先是**本质**,然后是这样一种**自为存在**,它作为本质的他者存在与本质相对立的,最后是另一种意义上的**自为存在**,亦即一种**借助于他者**的自我认知。本质在它的自为存在中仅仅直观到它自己。它在进行这种外化活动的同时完全停留在自身内。那个脱离了本质的自为存在是**本质的自我认知**。它就是"道",①一旦被说出,马上

---

① 参阅《新约·约翰福音》(1, 1):"太初有道,道与上帝同在,道就是上帝。"——译者注

转而使言说者毫无保留地外化出来,但"道"同样也是直接被倾听,只有这种自我倾听才是"道"的实存。所以,制造出来的差别直接被消除了,已经消除的差别又直接被制造出来。至于真相和现实事物,则恰恰是这样一个在自身内打转的运动。

这个内在的运动把绝对本质当作**精神**说出来。如果绝对本质没有理解把握为精神,那么它仅仅是一个抽象的空洞事物,同样,如果精神没有被理解把握为上述运动,那么它也仅仅是一个空洞的词语。如果我们把精神的上述**环节**理解把握为一种纯粹的东西,那么它们就是一些躁动不安的概念,其之所以存在,仅仅是为了成为它们的自在的对立面,并在一个整体之内得到安息。然而宗教社团的**表象活动**并不是一种**概念把握式**的思维,它所掌握的内容缺乏必然性,也就是说,不是把概念的形式,而是把那些自然的父子关系带入纯粹意识的王国之内。当它在思维中进行着**表象活动**时,本质诚然在它面前启示出来,但由于这是一个综合式的表象,结果就是,一方面,本质的各个环节分散开来,不能通过它们自己固有的概念做到相互关联,另一方面,表象活动从它的这个纯粹对象那里退回来,仅仅以一种外在的方式与之相关联。对象是通过一个陌生的东西而启示给表象活动的,而在这个关于精神的思想里,表象活动没有认识到它自己,没有认识到纯粹自我意识的本性。我们必须克服表象活动的形式和自然关系的形式,尤其是必须克服一种错误的做法,即把运动着的精神的环节当作是一些孤立的、岿然不动的实体或主体,而不是当作一些过渡性的环节,就此而言,我们此前在另一方面曾经提请注意的这种克服必须被看作是概念作出的一种敦促。但由于这种克服仅仅是一个本能,所以它错认了自己,在摒弃形式时,连内容也一并摒弃了,换言之,它把内容贬低为一个历史中的表象,贬低为传统的一份遗产。在这个过程中保留下来的,是信仰的纯粹外在方面,因此是一种缺乏认识的僵死东西。信仰的**内在方面**已经消失了,因为,假若它竟然保留下来的话,它就将是那个认识到自己是概念的概念了。

那个被表象为**纯粹本质**的绝对精神诚然不是一个**抽象的**纯粹本质,

[560]

毋宁说,正因为纯粹本质在精神里面仅仅是一个环节,所以已经降格为一个**要素**。但是,精神在这个要素中的呈现,就形式来看,本身具有一个缺陷,而这同样也是**本质**作为本质所具有的那个缺陷。本质是抽象的,因此它否定了自己的单纯性,成为一个他者;同样,**精神**在本质的要素里面是**单纯统一体的形式**,这个形式因此在本质上是一个不断转变为他者的过程。——同样的意思换个说法即,永恒本质与它的自为存在之间的关联是纯粹思维的一个直接的关联。因此,通过这种**单纯的**、以他者为中介的自身直观,真正意义上的**他者存在**并没有被设定下来。他者存在是一个差别,这个差别在纯粹思维里直接地**并非差别**。它是**爱**所作出的承认,由于这种承认,双方并不是按照它们的本质而**相互对立**的。——那个在纯粹思维的要素里面被说出来的精神,从本质来看,不是仅仅包含在纯粹思维之内,而是作为一个**现实的**精神存在着,因为它的概念本身就包含着一个**他者存在**,也就是说,它的概念本身就扬弃了那种纯粹的、仅仅被思想到的概念。

正因为纯粹思维要素是抽象的,所以它本身毋宁是它的单纯性的**他者**,而且已经过渡到**表象活动**这一独特的要素。在这种要素里面,纯粹概念的各个环节既是一些相互对立着的**实体性**的实存,同时又是这样一些**主体**,它们不是为着一个第三者彼此漠不相关地存在着,而是在折返回自身之内的同时彼此分离、相互对立。

那个纯粹永恒的或抽象意义上的精神转变为**一个他者**,换言之,精神进入实存,而且是直接地进入一个**直接的实存**。它**创造**出一个世界。这种**创造**就是用表象的话语去表现**概念**本身的绝对运动,或表明,那个被绝对地陈述出来的单纯者或纯粹思维,正因为是抽象的,所以其实是一个否定的东西,是一个与自身相对立的东西,亦即一个**他者**。——或者换个形式来表达同样的意思即,那个被设定为**本质**的东西是一种单纯的**直接性**或**存在**,但它作为直接性或存在又被剥夺了自主体,因而缺乏内在方面,是一个**被动的**东西,或者说是一个**为他存在**。——这个**为他存在**同时也是**一个世界**。就精神被规定为一个**为他存在**而言,它是那些曾经包揽

[561]

在纯粹思维之内的环节的一种静态持存,而在这种情况下,那些环节的单
纯的普遍性已经被消解了,它们彼此脱离,固守着各自的特殊性。

然而世界并不仅仅是这样一个被抛掷到整体及其外在秩序里面的精
神,毋宁说,由于精神在本质上是一个单纯的自主体,所以世界之内同样
也有一个现成的自主体,亦即一个**实存着的精神**,它是一个个别的自主
体,具有意识,并且把自己作为一个他者或作为世界而与自己区别开
来。——最初当这个个别的自主体被直接设定下来时,它还不是一个**自**
为的精神。也就是说,它不是**作为精神存在着**。我们可以称它为**天真无**
辜的,却不能称它为**善的**。为了在事实上成为自主体和精神,它必须首先
对自己而言转变为一个**他者**,正如永恒本质也必须呈现为那样一个运动,
即在它的他者存在那里保持着自身一致性。由于这是一个特定的精神,
最初只是直接地实存着,亦即分散在它的意识的杂多性之中,所以,当它
转变为一个他者,于是意味着一般意义上的知识返回到**自身之内**。直接
的实存转变为思想,或者说,单纯的感性意识转变为包含着思想的意识。
确切地说,正因为思想是一个来自于直接性的亦即**有条件的**思想,所以它
不是纯粹知识,而是本身就包含着他者存在,因此是一个自己与自己相对
立的思想,亦即关于**善与恶**的思想。据说,人由于采摘**善与恶**的知识之树
的果子,所以失去了自身一致性形式,并且被驱逐出了天真无辜的意识的
状态,被驱逐出了可以不劳而获的自然界、天堂和动物乐园。① ——但按
照一个观念,这件事情并不是作为某种必然的东西而**发生**的。

实存着的意识返回到自身之内,这种情况立即意味着它转变为与自
己**不一致**,既然如此,**恶**便显现为这个已经返回到自身内的意识的最初实
存。正因为关于**善与恶**的思想是完全对立的,而且这种对立尚未被消除,
所以这个意识在本质上只能是一个恶的意识。但与此同时,恰恰由于这
种对立,也存在着一个**善**的意识,以及二者相互之间的关系。——直接的
实存转变为**思想**,一方面,内在存在本身就是**思维**,另一方面,本质之**转变**

_____

① 这里指《旧约·创世纪》(3,1—24)描述的情形。——译者注

为他者这一环节也随之得到了进一步的规定。就此而言,我们已经可以超出这个实存着的世界,把意识之转变为恶这一环节追溯到最初的思维王国。因此我们可以说,光明之神的第一个儿子在返回到自身内的时候已经堕落了,但立即有另一个儿子被生出来顶替他的位置。除此之外,诸如"**堕落**"、"**儿子**"之类形式仅仅隶属于表象,而不是隶属于概念,所以它们反过来同样也把概念的各个环节降格为一种表象活动,或者说把表象活动转移到思想王国里面。——同样无关紧要的做法是,给永恒本质之内的**他者存在**这一单纯的思想附会以另外各种形态,使这些形态**返回到自身内**。与此同时,这种附会必须得到赞许,因为这样一来,**他者存在**这一环节就像它应当的那样同时也表达出一种差异性,但这不仅是一般意义上的多样性,而且同时也是一种特定的差异性,从而制造出两个方面的对立:一方面是儿子,一个单纯的、认识到自己是本质的东西,另一方面是自为存在的那种仅仅以赞美本质为生的外化活动。在这种情况下,后一方面反过来又可以重新获得"收回已经外化的自为存在"和"恶之返回自身"等环节。只要他者存在分裂为两个东西,精神及其各个环节——如果这些环节可以计数的话——将被更确切地被表述为"四位一体",而且,因为这个数目本身又分裂为两部分(一部分保持为善,另一部分已经转变为恶),所以甚至有"五位一体"的说法。——但是,对这些环节予以**计数**根本是一种无益的做法,原因在于,首先,有差别的东西本身仅仅是一个**单一体**,也就是说,仅仅是一个关于差别的**思想**,而当这个思想作为**这一个**有差别的东西,作为第二个有差别的东西而与第一个有差别东西相对立时,它仅仅是**一个**思想;其次,那个以一摄多的思想必须从它的普遍性那里分解出来,区分为三个或四个以上相互有别的东西。在这里,思想的普遍性与抽象的"一"(亦即数的原则)的绝对规定性相对立,显现为一种与数本身相关联的无规定性,以至于人们只能谈论一般意义上的**数**,却不能谈论一定**数目**的差别。因此在这里,去思维一般意义上的数和计数可谓完全多此一举,同样,分量和数目上的单纯差别也是一种缺乏概念的、无所云谓的东西。

[564]

　　善和**恶**曾经是思想所表现出来的一些特定的差别。由于它们之间的
对立尚未消除,而且二者都被表象为思想的各自独立的本质,所以人是一
个缺乏本质的自主体,是善和恶得以实存和进行斗争的综合场地。然而
这些普遍的势力同样也隶属于自主体,换言之,自主体是它们的现实性。
因此,从这个环节出发必然会导致以下情形:正如恶无非意味着精神的自
然实存返回到自身内,那么反过来,善也会进入现实性,显现为一个实存
着的自我意识。——我们曾经在一般的意义上暗示过,神性本质在那个
纯属思想的精神之内转变为一个**他者**,而在这里,这个转变过程对于表象
活动而言已经趋于实现。在表象活动看来,这种实现之所以成立,是因为
神性本质自己贬低自己,放弃了它的抽象性和非现实性。与此同时,表象
活动认为恶是一种出现在神性本质之外的陌生东西。至于把神性本质里
面的恶理解为**神性本质的愤怒**,①乃是这种左右为难的表象活动所作出
的最高的、最艰苦的努力,但由于这种努力缺乏概念,所以始终是毫无成
效的。

　　因此,神性本质的异化是按照它的双重方式被设定的。当"精神的
自主体"和"精神的单纯思想"这两个环节形成一个绝对的统一体,就成
为精神自身。精神之所以发生异化,就是因为这两个环节分道扬镳,分别 [565]
具有不一样的价值。就此而言,这是一种双重的不一致,而且这里出现了
两种联合方式,其共同的环节就是此前已经指出的那两个环节。在前一
个环节那里,**神性本质**被当作事关本质的东西,而自然实存和自主体则被
当作无关本质的、应当被扬弃的东西;反之在后一个环节那里,**自为存在**
被当作事关本质的东西,而单纯的神性本质则被当作无关本质的东西。
介于两种联系方式之间的中项仍然是一个空洞的东西,仅仅是一般意义
上的**实存**,是那两个环节的单纯的共同性。

　　要消除这个对立,不可能借助于那两个在表象中分裂的独立本质之

---

　　①　"神性本质的愤怒"即"上帝的愤怒",是德国神秘主义哲学家雅各布·波墨
(Jakob Böhme, 1575—1624)的核心概念之一,指一种永恒地与"上帝的爱"相抗衡的力量。
此外,《新约·罗马书》(1, 18)也提到了"上帝的忿怒"。——译者注

间的斗争。它们的**独立性**包含着这样的意思，即**自在地看来**，每一方通过自己的概念都必定会消解自己。只有当双方不再是一个由思想和独立实存构成的混合体，只有当双方作为思想相互对立着，它们之间的斗争才会停止。因为这样一来，从本质上来看，它们作为一些特定的概念仅仅处于一个相互对立的关联之中。反之，作为独立的东西，它们在这个关联之外拥有自己的本质性。因此它们的运动是一个自由的、自己固有的运动。双方的运动是一个**自在的**运动（因为我们必须就双方本身来观察这个运动），既然如此，那么这个运动是以一个自在存在者为开端。自在存在者被表象为一个自由的行动。但是它的外化活动的必然性包含在这样一个概念里，也就是说，那个只有在对立中才被规定为自在存在者的东西，恰恰因此不具有真实的持存。因此，只有那个不是以自为存在，而是以单纯性为本质的东西，才会脱离自身发生外化，并通过死亡而与绝对本质实现和解。它在这个运动里呈现为**精神**。绝对本质发生了异化，它具有一种自然的实存，还具有一种自主的现实性。它的这种他者存在，或者说它的感性的当前存在，通过第二个转变为他者的过程被收回，被设定为一种遭到扬弃的、**普遍的**当前存在。这样一来，本质就在自身内完成了转变。现实性的直接实存是一个遭到扬弃的、普遍的实存，因此不再是一种陌生的、外在于本质的东西。所以，这种死亡意味着本质作为精神复活了。

[566]

自觉的本质具有一种遭到扬弃的、直接的当前存在，就此而言，它是一个普遍的自我意识。自主体本来是绝对本质，因此"遭到扬弃的个别的自主体"这一概念直接表现出一个宗教社团的构建情况，这个宗教社团迄今一直飘荡在表象活动当中，但现在已经返回到自身内，也就是说，返回到自主体之内。精神于是从它的第二个规定要素（即表象活动）那里过渡到**第三个**规定要素（即严格意义上的自我意识）。——如果我们再观察一下那种表象活动的前进方式，首先就会发现，神性本质已经具有了人的本性。这个事实等于已经**宣布**，**自在地看来**，神性本质和人的本性并不是分裂开的。同样，至于神性本质**从一开始**就脱离自身发生外化，还有它的实存返回到自身之内，成为恶，这些事实虽然没有宣布，但却**包含**

着这样一个意思,即**自在地看来**,恶的实存并不是外在于神性本质。倘若绝对本质真的制造了一个**他者**,倘若绝对本质真的发生了**堕落**,那么它将不过是徒有虚名而已。毋宁说,**内在存在**这一环节构成了精神的**自主体**这一事关本质的环节。——**内在存在**隶属于本质自身,唯其如此,**现实性**也才隶属于本质自身。这些情况对我们而言是一个概念,而既然这是一个概念,它在表象意识看来就是一件不可理解的**事情**。在表象意识看来,**自在体**包含着**漠不相关的存在**这一形式。"绝对本质"和"自为存在着的自主体"这两个貌似彼此回避的环节并不是分裂开的,这个思想**也**会显现在表象意识面前——因为它具有真实的内容——,但表象意识是后来当神性本质外化为肉身时才认识到这一点。① 在这种情况下,这个表象 [567] 仍然是一个**直接的**表象,因而不是一个精神性表象,换言之,它只知道本质的人形是一个特殊的形态,还不知道这是一个普遍的形态。但是,那个获得形态的本质重新牺牲掉它的直接的实存,返回到本质之内,通过这一运动,这个表象在表象意识看来就转变为一个精神性表象了。本质只有当**折返回自身之内**,方才是精神。因此在这里,神性本质与一般意义上的**他者**的和解,确切地说,神性本质与那个关于他者的**思想**亦即**恶**的和解,也出现在表象之中。——如果**按照其概念**来表达这种和解,那么就是:和解之所以成立,原因在于,**自在地看来**,**恶**和**善**是**同一个东西**,换言之,神性本质和整个范围内的自然界是**同一个东西**,自然界与神性本质一旦分裂开来,就仅仅是**虚无**。就此而言,我们必须把这种分裂看作是一种非精神性的表达方式,它必然会导致误解。——由于恶和善是**同一个东西**,所以恶恰恰不是恶,善也不是善,毋宁说双方都遭到了扬弃:一般意义上的恶是一个内在存在着的自为存在,而善则是一个缺乏自主体的单纯东西。当双方都这样按照其概念陈述出来,它们的同一也就昭然若揭。概言之,内在存在着的自为存在是一种单纯的知识。同样,缺乏自主体的单纯东

---

① 参阅《新约·约翰福音》(1, 14):"道成了肉身,住在我们中间,充充满满地有恩典,有真理。"——译者注

西也是一个纯粹的、内在存在着的自为存在。——所以我们必须说,善和恶按照其概念而言(亦即就善不是善,恶不是恶而言)是**同一个东西**,同样,我们也必须说它们**不是**同一个东西,而是有着根本的**差异**,因为单纯的自为存在和纯粹知识本身同样都是一种纯粹否定性或一个绝对差别。只有当这两个命题合在一起,才形成一个完满的整体,前一个命题的主张和保证必须无比坚决地与后一个命题的主张和保证相对立。由于双方同

[568] 样都是对的,所以双方同样都是错的,它们的错误在于,把诸如"**同一个东西**"和"**不是同一个东西**"、"**同一性**"和"**非同一性**"之类抽象形式当作某种真实的、固定的、现实的东西,并且依赖于这些形式。单纯的这方或那方都不具有真理,恰恰相反,真理是它们的运动,也就是说,单纯的"**同一个东西**"是一个抽象,因而是一个绝对差别,而绝对差别作为一个自在的差别又是有别于它自己的,因此是一种自身一致性。神性本质与一般意义上的自然界,特别是与人的本性的**同一性**恰恰是这样的情形。神性本质,就它不是本质而言,是自然界;自然界就其本质而言是神性的。但只有在精神里,这两个抽象的方面才被设定为它们真实所是的东西,亦即两个**遭到扬弃的**方面,就此而言,这种设定不可能通过一个判断及其缺乏精神的系词"**是**"表达出来。——同样,自然界在它的本质**之外**就是**虚无**。然而这种虚无本身同样也**存在着**。它是绝对的抽象,亦即纯粹思维或内在存在,而当它处于一个与精神性统一体相对立的环节时,就是**恶**。这些概念引发的困难,无非在于坚持系词"**是**",却遗忘了思维,因为在思维里面,各个环节**既存在也不存在**,也就是说,各个环节仅仅是一个运动,而这个运动就是精神。——这个精神性统一体,或者说这个把差别当作一些环节或一些遭到扬弃的差别而包含在自身内的统一体,在表象意识看来已经出现在上述和解之中,而且由于这个统一体是自我意识的普遍性,所以自我意识不再是一种表象意识。运动已经返回到自我意识之内。

精神于是被设定在第三个要素亦即**普遍的自我意识**之内。精神是普遍的自我意识的**宗教社团**。宗教社团是一种把自己与它的表象区别开的自我意识,它的运动就是去**创造出**那些**自在地**已经转变而成的东西。**自**

在地看来,那个已死去的神性的人或人性的神是一个普遍的自我意识。他必须**让这个自我意识认识到**上述情形。换言之,由于自我意识构成了表象中的对立的**一个方面**,亦即恶的方面,由于对立被当作一个自然的实存,而个别的自为存在又被当作本质,所以恶的方面作为独立的一方尚未被表象为一个环节,而且由于它是独立的,所以它必须自在且自为地把自己提升为精神,或者说必须在自身内呈现出精神的运动。 [569]

恶的方面是一个**自然的精神**。自主体必须从这个自然性那里抽身出来,返回到自身之内,这就是说,它必须转变为恶。然而**自在地看来**,自然性已经是恶。所以,所谓返回到自身之内,无非是**使自己确信**那个自然的实存是恶。在表象意识看来,世界转变为恶,作为恶存在着,以及绝对本质与他者之间的和解,都是一些**实存着的**事实。但在严格意义上的**自我意识**看来,这些表象就形式而言仅仅是一个遭到扬弃的环节——因为**自主体**是一个否定的东西——,因而是这样一种知识,它是意识在自身内的一种纯粹行动。——这个**否定的**环节同样必须就内容而言表现出来。也就是说,既然本质**自在地**已经与自身达成和解,成为一个精神性统一体,并且把表象的各个部分当作一些**遭到扬弃的**东西或一些**环节**包含在其中,那么很显然,表象的每一个部分在这里都具有一个与此前**相反的**意义。每一个意义都是通过另一个意义才达到完满,内容也才成其为一种精神性内容。由于每一个规定性同样也是它的相反的规定性,所以那个存在于他者之内的统一体,亦即精神性的东西,才达到完满。同样,在此之前,对我们而言或**自在地看来**,两个相反的意义已经结合在一起,本身就已扬弃了诸如"**同一个东西**"和"**并非同一个东西**"、"**同一性**"和"**非同一性**"之类抽象的形式。

因此,如果说在表象意识里,自然的自我意识的**内在化**意味着一种**实存着的恶**,那么在自我意识这一要素里面,**内在化**则是意味着一种以**自在地**包含在实存之中的**恶**为对象的**知识**。这种知识诚然意味着转变为恶,但这仅仅是那个**关于恶的思想**的一种转变,因此它是作为和解的第一个环节而得到承认。由于自然界被规定为恶,而知识已经摆脱自然界的直 [570]

接性并且返回到自身之内,所以知识意味着遗弃自然界,意味着脱离了罪
孽。① 意识所遗弃的,并不是严格意义上的自然实存,而是那种同时被认
作是恶的自然实存。所谓**返回到自身之内**,既是一个直接的运动,同样也
是一个间接的运动。它以它自己为前提,换言之,它是它自己的根据。自
我意识之所以必须返回到自身之内,因为自然界已经自在地返回到自身
之内。由于存在着恶,人必须返回到自身之内,但是**恶**本身就意味着"返
回到自身之内"。——正因如此,这个最初的运动本身仅仅是一个直接
的运动,或者说仅仅是它的**单纯的概念**,因为它和它的根据是同一个东
西。所以,自我意识之转变为恶的运动尚需出现在一个更为独特的形式
当中。

因此,除了这种直接性之外,表象的**中介活动**也是必要的。**自在地看
来**,那种以自然界(作为精神的一种不真实的实存)为对象的**知识**,以及
自主体的这个已经出现在自身内的普遍性,都意味着精神的自身和解。
在那个尚且不能进行概念式把握的自我意识看来,这个**自在体**保留着
"**存在者**"和"**自我意识的表象**"等形式。因此在自我意识看来,概念式把
握不是抓住一个概念,即认识到那种遭到扬弃的自然性是一种普遍的、因
而与自己达成和解的自然性,而是抓住这样一个**表象**,也就是说,通过神
性本质自己固有的外化活动这一**事件**,通过神性本质化身为人并死去,神
性本质与它的实存达成和解。——现在,抓住这个表象,就是以更确切的
方式表达出此前存在于表象中的那种所谓的精神性复活,或者说,表明神
性本质的个别的自我意识如何转变为一个普遍的东西(亦即宗教社
团)。——神性的人的**死亡**,**作为死亡**,是一种**抽象的**否定性,是那个仅
仅在**自然的**普遍性中告终的运动的一个直接结果。而在一个精神性自我
意识里面,死亡已经失去了它的自然意义,换言之,死亡转变为刚才提到
的那个概念。死亡从它的直接意义,从**这一个个别的人**的非存在,升华为

[571]

---

① 参阅《新约·罗马书》(6,11):"这样,你们向罪也当看自己是死的;向上帝或在
耶稣基督里,却当看自己是活的。"——译者注

精神的**普遍性**。精神生活在它的宗教社团里面,在那里天天死去,天天复活。

至于认为绝对精神是**一个个别的人**,或更确切地说,认为绝对精神是**一个特殊的人**,通过他的自然实存就表现出了精神的本性,——这类原本隶属于**表象要素**的观点于是在这里转移到自我意识之内,转移到那种在它的**他者存在**那里维系着自身的知识之内。就此而言,自我意识实际上并没有**死去**,不像**一个特殊的人**那样,可以被**想象**为真的已经死了。毋宁说,它的特殊性消亡在它的普遍性亦即它的**知识**之中,而这种知识就是那个已经达成自身和解的本质。因此,此前首先出现的**表象活动要素**在这里被扬弃了,换言之,它已经返回到自主体,返回到它的概念之内。那个在表象活动要素中单纯存在着的东西已经转变为一个主体。正因如此,**第一个要素**,亦即**纯粹思维**和纯粹思维中的永恒精神,再也不能凌驾于表象意识和自主体之上,毋宁说,当整体返回到自身之内,于是把所有这些环节都包含在自身之内。中介者的死亡被自主体抓在手里,死亡意味着扬弃中介者的**客观性**,或者说扬弃他的**特殊的自为存在**,而这种特殊的自为存在已经转变为一个普遍的自我意识。——另一方面,**普遍者**恰恰因此**现实地**转变为一个自我意识,转变为单纯思维的纯粹的或非现实的精神。也就是说,中介者的死亡不仅是他的**自然方面**或他的特殊的自为存在的死亡,因为死去的不只是一个被剥夺了本质的僵死躯壳,还包括神性本质的**抽象性**。只要中介者的死亡尚未促成和解,那么中介者就是一个片面的东西,只知道思维的单纯性是一个与现实性相对立的**本质**。自主体这一端的价值还不能与本质的价值相提并论。本质只有在精神里面才具有自主体。所以,这个表象的死亡同时也包含着那个未被设定为自主体的**神性本质的抽象性**的死亡。这就是哀怨意识的那种痛苦的感觉:**连上帝自己都死了**。① 这个残酷的说法表达出了那种最为内在的单纯知识,表明意识已经返回到"我=我"的深沉黑夜之中,不再能够区分和认识

[572]

———————

① 参阅本书第 462 页注释。——译者注

任何有别于它自己的东西。因此,这种感觉实际上意味着失去了**实体**,失去了实体与意识之间的对立。但这种感觉同时也是实体的一种纯粹的**主观性**,或者说是一种纯粹的自身确定性,而这些东西是实体在"对象"、"直接事物"或"纯粹本质"等形式下所缺乏的。因此这种知识是一种**精神化活动**,通过这种活动,实体转变为主体,它的抽象方面和僵死方面已经消亡了,也就是说,它已经转变为一个**现实的**东西,转变为一个单纯而普遍的自我意识。

在这种情况下,精神是一个认知着**它自己**的精神。它认知**它自己**。那个作为它的对象存在着的东西,或者说它的表象,是一个真实的绝对**内容**。正如我们曾经看到的,这个内容表达出了精神本身。与此同时,它不仅是自我意识的**内容**,不仅是**自我意识的**对象,而且是一个**现实的精神**。之所以说它是一个现实的精神,因为它贯穿着它的本性的三大要素。这个贯穿自身的运动构成了精神的现实性。确切地说,凡是自己运动的东西,就是精神,精神不但是运动的主体,同样也是**运动本身**,或者说是主体所贯穿的那个实体。过去,当我们进入到宗教形态时,已经认识到精神的概念的形成过程,也就是说,这个概念是一个具有自身确定性的精神的运动,这个精神宽恕了恶,从而也抛弃了它自己固有的单纯性和生硬的持久不变性。也可以说概念是这样一个运动,即绝对**对立的双方**认识到彼此是**同一个东西**,于是这种认识活动表现为对立两端的**和解**。那个得到了绝对本质的启示的宗教意识**直观**到了这个概念,并且扬弃了它的**自主体**与它**所直观**到的东西之间的**区分**。在现在这种情况下,宗教意识既是主体也是实体,正因为而且只有当它是这个运动,我们才可以说它本身作为精神**存在着**。

但是这个宗教社团在它的这种自我意识里面尚未得到完成。在宗教社团看来,它的内容总的说来仍然是处于**表象活动**的形式下,而且它的**现实的精神性**在自身内包含着分裂(即从它的表象活动那里返回到自身之内),正如纯粹思维的要素本身也包含着分裂。宗教社团意识不到它自己是什么。它是一个精神性自我意识,但是并没有作为这样一个自我意

[573]

识成为它自己的对象,或者说它不知道自己是一个自我意识。实际上,就它是一个意识而言,它包含着此前我们曾经考察过的那些表象。——我们发现,自我意识在它的最后的转折点那里转变为一个**内在的东西**,获得了**对于内在存在的知识**。我们发现,自我意识摆脱它的自然实存,赢得了纯粹的否定性。但这里也有一个**肯定的意义**,即这种否定性或知识的纯粹内在性同样也是一个**自身一致的本质**,换言之,实体在这个过程中成为一个绝对的自我意识。但这些情况在默祷意识看来都是一个**他者**。就一个方面而言,知识的纯粹内在化**自在地看来**是一种绝对的单纯性,亦即实体。默祷意识把这个方面理解为某个东西的表象,这个东西不是就**概念**而言即如此,而是表现为一个**陌生的**施恩行为。换言之,默祷意识不知道纯粹自主体的这种深奥是一种威力,可以使一个**抽象的本质**摆脱其抽象性,并通过纯粹默祷的力量将其提升为自主体。——这样一来,自主体的行动就保留了一种针对着默祷意识的否定意义,因为实体这一方的外化活动在默祷意识看来是一个**自在体**,默祷意识还没有从概念上理解把握到这个自在体,或者说它还没有在**它自己固有的**行动之内发现自在体。——**自在地看来**,本质和自主体已经形成了一个统一体,既然如此,意识对于它所达到的和解也具有一个**表象**,但这仅仅是一个表象而已。意识之所以得到满足,在于它以一种**外在的方式**给它的纯粹否定性添加上一个肯定的意义,即它与本质达到了统一。就此而言,意识在得到满足的同时仍然与一个彼岸世界相对立。所以,意识自己达到的和解是作为一个**遥远的东西**,作为一个遥遥无期的**未来**出现在它的意识之中,正如另一个**自主体**取得的和解显现为一个遥不可追的**过去**。如果说**个别的**神性的人有一个**自在**存在着的父亲,但却只能有一个**现实的**母亲,那么普遍的神性的人,亦即宗教社团,则是把**它自己的行动和知识**当作它的父亲,同时把**永恒的爱**当作它的母亲。它仅仅**感觉**到这种爱,但却没有在它的意识里面直观到这是一个现实的、直接的**对象**。就此而言,宗教社团达到的和解是出现在它的心里,和它的意识仍然是分开的,而它的现实性仍然是破碎的。那个作为**自在体**,作为**纯粹中介活动**一方出现在它的意识之内

[574]

的东西,是一种位于彼岸世界的和解。与此同时,**当前存在着的**东西,作为**直接性**和**实存**这一方,仍然是一个有待升华的世界。诚然,**自在地看来**,这个世界已经与本质达成和解;诚然,人们知道,**本质**已经不再把对象看作是一种异化的东西,而是在它的爱中把对象看作是与自身一致的。然而对于自我意识而言,这种直接的当前存在尚未具有精神的形态。在这种情况下,宗教社团的精神在它的直接意识里就与它的宗教意识分裂开了,尽管宗教意识宣布这两种意识**自在地看来**并未分裂,但是精神已经转变为一个尚未实现的**自在体**,换言之,精神作为自在体尚未成为一个绝对的自为存在。

第三部分(DD)

绝 对 知 识

第八章　绝对知识

　　天启宗教的精神尚未克服它的严格意义上的意识,换言之,它的现实的自我意识并不是它的意识的对象。总的说来,它自己,还有那些在它之内区分开的环节,都归属于表象活动,归属于客观性这一形式。表象活动的**内容**是绝对精神。只不过这个单纯的形式还得被扬弃,或更确切地说,因为这个形式隶属于**严格意义上的意识**,所以它的真理必须已经体现在意识的各种形态分化之中。——说到对于意识的对象的克服,我们不应当片面地去理解,以为这仅仅意味着对象已经返回到自主体之内。其实更确切的理解应该是这样的,也就是说,诚然,严格意义上的对象已经呈现为一种对自主体而言转瞬即逝的东西,但更重要的地方在于,正是自我意识的外化活动设定了物性,而且这种外化活动不仅具有否定的意义,而且具有肯定的意义,不仅对我们而言或自在地看来,而且对于自我意识本身而言也具有这些意义。一方面,**对于自我意识而言**,对于对象的否定或对象的自身扬弃之所以有肯定的意义,换言之,自我意识之所以**认识到**对象的虚无性,是因为自我意识脱离自身发生外化,而在进行这种外化活动的同时,自我意识把**它自己**设定为对象,把对象设定为它自己(因为**自为存在**是一个不可分割的统一体)。另一方面,这里也包含着另一个环节,即自我意识不但扬弃了这种外化活动和客观性,同样又把它们收回到自身之内,因此自我意识在**它的**严格意义上的他者存在那里也是保持在自身内。——这就是**意识**的运动,而处于运动中的意识乃是它的各个环节的总体。——意识必须按照对象的总体规定去对待对象,同样,意识也必须按照每一个个别的规定去理解把握对象。对象的这种总体规定使得**对** [576]

象自在地成为一个精神性本质,但真正说来,只有把对象的每一个个别的规定都理解为一个自主体,换言之,只有通过刚才所说的那种对待各个规定的精神性态度,对象才被意识看作是一个精神性本质。

既然如此,首先,对象是一个**直接的**存在,亦即一个一般意义上的物,与一个直接的意识相对应;其次,对象是它自己转变为一个他者的过程,是它自己制造出来的一种关系(亦即**为他存在**和**自为存在**之间的关系),是一种规定性,与**知觉**相对应;再次,对象是一个**本质**或普遍者,与知性相对应。整体意义上的对象是一个环环相扣的推论,或者说是这样一个运动:普遍者通过规定转变为个别性,反过来,个别性在遭到扬弃或接受规定之后转变为普遍者。——因此,按照这三个规定,意识必然认识到对象就是它自己。尽管如此,这里所说的知识并不是对于对象的一种纯粹的概念式把握,实际上,这种知识仅仅应当在它的转变过程中被揭示出来,或者说从那个隶属于严格意义上的意识的方面出发,在它的各个环节中被揭示出来,与此同时,真正的概念或纯粹知识的各个环节则是应当在意识的形态分化的形式下被揭示出来。就此而言,对象在严格意义上的意识那里尚未显现为我们刚才所说的那种精神性本质性,而意识在对待对象时,既不是把对象当作这一个严格意义上的总体来观察,也不是按照总体的纯粹概念形式来观察对象,毋宁说,在意识看来,对象既是一般意义上的意识形态,也是一定数目的意识形态,这些意识形态是通过**我们**才聚拢在一起的,在它们之内,对象和意识对待对象的方式的各个环节的总体只有在消解为一系列个别的环节之后才能被揭示出来。

所以,要想知道对象是如何在一个意识形态之下得到理解把握的,只 [577] 需回忆起此前那些已经出现过的意识形态就可以了。——就对象直接地是一个**漠不相关的**存在而言,正如我们曾经看到的,从事观察的理性是在这个漠不相关的物那里**寻找**并**发现**它自己,也就是说,理性不但意识到它的行动是一个外在的行动,同时也意识到对象仅仅是一个直接的对象。——我们也曾经看到,在理性的最高阶段,理性的规定是通过"**自我的存在是一个物**"这一无限判断表述出来的。确切地说,我的存在是一个感性的、直接的物;如果我被称作**灵魂**,那么它诚然被表象为一个物,但却是一个不可见、不可触摸的物,因此实际上不是一个直接的存在,不是人们谈到"物"时所意谓的那种东西。——"无限判断"就其直接的字面意思而言是缺乏精神的,或更确切地说,是"缺乏精神"的代名词。但按照其概念而言,无限判断实际上是最富有精神的,它的**内核**虽然还不是**现成地**包含在这个判断里面,但却通过另外两个有待观察的环节表述出来。

物是我。实际上,物在这个无限判断里已经被扬弃了。自在地看来,物什么都不是。物只有在一个关系之中,只有**通过我**,通过**我**与物的**关联**,才具有意义。——这个环节已经在纯粹识见和启蒙那里表露于意识面前。物无论如何都是**有用的**,而且只能按照它们的有用性来得到观察。——**有教养的**自我意识已经完整经历了异化精神的世界,已经通过自己的外化活动把物作为它自己制造出来,所以它在物那里仍然维系着自身,知道物是非独立的,或者说知道物**在本质上**仅仅是一个**为他存在**。换言之,如果把这个**关系**(唯有它才在这里构成了对象的本性)完整地表达出来,那么就是:自我意识认为物是一个**自为存在着的**东西,它宣布感性确定性是一个绝对真理,但却认为这种**自为存在**本身是一个环节,一个转瞬即逝的、立即过渡到它的反面(一种被放弃的为他存在)的环节。

但在这个过程中,关于物的知识尚未完成。我们必须认识到,物不仅 [578] 是一个直接的存在,具有规定性,而且是一个**本质或内核**,是一个自主体。这种知识已经明确出现在**道德自我意识**里面。道德自我意识知道它的知识是一种**绝对的本质性**,或者说知道**存在**只不过是一种纯粹的意志或知识。道德自我意识仅仅作为这种纯粹的意志和知识**存在着**,此外无他。其他东西只具有一种无关本质的、并非自在存在着的存在,只具有存在的一个空壳。道德意识从它的世界观出发,一方面把**实存**排除在自主体之外,另一方面又把实存重新收回到自身之内。最后,作为良知,道德意识不再在实存和自主体之间来回地进行设置和颠倒,因为它已经知道,它的严格意义上的**实存**是一种纯粹的自身确定性。道德意识在采取行动时把自己放置到一个外在的客观要素里面,但这个客观要素无非是自主体对于它自己的一种纯粹知识。

正是借助于这些环节,精神与它的真正意义上的意识才达成了和解。这些环节就其自身而言都是个别的,只有当它们形成一个精神性统一体,才体现出这种和解的力量。但是在这些环节里面,最后一个环节必然是这个统一体本身,正如我们看到的,它实际上已经在自身内把全部环节都联系在一起。精神既然已经在它的实存中获得自身确定性,于是仅仅把这种自我认知而不是别的什么东西当作**实存**的要素。精神宣称它的所作所为都是本着对于义务的信念,它的这种语言就是它的行动的**效准**。——行动意味着概念的单纯性里面出现了最初的**自在**存在着的分裂,意味着摆脱这种分裂返回到自身之内。这是第一个运动,它随后转化为第二个运动,也就是说,承认的要素不但把自己设定为一种以义务为对象的**单纯**知识,与**差别**相对立,而且设定了一种**分裂**,这种分裂包含在严格意义上的行动之内,并通过这种方式建立起一种铁一般的现实性,与行动相对立。但我们在宽恕那里已经看到,这种强硬的现实性是如何摆脱自己并发生外化的。因此,在这里对于自我意识而言,现实性作为一种**直接的实存**,只能意味着一种纯粹知识。同样,作为一种**特定的**实存,或者说作为一种关系,这个本身包含着对立的东西又是一种知识,这种知识不但以这个纯粹的、个别的自主体为对象,而且以一种普遍的知识为对象。在这里同时也有一个设定,即**第三个**环节(**普遍性**或**本质**)对于对立双方而言都是仅仅作为一种**知识**发挥着效准。最后,三个环节都同样扬弃了那个空洞的、残余下来的对立,成为"我=我"的知识。这个**个别的**自主体直接地是一种纯粹的知识或一个普遍的自主体。

[579]

这样一来可以看出,意识与自我意识之间的和解在那两个方面(宗教精神和严格意义上的意识)都已经实现了。这两种情况之间的差别在于,前者是**自在**存在形式下的和解,后者是**自为**存在形式下的和解。正如我们已经观察到的那样,它们最初是彼此分离的。远在宗教赋予其对象以现实的自我意识形态之前,意识早已按着一个秩序把它的各个形态呈现在我们面前,不但掌握到了各个形态的个别的环节,而且掌握到了那些形态的统一结合。两方面的统一结合尚未揭示出来，而正是这种统一结合才完成了精神的一系列的形态分化。在这里，精神认识到了它自己，它不仅知道它**自在地**或就它的绝对**内容**而言是怎样的，不仅知道它**自为地**按照它的空洞形式或按照自我意识这一方面来看是怎样的，而且知道它**自在且自为地**是什么样子。

但是这种统一结合**自在地**已经发生了，确切地说，是在宗教里面，当表象返回到自我意识之内时发生的，只不过这种统一结合并不是按照它的真正的形式发生的，因为宗教方面是**自在体**所在的一方，与自我意识的运动相对立。所以，真正的统一结合隶属于另一方的自我意识，隶属于相反的自身反映一方，后者不仅**自在地**（即按照一种普遍的方式），而且**自为地**（即按照一种得到发展的、有差别的方式）把它自己和它的对立面包含在自身之内。内容以及具有自我意识的精神的另一方面，就它是**另一个**方面而言，已经作为一个完整的东西现成地存在着，已经被揭示出来；尚未出现的统一结合是概念的单纯统一体。概念在自我意识一方已经是一个现成的东西。但是，概念既然已经出现在此前各种情况当中，那么它和任何别的环节一样，都有一个形式，也就是说，都得作为一个**特殊的意识形态**存在着。——因此概念是具有自身确定性的精神的形态的一部分，这个部分停留在它的概念之内，曾经被称作**优美灵魂**。概言之，优美灵魂是精神的一种自我认知，包含在精神的纯粹而透明的统一体之内；优美灵魂是这样一种自我意识，它知道这种以**纯粹的内在存在**为对象的纯粹知识是精神，知道这种纯粹知识不只是对于神性事物的直观，而且是神性事物的自我直观。——由于这个概念坚持把自己与它的实现过程对立起来，所以它是一个片面的形态，正如我们曾经看到的那样，这个形态一方面消失在一缕空虚的轻烟之中，另一方面也包含着一种积极的外化活动和前进运动。在得到实现之后，这种缺乏对象的自我意识就不再固执于自身，概念的**规定性**与概念的**充实内容**之间的对立也遭到扬弃。概念的自我意识获得了普遍性形式，而保留下来的，则是自我意识的真实的概念，或者说是一个已经实现了的概念。概念之所以是一个真实的概念，是

[580]

493

因为它与它的外化活动形成一个统一体。也就是说,它是一种以纯粹知识为对象的知识,知道纯粹知识不是诸如义务之类的抽象**本质**,而是另外一个本质,这个本质是**这一个**知识,是**这一个**纯粹的自我意识,因此同时也是一个真实的**对象**,而这个对象是一个自为存在着的自主体。

这个概念一方面在一个**行动着的**、具有自身确定性的精神里,另一方面在**宗教**里得到充实。在后一个形态亦即宗教这里,概念获得了一个绝对的、**真正意义上的内容**,或者说一个处于"**表象**"、"**意识的他者存在**"等形式之下的内容。反之,在前一个形态亦即一个行动着的、具有自身确定性的精神那里,形式就是自主体本身,因为形式包含着一个**行动着的**、具有自身确定性的精神。自主体履行着绝对精神的生命。正如我们所看到的那样,这个形态就是那个单纯的概念,只不过概念已经放弃了它的永恒**本质**,成为一个**实存着**或行动着的东西。借助于概念的**纯粹性**,那个单纯的概念**发生分裂**,或者说显露出来,因为概念的纯粹性是一种绝对的抽象或否定性。同样,单纯的概念借助于纯粹知识本身获得了它的现实性或存在的要素,因为纯粹知识是一种单纯的**直接性**,既是**存在**和**实存**,也是**本质**,前者是一种否定的思维,后者是肯定的思维本身。最后,这种实存同样也从纯粹知识——它既是实存,也是义务——那里返回到自身之内,或者说它是一个作为**恶**而存在着的东西。这个返回到自身之内的运动构成了**概念的对立**,从而导致出现一种**缺乏行动的**、**非现实的**、以本质为对象的纯粹知识。但是,出现在一个对立之中,就意味着参加了这个对立。**自在地看来**,那种以本质为对象的纯粹知识已经摆脱了它的单纯性,因为它是一种**分裂活动**,或者说是一种本身即概念的否定性。只要分裂代表着**转变为自为**的一方,那么它就是恶;只要分裂代表着**自在体**,那么它就保持为善。——如今看来,那**自在地**已经发生的东西,作为**意识的对象**,本身同时又是双重性的,即不但是**意识的对象**,而且是意识的**自为存在**,或者说是意识自己的行动。因此,那已经自在地被设定下来的东西,现在又重新显现为意识对于它的知识,显现为一种有意识的或自觉的行动。每一方都为着对方放弃了它的独立的规定性,但正是由于这种规定性,双

[581]

方才相互反对。这种放弃与另一种放弃——它**自在地**构成开端,扬弃了概念的片面性——是同一个活动。但从现在起,这是**它的**放弃行动,正如它所放弃的概念是它的概念。——真正说来,开端的那个**自在体**,作为一种否定性,同样也是一个**经历了中介活动的**自在体。因此它把自己**设定**为它真正所是的东西,而**否定**作为对立双方各自具有的、自在的**规定性**,把自己加以扬弃。在相互对立的其中一方那里,**个别的内在存在**与普遍性并没有达到一致,——而在另一方那里,抽象的普遍性与自主体也没有达到一致。前一方克服了它的自为存在并脱离自身发生外化,自己承认了自己的片面性;后一方放弃了它的强硬的抽象普遍性,从而克服了它的无生命的自主体和它的静止不动的普遍性。这样一来,前一方就用作为本质的普遍性这一环节补充了自己,后一方则是用作为自主体的普遍性补充了自己。通过行动的上述运动,精神——它之所以是精神,仅仅由于它**实存着**,把它的实存提升到**思想**,从而提升到一个绝对的**对立**之中,而且恰恰从这个对立出发、通过这个对立、并在这个对立中返回到自身之内——于是表现为一种纯粹普遍的、本身即自我意识的知识,表现为这样一个自我意识,它作为知识的单纯统一体存在着。 [582]

因此,宗教的**内容**,或者说宗教在表象一个**他者**时所依据的形式,在这里和**自主体**自己固有的**行动**是同一个东西。正是通过概念的联系作用,**内容**才是**自主体**自己固有的**行动**。因为正如我们看到的,这个概念是这样一种知识,即知道自主体的内在行动是全部本质性和全部实存,知道**这一个主体**是**实体**,知道实体是一种以自主体的行动为对象的知识。——我们在这里附加的东西,一方面看来,仅仅是把那些个别的环节(它们中的每一个在原则上都呈现出了整个精神的生命)**聚集在一起**,另一方面看来,则是确保概念始终具有概念的形式,尽管概念的内容已经体现在那些环节当中,尽管概念已经在一个**意识形态**的形式下表露出来。

在最后一个精神形态里面,精神赋予它的完整而真实的内容以自主体的形式,从而实现了它的概念,与此同时,它在这个实现过程中仍然保持在它的概念之内。这个最后的精神形态就是绝对知识。绝对知识是一个在"精神"的形态下认知着它自己的精神,或者说是一种**概念把握式的知识**。**真理**不仅**自在地**与**确定性**完全一致,而且包含着自身确定性的**形态**,换言之,真理作为一个实存,在"自我认知"这一**形式**之下成为精神的认知对象。真理是那个在宗教里面尚未与自身确定性达成一致的**内容**。[583] 但之所以最终达到一致,因为内容已经获得了自主体的形态。这样一来,那个本身即本质的东西,**概念**,已经转变为实存的要素,或者说已经转变为一个与意识相对立的**客观性形式**。当精神在这个要素里**显现**在意识面前,换言之,当意识在这个要素里面挖掘出精神,精神就**作为科学存在着**。

因此,这种知识的本性、环节和运动都已经表明,它是自我意识的纯粹的**自为存在**。它是我,是**这一个我**而非别的什么**我**,与此同时它又直接经历了**中介活动**,或者说它是一个遭到扬弃的、**普遍的我**。——我具有一个从我自己那里**区分**出来的**内容**。概言之,我是一种纯粹否定性或一种自身分裂活动。我是**意识**。这个区分出来的内容本身也是我,因为它是一种自身扬弃运动,或者说是一种作为我而存在着的纯粹否定性。我在这个区分出来的内容里面折返回自身之内。只有当我在我的他者存在那里保持在自身内,内容才得到**概念式的把握**。更确切地说,这个内容无非是刚才所说的那个运动本身。因为,当内容作为一个客观的东西具有了概念的形态,内容就成为精神,成为一个**自为地**作为精神而贯穿自身的精神。

至于这个概念的**实存**,那么可以说,除非精神已经达到了上述自我意识,否则**科学**不会显现在时间和现实性里面。精神有自知之明,它不会提前存在,也不会出现在别的什么地方,除非它已经完成了以下工作,即克服它的不完满的形态分化,使它的意识具有它的本质的形态,并且通过这种方式使它的**自我意识**与它的**意识**达到平衡一致。——当自在且自为存在着的精神区分为一系列环节时,它是一种**自为存在着的知识**,是一般意义上的**概念式把握**,而在这种情况下,它还没有掌握**实体**,或者说它本身还不是一种绝对知识。

[584]   就现实的情况来看,认知着的实体要比它的形式或概念形态更早进

入实存。也就是说,实体是尚未展开的**自在体**,是一个尚且静止不动的、单纯的根据和概念,因此是一种**内在性**,是精神的尚未**实存着的**自主体。**实存着的东西**是一个尚未展开的、单纯而直接的东西,是**表象**意识的一般意义上的对象。认识活动是一种精神性意识。那**自在存在着的**东西,只有当它**为着自主体而存在**,并且就是**自主体**的存在或概念时,才能成为这种精神性意识的对象。正因如此,认识活动最初只有一个贫乏的对象,相比于这个对象,实体以及以实体为对象的意识要更为丰富一些。当实体在意识里面显示出来,实际上是被遮蔽了,因为实体尚且是一个**缺乏自主体的存在**,显示出来的仅仅是它的自身确定性。就此而言,关于实体,**自我**意识最初掌握的仅仅是一些**抽象的环节**。但由于这些环节是一些自己推进着自己的纯粹运动,所以自我意识不断丰富着自己,直到它从意识那里夺取了整个实体,把实体的井井有条的本质性全都吸收到自身之内,并且——既然这种对待客观性的否定态度同样也是肯定的,是一种设定——从自身内产生出实体,从而使实体重新成为意识的对象。就此而言,在那个知道自己是概念的概念里面,**各个环节**是先于**充实的整体**出现的,而这个整体的转变过程就是那些环节的运动。反之在**意识**里面,整体作为一种尚未得到概念式把握的东西则是先于各个环节出现。——**时间**就是那个**实存着的**、作为一种空洞的直观而呈现在意识面前的**概念**本身。正因如此,精神必然显现在时间之中,而且,只要它还没有**理解把握**它的纯粹概念,也就是说,只要它还没有消灭时间,它就会一直显现在时间之中。时间是那个**从外部**直观到的、自主体**尚未理解把握到**的纯粹自主体,是那个仅仅被直观到的概念。一旦概念理解把握到它自己,就会扬弃它的时间形式,对直观活动进行概念式把握,成为一种已经得到概念式把握、而且正在进行着概念式把握的直观活动。——所以,时间显现为那个在自身内尚未完成的精神的命运和必然性,而这个必然性的意思是,精神 [585] 必然会使自我意识在意识那里占有的份额不断扩大,必然会使**自在体的直接性**——亦即实体在意识里的形式——运动起来;反之,就自在体被当作一个仅仅**内在**存在着的**内在**东西而言,精神必然会使自在体得到实现并启示出来,也就是说,必然会使自在体具有自身确定性。

基于这个理由,我们必须说,没有什么**已知的**东西不是出现在**经验**当中,换言之,没有什么**已知的**东西不是作为**被感觉到的真理**、作为内在地**启示出来的永恒者**、作为**被信仰**的**神圣者**等等(无论人们在这里使用什么名称)而现成地存在着。因为,经验的意思恰恰是指,内容——亦即精神——是**自在的**,是实体,因而是**意识的对象**。但是这个实体,作为精神,就是精神**转变**为它**自在**所是的那个东西的过程。只有作为这种返回到自身内的转变过程,精神才自在地是一个真正的**精神**。精神自在地是一个运动,亦即一种认识活动,是这样一个转变过程:**自在体**转变为**自为实体**、**实体**转变为**主体**、**意识**的对象转变为**自我意识**的对象(亦即转变为一个同时已经遭到扬弃的对象,或者说转变为**概念**)。这个运动是一个回归自身的圆圈,这个圆圈以它的起点为前提,而且只有在终点才达到起点。——精神必然是这种内在的区分活动,因此它的整体在直观中是与它的单纯的自我意识相对立的。既然整体是一种被区分出来的东西,那么它还可以区分为它的纯粹概念、**时间**、内容(或者说**自在体**)。实体作为主体,本身包含着一种**最初内在的**必然性,也就是说,实体必须自力更生,把自己呈现为它**自在**所是的东西,呈现为**精神**。只有当这种客观的呈现完成之后,它才同时也是实体的自身反映,或者说才是实体之转变为自主体的过程。就此而言,在精神自在地达到完满之前,在精神完满地成为世界精神之前,它不可能作为一个**具有自我意识的**精神达到完满。所以,宗教的内容在时间上比科学更早地表达出了那个**作为精神存在着的**东

[586]　西。但唯有科学才是精神的真正的自我认知。

精神推动着它的自我认知的形式向前发展——这个运动是精神已经完成的一个劳作,亦即**现实的历史**。宗教社团最初是绝对精神的实体,就此而言,它是一种粗糙的意识,这种意识的内在精神愈是深邃,它所具有的实存就愈是野蛮而生硬,它的蒙昧的自主体在与它的本质(它把这看作是一种出现在它的意识之内的陌生内容)打交道时,它所从事的劳作就愈是艰苦。只有当意识不再指望用一种外在的亦即陌生的方式去扬弃

他者存在时,它才转向它自己(因为那个被扬弃的陌生方式就是返回到自我意识之内),转向它自己的世界和当前存在,才发现这些是它的财富,从而迈出了第一个步伐,即从**理智世界降落**,或更确切地说,借助于一个现实的自主体,给理智世界的抽象要素注入精神。意识一方面通过观察发现实存是思想,对实存进行概念式把握,另一方面又在它的思维里面发现了实存。意识最初是以一种抽象的方式表达出思维与**存在**、抽象本质与自主体的直接**统一**,并且**以一种更纯粹的方式**表明最初的光明之神是广延和存在的统一(因为广延相对于光而言是一种与纯粹思维更加一致的单纯性),从而在思想中重新唤醒东方升起的**实体**。与此同时,精神慑于这种抽象的统一和这种**缺乏自主体的**实体性,转而主张个体性,以便与之对立。但是,只有当精神在教化中把个体性外化出来,使个体性成为一个实存,并且使全部实存都贯穿着个体性之后,进而言之,只有当精神达到有用性的思想,并在一种绝对自由中理解把握到实存是它的意志之后,它才因此把它的最为内在而深邃的思想传递出来,宣称本质是"我 = 我"。然而"我 = 我"是一个折返回自身之内的运动。因为,既然这种一致性作为一种绝对否定性是一个绝对的差别,那么自我的自身一致性就与这个纯粹的差别相对立,这个差别既是一个纯粹的差别,同时对于那个认知着自身的自主体而言又是一个客观的差别,必须被称作**时间**,而在这种情况下,如果说本质此前曾经被表述为思维和广延的统一,那么它现在必须被理解把握为思维和时间的统一。但实际上,无论一个孤零零的差别,还是一种无止无休的时间,都会在自身内崩溃消灭。时间是广延的客观静止状态,而广延是一种纯粹的自身一致性,是自我。——换言之,自我不仅是自主体,而且是**自主体的自身一致性**。但这种一致性是一种完满而直接的自身统一,或者说**这一个主体**同样也是**实体本身**。实体单就其自身而言只不过是一种空洞的直观活动,或者说尽管它直观到了一个内容,但这个内容作为一个特定的内容只有偶然性,没有必然性;只有当实体被思想或被直观为一个**绝对的统一体**,它才被看作是绝对者,而全部彼此有别的内容都必须脱离实体,落入一种并不隶属于实体的反映当中,

[587]

因为实体不是主体,不是一个通过自身就能反映回自身之内的东西,换言之,因为实体没有被理解把握为精神。如果人们一定要谈到某种内容,那么只会出现两种情况,要么把内容抛入绝对者的空虚深渊中,要么通过一种外在的方式把内容从感性知觉里面挖掘出来。在这两种情况下,知识看似已经掌握了事物,掌握了那个不同于知识的东西,以及众多事物之间的差别,但是人们根本不理解,这一切究竟是怎么回事,究竟从何谈起。

但是精神已经向我们表明,它不仅仅是自我意识之退回到自身内的过程,也不仅仅是指自我意识沉浸在实体之中,各种差别荡然无存,毋宁说,精神是自主体的**这样一个运动**:自主体一方面脱离自身发生外化,沉浸在它的实体之中,另一方面又作为主体摆脱实体,并返回到自身之内,把实体当作对象和内容,因为它扬弃了客观性与内容之间的差别。那个来自于直接性的最初反映是主体的一种自身区分活动(即主体把自己与它的实体区分开),或者说是一个自行分裂的概念,是纯粹自我的自身回归运动和转变过程。由于这种区分是"我=我"的纯粹活动,所以概念就是那个以实体为本质、并且自为地持存着的**实存**的必然性,就是那个**实存**的上升过程。但实存的自为的持存状态恰恰是那个被设定于规定性之中的概念,因而同样也是概念**在自身内**的一个运动,即概念降格为一个单纯的实体,这个实体只有作为一种否定性和运动才是一个主体。——我不必固执地在**自我意识的形式**下与实体性和客观性等形式相对立,仿佛我害怕我自己的外化活动似的。精神的力量毋宁在于,在它的外化活动中保持与自身一致,作为一个自在且自为存在者,表明**自为存在**和自在存在都不过是一些环节而已。同样,我也不是作为一个第三者而把各种差别抛回到绝对者的深渊当中,宣称这些差别在那个深渊里面具有一致性,毋宁说,知识恰恰在于这种表面上的无所作为,它仅仅去观察那个有差别的东西如何在自身内运动,如何返回到它的统一体之内。

精神于是在知识里完成了它的形态分化运动,尽管形态分化始终伴随着意识的不可克服的差别。精神已经赢得了它的实存的纯粹要素,亦即概念。内容作为一种**自由的存在**是一个脱离自身而发生外化的自主

[588]

体,或者说是自我认知活动的**直接的**统一体。这种外化活动的纯粹运动,从内容这一方面来观察的话,可以说构成了内容的**必然性**。有差异的内容是一个**特定的**内容,因此是处于关系之中的,而非自在的,是一种不断要扬弃自身的躁动,或者说是一种**否定性**。所以,必然性或差异性就和自由的存在一样,都是自主体。在"自主体"这一**形式**下,实存直接就是思想,内容就是**概念**。精神已经赢得概念,赢得它的生命的以太,于是在其中舒展开实存和运动,成为**科学**。精神运动的各个环节在科学里面不再呈现为一些特定的**意识形态**,而是——由于精神的差别已经返回到自主体之内——呈现为一些**特定的概念**,以及这些概念之有机的、以自身为根据的运动。如果说在精神现象学里面,每一个环节都意味着知识与真理之间的一个差别,都是这个差别扬弃自身的运动,那么反过来,科学并未包含着这种差别,也没有包含着对于差别的扬弃,毋宁说,由于环节已经具有概念的形式,所以它把"真理"和"认知着的自主体"之类客观的形式结合为一个直接的统一体。环节并不是显现为一个在意识或表象与自我意识之间来回往复的运动,毋宁说,环节的纯粹形态(这个形态已经摆脱了它在意识中的现象),亦即纯粹概念及其前进运动,完全依赖于环节的**纯粹规定性**;反之,对于科学的每一个抽象环节而言,总是有一个显现出来的精神的形态与之相对应。我们不能说,实存着的精神比科学更丰富,同样也不能说,这个精神就内容而言不如科学丰富。通过各种意识形态的形式去认识科学的那些纯粹概念,构成了科学的实在性方面,从这个方面来看,科学的本质,亦即那个在科学里通过自己的**单纯**中介活动而被设定为**思维**的概念,把这个中介活动的各个环节分拆开,并按照一个内在的对立把自己呈现出来。 [589]

　　科学本身包含着一种必然性(即是说它必定会脱离纯粹概念的形式而发生外化),而且包含着从概念到**意识**的过渡。进行着自我认知的精神已经理解把握了它的概念,正因如此,它是一种直接的自身一致性,这种一致性包含着差别,同时也是一种**关于直接东西的确定性**,亦即**感性意识**。——这就是我们曾经由之出发的起点。当精神把自己从它的自主体 [590]

的形式下解放出来时,这是一种最高的自由,意味着精神确切掌握了它的自我认知。

尽管如此,这种外化活动仍然是不完满的。它虽然表现出了自身确定性与对象之间的**关联**,但对象恰恰因为处于关联之中,所以尚未赢得完全的自由。知识不仅认识到它自己,而且也认识到那个否定着它的东西,亦即它自己的界限。所谓认识到自己的界限,就是知道得牺牲自己。这种牺牲是一种外化活动,精神以此呈现出它转变为精神的过程(这个过程在形式上是一个**自由而偶然的事件**),并把它的纯粹的**自主体**直观为外在于它的**时间**,同样又把它的**存在**直观为空间。精神的最后这个转变过程,亦即**自然界**,是它的活生生的直接的转变过程。至于自然界,亦即那个脱离自身而发生外化的精神,就其实存来看,无非是一个永恒地脱离它的**持存状态**而发生外化的活动,是一个制造出**主体**的运动。

除此之外,精神的转变过程的另一方面,亦即**历史**,是一种**认知着的**、**自行中介着的**转变过程,是一个循着时间而脱离自身并发生外化的精神。但是这种外化活动本身又脱离自身发生外化。否定是否定之否定。这个转变过程呈现出一个缓慢的运动,呈现出一系列前后相继的精神,好像一个画廊,其中的每一幅图画都装饰着精神的全部财富,而这个运动之所以如此缓慢,恰恰是因为自主体必须渗透和消化它的实体的全部这些财富。概言之,精神的完成在于完满地认识到它所是的东西,亦即完满地认识到它的实体,所以这种知识意味着精神**返回到自身之内**,并在这个过程中抛弃它的实存,把它的形态转交给回忆。当精神返回到自身之内,于是沉浸在它的自我意识的黑夜中,但它那已经消失的实存却在黑夜里面保存下来。这种保存下来的实存,这种从知识那里重新诞生出来的旧有实存,是一种新的实存,是一个新的世界和一个新的精神形态。精神在其中同样必须无拘无束地从新世界的直接性从头开始,在新世界的抚育之下重新壮大,仿佛一切先行的东西对它来说都已经消失无踪,仿佛它从过去那些精神的经验里面没有学习到任何东西。但是回忆——亦即精神的**深入内核过程**——已经把那些经验保存下来,回忆就是内核,就是那个实际上具

[591]

有了更高形式的实体。因此，如果精神看起来仅仅是从自身出发，从头重新开始它的教化过程，那么它也是在一个更高的层面上开始这一切的。那个通过这种方式而在实存中塑造起来的精神王国构成了一个前后相继的序列，其中的每一个精神都把前一个精神取代，每一个精神都从前一个精神那里接管世界的王国。这个序列的目标是使深邃内核启示出来，而深邃内核就是**绝对概念本身**。就此而言，启示就是扬弃绝对概念的深邃内核，或者说是绝对概念的**广延**，是这个返回到自身之内的自我的否定性，而这种否定性乃是绝对概念的外化活动和实体。——启示是绝对概念的**时间**，当此之时，这种外化活动本身又脱离自身发生外化，不但存在于它的广延之中，而且存在于它的深邃内核亦即自主体里面。**目标本身**，亦即绝对知识，或者说那个自知其为精神的精神，把关于早先精神的回忆当作它的道路，回忆起那些精神本身是怎样的情形，以及它们是如何完成它们的王国的组织机构。一方面，把那些精神当作一种自由的、显现在偶然性形式下的实存保存下来，就是历史；另一方面，把那些精神当作一种已经得到概念式把握的组织机构保存下来，则是**以显现出来的知识为对象的科学**。两者合在一起，作为一种已经得到概念式把握的历史，构成了绝对精神的回忆和骷髅地，①构成了绝对精神的王座的现实性、真理和确定性。假若没有这个王座，绝对精神将会是一种无生命的孤寂东西，唯有——

　　　　看到他的无限性翻起泡沫

　　　　溢出这精神王国的圣餐杯。②

---

　　①　即各各他（Golgatha），耶路撒冷西北郊的一座小山，传说中耶稣被钉十字架的地方。——译者注
　　②　出自席勒的《友谊》一诗第59—60行。原诗为："他看到无限性翻起泡沫/ 溢出整个魂灵王国的圣餐杯。"——德文版编者注

黑格尔自拟的图书广告

（刊于《耶拿文汇报·知识分子版》1807 年 10 月 28 日）

　　格奥尔格·威尔海姆·弗里德里希·黑格尔的《科学体系》第一卷（包含着《精神现象学》）已经由班贝格和维尔茨堡的约瑟夫·安东·格布哈特书店出版社出版并已发货至任何稍具规模的书店。1807 年，8 开本。售价 6 弗洛林。

　　这本书阐述了一种**处于转变过程中的知识**。精神现象学应当取代那些就"知识的基础"这一问题作出的心理学解释或抽象议论。精神现象学从一个角度出发去考察科学的**准备工作**，并通过这种考察成为一门新的、有趣的、而且是最基本的哲学科学。精神现象学把不同的**精神形态**作为一条道路上的诸多停靠站点包揽在自身之内，通过这条道路，精神成为纯粹知识或绝对精神。因此，在这门科学的主要部分及其细分章节里面，意识、自我意识、从事观察和有所行动的理性、精神本身以及不同形式下的精神（伦理精神、教化精神、道德精神、最后是宗教精神）依次得到考察。那些乍看起来混乱不堪而又丰富多彩的精神现象被纳入一个科学的秩序当中，这个秩序按照精神现象的必然性把它们呈现出来，在其中，各种不完满的精神现象自行瓦解，过渡到更高的精神现象，后者是前者随后的真理。各种精神现象先是在宗教里，然后在科学——作为整体的结果——里找到最终的真理。

　　在该书的序言里面，作者就当代哲学的迫切需求发表了他的看法。除此之外，对于某些哲学教条的骄横僭越和胡作非为（这些做法在当前已经使哲学名誉扫地），对于哲学本身以及哲学研究中的关键因素，作者也表明了他的观点。

《科学体系》的**第二卷**将会包含着作为思辨哲学的**逻辑学**的体系，以及哲学的余下两个部分，即**自然科学**和**精神科学**。

主要译名德汉对照表及索引

（说明：表中页码为德文版《精神现象学》的页码，见本书边码。）

A

Abbild 肖像　120

Aberglaube 迷信　400—424

das Absolute 绝对者　15,20—22,24,
70,312,404,416,442,450

Abstraktion 抽象,抽象表述,抽象事物
441,515—525,553,581

das Allgemeine 普遍者　85,104,109,
120,286,378,434,493

Allgemeinheit 普遍性　274,579

Analogie 类推　193

Analyse 分析　35

Anarchie 君主制　440

Andacht 默祷　168

anerkennen 承认　145 ff.,578

Anfang 开端,本原　24,26,28,297

das Ansich 自在体　24,30,31,34,68,
75,76,77,78,79,80,116,117,119,
128,129,130,137,139,141,172,174,
176,180,181,183,184,203,237,244,
256,276,284—290,294,299,301,
307,312,324,325,328,336,356,365,
367,370,373,378,381,383,391,402,
408,414,419,425—430,446,449,

452,462—470,476,482,485,508,
550,557,566,570,573,574,579,581,
584,585

Antinomie 二律背反　464

Arbeit 劳动,劳作　153,154 ff.,170—
175,235,265,303,330,360,433,435,
511—514,524,586

Art 种,模式　222 ff.

Attraktion 引力　121 f.

Auch 并且　95,101

auffassen 领会把握　98

aufheben 扬弃　94,133

Aufklärung 启蒙　327,362,398,400,
401,405,418,423,424—431,496

das Äußere 外观　205,215

Äußerung 外化活动,外在表现　238

B

Bedürfnis 需要,生理需要　265

Begierde 欲望,生理欲望　139,143,
144,145,151,153,157,159,170,172,
271,337,422

Begriff 概念　14,15,16,28,34,37,54,
56,62,65,66,77,132,134,137,156,
181,217,227,262,301 f.,393,396,

404,418,419,432,433,494,515,533,
549,551,555,580,583,584,585,588,
591

Bekanntes 常识 35

Beobachtung 观察,考察 185,187,225,
226—232,261,262

Bestimmtheit 规定性 295

Bestimmung 56

Betrug 欺骗 294—311

Bewegung 运动 61,124

Beweis 证明 42

Bewußtsein 意识 30,31,38,72,73,74,
76,77,78,80,81,82,101,104,107,
107,108,116,133,145,150,152,153,
154,156,163,166,167,168 ff.,178,
183,287,305 f.,311,369,372 f.,375,
378 ff.,386,390,391,392,399,423,
434,471,483,485 f.,495,536,547,
552,558,572,575,589 f.

Beziehung 关联 273

Bildung 教化 13 f.,33,73,154,327,
359,362,363,384,385,390,391,399,
439

das Böse 恶 464,485,492 f.,562 ff.,
567 ff.,570,581

C

Charakter 性格 343

D

Darstellung 呈现,表述 13,62

Dasein 实存 53,54,55,208,511

Denken 思维 36,51,53,56,57,58,60,
156,158,168,227 ff.,391,393,394,
427,543,553,555,561

Despot 专制暴君 401

Dialektik 辩证法 18,37,43,59,61,66,
78,160,161,384,385—386,543

das Diese 这一个 82—92

Ding 物,事物 93,100 f.,107,200,304,
318,424,429,515,577,578

Dingheit 物性 95,150,427,549,575

E

Eigenschaft 属性 96

Eigensinn 刚愎自用 155,157

Eigentum 私有财产 175,317 f.

Einheit 统一体,统一性,统一 12,121,
221,266,273

Eins 单一体 44,46,62,95,166 f.,226,
258,356,564

Einsicht 识见,洞见 362,391,393,396,
398,399,402 f..,405 f..,406,410,428,
430

Einzelheit 个别性 105,165,169 f.,173,
179

Endzweck 终极目的 447,451,455

Entäußerung 外化活动,舍弃 176,360,
427,494,545,548 f.,550,552,563,
565,573,575,580,588,590

Entfremdung 异化 24,39,149,154,
157 f.,174 f.,274,278,280,359,
360—366,379,385,386,391,392,
427,439,440,441,552,564,565 f.,
575,577,586

entzweien 分裂 132,133,142,167,169,
170,171,536,556,573 f.,578,581

Epos 史诗 531 f.

Erbauung 超凡脱俗 16,17,24,62

Erde 地球 224,333

Erfahrung 经验 16,38 f.,39,78 f.,79, 80,137,585

Erhebung 提升,超脱 299

Er-Innerung 深入内核的过程,回忆 548,590,591

Erkennen 认识活动 11,35,40 f.,42, 52,67,68 f.,70,189

Erscheinung 现象 46,107,116,118, 133,136

Extension 外延 208,219

F

Familie 家庭 330,335,351,352,392

Form 形式 24,55,109,114,156,415, 510

Formalismus 形式主义 19,21 f.,48,49, 55

Freiheit 自由 149,155,156,157 ff., 177,197,216,386,431,432,434,436, 440,441,465

Fürsichsein 自为存在 105,175,215, 221

G

das Ganze 整体 12,19,24,55,116,265, 308,361,498

Gattung 类 143,144,221 — 223,293, 305

Gebot 诫命 315

Gedanke 思想 34,37,75

Gedankending 思维存在 106

Gefühl 感触 64,65

Gegenstand 对象 77,78,137,575,576

Geist 精神 15,18,19,28,29,36,38, 145,165,246,259 f.,263,267,324,

325,326,327 — 359,393,398,432, 438,441,478,490,493,494,495 f., 498,502,505,512,550 — 554,557, 559,560 f.,561,562,567,568,569, 572,574,584,587,590

Gemeinde 宗教社团 396,407,558,566, 568,570,573,574

Gemeinwesen 共同体 329 ff.,334 f., 341,350 f.,352,353

Gemüt 心灵 169,170,173

Genuß 享受 151,171,172 f.,175,368, 454,524,526

Geschichte 历史 225,586,590,591

Gesetz 规律,法则,法律 120,121,127, 131,133,192,193,195,197,204,205, 211 F.,213,226 — 227,232,266,312, 316 — 323,328,329,339,352,469

Gesinnung 意向,思虑 444

Gestalt 形态 203,210,506

Gestaltung 形态分化 215

Gewalt 暴力 275

Gewissen 良知 464,467,468,470,473, 480,494,578

Gewißheit 确定性,确信 82,90,92, 137 — 177,178 — 323,483

Glaube 信仰 327,363,391 — 398,400, 401,405 f.,409,411,417,420,423, 430,496

Gleichheit 一致性,平等 127,318,589

Gott 神,上帝 26 f.,62,494,551,552, 554 f.

Götter 诸神 533

Grenze 界限 590

Größe 分量,量度 44,213,218

das Gute 好,善 270,285 f.,287,367,

385,543,562 ff.,567

H

Handeln 行动　296 f.,447,448,454,
　578,580 ff.
Handlung 行为　466,488 f.,531
Harmonie 和谐　445,447,455 f.
Herr 主人,主宰　150,151
Herrschaft 主人,统治　145—155
Herz 心,心灵　270,275—283,339,574
Heuchelei 伪善　485,489
Hier 这里　85,88 ff.
Hymne 赞歌　519

I

Ich 我,自我　75,86 ff.,135,137,138,
　143,176,179,376,382 f.,390,394,
　479,482,494,505,572,577,579,583,
　586,587,588
Idealismus 唯心主义　53,179,180,181,
　184 f.,305
Identität 同一性　568
Individualisierung 个体化运动　536
Individualität 个体性　141,142,230 ff.,
　232,240,272,274,275,279,281,
　283 f.,285,286,290,291,294,295,
　296,297,308,323,332 f.,341,350,
　385,513,517,531 f.,536,540,544
Individuum 个体　32,148,149,223,233,
　255,265,277 f.,297,334,355,364 f.,
　365,475,515
Inhalt 内容　58,109,114,572
das Innere 内核　115 ff.,116,118,205,
　238 f.
Innerlichkeit 内心,内在性,内在方面

169,511,560,584
Insichsein 内在存在　566,570,573
Intension 内涵　208
Interesse 兴趣　186,226,297,306
Ironie 嘲讽　542
Irritabilität 激动性　203 f.,206 f.,208,
　214

J

Ja 肯定　494,572
Jetzt 这时　84 f.,88 ff.

K

Kampf 斗争,抗争　285 ff.,287,564
Kategorie 范畴　181,183,184,260,293,
　311,324,404
Knecht 奴隶,奴仆　151,152
Knechtschaft 奴隶　145—155
Komödie 喜剧　343,541,544,547
Kopula 系词　568
Körper 物体,形体　528,549
Körperlichkeit 躯体　528,549
Kraft 力,能力　107,110,111,114,115,
　120,122,123 ff.,131,133,136,214
Kreis 圆圈　36,272,559
Krieg 战争　335,353,492,494,502
Kultus 崇拜仪式　521,522 f.,524,531
Kunst 艺术　514,548
Künstler 艺术家　512
Kunstreligion 艺术宗教　512—544
Kunstwerk 艺术品　515,517,521

L

Leben 生命,生活　132,139,140,141,
　142,149,150,223 f.,224,262,506,557

das Leere 空洞,空虚　117,118

Leib 身体　233

Lichtwesen 光明之神　505—507

Liebe 爱　314,561,574

Logik 逻辑学　16,39

List 狡计　53

Lust 快乐　270,272,275

M

Macht 势力,权力　172,419

Mann 男人　328,335 f.,337,342,352,
353

Masse 群体,群众　312,402,433,438,
542

Maßstab 尺度,标准　75,77,78,416

Materialismus 唯物主义　259 f.

Materie 质料,物质　101,195,426,427,
438

Mathematik 数学　40,44,45,47

Medium 媒介　94

meinen 意谓活动　82—92,226,240 ff.,
256

Mensch 人　242,275,415,574

Merkmal 特征　190,191

Metaphysik 形而上学　427

Methode 方法　12,13,43,47,55,57,73,
75,77

Mittel 中介　297 f.

Mögen 能力　306

Monarch 君主　378

Moral 道德　442—452

Moralität 道德性　269,327,441,443 ff.,
446,450,452,453,454,458,459 f.,
464,473,489,496

Mysterien 秘仪　91

Mysterium 奥秘,神秘　526,527

N

Natur 本性,自然,自然界　196,217,
225,227,262,294 f.,443,444,526 f.,
570,590

Naturbeobachtung 自然观察　187,188,
189,194,195,199,225,226

Negation 否定　74,120,439

das Negative 否定性事物,否定　36,39,
57,123,303,427,439,533,569

Negativität 否定性　159,261,295,298,
393,430,559,573,581

Neigung 禀好　457

Nichtiges 虚无缥缈的东西　174

Nichts 虚无,无　74,94

niederträchtig 卑贱的　372,375,381

Notwendigkeit 必然性　55,123 f.,135,
182,232,270—275,445,533,534,
550 f.,559,588

Nus 努斯　54

Nützlichkeit 功用,有用性　415 ff.,428,
429,430,577

O

Offenbarung 天启,启示　545,552 f.,574

Opfer 献祭　523 f.

Orakel 神谕　519 ff.,537

Ordnung 秩序　282

das Organische 有机体　196,200 f.,202,
203,204,209,211,212,215,217,221,
222,510

Organismus 有机组织,机体论　210

P

Pantheismus 泛神论　507,510

Pantheon 万神庙　529

Partei 党派　425

Pathos 情怀　306, 307, 349, 352, 519, 526

Person 个人，人格　59, 149, 233, 355, 357, 465

Persönlichkeit 人格性　355, 385

Pflanze 植物　190, 507—508

Pflicht 义务　442 f., 444, 448, 455, 461, 466, 467, 468, 469, 472, 473, 476, 479, 488, 493

Phänomenologie 现象学　31, 39, 42 f., 72, 589

Philosophie 哲学　14, 17, 39, 46, 50, 106

Philosophieren 哲学思考　62 f., 63, 64

Physiognomie 面相学　233—262

das Positive 肯定性事物　123, 427

Positivität 肯定性　430

Postulat 公设　445 f., 454 ff.

Priesterschaft 教士阶层　401

Prinzip 本原　19, 27

prüfen 检验，审查　77

Psychologie 心理学　230 f.

Publikum 公众　65

Q

Qualität 质　53

qualitativ 质的　18

R

Räsonnement 推理　56

Raum 空间　44

Realität 实在性　179, 301 f.

Recht 法权，法，权利，正当性　355—359, 536 f., 546

Reflexion 反映　25

Regierung 政府　329, 334 f., 340, 350, 374, 436 f., 440

Reichtum 财富　367 ff., 380 f., 383, 390

Religion 宗教　392, 409, 416 f., 420, 482, 495, 496, 497, 498, 499, 502, 503—512, 513, 516—523, 545, 552, 554, 574

Reproduktion 再生性　203 f., 204, 206

Resultat 结果　13, 26, 74

Revolution 革命　19, 47, 152, 362, 431, 433, 439, 440 f.

Rhythmus 节奏　59

Ruhe 静态　393

S

Sache 事情，事物　294, 304, 305, 306, 307, 310, 311, 471

Satz 命题　59, 61

Schädellehre 颅相学　233—262

Schein 假相　116, 357

Schicksal 命运　237, 273, 342—354, 355, 495, 496, 535, 548

schlecht 糟糕的，恶劣的　367, 385

Schluß 环环相扣的推论　576

Schmeichelei 谄媚　378, 384

Schmerz 痛苦　164

das Schöne 美　543

Schrecken 恐怖　431—441

Schuld 过失　175, 342, 346 f., 354

Schwere 重力　217 f.

Seele 灵魂　132, 203, 464, 483 f., 491, 494, 518, 577, 580

Sehnsucht 渴慕　169

Sein 存在　53, 289, 426, 506, 507, 551,

553,561

das Selbst 自主体　18,26,34,35,38,39,
　40,41,53,56,57,58,59,62,260,262,
　274,282,293,311,312,320,321,323,
　324—327,330,334,337,339—342,
　346—354,358—362,374,378,381—
　390,394,399,406,409,419,429—
　432,437,441,464,469,477,484—
　493,495,496,502,544,545 f.,552,
　555,562,569,575,578 ff.

Selbständigkeit 独立性　145—155

Selbstbewußtsein 自我意识　133,134,
　135,137,138,139,143,144,145—
　155,155—177,178,179,227,232,
　233—262,263—291,292,321,327,
　356,417,432,435,437,440,450,483,
　495 f.,509,517,522,547,549,551,
　568,575,577,578

Selbstgefühl 自身感触　170,200,478,
　483

Sensibilität 感受性　203,204,205 ff.,
　208 f.,214

sinnlich 感性的　82—92

Sitte 伦常　264,266

sittlich 伦理的　311 f.

Sittlichkeit 伦理　264,267,321,322 f.,
　325,326,327,328,342,354,359,513,
　525,530,536

Skeptizismus 怀疑主义　63,72,73,79,
　90,155,159,161,168,177,184,356 f.,
　400,549

Spekulation 思辨　55,61,554

Sprache 语言　85,91 f.,92,235,376,
　378,384,478 f.,490,510 f.,518,521,
　529,531

Staat 国家　367,369,371 f.,373,374,
　379,380

Stand 阶层　433,435,513

Stoizismus 斯多亚主义　155,157,158,
　168,177,356,391,546,549

Strafe 惩罚　128 f.

Subjekt 主体　20 ff.,23,28,36,61,
　536 f.,545 f.,552,557

Subjektivität 主观性　572

Substantialität 实体性　471

Substanz 实体　23,28,36,40,264,
　267 f.,310,311,320,323,325,441,
　519,538 f.,545 f.,549,552,572,584,
　585

System 体系,系统　12,13,14 f.,28,80,
　190

T

Talent 天分　297

Tat 行为　242 f.,342,347,435

Tätigkeit 行为　517

Täuschung 错觉　93,97,107

Tautologie 重言式　316 f.,319,322 f.

Teleologie 目的论　198

theoretisch 理论的　238

Tiefe 深邃内核　262,500,525,591

Tierreich 动物王国　294—311

Tod 死亡　36,45,74,148 f.,149,332,
　335,436,566,570 f.

Totalität 总体　575

Tragödie 悲剧　534

Trieb 冲动　457

Tugend 德行　270,283—291,339,373

Tun 行动　146,148 f.,152,154,171,
　173,199,265,270,284,285,291,293,

295 f.,296,298,301,303,307,325,582

U

übersinnlich 超感性的 107,117,118,
120,128,136

unendlich 无限的 260,261,262

Unendlichkeit 无限性 131,132,133

Ungeduld 缺乏耐心 33

das unglückliche Bewußtsein 哀怨意识
155,163,164,168,174,177,392,483

Unmittelbares 直接的东西 23,553,
561,565

Unmittelbarkeit 直接性 23,261,354,
442,482

Unorganisches 无机物 217,219

Unterschied 差别,区分 120,127,131,
273,559,568

Unterwelt 阴间 351,392,495

Urteil 判断 13,59,260,262,369,
371 f.,386,398,427,487,488

V

Verbrechen 罪行 130,346 f.

Vereinigung 统一结合 579

Vergangenheit 过去 574

Verkehrung 颠倒活动 119,128,280,
359,385 ff.,387 ff.,390

Vermittlung 中介活动 25,36,442,482,
574

Vernunft 理性 26,177,179,180,181,
185,186 f.,187,199,224,225,257,
258 ff.,260,262,263 ff.,266,283,311,
312,323,324,398,446,455,495,577

Vernunftinstinkt 理性本能 190,192,
194,195 f.,198 ff.,200

Verrücktheit 错乱 280,491

Verschiedenheit 差异性 13

Versöhnung 调和,和解 26,165,431,
493,567,570,574,578 f.

Verstand 知性,理智 20,36,52,54,
107,116,121,125,126,133,135,182

Verstellung 颠倒错位 453—464

Vertrauen 信任 406

Verzweiflung 绝望 72

Volk 民族 264,265,266,329,512

Volksgeist 民族精神 354,530

Vorstellen 表象活动 451 f.,556,557,
560,561,575

Vorstellung 表象,观念 262,531 f.,558,
563,570 f.

W

das Wahre 真相 14,15,23,24,26,28,
46,66,70,108,137,559

Wahrheit 真理 15,40,41,42,46,47,
64,76 f.,137,138,139,177,178,
313 f.,323,387,430,431,582 f.

wahrnehmen 接纳真相,知觉活动 98,
212

Wahrnehmung 知觉 93,105,106,107

Wahrscheinlichkeit 或然性 193

Wechsel 更替 120,126

Weib 女性 328—342,352

Weisheit 智慧 153

Welt 世界 107,128,136,171,179,432,
447,574

Weltanschauung 世界观 443—452

Weltgeist 世界精神 33,551,585

Weltgeschichte 世界史 34,225

Weltlauf 世道 282,283—291

Werden 转变过程　13,302

Werk 作品,事业　300 f.,302,303

Werkmeister 工匠　508—512

Werkzeug 工具　68 f.

Wesen 本 质　24,141,407,442,450,
468,540,554,559,560,567,579

Widerspruch 矛盾　130,319

Wille 意志　432,439 f.,440

Wirklichkeit 现实,现实性,现实事物
27,129,273,307,430,431

Wissen 知识　23,27,29,31,53,72,76,
78,81,342—354,476,494,543,575,
580,583 f.,588,591

Wissenschaft 科学,真知　11,14,20,29,
31,37,38,47,48,51,52,65,71,73,
80,583,589,591,598

Z

Zahl 数　216 f.,219 f.,222,564

Zeichen 迹象,符号　233,239,251

Zeit 时代,时间　19,47,584,587

Ziel 目标　74,591

Zucht 教化　283

Zufälligkeit 偶然性　302

Zukunft 未来　574

Zweck 目的　13,26,198,199,200,203,
275,297,302,444 f.,447,451,489

Zweifel 怀疑　72

组　　稿:张振明
责任编辑:安新文
封面设计:薛　宇
责任校对:王　惠

图书在版编目(CIP)数据

精神现象学/[德]黑格尔(Hegel,G.W.F)著,先刚 译. —北京:
　人民出版社,2013.10(2025.1 重印)
(黑格尔著作集;3)
ISBN 978－7－01－012591－6

Ⅰ.①精… Ⅱ.①黑… ②先… Ⅲ.①黑格尔,G.W.F(1770~1831)－
现象学 Ⅳ.①B516.35 ②B089

中国版本图书馆 CIP 数据核字(2013)第 224241 号

Georg Wilhelm Friedrich Hegel Werke in zwanzig Bänden
3
Phänomenologie des Geistes
Auf der Grundlage der Werke von 1832–1845 neu edierte Ausgabe
Redaktion Eva Moldenhauer und Karl Markus Michel
Suhrkamp Verlag Frankfurt am Main 1970

精神现象学
JINGSHEN XIANXIANGXUE

[德]黑格尔 著　先刚 译

人民出版社 出版发行
(100706　北京市东城区隆福寺街 99 号)

北京新华印刷有限公司印刷　新华书店经销

2013 年 10 月第 1 版　2025 年 1 月北京第 4 次印刷
开本:710 毫米×1000 毫米 1/16　印张:35
字数:480 千字　印数:18,001–21,000 册

ISBN 978－7－01－012591－6　定价:98.00 元

邮购地址 100706　北京市东城区隆福寺街 99 号
人民东方图书销售中心　电话 (010)65250042　65289539